历史教师教育系列教材

新世纪
高等学校
教材

历史学
系列教材

历史学的
理论与方法

History:
Theory and Method

李振宏　刘克辉　著

北京师范大学出版集团
BEIJING NORMAL UNIVERSITY PUBLISHING GROUP
北京师范大学出版社

图书在版编目（CIP）数据

历史学的理论与方法 / 李振宏，刘克辉著 . — 北京：北京师范大学出版社，2023.11

（新世纪高等学校教材　历史学系列教材）

ISBN 978-7-303-28912-7

Ⅰ．①历… Ⅱ．①李…②刘… Ⅲ．①史学理论－高等学校－教材 Ⅳ．①K0

中国国家版本馆 CIP 数据核字（2023）第 031166 号

营　销　中　心　电　话　　010-58808006

北京师范大学出版社新史学策划部微信公众号　　新史学 1902

LISHIXUE DE LILUN YU FANGFA

出版发行：北京师范大学出版社 www. bnup. com

　　　　　北京市西城区新街口外大街 12-3 号

　　　　　邮政编码：100088

印　　刷：天津旭非印刷有限公司

经　　销：全国新华书店

开　　本：730 mm×980 mm　1/16

印　　张：34.5

字　　数：565 千字

版　　次：2023 年 11 月第 1 版

印　　次：2023 年 11 月第 1 次印刷

定　　价：76.00 元

策划编辑：刘东明　　　　　　责任编辑：姚安峰

美术编辑：王齐云　　　　　　装帧设计：王齐云

责任校对：段立超　王志远　　责任印制：马　洁　赵　龙

目　录

中　编　历史认识论

下　编　史学方法论

绪　论

任何一门学科，随着它的日益发展成熟，都必然要在两个方面取得成绩：一是对它研究对象的深入的研究；二是对本学科自身研究的深入。后者的发展水平，标志着该学科成熟的程度。也就是说，一门学科的发展，必然要不断进行对自身的反省和认识，并把这种反省和认识逐步发展成为一门系统的知识体系，为该学科的进一步发展提供自觉的理论指导。历史学也是如此。所谓历史学理论，就是历史学对本学科的反省、反思和自我认识的理论产物。

历史学对自身进行反省和反思，首先是要弄清自己的面貌，即回答"什么是历史学"或者"历史学是什么"的问题。也就是说，历史学首先应该对自身进行本体论的反思。史学研究是人类认识活动的一种。人们需要从历史知识中汲取必要的文化素养，社会需要历史学作为它活动的向导，人类需要从自身的历史中认识自身。因此，历史认识是人类必不可少的一种认识活动，也是人类整体社会实践的一部分。虽然它是一种意识形态现象，但无疑也是一种客观存在。它可以，而且应该成为人们的一种认识对象。

对历史学进行本体论研究，大体上要回答如下一些问题。

历史学的对象和任务

历史学的学科特性

历史学的起源及其发展规律

历史学的理论方法论基础

历史学内部的学科结构

历史学与其他相关学科的关系

历史学和时代发展的关系

历史学的功能和作用等

这些都是史学理论研究中需要解决的一些基本问题。它们集中论证历史学的对象、任务、性质、特征、发展规律及其社会作用，探讨历史学的内部系统和外部联系，从不同的角度以理论的形式回答"什么是历史学"的问题，解决人们对历史学本体的整体性、理论性认识。因此，研究上述问题构成的知识系统，我们称之为"史学本体论"。

史学本体论中的诸问题看起来似乎平淡无奇，其实无论是哪一个问题的解决，都需要进行长期大量的研究工作，而对它们的研究和认识，又几乎都关系着历史学发展的全局。譬如，历史学的对象和任务，这个似乎不成问题的问题，至今还没有真正解决，人们总是自觉或不自觉地让它与历史唯物主义研究的对象和任务混同起来。历史唯物主义作为一门哲学学科，它要研究人类社会发展的一般规律，但提到历史学，人们也总是这样讲。20世纪80年代初，学术界注意到了这个问题，开始提出历史学对象和任务的特殊性，但就是这方面的学术论文，也仍然没有把两门学科真正区别开来，多是规定历史学肩负着既研究特殊规律又研究一般规律的双重任务。而只要历史学仍然肩负着研究人类社会历史发展的一般规律的任务，也就不可能和历史唯物主义区别开来。既然在学科的对象和任务这个基本问题上把历史学与历史唯物主义混淆起来，也就必然会抹杀二者在内容和方法等方面的差别，势必在历史研究中造成不可克服的公式化、教条化现象，即把具体的、实证的历史研究变成抽象的概念活动，以抽象的社会学公式代替具体历史的系统叙述；而在史学理论学科的建设中，则以历史唯物主义的基本理论代替历史学的理论和方法。因此，研究并阐明历史学对象和任务的特殊性，是史学理论研究中一个重要的、基本的问题。史学本体论中的其他问题，大都有如此重要的意义，并都有待于充分地研究和论证。

历史学对自身进行反省和反思，其最深层的思考，是提出了历史知识的性质问题，即对史学研究的成果做认识论的反思，形成历史认识论的理论体系。这一反思，主要回答人们的历史知识如何形成、历史认识如何可能的问题——一个康德式的问题。

　　有人赞誉康德在西方哲学史上实现了哥白尼式的革命，就是因为康德在人类认识史上，最先明确提出了科学抽象的前提问题。他在《纯粹理性批判》中提出的重大命题是"纯粹数学如何可能""纯粹自然科学如何可能"。概言之，就是"先天综合判断如何可能"，也就是说，"具有普遍必然性的科学真理是如何可能的"，它们成立的条件是什么。这样，康德就实现了哲学研究的目的和方向的转换。他的批判哲学是研究科学抽象、科学认识何以可能的一切先决的条件、根源、形式，而不是像以往哲学家那样沉迷于各种先天综合判断的具体知识内容之中。康德哲学无疑是伟大的，它把人们对自身认识能力的研究作为重大课题提出来，从而把认识规律的研究推向一个更高的层次。

　　康德哲学深深影响了近代哲学的发展，同时也深深影响了近代史学的发展。1874年，英国学者布莱德雷《批判历史学的前提》一书问世（此书讨论了历史客观性的可能性问题），标志着一个新的历史哲学思潮的兴起。到19世纪末20世纪初，西方历史哲学终于发生了一场深刻的变革，即从思辨的历史哲学发展到分析的、批判的历史哲学。思辨的历史哲学的中心课题是"历史演变的规律或趋势是什么"，而分析的、批判的历史哲学的中心课题则是"历史知识或历史解释的性质是什么"。历史哲学课题的转换，说明历史思想家越来越多地把智慧和精力从对历史本身的思考转移到对历史知识性质的分析。例如"历史是怎样被认识的""历史学怎样成为可能""历史认识主体的能力及其范围、局限性"等一系列与史学研究实践中主体认识能力相关的问题，都严肃地摆在了历史思想家面前。

　　分析的、批判的历史哲学所面对的问题，就是我们所说的历史认识论问题。当然，我们解决问题的方式、方法，对这一问题的原则立场与其有明显的不同。对历史知识性质的分析，西方分析派历史哲学迄今还没有交出真正令人满意的答案，在某些基本点上似乎还没有超过康德回答过的水平，而我们的历史认识论研究，则是在辩证唯物主义哲学的基础上向前推进。

　　大体说，历史认识论要研究如下一些问题。

历史认识活动的特殊性
历史认识的主体性

历史认识中的客体范畴
历史认识的一般形式
形成历史认识的诸因素
历史认识的绝对性与相对性
历史认识的发展问题
历史认识的检验等

以往，当历代史学家们都把全部精力倾注于自己的研究对象，信心百倍地发现历史的真谛，完成一本本史学大著的时候，却很少有人认真想过，他们是怎样发现了历史的真谛，他们关于历史的一连串阐述是怎样做出的。甚至，我们的马克思主义史学家也缺乏这样清醒的反思意识。人们往往以为，只要我们在研究实践中坚持公正无私的探讨，不杂有科学研究以外的其他现实目的，并且尽可能全面地占有材料，坚持以马克思主义理论为指导，得出的结论就一定吻合历史的客观实际，就可以得到确定不疑的正确结论。可是，史学研究的实践却总是与我们的信念相凿枘，并向我们提出一连串的疑问：为什么我们都是坚持以马克思主义为指导，并且也没有理由怀疑我们追求历史真理的虔诚，但在许多重大历史问题上却总不能取得一致的看法？譬如，中国古代史分期问题，人们争论了几十年，不仅没有趋向统一，而且分歧越来越大，差距之大也实在惊人。西周封建说与魏晋封建说，时间断限相差一千多年。运用同一条材料，人们得出了截然相反的结论；判断同一个历史时代，不同的人有不同的侧重点；研究同一个问题，还是同一个史学家，其结论竟也随着时代的变迁而不断更新。这真是一个历史认识之谜！历史认识论研究就是要揭开这个谜底，使人们看到主体在历史研究中的能动作用，并论证历史认识中发挥自觉主体意识的正当性、合理性、必要性、迫切性，抛弃追求纯粹客观性历史结论的虚妄观念，把史学工作者从机械反映论的束缚中解放出来。

历史学对自身进行反省和反思，就不能不对自己走过的道路进行一番检讨，总结在研究方法、指导思想方面的得与失。这种反省和反思的理论产物，就是历史学理论体系中的另一部分重要内容，即抽象出史学研究中的一些方法、原则，并形成一个具有内在联系的方法论体系。

　　史学方法论是史学研究经验的升华。一般科学发展的规律表明，随着该门学科经验材料的积累，必然产生把经验材料依据其内在联系而进行系统化的理论学科。恩格斯论述过经验自然科学向理论自然科学的转化问题，他说："经验自然科学积累了如此庞大数量的实证的知识材料，以致在每一个研究领域中有系统地和依据材料的内在联系把这些材料加以整理的必要，就简直成为无可避免的……因此，自然科学便走进了理论的领域，而在这里经验的方法就不中用了，在这里只有理论思维才能有所帮助。"①这段话对我们研究史学方法论的形成问题很有启发。

　　习近平总书记指出，"历史是最好的老师"，"历史是最好的教科书"。②中国的马克思主义史学已经走过了百年的历史，每一位信仰马克思主义的史学家都力图以马克思主义理论为指导进行历史研究，但每个人所走的研究道路却并不相同，史学成就也大不一样。整个历史学的发展道路，也是那样的曲折坎坷，有它发展的辉煌时期，也有它值得认真总结的弯路。实践表明，运用马克思主义理论研究历史并不是一件容易的事情，从马克思主义的历史理论——对人类历史一般进程的规律性认识，达到对特定历史进程的特殊规律或具体历史事物的本质属性的认识，是历史认识中的重要阶段。在这个"抽象上升到具体"的认识过程中，我们有许多工作要做，也有许多理论和方法问题要研究。如果我们不去把历史研究实践中积累的大量经验性材料总结起来，从中发现一些具有普遍意义的规律性知识，那么，一些好的经验则可能需要许多人无数次地将它们重复创造出来，而那些弯路和教训，也势必在史学研究实践中无数次地重演，盲目性将会无情地惩罚我们。历史学的发展是不允许这种状况继续下去的。它要求把历史学研究实践中的经验教训加以理论性的总结，把那些被千百次研究实践证明了的成功经验进行科学抽象，上升为规律性的认识，以指导历史研究的实践活动。史学方法论就是这样顺从着历史学的发展而产生出来的。

　　那么，史学方法论到底要研究些什么问题，怎样编排它的内容和体系呢？这里，要首先区分一下"史学方法"与"史学方法论"两个概念。史学方

---

　　①　恩格斯：《自然辩证法》，中共中央马克思恩格斯列宁斯大林著作编译局译，27 页，北京，人民出版社，1971。

　　②　习近平：《以史为镜、以史明志，知史爱党、知史爱国》，载《求是》，2021(12)。

法论不等于史学方法，不是诸多具体方法的无序集合。方法是具体的，史学方法是关于如何获得具体历史认识的一种经验性的知识形态，是历史研究实践中具体研究经验的总结。虽然作为经验的总结，它必然是进行过一定的抽象，但就其基本点来说，具体性、经验性、应用范围的针对性，则是每一种史学方法的共同属性。而史学方法论则不同，它是一种高度抽象的理论形态。它不是解决在某一具体研究中主体的行为方式和某些技术性问题，而是把全部史学方法看作一个有机的整体，去探寻各种方法之间的内在联系，弄清各种具体方法在史学认识整体中的地位、作用、合理性、局限性及其适用范围，从而为各种具体方法的正确运用提供科学的理论指导。史学方法论是关于史学方法的理论。

大体说，史学方法论应研究如下一些问题。

> 史学方法论研究的对象和任务
> 史学方法论在历史研究活动中的地位和作用
> 史学方法论与历史本体论的关系
> 史学方法论与史学本体论、历史认识论的关系
> 史学研究中的历史主义原则
> 历史主义在各种具体方法中的展开和体现
> 历史方法与逻辑方法的统一
> 当代科学方法及其他社会科学方法的借鉴和运用
> 史学方法论研究的历史、现状和趋势等

以上所谈，是史学理论的基本内容。史学本体论是对史学研究活动进行本体论反思的理论产物。它把人们的史学研究实践作为一种"存在"去研究，弄清这一人类认识活动的目的、性质及意义，从本体论的角度回答"什么是历史学"的问题，规定整个史学认识活动的方向和任务，对整体历史学的发展起指导作用。历史认识论是对史学研究成果做知识性反思的理论产物。它集中回答历史知识如何形成、何以可能的问题，即研究历史知识的性质，论证历史知识的可靠性及其限制，从更深的层次论证历史知识形态的特性，从而把对历史认识规律的研究推向一个更高的层次。史学方法论

是对史学研究的经验程序、思想方法、研究途径进行反思的理论产物，是对史学研究的思维活动程序做抽象化、形式化、相对固定化的研究。它解决历史认识手段、方法、途径的合理性与科学性问题，为如何获得正确的历史认识提供方法论指导。这三者的结合，构成一个完整的理论体系，是谓史学理论系统。它对整个历史科学的繁荣和进步，发挥着广泛的指导作用。

　　史学本体论、历史认识论、史学方法论构成史学理论学科的基本框架，本书也就循此安排自己的结构体系。但需要说明的是，本书安排的上、中、下三编都不能讲出完整的成体系的知识系统。譬如，下编"史学方法论"，我们不能按前文讲述的方法论系统去安排它的章节。这一方面是由于整个学术界对该问题研究的欠缺，人们还没有形成系统的方法论知识体系，作者个人的研究尤为有限；另一方面，也是考虑到本书读者对象的实际需要。我们的历史专业学生和一般青年史学工作者，急需的是掌握一些经常用到的史学研究方法。因此，在撰稿成书的过程中，作者对各编基本内容的确定：一是考虑到这些问题在史学理论体系中的地位及其重要程度；二是重视对读者对象的适用性，并不刻意追求理论体系的完整性。当然，也有些重要的问题因为缺乏研究而暂付阙如。不管从哪方面说，本书的框架设计及具体内容的阐述，都是有待进一步完善和发展的。

上　编
史学本体论

第一章　历史是什么

　　"历史是什么"是历史本体论要回答的问题，并非属于史学本体论的范畴。但是，史学本体论研究要弄清史学本身的一系列问题，不能不首先从史学研究的对象谈起，更何况史学理论、史学方法论的研究，也同对历史本身性质的认识分不开。因此，在讨论史学理论问题时，对历史的定义及其性质有必要首先给予关注。

一、关于历史定义的讨论

　　研究对象的确定，是一门学科得以建立的前提。因此，从事历史研究的人们，首先弄清的问题便是确定历史的定义。近代以来，人们提出了多种历史定义，而最基本的可归纳为两种：历史是独立于史学家意识之外的已经消失了的人类社会的客观运动过程；把历史当作一门学问，即历史学——一种观念性的东西。这两种定义有着本质的不同。现在，我们就从对后者的讨论开始，去阐明科学的历史定义。

　　梁启超说："史者何？记述人类社会赓续活动之体相，校其总成绩，求得其因果关系，以为现代一般人活动之资鉴者也。"[①]

　　杜维运说："一般来讲，所谓历史，不外是以往实际发生的事件（简言之为往事），或者是以往实际发生的事件的记录（往事的记录）。就前者而言，如公元前 5 世纪波斯的入侵希腊。就后者而言，如西方历史之父希罗多

---

　　① 梁启超：《中国历史研究法》，1 页，上海，商务印书馆，1933。

德所写的《历史》(*History of the Persian Wars*)。前者实际上已经过去了，以往实际发生的事件，早已消失于天地之间，谁能让希波战争再重演一次呢？所以以往实际发生的事件，不等于历史。历史与往事之间，有很大的距离。后者大体上讲是正确的，古今中外的史学家，谁也无法完全否认历史是往事的记录"，但"历史不能止于是往事的记录，止于往事的记录，历史将真是'断烂朝报'，'一堆杂乱混在一起的事实'，难言崇高的价值。历史于往事的记录以外，应是研究往事的学术。"①

以上定义虽然说法不同，但都把历史定义为对人类过去所发生的活动的记录或研究，即历史是一种学术，而不是人类过去的客观活动本身。也就是说，他们所认为的历史，不是指的一种客观的历史存在，而是对历史存在的描述或研究，是一种观念形态的东西。

20世纪初以来，西方史学中的相对主义思潮发展迅速，这派历史学家的历史定义，大都否认历史的客观性，不承认在历史学家的头脑之外存在真实的历史。意大利史学家贝奈戴托·克罗齐(1866—1952)认为，历史的形成是由于人们想到了它，是人的思维的结果，在人的精神之外没有真实的历史，历史就是凭证与人们精神生活之间的那种联系，"历史不是别的，而是那种联系"②。他说："历史存在我们每一个人身上，它的资料就在我们自己的胸中。因为，只有我们自己的胸中才能找到那种熔炉，使确凿的东西变成为真实的东西，使语文学与哲学携手去产生历史。"③克罗齐的基本看法是，历史主要是以现在的眼光、根据当前的问题来看待过去。

英国学者爱德华·霍列特·卡尔(1892—1982)出版了《历史是什么?》一书。他说："历史是历史学家跟他的事实之间相互作用的连续不断的过程，是现在跟过去之间的永无止境的问答交谈。"在另一处，他又说："当我在以前的讲演里谈到历史是过去跟现在之间的对话时，我原该叫它作过去的事件跟前进中出现的将来的目标之间的谈话才好。历史学家对过去的解释，

---

① 杜维运：《史学方法论》，17页，北京，北京大学出版社，2006。

② [意]贝奈戴托·克罗齐：《历史学的理论和实际》，傅任敢译，5页，北京，商务印书馆，1981。

③ [意]贝奈戴托·克罗齐：《历史学的理论和实际》，傅任敢译，14页。语文学，即从事文字性历史文献的校勘、训诂和考据。

他对于有意义的和有联系的东西的选择，是随着新目标的在前进中的不断出现而改进的。"①

法国学者马鲁说："历史是由历史学家的主动性在人类的两个画面——从前的人所生活过的过去和为了有利于人与以后的那些人而展开的回复过去的努力的现在——之间建立的关系、连结。"②

这些学者并不否认以往实际发生的事件的存在，而偏偏就是不把以往的实际存在定义为历史，"历史"偏要定义为"是研究往事的学术"；他们并非不知道在历史学家的主体意识之外，存在着一个客观的事实，只是不承认它叫"历史事实"，而只叫它为"存在过的事实"，或"过去的事实"。卡尔在他的《历史是什么？》中就这样讲道："让我们来看一看一件单纯关于过去的事实变成一件历史事实的过程。1850 年在斯塔利桥威克斯地方，一个卖假货的小贩跟人发生了小小的口角，竟至被一伙暴徒踢死。这是一个历史事实么？一年以前，我本来会毫不犹豫地说，这不是。这件事由一个目击者记载在某一本不甚知名的回忆录里。我从来没有看见任何历史学家认为这是一件值得一提的事件。一年以前，基特森·克拉克博士在牛津的福德讲座的讲演中提过它。这就使这件事变成了一个历史事实了么？我认为还没有。我觉得它目前的身份是有人推荐它加入经过精选的历史事实俱乐部为会友。它现在仍在等待附议人和赞助人。在今后的几年里，我们也可能看到这一事实先在有关十九世纪英国的文章和书籍的脚注里出现，然后在正文里出现。在二三十年的时间里，它可能成为一件确定不疑的历史事实。反过来说，也许没有人再提起它，在这种情况下，它就会落入有关过去的非历史事实的深渊之中。基特森·克拉克博士一片侠义心肠原想从这深渊之中把它挽救回来的。究竟什么东西决定这两件事情之中哪一件会发生呢？我想这主要取决于基特森·克拉克引证这一事件来支持的那个命题或解释，其他历史学家是否也认为很有根据和意义。它作为历史事实的身份的关键，就在于解释这一问题上。解释这一因素渗入每一件历史事实之中。"③

①　[英]爱德华·霍列特·卡尔：《历史是什么？》，吴柱存译，28、135 页，北京，商务印书馆，1981。
②　田汝康、金重远选编：《现代西方史学流派文选》，76 页，上海，上海人民出版社，1982。
③　[英]爱德华·霍列特·卡尔：《历史是什么？》，吴柱存译，7～8 页。

　　这些历史学家的论述，包含有一定的合理因素，即他们看到了历史认识活动中主体意识的不可避免性。不过，这倒不是我们现在要讨论的问题。我们现在所关心的是历史的定义问题。可以这样说，如果以上论者，不是在给历史下定义，而是在给历史学做出上边的规定，我们则大体上可以赞同。然而，他们明明讲的是"历史"。如果"历史"真的是所谓历史学家的精神产品，是历史学家主动性的创造，是历史学家不断追随着前进中的目标而对过去做出的一些解释，而它又是我们的研究对象，这将是不可思议的。这样去定义历史，历史学就会因为它的对象失去基本的客观属性而丧失其可信赖的资格。而且这种定义，还会产生这样的后果，即导致我们把先前遗留下来的历史资料、历史学著作直接当作历史本身，当作我们的研究对象，而忽视了古代史学著作中所渗透的主体意识，误以为史书就是历史，把史学研究引向歧途。

　　把历史学当成历史，混淆历史与历史学两个不同的概念，是一个相当顽固的偏见。19 世纪以来，西方史学界曾长时间地争论"历史是科学还是艺术"的问题。有人认为，"历史是科学，不少也不多"；也有人认为，"历史是艺术，一种只能靠想象才能成功的艺术"；有人说，"历史一半是科学，一半是艺术"；也有人说，"历史是一门综合性的学术，它包括任何学术，但不等于任何学术，它不是科学，不是艺术，也不是任何其他学术，历史是历史，历史女神克丽欧（Clio）永远凛凛不可侵犯"。① 但是，这诸多争论的基础靠着一个偏见，即"历史"是一种学术。

　　近代西方史学中还有以兰克为代表的客观主义史学。应该说，这派历史学家是把历史当作一种纯粹客观的东西去研究，从史学家意识之外的过去"实在所发生的情形"的角度去定义历史的。他们认为，历史学家的任务就是要弄清楚历史的事实，而历史著作也就是要把过去所发生的事，如实地在文字上再现出来。但是，这些学者不能理解历史的本质，不能对历史过程及历史规律给予科学的解释和说明，因此，他们也不可能找到一个完整的科学的历史定义。

　　综上所述，不少历史学家是把"历史"当作一种精神产品，把前代史家

---

　　① 杜维运：《史学方法论》，35～36 页。

的历史著作看作真实的历史。这种思想观念是相当有害的。特别是西方学者，他们那么强调历史学家的主体意识，强调当代社会现实对史学研究的影响，那么，不同的历史学家从不同的社会需要、不同的思维方式、不同的知识经验和个人偏见出发，对同一事件做出的不同解释，何为历史之真呢？如果一门学科在它的研究对象上失去基本的客观属性，其研究结论就必然失去客观性的真理标准，而这门学科也就必然变成研究者们肆意妄为、信口胡说的天下，也就不会有科学性可言。如果按照这些学者对历史的看法，历史学就只能走到这样的境地。

与上述学者的观点相反，马克思主义把历史定义为人类社会的客观进程。有了人类，就有了历史，历史不待历史学家的发现与解释而按照自己的内在逻辑默默地行进。史学研究的历史，是人类社会历史过程已经消失的部分，即过往社会的客观过程。它的先前的发展，不以人们的意志为转移；现在作为已经消失了的东西，更不会因历史学家的种种主观因素而改变自己的面貌。历史学家尽可以按照自己的观点去随意解释历史，写出五花八门的历史著作，但历史是一种失去了的客观实在，任何人也无法把它变更。历史最基本的属性就是客观性。而历史著作、历史记录、研究历史的种种成果，也包括克罗齐那个"语文学与哲学携手"产生出来的东西，都只是一种观念形态的东西，都只是对历史现象的一种反映，正确的或者是错误的反映。

弄清正确的历史定义是十分重要的。只有真正认识了历史的客观属性，才能在史学研究中坚定地贯彻唯物主义认识路线，始终坚持把历史作为独立于自己意识之外的客体去研究，提高科学意识，端正科学态度，避免主观武断和主观随意性，力求使自己获致的历史认识尽可能地接近历史的本来面貌。

二、人类历史运动中的偶然与必然

如果和自然界的历史相比，人类社会历史有一个显著的特征，即它是人们有意识、有目的的活动。在自然界的历史变化中，没有任何事情是作为预期的自觉的目的发生的，全是不自觉的盲目的动力。而在人类社会历史领域内进行活动的，全是具有意识的、经过思虑或凭激情行动的、追求一定目的的人。任何事情的发生，都导源于一定的自觉的意图，是由一定的目的引起的。每一个人都在追求自觉期望的目的，而每一个人追求自己目的的活动之总和，就构成人类的历史。人类是有灵性、有意识的动物，历史是人们有目的、有计划的活动的结果。

但遗憾的是，人们有目的、有计划的活动（人类历史的特征），不仅没有消弭人类社会历史现象的盲目性、偶然性，反而大大加剧了这一问题的复杂性。恩格斯曾经这样谈论这一问题：

> 人们所预期的东西很少如愿以偿，许多预期的目的在大多数场合都互相干扰，彼此冲突，或者是这些目的本身一开始就是实现不了的，或者是缺乏实现的手段的。这样，无数的单个愿望和单个行动的冲突，在历史领域内造成了一种同没有意识的自然界中占统治地位的状况完全相似的状况。行动的目的是预期的，但是行动实际产生的结果并不是预期的，或者这种结果起初似乎还和预期的目的相符合，而到了最后却完全不是预期的结果。这样，历史事件似乎总的说来同样是由偶然性支配着的。[①]

人类的思维活动，使历史显得更加复杂多变、千姿百态，更加丰富多彩，而难以捉摸。

人类社会历史现象的偶然性，主要表现在两个方面。

---

① 《马克思恩格斯选集》第 4 卷，247 页，北京，人民出版社，1995。

一是人们对自己从事历史活动的结果难以预料，难以把握。这是由历史运动中各种复杂因素相互作用所导致的。如一位学者所说："一个事件本来将会作为一系列若干前在事件的后果而发生的，但由于另一系列其他事件中途插足进来，因而所期望发生的结果竟然变了样子(这就是一个或好或坏的'意外')。"①可以说，人们对自己活动的结果，总是难以把握的，人们经常遇到一些种瓜得豆的尴尬事情。每个在历史活动中的人都有自觉的目的，而历史运动的结局，却很少照顾人们的目的。这就像列宁说的："历史喜欢作弄人，喜欢同人们开玩笑。本来要到这个房间，结果却走进了另一个房间。"②所以，人们总是对突然变化的处境感到莫名和无奈，产生命运无常、世事难料的悲叹，觉得一切发展都出自历史的偶然。

一般来说，事情总是这样的：人们在解决某一问题时，采取一种看起来是非常有效的措施，但对这种措施事后会带来什么样的灾难性的结果，却又显得惊人的无知。人们对自己行动的结果及其负面影响，总是意想不到；于是，这些结果，对于行动者来说，就显得那样突然、偶然和不能把握。《红楼梦》第一回中甄士隐对跛足道人的《好了歌》所做的解注，可以说是对历史现象的偶然结局、变化无常，做出的真切揭露：

> 陋室空堂，当年笏满床；衰草枯杨，曾为歌舞场。蛛丝儿结满雕梁，绿纱今又糊在蓬窗上。说什么脂正浓、粉正香，如何两鬓又成霜？昨日黄土陇头送白骨，今宵红灯帐底卧鸳鸯。金满箱，银满箱，展眼乞丐人皆谤。正叹他人命不长，那知自己归来丧！训有方，保不定日后作强梁。择膏粱，谁承望流落在烟花巷！因嫌纱帽小，致使锁枷扛；昨怜破袄寒，今嫌紫蟒长；乱烘烘你方唱罢我登场，反认他乡是故乡。甚荒唐，到头来都是为他人作嫁衣裳！③

这段话表露的是一种没落的士大夫阶级精神空虚、萎靡颓废、悲观厌

---

① [美]悉尼·胡克：《历史中的英雄》，王清彬等译，101页，上海，上海人民出版社，1964。
② 《列宁全集》第20卷，459页，北京，人民出版社，1958。
③ (清)曹雪芹、(清)高鹗：《红楼梦》，中国艺术研究院红楼梦研究所校注，18~19页，北京，人民文学出版社，1982。

世的思想格调，当然很不可取；甄士隐唱罢这段解语，顿觉看透了红尘，遂将跛足道人肩上的褡裢抢过来背上，竟不回家，同跛足道人飘飘而去。这种做法更不可效法。但他所唱的那段解语，则是对历史偶然性的一个揭露。人们自觉有意识的活动而创造的人类历史，其偶然性比起自然界来说，不知要高出多少倍。纵观人类社会的历史，王朝的此起彼伏，个人的朝荣夕辱，有谁能料得到而加以避免呢？一切都是那样的偶然。有人说，历史似乎是不服从人们控制的时而进步、时而退步、变幻莫测、互相冲突的一堆混乱的事实；有人说，历史的偶然无常，仿佛是建筑在捉摸不定的流水之上，措置于喷涌无常的火山之巅。这些都是呈现在历史表面的偶然现象，在人们思想上留下的最初印记。

二是具体历史现象的个别性、独特性、非重复性。不管是大的历史运动、历史事件，还是具体的历史个人和细微的历史现象，都有不可重复的个别性质。就历史个人来说，任何个人都是一个偶然而不是必然，而这个偶然在历史上所发生的作用，则是独特的，不可替代的。历史上往往有一些面临多种选择的机会，历史的向前发展，就取决于走在历史前列、指导运动的那些领军人物的选择。在这种时候，代表人民、代表历史进行选择的个人（这个历史的偶然因素），就必然以他个人的素质影响到历史的发展。纵观历史，我们经常可以看到由于某些个人的作用而影响了历史进程的情况，这是偶然性在历史上起作用的突出例证。

历史运动中的确充满了复杂的偶然因素，但历史领域，是否就是偶然性的天下？历史是否就是无数偶然事件的杂乱堆砌呢？马克思主义并不这样认为。恩格斯说："在表面上是偶然性在起作用的地方，这种偶然性始终是受内部的隐蔽着的规律支配的，而问题只是在于发现这些规律。"[1]马克思主义的唯物史观提出了人类社会历史是一个自然历史过程的思想，把历史当作一个十分复杂并充满矛盾但毕竟是有规律可循的统一过程，并发现了历史运动的客观规律，揭示了历史运动的必然性法则。但问题并没有因为马克思主义的产生而得到解决。不管是在马克思以前还是身后，围绕着历

① 恩格斯：《路德维希·费尔巴哈和德国古典哲学的终结》，中共中央马克思恩格斯列宁斯大林著作编译局译，40页，北京，人民出版社，1997。

史规律性问题的争论，始终是近代以来历史哲学领域论争激烈的问题之一。

在这个问题上，马克思主义的基本观点是既承认必然性、规律性，也承认偶然性，历史运动就表现为二者的辩证统一。过去，我们讲马克思主义，过多强调它关于历史必然性、规律性的思想，而忽视了它对偶然性的重视，给人们造成一种似乎马克思主义就不讲偶然性的错觉。其实，马克思主义并不否认历史运动中的偶然因素，并且认为，正是偶然性充当了必然性的表现形式及其必要补充，必然性需要通过偶然性来为自己开辟道路。对历史必然性的认识，只有在对偶然性进行大量概括的基础上才能达到。否定偶然性，必然性的思想就会滑向宿命论、神秘主义。马克思说："如果'偶然性'不起任何作用的话，那么世界历史就会带有非常神秘的性质。这些偶然性本身自然纳入总的发展过程中，并且为其他偶然性所补偿。但是，发展的加速和延缓在很大程度上是取决于这些'偶然性'的，其中也包括一开始就站在运动最前面的那些人物的性格这样一种'偶然情况'。"[1]

否定历史必然性的人，都只是看到了历史表层的偶然现象，并将其过分夸大和歪曲。我们现在就来讨论一下相关的论述。

德国哲学家卡尔·雅斯贝斯（1883—1969）说："历史不时表现为一团乌七八糟的偶然事件，象急转的洪流一样。它从一个骚动或是一个灾祸紧接到另外的一个，中间仅间隔短暂的欢乐，就是瞬息间出现的一些小岛，它们终究也必然会被吞没的。一切正如马克斯·韦伯所说的那样，一条被恶魔铺满了毁坏的价值的道路。"[2]

美国学者阿伦·尼文斯（1890—1971）认为，历史规律性思想"这种观点可以证明是彻头彻尾不可信的。它低估了运气或意外在历史中所占的重要地位。毕竟，事件常常不是表现为有逻辑的联系，而是被上千种机遇所决定的事件的偶然结合。不测的疾病、气候的改变、一封文件的丧失、一个男人或女人突然间所产生的一个狂念——这些都曾经改变过历史的面貌"[3]。

英国学者费希尔在 1935 年出版的《欧洲史》前言中写道："比我更聪明和更有学问的人，在历史上看出来了一种计划、一种节奏、一种前定的模式。

①　《马克思恩格斯文集》第 10 卷，354 页，北京，人民出版社，2009。
②　田汝康、金重远选编：《现代西方史学流派文选》，37 页。
③　田汝康、金重远选编：《现代西方史学流派文选》，282 页。

这些和谐对于我是隐藏着的。我所能看到的只是：一个事变跟随着另一个事变，有如后浪催前浪。只有一桩大事，而既然那是独一无二的，我们就对它不能做任何的概括。对于历史学家来说，只有一条规律是有把握的：在人类命运的发展之中，所能认识到的只有那偶然和意外的作用。"①

否定历史必然性思想，把历史上一切重大事变都归因于偶然因素的作用，其最突出的例证，是在 17 世纪就提出来的一个极其荒谬的著名命题："假如克娄巴特拉的鼻子生得短一点，世界的整个局面将会随着而完全不同。"杜维运在《史学方法论》中征引了这个例证，我们摘引如下：

> 历史上有偶然，有例外。偶然的事件，往往牵动历史上重大的变迁。譬如：克丽佩脱拉②的鼻子(Cleopatra's nose)就将人类的历史牵动了。据说如果克丽佩脱拉的鼻子短一点，世界的面貌将全非，因为她的鼻子短一点，安东尼(Mark Antony)就不会喜欢她，安东尼不喜欢她，就不会遭到败绩，历史的发展，也就随之而变了。可是从克丽佩脱拉的鼻子，能不能得到一个可以影响人类历史发展的定律呢？什么样的鼻子，才能使将军们爱慕，而历史随之转变？将军们的所好，必有不同，虞美人的鼻子，必与克丽佩脱拉的鼻子有异。即使更广泛一些。从克丽佩脱拉的美色(Cleopatra's beauty)也无法推衍出一条可以扭转历史的定律来。克丽佩脱拉的美色，确是促使安东尼在埃及留连忘返了，然而安东尼是否经常为美色所迷惑？根据记录，不是如此。是否所有的将军都为美色所迷惑？此亦可疑。是否将军们经常因为恋爱而不克及时调动军队？也不尽然。克丽佩脱拉的美色是否促使所有到埃及访问的贵族留连忘返？证据是否定的。所以历史上的偶然，往往决定历史的发展。③

克娄巴特拉是古埃及女王。安东尼是公元前 1 世纪中期古罗马共和国的统帅。公元前 43 年，他与屋大维、李必达结成三头政治(联盟)，后又出治

---

① 转引自[美]悉尼·胡克：《历史中的英雄》，王清彬等译，101 页。
② 亦即克娄巴特拉。
③ 杜维运：《史学方法论》，323～324 页。

东部行省。公元前 37 年，他与克娄巴特拉结婚，并宣称将罗马的一部分领土赠予女王的儿子，引起罗马人的不满，屋大维借机兴兵。公元前 31 年，亚克兴战役中安东尼战败，逃回埃及，自杀身亡。此后，屋大维独掌罗马大权，确立了元首政治（蒲林斯制），罗马共和国结束，开始了罗马帝制时代。这就是所谓克娄巴特拉的美色影响了世界历史进程的根据。

17 世纪中期，法国思想家巴斯迦（1623—1662）出版了一本《思想录》，书中对克娄巴特拉写了一篇短评，在这里巴斯迦第一次提出"假如克娄巴特拉的鼻子生得短一点，世界的整个局面将会随着而完全不同"的命题。自此之后，这便成了世界历史决定于某些鸡毛蒜皮似的偶然因素的永久性例证。几乎所有过分夸大偶然因素的思想家，无不援引此例。

但是，无论如何这是讲不通的。就是西方学者也并不都赞成此说。现在，我们来看几个西方学者的评论。美国学者胡克在《历史中的英雄》中说：

> 在历史上一切事变性的妇女之中，克里奥佩特剌要算是最带传奇式的，但她对于历史局势的影响却被大大夸张了，而她本人则成为浪漫神话的主题，而这些神话尽管不愧为伟大的诗篇，却是蹩脚的历史。自从巴斯噶（Pascal）在他所著的《思想录》（《Pensées》）上给她做了短短的评论之后，她便成为世界历史决定于鸡毛蒜皮等等琐碎细节的永久例证。"假如克里奥佩特剌的鼻子生得短了一点，世界的整个儿局面将会随着而完全不同。"不错，巴斯噶的话曾经刺激人们对于历史的性质频频做了重要的思考，但他所采用的例子却是很不幸的。……
>
> 如果就我们所知有关克里奥佩特剌的事迹和时代做一个恰如其分的评价，那末，她的鼻子的长短，对于她在那更年轻的庞培、恺撒和安东尼等人身上的影响是不发生什么联系的。而更为重要的，是她对于他们的影响，就世界历史来说，是作用极小的。不错，她确曾给予安东尼的生活以很大的影响，但他对于罗马帝国的历史则作用很小。恺撒无论如何总会对庞培取得胜利；屋大维和安东尼可能必须解决对于恺撒衣钵的继承问题，可是即使安东尼能够避免克里奥佩特剌的诱惑，胜利的优势似乎还是操在屋大维手里。促使这几个罗马人来到埃及的动机是由于紧急的政治斗争以及为了当时严重的农业衰落，有必

要把这块天然享有尼罗河灌溉之利的地方保持作为意大利的谷仓。虽然在埃及自然地改进了他们的机会，但即使没有克里奥佩特剌，罗马的历史本质上还是会一样的。①

英国思想家柯林武德②在《历史的观念》一书中，批评启蒙思想家的非历史观点时，这样写道：

> 在整个他们的历史著述中，他们关于各种原因的叙述都是肤浅到了荒谬的程度。例如，就是这些历史学家们发明了这种荒诞的观念，认为欧洲的文艺复兴是由于君士坦丁堡的陷落和学者们随之被驱逐而另觅新居；而这种态度的一个典型表现则是巴斯迦的名言，如果克里奥巴特拉的鼻子生得短了一点的话，整个的世界历史就会不同了；——这是历史学方法的典型破产，它对真正的解释感到绝望，就默认以一些最细小的原因来解释最巨大的结果。这种无力发现真正的历史原因，无疑地是和休谟派的因果关系的理论相联系着的，依照这种理论，我们永远不能觉察到任何两桩事件之间的任何联系。③

毫无疑问，用"克娄巴特拉的鼻子"作为历史被决定于一些偶然性事件的例证，是毫无意义的、庸俗的、荒谬的。黑格尔曾经机智地说，把历史描绘成阿拉伯式的图案画当然是显得巧妙的，因为阿拉伯式的图案画上面就是大花朵长在纤细的茎上，但是，这样解释历史是非常肤浅的。一切重大的历史运动的结果都不能用一些个别的琐碎细小的原因来解释。托尔斯泰在《战争与和平》的尾声里，曾把"偶然机会"之类的词汇看作人类用来表达没有能力理解那些根本原因的字眼，认为历史中的偶然事件只是用来衡量我们的愚昧的一种尺度——只不过是我们没有理解的某种东西的名字而已。这种看法完全否认历史运动中的偶然因素，我们是不赞成的；但它对

---

① ［美］悉尼·胡克：《历史中的英雄》，王清彬等译，125～126 页。
② 又译为科林武德，本书统一采用"柯林武德"。
③ ［英］R.G. 柯林武德：《历史的观念》，何兆武、张文杰译，91～92 页，北京，中国社会科学出版社，1987。该译本将"鼻子生得短了一点"误为"长了一点"，本书征引时做了改正。

于偶然论的批判，无疑是富有创见性的。如果有人告诉我们，历史仅仅是一连串偶然事件的堆砌，那么，我们将毫不怀疑他只是个思想上的懒汉，绝不是一个严肃的认真的历史学家。一个严肃的认真的历史学家，总是要把自己思想的触觉延伸到一连串表面看来是那么偶然的事件的背后，企求找到关于这些偶然事件的合情合理的解释，亦即找到在偶然事件里面所包含着的必然性成分。

克娄巴特拉的鼻子的长短，不可能对世界历史的进程发生实质性的影响，单纯的偶然性思想，无力说明一切重大的历史运动。历史上不光有偶然还有必然，形形色色的偶然事件大都折射出必然性之光。

必然性法则就是规律。历史的发展的确是有规律可循的，这些规律不可能直观地看到，需要我们通过科学抽象，把它们从大量复杂纷繁的偶然事件中抽象出来。马克思主义的历史唯物主义，就是这样抽象出来的历史规律。

历史唯物主义表述的是历史的一般规律。每一国家或民族，还有它自身的特殊规律；每一历史运动、历史事件，也还有它自身的个别规律。规律性的认识要通过对偶然事件的分析去进行。只承认规律，不承认偶然，规律性思想就会变成宿命论，变成社会神话，变成不可思议的东西；只承认偶然性，不承认必然性和规律性，人类的整体历史就会成为一堆杂乱无章的琐碎细节，变成没有头绪，没有系统，没有任何价值和意义可以被抽绎出来的糊涂账。

三、关于历史规律性的答辩

历史的发展是有其必然性和规律性的。但是，马克思以前的历史学家（马克思以后那些不承认历史规律性思想的人也是如此），却只看到了历史的偶然因素，不能发现历史发展中的内在规律性。列宁说："马克思以前的'社会学'和历史学，至多是积累了零星收集来的未加分析的事实，描述了历史过程的个别方面。"①当然，也有些非马克思主义学者企图发现历史的内

---

① 《列宁选集》第2卷，586页，北京，人民出版社，1972。

在联系，做过关于历史发展规律性问题的探索，但由于复杂的历史原因而未获成功。只有马克思创立的唯物主义历史观，提出了人类社会历史是一个自然历史过程的思想，把历史当作一个十分复杂并充满矛盾但毕竟是有规律可循的统一过程，并发现了历史的客观规律。但是，马克思主义关于历史是有规律发展的思想，却受到了种种非难。对关于历史规律性思想的各种非难的答辩，将有助于我们更好地理解历史的本质属性。

(一)关于历史的规律性与重复性问题

有些学者认为，在社会历史中和在自然界中不同，同样的现象不会反复出现，只是一个个特殊的事物，没有共相，所以说不上有什么规律。这是否定历史规律性思想的第一条根据。

梁启超说："自然科学的事项，常为反复的、完成的，历史事项反是，常为一度的、不完成的……天下从无同铸一型的史迹……故自然科学可以有万人公认之纯客观的因果律，而历史盖难言之矣。"[①]

何炳松说："史学所致意者即此种空前绝后之变化也，非重复之事实也。故历史者，研究人群特异演化之学也，即人类特异生活之记载也。夫人类之特异生活，日新月异，变化无穷。故凡属前言往行，莫不此往彼来，新陈代谢。此历史上所以不能有所谓定律也。盖定律以通概为本，通概以重复为基。已往人事，既无复现之情，古今状况，又无一辙之理，通概难施，何来定律乎?"[②]

现代西方的一些学者，也同样坚持这样的看法。阿伦·尼文斯说："假如一些极端派过低估计了科学或规律在历史上的作用，那么还有一些人则大大地夸大了它。不少作者无保留地接受了机械的观点，认为这是一种有规律的演化过程，一种由于明显原因而出现的一系列不可避免的结果。在他们看来，这些基本现象差不多可以像广阔森林中植物形态的生长那样地加以预测。他们觉得某种事物和力量对于其他力量的作用会产生必然的以至无可避免的后果。但是这种观点是彻头彻尾不可信的。"[③]

---

① 梁启超:《中国历史研究法》，167~168 页。
② 何炳松:《历史研究法》，2 页，上海，商务印书馆，1947。
③ 田汝康、金重远选编:《现代西方史学流派文选》，281 页。

　　上述诸种论述，都片面地夸大了历史偶然性现象。他们过分地强调了人类社会与自然界的差异，而忽视了它们之间的一致性、统一性。其实，要说不重复，自然界里的东西也是一度的、不能重复的。自然界里的绝对化的重复也是不存在的，任何人都可以随便感受到，空间里的任何东西都不重复，自然界里也充满了偶然性。如果没有偶然性，就不需要实验室。利用实验室就在于排除各种偶然性因素的干扰，使研究对象在最纯粹的环境中再现出来。自然界里的偶然性现象是大量充斥的，只是自然界里的某些偶然性现象我们没有必要研究、意义不大而忽略不计罢了。说到重复，历史现象也绝不是完全不重复。就拿中国的历史来说吧，专制王朝换了一个又一个，大规模的农民起义爆发了一次又一次，怎么不是重复？如果历史完全不重复，那就无法进行比较了。的确，在历史领域中，不会有两个现象完全相同，分毫不差，从这一点上说历史不会重复，前边我们已经讲过。但是，在某些各有特点的现象之间，存在着本质上的共同性，因而说历史是会重复的，而且，重复的现象是常常存在的。只要我们对历史现象进行抽象，抽象到一定高度，就会看到重复，发现历史现象之间的共同本质，即规律性。何炳松认为，只有完全相同、反复出现的现象才能进行概括，这是有些荒唐的。科学的概括，就是把许多个别事物所具有的互相不同的非本质的特性抽象掉，而根据它们本质上的共同点建立起各种概念和法则。如果是累积了许多完全相同的现象，那就反而不需要进行什么概括了。就使用科学概括这一点而言，社会科学和自然科学是一样的。这就是说，我们对于自然现象和社会现象都要从特殊中找到一般，从似乎杂乱无章的现象中找到规律，这才有科学研究。正因为历史现象存在着重复性，历史学才能显示它的功用和价值。它可以通过对历史重复性的研究和揭示，发现历史的内在联系，从而认识现在，预见未来。这一道理应该是显而易见的。

　　发现历史重复性的方法，就是运用科学的抽象。列宁认为，在马克思以前，"社会科学家总是难于分清错综复杂的社会现象中的主要现象和次要现象（这就是社会学中的主观主义的根源），不能找到这种划分的客观标准。唯物主义提供了一个完全客观的标准，它把'生产关系'划为社会结构，使我们有可能把主观主义者认为不能应用到社会学上来的一般科学的重复律应用到这些关系上来。当他们还局限于思想的社会关系(即通过人们的意识而形成的关系)时,始终不能发现各国社会现象中的重复性和常规性,他们的科学至多不过是记载这些现象,收集素材。一分析物质的社会关系(即不通过人们的意识而形成的社会关系:人们在交换产品时彼此发生生产关系,他们甚至没有意识到这里存在着社会生产关系),立刻就有可能看出重复性和常规性,就有可能把各国制度概括为一个基本概念,即社会形态"①。马克思主义就是这样通过"把社会关系归结为生产关系,把生产关系归结为生产力"的高度科学抽象,发现了人类社会历史发展的基本规律。

(二)关于客观规律和自由意志问题

把历史发展的客观规律性和人类自觉的有意识的活动对立起来,把历史的发展归结为自由意志推动的结果,是一些学者否定历史规律性思想的另一条根据。梁启超说:"历史为人类心力所造成,而人类心力之动,乃极自由而不可方物。心力既非物理的或数理的因果律所能完全支配,则其所产生之历史,自亦与之同一性质。……因果律也叫做必然的法则。'必然'与'自由'是两极端。既必然便没有自由,既自由便没有必然。我们既承认历史为人类自由意志的创造品,当然不能又承认他受因果必然法则的支配,其理甚明。"②无限夸大自由意志的观点,在当代某些学者的著作中依然存在。杜维运在《史学方法论》一书中写道:

> 历史不等于科学,两者是有其极大距离的。历史所涉及的是往事,往事无一不以人为枢机,而人各有自由意志(free will),任何往事的发生,不可避免的多少受当事人自由意志的支配。1939年如果希特勒决定不进攻波兰,是否第二次世界大战不在那一年爆发?是否迟早因其他问题爆发?可否永不爆发?1940年当法国溃败以后,如果丘吉尔不决定继续对德作战,或者1941年不决定立刻与俄联盟,是否现代史的演变,另是一番景象?凡此类决定,皆有人的因素在内,皆受到人的

---

① 《列宁选集》第1卷,8页,北京,人民出版社,1972。
② 梁启超:《中国历史研究法》,167~168页。

自由意志的影响，其影响有时是决定性的，最低限度是很重要的。①

这已经把自由意志的作用强调到了极其重要的地步。

历史规律性的思想并不否认人们的思想动机、自由意志在历史活动中的重要作用，它仅仅反对从思想动机、自由意志出发来解释历史的整个发展过程。为什么某种思想动机在一定的时期会成为千百万人的集中意志并使得千百万人行动起来？为什么这一种思想动机在历史的发展中能起显著的作用，而那一种思想动机则并不起什么作用？为什么在社会生活中，虽然有无数的互相抵触、互相冲突的思想动机，但历史发展的总趋势却仍然循着一定的轨道前进？为什么某些历史人物的个性、意志虽然能够对历史进程中个别事件的面貌产生一定影响，但又远不能决定历史发展的根本趋势？这些问题，无限夸大自由意志而否定历史规律性思想的人，是无力回答的。

我们进而还要谈到，所谓自由意志，也是不能绝对自由的，人类的意识本身也是有规律的，人们意志力的发挥都是有条件的。有些学者认为，人类的意志总是自由的，甚至他们举例说自杀也是一种自由，因为自杀总是可以选择的。这是毫无价值的狡辩。马克思主义认为，社会意识决定于社会存在，它无法离开社会存在而独立或自由。人们意志的真正自由，恰恰是对客观必然性的认识和适应，超越客观条件的为所欲为的自由从来是不存在的。这样，自由和必然性不仅不相互矛盾，而且，所谓自由，恰恰正是对必然性的认识。硬是把二者孤立起来，对立起来，用人类自觉地有意识地进行历史活动这一特征来否定历史规律性的思想，是荒谬而又浅薄的。

(三)关于历史规律能否检验的问题

自然界的发展是受一定的规律支配的，这些规律可以在实验室里得到验证，并用公式、定律表达出来。而历史只有一度性，不再重演，因而不能实验，不能验证。所谓历史规律，是无法向人们证实的。这是一些人向历史规律性思想提出的又一非难。

何炳松说："史学家根据之史料断不能用实验工夫。史家才学虽极高

① 杜维运：《史学方法论》，323 页。

博，终无力可以生死人而肉白骨，使之重演以往之大事，则断然也……与自然科学家之常能目睹事变而再三实验之者，真有天渊之别也。"①单就这几句话看，也无大的错谬，但问题是，论者把它用作否定历史有其客观规律并且可以验证的论据。

我们承认，的确不能用实验室里的工作方法来研究历史，但这只能证明，历史学家需要用不同于自然科学的方法来进行学术研究。人们根据各种研究对象的不同特点而采取不同的研究方法，难道科学研究所要求的不正是这样吗？用一种方法局限自己，以为在这之外寸步难行，这在自然科学上也是行不通的。而且，实验室中的工作方法也只是实践的一种形式。科学研究需要依靠实践，这在社会科学和自然科学上都是同样的。我们当然不能使历史的事实重演，但是我们从历史中发现的规律可以放到实践中去经受检验。关于历史认识的检验问题，我们在"历史认识论"一编中将专门加以论述。这里，我们只想简单指出，用自然科学的方法来规范一切学科，是形而上学思维的局限。

综上所述，否定历史规律性思想的理由，都是不能成立的；马克思主义所揭示的历史运动的客观规律，是可以信赖，并可以作为历史研究的指导的。本章的三个问题，集中起来回答并论证"历史是什么"的提问。总括起来说，历史是人类过往社会的客观存在，是一种完全独立于历史学家意识之外的客观进程。由于人类的历史活动是一种自觉、有意识、有目的的创造活动，因而增加了社会历史现象的特殊性和复杂性，使历史运动中的偶然性现象比起自然界来说，显得更加昭然鲜明。但是，人类历史活动的进程绝不是偶然性的；相反，在种种偶然性现象背后起支配作用的是历史发展的客观规律。历史，就是这样一个十分复杂并充满矛盾但毕竟有规律可循的客观运动过程。

---

① 何炳松：《历史研究法》，4 页。

第二章　历史学的特性和任务

历史学是人文社会科学中的一个部类，一门具体学科，因此，它必然具有区别于一般人文社会科学的学科特性。在以往的研究中，人们总是忽略对历史学学科特性的研究，最突出的，就是把它在研究对象和任务上，与哲学历史唯物主义混同起来，从而在史学研究实践中埋下了公式化、教条化的根源；也有人因不懂得历史学的特性和任务，面对近代以来史学发展、分化的趋势，产生浓郁的忧患意识，担心历史学被其他学科所瓜分。其实，历史学有它自身独特的学科特性，使它既不会混同于其他任何一门学科，也不可能被其他学科所瓜分，历史学是一门无法取代的学科，有它重要的特殊的学科使命。

一、马克思、恩格斯关于"历史科学"的三种用法

在马克思、恩格斯的著作中，"历史科学"有三种用法[①]，弄清它们的区别，对于我们研究历史科学的特性和任务，有重要的启迪意义。

第一种用法，是马克思、恩格斯用辩证唯物主义观点考察自然科学和社会科学而提出的科学概念。它泛指一切科学，包括自然史和人类史。他们在《德意志意识形态》一书中表述了这个观点："我们仅仅知道一门唯一的

[①]　关于在马克思、恩格斯著作中"历史科学"有三种用法的论述，吸收了平心遗稿《谈谈"历史科学"概念》(《历史教学问题》1981年第2期)一文的成果。该文指出，在马克思主义经典中，历史科学有三个不同的意义："最广义的历史科学是指一切科学""次广义的历史科学是指社会科学""狭义的历史科学是仅指史学"。本书这里只是把平心的观点做了更为展开性的论述。

科学，即历史科学。历史可以从两方面来考察，可以把它划分为自然史和人类史。但这两方面是不可分割的；只要有人存在，自然史和人类史就彼此相互制约。"①

按照辩证唯物主义和历史唯物主义学说，任何事物都是物质的运动形态或物质运动的反映，自然和社会都在不断地发展变化中，都有自己的历史过程。因此，研究自然史和人类史的科学，都可以被称为历史科学。历史科学这种用法，现在是不常见了，但在当时，却包含着深邃的哲学思想和深远的科学意义。

因为，在马克思主义产生以前，如同历史学没有形成科学一样，科学在很长的历史时期，也没有成为历史的科学。18世纪乃至19世纪上半期，统治科学界的是一种非辩证非历史的形而上学自然观。马克思、恩格斯强调历史科学是"唯一的科学"，申明它包括自然科学，表达了严格的哲学意义，贯穿着彻底的辩证唯物主义观点，对形而上学自然观是一个强劲的冲击。

第二种用法，是指研究社会现象的诸学科，即社会科学。它泛指相对于自然科学而言的研究各种社会现象的诸学科。历史科学的这类用法中，有时包括了哲学，有时则不包括哲学。

包括哲学的例子：

> 历史思想家（历史在这里只是政治的、法律的、哲学的、神学的——总之，一切属于社会而不仅仅属于自然界的领域的综合）在每一科学部门中都有一定的材料……②

> 下面这个原理，不仅对于经济学，而且对于一切历史科学（凡不是自然科学的科学都是历史科学）都是一个具有革命意义的发现……③

---

① 《马克思恩格斯选集》第1卷，66页，北京，人民出版社，1995。
② 《马克思恩格斯书信选集》，509页，北京，人民出版社，1962。
③ 《马克思恩格斯选集》第2卷，38页，北京，人民出版社，1995。

不包括哲学的例子：

　　我们不仅生活在自然界中，而且生活在人类社会中，人类社会同自然界一样也有自己的发展史和自己的科学。因此，问题在于使关于社会的科学，即所谓历史科学和哲学科学的总和，同唯物主义的基础协调起来，并在这个基础上加以改造。[①]

　　相对于自然科学来说，把社会科学看作历史科学是比较容易理解的。人类社会的历史是一部生动的辩证发展史，研究人类社会历史的不同侧面的诸学科，其研究的对象、涉及的材料也必然是发展变化的。这就决定了各种社会科学必然具备历史的性质，都可以看作历史的科学。马克思、恩格斯在许多场合都间或谈到过这个问题。譬如政治经济学，恩格斯在《反杜林论》中说："政治经济学本质上是一门历史的科学。它所涉及的是历史性的即经常变化的材料；它首先研究生产和交换的每个个别发展阶段的特殊规律，而且只有在完成这种研究以后，它才能确立为数不多的、适用于一切生产和交换的、最普遍的规律。"[②]

　　但是，马克思、恩格斯又十分重视事物性质的区分和科学研究的分工，也从社会科学领域中划分出专门的史学领域，因此，在不少场合他们用"历史科学"一词来专指历史学，即我们现在通常意义上使用的、作为人文社会科学的一个部分的历史学。这就是马克思、恩格斯对历史科学概念的第三种用法。"这种假科学（指杜林的学说），现在在德国很流行，并把一切淹没在它的高超的胡说的喧嚷声中。诗歌、哲学、经济学、历史科学中都有这种高超的胡说。"[③]在恩格斯的这段话中，与哲学、经济学并列的历史科学，显然是我们通常意义上所说的专门的历史学。

　　从上边的分析中可以看出，马克思、恩格斯赋予"历史科学"一词三种不同的含义，不但没有造成概念上的混乱和冲突，而且还指明了历史科学

　　① 恩格斯：《路德维希·费尔巴哈和德国古典哲学的终结》，中共中央马克思恩格斯列宁斯大林著作编译局译，22页。
　　② 《马克思恩格斯选集》第3卷，489页，北京，人民出版社，1995。
　　③ 恩格斯：《自然辩证法》，中共中央马克思恩格斯列宁斯大林著作编译局译，25页。

与其他诸学科之间内在的有机的联系。但是，我们过去的史学研究，却没有注意去认真区分马克思、恩格斯在不同场合对这一概念的不同用法，以致在史学理论研究中造成了一定的混乱。

二、历史学区别于哲学的特性

在史学研究中讨论历史学的对象和任务，这当然是指的作为人文社会科学中一个具体部门的历史学，而以往的史学界却根据马克思、恩格斯对历史科学的第二种用法，去探讨它所研究的对象及其应完成的任务。这就拿整个社会科学（包括哲学）的对象和任务，代替了历史学的对象和任务（混淆历史科学和历史学两个概念的不同内涵），从而取消了历史学。这就使得史学界出现了一种很有趣的现象：历史学虽然是一门古老的学科，却找不到独立的研究对象。最常见的是，人们让历史学去和哲学历史唯物主义争夺地盘。历史唯物主义作为一门哲学科学，它要研究人类社会发展的一般规律，但讲到历史学的对象和任务，人们也总是这样讲，使这两门不同的学科在对象和任务上混同起来。

既然在学科的对象和任务这个基本问题上把历史学与历史唯物主义混同起来，也就必然会抹杀二者在内容和方法等方面的差别，也就势必在历史研究中造成不可克服的公式化、教条化弊端（用哲学方法代替历史方法），把具体的、实证的历史研究变成抽象的概念运动，以抽象的社会学公式代替具体历史的系统叙述；而在历史学理论学科的建设中，以历史唯物主义的基本原理代替历史学的理论和方法。造成这种状况的一个很重要的原因，就在于人们误把马克思、恩格斯著作中历史科学概念的第二种用法，当成了今天通常意义上的历史学，并以此为据去探讨历史学的对象和任务。

马克思、恩格斯著作中"历史科学"一词的不同用法，它们所涉及的研究对象和任务，当然是很不相同的。在第二种用法中，不少情况下它都包括了哲学学科，第三种用法才是严格意义上的具体实证的历史学。如果人们对二者不加区分，笼统地讲历史科学的对象和任务，当然就无法区别哲学历史唯物主义和作为实证科学的历史学，因此，历史学在研究对象上的特殊性就被抹杀了。

对于哲学和历史学在对象与任务上的不同，马克思主义创始人是做过区分的。恩格斯在《反杜林论》"引论"中讲道：

> 当我们深思熟虑地考察自然界或人类历史或我们自己的精神活动的时候，首先呈现在我们眼前的，是一幅由种种联系和相互作用无穷无尽地交织起来的画面，其中没有任何东西是不动的和不变的，而是一切都在运动、变化、生成和消逝。所以，我们首先看到的是总画面，其中各个细节还或多或少地隐藏在背景中，我们注意得更多的是运动、转变和联系，而不是注意什么东西在运动、转变和联系。这种原始的、素朴的、但实质上正确的世界观是古希腊哲学的世界观，而且是由赫拉克利特最先明白地表述出来的：一切都存在，而又不存在，因为一切都在流动，都在不断地变化，不断地生成和消逝。但是，这种观点虽然正确地把握了现象的总画面的一般性质，却不足以说明构成这幅总画面的各个细节；而我们要是不知道这些细节，就看不清总画面。为了认识这些细节，我们不得不把它们从自然的或历史的联系中抽出来，从它们的特性、它们的特殊的原因和结果等等方面来分别地加以研究。这首先是自然科学和历史研究的任务……[1]

很显然，恩格斯认为，哲学是研究自然界、人类历史和人们的精神活动的一般性质，而要真正看清由自然界、人类历史和人们的精神活动中各种复杂联系所构成的总画面，还有赖于其他科学来研究总画面的各个细节。作为一门哲学科学，历史唯物主义要研究人类社会总画面的一般性质，研究人类社会的普遍规律。但是，人类社会历史发展的普遍规律是体现在不同民族或国家历史发展的特殊规律之中的。不研究不同民族或国家历史发展的特殊规律，非但不能使哲学科学对人类历史发展的普遍规律达到正确的抽象，而且，即使人们正确地把握了人类历史的普遍规律，认识了历史总画面的一般性质，也无法达到对人类历史真正具体切实的理解，真正看

---

[1] 《马克思恩格斯选集》第 3 卷，733 页。

清总画面。认识不同民族或国家历史发展的特殊规律，正是历史学应该完成的、不同于历史唯物主义的特殊任务。既然要研究不同民族或国家历史发展的特殊规律，就需要大量具体的、实证的、经验的事实。大概正因为如此，恩格斯在许多地方都把历史学称为实证科学。

鉴于上边的分析，参酌史学研究的经验教训，我们认为，史学研究的对象和任务应该是这样的：在马克思主义哲学所提供的一般规律指导下，通过对世界各民族、国家的无数历史现象，历史事件和历史人物的分析研究，以理解它们的历史发展的特殊规律和特点。也就是说，历史学既不是哲学，也不是研究哲学历史唯物主义所讲的人类历史的一般规律，而是研究历史发展的特殊规律、具体规律，是一门实证的学科。

当然，历史学与历史唯物主义在研究对象上有一定的共同性，它们都是以人类社会的客观历史进程为对象，其目的都在于达到对人类历史过程的正确认识。但是，它们在人们的历史认识中担负的任务并不同。从认识论上讲，它们分别体现着人们达到科学的历史认识的不同认识阶段。毛泽东说："就人类认识运动的秩序说来，总是由认识个别的和特殊的事物，逐步地扩大到认识一般的事物。人们总是首先认识了许多不同事物的特殊的本质，然后才有可能更进一步地进行概括工作，认识诸种事物的共同的本质。当着人们已经认识了这种共同的本质以后，就以这种共同的认识为指导，继续地向着尚未研究过的或者尚未深入地研究过的各种具体的事物进行研究，找出其特殊的本质，这样才可以补充、丰富和发展这种共同的本质的认识，而使这种共同的本质的认识不致变成枯槁的和僵化的东西。这是两个认识的过程：一个是由特殊到一般，一个是由一般到特殊。"①历史唯物主义和历史学的关系，正是这种一般和特殊的关系。唯物史观的创立，是马克思和恩格斯从社会历史的个别和特殊的认识而概括出来的一般的认识，这是认识历史的一个过程；反之，唯物史观创立以后，它又指导着历史学的具体研究，探寻不同民族或国家历史发展的特殊规律。因此，历史唯物主义和历史学的关系，就是一般和特殊的关系；前者是抽象的和一般的，后者是具体的和特殊的。这也显示着二者在研究对象和任务上的不同，

① 《毛泽东选集》第1卷，309～310页，北京，人民出版社，1991。

前者研究整个人类历史发展的一般的普遍的规律，后者研究具体的民族或国家的特殊规律；前者通过不同民族或国家历史中普遍的共同的东西，去把握人类社会历史的本质，后者则通过具体的实证性的研究，认识不同民族或国家历史的特殊风貌。①

　　历史学有悠久的历史，但科学的历史学，则是在马克思主义哲学创立以后，这一点前一章已经言及。唯物主义历史观，提出了对人类社会历史客观规律的科学认识，为历史学，也为一切人文社会科学研究奠定了科学的理论基础。但是，人类社会历史的一般规律，在不同民族或国家的进程中，则有着不同的表现形式，有着很大的差异性。以历史唯物主义的科学理论为指导，去认识各民族、国家历史的特殊性，是历史学担负的神圣使命。也就是说，历史学是从历史唯物主义已经得出的科学原理出发的，它没有必要去争担探讨人类历史发展一般规律的任务。但这绝不是说，历史唯物主义这门哲学科学的目前水平，已经终结了对人类历史一般规律的认识，它还要依据历史学在研究各民族、国家历史发展的特殊规律中获得的新成就，去不断完善对人类历史一般进程的真理性认识，但它始终把探讨人类历史发展的一般规律，看作本学科的庄严任务。恩格斯说："现代唯物主义本质上都是辩证的，而且不再需要任何凌驾于其他科学之上的哲学了。一旦对每一门科学都提出要求，要它们弄清它们自己在事物以及关于事物的知识的总联系中的地位，关于总联系的任何特殊科学就是多余的了。"②的确，历史学作为一门实证学科，如果还要在历史唯物主义这门哲学学科之外，去探讨人类历史的一般进程的"总联系"，也就实在是"多余的了"。

---

　　①　关于历史学的任务是研究不同民族历史发展的特殊规律的思想，是我的老师黄元起先生提出来的。在 20 世纪 80 年代初，我为黄元起先生做史学概论课助教的时候，他提出这一思想，我则根据他的想法写成论文并发表。这一思想的详细论述，参见黄元起、李振宏：《历史科学的特性与史学概论学科的任务》，见中国社会科学院历史研究所史学史研究室编：《历史科学的反思》，64～87 页，郑州，中州古籍出版社，1987.

　　②　《马克思恩格斯选集》第 3 卷，364 页。

三、历史学区别于其他人文社会科学的特性

从史学发展史上看，早期的历史学是一门包罗万象的学问，没有哪一种知识不在历史学家的视野之内。我们熟悉的《史记》《汉书》等二十四史，都是囊括了各种学问的纪传体史书。近代以来，随着科学发展的势头，出现了学术专门化的趋向。许多学问从历史学中渐渐独立出来，从不同的角度去研究自然和社会的某一侧面，成为独立的学科。除开那些自然科学不谈，单就人类社会历史的政治、经济、军事、法律等重大社会现象来说，也分别建立了政治学、经济学、军事学、法律学等学科，并且它们都从自己学科的角度去研究其对象的历史发展，分别在自己的学科之中又建立起政治制度史、政治思想史，经济史、经济思想史，军事史、军事思想史，法制史、法律思想史等一些更专门、更细密的分支学科。这些学科在历史学之外，获得了独立自主的学科地位。

学术专门化的趋向，曾引起一些人的担心。他们这样想，假使各种学问都变成历史性的学问，那么专门的历史学还有什么存在的必要呢？假使政治、战争、美术、法律、宗教、科学、文学都做历史的研究，都写出专门的史著，那么，历史学本身不就要四分五裂、被各种学科瓜分殆尽了吗？19世纪晚期，英国剑桥大学西莱教授就曾宣称：历史这样东西，归根到底只不过是"一种残余物，这种残余物就是一批又一批的历史事实，为某些其他学科拿走之后剩下的东西，而且现存的这些残余物，将来一定会遭到与其他事实相同的命运，并且不久就要有一种科学来把现在还掌握在历史学家手中无可争辩的财产全部拿走"①。这种担心完全是多余的，同时也说明，他们还不懂得历史学区别于其他社会科学的特性。

诚然，历史学与其他各门社会科学都有着错综复杂的联系。这是因为，历史学以人类社会的历史进程为对象，而其他人文社会科学，也都是研究

---

① 转引自［美］詹姆斯·哈威·鲁滨孙：《新史学》，齐思和等译，48页，北京，商务印书馆，1964。

人类社会的，只不过是它们仅仅从一个侧面、一个角度对历史进行考察，对象的联系性、统一性，决定了学科之间密不可分的关系。但这些并不至于混淆彼此间的界限。一般的人文社会学科，多是研究社会生活历程的一个侧面，探索和表述社会历史进程中某一特殊的对象；而历史学则要探索和表述整个社会历程，要发现各种历史现象之间的复杂联系，并依照这种联系描述整个历史运动在各种复杂历史现象的相互作用中有规律地向前发展的伟大进程。其他社会科学描述单一的历史对象，历史学则研究各种学科对象的历史联系，把各种学科的历史对象都看作自己研究对象的密不可分的一部分。所以，与其他人文社会学科相比较，历史学表现出明显的综合性、整体性特征。

整体性是历史学家观察问题时，区别于其他人文社会科学学者的特殊角度。历史学家研究任何一个问题、一种现象，总是要把它放在当时整个社会环境中去理解。对于一个好的历史学家来说，这种整体性意识就像是一种潜意识、一种本能的意识，而这是其他学科学者所难以具备的。研究同一个问题，历史学家和其他人文社会科学学者思考问题的方法、角度、专业修养是大不相同的。譬如从文学的角度研究文学史和从历史学的角度研究文学史，其成果风格会大不相同。文学家侧重说明某一历史时期文学的成就（包括作家、作品和文学形式）、地位及其对后世的影响，而历史学家则侧重说明某一历史时期为什么会取得这样的成就，这种文学成就的产生与当时政治、经济、社会生活状况的历史关系。

历史学对人类历史进程的整体性研究，不仅是实现人类认识历史走向未来的需要，也是任何一门学科认识自身历史的基础。离开历史学提供的整体性研究成果，各门学科的单一对象研究，就会陷入无法进展的困境。不要说他们无法从历史的整体联系中去认识自己的研究对象，就连最基本的历史年代、社会历史形态、历史阶段都说不清楚。离开整体研究，历史的单一方面的材料，根本无法组成一个有秩序的发展序列。况且，人类历史这个有着复杂内在联系的整体，绝不是各个方面的机械组合，无论单一对象的研究如何发展，都无法使人们对历史的整体认识有所增益。20世纪初，美国新史学的奠基人之一鲁滨孙教授有段话讲得很好："人类这样东西，绝不是科学地分门别类的总和。水是由氢和氧组成的，但是水既不像氢，又不像氧。假使要把人类的素质用科学方法分类成宗教的、美术的、经济的、政治的、知识的和好战的，那就太牵强了。对这些素质固然可以进行分类的研究，而且很有裨益，但是假使没有人去研究它们的整体，那么分类研究，一定要产生极荒谬的结果，那些研究整体过程的人，就是历史学家。"①因此，不管任何学科对历史的单一研究如何发展，它们都不能取代史学研究，整体性研究的作用和意义是局部研究所无法企及的。

综合性、整体性是历史学这个学科的特征，而不是说在这个学科内部的一切研究都是综合性、整体性的；相反，它恰恰是要通过许多个别的具体的研究去认识历史的整体，完全失去个别性、具体性研究的整体研究，则不是历史研究，而是哲学研究了。史学研究历史过程的整体性这一特征，对研究工作者的要求有二。第一，不管进行个别的还是特殊的研究，都要从历史的整体出发，把任何个别的或特殊的历史事物都看作历史的组成因素，放到和其他因素的相互关联中去考察；综合性、整体性的要求，不排斥个别性、具体性的研究，而仅反对那些离开历史的整体联系孤立进行考察的个别性、具体性研究，因为那些研究既无助于人们认识历史的整体，又不能认识对象本身。第二，综合性、整体性的特点，要求研究者尽量对历史进行较多的宏观考察。宏观考察就是对历史的整体分析，是对个别研究、具体研究的总结和升华。如果离开历史的宏观考察，在历史学范围内全是个别的、具体的研究，那么尽管这些研究也坚持历史联系性的观点，其研究成果仍然是支离破碎的，人们不可能借此去认识历史的整体。因为宏观考察的对象范围广阔，需要进行较高的科学抽象，其研究风格和具体研究十分不同，实证性稍逊于具体研究，容易给人以空洞之感。但历史学离开宏观考察，就不可能完成对历史过程进行整体性认识的神圣任务。而失去这一点，历史学才真正没有存在的余地了。

和一般人文社会科学相比较，史学研究的另一重要特征，就是它把发现原因看作始终不懈的任务，"探赜索隐"，"原始要终"，这种古代史学的传统方法，已经积淀为历史学家基本的心理素质。在看待历史学的这一特征上，从古到今，所有严肃的史学家的认识是一致的。现代英国史学家卡

---

① ［美］詹姆斯·哈威·鲁滨孙：《新史学》，齐思和等译，49 页。

尔说："历史学家是以他所提出来的原因而知名的。吉本把罗马帝国衰亡的原因归结为野蛮和宗教的胜利。十九世纪英国的具有辉格派传统的历史学家，把英国霸权之兴起和旺盛的原因归结为体现着宪法自由的原则的政治制度的发展。今天看来，吉本和十九世纪英国历史学家的观点是陈旧的，因为他们忽视了经济的原因，而近代历史学家是把这些经济原因推在最前列的。每一有关历史的争论都是环绕着什么是主要原因这一问题来进行的。"①这话很有见地。马克思的伟大，也在于他揭示了人类历史运动的终极原因。

　　发现原因，就是承认历史运动中的因果关系；正是有因果关系的存在，历史才呈现为不断更替的运动，才可以成为被加以解释的对象。当然，历史中的因果关系是非常复杂的。原因与结果这两个观念也是相互作用、相互转化的。研究历史中的因果关系，也必须有一个辩证的头脑。恩格斯说："原因和结果这两个概念，只有在应用于个别场合时才适用；可是，只要我们把这种个别的场合放到它同宇宙的总联系中来考察，这两个概念就联结起来，消失在关于普遍相互作用的观念中，而在这种相互作用中，原因和结果经常交换位置。"②所以，我们承认历史现象之间的因果关系，但不能简单地谈论现象之间的单线因果性，不能一般地谈论它们一个对一个的线性作用。在现实的历史运动中，可能同一种原因会引起许多不同的结果，也可能同一种结果而出自不同的原因，认识事物的原因，不能离开具体的历史分析。

　　研究历史就是要科学地解释历史，而解释就是发现历史现象的原因。"研究历史就是研究原因。"③这句话道出了历史学与其他学科相区别的重要特征。当然，任何科学研究都不能不分析原因，但其他学科的侧重点则不在这里。譬如社会学，它主要通过社会调查、利用统计学手段去发现现实的社会问题，提出社会改造的实施方案。当然，提供解决问题的方案时，它不能不查找问题的原因，但其侧重点则是在前者而不在后者。它没有必要也不可能用过多的力量去分析社会问题形成的复杂的历史原因。这里，

---

① ［英］爱德华·霍列特·卡尔：《历史是什么?》，吴柱存译，96～97页。
② 《马克思恩格斯选集》第 3 卷，361 页。
③ ［英］爱德华·霍列特·卡尔：《历史是什么?》，吴柱存译，93 页。

我们跳出人文社会科学的范围谈一些其他学科，比较这些学科会更能加深对历史学这一特性的理解。20 世纪 40 年代以来，在自然科学领域兴起一批新的横断学科（如系统论、控制论等），它们的科学方法的特点，就在于不考察事物运动的原因，而仅仅重视事物的行为方式。

从 20 世纪 80 年代开始，控制论方法被引入历史研究，这本是一个十分可喜的现象，如果这种方法能和历史学本身的方法结合起来，协调运用，那将会推动史学以长足的进步。但是，有些学者在使用这种方法时，恰恰忽略了历史学本身的特点，以为控制论不研究事物的原因，而历史研究也可以不去发现事物的原因。他们说："历史科学研究的困难常常在于：对于一些重大的历史现象，我们不难在经济上、政治上、意识形态上分别找出许许多多原因来。但这些原因本身常常互为因果，使得找主要原因的方法变得无能为力。……它需要我们在方法论上有所建树，它需要我们从分别寻找经济、政治、意识形态方面终极原因的传统方法中摆脱出来，而从三者的相互作用相互关系的角度、从社会结构的特点来理解历史的进展。"①然而，忽视历史运动中复杂的因果关系的考察，得到了什么样的结论呢？历史在诸种历史力量的相互作用中发展，而各种历史力量本身都不能究明，由复杂的历史联系造成的活生生的历史过程，实际上变成了一个空洞的框架。在他们同类课题的几十万言的著作中，没有人的活动，没有偶然和反常，运用的是最新的科学方法，造成的是一种历史命定论的倾向。其原因就在于，他们忽视了历史学本身的特性。控制论不研究事物的原因是这一学科的特点，它并不能说明历史学不应该研究事物的原因。哲学家克劳斯说："控制论的许多学说只重视系统的行为而不重视行为的原因，这种事实决不是意味着没有这样的原因，或发现这些原因在某些场合对科学无价值。恰恰相反，对现实的全面而深刻的理解总是以认识原因为前提，发现原因必须始终是科学的主要任务之一。"②

---

① 金观涛、刘青峰：《中国历史上封建社会的结构：一个超稳定系统》，载《贵阳师院学报（社会科学版）》，1980(1)。

② ［民主德国］G. 克劳斯：《从哲学看控制论》，梁志学译，98 页，北京，中国社会科学出版社，1981。

《周易·系辞上》说:"探赜索隐,钩深致远……莫大乎蓍龟。"①这是古人的迷信。其实,"探赜索隐",发现历史的隐秘,揭示历史现象的真正原因,才正是历史学的特性和任务,它借此为后人提供万世垂训。

和文学相比,历史学还有它特别强调真实性的特性。当然,文学也讲求真实,要真实地反映社会生活,但文学讲求的真实是艺术的真实,而不是实际生活的真实。艺术的真实以实际生活的真实为基础,然而它又比实际生活更高、更集中,更具有强烈的艺术感染力。因此,艺术的真实是在实际生活的真实的基础上,由文学家进行选择、提炼、概括和加工而创造出来的。在这个加工创造的过程中,文学家可以展开丰富的想象,运用虚构的手段,调动语言的艺术,塑造典型的艺术形象。特别在语言上,文学家可以充分地运用各种修辞手段来描绘自己的艺术形象,甚至经常运用夸张来显示自己优美的文采。如《庄子·逍遥游》中关于鲲鹏展翅的描绘:"北冥有鱼,其名为鲲;鲲之大,不知其几千里也。化而为鸟,其名为鹏,鹏之背,不知其几千里也。怒而飞,其翼若垂天之云。是鸟也,海运则将徙于南冥。南冥者,天池也。齐谐者,志怪者也。谐之言曰:'鹏之徙于南冥也,水击三千里,搏扶摇而上者九万里,去以六月息者也。'"②读这样脍炙人口的文章,真胜过品尝一盘美味佳肴。然而,这一切都是历史学的大禁忌。

史家作史贵真实,不能有任何夸大其词,章学诚的文史之辨,是谓极精辟之论。他说:"一切文士见解,不可与论史文……文士撰文,惟恐不自己出;史家之文,惟恐出之于己……史体述而不造,史文而出于己,是为言之无徵,无徵且不信于后世。"③史学文章是必须做到信而有征的。然而章氏所言,还仅在材料的真实有据,而在实际的历史研究中,求得历史之真,问题要复杂得多。这里有两点务必引起注意:一是有据未必真实,二是真实应包含着解释。

首先,关于"有据未必真实"的问题。所谓有据,无非是说有文献作为依据,而文献,一是打上了记录者的主观印记,二是有些文献未必能反映事物的本质联系。处理史料需要有辩证分析的头脑。列宁有段话很深刻:

---

① (清)阮元校刻:《十三经注疏》,82页,北京,中华书局,1980。
② (清)王先谦注:《庄子集解》,诸子集成本,1页,上海,世界书局,1935。
③ (清)章学诚撰:《章学诚遗书》卷十四,125页,北京,文物出版社,1985。

"在社会现象方面，没有比胡乱抽出一些个别事实和玩弄实例更普遍更站不住脚的方法了。罗列一般例子是毫不费劲的，但这是没有任何意义的或者完全起相反的作用，因为在具体的历史情况下，一切事情都有它个别的情况。如果从事实的全部总和、从事实的联系去掌握事实，那末，事实不仅是'胜于雄辩的东西'，而且是证据确凿的东西。如果不是从全部总和、不是从联系中去掌握事实，而是片断的和随便挑出来的，那末事实就只能是一种儿戏，或者甚至连儿戏也不如。"①仅仅看到文献中有一条材料就信以为真是不行的，要善于从联系中去掌握事实。所以，史学研究要求得历史之真，"只有靠大量的、批判审查过的、充分地掌握了的历史资料"，才能完成任务。

其次，关于真实应包含着解释的问题。这里要消除一个偏见。有些历史学家讲历史的真实，总是说要按历史的原貌记录下来，不掺入任何主观的解释，事实上这并不能反映历史的真实。历史现象中蕴含有本质的联系，有因果性的联系，如果不把历史的内蕴揭示出来，仅记录了它外在的面貌，能算是什么真实吗？起码它缺少了内在的真实。李大钊说过："历史的真实有二意义：一是说曾经遭遇过的事的纪录是正确的，一是说关于曾经遭遇过的事的解喻是正确的"，"只有充分的纪录，不算历史的真实；必有充分的解喻，才算历史的真实"。② 这些话的确应引起我们的高度重视，切不可仅把记录下历史的表面过程当作完成了历史学求得历史之真的使命。

真实性，是历史学为完成自己的任务所特别强调的。离开真实，就无所谓历史的启示，就不能给现实提供可靠的借鉴。一切从事历史研究的人，务必对此有清醒的认识。

总之，历史学有它特殊的研究对象和任务，并由此衍生出这一学科的许多重要特性。它与哲学相比的特殊性特征，与一般人文社会科学相比的综合性、整体性特征，与文学相比的真实性特征等，都是其特性中较显著且重要者。很好地认识这些特征，对于认识这一学科并为完成它的任务而奋斗有极重要的意义。

---

① 《列宁全集》第 23 卷，279 页，北京，人民出版社，1958。

② 李守常：《史学要论》，7～8、7 页，石家庄，河北教育出版社，2000。

第三章　历史学内部的学科结构

对于整个人文社会科学系统来说，历史学只是其中一个专门性的学科，然而就历史学自身来讲，它又是一个庞大的学科群，可以分成众多的专业门类或分支学科。每个分支学科都有自己独特的对象和任务，同时，各学科之间又有着相互影响、相互依存的复杂的相互作用关系，形成一个有着内在联系的学科整体。分析这个学科整体内部的复杂结构，不论对于认识历史学的整体面貌还是对于认识自身从事的专业在整个历史学中的位置和作用，都是必要的、有益的。

一、历史学系统的分类标准

研究历史学系统内部的学科结构，第一步要解决的是如何对史学系统进行学科分类的问题。这是很长时间以来没人做过的工作了，却不是从来没人做过。随着古代史学的发展，在封建社会中期，就有人开始尝试，不过那种做法实在是过于简单。根据杨鸿烈在《史学通论》中的归纳，以前人们已经采用过五种分类标准，即分别以体裁、内容、区域、时间、史籍的进化阶段作为分类的标准。这些分类标准虽有很大差异，但存在着共同的问题，即他们提出的实际上是史书的分类，是史籍种类的分辨，而不是史学研究的学科划分。这五种标准都不可能解决今天历史学内部的学科划分问题。

根据科学研究的对象划分不同的学科门类，是科学界所公认的。这一标准同样适用于历史学大系统内部更专门化的学科划分。

我们从经验的事实谈起。整个史学研究是以不同民族或国家的具体历史过程为对象的,而具体的民族或国家历史的单独研究,就形成了不同的历史学专业,或者说是历史学的分支学科。譬如对于中国历史的研究,就是历史学系中的一个单独的学科。但这样的划分,仍然是大而化之的。因为在实际的历史研究中,中国史这个学科还在进一步分化。有人专门研究秦汉时期的历史,有人专门研究隋唐时期的历史,于是就形成了秦汉史专业、隋唐史专业,这无疑都是得到人们承认的历史学中的分支学科。这些学科的成立,显然都是因为它们依照不同的研究对象,划定了自己特定的研究领域,世界史范围内的研究也是如此。我们还可以看到,历史学科系统中,有些专业、学科并不研究具体的客观历史过程,但也有自己的特定的研究对象。譬如,史学理论专业,它不是研究客观的历史过程,而是以历史学本身作为自己的研究对象。史学理论中的"历史认识论",也是一个分支学科,它也不研究客观历史本身,而是以历史学家的认识活动为对象,是专门研究历史认识活动的性质。这些学科都是历史学系统的重要组成部分,因为有自己专门的研究对象而获得独立存在的根据。因此,我们认为,以研究对象为标准划分不同的学科门类,同样适用于历史学内部分支学科的划分。以此为标准,可以理出一个比较清晰的历史学系统,描绘史学研究的科学图景。

以研究对象为划分史学内部分支学科的标准,可以将历史学内部的各种专业、学科分成三大部类:以客观历史为对象的诸学科,以史学本身为对象的诸学科和以历史资料为对象的诸学科。

二、以客观历史为对象的诸学科

这类学科是历史学学科群中的主体学科,正是它们担负着人类认识自己历史的重任。根据研究方式以及具体认识任务的不同,它们又可划分为两大类:对客观历史过程进行具体研究、描述的"记述的历史"和对不同民族或国家客观历史过程进行抽象研究的历史哲学学科。

(一)记述的历史

"记述的历史"是史学家对历史过程中的具体历史现象进行实证性研究的成果，它要通过历史事物的各种具体联系，描述历史在各种因素的相互作用中向前发展的活生生的历史过程。"记述的历史"包括的学科最多，我们在下面分别述之。

通史和断代史在我国史学史上都有悠久的史学传统。《史记》是通史之开山大作，《汉书》为断代史之初祖，二者各有所长，互相补充，在人们的历史认识中发挥着各自的特殊作用，在史学研究中不可偏执其一，有所废弃。从历史上看，人们对二者有不同评论，各执一端，以论短长。刘知幾贬抑通史之作，说："况《通史》以降，芜累尤深，遂使学者宁习本书，而怠窥新录，且撰次无几，而残缺遽多，可谓劳而无功，述者所宜深诫也。"[①]他盛赞断代史之"如《汉书》者，究西都之首末，穷刘氏之废兴，包举一代，撰成一书。言皆精练，事甚该密，故学者寻讨，易为其功"[②]。而郑樵则盛讥班固断代为史"遂失会通之旨"[③]。清代史学理论之集大成者章学诚认为治史贵求"变通之道"，所以特重视通史之作。他说："迁书通变化，而班氏守绳墨……推精微而言……班史之去迁书也远。盖迁书体圆用神，多得《尚书》之遗。班氏体方用智，多得官礼之意也。"[④]他总结通史之修，其便有六，其长有二，其弊有三。[⑤] 诸家之论，各有道理，也各有所偏，当今学人对通史和断代史应该有比较全面的看法。

通史和断代史在当今的史学研究中，是两门不同类型的学科。此外，还有专门史、事件运动史。

1. 通史

通史的特点在于"通"，纵通和横通。纵通，是说它从古到今，通显一国一民族历史变迁之大势。卒读一书，便可纵览一个民族或国家整体历史

---

① (唐)刘知幾撰，赵吕甫校注：《史通新校注》，45 页，重庆，重庆出版社，1990。

② (唐)刘知幾撰，赵吕甫校注：《史通新校注》，59 页。

③ (宋)郑樵撰：《通志》总序，志一，北京，中华书局，1987。

④ (清)章学诚著，仓修良编注：《文史通义新编新注》，36 页，杭州，浙江古籍出版社，2005。

⑤ 参见(清)章学诚著，仓修良编注：《文史通义新编新注》，236～248 页。

的发展变化脉络，便于人们系统地把握历史；横通，是说它包含历史的各个方面，政治、经济、军事、文化、社会生活等诸方面都要涉及，并将诸方面按照历史本身的内在联系有机地融为一体，以展示历史在各种复杂因素的相互作用中向前发展的实际面貌。通史描述历史的整体过程，其作用是其他分支学科所无法替代的。通史学科中的专业划分也很细密，譬如其中的国别史，每个国家都有自己的历史，因而就要相应地设置一个学科。准此而论，仅国别史一类，就要有一百多个分支学科了。

2. 断代史

断代史是记述某一历史时代的历史，在记述方法上和通史体例相同。和通史的研究相比，断代史研究显得专注集中，易于向历史的纵深处开掘，把研究引向深入。人们要了解某一时代的历史风貌，则非靠断代史不可。近代以来，断代史研究日多，治通史者少，专业越划越细，学问越做越专。现在，仅中国史的断代研究，就分出以下诸多专业：中国古代史（原始社会至清）、先秦史（原始社会至秦统一）、秦汉史、魏晋南北朝史、隋唐五代史、宋史、元史、明史、清史、中国近代史、中国现代史、中华人民共和国史等，而且实际研究中，有的研究方向断限更细，譬如先秦史，又分化为：原始社会史、夏商史、西周史、春秋史、战国史等。断代史研究的日益发展，也暴露其弊端，使得有些学人在自己的断代以外，孤陋寡闻，治魏晋而不懂秦汉，治隋唐而不及五代，以致弄到史学家而不懂"史"之地步。

3. 专门史

这是就历史整体的某一个侧面进行专门研究产生的学科。譬如，在中国史范围内的专门史学科，一般有中国政治制度史、土地制度史、赋税制度史、经济史、文化史、军事史、民族史、民族关系史、教育史、法律史、政治思想史、哲学史、手工业发展史、商业史、货币史、交通史、科技史、风俗史、社团发展史、民主党派史等。事实上，学者们又将这些专门史做断代的研究，使学科继续分化，如经济史又分成古代经济史、近代经济史，还有专门研究秦汉经济史、宋代经济史等。所有这些都已作为独立的专业研究方向招收研究生，人们也不能不承认它作为一个独立的分支学科的资格。这些专门史，起初都是在历史学内部发展起来的。后来，随着历史学以外的各门科学的发展，有些变成了交叉学科。譬如哲学史，哲学要发展，就不能不了解自己的历史，于是，它就把哲学史列为自己的一个分支学科。这样，哲学史就成了哲学与史学两大学科的交叉学科。不过，我们在其他地方已经讲过，从史学角度出发进行的研究和其他学科的研究有很大的不同，这使得这些专门史学科在史学内部会长久地存在下去，永不失去史学大家庭一员的资格。

4. 事件运动史

这是围绕一些重大的历史运动、历史事件开展学术研究而形成的专门性学科。把这些说成是"学科"似乎有些夸大，但它确实是构成了专门的学术领域。例如，中国史研究中的中国农民战争史、鸦片战争史、太平天国运动史、洋务运动史、戊戌变法史、义和团运动史、辛亥革命史、五四运动史、土地革命战争史、抗日战争史、解放战争史、新民主主义革命史、中国革命史等；世界史研究中的英国革命史、法国革命史、一八四八年欧洲革命史、文艺复兴运动史、启蒙运动史、"一战"史、"二战"史、民族解放运动史、十月社会主义革命史等。这些重大历史事件、历史运动的研究，确实值得也需要一些学者去花费毕生的精力。能够形成专门的研究领域，成为一个专门学科的，都是在历史上产生过重大影响的事件或运动，而且多是影响或改变了一个民族或国家历史进程的事件。对它们进行专门深入的研究，是认识整体历史的必要前提。

"记述的历史"所包含的分支学科大致如此。现在我们需要简单讲一下这些分支学科之间的关系。大体说来，通史学科的发展是以断代史、专门史、事件运动史的发展为基础的，只有在汇总、吸收诸学科成果的基础上，才会有通史研究的深入。但它们的关系又是相互的，通史研究又是断代史、专门史、事件运动史研究的重要前提，因为这些学科研究的对象，仅仅是整个历史的一个部分、一个侧面，脱离整体研究的局部研究是无法进行的。现在史学界的状况是，专家多而通才少，高等学校的历史教学状况更是如此，连一门断代史课程都不能通讲的教师已在少数。在当今史学界，像范文澜、翦伯赞那样博古通今的大学者，几乎是很难找到了。这种忽视通史研究的现象值得注意。忽视通史学科，断代史、专门史的研究无论怎么深入，历史学都无力完成描述一个民族或国家整体历史过程的伟大任务。

（二）历史理论即历史哲学

对不同民族或国家的历史进程进行抽象的理论研究，产生了一个独立的重要的学科，这便是历史哲学。这个学科，对于今天的史学界特别是年轻学人来说，已经变得陌生了，我们不得不多少费些笔墨来加以阐述。

"历史哲学"一词是18世纪法国启蒙运动著名思想家伏尔泰最早使用的，意谓人们对于历史应该达到一种哲学的或理论的理解。历史是人类过去的活动，但是人们对于历史的认识却不应仅限于要求确定或者知道历史事实，还应要求能从历史事实中总结出一种理论观点来，亦即应把编年史的记录提升到一种思想理论的高度上来，寻求历史发展变化的某些规律和法则，从历史事实中抽绎出意义，或者是给历史事实赋之以意义，从而把历史事实归纳为一种理论体系。这种理论性的活动，就是近代以来首先在西方兴起的历史哲学。一般认为，18世纪意大利哲学家维柯的《论民族共同性的新科学原理》一书，标志着近代历史哲学的产生。其后，比较突出的历史哲学家有法国的孟德斯鸠（1689—1755）、伏尔泰（1694—1778）、爱尔维修（1715—1771）、孔多塞（1743—1794）、孔德（1798—1857）；德国的赫尔德（1744—1803）、康德（1724—1804）、费希特（1762—1814）、黑格尔（1770—1831）、施本格勒（1880—1936）；英国的汤因比（1889—1975）等。这些都是在历史中寻求规律的历史思想家，他们的历史思想被称为思辨的历史哲学。

20世纪初，由于自然科学上各种新发现和新理论的不断涌现，旧的意义上的自然哲学就悄然让位于科学的批判哲学，于是在史学领域中，也就随之发生了思辨的历史哲学体系日益让位于批判的（也称分析的）历史哲学体系的趋势。分析派历史哲学家们，严厉批评了以往思辨的历史哲学体系，认为他们在历史中寻找规律、法则给历史以解释的企图都是徒劳的。分析派的出发点是，要理解历史事实，首先要理解历史知识的性质。历史哲学的任务，首先是应该对历史的假设、前提、思想方法和性质进行反思。这样，分析的历史哲学，就把研究的重点从解释历史事实的性质转移到解释历史知识的性质上来，或者说是把研究重点从对历史的形而上学的研究转移到对历史的知识论的研究上面来。历史记录是历史学家对历史的表述方式，人们是通过历史记录而认识历史事实的，因而，分析派历史哲学所面对的问题就更多的是历史认识是什么，而不再是历史本身是什么；更多的是人们是怎样认识历史的运动的，而不再是历史自身是怎样运动的。也就是说，在分析的历史哲学家那里，问题已经不再是对历史本身的探讨和解释，而是对历史学的探讨和解释，它要对历史知识进行一番哲学的批判。1874 年，英国学者布莱德雷的《批判历史学的前提假设》一书问世，是现代分析的历史哲学的开端。其后，这派历史哲学的主要代表人物有：德国的文德尔班（1848—1915）、李凯尔特（1863—1936）、狄尔泰（1833—1911）、迈纳克（1862—1954）；意大利的克罗齐（1866—1952）；英国的柯林武德（1889—1943）、罗素（1872—1970）、波普尔（1902—1994）等。

西方近代以来的历史哲学情况大致如此。不过，我们平常提到的"历史哲学"，就是专指上述这些历史哲学派别，至于马克思主义的历史学，似乎不应该有历史哲学。在中华人民共和国成立后的 30 年内，人们很忌讳使用"历史哲学"概念。

导致忽视历史哲学研究的，大概是人们教条地理解了恩格斯一段话的结果。恩格斯说："现代唯物主义本质上都是辩证的，而且不再需要任何凌驾于其他科学之上的哲学了。一旦对每一门科学都提出要求，要它们弄清它们自己在事物以及关于事物的知识的总联系中的地位，关于总联系的任何特殊科学就是多余的了。于是，在以往的全部哲学中仍然独立存在的，就只有关于思维及其规律的学说——形式逻辑和辩证法。其他一切都归到关于自然和历史的实证科学中去了。"①其实，这段话不应该是忽视历史哲学研究的根据。的确，我们不需要在历史科学之上再建立一门凌驾于它而又区别于历史唯物主义的"历史哲学"，但在历史学的范围之内，我们仍需要对具体的历史过程达到一种系统的整体性的理论性抽象性认识，以便把握一个民族或国家历史发展的特殊规律，把对一个民族或国家的整体性的历史研究提高到一种理论形态的水平，而这一任务绝不是哲学历史唯物主义应该完成的，也不是一般的通史学科能够完成的。执行这一特殊任务的学科，就是历史哲学。

历史哲学的性质或任务，可以归纳为：（1）历史哲学是以正确的哲学做

---

① 《马克思恩格斯选集》第 3 卷，364 页。

指导，其抽象程度低于哲学的一种理论形态；（2）历史哲学不应该完全脱离史学的实证性特征，不应该是一种纯粹的形而上学，它对历史过程的理论论证，是结合着一些具体事实的阐释进行的，这一点也使它和哲学相区别；（3）历史哲学对记述史学的各门分支学科的发展有重要的促进作用，离开历史哲学的深入发展，不可能写出真正反映历史内在联系的通史性著作。以不同民族或国家的历史进程为对象，研究其复杂的内在联系并揭示论证它们的特殊历史规律，把人们对一个民族或国家的整体历史过程的认识升华到理论知识的水平，这便是历史哲学学科的任务。我们这样规定历史哲学的性质和任务，就使它既不同于哲学历史唯物主义，又不同于西方近代以来的思辨历史哲学和分析历史哲学。历史哲学是包含在历史学内部的、历史学实现自身任务所必不可少的一个分支学科。这样，我们就赋予了历史哲学以新的理解。根据这样的理解写成的历史哲学著作，既不同于黑格尔的《历史哲学》，又不同于柯林武德的《历史的观念》，它应该取名《中国历史哲学》《欧洲历史哲学》等。

三、以历史学本身为对象的诸学科

随着历史学科的发展，人们把历史学本身作为研究对象，也形成了一批性质不同的学科。大体说来，它们是：对历史学自身进行史的具体考察的史学史学科，对史学现象及史学研究进行抽象的理论考察的史学理论学科，专门研究史学表达形式的历史编纂学，对当代史学成就进行检验、分析评点的史学评论学科。这四者形成一个相对独立的研究系统。

（一）史学史

史学史学科以史学发展的历史过程为对象，其任务在于，用历史的方式，按照年代顺序，遵循史学发展的内在规律，研究和描述史学发展的具体过程，对于不同发展阶段上史学著作的源流、体例，史学家的思想、成就，史学的目的、功用，史学的时代特点以及与其他学科相互影响渗透的关系等，都做出历史的说明。这种史学的总结，历代史家史著的分析评点，对于史学家认识史学的发展趋势、汲取历史的经验教训，以更好地发展今日的历史科学，是十分重要的。史学史学科是历史学发展到一定阶段的产物，又是历史学进一步发展的需要。

(二)史学理论

史学理论是历史学对于本学科的反省、反思和自我认识的理论产物。对于史学本身的认识，也有过长期的"经验的历史"，其历史之长短和实证的历史学是一样的久远。但是，这种经验性的认识，变成系统的理论性认识，则是随着历史学的逐渐成熟而完成的。刘知幾的《史通》、章学诚的《文史通义》，是中国封建时期史学达于繁盛阶段时对自身所展开的理性反思；20世纪80年代以来兴起的史学理论热，也是中华人民共和国历史学经过了曲折道路以后，在正反两方面经验的启迪下进行理性反思的学术运动。中华人民共和国成立后，唯物主义历史观在整个史学界确立了指导地位，史学研究的实践也证明了这一新的历史观对于历史学的重要性。但是，史学家们则天真地以这一理论代替了历史学自身的理论探讨，以为靠着唯物史观的一些经典性结论，就可以解决所有的史学问题(实践的和理论的问题)。但是，"文化大革命"的历史沉痛地教训了我们，忽视历史学自身的理论方法研究，轻率地直接硬套唯物史观的原理，根本无法克服公式化、教条化的弊端，猖獗的形而上学就总是能够找到它的可靠基础。因此，历史学必须有自己独立的理论方法论体系，建设自己的理论学科。

史学理论学科又可分成三个基本的分支学科：史学本体论、历史认识论、史学方法论。这三个分支学科的对象和任务，在本书"绪论"中已经论及。

(三)历史编纂学

这是专门研究史书的体裁、体例等编纂形式的学科。史书编纂，是史学研究的最后一道工序。对于一项单纯的研究工作来说，只要得出结论，就已经达到目的，编纂问题似乎无关轻重。但是，科学研究要进行交流，特别是要实践它的社会功能，就非得表达出来不可。不管采取什么形式，研究的最后表述是必不可少的一环。而且表述工作完成的好坏，直接影响到研究的深度、科学性的实现及其社会作用的发挥。所以，古今中外的史学大家们，无不重视历史编纂学问题。甚至在某些学术著作中，历史编纂学就是历史学的代名词。把整个史学降低到编纂学的水平是错误的，忽视编纂学研究的倾向也应当引起注意。

历史编纂学研究史学著作的形式，但这却不仅仅是个形式的问题。因为，一方面，一定的形式总是一定的内容的反映，是由内容决定的，尽管同一内容或实现同一目的可以有不同的表达形式，但这些表达形式对于反映同一内容或实现同一目的来说，确有高下之分；另一方面，一定的形式反过来会限制或者弘扬内容的发挥。我国古代的史学家就很懂得这个道理，他们总是很认真地根据自己要反映的历史内容来选择著作的体裁，采取最适当的表达方式。司马迁在《史记·太史公自序》中说："罔罗天下放失旧闻，王迹所兴，原始察终，见盛观衰，论考之行事，略推三代，录秦汉，上记轩辕，下至于兹，著十二本纪，既科条之矣。并时异世，年差不明，作十表。礼乐损益，律历改易，兵权山川鬼神，天人之际，承敝通变，作八书。二十八宿环北辰，三十辐共一毂，运行无穷，辅拂股肱之臣配焉，忠信行道，以奉主上，作三十世家。扶义俶傥，不令己失时，立功名于天下，作七十列传。"[1]这是司马迁自言他根据不同的历史内容选择了本纪、表、书、世家、列传五种体裁，以组成纪传体通史的专书。在司马迁这里，根据内容来确定著作体裁的意识已达到相当自觉的程度。这样的例子可以举出许多。我国古代的史学理论著作《史通》《文史通义》，主要是讲历史编纂学的理论，并且达到了相当的深度。章学诚的编纂学理论是我国古代史学理论的代表。他把史著区分为"著作之史与编纂之史"，前者为"撰述"，后者是"记注"。编纂之史，任务在于把往事记录下来，使人不忘；而著作之史的任务，则要对历史做出阐释，以明历史发展之大势。他对这两种史著在编纂上提出了不同的要求，"撰述欲其圆而神，记注欲其方以智"[2]。即，记注之作，要讲究体例，以达到储存、表述丰富的历史知识之需要；而撰述，则要有通识之才，远见卓识，能阐发独到的历史见解，并在著述

---

① （汉）司马迁撰：《史记》卷一百三十，3319 页，北京，中华书局，1959。

② （清）章学诚著，仓修良编注：《文史通义新编新注》，36 页。

方法上别出心裁，不为成例所拘，既有一定体例又不拘泥于某种体例，能对各种体例运用自如，有所创新。章学诚对史书的编纂提出了很高的要求。

可惜自近代以来，历史编纂学日遭冷落。大概除了梁启超在《中国历史研究法补编》中认真讲述过编纂学问题以外，很少有人认真对待这个问题。中华人民共和国成立以来的历史学，似乎也没有把这个问题提到应有的地位。历史编纂学作为历史学的一个分支学科，应该有新的发展。

(四)史学评论

这是自 20 世纪 80 年代以来才引起人们注意，尚待着手建立的一个史学分支学科。它以当代历史研究的实践及其成果(各种论文、论著)为研究对象，对史学成果的价值、意义、得失及其原因进行科学的考察和评价。一方面，史学评论以基本的史学理论为指导去评价史学家的研究实践，为史学研究的健康发展提供正反两方面的经验借鉴；另一方面，它通过对大量史学著作的分析考察，又为史学理论学科提供生动新鲜、丰富具体的典型实证，用以检验理论的效用，推动史学理论研究在实证的基础上向前发展。可以说，史学评论是推动整个历史学科发展的有力杠杆，是史学发展的内在动力。同时，它还有一个非常重要的作用，即担负着传播历史科学成果、普及历史知识的重大使命。它善于揭示重大研究成果的科学价值，以引起世人的注意。对于我们这个学术氛围浓厚的国度来说，在扩大史学研究的社会影响，实践史学的社会功能方面，史学评论负有特殊的使命。大致说，这个学科应该研究如下问题：

> 史学评论学科的对象、性质和任务
> 史学评论学科的理论基础
> 史学评论的价值标准
> 史学评论与历史研究的关系
> 史学评论与各史学分支学科的相互作用
> 史学评论的社会功能与科学功能
> 史学评论家的素质和修养等

以上，我们简述了以史学本身为对象诸学科的大体情况。这些学科都是在实证史学发展到一定阶段后的产物，是以记述的历史为基础的，因此，它们的历史比起记述的历史来说要短一些、年轻一些，不成熟、不定型是这些学科的共同弱点。但是，它们在整个历史学中的地位则是非常重要的，特别是史学理论学科，对整个史学研究实践起着指导作用。

四、以历史资料为对象的诸学科

历史研究的对象是已经过往的客观实在，史学工作者无法直接认识自己的研究对象，而只能通过历史资料（文献的或实物的）达到对客观历史的认识。于是，历史研究的第一个前提，便是"只有靠大量的、批判地审查过、充分地掌握了的历史资料"才能展开研究工作。因此，历史资料的研究，在历史学系统中具有特别重要的地位。

历史资料的情况是非常复杂的。有的文献典籍已经有两三千年的历史，历经多次的社会动乱、天灾人祸，经过多代人的辗转传抄才保存下来，其间冒名作伪、以假乱真者有之，传抄中笔误赝入及脱字者有之，保存中简绳腐断而致脱简错简者有之，历代传注者凭臆己断、妄改致误者有之；也由于流传的年代久远，有些典籍一无姓名可考，二无年代可稽。撇开历史资料所反映的历史真实性不谈，单就资料本身，要看清它的真实面目也显得非常不易。历史研究要求得历史之真，首先需要弄清资料之真。于是就需要建立关于历史资料甄别的学问，作为历史学的基础或者工具学科。事实上，这方面的学问也确实随着史学研究的需要而发展起来了。而且，根据具体的对象和任务的不同，研究历史资料的工作也分成一系列相关的学科去进行，它们是：辨伪学、校勘学、辑佚学、版本学、考据学和史料学等。

（一）辨伪学

古代历史典籍中，有一部分是出于后人的伪造。出现伪书的原因也很复杂：有些书籍，分明是后世写的，却嫁名于古人，这是他们迫于世人"贵远贱近、向声背实"的思想风气，托古人之名以传其书；有些人为了在学术上或政治上压倒自己的对手，假古人名伪造著作，为自己的见解张目；有些人趁社会改朝换代、皇帝稽古右文、悬赏求书之机，伪造古书卖钱求官；也有些好事之士故意造作古书，欺骗后人等。既然古书有真伪，阅读古书，利用历史资料而不受其赝品、伪作的蒙蔽，就非有一套鉴别伪书的专门学问不可。辨伪学就是这样适应着学术发展进化的需要而产生的，其基本的任务，就在于考定历史书籍之真伪，弄清古书的作者和时代，以便于更好地运用资料和处理资料，为研究工作的开展提供有利条件。

(二)校勘学

校勘作为一种学问，是随着古书的流传产生、发展的。古书在流传中致误的因素很多，大体分为两种：一是客观因素造成的，诸如水、火、虫蚀、社会动乱等原因所造成的书籍错误，也包括传抄、传刻中由于文字形近或音近而出现的无意识失误；二是主观因素造成的，即历代总有某些校书者不通古书而妄改致误，也有为避讳而改字者。古人常说，古书因雠而误者往往居半。各种因素造成的古籍文字差异混乱，可分为误、脱、衍、倒四种情形。误，是传写或翻刻中产生的错字。脱，是脱漏的文字，包括脱文、阙文和佚文(整篇、整章、整段散佚者)。古书在简册时代，由于韦编断烂，脱失一简或几条简的情况是惯常现象。衍，是多出的文字。倒，是文字的颠倒错乱。简册散乱之后，前后次序倒置错乱非常严重。由于这些问题的存在，就需要进行恢复古籍原貌的工作，于是产生了校勘学。校勘，就其狭义而言，是指校正古书在流传过程中产生的种种讹误，以期恢复古书文字、篇章的原始面貌。就其广义而言，也包括校正原书取材、立说的谬误，或考察记载异辞在内。一般说的校勘学，是就其狭义而言，其任务仅在于恢复古书文字篇章的原始面貌。

(三)辑佚学

古代书籍，不传于后世的很多。这一方面是由于历代"兵燹""祸乱"所致，另一方面也是古代落后的书籍传播方法、工具所引起的必然后果。马端临在《文献通考·经籍考》序中说："汉、隋、唐、宋之史俱有艺文志。然

《汉志》所载之书，以《隋志》考之，十已亡其六七；以《宋志》考之隋、唐，亦复如是。"古代书籍散亡率之高确实如此。古代书籍既有如此严重的散佚现象，搜求散佚典籍就成为深入研究历史的必然要求。特别是那些已经散佚了的古代著名学者的著作，从目录文献中可以看得出曾经取重于当时的著作，务必想法以恢复出原书的面貌。这种方法就是通过其他书籍中引用的材料，特别是从一些大型类书中，将原书的材料重新搜辑、整理出来，以期恢复作者原书的面貌，或者能恢复它的某些部分（彻底恢复其全部面貌当然是不可能的），这便是辑佚。进行这一工作的方法、途径形成一种专门的学问，是谓辑佚学。

（四）版本学

古代典籍以传抄为主的传播方式，使得一书问世，即传为许多不同的抄本，从而增加文字上的歧义和讹误。《汉书·艺文志》说："昔仲尼没而微言绝，七十子丧而大义乖。故《春秋》分为五，《诗》分为四，《易》有数家之传。"这些不同的家传统绪，实际上是据以不同的本子。譬如《尚书》，汉成帝时，刘向以中古文校欧阳、大小夏侯三家经文，文字异者七百有余，脱字数十。传本不同，差异如此。雕版印刷发明以后，传本之乱及差谬之多也无法避免。譬如清代，社会上流行的书籍有殿本，皇帝在武英殿设立修书处刻印；局本，省立官书局刻本；坊刻本，各种书铺所刻；家刻本，私人自家刻书。这些不同的刻本，有刻工精细的善本，也有以盈利为目的的粗制滥造，质量优劣大不相同。对于这种版本上的混乱，必待弄清而后用。于是，专门研究各种典籍的刊刻渊源、行款版式及流传情况以穷明版本之优劣的版本学便发展起来。研究历史资料不能没有版本学的知识，研究古代历史不能不求诸古籍之善本。

（五）考据学

考据，是考核辨证史料、史事、文字等，务必信而有据。就广义而言，考据学应该包括以上辨伪、校勘、辑佚、版本诸学，但我们单独讲它，是想强调在以上范围之外，还要建立专门研究历史事实（历史资料反映历史之真实）的学问，即历史事实的考证方法。因为，即使做了版本的辨伪、校勘工作，证明了某一版本的真伪优劣，说明它已经是真本、善本，那么书中的记载是否全部真实，则又是一个问题，要保证研究的科学性，就必须对书中的历史材料做一番考证工作。近代西方史学把考证分为两大类：外考证和内考证。外考证者，决定某种材料之真伪，辨伪校勘是也；内考证者，决定某种材料之陈述是否可信或可能，即我们所谓考据学的任务。

(六)史料学

这是一门专门研究史料的搜集、整理、鉴别和运用的学问。它可以区分为两大类。一类研究搜集、鉴别和运用史料的一般规律和方法，可称为理论史料学。这种史料学可以把以上几门研究历史资料的学问都包括进去，但也还不完整，它还要偏重研究史料运用的方法问题，这在以前的史料研究中是被忽视的一个方面。自不待言，理论史料学的研究尚待加强。另一类研究某一历史时期或某一史学领域史料的来源、价值和利用，可被称为应用史料学，这种史料学对于青年学人尤其重要。应用史料学研究同样是薄弱的，对于某一历史时期的史料进行研究和揭示的著作很少但尚可稀疏地看到，而对于某一专门的研究领域特别是重大学术专题的研究来说，专门的史料学著作则几乎没有。史料学是丝毫不应忽视的重要的工具学科。

以上所谈以历史资料为对象的诸学科，都有自己丰富的理论和方法，我们这里展开去谈是不适当的，只是十分简要地交代它们的性质和任务，以说明它们在历史学科中的地位和作用。不过，我们还必须强调一点的是，就目前我国史学界的状况说，上述学科的研究，大致都还停留在我国古代传统史学以及西方兰克史学的水平上，没有明显的发展。的确，清代乾嘉时期，在史料研究上有很大发展，辨伪、校勘、辑佚等方面都取得了值得称道的成就，也是我们今天仍需继承的一笔宝贵的史学财富。西方以兰克为代表的客观主义史学，在"如实地说明历史"的口号下，在史料研究方法科学化的道路上有很大推进，创造了许多至今仍然行之有效的方法。但是，也应看到，对于科学的历史研究来说，传统的史料工作理论还是很不够的，还应该在批判继承的基础上，建立起一套更加科学的理论体系。传统的史料工作理论，是靠形式逻辑建立起来的，而形式逻辑只是"科学的小买卖"，只能在一定范围内起作用。譬如它们可以辨明一本书的真伪，流传中的讹误，以恢复史籍的原貌，但这远不能达到我们对史料进行"批判地审查"的全部目的。科学的史料理论，应该揭示史料与历史之间的本质关系，总结史料工作的规律，从而科学地说明史料工作者应该如何去发现历史资料的真实价值。只有这样的理论，才能有助于把史学研究建立在真正扎实的事实基础上，以奠定研究的科学性。

五、历史学科内部诸学科间的相互关系

历史学科内部的上述三大类别学科，在史学研究中都不是孤立存在的。它们各自的发展都受着其他学科的制约和影响，同时也积极地影响或推动其他学科的发展，它们之间是一种有着内在联系的相互依存、彼此促进或牵制的相互作用关系。而且这种相互作用绝不仅仅存在于三大类别学科之间，而是每一类别中的分支学科都与其他类别中的各分支学科有着或亲或疏的关系，这是一个很难清晰地描述出来的关系网。探讨这一关系网，认识诸学科之间的相互作用，对于我们掌握历史学学科系统的内部机制，从而更自觉地推进历史学的繁荣和发展，是十分有益的、必要的。当然，我们下边将要描述的，也只能是一些主要学科之间的关系，而不是它们的全部相互作用。

（一）主体学科的发展有赖于史学理论研究的深入

整体历史学科的任务，在于认识不同民族或国家历史发展的客观进程和特殊规律，弄清它们特殊而真实的历史基础，为今天的实际运动指出一条合乎历史规律的道路。而这一任务，显然是直接由以客观历史为对象的诸学科来承担的。因此，以客观历史为对象的诸学科，在历史学的庞大学科群中，是主体性的学科。然而，主体学科内部，除了各分支学科可以相互充实、相互推动这一带有平衡力性质的动力因素外，却缺乏推动自身取得突破性进展的调节机制。寻找摆脱危机的出路，或者说寻找实现重大突破的路径，人们很自然地从不同的角度反省以往的实践，提出了一系列发人深省的问题。

而所有问题的共同指向，就是要求重新研究他们所遵循的理论和方法。这时候，人们也历史地发现，从近代以进化史观为旗帜的新史学对传统史学的取代，到中国马克思主义史学所实现的变革，无不是以理论的变革为先导，没有理论方法论研究的重大突破，就不会有整个历史学的转机。这是一条史学史上的真理，也真实地反映了历史学内部学科之间的重要依存关系。于是，人们开始期待一个理论研究热潮的兴起。这实际上就是 20 世纪 80 年代出现史学理论研究热潮的真实原因。

(二)史学理论研究的基础及其归宿

理论总是以实践为指归的，史学理论与史学研究实践的关系也是如此。一般来说，史学理论发展的途径有以下几条。

第一，人们对历史本身不断产生新的理解和认识，是史学理论发展的最根本的途径。一切理论和方法，归根到底都产生于科学研究的对象。因为，一切科学的理论方法论学科所解决的问题，无非就是研究人们的认识活动或实践活动应如何根据实际情况开展。黑格尔在《小逻辑》一书的序言中说，本书的陈述，"是要揭示出如何根据一个新的方法去给予哲学以一种新的处理，这方法，我希望，将会公认为唯一的真正的与内容相一致的方法"[①]。理论和方法的研究，必须紧紧追随甚至依赖本体论的研究。我们所遵循的理论方法原则唯物史观就是历史本体论，而这一本体论则是要靠历史研究不断取得的新成果来丰富和发展的。所以，从最终意义上说，没有以历史本身为对象的历史诸学科，特别是历史哲学研究的新的进展，也不会有史学理论研究的根本性突破。史学理论与历史哲学的关系特别密切，因为历史哲学是属于本体论性质的学科（虽然它在理论抽象的层次上低于哲学历史唯物主义），它研究不同民族或国家历史发展的特殊规律，史学理论（特别是史学方法论）就研究人们如何依照这些规律性的认识去研究这些民族或国家历史的具体内容。人们对客观历史所达到的新认识，化作理论和方法指导人们去进行新的研究实践；研究实践中产生的新成果修正人们的认识理论，促使理论的发展。史学理论发展的这一途径，证实着史学理论

---

① ［德］黑格尔：《小逻辑》"第一版序言"，贺麟译，1 页，北京，商务印书馆，1980。

与史学实践相互促进、相互依存的辩证关系。

第二，史学研究经验的总结、抽象、升华，不断充实调整着史学方法论体系。我们运用唯物史观研究历史并不是件容易的事情，从唯物史观对人类历史进程的一般规律性认识，达到对客观历史的具体规律的认识，是历史认识中的一个重要阶段。在这个"从抽象上升到具体"的认识过程中，也有许多工作要做，也有许多理论和方法问题需要研究。把历史研究实践中积累的大量经验性材料总结起来，从中发现一些具有普遍意义的规律性知识，是发展史学理论的基本途径。从这一点上说，史学理论研究必须以具体的史学实践作为坚实基础。

第三，史学理论不断吸收现代科学（也包括各门社会科学）所产生的新的认识方法，来丰富自己的方法论手段。这是史学理论发展的一条重要途径。史学理论发展的这一动力不来自史学的内部，于是就产生了一个新的问题——史学理论吸收其他学科的方法，其抉择的标准是什么？我们认为，它只有一个标准，就是史学实践，看它在具体历史研究的运用中是否能引导人们达到正确的历史认识。20世纪80年代，学界在这个问题上，存在一些模糊认识，以为历史学的突破性进展就在于引进新学科方法的数量，以新名词、新概念的大量堆砌，作为创立新史学的标志。其实，问题远非这么简单，任何一个新的史学体系的确立都不是以其理论的新异为标志，而是以富于开创性的具体研究成果为其开端的。所以，引进新的理论和方法，是否真的发展了史学理论体系，还要靠其在具体的史学研究实践中取得的研究成果来检验。不要忘记，理论的发展仅仅以实践为指归。

从以上史学理论发展的基本途径看，虽然史学理论学科对于具体的历史研究来说，占据指导的地位，人们把发展历史学的希望都寄托在史学理论研究的进展上面，但也必须看到，史学理论研究绝不能脱离历史研究的具体实践。它既要把以历史为对象的诸学科看作坚实基础，又要把发展这一基础作为研究的归宿。只有这样，史学理论研究才不致变成漫无边际的空洞说教。

(三)史学评论的调节作用及其自身的发展

史学评论在整个历史学系统中起着特殊作用。一方面，它调节着整个历史学科与现实社会的关系，从现实社会的需要出发去矫正史学研究的方向，促进史学研究更好地发挥社会活动向导的作用；另一方面，在历史学内部诸学科间的联结上，它也起着重要的调节作用。对于具体的史学研究来说，它紧紧追踪着最新的研究动向，总结那些运用科学理论的成功经验，给予评论和推广，促成具体研究中科学的自觉的理论意识；对于史学理论研究中的各种倾向，及时做出评价和估量，促使理论研究坚持联系具体研究实践的正确方向。史学评论始终发挥着调节这两大学科之间的偏离倾向的功能。同时，它自身又不能完全超然于二者之上，成为历史学系统中空无依傍、独往独来的特殊成员。史学评论必须从具体研究和理论研究中吸取自身发展的营养。评价具体研究成果的得与失，必须以史学理论作为分析批判的武器，也必须以评论者对历史本身更清晰正确的见解为依据。这就使得史学评论自身水平的提高，必然依赖史学理论研究与具体历史研究的整体性的发展。也就是说，史学评论不可能离开其他学科而独立存在，相反，它自身的发展是与整个历史学的发展相同步的。

历史学作为一个庞大的学科体系，其中各分支学科之间都存在着复杂的相互作用关系，以上所谈只是其中较为显著易解者。一个史学工作者，不可能对每个分支学科都有深入的研究，也没有必要做到这一步，只要能在某一个学科领域中做出独到的贡献，就是值得庆贺的了。但是，既然各学科之间存在着复杂的联系——它们是相互关联、相互牵制或相互促进的——那么，每一个专业领域的研究者，都不能不对其他学科的情况有一定的了解，注意吸收其他分支学科研究的最新成果，对自己的研究做出必要的调整。唯其如此，各个专业的专门研究才能与整体历史研究的发展保持基本一致的方向，更好地发挥整体历史学科的社会功能。

第四章　历史学与一般人文社会科学

探讨历史学与其他学科的联系，是史学理论研究的一项重要内容。以往的史学理论教本，大都讲到这一问题。但讲法各不相同。一般来说，人们把其他学科分成哲学、社会科学、自然科学三个层次，分别从其中择其要者，与历史学加以比较研究。本章只打算讲述与历史学关系最为密切的一些人文社会科学，在论证方法上，我们也不打算像某些著本那样着力探讨它们与历史学的学术渊源及其在学科发展史上复杂的相互影响，仅想站在历史学的立场上，探讨历史学可能从其他学科中获取的有益借鉴，为读者更好地利用他山之石提供帮助。

一、政治经济学

(一)学科概况

政治经济学，从最广的意义上说，是研究人类社会中支配物质生活资料的生产和交换的规律的科学。和历史学相比，这是一门后起的近代学科，是随着资本主义生产方式的产生和发展而逐步形成的。当然，在古代，譬如在中国的秦汉时期，就有一些卓越的思想家探讨过某些经济问题，但并没有把经济关系当作专门研究的对象，更谈不上建立起系统的经济理论体系。

17世纪中叶以后，随着资本主义的发展以及资产阶级日益迫切的反封建斗争的需要，资产阶级希望能够从理论上说明在资本主义制度下如何使财产增长，探讨财富生产和分配的规律，并且论证资本主义的生产优越于封建主义的生产，由此产生了资产阶级古典政治经济学。它代表着上升时期的资产阶级的利益，在资产阶级的视野内进行"公正无私"的学术探讨。古典经济学家研究了资本主义生产关系的内部联系，使政治经济学成为一门独立的科学。这派经济学家的主要代表，在英国有威廉·配第（1623—1687）、亚当·斯密（1723—1790）、大卫·李嘉图（1772—1823）；在法国有比埃尔·布阿吉尔贝尔（1646—1714）、费朗斯瓦·魁奈（1694—1774）、让·沙尔·列奥纳尔·西蒙德·西斯蒙第（1773—1842）。古典政治经济学中包含着许多科学的思想，同时又含有许多庸俗的成分，即他们不能历史地对待资本主义生产方式，而把它看作唯一合乎人的本性的、绝对的、最后的社会生产形式。并且，这些庸俗的成分很快随着资本主义制度内在矛盾的日益暴露，资本主义迫切需要辩护士的时代到来，被后期的经济学家所发展并更加庸俗化了。于是19世纪30年代以后，庸俗经济学取代了古典经济学。

资产阶级庸俗经济学产生的同时，也产生了小资产阶级政治经济学以及空想社会主义思想家的经济学理论，它们都对资本主义制度进行了揭露和批判，甚至指出了资本主义生产方式的历史性、暂时性，但是却无力对资产阶级古典政治经济学进行根本的改造。19世纪中叶，马克思和恩格斯批判地继承了资产阶级古典政治经济学的主要成果，对政治经济学进行了彻底改造，创立了马克思主义政治经济学。他们用辩证唯物主义世界观做指导，使政治经济学发生了革命变革。

政治经济学虽然是随着资本主义生产方式的建立而逐步形成的，但不只限于研究资本主义的生产关系。马克思、恩格斯都曾研究过资本主义以前的社会经济形态，并对社会主义和共产主义生产关系做了探讨。恩格斯说："政治经济学本质上是一门历史的科学。"[①]这首先是因为它的研究对象本身是一个历史的过程。人们根据研究对象的范围，将政治经济学区分为广义和狭义两种：研究人类各种社会生产、交换和相应的分配关系的科学被称为广义的政治经济学，专门研究资本主义经济关系的科学被称为狭义政治经济学。

---

① 《马克思恩格斯选集》第3卷，489页。

(二)政治经济学的方法

政治经济学的方法，主要的应注意以下三点。

(1)政治经济学研究的思维进程是：表象具体—思维抽象—思维具体。

马克思在《〈政治经济学批判〉导言》中指出，政治经济学的研究方法有两条道路："在第一条道路上，完整的表象蒸发为抽象的规定；在第二条道路上，抽象的规定在思维行程中导致具体的再现。"①人们习惯把这两条道路称为"从具体到抽象"的方法和"从抽象到具体"的方法。

人们的研究总要从详细占有材料开始，通过直观把现实具体反映为表象具体，然后经过思维的加工。第一步是对具体进行分解，抽象出一些最简单、最一般的规定；第二步再从简单规定出发，找出由简单到复杂，由低级向高级发展的形式和内在联系。经过思维的加工，呈现在我们面前的具体就是一个具有许多规定和关系的丰富总体。这样，我们就能把握总体的一切方面的内部联系以及它的发展规律。所以，研究方法包括从具体到抽象和由抽象到具体两个阶段。这两个阶段是紧密结合的，没有具体到抽象，客观的具体在头脑中就只能是混沌的整体表象；而没有抽象到具体这一阶段，我们就只能得到一些互不关联的个别要素，不能获得一个有机联系的丰富总体。只有把这两个认识阶段很好地结合起来，才能把本质和现象有机地结合在一起，使认识由感性到理性逐步深化。在具体—抽象—具体的形式中，研究的起点是客观存在的具体，在头脑中表现为对具体的感性知觉或直观表象，其终点则是经过思维加工的具体，后者又不外乎是客观具体的本质的理论的表现。因此，政治经济学整个思维方法路线可表述为：表象具体—思维抽象—思维具体。

(2)历史与逻辑相统一的方法。

政治经济学研究主要是使用科学的抽象，如马克思说："分析经济形式，既不能用显微镜，也不能用化学试剂。二者都必须用抽象力来代替。"②科学抽象，就是要运用逻辑的方法。但政治经济学本质上又是一门历史的

---

① 《马克思恩格斯选集》第2卷，18页。
② 《马克思恩格斯选集》第2卷，99～100页。

科学，它要研究人类历史上相继发生的各种经济形态。对于任何现象，包括所有经济现象，只有从它的产生、发展和灭亡的历史去考察，才会有正确的全面的认识。因此，政治经济学的认识方法，又不能不特别强调逻辑方法与历史方法的统一。恩格斯对这一方法的阐述最为精辟："对经济学的批判，即使按照已经得到的方法，也可以采用两种方式：按照历史或者按照逻辑。既然在历史上也像在它的文献的反映上一样，大体说来，发展也是从最简单的关系进到比较复杂的关系，那么，政治经济学文献的历史发展就提供了批判所能遵循的自然线索，而且，大体说来，经济范畴出现的顺序同它们在逻辑发展中的顺序也是一样的。这种形式看来有好处，就是比较明确，因为这正是跟随着现实的发展，但是实际上这种形式至多只是比较通俗而已。历史常常是跳跃式地和曲折地前进的，如果必须处处跟随着它，那就势必不仅会注意许多无关紧要的材料，而且也会常常打断思想进程；并且，写经济学史又不能撇开资产阶级社会的历史，这就会使工作漫无止境，因为一切准备工作都还没有做。因此，逻辑的方式是唯一适用的方式。但是，实际上这种方式无非是历史的方式，不过摆脱了历史的形式以及起扰乱作用的偶然性而已。历史从哪里开始，思想进程也应当从哪里开始，而思想进程的进一步发展不过是历史过程在抽象的、理论上前后一贯的形式上的反映；这种反映是经过修正的，然而是按照现实的历史过程本身的规律修正的，这时，每一个要素可以在它完全成熟而具有典范性的发展点上加以考察。"[1]

（3）研究方法和叙述方法之不同。

马克思说："叙述方法必须与研究方法不同。研究必须充分地占有材料，分析它的各种发展形式，探寻这些形式的内在联系。只有这项工作完成以后，现实的运动才能适当地叙述出来。这点一旦做到，材料的生命一旦观念地反映出来，呈现在我们面前的就好像是一个先验的结构了。"[2]叙述方法不同于研究方法，它略去了从具体到抽象这一步，只是以抽象到具体的形式表现出来。因为叙述的任务是把客观的具体整体在理论上再现出来，

---

① 《马克思恩格斯选集》第 2 卷，43 页。

② 《马克思恩格斯选集》第 2 卷，111 页。

而这个再现是本质的再现，不是由混沌表象到有机整体的再现。而按照由具体到抽象的道路安排理论体系的逻辑范畴，就会使人们一开始就面对一个客观具体的混沌的整体表象，无法实现在理论上再现客观具体整体的任务。客观上存在的具体是研究的起点而不是叙述的起点。因此，叙述形式初看起来似乎是先验的。其实，由抽象上升到具体的叙述，是以详细占有材料，进行大量的研究工作，完成由具体上升到抽象这一步为前提的。

（三）政治经济学对于历史科学的意义

（1）马克思主义政治经济学，是历史学家必须掌握的重要理论。

大概从圣西门以来，一切严肃的历史思想家，无不重视经济活动在人类历史进程中的重要作用，圣西门阐述过生产的重要性，甚至认为政治就是关于生产的科学。法国王朝复辟时期的资产阶级历史学家，也曾把人们的财产关系看作历史发展的最深刻的原因。但是，他们都没能对人们的经济生活做出科学的解释。是马克思主义的唯物史观，通过把上层建筑的变革归之于经济基础、把社会关系归之于生产关系、把生产关系归之于生产力的高度科学抽象，才找到了人类历史运动真正的终极原因，从而科学地论证了人们的经济关系对于一切社会关系的至关重要性，确认经济运动是历史运动的基本内容。并且也只有马克思主义的政治经济学，揭示了生产关系运动的真正规律，为人们研究各种经济关系提供了科学的理论。于是以马克思主义理论作为指导原则的历史科学，就必然一方面十分重视经济史的研究，另一方面则强调坚持用马克思主义政治经济学去揭示历史上的经济现象。恩格斯晚年特别强调，"必须重新研究全部历史"，一个很重要的意思就是要求人们"下一番功夫去钻研经济学、经济学史、商业史、工业史、农业史和社会形态发展史"。[①] 现在经济史研究已基本得到重视，经济史、经济思想史都成了专门的分支学科。但一个值得注意的倾向是，从历史学的角度去研究经济史的学者，很少有人去认真钻研马克思主义的政治经济学理论，以为那是其他专业的学问。没有经济学的理论修养，经济史研究是不可能取得真正科学的成果的。史学工作者对马克思主义的政治经

---

① 《马克思恩格斯选集》第 4 卷，692 页。

济学理论，必须有起码的了解。更不待说，它本身又是马克思主义整个理论体系的组成部分，不懂它，就不可能对马克思主义达到完整而准确的理解。

(2)广义政治经济学的发展，必将不断深化人们的历史认识。

在古典政治经济学史上，有这样一件趣事：真正虔诚地忠实于经济学研究的资产阶级学者李嘉图，曾被他的后人指斥为"共产主义之父"。他们说："李嘉图的体系，是一个分裂的体系……会引起各阶级间、各民族间的敌对性……他的著作是阴谋煽动家身边的手册，这种煽动家竭力要由重分土地、战争和掠夺的方法来夺取政权。"[1]其实，李嘉图何曾提倡过共产主义，他甚至都没有提出过阶级斗争的概念。李嘉图只不过是在他的探讨中，通过他的学说，"发现了、说出了各阶级间的经济对立，从而在经济学上把握住了、揭示出了历史斗争和发展过程的根本"[2]。这件事启发我们，政治经济学研究，只要它能坚持科学的探讨，就必然能发挥重大的历史价值，帮助人们认识历史的本质。由政治经济学研究引出的对历史的认识，是一般的史学研究所难以达到且必须加以借助的。

狭义的政治经济学，即仅仅以资本主义生产关系为研究对象的政治经济学，因马克思、恩格斯奠定了科学的基础，基本上是一门成熟的科学了。而"政治经济学作为一门研究人类各种社会进行生产和交换并相应地进行产品分配的条件和形式的科学，——这样广义的政治经济学尚待创造"[3]。恩格斯这段话仍未过时。致力于广义政治经济学研究的人太少了，创造性地运用唯物史观去研究奴隶时代、封建时代的生产关系，拿出整个历史进程中生产关系运动的经济理论体系，不仅为经济学发展所必需，而且也是史学工作者的热切期望。可以说，中国史研究中的古史分期讨论，诸家纷争，莫衷一是，经年累月而无所推进的局面，与古代经济理论研究的薄弱不无关系。我们期望着广义政治经济学的发展为人们不断深化对古代历史的认识做出贡献，犹如马克思的《资本论》对人们认识资本主义社会所做出的贡献一样。

---

[1]　马克思：《剩余价值学说史》第 2 卷，郭大力译，180 页，北京，人民出版社，1978。

[2]　马克思：《剩余价值学说史》第 2 卷，郭大力译，180 页。

[3]　《马克思恩格斯选集》第 3 卷，492 页。

(3)政治经济学方法的借鉴意义。

政治经济学方法对史学研究有重要的借鉴意义。表象具体—思维抽象—思维具体，这虽是马克思对他的政治经济学研究方法的总结，实际上反映了一切科学认识共同的重要的思维法则。它对于研究复杂社会现象的历史学来说，尤为重要。唯物史观的产生，走的是历史认识的第一条道路，真正的史学研究，则必须去踏上历史认识的第二条道路——坚持"从抽象上升到具体"，具体分析历史的特殊性，"导致具体的再现"。离开"从抽象上升到具体"，我们就不能完成历史学的任务。至于历史方法与逻辑方法的统一，这同样是历史研究的一条重要方法论原则，也是当前史学方法论研究中的一个重要问题。研究方法与叙述方法的区别，在历史研究及历史编纂中也是要注意的，只不过是在史学著述中，这一问题不像在政治经济学领域显得那么突出罢了。因为在史学著述中也完全需要走从具体到抽象的道路，史学著作的叙述顺序完全可以顺着研究的逻辑顺序。所应注意的是，历史学家在着手写书之前应有一个"先验的结构"，这是合乎科学、顺理成章的事，应该仅仅根据更好地反映客观历史这一要求，完全自主而富有创造性地选择自己的著述方法、著作结构。

二、文 学

（一）文学是认识生活的一种形式

社会意识的各种形式，如哲学、史学、教育、伦理等，都是对人类社会生活的认识（当然，哲学认识的范围不限于人类社会），而文学作为社会意识的一种形式，其任务也在于认识人们的社会生活。所不同者，只在于文学有自己特殊的认识方式——它不是用抽象的形式去认识生活，而是用生活本身的形式去再现生活，通过活生生的典型的个性形象来反映生活。

车尔尼雪夫斯基说："再现生活是艺术的一般性格的特点，是它的本质；而艺术作品常常还有另一个作用——说明生活；它们常常还有一个作用，对生活现象下判断。"①其实，说明生活、对生活下判断与作家的再现生活是一回事，是完全统一的，除开对生活的说明和判断，再现生活就只剩下一个空洞的概念。任何一部作品所再现的生活风貌，都只是作者对生活对象的一种说明、一种判断。文学作品就其反映社会生活这一基本点而言，是有好坏、高下之分的。一部好的作品，就是达到了认识当时社会生活的较高境界和水平。

当然，文学是认识生活的一种特殊形式，即通过真实地再现典型环境中的典型人物，来反映作家对某一时期社会生活的认识和判断。所谓典型环境，就是一定时代的历史的具体环境——由在该时代的生产方式制约下的社会关系、政治生活、文化生活、风俗习惯、社会心理等相互交织而成。所谓典型人物，是说作家塑造的人物形象应有高度的概括性，能代表同一历史时代(典型环境中)的同一类型的许多人，但又不是许多人身上的各种特征的拼凑，而是舍弃了他们身上无助于刻画性格的偶然的东西，提取了他们身上的最鲜明的本质特征。生活在社会中的每一个人，都有社会的和个人的双重属性，典型人物是经过高度概括的、具有鲜明特征的这两种属性的统一。文学家通过塑造典型环境中的典型人物，反映在特定的历史环境中人们的生活和感受，写出他们的思想、性格怎样受环境的影响而发生变化，以及他们的思想和行为又如何在影响和改变着自己生存的环境，即写出一个时代的人物以怎样的方式进行着改造环境的伟大斗争。这样，文学作品所提供给人们的就是由各种人物的生存方式、生活状况、心理状态和思想感情以及它们之间的相互作用交织而成的某一历史时代的特殊的生活画面，给人们描述了一段关于某一特定时代的形象的历史，从而达到它帮助人们认识生活的崇高目的。

(二)文学的真实性问题

既然文学创作的目的在于认识生活，那么，它就必须坚持真实性的原则，把如实地反映生活作为一切文学创作的一个基本要求；既然文学认识生活的目的是通过塑造"典型环境中的典型人物"来实现的，那么，它所要

---

① ［俄］车尔尼雪夫斯基：《生活与美学》，周扬译，109页，北京，人民出版社，1957。

坚持的真实性，就必然不同于生活原型的真实，不是生活原本情形的摄影或复写，不是简单的自然形态的真实，也就是说，文学的真实是一种具有特殊意义的需要加以界说的"真实"。

文学反映的真实，首先是生活本质的真实，而不是细碎的事态和具体情节的真实，不是自然主义的真实。文学的真实性，主要是要求真实地描写社会的现实关系，即把实际生活中存在的、发展变化着的人与人之间的复杂的社会关系、阶级关系，真实地描绘出来。生活本身具有无限的丰富性和多样性，充满着光怪陆离的偶然现象，如果对现实生活采取自然主义的态度，现实生活中有什么就写什么，虽说反映的事件本身是真实的，但就整个社会关系、社会发展之趋势、社会生活的本质说，则可能是虚假的，并没有反映社会生活的本质。一个优秀的文学家，总是具有哲学的眼光，具有透过现象捕捉本质的睿智和眼力，对生活进行认真的观察、体验、分析和取舍，用鲁迅的话说，就是"选材要严，开掘要深"[①]，然后凭借艺术创造力把生活的本质方面真实地再现出来。这样创作的文学作品，才合乎真实性的标准。

其次，文学的真实性，也包括细节的真实。巴尔扎克说过："小说在细节上不是真实的话，它就毫无足取了。"[②]恩格斯也说过："现实主义的意思是，除细节的真实外，还要真实地再现典型环境中的典型人物。"[③]这就是说，文学的真实，也应强调细节的真实，但"细节的真实"，也绝不是自然主义的真实，它只是强调作品的展开，人物性格的发展，以及生活场景的具体描述，都必须符合典型环境中人们的生活方式、社会风俗、时代心理等，必须是真实可信的。只有坚持这样的细节真实，才能赋予生活图画以血肉。优秀的文学作品，总是通过细节的真实描写，展现生机盎然的生活面貌，提供丰富的社会知识，能够把或巨或细、或显或隐的现实生活的真情实景，——精确、细致、逼真地描绘出来，一切都显示出生活本身存在的形态。

---

① 《鲁迅全集》第 4 卷，377 页，北京，人民文学出版社，2005。

② 文艺理论译丛编辑委员会编：《文艺理论译丛（第二期）》，10 页，北京，人民文学出版社，1957。

③ 《马克思恩格斯选集》第 4 卷，683 页。

最后，文学的真实性，要求做到真实性与典型性的统一。文学的真实表现为典型的真实，它是从许多同类的事实中提炼出来的精粹。只有将现实中反复发生的现象正确地反映在一个现象上的时候，才能产生真实的艺术作品。没有典型性就不可能很好地体现文学的真实性。既然文学的真实性是靠典型性来体现的，典型是同类事实的精粹，那么，就其反映的深度说，文学的真实就必然高于生活原型的具体真实。所以，毛泽东说："文艺作品中反映出来的生活却可以而且应该比普通的实际生活更高，更强烈，更有集中性，更典型，更理想，因此就更带普遍性。"①

总之，文学的真实性有它特殊的含义。在它特殊的意义上，文学所反映的社会生活必须是真实的。一切传世的优秀文学作品大都具有这样的真实性品格。并且，文学作品正是借真实性之所在，才能发挥它帮助人们认识生活的作用。

(三)文学作品中包含着"历史"

既然文学要反映生活的真实，那么，一部优秀的文学作品，就必然是某一特定历史时期历史运动的生动的形象的再现，也就必然包含着宝贵的历史认识成分，能够为人们理解该时期的社会生活、历史风貌提供有益的历史启示。恩格斯对巴尔扎克作品的评价是这一见解的最好说明。他说："巴尔扎克，我认为他是比过去、现在和未来的一切左拉都要伟大得多的现实主义大师，他在《人间喜剧》里给我们提供了一部法国'社会'，特别是巴黎'上流社会'的卓越的现实主义历史，他用编年史的方式几乎逐年地把上升的资产阶级在 1816—1848 年这一时期对贵族社会日甚一日的冲击描写出来，这一贵族社会在 1815 年以后又重整旗鼓的，并尽力重新恢复旧日法国生活方式的标准。他描写了这个在他看来是模范社会的最后残余怎样在庸俗的、满身铜臭的暴发户的逼攻之下逐渐屈服，或者被这种暴发户所肢解；他描写了贵妇人(她们在婚姻上的不忠只不过是维护自己的一种方式，这和她们嫁人的方式是完全相适应的)怎样让位给为了金钱或衣着而给自己丈夫戴绿帽子的资产阶级妇女。围绕着这幅中心图画，他汇集了法国社会的全

___
① 《毛泽东选集》第 3 卷，861 页，北京，人民出版社，1991。

部历史，我从这里，甚至在经济细节方面(诸如革命以后动产和不动产的重新分配)所学到的东西，也要比从当时所有职业的历史学家、经济学家和统计学家那里学到的全部东西还要多。"①

好的文学作品都包含"历史"，这是史学工作者要加以注意的。首先，我们可以从历史时期的文学作品中获得一种强烈的历史感，加深对历史时期、历史现象的理解。我们有时读了大量的历史著作，知道了许多历史事实，但仍不能摆脱时代的隔膜感。历史著作的特点，往往使我们看不到古人的生活细节，也看不到古人的言谈举止，要培养起真实的历史感十分困难。但缺乏历史感，就无法达到对历史现象的准确把握。而"文学到底是要为认识生活这个事业服务的，它是时代的生活和情绪的历史"②，正好可以弥补史书的缺憾。在古代文学作品中，我们可以看到古人的生活方式、社会关系、待人接物、音容笑貌、步履衣着，使我们对古代历史的认识一下子生动起来，从而大大缩短与历史的距离，感受到历史时期的时代脉搏和气息。有了这种历史感之后，转而再去认识史书中的材料，我们的理解当然会更接近于历史的真实。从这一点上说，文学所发挥的认识历史的作用，是无可代替的。

其次，古代文学中优秀的艺术典型，比之历史记载中那些孤立的历史事实，更具有历史的真实性，更能说明历史，证明历史。一件历史事实，它是真实的，然而是个别的还是具体的，在能否反映一般、历史的本质方面，是需要认真分析的。而文学作品中的典型，是无数同类事实集中起来的精粹，它代表着一般，它比起同类现象中的任何一个具体更能说明此类现象的历史真实。譬如要认识辛亥革命后中国农民的历史面貌，考察辛亥革命对中国广大农村影响之微弱，从鲁迅笔下的祥林嫂、闰土、阿Q、七斤等人身上，我们会得到比之任何历史记载甚至详尽无比的历史统计材料都更深刻得多的印象，他们所代表的辛亥革命后农民思想的真实程度是一般的历史记载所难以达到的。

最后，文学作品中包含有大量可以补证史事的历史资料。这一点已为

① 《马克思恩格斯选集》第4卷，683~684页。

② [苏联]高尔基：《论文学》，见《文学论文选》，孟昌、曹保华译，91页，北京，人民文学出版社，1958。

历代史学家所重视。近代学者陈寅恪利用诗文证史，用功最勤，成就也最多。他的《秦妇吟校笺》《元白诗笺证稿》《桃花源记旁证》《读东城父老传》《读莺莺传》等都是较有影响的著作。特别是他用了十多年时间写成的《柳如是别传》，全书约80万字，以钱谦益和柳如是的故事为主线，引用大量的诗文，考订了明末清初的不少重大事件。陈寅恪的研究成果，提供了以诗文证史的历史研究的成功经验。的确，以文学作品中的材料来证史补史是治史的一条路径。不要说研究西周到春秋的历史离不开《诗经》，研究楚史离不开《楚辞》，就是研究史料典籍汗牛充栋的近古历史，譬如明代的历史，也不能不注重当时的文学作品。无论是研究明代的资本主义萌芽，还是研究明代人的思想观念、风俗礼仪的历史变化；无论是研究明代城乡的经济状况，还是研究明代市民阶层的政治面貌，都可以在当时的小说集中找到大量的旁证。

文学作品中包含着"历史"，史学工作者当然就应该把历史时期的文学作品当作史料的重要来源之一。但是，这里必须区别文学作品中的材料与历史材料之不同，只能借助文学作品深化对历史的认识，而不能把它当作直接的史料去运用。这就是说，必须弄清历史真实与文学真实的区别，这一点我们在"历史科学的特性和任务"一章中曾经谈及，不在此赘述。

三、考古学

（一）考古学研究的对象和方法

考古学是根据物质史料研究人类社会历史的一门学科。它的根本任务在于认识人类历史发展的规律，但作为一门独立的学科，它有专门的研究对象和特殊的方法论体系。它认识人类历史发展的规律，是通过对人类社会生活物质材料的遗存进行发掘、整理、鉴定、分析、综合等过程来实现的。

在方法论上，马克思主义考古学坚持以辩证唯物主义和历史唯物主义为指导，但它是通过考古学的一些特殊方法而起指导作用的。考古学的方法论体系首先强调对于人类劳动资料的物质遗存的研究。马克思说："动物遗骸的结构对于认识已经绝迹的动物的机体有重要的意义，劳动资料的遗骸对于判断已经消亡的社会经济形态也有同样重要的意义……劳动资料不仅是人类劳动力发展的测量器，而且是劳动借以进行的社会关系的指示器。"[1]马克思这段话指明了考古学研究的根本方法。其次，重视田野考古工作，把它作为一切考古研究工作的基础，这是考古学在摆脱了传统方法而发展到科学考古阶段的一条指导思想，也可以看作科学考古的一条方法论原则。另外，考古学还特别重视吸收自然科学方法，来改进自己的研究手段。近代考古学初期，它就吸收了人类学、地质学、地层学等学科的研究方法。20 世纪 50 年代，碳-14 断定年代的发现和应用，被称为史前考古学上的一场革命。此外，热释光断代法也已开始被用于测试，氟含量测定法和古地磁法已用来鉴定化石和遗址的年代，化学、古动物学、古植物学、古气候学等学科，都对考古学方法体系的建设提供了帮助。在社会科学中，考古学是应用自然科学最广泛的一门学科。

(二)我国考古学的历史和发展

我国考古学的起源，可以追溯到春秋战国，那时候的学者就知道利用鼎彝文物来证明史实。特别是东汉人袁康在《越绝书》中，就依据古器物来确定历史发展的阶段。他说："轩辕、神农、赫胥之时，以石为兵，断树木为宫室……至黄帝之时，以玉为兵，以伐树木为宫室，凿地。……禹穴之时，以铜为兵，以凿伊阙、通龙门，决江导河……当此之时（周至汉——引者注），作铁兵，威服三军，天下闻之，莫敢不服。"[2]玉，即新石器。袁康以古代生产物为依据划出了旧石器、新石器、铜器、铁器四个历史阶段，与今日之科学论断有旧石器、新石器、青铜器、铁器时代完全吻合。到宋代，考古学终于成为一门独立的学问"金石学"，出现了诸如吕大临的《考古图》、欧阳修的《集古录》、赵明诚的《金石录》、王黼的《宣和博古图》等著名的考古学著作。元、明时期，金石学研究一度停滞。清代中叶，乾嘉学派兴起，为了配合解释经义和整理史籍，金石学再度受到重视，学者济济，

---

① 《马克思恩格斯全集》第 23 卷，204 页，北京，人民出版社，1972。

② (东汉)袁康、(东汉)吴平辑录：《越绝书》，乐祖谋点校，81 页，上海，上海古籍出版社，1985。

名家辈出。据容媛的《金石书目录》，存佚 2200 种著作，90％是清代著述，著名学者有陈介祺、吴大澂、孙诒让等。民国初年的"罗王之学"，对这个学科又有了新的发展。他们利用新出土的甲骨、铜器、简牍、石经和墓志等，做了大量的整理研究工作。

但是，在漫长时期里，中国考古学始终逗留在文字考据、证经补史，甚至玩物鉴赏的阶段。在中国，真正的近代考古学，即通过地面调查和考古发掘去发现文物资料，加以整理，并据以研究古代人类社会的历史，是在"五四"以后才发展起来的。1921 年，在渑池仰韶村，发现并发掘了新石器遗址。1923 年、1924 年，又在甘肃洮河流域发现了一系列的史前遗址。1927 年，发掘周口店的北京猿人遗址。1928 年，发掘安阳殷墟。1930 年，发掘历城县城子崖的龙山文化遗址。相继发掘的一大批古文化遗址，揭开了我国近代科学考古的历史。

中华人民共和国成立后，我国的科学考古工作发展到了一个新的阶段，也取得了一系列重大成就。我们在二十多个省（自治区、直辖市）发现了旧石器时代的遗址，从而基本上解决了我国古代人类的起源问题，推翻了中国文化西来说的荒谬结论；新石器文化遗址的发现已多达七千余处，大规模的发掘遍及全国，已基本上填充了地区和时代上的空白；夏文化的探讨，由于二里头文化的发现成为现实；以甲骨文、青铜铭文为主的大批古文字资料的发现和整理，使古文字研究达到空前的繁荣；秦始皇陵兵马俑坑的发掘，睡虎地秦墓竹简的发现，居延汉简的出土，都极大地推动了秦汉史研究。考古发掘及研究的多方面重大成果，可以使我们对我国古代历史的面貌进行略具系统的认识。中华人民共和国成立后考古学发展的 70 多年，培养了一支初具规模的研究队伍，建立了各级研究机构，积累了大量资料和丰富经验，在国际范围的考古学研究中，基本上形成了一个具有自己特色的中国考古学派。

（三）考古学推动了历史学的发展

考古学推动历史学发展的第一个功绩，在于它填补了原始社会史的空白，这对于马克思主义历史学基本理论体系的建立，具有极其重要的意义。

1848 年发表的《共产党宣言》中说："至今一切社会的历史都是阶级斗争的历史。"①1888 年在该书英文版中对这句话作注说："这是指有文字记载的全部历史。在 1847 年，社会的史前史，成文史以前的社会组织，几乎还没有人知道。"②恩格斯的这个注主要是借助于当时民族学、民俗学研究的成果，来达到对史前时期社会的初步认识。后来考古学领域中古人类遗址的大量发现，才真正证明了史前时期社会的历史，并据以解释整个人类历史的发展进程。现在我们各类历史著作中的原始社会阶段，都是全部用考古材料写成的。考古学复原了原始社会史的原貌，揭开了文明起源的奥秘，使得历史学有可能建立起完整的理论体系。

其二是丰富了历史研究的手段，增加了历史研究的科学性。考古学所取得的伟大成就，吸引着广大的史学工作者，很多历史上悬而难决的问题，由于实物资料被发现而顺利地定论了；许多因文献材料缺乏难以证明的问题，从考古材料中得到了补充。这便吸引了越来越多的历史学家改变研究历史的传统方法，自觉地把考古学成就纳入自己的研究领域，并利用考古学上的新发现不断地修订旧作。人们普遍感到，对于古代史的研究单靠文献资料是远远不够的。考古学为历史科学提供了两条基本的研究方法：利用考证实物史料研究历史的方法和文献、实物史料相结合的研究方法。现代的古代史论著，无不是采用文献和实物史料相结合的研究方法，这就大大加强了研究的科学性。

其三是几次重大发现的具体例证。首先，我们谈一下河姆渡文化的发现。黄河是中华民族的象征，这是因为，河姆渡文化未被发现前，人们一直以为只有黄河才是中华民族的发祥地，辽阔的祖国大地上的各处古文化都是黄河流域古文化传播的结果。但是，这个传统的结论，因为有浙江余姚河姆渡新石器文化遗址的发现而被动摇了。1973 年发现的河姆渡文化遗存，经大量的碳-14 测定证明，该遗址第四层的年代已接近七千年，与中原地区仰韶文化的早期相当，而文化面貌则很有特色。这一文化遗存的发现，为史学工作者进一步认识我国古文明发源地问题打开了思路，开阔了视野，

---

① 《马克思恩格斯选集》第 1 卷，272 页。

② 《马克思恩格斯选集》第 1 卷，272 页。

启导人们进行新的探索。现在，研究已经有了新的结论。从文化渊源、特征、发展道路的异同等方面分析，可以把我国古文化面貌划分为六大地区：(1)以长城地带为中心的北方（包括东北、西北）地区；(2)以晋、陕、豫三省接邻地区为中心的中原地区；(3)以山东及其邻境为中心的黄河下游地区；(4)以湖北及其邻境为中心的长江中游地区；(5)以江苏、浙江邻境地区为中心的长江下游地区；(6)以鄱阳湖——珠江三角洲一线为主轴的南方（包括东南沿海、岭南、西南几省）地区。[①] 这六大区不同的文化类型，都是我国远古文化的组成部分。在我们这样辽阔的国家有多个文化发源地是十分正常的，这样的研究结果才有利于认识中华民族形成的长期的、真正的历史过程。因此可以说，河姆渡文化的发现，对于我国史前期历史研究起了极大的推动作用。

其次，要谈到殷墟的发掘与研究。长期以来，人们对三代（夏、商、周）的历史表示怀疑，把它看作一个传说时代，不相信有关的文献记载。20世纪20年代以来殷墟及甲骨卜辞的发掘与研究，大体证实了《竹书纪年》《世本》《史记·殷本纪》等书所记载的商代史实，使商史研究呈现了空前的繁荣。郑州商城遗址的发掘，使人们对商代的文化面貌及其早晚的文化分期等，有了更全面的认识。1974年，湖北盘龙城（被称为商城的第二个标本）的发现，更证明殷商的强大，其统治力量已有效地达到长江流域。这些都更雄辩地证实了商史的信史地位。商史的证实，鼓舞了人们探索夏文化的信心和勇气。1959年，考古工作者在豫西地区洛阳市偃师县发现了二里头文化遗址。该遗址文化遗存经碳-14测定，同推算的夏代纪年大致相当，预示了确定夏文化的希望，引起了学术界的广泛重视。虽然对于二里头文化遗存的认识还有不少分歧，但寻找夏文化的重大课题，毕竟有了很大的进展。总之，殷墟以及后来一系列有关的发掘和研究对于夏史、商史的研究，中国国家起源的研究，起了决定性的推动作用。

1975年，湖北省云梦县睡虎地秦墓竹简的发现，也曾使秦史研究出现了一个新局面。这批秦简共1155支，内容分为10种，大部分是法律文书，涉及秦始皇时期的政治、经济、文化、军事方面，为秦史研究提供了前所

---

① 参见苏秉琦：《建国以来中国考古学的发展》，载《史学史研究》，1981(4)。

未见的丰富材料。秦代法律是整个秦汉以降专制主义官僚制社会法律制度的基础，但久已佚失无存，这次发现对于我国法律史的研究具有重大意义。学者对这批秦简进行了研究，已经发表有论文数百篇和多部论文集、专著，内容涉及秦代的法律、土地制度、社会阶级状况、奴隶问题、刑罚、军事、文字、职官、官府手工业等许多方面，把秦史研究推进到新的阶段。

四、历史地理学

（一）历史地理学的对象、课题及研究范围

历史地理学是研究历史时期地理环境的结构及其演变过程和规律的科学。就其研究对象来说，它属于地理学的范畴，是地理学的一个分支；就其研究对象的时间及其以历史文献为依据的特点而言，则与历史学有着密切的联系。这是在两个母体中孕育、发展起来的新学科。

历史地理学的一个根本论点是，人类的生活环境经常在变化中，而不是一成不变的。属于自然的景观如此，属于人文的景观更不例外。而在人类生活环境发展演变的过程中，人的缔造经营占了最重要的地位。如果不是因为人的活动而引起的周围地理环境的变化，在这几千年的历史时期中变化会是非常微小的。研究历史时期中主要由人的活动而产生或影响的一切地理变化，这就是历史地理学的主要课题。

一讲到历史地理学，人们最容易把它理解为传统的沿革地理，或者像古时人们称谓的"舆地之学"。其实，二者是不能等同看待的。沿革地理在我国有着特殊的发展，一向为历史学家们所重视。我国历史悠久，特别是在过去的两千多年，封建王朝更替无间，历史疆域时有消长，行政区划每多变迁，再加上古今地名的更易，城关都邑的兴衰，地方民族的迁徙，河流水道的改迁等，如果不把这些问题弄清楚，要研究某一时期的历史，势必要遇到很多麻烦，由此便产生了一种专门学问，并获得了沿革地理的名称。它把历代疆域和行政区划加以考订和复原，是历史地理学研究的一个内容，也是历史地理学研究的开端，但远不能概括历史地理学的全部内容。历史地理学的功能和任务，是要研究同一地区或同一地理环境在不同历史

时期的实际情况及其发展演变的规律，以便人们更深刻地理解当前这一研究对象的形成或特点，从而服务于人们改造客观环境的现实需要。

历史地理学的研究范围是相当广泛的，可以细分为许多类目。大体说，可分为两大部类，即历史自然地理和历史人文地理。历史自然地理的研究又分为历史气候、历史水文、历史河道变迁、历史海岸变迁、历史沙漠变迁、历史动植物等若干方面；历史人文地理的研究又可分为历史经济地理、历史政治地理、历史人口地理、历史军事地理、历史民族地理、历史城市地理、历史地图、地名学等若干方面。总之，历史地理学研究的范围是相当广泛的，举凡历史时期的气候、植被、地貌、海岸、河流、土壤、沙漠等自然因素的变迁，疆域政区的变化，民族的迁移和人口与物产的分布，以及城市、集镇等聚落的兴衰，交通路线的开辟，文化区域的开发和形成等，都在历史地理学家的视野之内，这门学科对于今天人类利用自然、发展经济、建设优美的生存环境，有着至关重要的意义。

(二)我国历史地理学发展的简单历史

我国古代的历史地理学，基本上是沿革地理，没有达到现代科学历史地理学的水平，但它毕竟是历史地理学这门学科的最初历史。沿革地理在古代主要分为两类：一类以记载疆域政区为主，另一类以记载山川河流为主。它们都有非常久远的历史。

以记载疆域政区为主体的历史地理著作，至少可以追溯到东汉班固的《汉书·地理志》。它所记载的范围已不单限于西汉当代的地理状况，如班固自言，他的《地理志》"采获旧闻，考迹《诗》《书》，推表山川，以缀《禹贡》《周官》《春秋》，下及战国、秦、汉焉"。所以，这篇《地理志》确应被看作一部历史地理著作。班固以降，历代正史都要写一篇《地理志》，以记述疆域政区建置沿革的情况。正史中的《地理志》以外，还有历代的地理总志，和正史中的《地理志》的性质颇同。如唐代李吉甫的《元和郡县志》，宋代乐史的《太平寰宇记》，王应麟的《通鉴地理通释》，元、明、清三代官修的《大元一统志》《大明一统志》《大清一统志》等。这些书比起正史中的《地理志》来说，内容更丰富，考订也精详，贯通起来看，便可明了我国整个历史时期疆域政区建置沿革的详细过程。

以记述山川河流为主体的地理著作发端也很早,《山海经》《禹贡》等都成书于战国,还有正史中《史记》以降,大都有河渠书、志等,主要记载山川河流的变迁情况及各代水利的开发。北魏郦道元的《水经注》是这方面最主要的著作。它记述了 1252 条大小河流以及它的源流脉络、古今变迁,还记述了沿河的政区沿革,城邑兴废和有关的历史事件、人物,旁征博引,内容详富。这是 6 世纪前我国最全面而系统的综合性地理著作。在这类历史地理著作中,值得注意的是从宋代开始,盛于明清的研究河渠水利的专书。例如,宋代单锷的《吴中水利书》、明代刘天和的《问水集》、清代傅泽洪的《行水金鉴》等。这些水利专著的出现标志着历史地理学研究为社会实践服务的发展趋势。

清代是我国古代历史地理学的大盛时期。清初,顾炎武的《天下郡国利病书》、顾祖禹的《读史方舆纪要》都是卷帙浩繁的著作,它们不仅包括以前历史地理著作的主要类例,而且偏重从军事地理形势方面进行考订,可说是较早的历史军事地理著作。清末,杨守敬的《历代舆地图》,共 34 册,详示春秋至明各朝政区和山川形势,是历史地理学研究成果的汇集和图示。中国古代的历史地理学著作是相当富足的,但也有严重的缺陷——无论就其疆域政区而言,还是从河流变迁来说,一般都局限或侧重于沿革,或者说,大多局限于考订古今之异同,不能着重于研究变迁的原因和规律。所以,它们都没有达到今日所谓历史地理学的水平。

到 20 世纪 30 年代中期,在顾颉刚和谭其骧的倡导下组成的"禹贡学会",开始提出把扩大改造沿革地理,建立历史地理学作为学会的任务。1934 年开始以禹贡学会的名义创办历史地理专业刊物《禹贡》半月刊,在三年半的时间里,刊出 80 期,先后发表论文近千篇,并翻印了若干禹贡学会丛书,促使当时学术界形成了一种研究历史地理的风气,取得了一定的研究成果,培养了一批这方面的专家。可惜为期不久,抗日战争全面爆发,学会被迫停止活动,半月刊停办,这门学科的发展也陷于停顿状态。中华人民共和国成立后,各门学科都开始了新的发展,历史地理学也发展起来,并取得了不少重大成果。首先,在谭其骧教授主持下研究编纂成的《中国历史地图集》是中华人民共和国成立后史学界、历史地理学界最有成就的工作之一。其次,发表了大量历史地理研究的论文和专著,内容涉及历史地理学的各个分支学科，也有一些关于历史地理学的理论及方法的研究。其中影响较大的著作有侯仁之的《历史地理学的理论与实践》、史念海的《河山集》、黄盛璋的《历史地理论集》等。目前[①]历史地理学还处在日益成熟的发展时期。

(三)历史地理学对于历史学的意义

历史地理学与历史学的关系极为密切。历史地理学研究的是历史上的地理现象，所以在方法论上，要较多地借用历史学方法，从事历史地理研究的工作者，必须经过历史学的训练。就 19 世纪 90 年代之前的研究队伍而言，历史地理学的大部分专家都是加以地理学的训练而从事历史地理研究的历史学家。没有经过历史学的训练却想做出历史地理方面的成就是不可能的。从研究内容上看，这两门学科有许多交叉重叠之处。凡属于历史人文地理的大部分内容，都可以归到历史学的研究中去，即它们既是历史地理学的研究对象，也是历史学考察的范围。所以，这两门学科的发展就有赖于共同的进步。而作为史学工作者，则要着重强调对历史地理学的重视。历史地理学对历史研究有着多方面的重大意义。

首先，历史学要研究各民族、国家历史发展的特殊规律，不能离开各民族、国家历史发展的特殊地理环境的研究，而这正是历史地理学研究的根本任务。不同的民族和国家，之所以能形成自己的特殊的历史道路，是由多方面的因素决定的，其中地理环境是重要因素之一。过去人们不敢谈这个问题，一谈就容易被指斥为"地理环境决定论"。其实，马克思主义丝毫没有否认地理环境在历史发展中的重大作用。在我国古代，就有人把历史发展的状况与地理条件结合起来研究，司马迁的《史记·货殖列传》是最好的例子。他很好地论述了关中、三河、燕赵、齐鲁、越楚等地在地理环境上的特点，以及这些特点对当地人们的经济生活和社会风俗的影响。今天的历史研究，仍然应该重视历史上地理现象的研究，研究它们的特点及其如何作用于历史的进程，只有这样，才能对历史发展的特殊规律有比较全面的认识。

---

① 本书初版于 20 世纪 80 年代，"目前"二字指 20 世纪 80 年代，在此注明。

其次，历史地理学可以在一定程度上恢复古代社会生活的原貌，使我们对特定历史时期社会生活的环境有具体生动的认识，获得强烈的历史感。这对于我们克服历史研究中的教条主义倾向是十分有益的。长期以来，我们的史学研究总是停留在一些一般性的原则的结论上，难得具体和深入，很多问题没有进行过区分不同地域条件的深入细致的比较研究。历史地理学的发展，一方面弥补了史学研究的这些不足，另一方面启示史学工作者借鉴历史地理学的研究方法，丰富自己的方法论手段。研究某一种历史现象，既要做总体的规律性的研究，也要做不同地区的比较研究。

最后，史学工作者必须具备沿革地理的常识。沿革地理是历史地理学的基础，也是历史学的基础。顾颉刚先生说："历史好比演剧，地理就是舞台；如果找不到舞台，哪里看得到戏剧！所以不明白地理的人是无由了解历史的，他只会记得许多可佐谈助的故事而已。自然地理有变迁，政治区画也有变迁。如果不明白这些变迁，就到处成了'张冠李戴'的笑柄。例如认现在的黄河即是古代的黄河，济水将安排何处？认近代的兖州即是古代的兖州，其如那边并无浍水！打开《二十四史》一看，满纸累累的都是地名。要是一名限于一地，那就硬记好了；无奈同名异实的既很多，异名同实的也不少，倘使不把地理沿革史痛下一番功夫，真将开口便错。"①这段话对掌握沿革地理学的意义，讲得很透辟了，此已无以复加。

五、目录学

(一)我国古代目录学的发展

目录学是研究目录工作形成和发展的一般规律的科学，是伴随着文化典籍的不断丰富，在长期的目录工作实践中产生的。随着社会历史的发展，科学技术的不断进步，一方面，文献的数量激增，类型逐渐复杂，新陈代谢也比较频繁；另一方面，科学工作者对文献的需要也是多种多样的，他

---

① 顾颉刚：《〈禹贡〉半月刊发刊词》，转引自本刊资料室：《顾颉刚先生和禹贡学会》，载《史学史研究》，1981(1)。

们都从各自不同的角度提出对文献的需求，而读者对文献的需求也往往是针对性特别强，时间非常紧迫。文献的丰富性与需求者的针对性之间的矛盾，要求目录工作者科学地揭示与有效地报道文献，以充分发挥文献的作用，满足读者对文献的特定需要。因此，科学地揭示和有效地报道文献与人们对它的特定需要之间的矛盾，就构成了目录学领域的主要矛盾。不过，这是现代目录学的自觉的理论认识，而古代目录学并没有这样高度的理论自觉。但是，史学工作者最关心的还是了解我国古代目录学的发展情况。

我国目录学的源流，一般都从西汉末年刘向刘歆父子典校群书算起。《汉书·艺文志》记载，河平三年（公元前26），汉成帝刘骜感到书籍散亡很厉害，派遣谒者陈农到全国各地搜求遗书，由刘向总领典校，开始了我国历史上第一次大规模的图书整理工作。刘向每校完一书，都著录书篇名称，介绍作者生平及思想写成叙录，奏给皇帝。后来把这些叙录汇在一起，叫作《别录》。刘向死后，哀帝命刘向的儿子刘歆继续这项工作。刘歆综合群书写成一部图书目录《七略》，即辑略、六艺略、诸子略、诗赋略、兵书略、术数略、方技略。其中，辑略是综述学术源流的绪论，带有总纲的性质，其余六略是具体的目录。所以，刘歆的《七略》实际上是将当时收集的全部图书按照学术体系分成六类。《七略》中没有单独列出史书，只是把少量的史书附于"六艺略"的春秋类后面。刘向、刘歆编制的《别录》和《七略》是我国最早的目录学巨著，全面地反映了当时学术发展的状况，也为我国目录学的发展奠定了基础。但它早已散亡，只有《七略》的目录分类体系完整地保存于《汉书·艺文志》之中。

西晋时，荀勖根据魏秘书郎郑默的《魏中经簿》编辑成《晋中经簿》，亦称《中经新簿》，首次采用四部分类法，分群书为甲、乙、丙、丁四部。甲部记六艺及小学，相当于《七略》的六艺略，亦即后世经部书；乙部记古诸子家、近世诸子家、兵书、兵家、术数，相当于《七略》的诸子、兵书、术数、方技四略，即后世子部书；丙部由《七略》六艺略中春秋类所附的历史书籍扩大而成，即后世史部书；丁部有诗赋、图赞、汲冢书，相当于《七略》的诗赋略，即后世集部类。《中经新簿》开创了四部分类法的道路，并把历史书单独作为一部，奠定了我国传统目录分类法的基础。

东晋时李充整理图书，采用荀勖的四部分类法，但把他的乙、丙两部换了一下次序，史部书变成第二位（乙），子部书降为第三位（丙），编成《晋元帝四部书目》。李充修订的四部次序成为后世四部分类法的永制。南朝人王俭曾编撰《七志》，梁人阮孝绪编撰《七录》，他们都采用七分法，但都已失传。唐代房玄龄等人修《隋书》，其中《经籍考》用四分法，但用经、史、子、集来代替了原来甲、乙、丙、丁的四部名称。每部之中又分若干类，共四十类。这个四部四十类的分类法成了后来历代官修书目的依据，这就是我们常说的"经史子集"四部分类法，它完成了我国古代书目的传统分类方法。

我国古代集大成的目录学巨著是《四库全书总目》（又名《四库全书总目提要》，简称《总目》）。《四库全书》是清代中叶在朝廷主持下编纂的一部大型丛书。乾隆三十七年（1772 年），高宗弘历下令各省搜集历代及清朝人的著作，次年成立《四库全书》馆开始纂修，历十年而成。《总目》初稿完成于乾隆四十六年（1781 年），经过修改补充，约于乾隆五十八年（1793 年）才由武英殿刊版印行。《总目》著录收入《四库全书》的古籍 3461 种、79309 卷，以及未收入《四库全书》的存目 6793 种、93550 卷。《总目》按经、史、子、集把全部典籍分成四部四十四类，是从事古代史研究必须借助的目录学著作。

我国古代的目录学著作是相当丰富的，除了历代正史中的艺文志、经籍志之外，还有许多私人编撰的目录学专著。今天尚能见到且影响较大者，有宋代晁公武的《郡斋读书志》、陈振孙的《直斋书录解题》，宋元之际马端临的《文献通考·经籍考》，明代高儒的《百川书志》、祁承㸁的《澹生堂藏书目》等。特别是还出现了一些研究目录学理论的著作，这些著作反映了我国古代丰富的目录学思想。此类书有宋代郑樵的《通志·校雠略》、清代章学诚的《校雠通义》等。对于今天目录学的发展来说，传统的目录学思想已经过时了、落后了，但了解一下古代的目录学著作分类方法，对于从事历史研究特别是中国古代史研究的人来说，是十分必要的。

（二）目录学对于历史研究的意义

我国古代学者非常讲究治学之道，认为治学宜得门径，得门而入，事半功倍。文献浩如烟海，初学者都会遇到一个从何涉足的问题。我国古代目录学最大的特点，就是把"辨章学术，考镜源流"作为宗旨，强调从学术史的角度去研究如何揭示与报道文献，给读者揭示文献的思想内容、作者在学术方面的成就、流派和师授渊源，阐明学术的源流，区别学科的范围，通过这些为读者指引读书治学的门径。清代学者王鸣盛说："目录之学，学中第一紧要事，必从此问涂，方能得门而入。"①现代著名史学家陈垣先生是靠自学成功的，目录学著作就是带他入门的老师。他自小便读过张之洞的《书目答问》，觉得这是个门路，就渐渐学会按照《书目答问》买自己需要的书看。此后，他又进一步读《四库全书总目提要》，在青年时代就读了好几遍。陈垣先生总结自己的经验，认为研究和教学，要从目录着手。目录学就好像一个账本，打开账本，前人留给我们的历史著作概况，可以了然。可见，目录学对于读书治史多么重要。

历史研究同任何其他科学研究一样，具有连续性和继承性，它要在前人研究的基础上向前推进。因此，史学工作者在进行某个专题研究时，乃至在这项研究的整个过程中，都必须详细地占有资料，必须全面地了解关于这个问题研究的历史、现状和发展趋势。譬如要研究中国农民战争史，就必须了解：(1)哪些历史典籍中保存了农民战争的资料；(2)对于农民战争史，前人的研究都提出了些什么问题，有过哪些论著，达到了什么水平；(3)当前研究的现状如何，人们正在讨论什么问题；(4)有哪些问题还没有解决，又需要解决，甚至还有什么问题没有提出来。要弄清这四个问题，离开书目文献和论文索引，你是无法去把握的。仅个人的精力和条件，不可能穷览所有的书刊，必须借助书目来了解农民战争史研究的历史、现状和发展趋势。没有任何一个历史学家能够在他的研究中离开目录文献而自行研究。列宁在《俄国资本主义的发展》一书的写作过程中，为了通过书目查阅大量文献，在他从监狱和流放地发给亲属的89封信中，就有29封提出要为他搜集各种类型的书目，最终利用书目选择阅读了583种图书文献。可以说，谁掌握了更多的目录学知识，谁就能在科研活动中节省查阅资料的大量时间和精力，谁就延长了科研活动的有效时间。每个史学工作者，都应该把目录学作为自己科学研究的指南。

---

① (清)王鸣盛撰：《十七史商榷》上，黄曙辉点校，1页，上海，上海古籍出版社，2013。

目录学对历史学另一不可忽视的意义是，我国古代的目录文献，填补了古代学术史的空白。这是由于我国古代目录学特别重视"辨章学术，考镜源流"，所以每一部好的目录文献，实际上都是一部学术发展史，是研究古代学术史的重要依据。这一点，只要读一下《汉书·艺文志》就会明白。也可能正是因为古代目录文献已经充当了学术史的角色，所以，在清代以前，一直没有出现专门的学术史著作。于是，今天研究古代学术史就非得依靠历代的目录学著作不可。

第五章　历史学发展的基本规律

事物的发展都是有规律的，这已经是常识性的认识。但历史学的规律是什么？这是一个史学理论研究应该回答而没有很好回答的问题。从 20 世纪 60 年代起，白寿彝先生就曾多次倡导研究历史学的发展规律，却没有得到学界的回应。到目前为止，我们看到的关于历史学发展规律的观点，仅有瞿林东先生的一个很简单的表述。[①] 历史学的发展规律仍然是一个悬而未决的问题。本章以中国史学史为基本依据，做历史学发展规律的尝试性探讨。

一、时代发展推动历史学的进步

从根本上说，历史学的发展是时代发展的一个方面的反映或表现。换个角度说，正是时代的发展，推动着历史学的发展或进步，这是历史学从产生、发展到繁荣的基本规律。白寿彝先生在《谈史学遗产》一文中曾经提到史学名著的产生与历史时代的关系：

> 中国史学史上还出现这样一个传统：在中国历史上遇到一定显著

---

① 瞿先生把历史学的发展规律归结为三个方面："首先是历史的发展与历史认识的发展相关联的规律"，"其次是史书的内容与形式之间的辩证关系和辩证发展的规律"，"再次是随着史学的发展、进步而不断走向社会深入大众的规律"。但瞿先生并没有对这三个规律进行展开性阐述，只是用几百字的篇幅给予简略的说明。参见瞿林东：《中国史学的理论遗产》，22 页，北京，北京师范大学出版社，2005。

变化以后，总有带总结性的历史名著出现。春秋战国之际，《春秋》这部书写成了，总结了春秋时期二百四十二年的历史。汉在武帝时完成了史无前例的统一，司马迁写出了一百三十卷的《史记》，总结了自传说中的黄帝以至武帝时的历史。唐代中叶是中国封建社会内部有了较多变动的时期，刘知幾写了《史通》，总结了前人编写历史的经验，而杜佑写了《通典》，总结了唐中叶以前的典章制度。北宋结束了五代的纷争，司马光主编了到五代为止的《资治通鉴》。宋元之际和明清之际都是中国政治史上很大的变局，马端临编撰了《文献通考》，王夫之写了《读封建论》《宋论》，顾炎武编撰了《日知录》和《天下郡国利病书》，黄宗羲写了《明夷待访录》。这样的传统也不能单从形式上来考察，它也必然有跟中国史学发展规律相结合的具体规律。①

很显然，白寿彝先生认为，历史时代对史学名著的催生作用是带有规律性的史学现象。这和我们要讨论的问题属于同一个思想范畴。

大体上说，时代发展推动史学进步表现为三种基本的形态，以下约略述之。

(一)时代发展推动史学进步的正常形态

从历史认识论的角度说，历史学家的一切研究都是根源于对现实社会或现实生活的思考。从现实中获得灵感或启迪，而引发对历史上相关事物的兴趣或研究，是一切历史学选题的基本来源。本书下一章"历史学的功能与作用"将会阐述，历史学有很强的社会功能，是遵循为现实服务的学科宗旨的。一切有强烈社会责任感和历史使命感的历史学家，无不从现实社会的发展需要出发去开掘自己的选题，从而使自己的研究对现实社会的发展具有导向意义或某种借鉴意义。因此可以说，历史学家的一切研究，都是由现实社会的发展而推动的；而历史学的一切研究活动，也无不是根源于现实的思考。也正是在这个意义上，克罗齐的"一切历史都是当代史"才具有它的合理性和思想价值。

---

① 白寿彝：《谈史学遗产》，见《中国史学史论集》，437页，北京，中华书局，1999。

关于时代发展推动史学进步的这种正常形态，本书第十一章"历史再认识及其推动因素"中的大量阐述与之有关，可为参阅，此处不再展开。

(二)大动荡时代催生历史学的繁荣

这是一个从经验事实出发得出的结论。中国历史上有两个时间最长的大动荡时期，一个是春秋战国时期，另一个是魏晋南北朝时期，而这两个时期，也都是中国历史上史学最发达或最繁荣的历史时期。

我们先来看春秋战国时期的史学。按说，这还是中国史学的童年时代，但历史的动荡激起了人们的忧患意识，需要保存国之统绪，也需要从历史中寻找启迪，于是关于历史的记述或探索就很快形成了一个高潮，使中国史学一产生就迅速步入繁荣时代。

首先是各诸侯国修史的繁盛。春秋时期，各诸侯国都有自己的国史，《孟子·离娄下》说："王者之迹熄而《诗》亡，《诗》亡然后《春秋》作。晋之《乘》，楚之《梼杌》，鲁之《春秋》，一也。其事则齐桓、晋文，其文则史。孔子曰：'其义则丘窃取之矣。'"这段话透露出两点信息，一是在春秋时期，诸侯国都有自己的国史，二是这样一种国修史书的制度或传统，是开始于"王者之迹熄"的春秋时期。瞿林东先生曾对这段话评论说："孟子的话不只是说明《乘》《梼杌》《春秋》都是各国之史，更重要的是它揭示了'王者之迹熄而《诗》亡，《诗》亡然后《春秋》作'这样一个时代变化在意识形态上的反映。孟子实际上是指出了国史的产生是同王室衰微、诸侯争霸的历史相联系的。他的这个见解是很深刻的。"①我们也可以说，瞿林东先生对孟子"王者之迹熄而《诗》亡，《诗》亡然后《春秋》作"的阐释同样是很深刻的。应该说，各诸侯国的国史修撰制度是和西周以来的史官的设置相联系的，是有历史传统的因素的，但各诸侯国国史的正式出现并如此普及以至于繁盛，则的确是和这个大动荡时代相关联的。

其次是春秋战国时期的私人修史传统开始形成，而且形成了一些传世名作，如《春秋》《左传》《国语》《竹书纪年》《世本》《战国策》等。《春秋》是不是孔子的个人著作，历来有不同看法，最可靠的是孔子据鲁《春秋》而删改

① 瞿林东：《中国史学史纲》，131页，北京，北京出版社，1999。

修订，使传世的《春秋》在很大程度上打上了孔子的个人印记，特别是其春秋笔法体现的个人风格。所以，我们是可以把《春秋》看作个人著作的。《左传》著述的个人性质，更是毋庸置疑。《国语》是一种文献汇编性的书，但却是由个人编纂的。《竹书纪年》作为一部编年体通史，不同于诸侯国春秋，显然带有个人著述的印记，可以看作个人著作。《世本》和《战国策》的私人著述性质学界也都给予认可。

最后，标志这一时期史学发展和繁荣的，还有该时期历史观念和史学观念的系统化。瞿林东先生曾总结这一时期的历史观念有"复古史观""循环史观""变易史观与朴素进化论"，以及"圣王史观""重民史观"等①；史学观念方面，该时期人们对史学功能的认识，对"书法无隐"的历史学真实性学科特征的认识等都说明历史学的发展，比起先前的时代，有了一个飞跃性的进步。

为什么说这一时期的史学繁荣是由历史的大动荡所促成的呢？这主要是因为大动荡催生了人们的忧患意识，并推动他们到历史中寻求答案。包括各诸侯国的官修国史在内都与这样的忧患意识相关联。历史进入春秋时期，"高岸为谷，深谷为陵"的大动荡，"弑君三十六，灭国五十二"②的残酷现实，使得亡国灭族的危机意识，时时盘桓于人们的心头，撰修国史实际上是肩负着保存国之统绪的重大使命。其实，不仅是国史，就是私人的史书修撰，也多是出于这样的忧患意识。譬如《竹书纪年》，为什么会产生这样一部从未有过的通史呢？本来，作者是魏国人，他要记述魏国的历史，魏国的历史应该上溯到晋，这是很自然的，但是他却又上溯到夏商周三代，这就显然是为魏国的历史寻找统绪，证明魏国历史和中华历史之一脉相承。同时，该时期历史学著述中所反映出来的丰富的历史观念，也来自大动荡时代的深刻启迪。

魏晋南北朝是中国历史上第二个大动荡时期，近四百年之久。而这期间，文化方面的创造，最显著的也是历史学方面。可以说，这是一个撰史成风的时代，史学著述特别繁盛，所谓"一代之史，至数十家"者，确非虚

---

① 参见瞿林东：《中国史学史纲》，154～162页。
② （宋）黄伦：《尚书精义》卷五十，12页，四库全书本。

言。关于东汉史的著述，根据清人王先谦《后汉书集解述略》中所引的材料看，就有 18 家 20 种，达 1049 卷之多；有纪传体、编年体、实录、杂记等体裁。关于晋史、十六国史的撰述，也有二三十种之多。而这些也还都是现在可以查知的情况。魏晋南北朝时期的撰史成风，是世所公认的。

那么，为什么大动荡时代会造成这样的历史编纂风气呢？这期间会有什么样的内在联系呢？所以把它作为史学发展的规律来看待，就意味着我们认定二者之间有着必然性的联系。然而对于这一点，学术界还缺乏探讨。可以理解的一点是，在这样的动荡年代，政权的不断更迭，频繁的改朝换代，对人们的文化认同造成了严重冲击，人们需要从历史中寻找文化认同，延续民族血脉，靠历史著述来维护中华文化的传承。

(三)社会转型推进历史学的发展

一般来说，社会转型都伴随着一定的社会动荡，但社会动荡不一定意味着社会转型，这是两个性质不同的问题，因而我们需要单独讨论社会转型对史学发展的促进作用。

社会转型意味着历史的巨大变革，带有根本意义的变革，于是，它带给人们的历史观念的改变也特别深刻，由此造成的史学的发展，也多带有根本的意义。

秦汉之际，是中国社会的一个转型期，经过春秋战国长达数百年的历史动荡，终于确立了一个以中央集权为特征的皇权专制社会，这是中国历史的巨大变迁。这样一个历史转型的完成需要人们对历史做出总结，也就很自然地推动了历史学的重大发展。标志这一社会转型期历史学成就的，是史学巨著《史记》的诞生。反映转型期历史特征的，是《史记》在编纂学上的两大特征：一是它的通史特征，二是它的纪传体的创立。

先说它的通史特征。转型期历史给人的启迪，最重要的是对历史发展联系性和对历史盛衰之道的探索。自古及今，历史有了翻天覆地的变化，而这个变化是如何实现的，又给人们传达了什么样的历史信息，总结这样的历史认识，实在是具有特别巨大的诱惑力。所以，我们看到司马谈在弥留之际，仍不忘交代司马迁："自获麟以来四百有余岁，而诸侯相兼，史记放绝。今汉兴，海内一统，明主贤君忠臣死义之士，余为太史而弗论载，废天下之史文，余甚惧焉，汝其念哉！"①要司马迁承其遗志，写出继孔子之后的历史变迁，以不"废天下之史文"，为当今"天子接千岁之统"，寻找历史的兴亡盛衰之道。也正是弄清历史兴亡盛衰之道这样宏伟的历史追求，才使司马迁将"究天人之际，通古今之变"确定为自己的撰述目标，发愤以宏大的气魄弄清天人之间、古往今来历史变化的根本道理；而这样宏伟的撰述目的，非通史不能达到。

再说《史记》所创立的纪传体体例。这似乎也与社会转型期的历史特征相联系。《史记》的体例或写作体系，实在是太宏大，太具有一种大汉雄风的气魄。司马迁阐述他的著作体例说："网罗天下放失旧闻，王迹所兴，原始察终，见盛观衰，论考之行事，略推三代，录秦汉，上记轩辕，下至于兹，著十二本纪，既科条之矣。并时异世，年差不明，作十表。礼乐损益，律历改易，兵权山川鬼神，天人之际，承敝通变，作八书。二十八宿环北辰，三十辐共一毂，运行无穷，辅拂股肱之臣配焉，忠信行道，以奉主上，作三十世家。扶义俶傥，不令己失时，立功名于天下，作七十列传。凡百三十篇，五十二万六千五百字，为太史公书。序略，以拾遗补艺，成一家之言，厥协六经异传，整齐百家杂语，藏之名山，副在京师，俟后世圣人君子。"②本纪、世家、列传、表、书，五种著作体例，纳入一个浑然一体的结构，构造了一个宏大的著作体系。司马迁的著作体例，完全不是一个体例范畴内所可以解释的问题。本纪的编年性质，世家、列传的传记性质，书的专题性，表的谱牒性，这些属性不同的体裁，大多在前代已经出现过，而司马迁把它们纳入一个著作体系，用来相互配合，共同表达一个完整的历史演进过程。司马迁怎么就会有如此宏大的胸怀和气魄呢？除了司马迁的自身条件之外，我们宁愿把它看作历史本身的启迪，这样一种著作体裁，反映了社会转型期波澜壮阔的历史进程的客观性要求，也是中国历史进入大一统帝国时代后，新的时代精神的反映。

社会转型期给予历史学的推进，不是表现为一般的表面繁荣，而是推动历史学家反思历史进程的广度和深度，促使历史学的实质性改变。20 世

---

① （汉）司马迁撰：《史记》卷一百三十，3295 页。
② （汉）司马迁撰：《史记》卷一百三十，3319 页。

纪初中国的社会转型，带给历史学的发展就是如此。

19世纪末20世纪初，是中国历史发生重大社会转型的变革时期，中国开始经历一场由传统的皇权专制社会向近代化的平民社会、民主共和制社会的过渡。这样一场伟大的社会变革，使得传统的中国史学已经无法承担服务于历史进步的社会职能。在两千多年的历史发展中，中国史学形成了以皇权为中心，与专制主义官僚政治和文化发展相互适应的基本稳定的研究范式；而这一范式在中国社会发生由专制帝制向共和民主制社会转变的过程中，与正在发生变化的社会政治和文化产生了根本的冲突，丧失了存在的合理性。于是，传统史学的变革就成为不可避免的事情，同时也预示着史学的革命性发展。根源于时代变革而实现的史学发展，便以梁启超的"新史学"为标志，开始了中国史学的近代进程。

从新的时代条件出发，梁启超对传统史学的研究范式和治史理念进行了深刻的批判。他说传统史学的弊端在于：

　　一曰知有朝廷而不知有国家。吾党常言，"二十四史"非史也，二十四姓之家谱而已。其言似稍过当，然按之作史者之精神，其实际固不诬也。吾国史家，以为天下者君主一人之天下，故其为史也，不过叙某朝以何而得之，以何而治之，以何而失之而已，舍此则非所闻也。昔人谓《左传》谓相斫书，岂惟《左传》，若"二十四史"，真可谓地球上空前绝后之一大相斫书也。虽以司马温公之贤，其作《通鉴》，亦不过以备君王之浏览。盖从来作史者，皆为朝廷上之君若臣而作，曾无有一书为国民而作者也……

　　二曰知有个人而不知有群体……中国之史，则本纪列传，一篇一篇，如海岸之石，乱堆错落，质而言之，则合无数之墓志铭而成者耳。夫所贵乎史者，贵其能叙一群人相交涉相竞争相团结之道，能述一群人所以休养生息同体进化之状，使后之读者，爱其群善其群之心，油然生焉。今史家多于鲫鱼，而未闻有一人之眼光，能见及此者。此我国民之群力群智群德所以永不发生，而群体终不成立也。

　　三曰知有陈迹而不知有今务……

　　四曰知有事实而不知有理想……①

　　在批判了传统史学之后，梁启超提出了新史学的发展方向：叙述历史进化之现象；叙述人群进化之现象；叙述人群进化之现象，而求得"公理""公例"，使后人可以循历史进化的"公理""公例"，"以增幸福于无疆"。这样的史学价值追求，完全是一个新的历史时代的要求，是历史学回应时代要求的必然选择。而沿着这样的新史学方向，历史学的发展也必将走入一个崭新的历史时代。社会转型期对历史学发展的推进作用，带有本质的或根本的性质。

二、历史观变革推动史学的发展和繁荣

　　任何历史著述都受支配于一定的历史观，历史观是史学的灵魂。因此，每当历史观发生重大变革的时候，就必将迎来一次史学面貌的根本性转变，并因此促成历史学的大面积繁荣。可以说这一规律得到了古往今来一切史学发展的验证。

(一)西周到春秋战国间历史观变革对史学的影响

　　从西周到春秋战国时期是中国历史上第一次历史观的重大变革，即实现了由殷商时代完全的天命史观或天道史观向人道史观或重民史观的转变。殷人信仰中的两大权威是上天与祖先，他们相信一切都是上天的安排，殷王的统治是上天的授命，并且受到先祖的保佑，因而殷商时代的意识形态是敬天事鬼。与此相适应的历史观就是地地道道的天命史观，人世间的一切都是微不足道的，唯有一个原则，就是"恪谨天命"②。正是对于天命的自恃，才会出现商纣时期极端残酷的社会统治。商纣王行将亡国的时候，有大臣进谏提请他注意，而商纣王仍然有恃无恐："我生不有命在天?"③而这

---

　　① 梁启超：《新史学》，见《饮冰室合集》文集之九，3～4页，北京，中华书局，1989。
　　② 李民、王健撰：《尚书译注》，148页，上海，上海古籍出版社，2004。
　　③ 李民、王健撰：《尚书译注》，184页。

个自恃有命在天的大国殷商，最终却亡于一个地处边陲的蕞尔小国，殷周之际的武王革命，宣告了天命史观的破产，促发了历史观领域的一场重大变革。

在总结殷周嬗替的历史经验的时候，周的统治者清醒地看到了"天命靡常"的历史现实，被殷人笃信的天命本身却是可以改变的，上天的授命也不是一劳永逸的。而天命改变的根据，就在于是否拥有民心，换句话说，上天是视民心而决定其授命的。于是，在商代根本就不存在的一个"民"的问题被突出出来了。一个王朝是否能够保有天命，最终还是要看统治者在人世间的作为，统治者是否可以真的赢得民心。这样，在西周初年，一个新的意识形态就被确立起来，那就是"敬天保民"。《尚书·康诰》中反复出现的中心词"用保乂民""用康保民""惟民其康"等就反映了这个新的意识形态的确立。与这种意识形态相联系的历史观就是人道史观。人道史观将历史发展的解释视角，转移到人道、人世间的治理方面。历史解释的根本问题，从此由上天降临人间。

到春秋时期，这种新的历史观有了进一步的发展，并被巩固、确立起来。《左传》《国语》中有很多这方面的思想表述：

夫民，神之主也。是以圣王先成民而后致力于神。[1]

国将兴，听之民；将亡，听于神。神，聪明正直而一者也，依人而行。[2]

天之爱民甚矣，岂其使一人肆于民上，以从其淫，而弃天地之性？必不然矣。[3]

夫君国者，将民之与处，民实瘠矣，君安得肥？[4]

---

[1]　李梦生撰：《左传译注》上，67 页，上海，上海古籍出版社，2004。
[2]　李梦生撰：《左传译注》上，170 页。
[3]　李梦生撰：《左传译注》下，716 页。
[4]　徐元诰撰：《国语集解》，王树民、沈长云点校，495 页，北京，中华书局，2002。

　　重视人道，重视民心，进而发展为战国时期孟子、荀子的民本思想，实现了中国历史哲学领域的重大变革。而一旦确立了重视人道、重视人的自身历史的历史观，思想的关注点从上天转向人间，对人的历史的记录与研究就成为一种必然的要求，人们就需要从人自身的历史中去发现需要汲取的经验和教训。于是，这种历史观的变革就极大地促成了该时期历史学的蓬勃发展。这一时期，历史学的发展主要表现在以下几个方面。

　　一是修史成风。一方面，各诸侯国的国史编撰普遍化和形成制度，前文已经提到，该时期国史的修撰是出于各诸侯国保存自己历史与文化统绪的需要，这里，我们还需要强调的是，它也是诸侯国统治者从自身历史中汲取经验智慧的需要。另一方面，该时期也出现了私人修史的热潮。官修史书和私人修史的结合形成了浓郁的修史风气，为后世留下了大量的史学名著，如现在可以看到的《尚书》《春秋》《左传》《国语》《竹书纪年》《逸周书》《世本》《战国策》等。

　　二是出现了比较成熟的史学编纂体裁。编年体的发展最为迅速，《春秋》《左传》《竹书纪年》等都是编年体，而且《左传》在编年体中还很好地解决了叙事的完整性问题。特别是这一时期已经出现了综合性的史书体裁，比如《世本》，梁启超对其体例有过如下评述：

　　　　《世本》一书，宋时已佚，然其书为《史记》之蓝本，则司马迁尝自言之。今据诸书所征引，知其内容篇目，有《帝系》，有《世家》，有《传》，有《谱》，有《氏姓篇》，有《居篇》，有《作篇》，《帝系》《世家》及《氏姓篇》，叙王侯及各贵族之系牒也；《传》者，记名人事状也；《谱》者，年表之属，《史》注所谓旁行斜上之《周谱》也；《居篇》则汇纪王侯国邑之宅都焉；《作篇》则纪各事物之起原焉。吾侪但观其篇目，即可知其书与前史大异者两点：其一，开后此分析的综合的研究之端绪……（《史记》）其十表稽牒作谱，印范于《世本》。[①]

　　《世本》为《史记》之蓝本，说明《世本》也是一种综合体史书，在历史编

---

　　① 梁启超：《中国历史研究法》，22～24 页。

纂学上，已达到相对成熟的阶段。

三是形成了丰富的成体系的历史意识和史学观念。关于这一点，学术界已有不少史学思想史方面的著作谈及，此不赘述。[①]

总之，西周到春秋战国时期是中国历史上历史学发展的第一个高峰期，其根源就在于该时期历史观上的巨大变革。

(二)秦汉之后皇权史观支配下的历史学

秦汉之际是中国历史的一个重大转折，是中国皇权专制社会的确立时期，与之相应的是皇权意识形态的形成和皇权史观的确立。所谓皇权史观，就是一切以皇权为核心，把至高无上的皇权看作历史运动的中枢，从皇权的角度来解释和处理历史问题。以往研究中人们多把该时期的历史观表述为王朝循环论历史观，而无论如何循环，历史的中心——"王朝"却不会改变，因此，王朝循环论历史观之本质，仍然是皇权史观。二者并不矛盾。这样一种皇权史观的确立，规定了后世历史学发展的基本格调和编纂框架。它的最重大也最辉煌的成果，就是《史记》《汉书》及其整个"二十四史"正史体系的诞生。

前边谈到过《史记》的编纂体例，是一个非常宏大的著作结构，浑然一体，结构严谨。但这结构的中枢则是皇权这个至高无上的核心。《史记》中的"本纪"是全书的纲领，以帝王的活动统帅一切社会历史现象。先有本纪，再有世家，次有列传，一层层按等级排列的王侯大臣，围绕皇帝的活动而展开。这就是司马迁讲的"二十八宿环北辰，三十辐共一毂，运行无穷，辅拂股肱之臣配焉，忠信行道，以奉主上，作三十世家"。这样一种著述范式，最符合皇权主义意识形态的需要，最有利于树立皇权的权威，于是，这一创造就获得了皇权的认可和赢得了史家的追捧，为后世官私著述树立了法则。《史记》的著作体例为后代官修史书所确定为基本范式，绝不是一个纯学术性的问题，也绝不是所谓纪传体的科学性问题，而是它与皇权主义意识形态和皇权史观的暗合，或者说它本身就是皇权史观的产物。

---

① 如吴怀祺的《中国史学思想史》第二、第三章即专论，参见吴怀祺：《中国史学思想史》，14~58页，合肥，安徽人民出版社，1996。

《史记》以帝王为历史中枢的纪传体为班固所继承，班固以之为例，又为西汉著断代之史。断代之纪传体《汉书》的问世，的确是班固的一个创造，而之所以能有此创造，是服务于皇权史观的结果，是为了论证"汉绍尧运以建帝业"的历史正统，也是为了解决皇权的正统性问题。皇权史观依然是《汉书》的灵魂。从历史编纂学的角度说，《汉书》是成功的，班固的确有不少新的创造。而最大的成功还是他为一代帝王找到了张扬皇权权威的最佳方式，它之所以能成为后世官修史书的规则或传统，就在于它与皇权史观的高度契合。

如果不从皇权史观的角度去解释，中国在隋唐之后代代相传形成续修国史的历史传统是不容易理解的。班固身处后汉，为前汉修史，张扬大汉的历史正统，是可以理解的。而唐推翻了隋，为什么还要为隋修史？特别是后世元灭宋、金，明灭元，清灭明，这些不仅是一般的王朝更替，还是不同民族政权的更替，他们为什么还要为前代王朝修史？为什么去论证被他们推翻的王朝的正统性？其实，道理很简单，就是一个皇权史观的问题，通过修史来论证皇权的权威性。皇权史观推动着修史者将续修国史的传统发扬光大。

司马迁创造的以帝王为中心的纪传体和班固以纪传体为一代王朝修史的著述范式，是一种最符合皇权史观的著述体例，赢得了皇权的赞许，所以，后世历代王朝都有了修史的兴趣，形成了修史的传统，世代相沿而创造出辉煌的"二十四史"。虽说它被近人指斥为帝王之家谱，却也的确为中国文化创造了一种保存其统绪的通道和模式。中国传统史学之繁荣，中国历史典籍之繁富，中国历史文献保存之系统，应该说是确立了与中国专制官僚政体相统一的皇权史观相联系的。

其实，不光是"二十四史"，其他所有传统历史文献，编年体、典制体、纪事本末体等，无不是体现的皇权史观。皇权史观在秦汉之际的确立，对于后世史学的发展和繁荣，无疑起到了巨大的推动作用。

(三)近代进化史观所造就的新史学

历史进入近代，先进的科学思想从西方传来，对传统皇权史观和王朝循环论历史观提出了挑战，其影响最大的就是由达尔文进化论所演变出来的社会进化论历史观。这一历史观经由严复的传播而广为流传，整整影响了一代人，引发中国近代史学史上声势浩大的史学革命。

严复翻译的《天演论》于1898年正式出版，而在1896年，该书的译稿就已经在康有为、梁启超这些开近代新史学之风的先驱人物中传阅，产生了惊世骇俗般的影响，中国学人的历史观为之一变。梁启超提出历史学的目标在于寻出历史演变之"公理""公例"，就是根源于进化论的思考，历史是进化的，并且是有其内在联系的，所以才有所谓"公理""公例"可寻。寻找历史发展之"公理""公例"以供现代人活动之资鉴，这一新的史学观念成为时代的共识。于是，以进化论为旗帜的新史学很快就产生了一系列新的成果，造就了一个史学高潮。

梁启超在提出了新史学的研究理念之后，发表了长篇论文《论中国学术思想变迁之大势》，以进化史观和因果论为指导，探讨中国学术发展演变的内在理路，揭示其演进脉络，进行了新史学的研究尝试。此后不久，夏曾佑就出版了以进化论为指导思想写成的中国近代第一部通史性著作《中国古代史》①，破天荒地提出了划分中国历史发展阶段的学说。他把中国历史划分为上古之世、中古之世、近古之世三个阶段，重视历史发展的阶段性和历史的转折时期，注重考察历史的因果联系，概括了历史的发展趋势。几乎和夏曾佑同时，刘师培写出了《中国历史教科书》。该书论述的重点"集中在历代政体之异同，种族分合之始末，制度改革之大纲，社会进化之阶级，学术进退之大势等等，而贯穿其中的核心则是庸俗进化论思想"②。

20世纪初，一切有思想、有成就的历史学家，大都是服膺进化史观的。此后兴起的实证主义史学思潮，也是以进化史观为基础的。我国20世纪二三十年代发展起来的实证主义史学，胡适是一面旗帜。1922年，他在《我的歧路》一文中说："我这几年的言论文字，只是一种实验主义的态度在各方面的应用。我的惟一目的是要提倡一种新的思想方法，要提倡一种注重事实、服从证验的思想方法。"③胡适一生所提倡的研究方法有两种：一是实验

---

① 该书原名《最新中学中国历史教科书》，1904—1906年在上海出版。1933年当时的教育部将之定为"大学丛书"，由上海商务印书馆1933年再版。

② 袁英光、仲伟民：《中国历史教科书》，见仓修良主编：《中国史学名著评介》第3卷，377页，济南，山东教育出版社，2006。

③ 胡适：《我的歧路》，见葛懋春、李兴芝编辑：《胡适哲学思想资料选》上，217页，上海，华东师范大学出版社，1981。

的方法，二是历史的方法。在胡适看来，这两种方法都是以进化论为哲学基础的，是进化史观所结出的果实。他说："进化论的主要性质在于用天然的，物理的理论来说明万物原始变迁一问题，一切无稽之谈，不根之说，须全行抛弃。"①胡适认为，既然一切都是变化的，而进化或变化都是"实在的，具体的，是特别的，是有凭据的，是可以证实的"②，所以，一切知识或真理，也就必须能够经得起实证的检验。沿着一切都是进化的或变化的思维路径出发，胡适就又特别强调了"历史的方法"。胡适植根于进化论的史学方法论思想，奠定了我国 20 世纪实证主义史学的方法论基础，许多后辈史家是在这面旗帜下成长起来的。关于实证主义史学，最近十多年来的史学理论界有很多研究可为参考，不在此赘述。我们只是要强调一点，这一切都是在进化史观的影响下所发生的。

(四)唯物史观传入所造就的史学繁荣

从传播史的角度说，唯物史观是在 20 世纪初传入我国学术界③；而其真正发挥作用，特别是在史学界发挥作用，则是 20 世纪 20 年代以后的事情。唯物史观的介入，不仅对中国传统的历史观念产生了冲击，而且对正在发展中的进化史观也具有革命性意义。因为，进化史观只是带来了历史进步论的观念，而唯物史观则进一步解决了历史如何进步的问题、进步发展的规律问题，它在改变人们的历史观念的同时，还给了人们一个认识历史的方法论。因此，唯物史观一经被认识就发挥了改造中国史学的巨大作用，造就了一个新的史学繁荣发展局面。

20 世纪 20 年代，唯物史观还处在引进、介绍和阐释阶段，带有理论宣传的性质；而到了 20 世纪三四十年代，唯物史观则开始见诸研究实践，并

---

① 胡适：《先秦诸子进化论》，见葛懋春、李兴芝编辑：《胡适哲学思想资料选》上，1 页。

② 胡适：《实验主义》，见葛懋春、李兴芝编辑：《胡适哲学思想资料选》上，49 页。

③ 史革新说："据笔者所知，较早提及马克思主义唯物史观的人是马君武。马君武在 1903 年 2 月出版的《译书汇编》第 11 号发表的《社会主义与进化论比较》一文提道：'马克司者，以唯物论解历史学之人也。马氏尝谓阶级竞争为历史之钥。'文中的'唯物论'并非指唯物史观，而是一般意义上的哲学唯物主义，但他所说的'以唯物论解历史学'已经道出了马克思主义的唯物史观的一般特点，说明作者已经看到马克思学说除包括一般社会政治学说外，还有一种层次更高的社会历史哲学——唯物史观。"见史革新：《唯物史观在我国早期的传播》，载《史学史研究》，2002(2)。

开始改变中国史学的发展方向，创造出一个新的富有生命力的历史学派。以郭沫若、吕振羽、翦伯赞、侯外庐、范文澜等为代表的马克思主义史学家们，把唯物史观的方法论贯彻于自己的史学研究实践之中，取得了相当丰富的研究成果。郭沫若的《中国古代社会研究》是运用唯物史观为指导研究中国历史的第一个范本。该书的结论为当时的中国共产党人坚持以马克思主义理论分析中国国情提供了重要的历史依据，并且第一次显示了唯物史观强大的方法论效应。在郭沫若之后，吕振羽将唯物史观的方法论原则贯彻到了他的史前期中国社会研究和中国古代政治思想史研究之中，相继出版了《史前期中国社会研究》和《中国政治思想史》两部重要著作。紧接着，翦伯赞的中国史研究，侯外庐的中国古代思想史研究，范文澜的中国通史研究，都自觉地贯彻了唯物史观的方法论思想。特别是范文澜的《中国通史简编》，以五种社会形态理论为指导划分中国历史阶段，在方法论上以阶级斗争为历史主线，在内容上突出人民群众创造历史的思想，树立了后来马克思主义通史研究的重要范式。总体来说，在民主革命时期，唯物史观的引进和在史学研究中的运用，开辟了中国史学研究的新途径，在中国史坛上形成了最具生命力的历史学派。但是，也应看到，由于处于初期发展阶段，对马克思主义的理解，在某种程度上说，还处于比较幼稚的水平。特别是过分强调历史规律性、必然性而忽视历史道路特殊性的倾向；把阶级斗争看作人类阶级社会历史实践的全部内容的思想[1]；历史评价片面强调以"人民为本位"[2]的思想等，都为后来"左"倾时代历史研究偏离马克思主义轨道的极端化发展，埋下了伏笔。

　　中华人民共和国成立后，唯物史观确立了在中国史学研究中的指导地位，更是在根本上在最广泛的范围内改变了中国史学的面貌。唯物史观学派有它的特殊的方法论特征，它特别重视经济对于社会意识形态、对于上层建筑、对于人们的精神生活的决定作用，具有深刻的历史穿透力，培养了历史学家对历史进行宏观思考的思维习惯，使得历史学家总想透过历史的表面现象去发现更为深刻的历史原因，而使人们的研究成果多能提出一

---

　　① 参见翦伯赞：《历史哲学教程》，80 页，北京，北京大学出版社，1990。
　　② 郭沫若：《十批判书》，506 页，北京，东方出版社，1996。

些耐人寻味的东西，因而不流于肤浅和庸俗，并能在较为深刻的理论层面为人们的社会实践活动提供借鉴。因此，唯物史观的推广，对中国几千年来的传统史学和近代以来以进化论为基础的实证主义史学，实行了革命性改造，带来了几十年中国史学的突飞猛进的发展。但是，由于它从一开始就被教条化而埋下了僵化和被扭曲的伏笔，也由于它在后来过于意识形态化，过于强调为现实的政治和政策服务，因而逐渐走向了非科学的道路。

（五）改革开放以来唯物史观正本清源而带来新的史学繁荣

一旦在历史观这个基本的理论问题上有了改变，在历史学研究方法、历史学的研究视域等方面，也就有了一个根本的改观。以往人们把唯物史观当作历史学唯一的方法论，现在则开始提出历史学本身的方法论问题，20世纪80年代中期出现了史学方法论研究的热潮，心理史学方法、计量史学方法、比较史学方法、人类学方法、自然科学方法等，都被推到了史学研究的前沿阵地，极大地充实了历史学的方法论手段；以往把阶级斗争理论看作唯物史观的核心原理，现在则摆脱了阶级斗争思维，冲破了历史仅仅是政治史、经济史的窠臼，把目光转向了更广阔的研究领域，于是有文化史、社会经济史、社会生活史、城市史、乡村史等新的研究领域被开掘出来，史学研究由此进入一个新的学术时代，一个与改革开放的历史进程保持同步发展的繁盛时代。

以上我们考察了自古及今历史学的几次大的发展转变，每一次都是由历史观的改变所引起、所促成的。由此可以看到，历史学的发展随着人们的历史观的改变而改变，历史观的进步，推动或支配着历史学的发展，这的确可以被认定为历史学发展的一个基本规律。

三、个人修史创造传世名作

这是一个由中国史学的特殊性提出的问题。中国自古以来就有官修史书的传统，甚至官修史书成为传延史学统绪和文化血脉的重要途径。但是，官修史书特别是隋唐以后的史馆修史和近世以来的集体编书，比起私人修史来说，仍然暴露出许多弊端，并且是无法克服的弊端，是由学术的规律所决定的弊端。因此，古往今来，在史学发展史上，我们所看到的真正的史学名著，基本上都是个人作品，如果从最顶端的角度说，没有哪一种出于众人之手的官修史书或近世的集体著作，能够和个人名作相媲美。这也可以看作一个规律性的史学现象。

中国的史官制度由来已久，从历史文献中看，这是自三代以来就有的历史传统，在《周礼》中就可以看到太史、小史、内史、外史、左史、右史等史官名称，秦汉以后也都有史官设置。但隋唐以前的史官修史和其后的史馆修史还是有所不同的。以前的史官修史，史官是其官职和执掌，而其修史活动则基本上是独立的，可以看作个人的学术活动，基本上是个人意志和学术信念的反映。如在史学史上传为美谈的晋国史官董狐①和齐国的太史南史氏②等都是身为史官而可以独立作史表达个人学术个性的代表。而到了隋唐之后的史馆修史则大不相同了。史馆修史，一方面是集体编书，另一方面则是由朝廷重臣宰相监修史书，这样的情况下，修史活动要想反映著作者个人的意志和学术思想，就几乎是不可能的了。

从史学史上的事实出发，我们也只能得出这样的结论。如历代史书，真正能称得上为名著而为世代所崇敬者，大抵都是个人著作，而史馆修史或集体编著的史书，则无可与之匹敌。一般来说，如果一定要列出中国古代史学的十大名著，大概人们都会举出《左传》《史记》《汉书》《后汉书》《三国志》《通典》《资治通鉴》《通志》《文献通考》《史通》《文史通义》等，而这十大名著，无一例外的都是个人著述。其中，只有《资治通鉴》在编撰的形式上是集体编书——有一个写作班子——而实际上也还是体现了司马光个人的历

---

① 董狐书法无隐的故事，见《左传》宣公二年。晋灵公无道，大夫赵盾出走。当他还没走出赵国的时候，晋灵公就被赵穿射杀了，赵盾闻讯而回。对于此事，晋太史董狐书曰："赵盾弑其君。"以示于朝。董狐的道理是，赵盾身为正卿，逃亡没有走出国境，回来后又没有讨伐杀君的贼人，就等于是赵盾杀死了国君。此事被孔子评论为："董狐，古之良史也，书法不隐。"此事说明，春秋时期的史官是可以独立写史，而不受权势左右的。

② 齐国太史不畏权势、舍生忘死而秉笔直书的故事，见《左传》襄公二十五年。齐国大夫崔杼为报私仇杀死了齐庄公，太史书曰："崔杼弑其君。"崔杼杀死太史，太史的弟弟接着这样写，又被崔杼杀死。太史的第二个弟弟仍坚持直书"崔杼弑其君"，崔杼才放了他。南史氏听说此事，以为太史全被崔杼所害，便冒着生命危险"执简以往"，坚持要秉笔直书此事。后来听说此事已经被如实记载，才返回。此事足以说明春秋时期的史官，是能够坚持操守，保持独立人格的。

史观和史学思想，是应该作为个人著作去看待的。① 认真考察那些出自史馆的集体编著成果，几乎没有一部书可以与之相媲美。

在集体编著的史书中，《晋书》算是较好的上乘之作了，然而在历史上也是多受诟病。《晋书》是唐代大规模设馆修史的最后一部，是唐太宗的命题作文。晋史在唐以前已有 24 家，至唐还存留 18 家，唐太宗为什么还要重修呢？其根本原因就是这些晋史之作都不能很好地满足宣扬、论证皇权史观的政治需要。所以，唐太宗在《修晋书诏》中提出"宜令修国史所更撰《晋书》，铨次旧文，裁成义类"②；在他亲撰的宣帝纪论中定下编写基调："治乱无常，兴亡有运。"③这个"裁成义类""兴亡有运"非常重要。"裁成义类"是规范秩序的需要，"兴亡有运"是论证皇权出自天命、具有无上尊严的需要。唐太宗的亲自参与撰修，就为《晋书》的编撰规定了一个不可逾越的思想樊篱。而这样的命题作文，如何能写出像《史记》那样"究天人之际，通古今之变"的"一家之言"呢？

从编撰的角度说，一部《晋书》，参与编写的二十多人。④ 监修三人：房玄龄、褚遂良、许敬宗；有分工撰录者十几人；有考证类例者五人等。虽然参与编著的都是学识宏富的大家，但毕竟才学不一，文风不同，编著者的个性差异及其集体合作，难免造成义例不纯、前后抵牾、重复杂出、遗忘疏漏等问题，更重要的是没有一个一以贯之的学术思想统领全书。于是，《晋书》在当时就遭到了不少批评。刘知幾评论该书："务多为美，聚博为

① 《资治通鉴》由司马光主修，刘恕、范祖禹、刘攽、司马康协修。而刘恕、范祖禹、刘攽等人主要是做的资料长编工作，全书的真正修撰定稿都是由司马光来完成的。全书的体例、书法，史料的考订，文章的剪裁，句法的锤炼，直到把全部文字熔于一炉，自成一家，都是司马光一人之功。特别是表现该书历史思想和史学思想的"臣光曰"，更是司马光个人思想的结晶。所以，《资治通鉴》虽然在形式上是集体编书，由多人协修，而最后勒定成书，则完全是出于司马光一人之手。《资治通鉴》是可以作为个人著作来看待的。事实上，在中国史学史研究中，人们总是把《资治通鉴》看作司马光的代表作，通过《资治通鉴》来研究司马光的史学思想，而没有人来据此研究刘恕、范祖禹、刘攽等人的思想。研究刘恕的史学思想，根据他的《通鉴外纪》；研究范祖禹的史学思想，则根据其十二卷的《唐鉴》。这也可以作为把《资治通鉴》看作司马光个人著作的一个有力反证。
② （宋）宋敏求：《大唐诏令集》卷八十一，9 页，四库全书本。
③ （唐）房玄龄等撰：《晋书》，20 页，北京，中华书局，1974。
④ 《晋书》的修撰有一个强大的写作班子，具体人数文献中记载不一。有 21 人说、19 人说、22 人说、23 人说等。具体是多少人对于我们的论题并不重要，重要的是这的确是一个集众人之手的集体项目，不像后世《资治通鉴》那样由司马光一人主笔。

功，虽取悦于小人，终见嗤于君子矣。"①后世批评之声更是不绝于耳。我们绝不是说《晋书》一无是处，也应肯定其编著之功，《晋书》一出而其他18家则逐渐消亡，就连不满意该书而另起炉灶重编晋史的刘知幾的好友徐坚所写的《晋书》也没能流传开来，国修《晋书》则流传至今，显示了它的生命力。这说明，《晋书》不失为一部上乘之作，但比起个人修史所产生的上述名作来，就不免有些暗淡失色了。

为什么官修史书，或集体编书就不能产生史学名作呢？集体编书自身有一些难以避免的弊端。刘知幾在《史通·忤时》中批评集体编书的五不可曰：

古之国史，皆出自一家，如鲁、汉之丘明、子长，晋、齐之董狐、南史，咸能立言不朽，藏诸名山。未闻借以众功，方云绝笔。唯后汉东观，大集群儒，著述无主，条章靡立。由是伯度讥其不实，公理以为可焚，张、蔡二子纠之于当代，傅、范两家嗤之于后叶。今者史司取士，有倍东京。人自以为荀、袁，家自称为政、骏。每欲记一事，载一言，皆搁笔相视，含毫不断。故头白可期，而汗青无日。其不可一也。

前汉郡国计书，先上太史，副上丞相。后汉公卿所撰，始集公府，乃上兰台。由是史官所修，载事为博。爰自近古，此道不行。史官编录，唯自询采，而左、右二史阙注起居，衣冠百家，罕通行状。求风俗于州郡，视听不该；讨沿革于台阁，簿籍难见。虽使尼父再出，犹且成于管窥；况仆限以中才，安能遂其博物！其不可二也。

昔董狐之书法也，以示于朝；南史之书弑也，执简以往。而近代史局，皆通籍禁门，深居九重，欲人不见。寻其义者，盖由杜彼颜面，访（防）诸请谒故也。然今馆中作者，多士如林，皆愿长喙。无闻龁舌。傥有五始初成，一字加贬，言未绝口，而朝野具知，笔未栖毫，而搢绅咸诵。夫孙盛实录，取嫉权门；王韶直书，见仇贵族。人之情也，能无畏乎？其不可三也。

---

① （唐）刘知幾撰，赵吕甫校注：《史通新校注》，287页。

古者刊定一史，纂成一家，体统各殊，指归咸别。夫《尚书》之教也，以疏通知远为主；《春秋》之义也，以惩恶劝善为先。《史记》则退处士而进奸雄，《汉书》则仰忠臣而饰主阙。斯并曩时得失之列，良史是非之准，作者言之详矣。顷史官注记，多取禀监修，杨令公则云"必须直词"，宗尚书则云"宜多隐恶"。十羊九牧，其令难行；一国三公，适从何在？其不可四也。

窃以史置监修，虽古无式，寻其名号，可得而言。夫言监者，盖总领之义耳。如创纪编年，则年有断限；草传叙事，则事有丰约。或可略而不略，或应书而不书，此刊削之务也。属词比事，劳逸宜均，挥铅奋墨，勤惰须等。某袟某篇，付之此职；某传某志，归之彼官。此铨配之理也。斯并宜明立科条，审定区域。傥人思自勉，则书可立成。今监之者既不指授，修之者又无遵奉，用使争学苟且，务相推避，坐变炎凉，徒延岁月。其不可五也。①

以上五条，除了第二条稍似牵强外②，其他几条大概都是切中要害的，的确是集体著述之弊端。尤其是第一条，非出自一家之言，更是抓住了学术创造的规律，是一个本质性的问题。第四条也是一般集体编书的通病，如果没有像司马光那样一个强有力的主修或主编，集体编书大都会有这样的问题，没有一个明确的一以贯之的指导思想，编出来的书是没有体系、没有内在逻辑的。即使有一个十分明确的指导思想，也无法保证它能贯彻到底。第五条具体编写中的配合问题、分工合作问题，虽然比较好处理，不是不可克服，但也毕竟是一切集体编书都会碰到的问题，需要费力解决。第三条是古代编书中常碰到的问题，现代的集体编书或可避免。总体来说，刘知幾三入史馆，对史馆编书之弊深有感触，所提出的批评入木三分。再加上他思想深刻，往往能抓住问题的根本。刘知幾对史馆编书的批评，的

---

① （唐）刘知幾撰，赵吕甫校注：《史通新校注》，1097～1098 页。

② 这一条对史馆修史在资料问题上所谓弊端的指责，是不准确的。应该说，史馆修史，动用国家的力量，在资料的搜集占有方面是具有其特别优势的。如唐代的史馆制度中，有专门的史料征集制度，唐太宗曾颁布"诸司应送史馆事例"的诏书，规定了从中央到地方各级机构应定期向史馆报送各种重要文牍的具体条例，内容极其宽泛，由此保证了史馆修史的资料优势。详见《唐会要》卷六十三《史馆》上。

确可以加深我们对史学发展规律的认识。

　　集体编书之所以不能产生传世名作，关键的问题还是它不符合学术创造的规律。学术活动，特别是人文社会科学的研究活动，实际上是非常个性化的活动，是学者个体的心灵体验。每个人都有一个特殊的头脑，每个人对历史对社会的体认和感受都是非常不同的。个人的著述和研究，无论他的学识如何，总会有内在的逻辑体系；而集体编书，无论确立多么明确的指导思想，制订多么详细的写作体例，甚至无论研究者的风格有多么类同或接近，都无法保证学术成果内在的思想一致性。古往今来，任何学术名作都有着作者对历史的独到见解，有着对历史内在精神的天才猜测，而这些是集体编书无论如何无法达到的。不光是历史学的著作如此，任何人文社会科学研究都是如此。试想，如果马克思当初提出他的学说体系的时候，不是自己潜心几十年去艰苦探索，而是像今天的那些五花八门的重大项目、国家课题一样，都去拼凑一个庞大的写作班子，用所谓科学攻关的方式去攀登社会主义理论的高峰，还会有我们今天所知道的马克思主义吗？学术研究是个性化活动，隋唐以后的史馆修史和近世以来的集体编书，是无法创造科学精品的，是不可能有传世之作的。这就是中国史学发展道路所展示的一个规律性现象。

　　以上我们从三个方面探讨历史学发展的基本规律，仅是一个初步的尝试，所论未必恰当；而且这些探讨主要是根据于中国史学的发展道路，它是否符合西方史学的历史实际，也不敢妄下断语。但无论如何，聊胜于无，总结出这样一些略带规律性的认识，对于我们理解一般的史学现象，尤其是对于推进中国当代史学的发展，应该是有益的。

第六章　历史学的功能与作用

　　近代以来，随着自然科学的兴起，社会科学的分化，传统的显学逐渐失去了它昔日的灵光。在中国，首先是经学的衰落，其次就是历史学日益被挤出备受尊崇的学术殿堂。不过，在 20 世纪 80 年代以前，当传统社会的生活节奏还未被打乱的时候，历史学的危机还被掩盖着，于是也就很少有人质疑其功能与作用。自 20 世纪 80 年代起，史学危机的呼声日高，实际上反映了人们对历史学功能与作用的怀疑。当发展经济成为民族振兴的主要途径的时候，历史学这门既不能经邦济世，又不能创收赚钱的传统学科，自然受到了社会的冷遇，在一些人的眼里，历史学简直已走到了穷途末路。

　　历史学对国家、社会、民生真的是那样无济无助又无用吗？当发展经济成为社会的当务之急的时候，历史学就会自然失去它的价值吗？我们的史学理论研究对历史学的社会功能问题，应该有一个较为公允的回答。在本书的"绪论"里，我们曾经谈到三句话：人们需要从历史知识中汲取必要的文化素质，社会需要历史学作为它活动的向导，人类需要从自身的历史中认识自身。这实际上就是我们对历史学的功能与作用的基本观点。本章就从这三个方面对历史学的社会功能进行阐述，并对如何实现历史学的功能与作用问题进行粗略的探讨。

一、历史学是社会活动的向导

一个人，早晨一觉醒来，忽然觉得自己完全丧失了对往事的记忆，昨天都干了些什么，什么留待今天去完成，关于昨天的一切，都变得茫然无知，那么，这个人该去做些什么呢？仔细思考，我们就会知道，人们今天的行动，都是由昨天引导出来的。昨天是今天的向导。历史对于现实，就犹如昨天对于今天。一个民族，如果没有关于自身历史的认识，就像一个人一下子失去了对往事的记忆而变得茫然不知所措一样，无法认清自己前进的路。任何一个国家、一个民族、一个社会，都不能不以历史作为自己现实活动的向导。所谓前事不忘，后事之师，就是这个道理。

在民主革命时期，毛泽东曾多次倡导要研究中国的历史和现状，要求"从其中引出其固有的而不是臆造的规律性，即找出周围事变的内部联系，作为我们行动的向导"[①]。

胡乔木在中国史学界第二次全国代表大会上讲过一段很精辟的话："历史科学满足政治需要的正确理解应当是，历史向社会也向政治提供新的科学研究的成果，而社会和政治则利用这种成果作为自己活动的向导。"[②]

以上名言讲的都是一个道理，即历史学对人们社会历史活动的向导作用。一个国家的政治决策，必须以清醒的历史意识为基础，以历史的经验教训作为可靠的参考。中国共产党十一届三中全会以来所坚持的改革开放之路，就正是通过对几十年来社会主义建设的历史进行正反两方面的总结，而选择的历史道路。在选择社会发展方向的时候，正确地总结历史经验是十分重要的。一个惯于忘记过去的民族，是一个悲哀的民族，也是一个没有出路的民族。在改革开放遇到一些挫折，面临一些困难的时候，有些人总想"重温旧梦"，这是忘记了过去的沉痛教训。过去的路已经被历史证明是走不通的，倒退是没有出路的。忽视历史的经验，必将受到历史的惩罚。

---

① 《毛泽东选集》第 3 卷，801 页。
② 中国史学会秘书处编：《中国史学会五十年》，43 页，郑州，海燕出版社，2004。

历史的经验不能忘记。汤因比很深刻地谈到过这个问题：

> 我的一位老朋友阿尔弗雷德·齐默恩爵士，当我还在牛津做学生的时候就是一位大学教师，曾对我指出，世界上绝大多数的人都没有历史的概念，过去对他们并不存在，而对历史有某些意识的人只是很少很少的一些人。这种想法使我感到震惊，但它是事实。难道历史的健忘症又会帮什么忙吗？就想一下二次世界大战后美国的历史吧！美国人不正是由于几乎原则上忽视历史而一下子冲进了一大堆可怕的错误中去的吗？他们随意忽视法国的经验，一下子就冲进了越南战争。他们认为他们有力量，有技术，有使法国经验变得不中肯的美国生活方式。二次世界大战后美国所遭受的许多失败，只要根据过去的经验来看待现在，就可以加以制止。人类的生活是生活在时间的深度上的；现在行动的发生不仅在预示将来，而且也是根据了过去。假如你随意忽视、不去思考甚或损伤过去，那么你就妨碍自己在现在去采取有理智的行动。①

马克思主义历史观特别重视历史的连续性和继承性，它认为："人们自己创造自己的历史，但是他们并不是随心所欲地创造，并不是在他们自己选定的条件下创造，而是在直接碰到的、既定的、从过去承继下来的条件下创造。"②要增加人们历史活动的自觉性，以便更清楚地把握自己的社会活动，就必须要研究我们所承继的、既定的历史条件，从历史中获得启示。因此，马克思主义特别重视历史的启示。恩格斯说："我们根本没有想到要怀疑或轻视'历史的启示'；历史就是我们的一切，我们比其他任何一个先前的哲学学派，甚至比黑格尔，都更重视历史。"③而历史学就是以为人类提供历史启示为主要使命的重要学科。人们的社会活动只有把历史学的研究成果作为自己活动的向导，才能提高和增强活动的主动性、自觉性。

历史学的向导作用是在不同的层次上和不同的范围内来实现的。一个

---

①　田汝康、金重远选编：《现代西方史学流派文选》，142 页。
②　《马克思恩格斯选集》第 1 卷，585 页。
③　《马克思恩格斯全集》第 3 卷，520 页，北京，人民出版社，2002。

民族或国家的重大决策，需要凭借历史的经验；一个社会群体或社会集团所进行的重大历史活动，也需要历史的经验。国家的大政方针，社会制度的选择、基本国策的制定，需要国情（历史状况）的研究以为凭借；而其某一项具体政策的提出，也需要有具体可靠的历史根据。国家的政治活动需要历史的启示，国家的经济活动也离不开历史学的辅佐；政治家、思想家、社会活动家，以至老百姓的活动，也无不需要历史的启示。恩格斯所说的"历史就是我们的一切"，并非夸大其词。

这里，我们必须解释一种奇怪的现象：人们的社会活动如此频繁地求助于历史的启示，特别是国家的政治决策，一步也不能离开对国情即历史状况的认识，那么，历史学家就应该在社会政治生活中占有至关重要的地位，但情况并非如此。可以说，世界上大多数国家的领导人都并不经常向功底扎实的历史学家请教，而功底扎实的历史学家也很少被选为首脑人物的决策顾问。这是一个很常见的现象。美国一位学者写道："决策者向谁请教历史呢？我较早地注意到，他们似乎不急于列出专业史学家的名单。恐怕他们是依据自己所拥有的、常常是不充分的历史知识，或是依靠那些知识贫乏的顾问。……如今有一种普遍的想法，就是说每个人都能和别人一样精通历史。但是向受过特别训练的那些人寻求历史咨询以提供意见，难道不是明智之举吗？……我们需要就未来的历史进程寻求咨询时，应当在从事一般进程研究的专家中去物色人。"[①]需要历史的启示而不求助于历史学家，这种情况的形成，一方面是由于政治家的个人素质所决定的（因为并不是所有的政治家都不咨询历史学家），另一方面也与历史学科实践社会功能、发挥向导作用的方式有关。

历史学的功能类似一种潜功能。它不像一些技术科学，人们可以直接拿来就用。由于种种原因，历史学家愿意更多地保持学者的身份，不去直接与现实政治协作。历史学家是从对现实的冷静反思中，确定自己研究历史的角度或方向，选定研究课题，进而提供研究的成果。至于这种研究成果怎样才能成为现实人类的借鉴，成为人们活动的向导，则完全与历史学

---

① 转引自［美］特拉斯克（D. F. Trask），刘自贤译，姜文彬校：《论史学家与决策者》，载《现代外国哲学社会科学文摘》，1988（2）。

家无关了。历史学家的研究成果转变成政治决策的有力根据，是政治家主动选择的结果。研究成果不论多么丰富充实、坚实可靠，政治家对之视而不见，充耳不闻，对于历史学家来说，那也是无可奈何的事情。正是历史学功能的这种间接的实现方式，才使历史学显得似乎无用。我们相信，如果政治家能够主动向历史学家求助，或者历史学家改变一下传统的思维方式，主动出击，关注现实，干预现实，那么，历史学的向导作用，无疑会发挥得更主动、更积极、更充分，并一跃而跻身于新时代的显学之列。

二、历史研究是人类认识自身的根本途径

随着科学的发展，人们的认识活动越来越多地指向人类自身。从 19 世纪下半叶以来，体质人类学、文化人类学、心理学、脑科学、思维科学等一系列探索人类本体奥秘的学科，迅速地成长起来。但是，很少有人想过，历史学才是真正从本质上认识人类自身的最重要的学科。它是从事着人性的研究，关于人类心灵的历程的研究，并且正是这种研究，才提供了人类认识自身的可靠的实证的经验知识。

人类向何处去，追求什么，向往什么，怎样做对自己有益，怎样做则只能把自身引向毁灭，怎样才能用高度的理智来控制、驾驭自己的历史行动……这一切都是人类向前发展提出的问题，与人的本性相关的问题，而这些问题只能从人类以往的经历中昭示出来，用以往的人类历史来说明。英国学者柯林武德曾认为："近代自然科学的进展极其深刻地改变了人类的思想面貌和整个世界历史面貌；但是人类控制自然能力的增长却并未同时伴之以相应的控制人类局势能力的增长。而后者的徘徊不前，更由于前者的突飞猛进而格外暴露出其严重弱点。人类控制物质力量的能力的增长与控制人类本身局势的无能形成了日益扩大的差距，从而使得文明世界中的一切美好与价值有面临毁灭的危险。因此，成为当务之急的就不仅是要求

人与人之间的和解或善意，而尤其在于真正理解人事并懂得如何驾驭人事。"①柯林武德的看法是中肯的。人类的确缺乏驾驭自身历史活动的能力，认识这一点并力求在这一点上取得进步，是非常重要的。

20世纪以来，自然科学尤其是现代物理学、核物理学的长足发展，极大地伸展了人类驾驭自然、利用自然的能力。然而，如果不能驾驭和控制自身的局势的话，人类利用自然的能力只能把自身引向毁灭。两次世界大战是自然科学的成果，也无疑是毁灭性的灾难。第一次世界大战，历时4年3个月，参战国达30多个，全世界3/4的人口（15亿人）卷入了战争，参战兵力超过7000万人，其中战死1000万人，受伤2000万人，战争毁灭了人类大量宝贵的物质财富和精神财富，直接经济损失达2700亿美元，是当时历史上一场空前规模的厮杀，一场前所未见的浩劫。柯林武德曾经发出这样的感慨，世界大战是自然科学的伟大胜利。这应了培根的期许，知识就是力量。事实上这只不过是比以往任何时代都更有力、更迅速地摧毁人的肉体和灵魂的力量罢了。

然而，人类的感情是那样的脆弱，历史的教训是那样的无力，人类驾驭人事的能力是那样的缺乏，比第一次世界大战更野蛮、更残酷的第二次世界大战还是爆发了。这次战争的破坏性几倍于前次战争：参战的国家和地区达到61个，卷入战争的人口达20亿，双方动员的兵力达1.1亿，历时6年之久，伤亡人数9000万以上，军费耗资11170亿美元，经济损失超过40000亿美元。人类千百年来积累起来的物质财富毁于战火之中，人类特有的智慧和文明——它所创造的现代科学技术，做了这场战火的可靠支柱。两次世界大战，对人类的聪明、理智是极大的嘲弄和讽刺！

人类什么时候才能真正清醒地控制自己的历史行动，而不再干那两次世界大战的蠢事呢？我们需要理解自己，需要认识自己，需要提高自己，需要清醒而深刻地认识自己过往的历程。半个世纪以来，在国际史学界最受重视的，大概就是两次世界大战，学者发表了难以计数的"一战史""二战史"论著，为我们从历史的经历中认识"人类自身"提供了有益的借鉴。不能否认，当代国际形势的发展，第二次世界大战80年相对和平、稳定的国际

---

① ［英］R. G. 柯林武德：《历史的观念》译序，何兆武、张文杰译，12页。

政治局势状况与国际史学界对"一战史""二战史"的反思和认识，与我们的历史意识紧密相连。

什么是人的本性？人活着究竟是为了什么？这些问题自古就有纷争。战国时期，就出现了性善论与性恶论的论争。人生的价值目的，古人就有以天下为己任者，把安邦定国、报效祖国作为座右铭，今人继之者，则有振兴中华、为人民服务、为社会理想而献身的凌云壮志，把实践一种历史使命感作为自身的价值取向；然自古以来，也有截然相反的人生价值目的，或谓人生观，即一种极端利己主义的人生哲学。随着改革开放，我们看到，由于金钱万能的冲击，"钱"这个使人琢磨不透的怪物，亵渎了优秀的传统美德，一切素来为人们所尊崇的东西。于是，对人性的理解，越来越向性恶论、利己论方面倾斜。然而，哲学上关于人生观、人性论的争论，永远不会有什么明确的结论，现实中各种面目、人物形象，则永远是千姿百态、人各相异。那么，作为人的"本性"的东西，究竟是否存在？我们求助于历史学吧，来看看人类以往的历程。

从历史上看，人的本性，起码说作为一类人、一个阶层的人的本性，是存在的。什么是本性？无非是先天之性，本能之性，与生俱来之性。譬如，知识分子这个阶层，是有其本性的。中国的知识分子（古代称为"士"的这个社会阶层）就是一个很值得研究的社会群体。它"无恒产而有恒心"，没有财产却不向往那万贯家业，不垂青于功名利禄，"君子喻于义，小人喻于利"，鄙薄那斤斤计较个人私利的蝇蝇小人，把追求真理作为人生最重要的价值取向。所谓"朝闻道，夕死可矣"，是其最好的写照。先秦诸子孜孜以求的，唯真理为是，例如："志士仁人，无求生以害仁，有杀身以成仁。"[1]尽管各家各派的政治主张不同，但追求真理献身于天下的品质则是共同的，是不是有一种作为本性的东西隐于其身呢？近代中国的知识分子，从康有为、梁启超、谭嗣同，到李大钊、鲁迅、闻一多，谁看到他们可曾为自己维护过什么，计较过名利得失？虽然他们隶属于不同的阶级，但以天下为己任的使命感、历史责任感却是共同的，是否有一种作为本性的东西隐于其身？正是这些人代表着中国历史的方向，是中国历史的脊梁。正是世代

---

[1]　程树德撰：《论语集释》第 4 册，程俊英、蒋见元点校，1073 页，北京，中华书局，1990。

相继的中国知识分子，谱写了一曲贯通几千年历史的正气歌。他们虽因时代不同，追求的历史真理就其内容说大不相同，但其品质、其人格、其志向、其意志，是不是都放射出人性的光辉？人类要认识自身，就从这自身的历史中，我们看到了人类的本性，是要走向进步，走向光明，并勇于为这个追求而奋斗、献身！难道这种得自历史的认识，对我们今天现实的人类来说，不是一种激励、一种鼓舞、一种鞭策、一种推动吗？人是有其本性的，这就是向往民主、自由、幸福、光明，并进而为真理、为历史、为未来、为光明而献身。相比之下，那些鼠窃狗偷之徒，那些站在历史进步潮流前边阻挡历史进步的小丑，那些饱食终日、无所事事、专以说三道四为能事的无耻之辈，那些斤斤计较个人得失，把金钱、地位、名分利禄看得高于一切的人，是不是可以看作失去了人性的人？历史研究可以使我们认识人之所以为人，是保持着起码的人性。一个有历史意识、历史观念的人，都应该从历史中汲取知识与智慧，并用历史的知识和智慧来勉励自己、激励自己，使自己的人生道路，永远闪耀人性的光辉。

历史研究还可以帮助我们每一个人去认识自己。美国学者卡尔·贝克尔说："知识或历史，只要是活生生的历史，而不是锁在书本里的僵死的知识，会用我们个人经历以外的事件、地点、人物、观念和感情的不断积累的印象，使我们的头脑丰富起来，并通过我们对社会、国家、民族的经历的回忆，而使我们的经验丰富起来。对个人来说，知识或历史的最主要的价值无疑是他能在个人经历以外的更广阔的领域内认清自己，同时可以从较长远的观点来看这渺小的、偏狭的现在，从而使他能够在不那么直接的和受局限的经历中，来判断包括他个人在内的人们的思想和行为。"[1]

李大钊说："吾人浏览史乘，读到英雄豪杰为国家为民族舍身效命以为牺牲的地方，亦能认识出来这一班所谓英雄所谓豪杰的人物，并非有与常人有何殊异，只是他们感觉到这社会的要求敏锐些，想要满足这社会的要求的情绪热烈些，所以挺身而起为社会献身，在历史上留下了可歌可哭的悲剧，壮剧。我们后世读史者不觉对之感奋兴起，自然而然的发生一种敬

---

① 张文杰等编译：《现代西方历史哲学译文集》，240页，上海，上海译文出版社，1984。

仰心，引起'有为者亦若是'的情绪，愿为社会先驱的决心亦于是乎油然而起了。"①

研究历史，认识历史，可以使我们认识人类自身的本性，以发扬人类本性的光明方面，促进人类社会的进步和发展；也可以使我们以前贤为镜照亮自己、丰富自己、提高自己，使历史个体获得做人的榜样和规范。总之，历史研究是人类反省自身、认识自身的基本途径，历史学才是真正关于人的科学。

三、历史知识是人们必需的文化素质

人们生活在现实之中，亦是生活在历史之中，现实是历史的延续和发展。因此，现实生活中人们的一切思想、计划和活动都是以历史为依据，从历史的经验出发的。这是一个不必阐述即可明了的道理。因此可以说，人们的一切活动都是一定的历史知识引导的结果。每个人都有自己所掌握、所凭借的历史知识，尽管不少人并没有专门学过历史，也的确并不怎么懂得真正的历史，也没有意识到自己在运用历史知识，但这都不妨碍他们从历史中得到启迪和智慧，受到诱发和引导。当然，这种历史知识或历史经验，可能是正确的或是错误的，深邃的或是浅薄的，高尚的或是卑鄙的，愉快的或是痛苦的，情形十分不同，而没有历史知识或不利用历史知识而生活的人，说绝对一点，则是不可能的。一位美国学者这样写道："每一个人的日常行为都以他对过去的认识以及这种认识对他目前的行为和将来的计划的应用为根据。他在黑暗中上床就寝时知道太阳一定会像往常一样重新升起，而他自己也将在光明中和它一同起身。他在贮煤箱中装满煤炭或者在油桶里注满油料，是因为他知道随着由来已久的季节的推移，在炎夏之后一定会有严冬。他把钱存在银行里，是因为他知道自己要用时随时可以提取……实际上我们所做的和所计划的一切，都是以我们所谓的经验——我们亲身的经验或者是我们对人类的经验或自然的观察——为转移

---

① 李大钊：《李大钊史学论集》，247 页，石家庄，河北人民出版社，1984。

的。我们所说的有别于学问的'智慧'，就是用过去解决当前问题的能力。"①
历史知识是人们必要的文化素质。

既然历史知识在人们的社会生活中起着这么一个潜移默化的引导作用，
那么，对任何人来说，历史知识的正确与错误、健康与庸俗是非常重要的。
毋宁说，人们需要的是健康的、积极的、科学的历史知识的引导。而历史
学的功能，甚至是最重要、最基本的功能就是把经过科学研究而得到的比
较可靠的历史知识，宣传、灌输到社会成员中去，以改善、充实他们的文
化素质。有些西方国家非常重视发挥历史学的这一功能，大学里历史课被
列为必修课。相比之下，我们则比较忽视这个问题。这是一个亟待扭转的
倾向。

中国有着悠久的历史，因此，中华民族是世界上历史意识浓厚的民族。
但遗憾的是，这种历史意识的浓厚，并不能填补历史知识的贫乏。

中国是一个被传统的历史意识影响极为深广的国家。这种历史意识是
在漫长的岁月中，在正统的官方史学和非正统的历史传说、历史故事的直
接影响下，逐渐形成和积淀凝聚起来的。这种历史意识远不能说是科学的，
或者说是健康的。它们已经成了根深蒂固的国民精神素质的重要组成部分。
对这种历史意识缺乏自觉，这种历史意识便常常倒转过来支配人们的思想
与行动。近百年来，一次次向传统复归，传统一次次压倒不成熟的现实，
和这种历史意识不能说没有密切的关系。要实现中国的现代化，就必须造
就具有现代化素质的中国人，而要造就这样的现代人，就必须改变传统的
历史意识。当代中国历史学所面临的一个重大任务，就是通过将新的研究
成果不断推向社会，推向全体社会成员，潜移默化地、持之以恒地努力改
变人们传统的历史意识，吸引更多的人积极投入历史创造者的队伍。

四、增强现实性品格，实现社会功能

实现前述历史学的三大功能，实际上就是强调历史学要能够为现实服

---

① 　张文杰等编译：《现代西方历史哲学译文集》，247 页。

务。但是，要不要提历史学为现实服务，在史学界却是个有争议的问题。长期以来，在一些历史学家的头脑中，一直存在一个顽固的思想偏见，那就是历史学家应该坚持"为历史而历史"，才能保持不偏不倚的科学态度，才能求得不带任何偏见的纯客观的研究成果。这些学者天真地希望历史研究彻底摆脱现实的羁绊，与现实的需要截然分开。这些想法是十分幼稚的，就像一个人要自己拔着头发而离开地球一样荒唐。梁启超就嘲笑过这样的主张，说："现在人很喜欢唱'为学问而学问'的高调"，其实"学问是拿来致用的"，研究历史的目的在于"供吾人活动之资鉴"。[1] 李大钊也讲过："历史学是研究人类生活及其产物的文化的学问，自然与人生有密切的关系；史学既能成为一种学问，一种知识，自然亦要于人生有用才是。"[2]而我们为什么要"为历史而历史"呢？即使撇开这些不讲，要摆脱现实去研究历史，也是不可能的。

企图摆脱现实的人，总倡导"回到乾嘉去"，仿佛乾嘉时期的史学就是摆脱现实而繁荣发展的令人神往的典范。果真是这样吗？我们首先应该明白，乾嘉时期的史学是一个矛盾的现象：一个极端专制时代下的繁荣。在史学外部，是万马齐喑的气氛；在史学内部，是百家争鸣的局面。它是史学史上一个被扭曲了的发展阶段。清朝统治者为了推行文化专制主义以维护封建统治，对广大知识分子实行镇压与怀柔并用的政策，钳制人口，禁锢思想，知识分子不能评论时政，干预现实，要避嫌免祸，便不得不钻进故纸堆里，从事文献的考订与整理，遂成一代学风。若把乾嘉史学看作一个整体，它的形成是清代文化专制主义的结果，反过来，它又顺从了清朝统治的要求，服务于专制统治的现实需要。乾嘉史学正是当时现实的产物。当时的学者对这种局面是十分不满的，他们甚至不承认自己搞的是所谓真正的史学。章学诚所言"史学所以经世，固非空言著述也。且如《六经》同出于孔子，先儒以为其功莫大于《春秋》，正以切合当时人事耳。后之言著述者，舍今而求古，舍人事而言性天，则吾不得而知之矣。学者不知斯义，不足言史学也"[3]，正是表达了这样的思想。

---

① 梁启超：《中国历史研究法补编》，见《饮冰室合集》专集之九十九，10 页。
② 李守常：《史学要论》，55 页。
③ （清）章学诚著，仓修良编注：《文史通义新编新注》，122 页。

　　可以说，坚持"为历史而历史"的人，对历史学的基本属性是缺乏了解的。应该说，为现实服务，也是历史学的基本属性之一。因为，历史学是具有现实性品格的学科，史学研究不为现实服务，就失去了它存在的价值和意义。中国古代的历史学家都懂得这个道理，并都有意识地利用史学来为当时的现实服务。

　　我国春秋社会末期，孔子作《春秋》，就被视为旷世之作。孟子很懂得孔子作《春秋》的政治目的和它所起的现实的政治作用。他说："世衰道微，邪说暴行有作，臣弑其君者有之，子弑其父者有之。孔子惧，作《春秋》。"①而且，他还把《春秋》的现实作用同大禹治水和周公治世安邦并提而论，说："昔者禹抑洪水而天下平，周公兼夷狄、驱猛兽而百姓宁，孔子成《春秋》而乱臣贼子惧。"②司马迁也认为《春秋》的价值，在于它的现实作用，即"拨乱世之反正"。《春秋》一书在当时的现实目的性，孔子自己也是承认的，他说："我欲载之空言，不如见之于行事之深切著明也。"③

　　司马迁著《史记》，"网罗天下放失旧闻，考之行事，稽其成败兴坏之理，凡百三十篇，亦欲以究天人之际，通古今之变，成一家之言。"④。那么，他有没有什么直接的现实目的呢？回答也是肯定的。秦汉之际，是我国历史上的大变化时期。司马迁曾惊叹："五年之间，号令三嬗，自生民以来，未始有受命若斯之亟也。"⑤历史的重大变革暴露出很多新的社会矛盾，需要历史学家来一次认真的疏理和总结。特别是汉武帝时期，经过了汉初的休养生息，中央集权的国家，发展到空前强盛的地步。然而，"物盛而衰，固其变也"⑥，汉武帝的文治武功又使强大的封建王朝暴露出亡秦之迹。总结历史的经验教训，为巩固已经确立的封建制度，发展强盛统一的封建大统一局面，提供可靠的借鉴，就成了司马迁著《史记》的严肃任务。

　　司马迁在书中很清楚地讲了他著史的目的。在《史记·太史公自序》中，说他的《史记》也和《诗》《书》《春秋》《离骚》《国语》《吕览》等著作一样，意在

① 杨伯峻译注：《孟子译注》，155 页，北京，中华书局，2005。
② 杨伯峻译注：《孟子译注》，155 页。
③ （汉）司马迁撰：《史记》卷一百三十，3297 页。
④ （汉）班固撰：《汉书》卷六十二，2735 页，北京，中华书局，1962。
⑤ （汉）司马迁撰：《史记》卷十六，759 页。
⑥ （汉）司马迁撰：《史记》卷三十，1420 页。

"述往事，思来者"。《史记·六国年表叙》中说："余于是因《秦记》，踵《春秋》之后……著诸所闻兴坏之端。后有君子，以览观焉。"《史记·高祖功臣侯者年表叙》云："居今之世，志古之道，所以自镜也。"其寓意之鲜明是无须多做解释的。

《汉书》是我国第一部纪传体断代历史。班固之所以断代为史，开创新的体裁，是为了给当朝政权争得历史地位，他要借鉴司马迁把汉史"编于百王之末，侧于秦、项之列"的教训，申述"汉绍尧运，以建帝业"①的历史理论，宣扬汉家威德。《汉书》武帝以前的记载，大多采用《史记》，但班固绝不是单纯地照抄《史记》原文，而是增加了许多新的材料，以补充《史记》的缺憾。单就帝纪而论，从高祖到景帝的几个帝王本纪中，班固增加的诏令文献就有二十多段，全是关于政治、经济制度的重要历史文献。《汉书》为东汉王朝总结前朝统治经验的目的是无须赘述的，它是汉家天下重新站稳脚跟的现实需要的产物。

唐代杜佑《通典》也是中国史学史上的伟大创造。杜佑生当开元、天宝盛世，主要活动在安史之乱后唐帝国迅速走向衰落的时期。他经历了这一时期唐帝国由盛到衰的巨大历史变化，故究心于历代典章制度的沿革得失，总结历史上的经验教训以挽救风雨飘摇中的大唐帝国。他在《通典》序中讲到自己的著述目的："所纂通典，实采群言，征诸人事，将施有政。"②时人权德舆也更明确无误地揭发出《通典》的价值，说杜佑"博及书术，详观古今……作为通典，以究理道，上下数千百年间，损益讨论而折衷之，佐王之业，尽在是矣"③。

宋代的史学巨著《资治通鉴》更是从书名中可以窥见其现实目的。司马光在进呈《资治通鉴》的表文中说："每患迁、固以来，文字繁多，自布衣之士，读之不遍，况于人主，日有万机，何暇周览！臣常不自揆，欲删削冗长，举撮机要，专取关国家盛衰，系生民休戚，善可为法，恶可为戒者，

---

① (汉)班固撰：《汉书》卷一百下，4235 页。
② (唐)杜佑撰：《通典》一，王文锦、王永兴、刘俊文等点校，1 页，北京，中华书局，1988。
③ (宋)姚铉：《唐文粹》卷五十四，8 页，四库丛刊本。

为编年一书。"①

　　在中国古代，史学为现实政治、经济需要服务的问题，已经被提升到理性认识，在古代史学理论著作中，多所论述。刘知幾在《史通·史官建置》里，开宗明义讲了设置史官的重要性，所阐述的正是史学的现实性问题，认为史家治史，政府设置史官，是统治者治理国家、管理人民不可或缺的工具。他说，如果一个国家不设史官，没有史书传世，那么各个时代的圣贤与小人，忠良与奸宄，就"一从物化"，善恶不分，后人亦无法仿效与戒尤，若"史官不绝，竹帛长存"，则后世学者，"不出户庭，而穷览千载，见贤而思齐，见不贤而内省"。史学可以发挥它"惩恶劝善"的作用。"由斯而言，则史之为用，其利甚博，乃生人之急务，为国家之要道。有国有家者，其可缺之哉！"②刘知幾的这段论述可概括为"史之为用论"。章学诚在《文史通义》中，反对"竟言考察"和"腾空言"两种不良学风，提出"史学所以经世"的看法，他认为"学者不知斯义，不足言史学也"。刘知幾、章学诚的这些思想是对我国古代史学现实性品格的高度概括，人们多将之视为我国古代史学经世致用的优良传统。不过，与其说是优良传统，毋宁说是作为观念形态的史学无法摆脱一定的现实需要，倒更合适些。

　　马克思主义史学也强调历史学的现实性品格，并总是从现实革命斗争的需要出发，提出历史学的任务。马克思说："现代历史著述方面的一切真正进步，都是当历史学家从政治形式的外表深入到社会生活的深处时才取得的。"③他强调历史学家应当从社会生活的深处寻找研究的出发点。列宁在《什么是"人民之友"以及他们如何攻击社会民主主义者？》一文中，表达了同样的思想："社会主义的知识分子只有抛弃幻想，在俄国现实的而不是合乎心愿的发展中，在现实的而不是可能的社会经济关系中去寻找支撑点，才能指望自己的工作获得成效。"④他们的历史著作也都是为着探求历史运动的规律及其经验教训，以利于指导现实的斗争。马克思的《路易·波拿巴的雾

---

　　① （宋）司马光编著，（元）胡三省音注：《资治通鉴》第 20 册，"标点资治通鉴小组"校点，9607页，北京，中华书局，1956。

　　② （唐）刘知幾撰，（清）浦起龙释：《史通通释》，303～304 页，上海，上海古籍出版社，1978。

　　③ 《马克思恩格斯全集》第 12 卷，405 页，北京，人民出版社，1962。

　　④ 《列宁选集》第 1 卷，75 页。

月十八日》《法兰西内战》,恩格斯的《德国农民战争》《家庭、私有制和国家的起源》,列宁的《俄国资本主义的发展》,毛泽东的《中国革命和中国共产党》等,都可为例证。

今天,我们正处在一个伟大的变革时代,历史学正需要肩负起重要的时代使命,充当社会变革的先导。因此,今日之历史学,最需要保持其宝贵的现实性品格,发挥它帮助人们认识现实、改造现实的学科功能。我们怎么能祭起"为历史而历史"的大旗,而逃避这样神圣的责任呢?

当然,坚持提倡"为历史而历史"的人,多是出于对多年来极左思想干扰史学研究的义愤。因为,历史学的现实性品格,在"文化大革命"期间被严重地歪曲了,在一定程度上,它和"御用"成了同一个概念。但是,缺乏冷静的思考,义愤就只是偏激的起点。我们在批判"阴谋史学""影射史学"的时候,不能埋葬了史学的现实性品格,而只有真正弄清了史学与现实的关系,才能立足现实,从历史中找到极左路线横行的根源,从而批判它、否定它,使那段历史不再重演。

那么,在今天,怎样才能保持史学的现实性品格,坚持历史研究为现代化建设的实践需要服务?在坚持史学为现实服务的时候,应该注意些什么问题?

史学为现实服务,最根本的要求是要坚持史学的科学性。一旦我们围绕现实需要确定了研究的课题,而进入了研究阶段之后,就应该摒弃一切主观偏见,排除一切来自某种现实需求的干扰,尽可能按照历史的本来面目去得出可靠的历史结论。唯一的要求是"充分地占有材料,分析它的各种发展形式,探寻这些形式的内在联系。只有这项工作完成以后,现实的运动才能适当地叙述出来"①。这里强调的首先是一个科学态度问题。科学态度就是马克思在《资本论》中多次讲过的"不偏不倚的研究","公正无私的科学探讨"②,也就是恩格斯说的,对历史事物应"按照它本身在每一个不以先入为主的唯心主义怪想来对待它的人面前所呈现的那样来理解"③。如果没有这样的科学态度,史学为现实服务的要求就很可能导向庸俗的实用主义。

①　《马克思恩格斯选集》第 2 卷,111 页。
②　《马克思恩格斯选集》第 2 卷,107 页。
③　《马克思恩格斯选集》第 4 卷,242 页。

研究结论的科学性是史学为现实服务的基本前提。准确有益的经验教训，富有启迪性的历史启示，只能从客观、科学、可靠的历史研究中引申出来。

史学研究为现实服务，还要求史学工作者关心现实政治的发展，作历史进步的促进派。史学工作者要善于洞察现实发展的动向，时常分析现实的历史运动，看它的发展是否符合历史发展进步的基本趋向，保持清醒的政治头脑，不做盲目的追风派，"紧跟"派，从而为其编造荒谬的历史根据。史学工作者要想使自己的史学研究真正能够发挥为现实服务的作用，就应该具有独立思考的思想品质，严格地站在人民的立场上，站在历史进步的立场上，立足于现实，从纷繁复杂的历史现象中总结出可靠的历史经验教训；在这样的前提下，强调坚持真理，修正错误，不盲目附和。这一点是非常重要的。过去，有些人把史学为现实服务理解为是一种歌功颂德的赞美史学，这是十分片面的。赞美史学永远起不到向导的作用。要使历史学真正担当起社会和政治的向导的使命，历史学家就必须有冷静地、科学地研究历史的态度，有独立思考的勇气和品质。这一点必须予以特别强调。

这是因为，即使在社会主义条件下，历史的发展道路也不是一帆风顺的。在中华人民共和国成立后的 30 年内，我们走过弯路。在"左"倾思潮泛滥时期，赞美史学不仅没有起到为社会主义建设服务的作用，没有起到引导社会发展的作用，而且恰恰相反。这种缺乏认真思考，趋炎附势，盲目迎合时势的做法，绝不是正当意义上的为现实服务。它既破坏了历史学的声誉，也对错误思潮的泛滥，起了助纣为虐的作用。

当然，历史挫折毕竟是暂时的现象，社会沿着历史进步的趋势发展才是正常的状况。在这样的情况下，也还是要提倡历史学家应有独立思考的胆识和能力。社会主义是前古未有的事业，改革开放更是划时代的变革，有许多新的东西在前头，需要我们去研究、去解决。历史学家只有敢于和善于寻找、发现历史运动中亟待解决的重大问题，并进而发掘历史事件与现实问题有内在联系的方面，才能为现实运动的发展提供可靠的历史借鉴。历史学为现实做出这样的服务，才是真正发挥了向导作用。向导就是要走在前边，要引导社会的发展；如果老是跟在现实政策的后面，找根据、做脚注，那就只是起到了应声虫的作用，而一切符合实际的、正确的、科学的决策都是不需要应声虫的。不必怀疑，历史学的向导作用的发挥，就靠史学工作者不断对现实进行冷静反思的勇气和能力，以及在脚踏实地的研究中付出的努力。我们反对把史学为现实服务"理解成为一种从属于政治的临时的局部的甚至是错误的需要"①。

历史学为现实服务，是通过历史学家的选题来实现的。历史学家的选题应该是具有强烈的现实性品格，是围绕现实发展的需要而开掘出来的。史学选题，虽然研究的是一个历史问题，但它是对现实的回应，是由一定的现实需要召唤出来的，人们从这样的历史研究中，可以获得解决现实问题的有益的启迪。从这个角度说，历史学家不应该是客观主义者，面对复杂的历史现象，看到什么就研究什么，而应该是从火热的现实需要出发做出的选择，历史研究有明确的目的性；历史学家不应该是无为主义者，让自己的研究成果静静地躺在那里，而应该主动出击、干预现实、不断开掘出发人深省的历史课题，做出振聋发聩的历史判断以警醒世人；历史学家不应该是过往历史的看客，仅仅能领悟历史的精神，站在历史的制高点上生发"逝者如斯夫"的哀叹，而应该是当代历史的参与者、创造者，让自己的研究成果变成人们解决现实问题的智慧和力量。如果历史学家都能明白这一道理，并去履行它、实践它，那么，历史学家就将会在生生不息的现实发展中找到无数新的史学课题，史学园地也将会展现出无穷无尽的新的生长点，历史学也将会迸发出无限的生命活力。同时，历史学也就开辟出了为现实服务的广阔前景。

---

① 《胡乔木在中国史学会代表大会上的讲话》(1980 年 4 月 8 日)，见中国史学会秘书处编：《中国史学会五十年》，43 页。

中　编
历史认识论

第七章　历史学家的主体意识

19世纪末20世纪初，西方历史哲学经历了一场重大变革，即从思辨的历史哲学发展到分析的、批判的历史哲学。历史思想家越来越多地把智慧和精力从对历史本身的思考转移到对历史知识性质的分析。例如"历史是怎样被认识的""历史学怎样成为可能""历史认识主体的能力及范围"等一系列与史学研究实践中主体认识能力相关的问题，都严肃地提到了历史思想家面前。这种要求理解"主体认识能力"的趋向，萌发于史学自身发展的内在要求，也和当代哲学的发展保持着同步的水平，显示了历史哲学领域中这一变革的合理性、必然性。17世纪的不可知论者休谟，从根本上怀疑主体的认识能力，然而他却讲过这样一段深刻而又正确的话："如果我们充分知道了人类理解力的范围和力量的话，简直无法说我们能在这些科学中做出来什么样的改变和改进。"[①]这段话足以帮助我们理解现代历史哲学从思辨走向批判的积极意义。

20世纪80年代以来，我国史学发展到再也不能无视西方史学，而要求与当代世界科学并驾齐驱的地步。当代西方批判的历史哲学发展的势头，理所当然地引起了人们的深思。以往，当我们把全力贯注于研究历史的客体而不去探讨主体的认识能力及其力量范围的时候，我们尊奉的"从客观历史实际出发"这个正确的唯物主义原则，却在某种程度上发挥着一个哲学偏见的作用：它似乎在说，只要我们在主观上坚持从客观历史实际出发，就可以在研究实践中排除主观因素的渗透，达到完全客观的、符合历史实际的结论；而认识主体的主观条件在历史认识过程中的发挥，则只可能扭曲

---

① 转引自［英］R. G. 柯林武德：《历史的观念》，何兆武、张文杰译，236页。

历史的原貌。多少年来，这种潜在的认识偏见使我们忽视主体认识能力方面的研究，不敢承认在历史研究中加强主体意识、发挥史家主观能动性的正当性、合理性。这不能不说是一定时期内我国史学沉闷、迟滞、缺乏活力的重要原因之一。于是，从我国史学的发展需要出发，20 世纪 80 年代以来，不断有人提出加强主体性研究的问题，并把它看作历史认识论研究的中心课题。

一、主体意识结构

史学研究中的一个有趣现象，是历史学家们在"从客观历史实际出发"的同一旗帜下，对同一个历史问题的研究，奉献出不同的历史结论。其原因不在于人们占有不同的历史资料，不在于研究者标新立异的学术爱好，甚至也不在于他们有着不同的理论指导以及相互对立的政治立场，而且，同一政治营垒中的学术分歧和争鸣，比起不同政治营垒之间的学术论战，还往往显得更深刻、更复杂，也更具有纯粹的学术性。对这些学术现象的认识论思考，使我们得出这样的结论：学术研究中百花齐放、百家争鸣的最深刻的根源，就在于每一个研究者都有着自己独特的主体意识结构，并由此形成了他对历史的特殊测度。

形成史家个人独特的主体意识结构的因素是十分复杂的，这是一个多种认识因素的集合。但是，构成一个主体意识结构的基本的稳固不变的认识因素，大体有以下几种。

(一)哲学观点

哲学观点包括认识主体的世界观、人生观、伦理观、价值观等，是认识主体对整个世界、社会、人生的全部看法的总和，是主体意识的灵魂。在史家主体意识结构的全部认识因素中，哲学观点居于主导性地位，它不是和其他认识因素处在一般的相互作用中，而是对其他认识因素起着一种支配的作用。主体的全部历史认识活动，始终受这一认识因素的指导和支配，特别是对一些重大历史问题的研究，以及带有整体性宏观性的历史认识活动，具备什么样的哲学观点，对主体的认识结论，尤其具有决定性的意义。有人这样讲过："哲学没有历史，是空洞的；历史没有哲学，是盲目的。"①如果人们的历史认识，没有清醒的正确的哲学观点做指导，那么，认识活动必然带有极大的盲目性，主体就不可能窥见历史的深层，达到对历史本质的规律性的认识。而且，问题也不在于主体意识结构中是否具备哲学观点这种认识因素，每个认识主体都有自己的哲学观点。一个历史学家，不管他是否受过哲学专业的训练，不管他有什么样的哲学修养，他总是对世界、对社会、对人生有一套自己的看法。这些看法，可能是正确的或是错误的，清晰的或是模糊的，自觉的或是盲目的，显现的或是潜在的，不同认识主体的哲学观点会有各种属性上的差异，但不管如何，它总是主体意识中必含的认识成分。不存在不包含哲学观点的主体意识。哲学观点对人的认识的支配作用是内在的、无法避免的，像恩格斯所说："不管自然科学家采取什么样的态度，他们还是得受哲学的支配。问题只在于：他们是愿意受某种坏的时髦哲学的支配，还是愿意受一种建立在通晓思维的历史和成就的基础上的理论思维的支配。"②自然科学家的认识如此，历史学家的认识更是如此。

(二)政治立场

政治立场或政治态度，是历史学家的社会属性，它本不是一种具体的认识因素，但是它给主体的历史认识活动以深深的影响。因为历史学家无一例外地是现实中的人，不是离群索居切断了任何社会关系的人。有人曾经有过天真的幻想，企图避开现实，避开政治，去搞单纯的历史研究，"为历史而历史"，就曾作为他们聊以自慰的遁词。然而，人们却不曾看到过一个真正能够脱离开现实和政治的历史学家。"人不是抽象的蛰居于世界之外的存在物。人就是人的世界，就是国家，社会。"③一个历史学家要在社会上生存，并且是从事着社会科学的研究，就不能不对国家或政治抱有一定的

---

① ［意］沙耳非米尼：《史学家与科学家》译者叙言，周谦冲译，4 页，上海，商务印书馆，1947。

② 恩格斯：《自然辩证法》，中共中央马克思恩格斯列宁斯大林著作编译局编译，187 页。

③ 《马克思恩格斯选集》第 1 卷，1 页。

看法，自觉或不自觉地站到一定的政治立场上去。当然，历史学家可以不公然申明自己的政治立场（并不是所有的时候人们都有缄默不语的自由），甚至可以自觉地有意识去淡化、掩饰自己的政治态度，但他对现实政治的看法和理解，却总是自觉或不自觉地存留在自己的意识之中，并以一种潜移默化的方式影响着他对其他社会问题的理解。而现实政治又是历史上的政治状况的继续和发展，因此，历史学家在分析历史上的社会政治问题时，就很自然地会沟通它和现实政治的联系。于是，历史学家对现实政治的理解，对现实政治所持的立场和态度，也就很自然地变成认识历史的一种重要的中介条件，发挥一种认识因素的作用。

(三)知识基础

这是历史学家以往接受全部文化教育所获得的知识的总和。大体说，它包括知识水平、知识结构以及以此为基础所形成的思维方式、认识能力等。知识水平，指主体所占有的知识在认识事物时所可能达到的广度和深度；知识结构，指主体的知识构成对于适应专业研究的合理性状况；思维方式，是主体在获得知识水平、知识结构的过程中形成的思维方法。思维方法与一定的知识水平、知识结构相联系并以此为基础，但其联系并不具有一种确定的指向，并非所有具有雄厚基础知识的人都一定具备较好的科学思维方法；认识能力是主体接受、理解、运用和创立新概念的能力，如果不用逻辑语言来表述的话，通常说，它就是主体洞察客体的内在联系、善于揭示其本质和规律的能力。这几种因素相互渗透，相互作用，融合成单个认识主体独特的知识基础状况。在人们的一般认识中，似乎相同学历的人都具备相同的知识基础，并惯于用学历来指代文化水平。其实，由于天赋条件、生活阅历、主观努力等方面的原因，人们在接受同等教育的过程中所实际获得的知识和能力并不相同。知识基础也是人人各异，单个认识主体的知识基础都具有很大的独特性。这也是造成历史认识丰富性、多样性的重要因素之一。知识基础作为主体意识结构中的一种重要认识因素，决定着主体的认识活动所可能达到的真理性程度。前边讲过的哲学观点、政治立场两种因素，主要规定着主体认识活动的方向；而知识基础的作用，则在于奠定主体认识成果的科学性。

(四)生活经验

作为单个认识主体，每个历史学家都有自己特殊的生活阅历，并积累起深刻而丰富的个人生活经验。经验——这种特殊的生活阅历的积淀——使认识主体在看待、理解历史事物时，具有一种特有的体验色彩，发挥出其他认识因素无法替代的作用。而且，生活经验在单个认识主体的主体意识结构中具有极重要的意义，是造成主体意识结构个体特色的主要因素之一。在一般认识活动中，人们总是根据自己的经验来观察问题、解决问题、发表意见，这是一种认识常规。在历史认识中，这种认识常规就更具合理性。因为历史是人的社会史，人们的社会生活经验很容易沟通对历史上社会生活的理解，于是，经验性认识往往成为历史认识的突破口。只要我们不走向狭隘的经验主义，不把经验这种能动的认识因素的作用夸大到不适当的程度，生活经验就可以在主体意识结构中占据一个合法的地位，并在历史认识活动中发挥积极的认识作用。以往，我们对"经验"的认识作用没有给予足够的重视，总习惯于把经验与经验主义联系在一起，只是在谈到认识的起源问题时，我们才承认"一切真知都是从直接经验发源的"①，而忽视经验在认识过程中的地位和作用。我们不应当忘记恩格斯的话，整个理论认识的发展是"立足于经验基础的"②。

(五)情感

这是主体意识结构中非理性因素的一个方面。非理性因素在主体意识结构中是一种潜在的认识因素，人们往往不能明确地意识到它的存在，甚至不承认它的认识作用的合法性。其实，它渗透在人的一切认识活动中，并和理性认识因素很复杂地交织在一起，对认识的形成发生重要影响。情感也就是这样。恩格斯说："在社会历史领域内进行活动的，是具有意识的、经过思虑或凭激情行动的、追求某种目的的人。"③历史学家当然也不例外。特别是在那些惊天动地的历史事变面前，任何一个历史学家都不可能

---

① 《毛泽东选集》第 1 卷，288 页。

② 恩格斯：《自然辩证法》，中共中央马克思恩格斯列宁斯大林著作编译局译，203 页。

③ 《马克思恩格斯选集》第 4 卷，247 页。

表现出无动于衷、麻木不仁。就是在一般的历史认识中，人们也总是不自觉地对自己的认识对象进行很复杂的微妙的情感上的体验。列宁说："没有'人的感情'，就从来没有也不可能有人对于真理的追求。"①此话并不过分。情感作为一种心理现象，如何在人的认识中发挥作用是需要心理学家深入揭示的问题。历史学家在自己的研究中，首先是要正视、重视这一现象的存在。历史上许多思想家，包括那些极端崇尚理性的哲人，都不曾忽略情感的作用。譬如黑格尔就这样讲过："我们简直可以断然声称，假如没有热情，世界上一切伟大的事业都不会成功。因此有两个因素就成为我们考察的对象：第一是那个'观念'，第二是人类的热情，这两者交织成为世界史的经纬线。"②当然，我们这里只是论到情感作为一种认识因素在主体意识结构中的存在问题，并非全面论证它的作用及其局限。人类的情感世界是极其错综复杂的，而且情感的显现又往往渗透着主体的社会性意识，这就使得情感不仅具有喜、怒、爱、憎、悲等多种表现形式，可以区分出卑下与崇高等社会属性，而且在历史认识中发生消极或积极的影响。有时候，过于强烈虽然也很崇高的情感，也会造成主体对客体不真实不全面的反映。因此，过于强烈的情感色彩，并不是科学研究所需要的。情感是主体意识结构中内在的组成部分，情感在认识活动中潜在地发生作用是无法避免的，我们在主观上的努力，只能是尽量把它放在理智的基础上。

(六)性格气质

这是主体意识结构中最能显示主体个性差异的心理素质，因而也是造成不同主体意识结构个性特征的最顽强的因素。在心理学范畴里，二者是不能合称的，它们之间有明显的区别。气质直接同高级神经活动类型相联系，直接表现了神经活动的动力特点，反映了一个人心理活动的动力特征，本身没有好坏之分；而性格则直接与社会生活相联系，常在对现实的态度、行为的方式上反映出来，因而可以区别其好坏。我们这里仅仅从表现主体个性特征的心理素质方面，将二者作为一个问题提出。我们将其纳入主体

---

① 《列宁全集》第 20 卷，255 页。
② 北京大学哲学系外国哲学史教研室编译：《十八世纪末—十九世纪初德国哲学》，477 页，北京，商务印书馆，1975。

意识结构，是因为个体主体的性格气质特征，的确在很大程度上影响着主体的认识活动，发挥一种认识因素的作用。一个气度恢宏、性格豁达、心胸开阔的人，在观察历史问题时，就不易沉溺于伟大事件那数不清的细枝末节之中，总是力图穿过那无数表面现象，一下深入历史的底层，以最敏锐的洞察力和最明快的语言风格，揭示出历史现象背后的本质联系，显示出他对历史运动进行宏观把握的兴趣和能力。不少学者的治学风格都在这方面给人们留下了深刻的印象。梁启超、郭沫若等，这些能够开一代风气的学者，其成就和学术风格，都与他们的性格气质有着息息相通之处。而一个气质抑郁、性格多疑、优柔寡断的人，自然就缺乏对历史进行大尺度思考的气度和魄力。性格气质各异的历史学家们，在治学风格上显示出不同的特色，所获致的历史认识在广度、深度上也都会有所区别。在目前的哲学认识论研究中，性格气质一类非理性因素对主体认识活动的渗透和影响，已经越来越多地引起了人们的关注。

主体意识结构诸因素，在主体认识活动中，都不是单独起作用的，每一种因素都不能从结构的整体联结中剥离出来。它们是通过相互渗透、相互包容、相互作用形成一个认识结构整体去实现其认识功能的。一种认识因素，一旦结合进一个主体意识结构，它就失去了自己独立性的意义，而成为主体意识结构整体的一部分，带上了这个结构特有的色彩。像哲学观点、政治立场这些认识因素，本来是很可能为许多认识主体所共有的，譬如当代中国的历史学家，都遵循马克思主义去分析历史问题，有共同的哲学信仰和共同的政治立场，但这并不能保证历史学家在一些重大历史问题的分析上保持一致的看法，甚至还会在一些重大的历史理论问题上争论不休，在对马克思主义本身某些原理的理解上进行着旷日持久的笔墨战争。原因就在于，这些共同的哲学信仰、政治立场为不同认识主体所接受的时候，各自都用自己的知识基础、生活经验甚至情感及个人特有的性格气质，对它们进行了内化和消融。其中，个人特有的知识基础，生活经验起着明显的作用。每个个体主体都是根据自己已有的知识基础和生活经验，对所接受的哲学观点、政治立场进行带有独特性的理解和体会，从而使共同的东西在不同的主体意识结构中显示出个别性特征。对于这种认识上的惯常现象，黑格尔曾经打过一个比方："——正像同一句格言，从年轻人（即使他对这句格言理解得完全正确)的口中说出来时，总是没有那种在饱经风霜的成年人的智慧中所具有的意义和广袤性，后者能够表达出这句格言所包含的全部力量。"①

生活经验本身是造成个体主体意识结构独特性的重要因素，是个体主体特有的生活阅历的积淀，但它不是一个纯粹的因素。首先，人们的经验本身就包含有个人对人生、对社会的体验，这就产生了认识个体自发的哲学意识和政治态度；其次，一个人所接受的哲学观点、政治立场，也不断地对他积累的生活经验进行升华和提炼，增强着经验中自觉的理性成分。而且经验的形成、积累，又包含着人们平时对社会事物的情感体验，有情感的因素渗透其中。不包含哲学观点、政治态度、情感体验等因素的生活经验是不存在的。

情感、性格气质这些非理性因素，也无例外地与理性因素相互渗透和影响。一方面，一定的情感体验，会影响到政治立场的选择，这一点是显而易见的；另一方面，一定的情感体验，又是受人们在社会政治生活中的地位所支配的，而且后者还反映了人的社会情感的更本质的方面。鲁迅说："'喜怒哀乐，人之情也'，然而穷人决无开交易所折本的懊恼，煤油大王那会知道北京检煤渣老婆子身受的酸辛，饥区的灾民，大约总不去种兰花，像阔人的老太爷一样，贾府上的焦大，也不爱林妹妹的。"②此话可谓至理名言。当然，人们的情感不仅仅是社会情感，都是由人对社会、对事物的某种需要引起的，因而情感中理性因素的渗透则是确定无疑的。也正因为情感之中渗透着理性因素，所以我们才有可能把情感放在理智的基础上。性格直接与社会生活相联系，并且具有可塑性。人的性格的培养与发展，与他的世界观、人生观有很多直接性的联系。有时候，社会政治斗争的需要，还会促使人们在短时间内从根本上改变自己的性格特征。气质在主体意识的非理性因素中最具有根本性，然而它也处在和其他因素的相互作用中。气质的特点不仅仅取决于神经系统的先天特性，而更重要的是取决于神经系统后天所获得的特性。从本质上说，气质是一个人在感情发生的速度、

① 《列宁全集》第38卷，98页，北京，人民出版社，1959。
② 《鲁迅全集》第4卷，208页。

强度和外部表现以及活动灵活性等方面的特点的总和，而人们的行动风格、情绪及其发生的快慢、强弱都是可以在一定程度上受到理智的支配的。人们的生活条件、社会条件、教育条件的改变以及经验的积累，都会影响到气质的改变。特殊的社会政治条件，在某些时候还会影响一些人的性格。所以气质也绝不是具有不变的先天特性，不接受其他因素的影响。

一切因素间都存在着相互作用。每个历史学家的主体意识结构，都是这样一个多种认识因素相互联系、相互渗透、相互作用形成的有机整体。由于每个历史学家不同的知识基础，独特的生活经历，情感意志、性格气质等心理因素方面的特殊素质，以及由这诸多特殊的个人因素而渗透其中的哲学观点、政治立场，就使得每个历史学家的主体意识结构都显示出鲜明的个性特征。"（人）随时随地都能用内在固有的尺度来衡量对象。"[①]独特的主体意识结构，就是历史学家个人用以衡量历史的固有尺度。尺度不同、测度历史的结果就必然不同。因此，在具体历史研究实践中所呈现的，就是每个历史学家都有自己特殊的眼光、特殊的角度、特殊的思维方式、特殊的判断尺度，不管人们是否意识得到，他们的认识都必然是对历史的一个特殊测度。

对于一个历史学家来说，在其认识发展的任何水平上，已经形成的主体意识结构都是新的历史认识活动的必要条件。换言之，历史学家对历史的每一步新的认识都是从自己的主体意识结构出发的，是主体意识对新的历史现象所达到的一种理解。然而，就主体意识结构来说，它又不是先天的、不变的。研究实践的发展、人生经历的延伸、时代的更移、科学文化的进步，都不断提高和丰富着主体的知识经验水平，引起主体意识诸因素的变化，推动主体意识结构的发展和更新。不同认识主体的主体意识条件，是史学领域百家争鸣的根源；个体主体意识结构的更新与发展，则是个体认识发展的内在动因。一分析历史学家的主体意识结构，史学领域中一切学术纷争的原因便昭然若揭了。历史认识的丰富性、多样性以及历史学发展的生命源泉，深埋在史学认识主体的伟大创造性活动之中。

---

① 马克思：《1844 年经济学—哲学手稿》，刘丕坤译，51 页，北京，人民出版社，1979。

二、主体意识在历史认识中的渗透

在历史认识论研究中，对于认识主体如何实现自己的主体性问题，皮亚杰的发生认识论原理给我们颇多启发。

皮亚杰在揭示认识过程的本质时，提出了"同化"概念。他认为同化概念"则是指把给定的东西整合到一个早先就存在的结构之中，或者甚至是按照基本格局形成一个新结构"①，并断言"智力在一切阶段上都是把材料同化于转变的结构"②。这一认识理论特别强调主体认识图式在认识发生中的作用，强调事实只有在被主体同化了的时候才能为主体所掌握，而主体只有凭借自身现有的结构同化、改造外来刺激，才能察觉、了解这些刺激中所包含的客观属性。因此，在认识发展的任何水平上，首先形成的认识图式是认识进行的必要条件。

如何评价皮亚杰的整个发生认识论原理，人们有不少分歧，但对于他提出的"同化"概念，其评价则基本一致，即认为它基本上和反映论的观点相一致。皮亚杰曾经批评过辩证唯物主义的反映论概念，这是由于他把辩证唯物主义的反映论误同于机械唯物主义的直观反映论的结果。如他说："智力在一切阶段上都是把材料同化于转变的结构，从初级的行动结构升华为高级的运算结构，而这些结构的构成乃是把现实在行动中或在思维中组织起来，而不仅是对现实的描摹。"③可见，他是在坚持主体认识的能动作用的原则下，去反对仅仅把认识看作对现实描摹、复写的直观反映论观点。列宁在《唯物主义与经验批判主义》一书中说："对于每一个唯物主义者，感觉的确是意识和外间世界的直接联系，是外间刺激力之转化为意识事实。"④这里可以看到，皮亚杰的"同化"和列宁的"转化"两个概念，有多么大程度

---

① ［瑞士］皮亚杰：《发生认识论原理》，王宪钿等译，25 页，北京，商务印书馆，1981。

② ［瑞士］皮亚杰：《教育科学与儿童心理学》，傅统先译，25 页，北京，文化教育出版社，1981。

③ ［瑞士］皮亚杰：《教育科学与儿童心理学》，傅统先译，25 页。

④ 列宁：《唯物主义与经验批判主义》，中共中央马克思恩格斯列宁斯大林著作编译局译，36 页，北京，人民出版社，1957。

的一致性。"同化"理论无疑是对认识过程的一个唯物论的说明。而且这个概念，更直观地揭示了主体认识机制的能动性。

事实上，历史学家对历史事物的认识，也是一个主体意识结构同化外间刺激的过程，更是史家主体意识重建历史过程的运动。历史认识就是这样进行的：当一个历史学家一开始接触一条历史材料，他便开始调动起主体意识结构中的各种因素对这条历史材料进行消化和吸收。可能是他的政治态度使历史材料显现出某种突出的社会性价值，激起他进一步探讨的兴趣，并因而奠定了他理解历史的一个特定角度；也可能是他的生活阅历沟通了他对历史的会意性理解，为进一步的深入研究铺平了道路；还可能因某种情感上的体验引发了他对历史现象的崇尚与卑视、同情或反感，并由此影响了他更深邃的理性分析的方向或深度；当然，又可能因为性格气质方面的原因，影响他做出是否对这一历史现象进行深入探讨的裁决，是否有兴趣把这一历史现象纳入自己的学术视野。而不管是哪一种因素率先对历史做出反应，都不要忘记，这种因素都是主体意识结构整体的一部分，其中渗透着其他因素的影响。这样，历史认识都是从一定的主体意识结构出发的。历史研究就是使客观历史在史家主体意识中达到生动的再现。于是，历史研究中，都毫无例外地渗透着主体意识的各种因素。"主观性是主体的规定"①，正像不存在没有主体的历史认识活动一样，也不存在没有主体意识渗透其中的纯客观的历史结论。

不同的历史认识成果是不同的主体意识结构的产物。主体意识在历史研究中的渗透是无可奈何的事实。这样的事实，我们已经千百万次地观察过，今后的历史研究实践中仍然还要千百万次地重演。现在，让我们来"鉴赏"一个颇有兴味的例子。

作为中国马克思主义史学的奠基者，郭沫若、范文澜都笃信马克思主义的五种生产方式理论，并都力图以此解释中国的历史进程，但由于他们各自不同的主体意识条件形成了自己测度历史的特殊角度，于是在中国封建社会开端的时代断限上，一个主张春秋战国之际封建说，另一个坚持西周封建说，各持一端，不能相让。更有趣的是，同一条历史材料，却是引

---

① 《马克思恩格斯全集》第3卷，32页。

出这二人不同历史观点的根据。

范文澜为了寻找西周封建说的证据，解释《诗经·周颂·臣工》和《诗经·小雅·大田》：

> 小雅大田篇说："雨我公田，遂及我私"……农奴在公田上工作完了以后，才能回到私田来工作，所以希望先下公田上的雨，随后下私田，以便得到时雨的好处。周颂臣工篇"命我众人，庤乃钱镈，奄观铚艾"。译意为："命令我的农夫们准备你们的耕具还要多准备些割器。"显而易见到公田服役的农夫，要自备生产工具。《资本论》劳动地租篇中说农奴制与奴隶制的基本区别点是"奴隶是用他人所有的生产条件"，农奴除给地主服役耕种外，自己还有一点土地和劳动工具（大田篇臣工篇正说明周初农夫有一点土地和劳动工具）。周颂中所表现的生产方式，应该是周初的主要生产方式，从周颂看来，当时在公田上劳动的人主要是农奴而不是奴隶。[①]

郭沫若为了论证春秋战国封建说，对同一条材料截然不同地论道：

> 《臣工篇》的那几句话，是国王对田官们讲的。"命我众人，庤乃钱镈"，"乃"字指田官们，是说"叫农人们调整好田官们所管理的耕具"……故仅仅根据《臣工篇》那几句话，我们还不能看出"到公田服役的农夫，要自备生产工具"。《小雅·大田篇》也是王朝田官们做的诗，而不是农夫们做的（凡是大、小《雅》里的诗都是采自贵族阶层的）。所以，那诗中的"我"字都是田官自指，而不是农民。诗中的"雨我公田，遂及我私"，是做诗的这位田官有了私田，并不是说农民有了私田。[②]

范老为了寻找西周农人有自己的私有财产、私有经济的证据，解释《诗经·周颂》中的《载芟》和《良耜》：

---

① 范文澜：《关于〈中国通史简编〉》，载《新建设》，1951(2)。
② 郭沫若：《奴隶制时代》，107～108 页，北京，人民出版社，1973。

诗经周颂载芟篇说农夫带着家里人去耕公田（"有喷其馌，思媚其妇，有依其士"）。良耜篇描写农夫给封建领主耕地，互相开玩笑说："或来瞻女，载筐及筥，其饟伊黍。"译意为："你老婆快来看你了，拿着筐子，盛着好米饭给你吃。"西周初年，天子慰劳农夫给陈米饭吃（"我取其陈，食我农夫"，又"曾孙来止，以其妇子，馌彼南亩"），这里说的黍米饭，当然是农夫自备。载芟良耜两诗，说明当时的农夫耕公田吃自己的饭，而且有颇高的劳动兴趣。①

而郭老则说：

《载芟》和《良耜》两诗，可以同意是西周初年的作品。但我们怎么就知道："妇"是农夫"家里人"？农夫是在"给封建领主耕地"？"或"（有人）就是"老婆"？"黍"就是"好米饭"？这好米饭就"当然是农夫自备"？……周成王还在给农人吃"陈米饭"，《良耜篇》的"老婆"怎么就能"自备"起"好米饭"来了呢？周成王是带着"妇子"去"馌彼南亩"的，《载芟篇》的"有喷其馌，思媚其妇"的"妇"是不是可以解释为这"妇子"之"妇"呢？②

像这些对同一条材料的不同解释，都毫无例外地渗透着解释者的主观因素，是不同的主体意识结构的产物。郭、范二老的论争可以看作历史认识中渗透主体意识的不可避免性的典型例证。

但是，主体意识渗透的不可避免，这个千百万次、每日每时都在重演着的事实，在以往的史学界，人们却不敢去正视它、研究它，甚至不敢承认它。当我们忽视认识的主体性问题的时候，历史认识的性质被一种虔诚的科学态度掩盖着。人们天真地以为，只要在研究实践中坚持公正无私的探讨，不杂有学术研究以外的其他现实目的，并且尽可能地占有资料，坚持以马克思主义理论为指导，得出的结论就一定吻合历史的客观实际，就

---

① 范文澜：《关于〈中国通史简编〉》。
② 郭沫若：《奴隶制时代》，105 页。

可以获得确定不移的客观真理。以为只要抱着一个从客观历史实际出发的科学态度，就一定能够求得纯客观性的历史结论，这是一个顽固的思想偏见。强调从客观历史实际出发和达到对历史客体的完全而客观的认识是两回事，绝不是有了前者就必然有后者。过分追求完全客观性的历史认识是一种认识理想性倾向。它不仅是不现实的，而且还会带来许多不利的后果。

首先，从人类认识的根本方式上讲，追求纯粹客观性的认识是不现实的、不可能的。列宁说："认识是人对自然界的反映。但是，这并不是简单的、直接的、完全的反映，而是一系列的抽象过程，即概念、规律等等的构成、形成过程，这些概念和规律等等（思维、科学——'逻辑观念'）有条件地近似地把握着永恒运动着的和发展着的自然界的普遍规律性。"[1]这就是说，人的认识并不是直接地反映客观现实，而是通过一系列概念、范畴系统地去进行。而一切概念、范畴都是一定的历史时代的产物，其中折射着一定历史时代的人们对客观世界的反映。而这些概念、范畴既已产生，就以一种"获得性的遗传"的形式，在以后的各代人之间传递，积淀为整个人类主体的认识结构。个体认识主体把前代积淀下来的概念、范畴作为一种认识的便利工具，去获得自己的新认识，人们的认识能力往往就从对概念、范畴的掌握、运用上显现出来。于是，这种认识常规就使得概念、范畴的本性隐藏起来，获得一种先天的、至上的然而是虚幻的本质，在人们的头脑中造成一种错觉。其实，因为任何概念、范畴都是一定历史时代的产物，所以它们的适用范围也都是有限的，它们对客观世界的描述都具有"粗糙化、僵化"[2]的特征，它们之中也都存留有把它们从客观世界的联系中抽象出来的人们的主观痕迹。于是，人们只能运用概念、范畴去思考、认识这一事实本身，就决定了主体的认识无法彻底清除主观性的痕迹。所以，只要我们在认识，只要我们还利用概念、范畴去分析客观历史，我们就不可能追求到纯粹客观性的历史结论。历史学家也不应为自己提出这样的认识目标。

其次，过分追求纯粹客观性认识的理想化倾向，在实际的历史研究中

---

① 《列宁全集》第 38 卷，194 页。
② 《列宁全集》第 38 卷，285 页。

会造成许多不利的影响。因为这种倾向排斥主体意识的自觉发挥，把主体意识的合理渗透都宣布为非法的，都斥之为主观性，当作主观主义加以摒弃。在这种倾向下，辩证唯物主义的能动的反映论，实际上已沦为机械唯物主义的直观反映论，束缚历史研究向应有的广度和深度开掘。在理论研究上，排斥主体性的结果，只能造成研究者固守理论信条，不敢越雷池一步，以注经释义为本事的万马齐喑状况，扼杀主体的开拓性研究，把教条主义推向极端发展的地步；而在具体历史问题研究中，过分追求纯粹客观性认识的倾向，则排斥主体对历史进行内在联系的深刻揭示，排斥科学抽象在方法论中的重要地位，造成以排比历史资料代替深入研究的自然主义倾向，把主体的创造性能力淹没于历史资料的汪洋大海之中。甚至过去某些反对用马克思主义指导历史研究的人，也曾是抱着追求纯粹客观性历史结论的美妙幻想。在一些人看来，历史研究只能让历史自身来说话。其实，没有主体的开掘，哪会有历史的真理显示出来。历史只有通过历史学家的解释才能显示出自身的价值，折射出自身的光彩，历史是要以历史学家来作为自己的代言人的。不体现史家主体意识的研究是不可思议的，离开主观性规定的主体也是不可思议的。过分排斥主体意识的理想化倾向，只能窒息历史学的发展。

最后，追求纯粹客观性认识的理想化倾向，掩盖了历史认识中主体意识渗透的问题，使历史学家不能清醒地估计自己的研究成果。英国历史学家柯林武德讲过："人希望认识一切，也希望认识他自己……没有关于他自己的某种知识，他关于其他事物的知识就是不完备的；因为要认识某种事物而并不认识自己在认识，就仅仅是半一认识，而要认识自己在认识也就是要认识自己。自我认识对于人类是可愿望的而又是重要的。这不仅仅是为了他自己的缘故，而且是作为一种条件，没有这个条件就没有其他的知识能批判地被证明是正确的，并且牢固地被建立起来。"[1]柯林武德提出的问题，过去我们很少考虑。我们的历史学家都是全心贯注于客观历史本身，很少思考过客观历史是怎样被自己所认识的。正因为这样，我们才对自己的结论表现出那样的笃信不疑，一旦完成了一部大著，就认为自己获得了

---

① ［英］R. G. 柯林武德：《历史的观念》，何兆武、张文杰译，233 页。

历史真理，丝毫不怀疑自己的结论中已经包含着大量的自身因素。这种自信不能不说带有极大的盲目性。当我们确信自己的研究结论正确无误的时候，首先是认定我们的事实根据是真实的、可靠的，或者说我们是按照马克思主义的指导从最顽强的事实出发的。但是，我们的"事实"是从哪里来的呢？它真是事实吗？事实上，当历史学家把历史材料当作事实的证据去运用的时候，它里边至少已经包含了双重的主观意念和判断：历史材料最初记录者的主观意念和判断以及历史学家自身的主观意念和判断，任何一条材料的运用，都有历史学家的主体意识渗透其中。没有这些起码的认识论常识，不知道主体意识正是作为一种条件包含在历史结论之中，不去认真分析主体意识条件及其在研究过程中的渗透，历史学家的历史结论就不能批判地被证明是正确的，历史研究也就不能从粗俗的、混乱的、盲目的状态中解脱出来。

三、历史学家主体意识的社会性

以上，我们通过分析历史学家的个体主体意识结构，揭示了历史认识丰富性、多样性的主体性根源，但是，我们并没有能够完全解释历史认识的形成问题。因为，历史认识像人类其他的认识活动一样，绝不仅仅是个体的认识。而分析主体意识问题，也绝不应该局限于探讨历史学家个体的主体意识。在哲学范围内讨论的主体是社会主体。在史学领域内讨论的主体，应该是历史学家群体。作为科学分工的一个方面的承担者，历史学家群体有区别于其他认识群体的特殊的主体意识，而史家个体意识就是这种群体主体意识的承担者、表现者，它们之间的关系是共性与个性的关系。如果把史家主体意识问题全部展开，我们应该分析社会主体、群体主体、个体主体的整个主体意识系统，但这不是本章所能完成的任务。我们仍然立足于个体主体意识的分析，来讨论个体主体作为社会主体的承担者，它所表现的社会性。

马克思主义认为："个人是社会存在物。因此，他的生命表现，即使不采取共同的、同其他人一起完成的生命表现这种直接形式，也是社会生活的表现和确证。"①每一个认识主体都不是孤立的个人，而是社会的人，是社会集体的成员，是具有意识和意志、在一定的社会经济条件下积极行动和进行认识的人。主体生活的时代的物质生产需要、社会经济制度、社会政治实践，归根到底决定着主体活动的性质。因此，具体的社会历史性又是认识个体的本质属性之一。史家个体也不能例外。

　　研究主体的社会性，主要是探讨社会时代条件对主体的影响。在这里需要指出的第一个问题是，任何历史学家都是其所处时代的产儿。他的知识水平是当代的水平，思维方式具有当代人共同的思维特征，研究课题出自当代的社会需要，因而得出的结论也打上了当代社会的特有印记。恩格斯关于理论思维的历史性的论断——"每一时代的理论思维，从而我们时代的理论思维，都是一种历史的产物"②——同样适用于对历史知识的说明。英国现代史学家卡尔讲过一段很有见地的话：历史学家的"立场本身是扎根在一个社会和历史背景之中的。……历史学家在开始写历史之前，就是历史的产物"③。他分析了一个很典型的例子：

　　　　我所知道的说明这种情况的最好例证便是伟大的德国历史学家梅涅克。他的生命以及创作时期特别长，充满了他的国家命运之中的一系列革命性的以及灾难性的大变动。这里我们实际上便有了三个不同的梅涅克，每一个都是一个不同历史时期的代言人，每一个都通过他的三部主要著作中的一部来说话。作为1907年发表《世界资产阶级与民族国家》一书的作者，梅涅克信心十足地看到在俾士麦政权之中实现了德国的民族理想，而且他也像自马志尼以后的许多十九世纪思想家一样，把民族主义跟宇宙一家这一思想的最高形式等同起来：这是继俾士麦时代之后威廉的奇特风格的产物。1925年出版的《理智国家的概念》一书的作者梅涅克在谈到魏玛共和国时，是三心二意不知如何是好：政治界已成为国家利益与道德之间未分胜负的竞争场地。道德是附属于政治的，可是它不能作为无视政权的生命与安全的最后手段。

---

① 《马克思恩格斯全集》第42卷，122页，北京，人民出版社，1979。
② 《马克思恩格斯全集》第20卷，382页，北京，人民出版社，1971。
③ ［英］爱德华·霍列特·卡尔：《历史是什么？》，吴柱存译，39页。

最后，1936年出版的《历史主义的产生》一书的作者梅涅克被一场纳粹的洪水冲走了一切学术上的荣誉，发出了失望的呼声。他对似乎承认凡是存在的就是正确的那种历史主义予以批驳。同时又心神不安地摇摆于历史的相对跟超理性的绝对之间。末了，当梅涅克晚年眼见自己的国家遭受比1918年更大的军事失败而屈服时，他在1946年出版的《德国的灾难》一书中，只得仍旧持一种信念：认为历史是听任盲目而冷酷的变化所摆布的。[①]

像梅涅克这样在自己的著作中渗透着时代影响的情况，在马克思主义史学家那里也毫无例外。历史学就是"现实人"追溯过去的学问。历史学家不管是否能清醒地认识到这一点，他都不能不是站在现在的立场上，从现实的某一个角度去追溯过去。如果他认识到了这一点，自觉地站到时代的高度去认识历史，成就就会大一点；如果他认识不到，那就是不自觉的，但不能排除自己是以现实的眼光看待过去，这是一种糊涂人，其研究也是盲目的；如果有人宣布他能摆脱现实的羁绊，是纯客观地从历史出发，是在"为历史而历史"，那么，他是自欺欺人。逃脱时代的企图，就像一个人想自己拔着头发而离开地球一样荒唐。黑格尔说过，一个人不能超越他的时代就像不能超越自己的皮肤一样。这句机智俏皮而又包含着深邃思想的经典性名言，很值得人们深思。

前文已经讲过，每一个历史学家都有自己特殊的主体意识结构，由此决定了他对历史事物的特殊测度。然而，不论史家个体的主体意识具有怎样的特殊性，他都不能离开社会历史性的规定。正是主体的这种社会性、时代性，决定了一定历史时期史家主体意识的发挥具有共同的指向，使史学的发展呈现出鲜明的阶段性，使不同时期的史学在理论选择、目标取向、课题开掘、研究手段、表述方式等方面，都显示出明显的时代特征。

人的社会性决定任何时代的历史学家，都有自己明确的政治倾向或政治立场。而历史学家的政治倾向或政治立场，就构成了史家主体意识结构的主要成分。但在同一个历史时代，具有不同政治倾向性的历史学家，面

---

① ［英］爱德华·霍列特·卡尔：《历史是什么?》，吴柱存译，39～40页。

临着共同的时代条件，从不同的政治需要出发，也会把精力集中在共同的选题上，这在社会剧烈变革时期表现得最为突出。我国史学界20世纪30年代的社会史论战就吸引了各派历史学家。因为各派历史学家如果为自己的阶级及其政党的政治路线寻找历史根据，就必须把目标集中在认识中国历史发展道路的最根本的历史问题上。特别是在具有共同政治倾向的历史学家群体中，人们有共同的哲学信仰、理论选择，有共同的价值观念、道德标准，肩负共同的社会政治使命，因而也关心共同的重大历史问题，其主体意识发挥的共同指向就十分鲜明。在民主革命时期，以郭沫若、范文澜、吕振羽、翦伯赞等为代表的中国马克思主义史学家群体中，他们每个人的研究实践中渗透的群体意识、社会意识，都明显地重于他们的个体意识。他们的每一项研究，都指向中国新民主主义革命的特殊需要。

主体意识中社会性的渗透，还在某种程度上规定着主体认识历史的深度。譬如在民主革命时期，新民主主义革命为历史学规定的任务，是"揭露统治阶级罪恶，显示社会发展法则"，肯定劳动人民是历史的主人，总结历史上人民革命斗争的经验教训，以推动人民的革命运动。这一历史使命促使马克思主义史学家去发掘劳动人民在历史上建树的伟大业绩，去书写劳动人民的历史，把过去被统治阶级颠倒的历史重新颠倒过来。历史学也的确在这一时代使命的推动下获得了革命性的发展。但是，当时代的上述需要也在一定程度上限制了历史学家的视野，限制了历史学家对历史更全面的认识和把握。因为，当时革命斗争的需要，限制了人们对历史上统治阶级历史作用的全面认识和科学评价。新民主主义革命胜利后，面临着建设新中国的伟大任务，历史学的使命有所变换，它要求历史学家发掘我国几千年文明史上整个中华民族所建树的伟大业绩，"剔除其封建性的糟粕，吸收其民主性的精华，是发展民族新文化提高民族自信心的必要条件"①。而发展民族新文化提高民族自信心，就不能仅仅把着眼点盯在劳动人民一个方面，统治阶级所做的一切有益于民族文明发展的伟大创造，都应当给予批判的总结，视作我们民族文化的宝贵遗产。新的历史条件促成马克思主义史学家们用批判的眼光审查自己过去的历史著作。譬如范文澜就这样写

① 《毛泽东选集》第2卷，707～708页，北京，人民出版社，1991。

道："在中国历史上占很长时期的封建时代，一方面是包含着许多甚至对今天的民族生活还起着副作用的沉重遗产；另一方面，也必须承认这段历史时期对于中国民族生活的发展有其积极作用"，对封建时代、封建统治者一味揭露与否定，"都是主观主义的、非历史主义观点的表现"。① 于是，范文澜在《修订本中国通史简编》中，改正了对古代帝王一概否定和"借古说今"简单类比等非历史主义错误，并增加了不少新的观点。后来到20世纪50年代末，郭沫若、翦伯赞等人率先发起的"为曹操翻案"，也不可能出现于民主革命时期。凡此诸例都证明，历史学家认识历史的广度和深度，在很大程度上受制于他们生存的时代。人们的历史认识，在其社会性上说，是主体所处的时代需要的反映。

主体的社会性使一定时期的历史学家在研究实践上具有共同的指向，而且社会性（时代条件）又在客观上规定了历史学家的认识所能达到的广度和深度，于是，在史家个体的认识活动中就必然有共性的东西存在，使人们的认识在客观上具有可比性、可判断性、可检验性。从这一点上说，我们认为，每一历史时代的人们都有理由根据自己所处时代的条件（不能仅仅理解为时代的社会需要，时代条件应包括某一时代人们的科学文化水平、认识能力、价值标准、道德观念、社会现实等）对历史学的认识成果进行判断，选择他们确认的合乎时代的历史真理。当然，每一时代人们获得的历史真理，也都不具有最终的意义。时代发展了，原来人们认为是真理性的认识也不能不失去真理性的根据。历史的发展推动着历史认识的发展。然而，不管历史认识如何随着时代的发展而发展，对于确定的历史时代来说，我们必须承认有相对的真理性标准存在。虽然我们很难具体地揭示出这个真理性的标准是什么，但其存在是不容置疑的。同一时代人们认识上的趋同现象，默默地证实着这一点。

这里，我们还必须申明另一种看法——根据主体的社会性，我们承认历史认识相对于特定历史时代的可判断性、可检验性，绝不意味着承认人们有随便把一种似乎不合时宜的认识贬斥为谬误的权利。虽然个体主体都

---

① 中国社会科学院近代史研究所编：《范文澜历史论文选集》，18页，北京，中国社会科学出版社，1979。

是社会主体的缩影和个体实现，无法脱离社会历史时代的局限，但正像前文所分析的，个体主体毕竟是"个别"，有他自身的特殊素质。在人类认识史上，经常可以看到一些超前的主体性表现，我们应该承认这种少数远远高出于特定时代普遍水平的个人的主体性。即使某些认识个体并非具有超前的认识才能，他也可能从某一个角度发现一般人不易发现的东西，从而使其与众不同。当我们确认历史认识的可判断性、可检验性的时候，应当清醒地知道，我们的判断和检验仅仅是从今天人们的文化水平、认识能力、价值标准、道德观念、社会现实需要出发的。有些历史认识，可能不合乎今天人们的真理性观念，但不一定缺少包含真理性的成分，不能简单地把某些历史结论宣布为谬误或错误，而欲对之口诛笔伐。我们需要铭记恩格斯的话："真理和谬误，正如一切在两极对立中运动的逻辑范畴一样，只是在非常有限的领域内才具有绝对的意义"，"因此，真正科学的著作照例要避免使用像谬误和真理这种教条的道德的说法"。①

社会历史性是主体属性的规定。不仅认识主体无法摆脱这一规定，而且对于史学认识主体来说，其认识历史的广度和深度，在很大程度上也取决于他对自身所处时代的认识和把握。一个历史学家，如果他能紧紧追随当代科学发展的步伐，不断用新的科学知识和认识手段去改变自己的主观条件，又富有改造社会的献身精神，乐于并善于站在时代的高度去开掘历史，那么，他就一定能提出许多与当今社会息息相关的研究课题，取得超越前人的成就。尤其是我们今天的历史学家，正处在一个重要的社会变革时期，时代赋予我们重要的历史使命。每一个历史学家，都要自觉地承担起时代的历史使命。遗憾的是，这一点并没有成为我们广大史学工作者自觉的、清醒的认识。有些人总想摆脱现实去追求历史认识的纯客观性，企图远远地避开现实；有些人则反其道而行，走向极端，他们主张开放主体性，最大限度地发挥认识主体的创造能力，而在这些正确的口号下，去否定主体的社会性，把主体意识的独特性与主体的社会性对立起来，好像主体性的解放，只有彻底摆脱主体的社会性才有可能。这种看法有些天真和幼稚。本章主要是从主体的主观条件方面来论证历史学家的主体意识，并

---

① 《马克思恩格斯选集》第 3 卷，431、433 页。

非完整地阐述历史学家的认识结构问题，而彻底回答历史认识何以发生、怎样形成以及历史学认识结构问题，我们就根本无法回避主体认知条件的重要因素——时代环境。人们是在一定的环境中进行认识活动的，离开特定的认知环境，我们就不可能去认识，甚至连认识的内容都无从确定。环境因素是作为一种条件包含在历史认识之中的。主体的社会性，就是环境条件即认识背景条件在主体认识活动中打上的烙印。摆脱社会性的主体性解放是不可思议的。

主体意识的独特性和社会历史性是个体认识主体的两个规定性。这不是历史认识论中特有的现象，在哲学认识论、科学认识论中也是如此。当代科学哲学的重要派别之一，美国科学哲学家托马斯·库恩的科学发展理论，特别是他提出的"范式"概念，就十分突出主体的社会性问题。范式"包括一个科学家集团的一切共同的信念"，是由一个科学共同体共有的理论原则、思想观念、思维模式、研究方法、问题取向、学术风格等组成的有结构的专业学科规范。一定的科学范式反映着一门学科的时代精神，决定这一学科传统的科学家研究世界的方式及其研究实践的目标取向。所以，库恩的科学发展理论特别强调科学团体的社会学特征，强调主体认识的社会属性。库恩这样写道："传统的科学方法讨论一向寻求这样的规则的集合，它将允许任何遵守规则的个人产生可靠的知识。相反，我一向坚持的却是：虽然科学是由个人来研究的，它却本质上是集体的产物，不提及产生它的那些集体，它的特殊的效力和它怎样发展起来的方式都将不会被理解。"[1]因此，他反复强调，科学进步的"说明最终分析起来，必定是心理学的或社会学的"[2]。历史认识和一般科学认识有所不同，它面对的是社会历史现象。那么，历史认识主体的社会性规定，比一般科学认识活动中的主体，就鲜明得多。这是我们探讨史家主体意识、研究史家主体性问题时所万万不可忽视的。

---

① 转引自江天骥：《当代西方科学哲学》，119 页，北京，中国社会科学出版社，1984。
② 转引自江天骥：《当代西方科学哲学》，138 页。

四、增强历史认识中的主体意识

本章第二部分已经分析过历史认识中主体意识渗透的不可避免性，然而我们需要的不只是正视这一事实，而是要进一步阐明在历史研究过程中，主体意识亟待加强的迫切性、必要性。

人们需要在历史知识中汲取必要的文化素质，社会需要历史学作为它活动的向导，人类需要从自身的历史中认识自身——人们需要认识历史；而历史则需要由历史学家的笔来揭示、来描述、来死而复生，历史学家在人类对自身历史的认识中，发挥着不可替代的作用；然而，历史学家作用的实现，又依赖于主体意识的充分发挥，主观能动性的深入开掘。对于不同的认识主体来说，主体条件及其发挥的程度，使他们的认识成果显示出大小高下之分，正确与错误之别。而对历史学家群体来说，主体意识发挥的程度如何，则关系着整个历史学科的繁荣和发展。所以为着繁荣历史学科的需要，就不能不提出主体性的解放这个根本性的问题，而落到实处就是要加强历史学家的主体意识。

现在，我们就来讨论如何增强历史认识中的主体意识问题。

首先，历史学家应该从教条主义、本本主义、学理主义的束缚中解放出来。

当代中国的历史学家，坚持用马克思主义指导历史研究实践，是始终不渝的学术方针。但是，在以往相当长的时期内，对于如何坚持以马克思主义为指导的问题，我们却存在着种种误解。在一些人的观念中，马克思主义已经发现了人类历史的全部真理，我们的一切研究都在于为它找到充足的历史根据。这种注经式的研究，扼杀了历史学家丰富的创造力，把史家的主体意识束缚在马克思主义经典作家那浩繁的著作之中。其危害之烈、影响之深，使得我们在今天讨论加强史家主体意识时，仍不能不首先关注这一问题。

"社会主义自从成为科学以来，就要求人们把它当作科学看待，就是说，要求人们去研究它。"①这应是我们对待马克思主义的基本态度。

"马克思的整个世界观不是教义，而是方法。它提供的不是现成的教条，而是进一步研究的出发点和供这种研究使用的方法。"②这是对马克思主义的理论意义的最本质的说明。

恩格斯的这两段话，值得我们深深思索。的确，马克思主义教给我们的就是如何唯物地、辩证地、历史地观察问题，它的整个世界观都具有方法论的特征和意义。马克思、恩格斯没有能够研究过去的一切，所做过的一些具体研究也不可能都完全正确，所以，他们特别不能容忍把他们的理论当作"必须背得烂熟并机械地加以重复的教条"。按照恩格斯的要求，一切马克思主义者，都"应该根据自己的情况像马克思那样去思考问题，只有在这个意义上，马克思主义者这个词才有存在的理由"③。如果真正对马克思主义报以科学的态度，那么，马克思主义带给历史学家的就只能是主体性的解放，而不是教条的束缚。只有在毫无教条拘束的研究中，历史学家的主体意识才能真正体现出来。真正有着主体性自觉的历史学家，应该把主要精力关注于历史本身，而不是经典作家的著作和言论。历史认识的真理性判断，根据于对历史内在联系性深入的开掘。至于马克思、恩格斯对这个问题是否说过什么，则不是历史学家应该首先关心的问题。

其次，我们要提出进一步强化自觉的主体意识问题。

一切历史认识中都渗透着主体的能动因素，就是那些期望获得纯客观性认识的历史学家，也不能不把主体意识渗透到自己的历史结论之中。但是，有没有自觉的主体意识，是否在历史研究中达到了高度的主体性自觉，则在很大程度上影响着能动性发挥的水平，并最终影响着人们的研究成果。繁荣历史学科的需要，时代赋予历史学家的庄严使命，都要求史学工作者把认识历史的能动作用发挥到最大限度。这里，我们必须彻底清除以往对马克思主义认识论的简单化理解，特别是把马克思主义的能动的反映论降低到机械唯物主义的直观反映论所产生的消极影响。

---

① 《马克思恩格斯选集》第 2 卷，636 页。
② 《马克思恩格斯全集》第 39 卷，406 页，北京，人民出版社，1974。
③ 转引自梁树发、丰子义主编：《马克思主义哲学史研究（2016）》，40 页，北京，人民出版社，2017。

　　以往，人们多是从认识的起源方面去理解马克思主义的反映论，因此，多是强调一切认识都是对客观世界的摄影、复写、摹本，是客观世界的主观映象，而忽视认识主体的能动作用。对认识论的这种理解，虽然坚持了认识内容的客观性，确认了认识论的唯物主义基础，但它却带有客体至上的机械唯物主义烙印。它认为认识的科学性与认识中的主体因素成反比，因而追求一种对主体因素着力排斥的、与客体高度一致的理想化认识。它的前提是主体与客体的分离，所谓"反映"实际上是客体倒映于主体之中，有明显的机械性和受动性特征。而据说，对反映论的这种简单化理解源于列宁的经典性著作《唯物主义和经验批判主义》。

　　的确，列宁的《唯物主义和经验批判主义》一书，曾在"模写"、摄影、映象等意义上使用过"反映"这个范畴。如他在该书的不少地方讲过："唯物主义承认'自在客体'或心外客体，认为观念和感觉是这些客体的复写或反映"①；"对象、物、物体是在我们之外，不依赖于我们而存在着的，我们的感觉是外部世界的映象。这个结论是由一切人在生动的人类实践中作出来的，唯物主义自觉地把这个结论作为自己认识论的基础"②；"反映论（或模写论）"③"恩格斯……说的是物的复写、摄影、模写、镜像"④等。列宁的《唯物主义和经验批判主义》主要是回答认识的起源问题，以划清唯物主义认识论和唯心主义认识论的界限，因此，此书反复强调认识的唯物主义方面是可以理解的，但不能认为它是列宁对认识论问题的全部见解。就是在《唯物主义和经验批判主义》中，列宁也表述过下述思想："模写决不会和原型完全相同"⑤；"反映可能是对被反映者的近似正确的复写，可是如果说它们是等同的，那就荒谬了"⑥。列宁指出，主体因素的渗透使认识不可能成为客体的原本复写和直观镜像。写成《唯物主义和经验批判主义》六年之后，列宁在《黑格尔〈逻辑学〉一书摘要》中，又多次谈到认识论问题。例如，他写道："认识是人对自然界的反映。但是，这并不是简单的、直接的、完全的

---

① 《列宁选集》第 2 卷，20 页。
② 《列宁选集》第 2 卷，101 页。
③ 《列宁选集》第 2 卷，113 页。
④ 《列宁选集》第 2 卷，238 页。
⑤ 《列宁选集》第 2 卷，241 页。
⑥ 《列宁选集》第 2 卷，330 页。

反映"①；"自然界在人的思想中反映，应当了解为不是'僵死的'，不是'抽象的'，不是没有运动的，不是没有矛盾的，而是处在运动的永恒过程中，处在矛盾的产生和解决的永恒过程中的"②。这就使列宁的反映论显示出了与直观的机械的反映论的根本区别。列宁还摘录黑格尔的话说："人的意识不仅反映客观世界，并且创造客观世界。"③特别强调主体在反映客体过程中的能动性、创造性。认识不是对客体的简单复制，而是能动的创造，是反映过程和创造过程的统一。任何认识都是"在人的头脑中改造过的"④东西，排斥自觉的主体性，绝不是列宁所阐述的马克思主义的能动的反映论。

主体性自觉应该体现在历史认识的全部过程之中，首先应在研究课题的确定上表现出自觉的选择意识。历史的内容是极其丰富的，我们不能盲目地碰到什么就研究什么，看到什么就反映什么。选择的出发点，应该是时代的需要、历史学发展的需要以及主体自身知识结构的是否适应。在这里，情感因素、性格气质因素也会渗透进来，但应得到适当的控制。在过去的史学研究中，个体主体的选择意识没有得到应有的发挥，整个史学界都集中在几个大而老的选题上，研究的路子越走越窄，并与现实发展的要求相脱节。强调自觉的选择意识，就可以使主体摆脱传统的直观反映论的束缚，敢于大胆地无拘束地从"我"出发，去开掘新的研究领域。我们要"反映"的不是抽象的历史，不是历史的一切，而是历史中于今天、于社会、于人生有价值的东西。在1985年的第十六届国际历史科学大会上，有一个课题——"一百年来道路交通的汽车化及其影响"——受到了各国学者的重视。这一课题除主报告外，还由参会的学者提交了15篇论文，探讨汽车发明一百年来对各国社会、经济、生活方式和人民生活感情的巨大影响。⑤像这样与当代生活密切相关的课题，在我们中国历史学界还不多见。如果我们的历史学家都能突出自觉的选择意识，在选题问题上解放思想、开阔思路，历史学研究就一定能够出现活跃、繁荣的局面，并实现它强大的社会功能。

① 《列宁全集》第38卷，194页。
② 《列宁全集》第38卷，208页。
③ 《列宁全集》第38卷，228页。
④ 马克思：《资本论》第1卷，中共中央马克思恩格斯列宁斯大林著作编译局译，22页，北京，人民出版社，2004。
⑤ 参见张椿年、陈之骅、华庆昭：《开拓新领域，研究新问题——出席第十六届国际历史科学大会有感》，载《世界历史》，1986(1)。

在材料价值的开掘上，自觉的主体意识也是极其重要的。认识历史的第一步就是认识材料，判断材料的价值。这里，我们需要排除的是主观随意性，但不能反对主体的自觉性，主体要清醒地自觉到是"我"在认识，而材料需要"我"去认识。材料的价值是客观的，是由材料本身在史家的解释、判断之外客观地存在着的。一条材料所反映的事实，早在历史上产生过它的客观影响，它绝不以史家的解释、判断为转移，这是我们应该坚持的对待史料的唯物主义态度。但也应该知道，材料的价值是客观的，而它则必须通过史家的解释、判断才能折射出光彩，没有哪一条材料的价值的显示，不与史家对它的解释、判断相联系。材料在再现历史过程中实际显示的价值，是材料的客观内涵和史家主体意识的合一。前文提及的郭沫若、范文澜对《诗经》中同一材料的不同价值判断，用在这里也是极好的例证。机械的反映论使史家不能自觉到在材料判断中的自身价值，把主体自觉的能动性归入主观随意性，限制了主体在发掘材料价值上所可能达到的应有深度，影响着主体研究的水平。卡尔在《历史是什么?》中说："历史学家和历史事实是相互需要的。没有事实的历史学家是无根之木，是没有用处的；没有历史学家的事实则是一潭死水，毫无意义。"[1]的确，如果历史学家不去积极地揭示材料的价值，材料再多也不会自动说话，中国传统史家积累下来的丰富浩繁的历史资料，对我们还有什么意义呢?

至于历史学家要在迷离混沌的历史现象中发现规律性，在偶然中发现必然，达到对历史运动本质的把握，运用一系列概念、范畴进行抽象性研究，自觉的主体意识就显得更为重要。这一点，大概不必过多论证。

最后，我们应该提出重视主体修养的问题。

主体修养是加强自觉的主体意识的基础。史家主体修养就是史家主体意识结构的培育问题。它包括主体哲学观点的进步性，政治立场的人民性，知识结构的合理性，以及生活经验的深化、高尚情感的培养、性格气质的锤炼等诸多方面。史家个体的全部创造力，就在于有适应学术研究的良好的主体意识结构。当一个学科面临重大转机的时候，其发展有赖于一批具有新的主体素质的历史学家的涌现。

20世纪80年代以来，我国史学界对马克思主义的传统理解遇到了许多

---

[1]　[英]爱德华·霍列特·卡尔：《历史是什么?》，吴柱存译，28页。

难以回答的问题，传统的史学课题失去了昔日的价值性灵光，传统的研究方法已不能发挥认识更丰富更复杂的历史内容的工具性效应，传统的思维方式受到了现代科学的强烈冲击，中国式的史学殿堂里开始游荡起西方现代史学的幽灵。整个史学领域中有许多新的生长点滋生起来，这是中国新时期史学激动人心的年代。不管对这一新的史学时代抱有什么态度，惊呼"史学危机"也好，反对危机说也罢，感受到中国史学正在和中国社会的变革一样处在一个面临革命性的转变时期，则是史家群体共同的社会心理。如果新时期的历史学还要充当当代社会活动的向导，还想和整个社会历史时代保持同步发展的水平，那么，历史学家就必须高度重视改变自身的主体条件，以适应学科发展的新趋势、新要求。

加强主体修养，首要的是加强马克思主义的理论修养。要把马克思主义真正当作科学去对待，下功夫研究它、发展它，用这一科学的世界观和方法论改造我们的主观方法，从而获得真正的主体性解放。其次，要改变我们知识结构单一、贫乏，研究手段原始、落后的状况，广泛吸收自然科学和其他社会科学的知识素养和方法论手段。再次，应该从旧的史学观念的束缚中解放出来，拓宽视野、开阔思路、培养开拓性研究的兴趣和能力，开辟出一批能够标志一个史学时期的新的史学研究领域。最后，要培养高度自觉的责任感、使命感，关心当代社会的发展，增强从时代需要出发去认识历史的自觉意识。如果能够从这几个方面重视加强主体自身的修养，我们就一定能够在史学研究中发挥高度自觉的主体创造精神，写出无愧于我们这个时代的不朽的历史来。

随着主体性的解放，史学研究中主体意识的加强，必将是史学研究的空前繁荣。目前，史学研究中滋生的许多生长点，将会更顺利地生长起来。新的史学理论和方法、新的史学概念和范畴、新的研究课题、新的史学流派，将会成批地涌来。理论研究、具体研究中，不同学术观点的对立和争鸣都将达到前所未有的程度，在历史科学领域出现的，将是真正的百花齐放、百家争鸣。从另一个角度讲，它的确会给人以炫目之感，长期在学术一统的氛围中生活惯了的人们会感到某种不适。但是，这种局面不正是人们长期待望的科学的春天吗？在改革开放的历史时代，每一个历史学家都应该有容纳百家的胸怀。学术研究只有在不同观点、不同流派的对立和争鸣中，才能获得它永恒的生命。

第八章　历史认识中的客体范畴

历史研究是历史学家主体能动的认识活动，从研究对象的选择到历史结论的形成，全部过程都体现着主体的能动性。因此，历史认识论研究的重点，必然要指向历史认识中的主体性问题。然而，造成历史认识区别于一般认识活动的根本原因，却似乎不在于主体方面，而在于历史认识中客体的特殊性。所以，要真正理解历史知识的性质，仅仅注重于主体性的探讨是十分不够的，必须对客体范畴亦展开认真的研究。

一、历史客体与历史存在

在国内历史学家群体中，对"历史客体"概念存在较为普遍性的模糊认识，其中最重要的一点是，许多论者把"历史客体"等同于"历史存在"。这一概念上的混淆，将会导致如下错误：（1）历史的客观存在，是一种完全脱离认识主体而存在的自在之物，把它当作认识的客体，而否认历史过程中主体与客体的对立统一关系，否认主、客体之间的联系，滑向把主、客体绝对对立起来的形而上学唯物主义立场；（2）它扩大了历史客体的范畴，并因此模糊了客体的许多重要属性，比如客体由于它从一种自在的存在进到认识结构之中而增加的社会历史性，以及它处在一种动态发展过程中等属性；（3）在具体的历史认识实践中，这一混淆还导致忽视主体的能动性问题，并造成历史研究中的盲目性倾向。因此，在开始研究历史认识中的客体范畴时，必须首先辨清这一概念。

历史存在包括人类以往整个历史活动的全部内容，它的过去性的特点，使它已经凝固不变，而且与现实的人类活动远远地隔离开来。不管历史学家是否去研究它，如何去研究它，它都以曾经发生过、存在过的那样一个不变的姿态，凝固在历史中。它的无限的丰富性，使今天的人们不可能，也没有必要把它尽收眼底，都作为自己的研究对象，将它和认识主体建立起既对立又统一的对象性关系。因此，对于历史学认识主体来说，它仅仅是一种自在之物，完全独立于历史学家的意识之外，表现出不以任何认识主体的思维、意志、目的和愿望为转移的客观性。但是，当历史上客观存在的事事物物，还是一种完全与史家主体毫不相干的自在之物的时候，它并不是历史认识的客体。

客体是相对于主体而言的，它和主体一起构成主体对象性认识活动结构的两极，成为认识论的一对基本范畴，客体的含义不能离开主体去做孤立、抽象的理解。诚如马克思、恩格斯所说："被抽象地孤立地理解的、被固定为与人分离的自然界，对人说来也是无"[1]，"如果我们对事物不能加以研究，那么它们对我们来说就是不存在的了"[2]。还没有与历史学认识主体发生对象性认识关系的，仅在人们的思想中加以抽象肯定的历史存在，对于从事历史研究的认识主体，对于现实的人类都是毫无意义的。

历史认识论研究中，混淆历史客体与历史存在的错误，同传统的哲学认识论研究中，混淆主观与客观、主体与客体两对范畴的差别相联系。其实，马克思多次讲到过不能把作为自在之物的客观实在理解为认识论中的客体问题，多次表达过应该从与主体的联系中理解客体的思想。在《关于费尔巴哈的提纲》中，马克思批评说："从前的一切唯物主义——包括费尔巴哈的唯物主义——的主要缺点是：对对象、对现实、感性，只是从客体的或者直观的形式去理解，而不是把它们当作人的感性活动，当作实践去理解，不是从主体方面去理解。"[3]他在另一个地方还写道："对象如何对他说来成为他的对象，这取决于对象的性质以及与之相适应的本质力量的性质；因为正是这种关系的规定性形成一种特殊的、现实的肯定方式……从主体方面来看：只有音乐才能激起人的音乐感；对于没有音乐感的耳朵说来，

---

① 《马克思恩格斯全集》第 42 卷，178 页。

② 恩格斯：《自然辩证法》，中共中央马克思恩格斯列宁斯大林著作编译局译，219 页。

③ 《马克思恩格斯选集》第 1 卷，58 页。

最美的音乐也毫无意义，不是对象，因为我的对象只能是我的一种本质力量的确证，也就是说，它只能像我的本质力量作为一种主体能力自为地存在着那样对我存在，因为任何一个对象对我的意义（它只是对那个与它相适应的感觉说来才有意义）都以我的感觉所及的程度为限。"①这就是说，作为一种客观实在的事物，要成为对主体有意义的客体，取决于该事物的性质以及主体本质力量的性质，这是它由客观实在进到认识客体的两个必要条件，离开主体的本质力量，客观实在永远迈不进客体范畴的门槛。

　　马克思的话同样适用于历史认识中对历史客体的认识。譬如 20 世纪 80 年代的哲学史研究中，人们对"天人合一"这一哲学命题的再认识，就是一个很好的证明。"天人合一"是我国古代先贤思考人与自然关系问题而提出的一个重要命题。它有两层含义：第一，人是天地生成的，人的生活服从自然界的普遍规律；第二，天人调谐，自然界的普遍规律和人类道德的最高原则，是一而二、二而一的。很明显，其第一层含义，肯定人类与自然界的统一，强调人是自然界的一部分，必须遵循自然界的普遍规律，是正确的，是一个十分重要的科学思想。其第二层含义，把道德原则和自然界的普遍规律合二为一，把人类社会特有的现象强加于自然界，是彻底的唯心主义思想。古代哲学史上的天人合一命题很早就被我们的哲学史家注意到了，成为主体的认识对象——一个历史客体。但是，在相当长的时期内，这一命题仅就它的第二层含义才对主体显示出意义，其第一层含义并没有成为被认识的客体，没有和认识主体建立对象关系。人们抓住它的第二层含义大批其唯心主义属性，极端地夸大与之相对立的"天人相分"思想的科学性，并进而发展为斗争哲学。我们不强调按客观规律办事，在生产实践上，对自然资源采取掠夺性的经营方式，结果破坏了生态平衡，遭到了大自然的报复和惩罚。"文化大革命"后，人们痛定思痛，反思对大自然过度开发的历史教训，促进了生态学研究的发展，增进了人们对待自然的科学观念。只是到了这个时候，改变了主体条件的认识主体，才开始思考天人合一思想的合理性成分，它的第一层含义才开始成为主体的认识对象，成为被研究的历史客体。完整的天人合一思想，尽管是古代哲学史上的一个

————————

① 《马克思恩格斯全集》第 42 卷，125～126 页。

客观存在(作为一个精神产品的客观存在),但是作为与主体发生联系的认识对象的客体,真正显示出它的实在意义,则是在主体经历了复杂的经验、获得了生态学的知识之后——它是主体的本质力量的表现和确证。

现在,我们当然可以明白历史客体的含义。客体是认识论中的范畴,它不同于本体论中的客观实在。历史客体是历史认识论中的范畴,它也不同于历史存在,所有纷繁复杂的历史现象、历史事物,当它完全与历史认识的主体相隔离的时候,它就不是历史客体,对主体没有任何意义。我们也应该从主体方面去理解历史客体,它是主体所认识到的历史存在,是历史存在的一部分。作为历史存在的一部分,它具有不以主体的意识为转移的客观性,不能任主体任意扭曲或改铸;作为主体的研究对象和主体构成对象性认识活动结构的两极的一极,它不能脱离主体而成立,和主体处在相互依赖、相互联系、相互作用之中。在承认历史客体的客观性的前提下,我们应强调历史客体是被主体所设定、所选择的产物,它是主体本质力量的表现和确证。只有弄清历史客体的含义,才能理解历史认识中客体的若干重要属性。

首先,历史客体的双重社会历史性。历史上存在过的一切事物都有它的社会历史性规定,都是一定的社会历史阶段上的产物。然而,作为历史存在的一部分,当它被历史学家从历史存在中选拔出来,作为自己的研究对象而变成历史客体的时候,它则又增加了一层与主体相关联的社会历史属性,即主体把自己的社会历史性规定,投射到了研究对象——被主体选拔出来的历史存在——历史客体身上。在历史学发展的任何历史阶段上,作为历史学认识主体的都是该历史阶段的历史学家,他们都受到该历史时代历史条件的制约,都毫无例外的是从当时社会发展的时代需要、该时代人类科学知识发展的一定水平以及历史学家个人的主体意识条件出发,从历史的客观存在中选择自己的认识客体,从而使主体的自身因素施加于客体之上,使历史客体成为主体本质力量的表现和确证。这样,一定的历史客体则又表现为主体的特定的社会时代的产物,在它自身的社会历史性之上,又加上一层主体的时代条件的规定,具有了双重的社会历史性。

如果我们善于从历史学的整体进行考察,将会有趣地看到,历史客体的一般状况,实际上表征着认识主体的社会时代的性质。

主要以帝王将相的活动作为研究客体的时代，一定是君主专制社会，二十四史就是最好的说明。在漫长的皇权专制社会中，有过成百上千次的农民起义，并对历史的发展产生过深刻的影响。然而，古代史家却从来没有兴趣将这一历史存在中的重要事实作为自己的研究对象，去加以认真地探讨。因此，在相当长的历史时期里，农民起义只是作为一种自在的存在的历史事实。

把农民起义作为一个重要的历史客体去研究，是在中华人民共和国成立后的历史时期。中华人民共和国成立以后，提倡书写人民群众的历史，歌颂人民群众的革命精神，阐明人民群众推动历史前进的道理，才开辟了农民战争史这一重要的研究领域。诸如农民战争爆发的原因、历史作用，农民革命思想的属性，农民政权的性质，农民战争的历史任务，农民起义口号的历史演变，失败的历史根源，农民战争史发展的历史阶段等问题，都展开了广泛而深入的研究。

而到了改革开放的新时期，历史时代又发生了重大转变，鼓吹阶级斗争已经不合时宜，而一般的社会矛盾、社会问题突出出来，历史上的农民起义、农民战争问题研究，又发生了新的转变，史学界的农民战争问题研究，从之前的革命史研究一变而为一般的社会史研究。譬如李振宏对农民战争史研究如何转变为社会史、社会危机问题研究就曾经提出过如下看法：

> 每次重大社会危机是如何发生的，促成它的因素有哪些？
>
> 社会危机时期官民关系的情景如何？是否存在严重的官民对立？官民对立是如何产生的？官民矛盾是一种什么样的矛盾？它为什么会激化？
>
> 社会危机时期国家的赋税劳役状况如何，赋税劳役强度与民众的承受能力处在什么样的比值状态？
>
> 社会危机时期贫富分化达到什么程度？财富的积聚沿着什么样的途径发生，财富垄断者与多数人的利益发生了什么冲突？
>
> 社会危机时期的政府公信力如何？国家在调控社会分配方面起到了什么作用？它是不是发生了严重倾斜？社会公平和公正是否受到严重损伤？

社会危机时期是否伴随严重的自然灾害？如果有天灾因素，那么，在不可抗拒的天灾面前，政府是否履行了自身的职能？是否进行了有效的社会救助？

如果某次社会危机是由某种偶然因素激发的，那么，这种偶然因素与危机爆发的社会条件有什么必然性的联系？如何避免使社会走到发生危机的受激状态？

诸如此类的问题，都应该是我们考察历史上社会危机问题的思考角度。由此去具体考察每一次农民起义或农民战争的具体情况，传统的农战史研究也可以走出一条新的路径。[①]

这就意味着农民战争史研究又要发生一个带有根本性的转变。

农民战争之所以成为一个重要的研究客体，并且随着时代的发展而转换其研究主题，实际上表征着主体社会时代的特性，反映了不同时代的社会历史条件对史学的要求。

其次，历史客体处在一种动态的发展过程中。一方面，由于新的历史资料的不断发现，越来越扩大着主体的历史视野；另一方面，更主要的是由于时代的变换、社会的发展、主体认识能力的不断提高，推动着主体不断从新的角度去选择历史客体，开辟新的研究领域。这样，历史客体就处在不断发展的动态过程中。在古代，历史存在中能够作为史家认识客体的范围很小。在古代史家的笔下，历史只是一部政治史、王朝变迁史，而在王朝变迁中充当主要角色的也只是帝王将相。在王朝变迁、政治事变背后更深邃的经济运动，在社会底层生活而创造着整个社会的生存基础的劳动人民，则没有能够进入历史学家的研究视野。随着近代资产阶级登上政治舞台，史学领域也发生了革命性变革。梁启超在《新史学》中抨击传统史学知有朝廷而不知有国家，知有个人而不知有群体，知有陈迹而不知有今务，知有事实而不知有理想，呼吁新史学要"探察人间全体之运动进步"，"叙述人群进化之现象而求得公理公例"。于是，在近代历史学家的研究中，历史客体的范围大大拓宽。紧接着的新民主主义革命时期以至中华人民共和国

---

① 李振宏：《关于古代社会危机应对问题的几点思考》，载《史学月刊》，2015(12)。

的成立，每一次重大的时代变迁，都极大地扩张了历史客体的范围。主体的历史认识活动一步步向历史的深层开掘，就是通过历史客体范围的扩大来实现的。随着社会历史的发展，主体条件的改变，历史存在中原本似乎毫无意义的东西，逐渐引起了主体的兴趣，进入主体对象性认识活动的结构之中。譬如生儿育女，在古人、近人都不曾想到它还有什么研究的价值，而在今天，竟也有历史人口学发展起来，人口发展的历史及其规律，也成为史学研究的重要对象。历史客体的发展还表现在具体的历史客体身上。就如前边讲过的对"天人合一"命题的研究，起初只是这一历史存在的一部分内容作为研究的客体，而后又发掘出它的新的认识对象。这种对同一具体客体研究的深化，实际上也是客体的发展，客体中对主体有意义的内容在逐渐丰富起来。历史的客观存在是凝固的、不变的，而历史客体则是变化的、发展的，随着主体社会历史条件的变化以及主体能力的提高，历史存在中那无限丰富的历史事物，将越来越多地进入史家主体对象性认识活动的结构，成为历史认识的客体。从历史的可知性和人类认识能力的无限性上说，我们坚信，全部历史存在都有可能成为主体对象性认识活动的客体。但是，这一崇高的目标只能实现在史学研究实践无限发展的过程中。在历史学发展的任意具体阶段上，我们都不可能达到这一点，只能逐渐地接近它，历史客体永远处在动态的发展过程中，而历史存在是它的极限。

我们辨析历史客体的含义，阐明其与历史存在的区别，并非否认历史客体与历史存在的统一性。相反，我们确认历史客体是历史存在的一个部分或一个方面，是进入史家研究领域的那一个部分或一个方面的历史存在。对于历史学认识主体来说，历史客体与历史存在一样具有不以主体的意识为转移的客观性，有它自己存在的内在的本质和规律，并独立于史家主体意识之外，这是客体之所以为客体的基本前提。客观性是客体的规定。在确认历史客体的客观性上，不允许有丝毫的含糊，否则我们就会滑到唯心主义的立场上去。从客体的客观性出发，主体就会确立尊重历史、从历史实际出发的唯物主义认识路线，以保证历史认识的客观性和科学性。而本书的研究，则侧重于强调历史客体另一方面的规定性，即主体对客体的规定。的确，历史客体之所以为客体，能够从历史存在中分离出来，进入主体认识活动的结构之中，绝不是客体的自然凸显，不是历史存在向主体的涌现，而是主体自主性选择的结果。因此，一定的客体总是与一定的主体条件相关联的，是主体本质力量的表现和确证。确认客体的这一属性，就会促使历史认识活动从机械反映论的束缚中摆脱出来，坚持辩证唯物主义的能动的反映论，重视强化历史学家自身的认识力量，发挥史家主体的能动作用，使历史学获得繁荣发展的内在力量。

二、历史认识客体的二重性

历史认识的对象是进入历史学家学术视野的那部分历史存在，历史认识的特点则是历史学家永远也无法直接面对这些存在——历史学家要认识的是看不见的对象。也就是说，在历史认识活动中，主体和客体不能建立起直接的对象性关系。历史认识的必要前提，是历史学家要占有大量的历史资料，并透过历史资料去认识历史客体。于是，历史学家认识历史客体的第一步，便是要认识史料。

史料可分为两大类：一是实物资料，这是前人的历史活动留下的痕迹、遗物，如传世的文物、古代建筑、碑刻、壁画以及考古发现的遗址、生产工具、器皿衣物、古钱币等；二是文字资料，如以文字形式保存下来的历代的法律、诏令、档案、契约、公私文件以及大量官、私修撰的历史著作。由于中国古代有深厚的修史传统，对各朝历代历史的记载相接续而成系统，因此，在各种历史资料中，各代史书占有最大比重，本章下边所要分析的史料主要是指这部分历史资料。

史料本身并不是历史，而是各代史家对历史过程的记录或描述，是一种观念形态的东西。但是，在历史认识中，和主体建立直接的对象性关系的却只能是史料而不是它所反映的历史本身。史料作为一种观念形态的成果，是记录者主体意识的产物，是一种精神产品，有记录者的主观意念渗透其中，不具备物质实体的客观性意义。但是，这种精神产品一旦产生，与一种物质媒介相结合，用文字的形式表述出来，便取得了一种固定自身的存在方式，获得一种和一般物质实体相类似的物质存在的属性，具有为他人而存在的客观属性。特别是相对于现实的历史认识主体来说，它具有一种需要被认识、被理解而不能随便加以解释、篡改的客观性。历史学家要认识历史，就必须首先认识史料，首先把史料纳入自己对象性认识的结构之中。于是，史料这种前人描述、记录历史而留下的观念形态的东西，对历史学认识主体来说，就具备了客体的意义。这里我们看到，历史认识的客体实际上是双重的。主体要通过史料这层客体的中介，最后去认识历史客体。但这两重客体毕竟不同，史料毕竟不是历史，不仅二者的存在形态不同，而且其根本性质也丝毫不能混淆，只是历史认识的特殊性，才使史料获得了充当客体的权利。所以，对这两重客体，我们必须加以区分。一般来说，作为历史存在的一部分而进入主体研究结构之中的，叫作历史客体；作为对历史客体的一种反映，以文字描述的形态而存在的史料，就叫它史料客体。

要理解史料的客体属性，我们还须加以阐述。史料之所以能作为客体而存在，主要在于它的客观性。我们可以从两个方面去理解史料的客观性。

首先，史料具有和一般历史客体相类似的不以史家主体意识为转移的客观性。它独立存在于主体的意识之外，虽然主体可以从不同的角度和侧面对史料做出自己的解释和判断，甚至有些历史学家还从某种卑鄙的需要出发去肆意歪曲史料，但是史料却是不能被篡改的。这是历史学认识的一条公理。篡改史料而得出的"历史结论"，不可能得到学界的公认。任何一个真诚正直的历史学家都具备尊重历史的科学态度，而尊重历史的首要前提是尊重史料。主体的研究成果是否能够站稳脚跟，经得起历史的检验，对待史料的态度是个很重要的问题。马克思、恩格斯在他们的研究活动中，特别尊重历史资料的客观性，使用每一条材料，都严格做到忠实与准确。马克思说："我的《资本论》一书引起了特别大的愤恨，因为书中引用了许多官方材料来评述资本主义制度，而迄今为止还没有一个学者能从这些材料中找到一个错误。"①正是这种尊重史料客观性的严肃的科学态度，才保证了他们的学说能够经得起历史的检验。史料的客观性如同物质实体的物质性一样，是硬邦邦、冷冰冰的，具有凛然不可侵犯的神圣尊严。

其次，史料的客观性还在于其内容的客观性。虽然任何史料中都包含

---

① 《马克思恩格斯全集》第 22 卷，16 页，北京，人民出版社，1965。

记录者、作史者的主观因素，有他们的主体意识渗透其中，但是，任何历史记载都包含着不依赖于记录者、作史者的客观内容。所记录的历史客体的客观实在性，赋予了史料以客观存在性。不仅史料是这样，一切观念性的认识客体都是这样，都具有客观性，就如列宁所说："观念像客体一样，也是实在的，它是客体在头脑中的反映。"①

史料内容的客观性一般是比较容易理解的，问题只在于如何解释那些歪曲历史事实的历史记载，比如"伪书"，它自然也是史料，其客观性又如何解释呢？这里引证一段梁启超关于伪书的价值的论述，或可有所启发。梁启超认为伪书应分别评价，因为某些伪书中确有宝贵的价值。他说：

> 唐以前或自汉以前的伪书却很可宝贵，又当别论。其故因为书断不能凭空造出，必须参考无数书籍，假中常有真宝贝，我们可把它当做类书看待。战国人伪造的书一定保存了秦始皇焚书以前的资料，汉人伪造的书一定保存了董卓焚书以前的资料，晋人造伪的书一定保存了八王之乱以前的资料，因为那些造伪的人生在焚书之前，比后人看的书多些。例如伪《古文尚书》，采集极博，他的出处有一大半给人找出来了，还有小半找不出。那些被采集而亡佚的书反赖伪《古文尚书》以传世……
>
> 伪书第二种功用是保存古代的神话。拿神话当做历史看，固然不可，但神话可以表现古代民众的心理，我们决不可看轻，而且有许多古代文化，别无可考，我们从神话研究，可以得着许多暗示，因而增加了解，所以今日学者有专门研究古民族的神话的。伪书中如谶纬一类，保存古神话不少，我们拿来当小说读，也许可以知道些古代的文化和古民族的心理。
>
> 伪书第三种功用是保存古代的制度。如《周礼》一书，虽然决不是周公所作，是伪托的书，而那种精密的政制，伟大的计划，是春秋以前的人所梦想不到的，可知必曾参考战国时多数的政制，取长去短而后成书，而战国政制赖以保存的一定不少。伪造的人虽不知名，但必

---

① 《列宁选集》第 2 卷，205 页。

是战国末至汉初的人，那个人的理想安排到书里的自然很多。那种理想的政制，总不免受有时代的影响。我们既佩服那种理想，又可以跟着探知当时的政制。我们拿《周礼》当做周公时代的政治看，自然错了，《周礼》也就毫无用处；若跟著《周礼》去研究战国至汉初的政制，那末，《周礼》再可宝贵没有了……

　　还有一种保存古代思想的功用也是伪书所有的。例如《列子》，我们若拿来当做列御寇的思想看，那便错了，若拿来当做张湛的思想看，再好没有了。若拿来和《老子》、《庄子》放在一起，那又错了，若拿来和王弼《老子注》、何晏《论语注》放在一起，却又很有价值了。又如起信《论楞严经》，我们根据来研究印度的佛教思想，固然不可，若根据来研究中国化的佛教的一种思想，却又是极重要的资料了。①

　　其实，梁启超所论的伪书的价值，就是其中包含的历史真实性问题，亦即它的客观性。作伪的人不能离开他的时代，不能没有凭借，于是伪书也反映着客观的历史内容。唯一不同的是，我们要进行一番艰苦的辨伪、考证工作，才能把它的客观性、真实性成分剥离出来。

　　史料的客观性已如上述，那么，史料在历史认识中的客体地位，也就不容置疑。马克思在《关于费尔巴哈的提纲》中就区分过思想客体、感性客体两种形式的认识客体，本书所谓史料客体，当和马克思谈到的"思想客体"有类似的性质。在历史认识活动中，史家主体所要研究的实际上就是历史和史料这双重客体，并最终落脚在历史客体上。历史认识客体的二重性，给历史认识活动带来了特殊的困难。为着更好地理解历史认识的特性，并获得在这种认识活动中自由伸展主体能力的权利，我们还必须对这两重客体的属性及其相互关系做出比较深入的考察。

---

　　①　梁启超：《古书真伪及其年代（卷二）》第五章"伪书的分别评价"，见《饮冰室合集》专集之一百四，58～59页。

三、历史客体属性及其对主体的影响

历史客体，除了它由于进入对象性认识活动结构而具有的一些属性之外，作为历史存在的一部分，自身还有许多重要属性，如客观性、历史性、过去性、复杂性等。这些属性对主体都产生深刻的影响，并规定着主体认识活动的形式、特点和方向，成为历史认识特殊性的客观性根源。

(一)客观性

在本章第一部分，我们已经接触到这一问题，当我们认定历史客体是主体本质力量的确证和实现，由于主体的自主性选择而成立的时候，我们是以承认历史客体在存在形态上的自在性为前提的，即认为历史客体的最初形态是一种自在之物，是历史存在的一部分，随着主体能力的拓展，它进入了主体的认识领域，获得了客体的属性。但这一变换只是给历史存在附加上了一些新的属性，并没有丝毫改变它原来固有的性质。当一种历史事物还是一种自在的存在的时候，它是完全独立于人的意识之外的，不管你去不去认识它，它都依然如故。当它成为客体的时候，这种属性——最顽强的客观性，并没有发生改变，主体对它正确的或是错误的、审慎的还是随意的种种解释，也仍然不能改变它那本来的面貌。譬如汉代的屯戍制度，屯戍吏卒的组织管理是一种历史存在，在它之后两千年的历史发展中，从来没有被人们所认识。20世纪30年代，居延汉简出土，把屯戍制度的真实情况揭示出来，使其成为历史学家的研究对象，它便由一种历史存在变成了一种历史客体。但是这一变化在历史认识活动中只是表现为主体提出了关于汉代屯戍制度的种种看法和解释，对屯戍制度这一历史事物在两千年前的真实存在，仍然没有任何触动。也就是说，历史客体的客观性，没有因为它进入主体的对象性认识活动结构而发生任何变化。

这里，我们当能看到，历史客体的客观性与史料客体的客观性相比，有很大不同。史料客体的客观性首先是因进入主体对象性认识活动结构而获得的，而在其本来意义上，它是一种观念性的东西，并不是一种客观存在；而历史客体在与主体发生关系之前，就是一种客观存在，其客观性并不因为与主体建立起对象性认识活动结构而发生任何变化。

其次，史料客体的客观性表现在它其中反映着客观历史的内容。这种客体本身是主体意识的产物，有作史者大量的主观性因素渗透其中；而历史客体的客观性，则具有没有丝毫主体意识参与的纯粹性。这两重客体在其客观性上的差别，显示了它们对于主体的不同意义。历史客体对于主体的认识目的来说，具有最终的意义，史料客体只是主体为着认识历史客体而必须首先去认识的一个中介性客体。

譬如戊戌变法运动是一个历史客体，梁启超写的《戊戌政变记》是一个史料客体，主体的目的只在于认识戊戌变法，而不在于去认识《戊戌政变记》一书，后者只是认识前者的凭借和中介条件。在一些人的观念中，读了《戊戌政变记》就是认识了戊戌变法运动，如果此书具有明快的语言，清晰的逻辑，且叙事系统而完整，那么，该书给予我们的就是关于戊戌变法运动的完整而客观的说明。这种观念是十分有害的，最容易上当受骗。我们必须明白史料客体与历史客体在其客观性上的差异，史料客体的客观性，绝不可能完全达到历史客体的客观性，主体要通过能动的分析、批判，把历史客体的客观内容从史料客体中剥离出来，并且不能把对历史客体客观性的认识当作可以一次完成的认识活动，随着主体能力的提高以及史料客体的不断发展，人们对历史客体的认识将会日益深入和丰富。

(二)历史性

历史性是任何事物的固有属性，并不是历史客体的特有性质。但在历史认识中，对历史客体的历史性的认识就显得特别重要。任何历史现象都是特定的历史时代的产物，它赖以产生的历史条件以及它与周围事物的历史联系，决定了该历史现象的面貌。研究某一历史客体，说穿了就是研究它的历史联系，研究它的历史性问题。譬如研究戊戌变法，无非要回答这么几个问题：这场运动是在什么样的历史条件下发生的，是如何发生的，为什么会发生，是什么人领导的，什么人是这场历史运动的主体力量，运动的目的和内容是什么，它在当时起了什么样的历史作用等。通过研究这些问题，最后弄清这场运动在 19 世纪末的中国政治舞台上爆发的历史必然性及其性质、地位和意义。而这场运动之所以是"这样"，具有这样的进程、这样的结局、这样的性质、这样的意义，就是当时纵的、横的各种历史条件制约、作用的结果，所以，从某种意义上说，历史研究就是研究事物的历史性。

认识历史客体的历史性，最根本的问题在于对历史客体所存在的历史环境的把握，要有一种巨大的历史感。"历史感"这个概念使用很普遍，但很少有人给它一个明确的定义，它也的确很难用一句明确的话说得清楚。现在，我们试探着给它这样一个说明：历史感是一个历史时代的整体社会风貌、心理习俗、意识形态、价值观念、生存状况、生产方式等所融会而成的时代气息，传送到历史学家头脑中的一个综合信息。它不是一种具体的意念，而是一种综合的、模糊的，但似乎又能触摸得到的东西，是历史学家从广泛的历史资料中获得的一种特有的感觉或意境。恩格斯说："黑格尔的思维方式不同于所有其他哲学家的地方，就是他的思维方式有巨大的历史感作基础。形式尽管是那么抽象和唯心，他的思想发展却总是与世界历史的发展平行着。"[①]黑格尔之所以能够做到思想的发展与历史的发展平行而进，能够做到从历史的联系中获得认识、处理材料，一个重要的原因就是他具有一种巨大的历史感，没有历史感的人是无法理解历史的。如果我们获得了对于某个时代的历史感，那么这个时代所发生的一切，在我们的理解中都会是题中应有之事，是理所当然、顺理成章的。否则，许多历史现象都令人不可思议。

好多历史现象，在今天看来是不可思议的荒唐，但在历史上却那样自然而然地发生了。不可思议的原因不是古人的荒唐，而是今人的昏昧，是我们缺乏历史感的表现，是我们忽视了对历史客体历史性的分析。

(三)过去性

历史认识的对象是人类社会过往的历史行程。它已经消失，并且永远不能重新复现。过去性成为这一认识对象最顽强的特征，是历史客体区别于其他认识客体的基本属性，也是历史认识活动中一切麻烦和困难的根源。

---

① 《马克思恩格斯选集》第 2 卷，42 页。

重视历史客体的这一特性及其对历史学认识活动的影响，对理解历史知识的性质有极重要的意义。

历史客体的过去性，使历史学家失去了和自己的研究对象直接打交道的便利。一个民族学家可以深入民族地区，直接采集自己所需要的研究资料，感受现实的民族差异以及其他民族问题的存在和发展，对自己的研究对象进行反复的调查、思考和认识，并能使认识回到现实的民族状况中进行检验，以求得逐步完善和发展。广阔的社会现实可以为社会学家提供进行广泛的社会调查的便利，不管他研究社会的哪一个侧面，研究什么样的社会问题，无限丰富的社会生活，总会给他提供无穷无尽的例子，供他分析、综合和判断。而一个历史学家，他要研究的是人类的过去，是曾经轰轰烈烈、生动发展但毕竟已成为过去、已经凝结且又消失了的人类活动。历史学家无法看到自己的研究对象，不能直接感受它的变化和发展。在历史认识活动中，主体和客体在时间和空间上都被分隔开来，不能建立起一种直接的统一性。当然，历史学家也有直接面对历史客体的时候，譬如历史文物、古代遗址、古代建筑等，主体要认识与之相关的历史事物，可以到博物馆或一些考古遗址、名胜古迹那里看一看，自然会沟通主体与客体的联系，会引起主体的感知或联想，获得一些具体的感性认识。但这种认识和人们在现实生活中的一般认识活动仍有很大不同。面对历史的物质遗存，这样的主、客体统一，并不是一种生动的统一，而是一种简单的、外观上的统一，并不能使主体真切地感受、认识这些历史客体形成的历史过程。我们面对的是历史过程的凝结物，它已经略去了这些历史事物形成的许多中间环节，使我们对它仍然难以把握。就像万里长城，历史学家可能不止一次地攀登过，也会引起许多历史联想，感受中国古代先民的尊严、性格和气质，感受中国古代民族伟大的创造能力。但是，长城的建造过程，它的勘测设计、劳动组织以及劳动者的精神面貌等问题，是无论登上多少次也难以感受、联想出来的。长城何以为长城，要真正认识它，就是站在它上边，也同样是不易做到的。历史学家面对客体遗存所引起的感知和联想，是一种站在废墟上的联想，与我们认识现实中的事物有很大不同。历史客体的过去性，使史家主体和真实的历史客体之间，终不能建立起一种生动的、直接的统一性关系，不可能对要认识的事物获得生动的感性认识。

于是，在历史认识活动中，主体则无法经历像人们认识现实事物那样一个直观、生动、具体的感性认识阶段。列宁曾经指出："感觉是我们知识的唯一泉源。"①感性认识是意识和外部世界的直接联系，是外部世界向意识转化的初级然而极其重要的阶段，因而也是人的认识和知识的来源与基础。历史学家无法直接感知自己的研究对象，不能建立起生动的感性认识，这就给历史认识活动带来了无穷无尽的麻烦。

首先，史家主体无法直接感知历史客体，就使史家主体的认识失去了重要的经验基础。在一般认识活动中，"认识开始于经验——这就是认识论的唯物论"②，而历史学家是不可能获得对研究对象的经验性体验的。史家主体对历史客体永远有一种无法驱逐净尽的隔膜感。历史认识的这一缺陷，在一定程度上限制了主体把握客体、认识客体所可能达到的思想深度。

其次，史家主体不能和历史客体见面，就使历史认识具有了间接性特征，历史学家只能通过史料客体去恢复历史的原貌。一方面，这种认识的间接性使史家主体的认识活动受到史料状况的局限，不能对历史材料进行充分的自主性选择；另一方面，它也使史家主体获得了解释历史的充分权利及自由。因为历史客体不复再现，它必须通过历史学家的头脑去获得观念性的复活，并因而把历史的解释权赋予历史学家。可以说，在历史认识活动中，从主体到历史客体，横亘着一片极大的开阔地带，作为历史学家的活动舞台；而历史学家则在这片开阔地上自由地驰骋自己的理论思维和想象力，用自己对史料客体的独特分析，去设计自己构筑的历史过程，提出独到的历史见解。历史客体的观念性再现，在不同的历史学家笔下，变换着不同的面貌。历史客体的过去性，赋予主体以解释历史的诸多便利。

最后，历史客体的过去性，还造成历史认识检验的特殊困难。一般的历史成果，不能直接拿到现实实践中去检验，它的真理性判断的客观依据，存在于不复再现的历史之中。这种认识检验上的特殊性，不仅强固着历史认识众说纷纭、莫衷一是的混乱状况，而且也使史家主体很难把握自己的认识成果，很难有分析地证明自己认识成果的正确性。

---

① 《列宁选集》第 2 卷，125 页。
② 《毛泽东选集》第 1 卷，290 页。

列宁说："从生动的直观到抽象的思维，并从抽象的思维到实践，这就是认识真理、认识客观实在的辩证的途径。"①然而，历史客体的过去性，却使历史认识既无法经历"从生动的直观到抽象的思维"这一认识过程，又无法通过"从抽象的思维到实践"这一途径。历史客体的过去性成为历史认识中一切困难和麻烦的终极性根源。

（四）复杂性

历史客体是一种社会事物，它不同于自然事物之组合那样单纯、机械，可以用化学分析去解释，揭示它的分子构成。社会现象中的事物，其促成它的因素都不是单一的，不是线性因果联系。恩格斯曾认为历史运动、历史事变是多种历史力量交互作用的合力的结果。他说："历史是这样创造的：最终的结果总是从许多单个的意志的相互冲突中产生出来的，而其中每一个意志，又是由于许多特殊的生活条件，才成为它所成为的那样。这样就有无数互相交错的力量，有无数个力的平行四边形，由此就产生出一个合力，即历史结果，而这个结果又可以看作一个作为整体的、不自觉地和不自主地起着作用的力量的产物。"②其实，人类历史中每一种现象，不光是重大的历史运动、历史事件，哪怕是小到一个人的一言一行，也都是多种因素交互作用所促成的结果。因为人类的历史创造活动是以一种盲目的形式表现出来的自觉行为。"无论历史的结局如何，人们总是通过每一个人追求他自己的、自觉期望的目的来创造他们的历史，而这许多按不同方向活动的愿望及其对外部世界的各种各样作用的合力，就是历史。"③所以，历史中的事物都是人的目的的自觉性、环境条件的客观性、社会关系的复杂性等多种因素交织而成的纽结，是多因素的组合体，组成它的因素的复杂性、多层次性、多侧面性以及这些因素的综合交叉，是个体认识主体很难考虑周全的，甚至个人有限的认识能力以及相去久远的时代的隔膜、历史资料的残缺，会使史家主体对组成某一历史客体的诸因素，根本不可能认识周全。历史学家不可能把握客体全部的复杂关系，而只能抽象地认识其

---

① 《列宁全集》第38卷，181页。
② 《马克思恩格斯选集》第4卷，697页。
③ 《马克思恩格斯选集》第4卷，248页。

复杂性。

一切历史客体中都包含有主体不易窥见的复杂因素。历史客体是一个众多因素的组合体，而历史认识则是以史家个体、主体为单位去进行的，而单个主体的认识总是有很大的局限性。一个人的认识能力、思维方式总是受着他的知识水平、生活经验的局限，往往只能从一个角度或几个角度去思考问题，于是也就只能窥见历史客体的一个侧面或几个侧面，很难达到对历史客体全部复杂关系的把握。这样，在历史认识活动中，对同一历史客体的研究，不同认识主体就奉献着不同的结论，这是十分自然的。你看到了客体的这个侧面，说历史是这样，他看到了客体那个侧面，说历史是那样，长期围绕着一个问题争论不休。历史客体的复杂性是史学领域中百家争鸣的客观根源。

历史客体的复杂性是需要历史学家高度重视的问题。人们总是习惯把现实生活中的事物看得异常复杂（因为他总是被重重关系捆住手脚），而一遇到分析历史问题，就把它看得像史书记载的那样简单，从一个原因推出一个结果，几个人振臂一呼就形成一个运动，这种偏见潜藏在认识主体的潜意识中，起着简化历史认识的作用。其实，历史和现实一样复杂，它当初就曾经是现实，把历史设想得复杂一点，会有助于我们提出许多新的问题，会促使我们尽量从不同的侧面去认识客体。关于历史客体复杂性的认识，会促使历史学家的头脑也复杂起来，从而使我们的历史研究成果更加丰富多彩。

四、史料客体及其对主体的局限

我们已经论证过史料对于史家主体的客体意义，但是从最本质的意义上讲，史料这种出自前代史家手笔的东西是一种观念性的精神产品。历史存在一经史家的手笔记载下来，就失去了历史存在的属性，经过了记载者主观意识的改造。历史的客观存在是无限丰富的，记载历史的人对这个丰富多彩的世界不能不有所选择，对所选择的材料又不能不加以编排，从而把自身的主观因素渗透其中。任何史家都不可能按照历史存在的原本面貌去记载历史，那些怀揣真正尊重历史的真诚的历史学家也是这样。这是一件无可奈何的事情。

首先，历史内容的无限丰富要求记录者必须对历史的内容有所取舍，而决定其取舍的标准是记录者的主观条件。记载什么，不记载什么，怎么记录或描述，完全是由记录者决定的，是记录者从自己的主体意识结构出发做出的裁决。任何一部历史文献著作在反映客观历史的同时，都传达了作者对历史的理解。这里，我们举英国史学家卡尔《历史是什么？》一书中的一个例子或许最为恰当：魏玛共和国外交部部长高斯塔夫·施特雷泽曼于1929年逝世后，留下了装满三百箱的官方、半官方的和私人的信件、文件，这是全部与他的职务有关的宝贵资料。为了纪念也为了使这位部长先生百代流芳，他的秘书伯恩哈特利用三年时间从那三百箱文件中编选出了三大本资料，并冠以引人注目的书名《施特雷泽曼的遗产》。伯恩哈特选的几乎都是反映施特雷泽曼取得辉煌成就的西方政策部分，对他关于与苏联的关系方面的大量资料，由于收效不大，则很少选入。事实上，施特雷泽曼也经常忧心忡忡地花更多的力量注意着跟苏联的关系。伯恩哈特选集的失实已很明显。伯恩哈特的书问世后不久，希特勒上台，大部分版本被销毁，《施特雷泽曼的遗产》很快成了稀有的珍本。1935年，英国的一个出版商印了伯恩哈特的著作的节译本，大约节略了原本的三分之一（译者萨顿）。这次节译的结果是在伯恩哈特的书里已经表现得不够的施特雷泽曼的东方政策，更加退居次要的地位。在萨顿的几册书里，苏联只是一个偶尔出现的、不受欢迎的、闯进施特雷泽曼大占优势的西方外交政策中去的不速之客。但是，许多西方研究者都认为萨顿编的书已经向他们传达了施特雷泽曼的真实意见。[①]

这是一个很能说明问题的真切例证。伯恩哈特编选、萨顿节译的《施特雷泽曼的遗产》是一本文件汇编，就其材料的真实性而言，是无可怀疑的。但它在表达施特雷泽曼的基本活动、思想和意见这个根本点上，却是严重失实的。不仅从数量上将三百箱变成了三册书，而且在这三册书中，一个对苏联问题给予极大关注的外交家却变成了对苏联问题漠不关心、缺乏政

---

① 参见［英］爱德华·霍列特·卡尔：《历史是什么？》，吴柱存译，12～14页。

治头脑的人物。与其说这三册书反映的是施特雷泽曼的真实面貌，倒不如说反映的是伯恩哈特、萨顿等人对施特雷泽曼的看法和评价。资料原件选编的书尚且如此，那些记录、叙述历史事件的史著就可以想象了。

当然，文献记录者、作史者主体意识的渗透可能是不自觉的，譬如记录者在历史记述中感情色彩的流露，知识水平、认识能力的局限等，都不是一种自觉意识。

这一点也最容易为人们所忽视。我们在评判是否"信史"的时候，总是注意作史者的主观动机，如果没有伪造历史之嫌，就相信他记载的真实性。其实，不管作史者的动机如何，主观条件之影响都是不可避免的。任何时候，前人提供给我们的历史文献资料，都不能说是对客观历史事实完全真实的反映。

其次，历史记载的完整性、连贯性的要求，使得记录者、作史者不能不求助于丰富的想象力，用合理的想象、猜测和推理去弥补材料的不足，填补历史联系的缺环。譬如《左传》宣公三年，记晋灵公使鉏麑刺赵宣子，晨往，宣子"盛服将朝，尚早，坐而假寐。麑退叹而言曰：'不忘恭敬，民之主也。贼民之主，不忠；弃君之命，不信。有一于此，不如死也。'触槐而死"。鉏麑当场自杀，并无人窥见，左丘明如何知道他的心理变化呢？这显然是作者发挥了充分的想象力，完成了这段记事的完整性，并且对鉏麑自杀的原因做了自己推测性的解释。像这样运用想象和猜测以完成系统完整的历史记述的情况，充斥于全部古代史籍，并应该承认，舍此则不能显示历史的连贯性、叙事的完整性。《史记·刺客列传》中记荆轲刺秦王的整个过程连贯生动，人物形象惟妙惟肖，实赖作者的历史想象力而能成就。司马迁为了增强读者的真实感，特别交代了这段史实的根据，说："始公孙季功、董生与夏无且游，具知其事，为余道之如是。"①说他所记俱是听董仲舒所言，而董仲舒闻之于夏无且，夏无且为秦始皇之侍医，曾目睹荆轲刺秦始皇之情形并以药囊投荆轲助秦始皇，是当事人之一。司马迁似乎在强调他完全是据实直录，并非杂有主观想象的成分。然读其文，品其味，也还是有不少出自司马迁想象的东西。荆轲和秦王的言语、笑貌、惊色、惶

---

① （汉）司马迁撰：《史记》卷八十六，2538 页。

恐和二人搏击的详情细节，绝非夏无且传董仲舒、董仲舒传司马迁之原话，
更不可能是此事历史原貌的纯客观情形的记录。如果司马迁没有在历史著
作中施展其历史想象力的权利，那么可以断言，《史记》绝不会成为脍炙人
口的传世之作。像《史记》中的《项羽本纪》《淮阴侯列传》《郦生陆贾列传》《魏
其武安侯列传》《李将军列传》等，其叙事之精彩，使读者如见其人，如闻其
声，栩栩如生的人物形象跃然纸上，永远是历史记事、历史传记著作中的
优秀篇章。其所以达到这样的成就，实赖于司马迁超人的历史想象能力。
在历史记载中施展合理的历史想象，并适度地运用猜测、推理，是完全正
当的，也是历史记载连贯性、完整性的要求。但是，这样一来，历史记载
的真实性就必然在不同程度上受到损伤，必然要把记录者的主观因素塞进
历史文献之中。

　　史料客体的客观性不同于历史客体，它在不同程度上受到了作史者的
主观改造，一切明智的历史学家都是承认这一点的。梁启超就谈到过对自
己的历史著作的看法："吾二十年前所著《戊戌政变记》，后之作清史者记戊
戌事，谁不认为可贵之史料？然谓所记悉为信史，吾已不敢自承。何则？
感情作用所支配，不免将真迹放大也。"[1]的确，研究戊戌变法，梁启超的
《戊戌政变记》可谓可贵之史料，是亲历者之记载，一切史实取之于作者的
直接观察，其真实性的价值，非一般记载本之于所闻所传闻者所能比，然
梁启超自己亦不敢自承。对待史料客体的观念性特征，一切从事史学研究
的人都务必引起注意。

　　以上所论，是史料客体与历史客体相比显示的一个重要特征，即任何
史料客体中都渗透着作史者的主观因素，这是史料客体的主观性。史料客
体的另一重要特性，是其简约性。这是就其数量和丰富性而言，史料客体
与历史客体的明显差异。我们中国的历史学家，常常以文献资料的丰富而
引为骄傲。是的，我们的历史文献是够丰富的，谓其浩若烟海，说它汗牛
充栋都不算夸张。我们有卷帙浩繁的"二十四史"，正史之外的各类专史、
杂史、野史，更比"二十四史"不知丰富了多少倍。但是，我们千万不要以
为这些文献就包罗了古代历史的全部内容。譬如《春秋》，这是研究春秋史

---

① 梁启超：《中国历史研究法》，138 页。

的基本史料，记事从鲁隐公元年讫于鲁哀公十四年，记录了242年的历史，然而却只有1.8万字，不说孔子为了"寓褒贬，别善恶"而对历史真相的歪曲篡改，仅从数量上看，已对历史做了严重的简化。任何史书的记载对于真实的历史内容来说，仅从数量上算就不知缩小了几多万倍。史料客体的简约性是一个明显的事实，然而我们的历史学家却往往不能引起足够的注意，总是对史料抱着信之不疑的态度，其结果是对自己的研究成果表示出盲目的乐观自信。

史料客体的主观性和简约性，严重地局限着史家主体的认识活动及其成果。首先，主体认识活动的第一步，需要剔除史料客体中的主观性成分，把史料客体当作第一个认识对象。而往往史料客体本身的面貌就是十分模糊、难以弄清的，彻底剔除其主观性的成分就更加不易。譬如《论语》，这是一个史料客体，以此为中介，我们去认识"孔子"这个历史客体。然而弄清《论语》本身的真实面貌又是一个多么复杂的问题！从孔子的弟子到东汉末期的郑玄，《论语》一书的结集、流传、改编、定型，经历了一个长达六百余年的漫长过程。在此过程中，空白与混乱交替出现，学派纠葛与政治干预相互作用，越改编越失真，不少疑团和问题，至今仍难索解。比如说，孔子是否学《易》，是孔子研究中的一大公案。西汉时，《论语》一书有《古论》《鲁论》《齐论》三种版本，今本《论语》是郑玄从《古论》而改作，《述而》曰："加我数年，五十以学《易》，可以无大过矣。"这是肯定孔子曾学《易》。然其中的"易"字，《鲁论》读作"亦"，于是文义大变："加我数年，五十以学，亦可以无大过矣。"究竟《古论》是还是《鲁论》是，实属难断。[①]《论语》这一史料客体面目之混乱，局限着主体对孔子面貌的认识。很多史料客体都如《论语》一样复杂，彻底清除其中渗透的主观性成分，把历史客体的真实从史料客体中原原本本地剥离出来，几乎是不可能的事情，史家主体受到史料客体的这一局限，是无可奈何的、不能逾越的。

其次，史料客体的简约性，更是严重地限制了史家主体能力的发挥，使历史认识带有某种不容选择的遗憾。我们想研究历史上的某一个问题，

---

① 关于《论语》一书的结集问题，参见朱维铮：《〈论语〉结集脞说》一文，载《孔子研究》，1986(1)。

而史料的客观状况却没有为研究提供便利，前人没有留下关于该问题的资料，主体能力的伸展只能限制在史料所提供的历史范围之内。对于可以研究的问题，史料的客观状况，也在客观上限定着主体所可能导致的历史结论。譬如汉代的土地兼并问题为历代学者所注目，研究它离不开土地买卖中的地价资料，我们需要知道土地的价格。从历史的真实存在说，土地买卖的事实在汉代几百年的历史中每日都在重演，具体的千差万别的地价资料应该是数不胜数的，然而一部《汉书》，直接或间接给予我们的地价资料却只有四五条，全部汉代文献资料及至今为止考古发掘的汉简资料总括在一起，地价材料才不过几十条，我们需要知道的，汉代曾千万次出现过的实际地价，只能从这十分有限的几十条材料中推导出来。历史结论的可靠性，除了主体因素外，主要是受史料客体的客观状况的限制。恩格斯说："认识就其本性而言，或者对漫长的世代系列来说是相对的而且必然是逐步趋于完善的，或者就像在天体演化学、地质学和人类历史中一样，由于历史材料不足，甚至永远是有缺陷的和不完善的。"①恩格斯把历史材料不足——史料客体的简约性，看作历史认识相对性的客观性原因。史料客体的存在状况，就已经决定了历史认识只能达到一种相对准确的程度，使主体不可能求得绝对客观或准确的历史结论。

---

① 《马克思恩格斯选集》第 3 卷，431 页。

第九章　史学研究中的历史事实

　　20 世纪 80 年代以前的中国史学界，历史事实是个非常明晰、很少被质疑的概念。人们似乎根本不需要思考"什么是历史事实"的问题，历史事实就是已经过去的存在，是完全和认识主体没有关系的存在，这个问题没有任何可以思考或者讨论的余地。历史研究的崇高目的，就是经过艰苦的努力，去发现这种确定不移的事实性存在。所以，当人们高喊从历史事实出发的时候，其信念是那样坚信不疑，并且相信历史研究只要坚持从历史事实出发的唯物主义认识路线，就可以得到确信无疑的历史结论。这是一个人们对历史认识盲目乐观的时代。

　　20 世纪 80 年代以后，西方近代分析的批判的历史哲学传来，历史认识的可靠性受到质疑，甚至连"什么是历史事实"也成了问题。人们开始思考，历史已经过去而不可再现，历史学家的确有从历史事实出发的坚定信念，而什么东西可以保证其信念能够变为现实呢？换句话说，什么东西可以保证历史学家赖以出发的那个所谓"事实"就真的是"历史事实"呢？的确，历史学家手中都持有大量的历史资料，但又怎么保证所持有的资料真的就反映了历史之真呢？资料本身的可靠性需要不需要得到批判性的甄别呢？历史学家想从历史事实出发，或者所持有的资料也确实具有无可置疑的可信度，但历史学家的主体因素能保证其有认识历史、分析历史的充分条件吗？历史学家的主观因素有没有改铸历史的可能呢？这样一来，过去那个丝毫没有问题的问题，倒真的成了一个问题，它动摇了历史学家乐观的历史信念，使其不得不对过去的历史事实观念做一番新的检讨。事实上，什么是历史事实，的确不是一个不言自明的问题，而是历史认识论研究中的一个极其重要而又十分复杂的研究课题。

一、两种意义上的历史事实

自从传统的历史事实观念被粉碎之后，国内史学理论界关于历史事实的研究，就迅速活跃起来，相继发表了不少论文，提出了各种各样的看法。

陈启能率先发起关于历史事实问题的讨论。他在《史学理论》1987 年第 4 期发表《论历史事实》一文。该文从介绍苏联学者的历史事实概念入手，探讨了"科学的历史事实"概念。他介绍说，完整的历史事实，包括三个环节：(1)客观存在的历史过程，(2)反映这一过程的史料，(3)根据史料再现既往的客观历史过程的科学映像。历史事实就是历史认识过程统一链条中三个环节的辩证统一。陈启能表达自己的看法说，历史学所运用的历史事实，是这个范畴的完成阶段（第三环节），也就是"科学的历史事实"或"史学事实"。换句话说，成为历史知识的只是第三环节的"科学的历史事实"，只有它们才能构成历史知识体系。因此，我们一般所说的，历史研究必须"依靠历史事实"，必须"掌握更多的历史事实"等，指的正是这种"科学的历史事实"或"史学事实"。

陈启能既赞成苏联历史学家关于历史事实的三个层次的划分，又特别强调了科学的历史事实，强调在史学研究中谈到的历史事实，一般是指的认识论范畴中的科学的历史事实。此后，关于历史事实的研究便普遍展开，有不少史学理论工作者对此发表看法。从讨论的情况看，大多数学者都把历史事实分为三个层次，但对三个层次的解释或阐述又有所不同。

张耕华提出，历史事实的第一种含义，是指一系列曾经发生或存在过的历史事实；第二种含义是指作为认识客体的历史事实；第三种含义是指专科信息中的历史事实，即有关事实的信息。[①] 提出这样的历史事实概念两年之后，张耕华又发表文章提出两种含义的历史事实概念。他认为，将历史事实区分为"科学的历史事实"与"客观的历史事实"，符合实际历史研究

---

① 参见张耕华：《有关"历史事实"及其相关问题——兼与陈启能先生商榷》，载《史学理论研究》，1993(4)。

的需要，而且也是客观的存在。我们在历史研究中，需要使用"客观的历史事实"和"观念的历史事实"两个概念，才能说明或描述历史认识活动中的"事物的概念与它的现实"的差别。①

陈光前认为，从历史认识过程来考察历史事实，可以分为三种形态：客观存在的事实、史料记载的事实、史学著述中重建的事实。②

万斌认为，在历史认识过程中，历史事实被看作一个"历史认识的逻辑——认识论范畴"，包含着三个环节和层次。（1）作为本体论意义上的历史事实，表征着客观实在的历史过程和事件。（2）作为认识论意义上的历史事实，乃是反映客观存在的历史事件及过程的文献、资料和传说，构成历史认识的直接对象。在这个意义上，历史事实作为一个认识概念已经不是本体论意义上的客观实在，而是历史认识主体通过选择、关联、整合以及解释和评价而提出的构造。（3）知识形态意义上的历史事实，是依据文献、资料、传说重构历史实在的科学映像或科学体系，作为认识对象的或客体的历史事实在历史主体的认知过程中转化为知识形态或历史学的客观内容。③

与历史事实概念的三分法或两分法不同，有的学者坚持只能有一种历史事实概念的观点。赵吉惠认为，把历史事实区分为"科学的事实"或"史学的事实"，就等于世界上存在两种事实（一个是客观的事实，另一个是主观的事实），而且二者是对立的，这是不科学的。实际上，只存在一种事实，我们所能接触到的，虽然包含科学重构的性质，但其真实内容都是客观历史事实的部分或片段，是客观实际历史事实的陈述或表现形态。我们所能看到的也只能是这样一种历史事实，所谓"科学的历史事实"或"史学的事实"不过是从"实际存在的客观历史上"整理、概括的结果罢了。④

以上征引虽不全面，却是有代表性的看法。这些看法虽不尽相同，却也有大体相似之处，多数学者赞成将历史事实分为三个层次，并多是从客观历史本身、记录历史的资料信息、史家主体的建构三个方面来立论。笔

---

① 参见张耕华：《关于历史认识论的几点思考》，载《历史研究》，1995(4)。
② 参见陈光前：《关于历史事实的概念》，载《东北师大学报(哲学社会科学版)》，1988(4)。
③ 参见万斌：《历史·历史事实·历史学》，载《浙江大学学报(社会科学版)》，1992(1)。
④ 参见赵吉惠：《当代历史认识论的反省与重建》，载《历史研究》，1993(4)。

者认为，历史资料，特别是文献资料，虽说只是对客观历史的记录，但毕竟包含着记录者的主观因素，它对客观历史事件的表述，与当代历史学家的认识无法从基本属性上做出区分，所以，以上所论三个层次的二三层意义，是可以合成一个问题来谈的。坚持一种历史事实说，并将其限定在历史认识论的范畴，或仅仅限定在历史本体论的范畴，也都有片面之处。如果仅限定在认识论的范畴来谈历史事实概念，似乎不符合一般人的思维常识，一旦离开史学理论的研究范围，就不可能得到人们的广泛认同；如果仅限定在本体论的范畴，就容易将历史认识事实当作历史存在事实本身，忽略了历史认识中的主体性因素。基于以上考虑，本书将历史事实概念，区别为两种意义上的学术术语，而不看作三层含义，也不采纳单一历史事实概念的说法，即从本体论范畴的历史事实和认识论范畴的历史事实两个认识层面上，来讨论历史事实概念问题。

历史本体论范畴的历史事实，即客观历史过程中的历史事实，可以叫作"历史存在事实"。历史存在事实是客观历史过程本身，或历史过程中的历史事件、历史人物、历史现象等。这是历史的客观存在，是在历史学家头脑之外、不以历史学家的主观认识为转移的存在。历史存在事实是不会变化的，它一经在历史上发生过，一旦变成了既成的事实，就以凝固不变的形态存在于历史中。不管历史学家如何去关注它、解释它，都不会改变、也无法改变它的面貌。历史存在事实是历史学家的认识对象，客观性是历史存在事实的基本属性。

历史认识论范畴中的历史事实，是史家认识活动中的历史事实，可以叫作"历史认识事实"。历史认识事实是历史学家对历史存在事实能动性认识的结果，是主体性的产物。它和历史存在事实的根本区别，在于它的主体性，它不等于历史存在事实本身，是史家主体意识结构通过对历史资料的分析、概括、抽象、阐释，对历史进行重新建构的结果。它在一定程度上反映着历史存在事实，而又不尽符合历史存在事实，它已经舍去了历史存在事实本身的许多信息，仅仅从认识主体的角度对历史存在事实的部分信息做出了解读和反映。对于历史存在事实来说，历史认识事实是不完全的、不准确的反映，是历史认识主体在新的历史条件下，从对主体有意义有价值的角度，对历史存在事实的解读和认知。它本身包含有客观性的成分，却是主体认识的成果，它会因认识主体的不同而面貌迥异。

那么，历史存在事实与历史认识事实是什么关系呢？

考察二者的关系，首先应该来说明历史存在事实的价值或意义。历史存在事实的意义就在于它的存在本身，是它本身的价值引起了史家主体的关注和兴趣，才产生了以它为认识对象的认知活动，最后形成以它为参照的历史认识事实。因此可以说，历史存在事实在本源的意义上决定着历史认识事实。一般说来，讨论历史认识论问题，主要是从主体的角度来谈问题，主体的一切认识活动都是主体主动选择的结果，这是没有问题的。但是，当主体需要从历史中寻找有价值的东西进行挖掘的时候，需要选择自己的认识对象的时候，历史存在本身的意义就凸显了出来，历史存在事实本身有没有主体所需要的认识价值，基础性地决定了一个历史认识事实的形成。

但是，尽管历史存在事实对于历史认识事实的形成具有基础性的作用，我们还是可以感到，前者对于后者也是无可奈何的。它只是能够以其价值引起一个历史认识事实的产生，而主体据此所形成的历史认识事实是什么面貌，却不是历史存在事实所可以决定的。任何历史学认识主体都可以完全自主地对历史存在事实做出自己独特的反应，从而描述出一个具有个性化特征的历史认识事实。在历史研究或历史叙述中，真正活跃着的是历史认识事实，而不是历史存在事实；历史存在事实永远只能沉睡在历史的过去，而无法顽强地表现自己。

尽管如此，历史存在事实对于历史认识事实也还是具有一定的制约作用。这就是，历史研究的性质决定了历史认识事实无论多么地具有个性化特征，它也必须坚持以历史存在事实为指归，历史存在事实的真实面貌，永远是历史认识事实的指向或标的。这就是历史学的求真信念，也是历史学铁的定律。历史学家无论多么地张扬个性，也不能公然抛弃求真的学术信仰。真实与求真，毕竟是历史学最顽强的学科特征。

也应该指出，历史存在事实对历史认识事实的制约是很松散的。这是由历史存在事实的过去性所决定的。历史存在事实是一种无法复现的过去性存在，是一种无法确切直接证明自己存在的存在。历史事实之所以为历史事实，就在于它在历史上存在过、发生过，而它却不能为自己的存在做出自我证明，必须依靠历史记忆，依靠文献的记录或口头传说来证明它的存在。而关于历史存在事实的历史文献或口头传说，都不可能完全符合历史存在事实的原本面貌。对于历史学家来说，历史存在事实的原本面貌，永远是一个无法完全恢复和彻底说清的问题，于是，历史存在事实的绝对真实，在历史学家的头脑中永远是一个想象中的存在；而历史学家也就是以一个想象中的历史存在事实，作为判断历史认识事实的真理性或真实性标准，判断自己的历史认识事实在多大程度上接近着历史之真。既然如此，历史存在事实对于历史认识事实也就无法具有刚性的制约作用。

历史存在事实基础性地决定着历史认识事实，历史认识事实以史家想象中的历史存在事实作为判断自己的真实性标准，这就是二者的基本关系。历史存在事实由于无法直接恢复和验证，史学研究中人们接触到的关于历史的一切解说，都只是历史认识事实，所以，在历史学的学科范围内，人们谈论的历史事实概念，一般指的是历史认识事实，而不是历史存在事实。

二、从历史存在事实到历史认识事实

从历史存在事实与历史认识事实的关系可以知道，之所以会有历史认识事实的产生，其前提或基础是有一个作为认识对象的历史存在事实的存在。那么，这是否说明历史存在事实具有一定的历史主动性，任何一个历史存在事实都可以变成一个历史认识事实呢？回答是否定的。一个历史存在事实要想成为一个历史认识事实，是与历史研究的主体相关联的，进入历史学家的研究视野，是一个历史存在事实转变为历史认识事实的唯一途径。

在遇到历史学家之前，历史存在事实仅是一种客观的自在的历史存在，没有对认识主体显示出任何意义。它也可能被一些人关注，被人们记录或描述，保存在古代所留下来的历史文献中，但它在历史文献中的存在形态，是片段的、零散的，不可能形成一种集中的、系统的、有联系的历史表述，构成不了一个完整的历史认识事实。而一旦历史学家发现了这个历史存在事实，感受到了它的价值或意义，对它产生了研究的兴趣，历史学家就可能确定它为自己的研究对象，将反映这个历史存在事实的各种散见的历史资料搜集、补缀、排比、归纳，并给予其解释，赋予其生命，阐扬其意义，使之成为一个因果有序、首尾一贯的事实。至此，历史存在事实，就因为历史学家的发现和研究而变成一个有价值、有意义的历史认识事实。这就是一个历史存在事实转变为历史认识事实的大体情况。

让我们来看一个历史存在事实如何变为历史认识事实的例证。

两千年来，关于先秦学术，我们有一个确定不移的理解模式，阴阳、儒、墨、名、法、道是其基本图景，而且，学派之间有着那么明确的学术分野，思想主张泾渭分明，每一个有名姓的人都可以被明确地划归于某一学派。我们现在所了解和认识的这个先秦学术体系，即先秦诸子的分类体系，它形成于汉代，是汉代人传达给我们的一个关于先秦学术体系的认知框架。这是一个历史存在事实，近两千年来都没有引起我们的足够重视，似乎先秦学术体系本来就是如此。但是，随着现代社会的发展，我们越来越感到中国传统文化的专制主义属性需要引起新的重视，而先秦文化的本质则不可能是专制主义，文化的专制主义主要是秦汉时期社会转型的产物；这个社会的转型，是不是对于它所承袭的先秦文化也有一个根本性的改造而使其适应社会转型的需要呢？我们现在所看到的先秦诸子是不是被改造过的一个文化面貌呢？

这样一个由现实社会发展引起的思考，就使我们对汉代社会改造先秦诸子学术体系的问题产生了兴趣，将其纳入我们的研究视野。而当我们一旦确立了这样一个研究课题的时候，先前存在于大量历史文献之中的、有关的、散在的、零星的历史资料，就被我们集中化、系统化起来，于是我们看到，后世所了解的先秦诸子学术体系，根本就不是其本来面貌，而是汉代对其改造的产物。

一方面，我们看到，先秦时期的人们根本没有像汉代人那样看待他们的学术体系，当时的人们没有明确的学派意识。先秦诸子文献中关于学术史的篇章，大概只有《庄子·天下》《荀子·非十二子》《韩非子·显学》《韩非子·解老》《韩非子·喻老》《吕氏春秋·不二》等一些有限的篇章，而这些文献中，都没有关于诸子学派的划分。先秦诸子的学派划分，始于西汉。西汉初期的《淮南子·要略》中，谈及先秦学术，分别论述了儒者之学、墨家之学、管子之学、刑名之学、商鞅之学和纵横之学。但作者的本意是探讨诸子学说的背景条件，而不是讨论他们的学术分野。所以，这篇出自汉初的作品，仍然没有表现出明确的学派意识，没有给后人画定一个先秦学术的基本图景。我们现在所接受的先秦学术的学派体系，首见于司马迁《史记·太史公自序》中的《论六家要旨》："夫阴阳、儒、墨、名、法、道德，此务为治者也，直所从言之异路，有省不省耳。"就是这个《论六家要旨》划分了我们今天所知的先秦学术的基本框架，不仅六家之说明确，而且各家学说的要旨与短长，也都跃然纸上。所缺乏的，只是对各家代表人物的确定，以及所有先秦学人的归类排队。而这个任务是由后来的刘向、刘歆父子来完成的。《汉书·艺文志》保留了刘向、刘歆父子整理典籍的理论成果。可以说，是刘向、刘歆和班固等人，把司马谈、司马迁父子提出的六家之说，发展为"十家九流"，最终形成了对先秦诸子学术体系的基本定位。

　　另一方面，先秦时期诸子的思想倾向，不同学术思想之间的复杂联系、学术交融，也都被汉代人扭曲或模糊了，汉代人从自己的时代需要出发，改造了先秦学术，譬如庄子学派的归属问题。《汉书·艺文志》把老子和庄子一起列入道家，勾画了道家学术的基本图景。而学术史的真实图景是否如此，是令人怀疑的。通过对具体历史资料的分析考察，我们看到以下几点。(1)从学术史上看，先秦时期的学者从没有把庄子和老子联系在一起，庄子是独立于老子思想、有着自我学术个性的单独学派；庄子归属于老子道家学派，是汉代人划分的学术分野。《庄子·天下》中，庄周作为独立学派是显而易见的，根本不涉及他和老子的关系。《荀子·非十二子》中也没有提到庄子。《吕氏春秋·不二》评论天下学术，关于所谓道家，只提到"老聃贵柔"，而没有关于庄子的只言片语。把庄子和老子联系在一起的学术史事件，也是发生在汉代。《淮南子·要略》第一次把老庄并列串联；《史记·老子韩非列传》第一次做出庄子思想归宗于老子的判断；《汉书·艺文志》最后将庄子的归属定了下来，《庄子》五十二篇被列入"道家者流"的序列之中。(2)庄子思想无法纳入从司马迁到班固所划定的道家思想范畴。从司马迁的《论六家要旨》到班固的《汉书·艺文志》，他们都对道家思想做出过阐释，而那些阐释都只是对老子学说的理论抽象，而不涉及庄子的思想属性。(3)老子与庄子的思想属性有实质性差异。从根本上说，老子哲学是一种政治哲学，而庄子哲学则是一种生命哲学；老子关注的是社会政治，庄子关注的是个体生命。(4)老子学说有几次大的发展，战国中期齐国稷下的黄老学派是老子学说的第一代传人；老子学说的第二代影响，是由它所影响而产生的申、韩刑名法术之学；汉初由黄老思想而造就的政治实践，可以看作老子思想的第三代影响。而老子学说的这几次大的发展或演变，都看不到庄子的影子，这可以作为庄学不入老学的有力佐证。汉代人硬把庄子与老子拉扯到一起十分牵强，违背了先秦学术的历史真实。

通过以上考察，就形成了一个可以基本认定的历史认识事实，即汉代以后所看到的先秦学术体系，是汉代人从自身时代需要出发对先秦学术体系改造的结果，并不符合历史的本来面貌。如果不是我们从今天的时代状况出发对有关的历史资料进行梳理和研究，汉代人改造先秦学术的历史存在事实，就只能沉睡在零星的、分散的历史资料中，而无法显示它的价值和意义。

以上分析可以看出，历史存在事实只是一种客观的历史存在，是与认识主体无涉的自在之物；而历史认识事实是历史学家的研究活动的产物，是史学家通过历史资料认识历史存在事实的一个认识成果。这种成果是主体能动性选择和建构的结果。而这样一来，就又产生了一个问题：既然历史认识事实是历史学家的主体性建构，那么，不同的历史学家，对于同一个历史存在事实的研究和建构，是不是会得到不同的历史认识事实呢？如果这样，对于同一个历史存在，就可以衍生出不同的历史事实，这该如何理解呢？

我们要说明，对于同一个历史存在事实，的确会建构不同的历史认识事实，这是毫无疑问的，也是历史认识的正常形态。不同的历史学家，有不同的人生经验、不同的哲学观点、不同的政治态度、不同的知识修养、不同的社会情感，他们面对同一个历史存在事实，即便是掌握着完全相同的历史资料，也会有不同的历史解读，最后得到的历史认识事实当然也就不同，这是历史认识论的常识，也是历史研究中的惯常现象。

譬如关于北魏到隋唐时期存在了近300年的均田制度的研究，就是一个很好的例证。从历史的角度说，均田制在历史上的产生和实施，是一个确凿无疑的事实，并且作为一个历史存在事实来说，它的真实面貌当然只有一个，是唯一的、不变的。但是，对于均田制的研究，所产生的成果则是五花八门的、丰富多彩的，围绕均田制所形成的历史认识事实，也是因人而异的。半个世纪以来，关于均田制的文章发表了近百篇，讨论的问题涉及均田制的产生、均田制的实施及其作用、均田制的性质、均田制的破坏、均田制的历史评价等诸多方面，而且对每一个方面的研究都有不同的看法，对每一个问题都有诸多不同的解释。均田制的性质、作用和意义，这些观点性较强的问题自不必说，就是一些客观性很强的问题，也存在诸多分歧。我们来看一个关于均田制最简单、最基本问题研究的例子——均田制实施问题的研究。在均田制颁布之后，是否真的实施过，对这一问题就存在不同的意见，而当然每个人都认为自己所得出的结论，是一个真实的历史事实。

20世纪50年代，邓广铭在《唐代租庸调法研究》一文中提出，唐初颁布的所谓均田令，自始就不曾认真推行，确实做过的工作，只是把全国各地民户私有的土地一律更换其名称。他列举了三条理由：(1)杜佑很重田制，但在《通典》中对武德七年的均田令却无一字道及；(2)潼关以东、大河南北的各地区，经隋末战乱至唐初，是一片荒凉之地，应是推行均田制的重点地区，然在贞观六年，这些地区仍是一片荒凉；(3)敦煌发现的有关残卷的记载，已受田与应受田相差很多，而且每户所得田亩大都是零星分散在四面八方，和"务从近便，不得隔越"的原则全不相符。20世纪60年代初，谭惠中在《关于北魏均田制的实质》一文中提出，北魏均田制不仅没有触动地主土地所有制，也没有把土地授给农民。首先，从均田令本身就可以发现没有授给农民荒地的证据；其次，史籍没有记载北魏把土地确实分给了农民；最后，历史事实既没有给农民授田，也没有授荒地。

和邓广铭、谭惠中的看法不同，岑仲勉、赵郦生、韩国磐、胡如雷、乌廷玉、唐耕耦等人认为，从北魏到隋唐，均田制是确实实行过的。他们指出，关于均田制的实施，两《唐书》《唐六典》《全唐文》《通典》《金石萃编》《册府元龟》《唐律疏议》等历史文献中都有记载。再从敦煌、吐鲁番的户籍残卷来看，户籍上都明确地标志着口分、永业、买田，而且还有"退田""回收""还公"及转行给授的记载。他们认为，"对于当时曾否实行均田，是不难得到答案的"，"均田制度在初唐的实行，是不可争辩的事实"，而且"均田制度实行的范围也是十分广泛的"。

在肯定均田制确曾实行过的学者中，意见也还有不少分歧。不少人认为，均田制的授受只是在属于国家所有的荒闲无主土地的范围内实行，均田令本身反映出均田制是不触动人们原有的私有土地的，均田农户所受的土地，是国有的"荒田或处女地"。所以，均田制是一种带强制性的国有荒地的授受制，是统治者强迫农民阶级同所有权属于国家的空闲无主土地相结合的一种制度，并不是在全国范围内重新分配一切土地。与此相反，也有人认为，北魏的均田制均掉的不只是一些无主荒地，实际上，乡村中的大中小地主的土地也是要被均掉的。均田制不是只实行于官荒地，"最低限度从法令上看，均田的范围是包括全国一切土地在内的"。[①]

均田制是否真的实施，历史上的事实只有一个，却衍生出这么多截然不同的看法，而且他们所依据的文献材料也基本相同。对于同一个历史存在事实，引出了诸多面貌迥异的历史认识事实。这些不同的历史认识事实，都是对同一个历史存在事实的反映。这完全是历史认识中的正常现象。它告诉我们一个道理，由历史存在事实转变为历史认识事实的过程，实际上就是历史学知识的生成过程；这个历史学知识的生成过程，是史家主体发挥创造力的用武之地，是展示主体天赋才能和充分想象力的地方，主体的全部价值都在这里显示出来，因此，他们所构建的历史事实，也就获得了无限丰富的表现形态。历史存在事实是唯一的，而表现这种唯一存在的被主体建构起来的"历史认识事实"，则可能是无限多样的。同一历史存在事实之所以能衍生出不同的历史认识事实，其最根本的原因就在于不同认识主体的思维个性，在于本书前边所讲过的每个历史学家特殊的主体意识结构。

如何看待历史认识事实的无限丰富性，从传统的观点出发是无法理解的。人们认为，对于一个确定的历史事件，只能有一种看法或解释，或者说只能有一种看法或解释最符合历史的原貌，那才是真正的历史事实。这种看法是对认识论的无知，或者说是一种顽固的偏见。从认识的经验来说，

---

① 以上关于均田制讨论的意见综述，取自武建国《建国以来均田制研究综述》(《云南社会科学》1984 年第 2 期)一文。

没有任何一种认识是对一个确定的认识对象的唯一完善的解释，单个人的认识的至上性，是永远无法达到的，恩格斯在《反杜林论》中反复讲述过这个哲学认识论道理。对于一个确定的认识对象，提出无限丰富的认识成果，这正是人的思维的魅力。真正的、完全的历史解释，就蕴含在这无限丰富的、大相径庭的解释之中。每一种解释都不是尽善尽美的或确凿无疑的，而每一种解释也都反映了认识对象的某一个方面；没有任何一种解释是完全正确的，也没有任何一种解释是完全荒谬的；每一种解释都没有达到完全的历史之真，每一种解释也都部分地包含着历史之真。可以说，由同一个历史存在事实所衍生出来的无数个历史认识事实，尽管所包含的真实性的成分不同，然而，它在人类认识史上，却具有同样的价值或意义。对于所有一切从科学的态度出发而获得的历史认识事实，都应该抱有尊重的态度。

三、历史认识事实的基本性质

历史认识事实毕竟不是历史存在事实，这种历史事实的属性是比较复杂的，需要给予深入探讨。在这一部分，我们主要来讨论历史认识事实的主观性、客观性、时代性和真实性，这些是历史认识事实的基本属性。

(一)主观性

从前边的讨论我们可以知道，历史认识事实区别于历史存在事实的基本特征在于它是由个体历史学家的主体意识的产物，是历史学家对历史存在事实的重构或建造。因此，任何一个具体的历史认识事实，都是历史学家个体性创造的产物，具有很顽强的主观性因素。所有由历史学家认定的历史事实，都不是纯客观的历史事实，这是我们在看待一个历史认识成果时应该具有的认识论常识。

由历史认识的主体性可以知道，任何一个历史认识事实的确立，都是历史学家对历史认识对象的主动性选择，而历史学家在选择这个研究对象并对之进行研究的过程中，就把自身的主观意识倾注到了整个的认识活动之中。认识对象的选择受研究者价值观的支配，研究资料的搜集受研究者思想倾向的支配，对资料的分析和判断受研究者哲学观点和思维方法的支配，最终学术观点的形成受研究者研究能力的支配，历史认识事实生成的全过程，都渗透着研究者的主体意识。即便是一些客观性很强的问题，也不可避免地受研究者自身因素的影响。

譬如甲骨文的产生，它的前身是什么，这是一个纯粹的事实性问题，而对这样一个历史存在事实的研究所生成的历史认识事实，也不可避免地受到研究者的理论观点的支配，与研究者的理论预设相联系。在西方，长期流行文字有一个共同源头、文字来自象形图画的观点。17 世纪，信仰基督教的西方学者以《旧约全书》和大秦景教流行中国碑为据，提出中国文字由中东传入；19 世纪下半叶至 20 世纪上半叶，在西方文化沙文主义的笼罩下，欧美学者更加鼓吹中国文字包括后来发现的甲骨文是西方文字系统衍生的一个分支的说法。20 世纪 60 年代，美国学者吉德炜（David Noel Keightley）摒弃欧洲中心主义和文字起源一祖论，力主商周甲骨文源于中国本土，它们的前身应是山东莒县陵阳河陶器和浙江余姚良渚玉、陶器的组合性图画符号。在中国古代受圣人观念的影响，人们相信文字是由伏羲或仓颉创造的。近代以来，郭沫若采纳许慎"指事先于象形说"，认定西安半坡"彩陶上的那些刻划符号"是中国文字的起源；唐兰信从刘歆的"象形先于指事说"，认定文字是由图画逐渐转变过来的，认为"在大汶口文化发现的、出现在 5500 年前的陶器文字，是属于远古的意符文字，这才是目前发现的最早的中国文字"；20 世纪 90 年代中期，考古学者唐建著文证明，河南舞阳贾湖遗址甲骨契刻符号是商代甲骨文的历史源头，"中国文字是在中国独立起源的，并非南索不达米亚或苏美尼亚文字的后裔已成为考古材料支持的历史事实"。这项历史事实的成立，固然由于考古材料的支持，而同时也由于理论视野的拓展，就如唐建所说："如果要在商甲骨文起源问题上有所发现，我们就需要在研究过程中将考古学和古文字学的方法论结合起来，并要从世界文字起源的广阔背景上来思考。"①按照唐建的说法，甲骨文起源这个纯属事实性问题的分歧，同时也是文字起源基本理论的分歧，是考古

---

① 唐建：《贾湖遗址新石器时代甲骨契刻符号的重大考古理论意义》，载《复旦学报》，1992(3)。

理论标准的分歧，甚至牵涉到世界民族文明发展道路理论的分歧。①

　　从欧洲中心主义和文字起源一元论的观点出发，到中国古代的文字学理论，再到现代的考古学方法论，在这些不同的思想理论指导下，得到的中国文字起源的事实性认证是有天壤之别的，以不同思想理论为指导的学者对同一历史存在事实所得到的意义完全相反的历史认识事实，这充分说明在历史认识事实中所包含的主观性成分是极其鲜明的。甲骨文起源问题的例证，主要是从研究者不同的理论依据来说的，事实上，研究者主观因素的表现是多方面的、复杂的。晁福林在谈文明起源问题时谈到过这样一个例证：

　　　　有几件造型相似的商代青铜器，人的上身在虎口之中，对于此类青铜器中的解释至少有五六种之多，大多认为这种"人兽母题"表现了虎之凶残与人的恐惧，所以专家定其名谓《虎食人卣》（或《饕餮食人卣》）。专家或以为其意义在于戒贪，正是《吕氏春秋·先识》篇所谓"食人未咽，害及其身"意义的形象化。分析相关的青铜器的全部材料，可以看出，这类青铜器虎口中的人的形象丝毫没有恐惧之态，人的身躯与虎尾和虎腹融合一体，并且虎之威猛之势尽消，其两足和后尾构成卣的三足，显示出被束缚的状态，虎口的人两臂前伸，似要捉住虎的两耳。青铜卣所表现的不是虎的凶猛和人的恐惧，而是人的伏虎之力。分析其形象，其主题应当是对于商代巫师法力的颂扬。这个认识应当说比以前有了进步，但是否如此，还待今后的检验与研究。专家们还会从不同的角度提出新认识。研究者思想的流动不居，认识不断深化与发展，从一个角度看，应当说是精神考古复杂性的必然表现。②

　　这是一个很有意义的例子，同是一个"人兽母题"青铜器造型，它的象征意义，在制造者的心中应该有确定的意涵，但在不同的解释者那里，答案则极其丰富，而且如此对立，既可解释为"虎之凶残与人的恐惧"，又可

　　①　这个甲骨文事例，取自林校生：《主体性与历史事实的确立》，载《宁德师专学报（哲学社会科学版）》，1996(4)。
　　②　晁福林：《澄明之思：文明起源研究的一个视角》，载《史学月刊》，2008(1)。

解释为"不是虎的凶猛和人的恐惧,而是人的伏虎之力",这截然对立的解释,实际上就来自不同研究者知识修养和心理体验的差异,而不仅仅是一个理论指导的问题。

历史认识事实中的主观性是由各种因素造成的,是任何一种历史认识事实都无法排除的。排除主观性,就等于排除历史学家的创造力或能动性,也就等于取消了历史研究。历史认识事实中的主观性,只是一个要正视、给予合理估价的问题,而不是一个需要排除、需要摒弃的问题。

(二)客观性

虽然历史认识事实是历史学家的主观建构,但其中包含着客观性的成分也是显而易见的,任何一个历史认识事实都是对历史存在事实真实性的某种程度的反映,这一点是不能否定的。客观性仍然是历史认识事实的属性之一。

由于每个历史学家的主观能力不同,掌握的历史资料不同,分析问题的角度不同,而使他们所获得的历史认识事实具有不同的个性特征;但历史学家构建一个历史事实的时候,绝不可能向壁虚造,必须有所依凭,必须以一定的历史资料为根据,所以,无论历史学家看问题的角度多么偏颇,思维多么怪异,所获得的历史认识事实,都不能完全排斥客观性的历史因素,也都是对于客观历史事物的部分真实的反映,不同程度地包含着客观历史的要素。

譬如在中华人民共和国成立以来形成的话语体系中对中国古代社会分期问题的讨论,中国在什么时候进入封建社会,史学界提出过多种说法,诸如西周封建说、春秋封建说、春秋战国之际封建说、战国封建说、秦封建说、秦汉之际封建说、西汉封建说、东汉封建说、魏晋封建说等,而每一种说法,都有大量的历史资料作为根据,都是对当时社会历史性质的概括或解读。而且每一种说法,都从当时的社会中找到了封建的因素,并且足以支持研究者得出已经进入封建社会的结论。那么,这些诸多不同的说法,能说哪一种说法没有一定的历史根据?又能说哪一种说法不包含一定的客观历史因素?虽然,这些说法契合客观历史真实性的程度不同,也就是说所包含的真理性成分不同,但每一种说法都在某种程度上符合客观的历史之真，是可以认定的。而且哪一种说法更符合客观历史之真，是无法判定的。我们对哪一种说法更具真理性的判断，会因为使用的理论框架不同，判定标准不同而有不同的结论。因此，判断哪一种说法更具有客观真理性是不可能的、没有意义的。唯一的结论就是，每一种说法都包含客观真理性的成分，都包含部分的历史之真，都有其存在的根据，因而在学术上都应该得到应有的尊重。

可以说，任何一个通过科学研究得出的历史认识事实，任何一个不带现实政治目的或政治偏见的真诚的学术探讨，任何一个遵从唯物主义认识路线、从大量经过批判而被证明的可以信赖的历史资料出发做出的历史判断，都一定会包含客观的历史成分。那种一定要在不同认识中确定一种客观性结论，而排斥其他认识的做法是简单和粗暴的。我们绝不能随意将任何一种历史认识事实贬斥为违背客观真实的错误或谬论。

(三)时代性

反映同一客观历史存在的历史认识事实，不仅会因研究者的主体意识结构不同而呈现千差万别的状态，而且即便是同一个历史学家，也会因时代的发展而不断改变对历史的判断，对同一个客观历史存在，提出截然不同的事实性判断。不同时代的人们对同一个客观历史存在得出不同的历史结论，所反映的就是历史认识事实的时代性。

任何历史认识都是特定时代的产物，时代性也是历史认识事实不可逃遁的性质。我们来比较同一个问题的不同时代的研究状态，会是非常有趣的。

譬如明代赋役制度的一个重大变革——一条鞭法的推行，这是一个非常重大的历史事件，在中国经济史上具有划时代的意义，所以引起不同时期历史学家的普遍关注，而不同时代的人们，对该事件的认识或评价则大不相同。我们从中华人民共和国成立以来不同时期的研究论文中摘出一些评论进行对照，来说明历史认识事实的时代性特征。

20世纪60年代的历史评价：

(一)一条鞭法的产生，反映了封建的人身依附关系有了进一步的减轻……总之，一条鞭法最主要的历史意义，是它调节了差役制度和地主土地所有制的矛盾，因而多少起到了缓和社会阶级矛盾，维护生产秩序的作用。

（二）一条鞭法促进了商品经济的发展……一条鞭法把力役改为差银，农民和地主为了取得银两上交封建国家，只能出售农产品；而封建政府为了取得自己所需物资，也完全求之于市场。于是，大量的农产品流入了市场，这就不能不为明中叶商品经济的繁荣创造有利的条件。大约只有在这种意义上，我们才能说一条鞭法对明中叶社会经济中的资本主义萌芽有着一定程度的促进作用。

（三）一条鞭法促进了封建社会内部社会分工的进一步发展和封建国家结构的强化。一条鞭法的实行，虽然意味着地主阶级对农民的直接的人身强制的某种程度的松动，但地主阶级为了实现其对农民的残酷剥削，不得不借助于强大的暴力机器，必须不断地完备和强化自己的国家机器。同时役制改革的本身也促进了封建政治结构的强化……这样，封建国家已经最后完成了把它的整套机器移置在雇佣化和专业化的基础上。这不能不是封建社会内部社会分工发展的表现，也不能不是封建政权更为强化的表现。

（四）从整体上看，一条鞭法的实行，大大加重了人民的负担。一条鞭法实行差役货币化以后，就为封建国家打开了一条任所欲为地"加派"银两的道路，税款不断增加，因而给人民带来了更大的灾难。①

20 世纪八九十年代的历史评价：

一条鞭法的实施既是社会经济领域内商品经济发展的客观要求，也是赋役制度发展变化的必然趋势。因此，它的出现绝非偶然，它应该和已经产生的积极作用和影响也不应低估。尽管由于明代中后期腐败的政治局面使一条鞭法不可能认真的长期的实行，不可能充分的发

---

① 余用心：《关于明代一条鞭法的考察》，载《西北师大学报（社会科学版）》，1983(2)。该文的"编者按"指出，该文写于 1964 年，"文化大革命"后经他人删改后发表。所以，此处用作 20 世纪 60 年代的代表性观点。

挥它应有的作用；而就其制度本身的目的看也是为了挽救封建统治危机。但是它在赋役制度发展史上的地位则应予以充分肯定，而不应加以忽视。因为赋役制度的除繁趋简、对人税开始向对物税的转变、按财富征税的比重的增加等等，既符合税制发展的总趋势，也体现了合理发展的总方向。我们不能把明朝万历晚年的加派现象看成是一条鞭法的必然结果，也不能把明后期更为腐败的局面与一条鞭法直接联系在一起，认为它"大大加重了人民的负担"。……我们在研究过去的历史时，也不能因此而否认一切有进步趋势的改革具有其历史意义，不能不看到它是社众历史发展过程中的一点火花，不然我们将会成为历史虚无主义。这就是我们着重强调和分析一条鞭法在赋役制度史上的意义的目的。[①]

21 世纪以来对一条鞭法的历史评价：

　　实行"一条鞭法"，简化了赋役的征收手续，改变了以往赋与役分开征收的办法，使两者合而为一，并出现了"摊丁入亩"的趋势，促进了生产力的发展。尤其是劳役用银代替，农民照定额纳税，不另服役，使农民对封建国家的人身依附关系有所松弛，农民的生产时间有了保证，可以合理安排生产，也为农民脱离土地，进行商品交换创造了条件，对明朝资本主义萌芽的产生起到了催化剂的作用。经过改革，做到了"既不减额，亦不增赋，贫民之困以纾，而豪民之兼并不得逞"，且"小民得无扰而事亦易集"，税收增加，财政情况好转。[②]

　　张居正的一条鞭法虽取得了一定的成效，但在他死后，为解决财政缺口问题，其改革措施多被废除，矿监税监遍扰天下，赋税常例尽被破坏，"征榷之使急于星火，搜括之命密如牛毛"……现在税费改革，往往是变昔日随意性强的"人收费"为强制性的"法收税"，农民负担的

---

　　① 曾唯一、沈庆生：《一条鞭法的历史意义和作用》，载《四川师院学报（社会科学版）》，1984(1)。

　　② 王晶：《"一条鞭法"对当前农村税费改革的启示》，载《东岳论丛》，2000(5)。

"弹性"变为"刚性"。这种改变的确能有效降低农民的负担，但它也为我们提出了一个问题：如何在长期内使老百姓的负担合理化。特别是实行税费以后，地方财政往往形成一定的收支缺口，为弥补这种收支缺口，地方政府可能将来仍收取费……税收刚性可能导致在纳税的基础上，农民又得缴费，负担依旧甚至可能加重。[①]

"一条鞭法"的要点，一是将计税基础由按丁、按亩的两税法，统一为按亩折算缴纳，二是将田赋、徭役以及其他杂征总为一条，改实物、劳役的征收方式为合并征收银两，从而大大简化了征收手续，同时使地方官员难于作弊。实行这种办法，使没有土地的农民可以解除劳役负担，有田的农民能够用较多的时间耕种土地，对于发展农业生产起了一定作用。同时，把徭役改为征收银两，农民获得了较大的人身自由比较容易离开土地，这就给城市手工业提供了更多的劳动力来源。没有土地的工商业者可以不纳丁银，这对工商业的发展也有积极作用。

如果从历史的角度看待张居正的"一条鞭法"，其意义更为重大，因其不仅是突破了几千年传统制度下赋、役、费分纳的路径依赖，实际上还为进入商品社会后，比较农业与其他行业的税负水平提供了简易可行的方法。[②]

在20世纪60年代那个大讲阶级斗争、完全用阶级分析方法去看待历史的历史时代，评价一条鞭法的中心词就主要的是"封建国家""地主土地所有制""阶级矛盾""暴力机器""剥削""人民的灾难"等，即便是赋役制度根本性变革这样的重大事件，也必须强调："从整体上看，一条鞭法的实行，大大加重了人民的负担"，"给人民带来了更大的灾难"。根本不能从历史本身的性质出发去评价问题。这里所反映的就不是某一个历史学家的认识问题，而是时代使然。

到了20世纪八九十年代，"以阶级斗争为纲"的指导思想被彻底废弃，

---

① 李成：《从一条鞭法看我们今天的税费改革》，载《农村财政与财务》，2002(3)。

② 王德礼：《"一条鞭法"与农村税费改革》，载《经济研究参考》，2003(64)。

恢复了人们对历史本身负责的学术权利，对一条鞭法的评价，其中心词语，则变成了"商品经济发展的客观要求""赋役制度发展变化的必然趋势""在赋役制度发展史上的地位则应予以充分肯定""赋役制度的除繁趋简、对人税开始向对物税的转变、按财富征税的比重的增加等，既符合税制发展的总趋势，也体现了合理发展的总方向"，等等。这些术语的变化说明，这一时期的历史学家评价历史事件时，开始注重历史事件本身的性质。一条鞭法是经济史上的事件，是赋役赋税制度的变革，于是，研究者就考察它的推行对于古代经济发展的影响，它在赋税赋役制度发展史上的影响，看它是否符合赋税赋役制度发展的历史趋势，是否是历史向前向上发展的必然性产物。这样的历史评价，反映了改革开放时期摆脱了"左"的指导思想之后人们的历史态度。

进入 21 世纪，人们对一条鞭法的评价又有了新的视角。就像我们引述的几篇文章，都有一个共同的思想指向，那就是一条鞭法的现代意义，人们不仅考虑它在当时的价值或影响，而且从中挖掘它对今天社会的启发性意义，于是，一条鞭法对今天农村税费改革的启示，就成为人们感兴趣的话题。在这样的指导思想下面，即使是对一条鞭法本身的阐述，也发生了变化，中心词转换成"定额纳税""税费改革""简化征收手续""使地方官员难以作弊""有效降低农民的负担"等，完全与今天的农村的税费改革联系了起来。在历史评价角度方面也进一步深入，开始从不同行业税负水平的比较方式方面认识其意义，认为它"不仅是突破了几千年传统制度下赋、役、费分纳的路径依赖，实际上还为进入商品社会后，比较农业与其他行业的税负水平提供了简易可行的方法"。这些都是今天的时代为研究者提供的认识视角。

(四)真实性

任何一个历史存在事实都是唯一的、确定不移的，而对于它的研究所获致的历史认识事实则是因人而异的，随着时代的变化而变化的，那么，所谓历史认识事实，还有真实性可言吗？我们必须回答这个问题。

首先，要说明的是，什么是历史的真实。一个历史事件的真实，绝不单纯是历史表面状态的真实，不单是表象面貌的真实，还包含对历史事件解释的真实，事件内在原因的真实。而对于历史事件内在原因的解释的真实，则不是纯粹客观的具象的真实，而是和认识主体的分析结合在一起的。所以，历史事实的真实就不是单纯的事件性描述所可以达到的，是需要认识主体能动性的发挥的。主体因素的渗透，也是达到历史真实的内在要求，不能把主体意识的发挥与历史真实性的实现对立起来。如果明白了这个道理，历史认识事实的真实性问题就容易被认定了。

其次，历史认识事实达到历史真实性的基本条件有两个：一是历史学家所利用的历史资料的可靠性，二是解读历史事件的思想方法的科学性。

先说历史资料的可靠性。历史学家解读历史必须通过历史资料，任何一个历史学家也不可能向壁虚造，这些都没有问题，也为历史认识事实的真实性提供了一个前提或基础。但问题是，不同历史学家所利用的资料会有所区别。占有资料的广泛性、全面性；资料本身的可靠性、真实性；用作论据的材料的典型性、普遍性等方面，都决定着历史认识事实所可能达到的真实性程度，使不同的历史认识事实在真实性的问题上有所区分。我们对一个历史认识事实的真实性的判断，在很大程度上要考察其材料依据，看是否是根据大量的普遍存在的经过分析和批判而被这证明是可靠的资料而得出的认识，只有以这样的历史材料为基础得出的历史认识，才可能更接近于历史的真实。

再说思想方法的科学性。可靠的历史资料，为达到客观的历史真实提供了一个重要的前提条件，然要获得充分的历史真实，达到对历史的科学解释，则还要依赖科学的思想方法，要有科学理论的指导。除了资料的问题之外，解读历史最重要的就是思想方法问题。科学的理论指导可以使我们洞察历史的本质，还可以使我们透过纷纭复杂的历史表面现象，深入历史的里层，发现历史中所蕴含的最本质的联系，达到对历史因果关系的深刻揭示。所以，一个科学的历史认识事实的确立，是离不开科学的思想方法的。任何历史学家都有自己解读历史的思想方法，所不同的只是他的思想方法的属性，是科学的、历史的、符合解读历史属性的，还是相反的。历史学家的思想方法不同，得到的历史认识事实就会不同，解读历史的不同结果，在很大程度上取决于思想方法的差异。

只要具备了以上两个条件，所获得的历史认识事实的真实性都是无可怀疑的。但是，也正因为一个历史学家不可能做到对历史资料的完全占有（历史资料存在的状况本身就有缺陷，就是不完善的），也因为历史学家的思想方法很难训练到完全符合分析历史问题的确切需要，所以，任何一个历史认识事实所达到的历史真实性，也都是相对的、不完全的。没有完全符合客观历史之真的历史认识事实，也没有丝毫不包含历史真实性的历史认识事实。对历史认识事实的真实性的认识，必须有一个辩证的理解，不能因为不可能达到绝对的真实而怀疑历史认识的可靠性，也不因为它包含有部分的历史之真而夸大其真理性效应。要充分尊重一切经过科学探讨而获得的历史认识，历史的真实，就深埋在众多复杂的历史认识事实之中。不同的多样的历史事实解说，远比任何一家貌似真实清晰的历史事实解说都更能反映历史的真实，都更能给人以深刻丰富的历史启迪。

四、如何确立一个历史认识事实

明白了历史事实的基本内涵，知道了其基本属性，接下来的问题就是如何去确立一个历史事实，历史学家建构历史事实的一般程序是什么，怎样做才能使确立的历史事实更严谨、更科学、更符合学术规范。在 20 世纪 80 年代初，笔者研究过汉代的耕地价格问题，关于汉代地价的确立过程，具有一定的示范意义。下边，我们就具体结合两汉地价这个历史认识事实的确立过程，来谈谈历史认识事实确立的一般程序。

(一)选择一个有价值有意义的历史存在事实作为研究对象

这是历史研究工作的第一步。历史的客观存在是极其丰富的，历史学家没有必要也不可能把一切历史现象都拿来作为自己的认识对象，对于一个研究对象的选择，要十分慎重或严谨，一定要使选定的研究对象对现实社会具有启示意义，或者对学术的发展具有推进意义，可以起到填充学术空白或塞漏补缺的作用。

笔者最初选择两汉地价作为研究对象，就是从对学术发展的推进作用考虑的。中国古代社会的一个重要特征是土地可以自由买卖，而地价就是研究土地买卖问题的一个关节点。在 20 世纪 80 年代以前，关于汉代的土地价格问题，几乎没有什么研究。从已发表的研究成果看，只有 20 世纪 20 年代末瞿兑之的《两汉物价考》一文谈到地价，列举了《汉书》中的两条材料，几乎谈不上有什么研究。20 世纪 50 年代，陈直作《汉代的米谷价及内郡边郡物价情况》一文，其中地价部分，全部文字也只有几句话。两汉地价几乎是个没有被真正研究过的问题。谈到汉代地价，人们就只能以《汉书·东方朔传》中东方朔上书提到的"亩价一金"为据，而东方朔的"亩价一金"则是个极言土地宝贵的文学用语，不是汉代土地买卖的实际交易价格。亩价一金，就是每亩一万钱，如果是这样，汉代的土地兼并问题就无法得到解释。前人对汉代地价缺乏研究，而它对于理解汉代的土地兼并，进而理解汉代社会矛盾，是一个必须解决而且确实具有重要意义的问题。这样，选择两汉地价这个历史存在事实作为研究对象，对汉代经济史和汉代社会问题研究，就具有了学术推进和知识积累的意义。

（二）对研究对象信息的搜集与甄别

确立一个历史认识事实，当认识对象确立之后，重要的就是搜集关于该研究对象的信息资料。这里，首先要确定资料的范围。研究汉代地价，关于秦汉史方面的文献资料，当然是基本依据，如《史记》《汉书》《后汉书》《两汉纪》等是其基本资料；还有汉代的子书，如王符的《潜夫论》、王充的《论衡》等；后世的一些大型类书，如《太平御览》等，也会辑录保留有关的文献资料。其次，关于汉代的碑刻、金石文献资料，如宋代洪适的《隶释》、今人高文先生的《汉碑集释》等。最后，非常重要的是近代以来的考古资料。近代以来，出土的一些汉代的买卖土地铅券，是非常宝贵的汉代土地买卖的真实地价资料。这方面的资料，要遍查近代以来所有的考古文献，从大量的关于汉代墓葬遗址的发掘报告中去寻找。考古资料中，需要特别重视的，还有 20 世纪 30 年代和 70 年代出土的居延汉简资料，其中保留了一些边陲地区的地价资料，可以反映汉代边郡的土地价格。

确定了资料的范围，便知道要确立这个历史认识事实该读些什么书，从而拟订基本的阅读书目。这样，对信息的搜集问题，就可以做到心中有数，剩下的就只是读书与选拔材料的问题了。

在查阅、搜集了大量的基本资料之后，还有一个很重要的工作要做，那就是甄别材料。研究任何一个社会历史问题，说明任何一个思想观点，社会现象的丰富性，都使我们不难找到大量的资料证据；但需要认真甄别材料本身的可靠性、虚实真伪。确立一个可靠的历史认识事实，必须依靠能够反映事物本质的历史资料，尤其是材料的真实性，更不能出现任何纰漏。就如汉代地价的研究来说，近代以来出土的买地铅券是很宝贵的实物性证据资料，但也是非常复杂的需要甄别的证据材料。买地铅券主要是在墓葬中被发现的，这里存在三个方面的问题：一是材料本身反映的地价是茔坟地价，虽然茔坟地价对于耕地价格有一定的参考意义，但毕竟不同于实际的耕地价格，需要有分析地对待；二是有些买地铅券，不一定是真实的土地交易价格，而是一个虚造的买卖土地行为，只是对死者的安慰；三是有些买地铅券本身就是近人伪造的，是赝品。如果对这些问题不细加甄别，一律采信，则不可能保证所获得的历史认识事实的可靠性。

（三）从可靠的信息资料中形成初步的历史认识事实

这是初步形成事实性认识的过程，也是对所搜集到的历史资料进行分析、排比、归纳、综合、抽象、概括的思维过程。大量的历史资料排列到面前，而这些资料的性质或有不同。有些是直接材料，有些是间接材料；有些是反映事物的普遍性的材料，有些仅是特殊的个案性材料；有些材料是记录者的亲身所历、亲见亲闻，有些仅是根据传闻传说而进行的书写记录。材料的属性不同，其价值也就不同，用作证据的力度也就不同。因此，在形成自己的观点的时候，应对材料的性质进行分析，从不同的角度去使用性质不同的资料，让这些资料在不同的方面或层次上去说明问题，从而得出自己对问题的基本看法，形成初步的历史认识事实。汉代地价研究中，最初获得的地价资料十分紊乱。这是可以理解的。土地作为一种商品，它自然会因时因地因各种具体情况，表现出参差不齐的价格。边郡、内地不同的地区价格会有很大差异，就是在同一地区，也有肥瘠之分，有水田旱地之别，山地、坡地、川地、滩地的价格也不会相同，人口密度、灾年丰稔也都影响地价的浮动。这样，在研究汉代地价时，我们看到的是一系列很不整齐的数字。但是，土地既然是一种商品，也必然要和其他商品一样，体现商品的价值和使用价值的统一。这样，一定时代的土地价格，就必然和这一时代生产力发展的水平相联系。换言之，排除土地买卖中一切个别的具体因素，我们可以找到一个反映汉代生产力发展的一般状况的土地价格。于是，在研究汉代的土地价格时，就要尽量寻找反映一般土地价格的、具有普遍意义的地价资料，以此作为自己的基本依据来形成关于汉代地价的初步认识；而那些不能反映普遍性的地价资料，则要根据它对一般地价的关系做出分析，从某些侧面、从某种意义上去使用它，使之成为论证基本事实的侧面依据。通过对材料性质的分析，依据最基本的地价资料，我们对汉代土地价格做出初步的事实性判断："在凡有水利灌溉条件的地方，地价大都在一千多钱到二千钱之间。缺乏灌溉条件、土质较差的地方，地价在亩千钱之下，最低者有四五百钱。鉴于这些情况，我们认为，在分析汉代社会问题时，用'亩价二千'作为汉代的一般地价是比较适宜的。"

（四）进行相关事实的比较研究

我们为了获得的历史认识事实具有更扎实的可信度，还应该将研究进一步扩大到与相关事实的比较研究。汉代地价不是一个孤立的历史存在事实，它是在汉代社会的一般物价水平中形成的，是汉代整个物价体系中的一个组成部分，所以，汉代地价不可能脱离汉代物价的一般水平。如果，我们能够将汉代地价与一般物价做联系性的考察，关于地价的结论则可以得到更可靠的说明。于是，在汉代地价研究中，我们又考察了汉代物价的整体情况，并将地价与之比较。汉代物价包括劳动力价格、牲畜价格、手工业品价格、农产品价格等，其中农产品价格与地价又具有最大的关联度。通过考察，我们看到汉代一般年景的谷价在每石数十钱到百钱，每石百钱是正常年景谷价的上限。对于一户自耕农民家庭来说，支付二千钱可以买到一亩上等好地，年收获量在三石左右，价值三百钱，辛苦经营一年的利率是百分之十五，或者可望更高一点（汉代最高亩产量在三石以上），基本接近汉代人的利率观念（司马迁认为合理的利润率是年利百分之二十，参见《史记·货殖列传》）。由此可以证明，粮价与土地价格的高低是基本一致的，它们之间的比价关系是比较合理的、正常的，并进而证明，我们对汉代土地价格的初步判断是合乎汉代地价的历史实际的。有了这样与相关事实的比较研究之后，我们所获得的历史认识事实，就显得更加扎实可靠。

(五)上升到辩证逻辑层面的理论考察

在做完了上边的工作之后，我们还需要将自己的认识再上升到辩证逻辑的层面进行考察，才会使自己的结论更具有说服力，更具有不可怀疑的性质。就如汉代地价研究，在考证了亩价二千钱之后，也经过了汉代一般物价水平的验证，应该说已经比较扎实了，但是，物价问题毕竟是个十分复杂的事情，具体交易中的价格总会随情况的千差万别而有悬殊的差异，我们的结论总会不断地面临各种新材料发现的挑战。为了使"亩价二千"的结论不会被轻易否定，我们就去考察汉代地价的构成问题，从汉代的生产力发展水平，汉代的政治特点，研究汉代地价的构成，从理论上确认汉代土地的一般价格。经过认真探讨汉代土地的价值与使用价值，汉代生产力发展的一般状况，汉代政治的基本特点，我们最后得到这样的结论：汉代生产力水平低下，地广人稀，耕作粗放，土地价值低微；农工业产品价格悬殊，商末利厚而农本利薄，也降低了土地的使用价值。在此基础上的商品二因素的统一，是汉代地价的基本构成，也是地价低贱的主要原因。相对于汉代社会生产力发展的状况和社会政治特点来说，"亩价二千"是一个合乎道理的价格。①

(六)形成对历史存在事实的完整看法，一个具体的历史认识事实获得确立

经过上述几个步骤，一个历史认识事实就获得了相对完满的论证，就可以正式确立了。这个时候，唯一要做的就是用简洁的语言、准确的概念，对自己的研究结论进行科学表述，或者将这个历史认识事实用充分的论证而揭示出来，形成论文或论著。研究结论的最后表述，标志着一个历史认识事实的正式确立。

---

① 笔者研究两汉地价问题的论文，参见《两汉地价初探》，载《中国史研究》，1981(2)；《两汉地价补论》，载《史学月刊》，1990(3)。本书讲述的这个例证，即以这两篇论文为依据。

第十章 历史认识的一般形式

揭示不同民族、国家历史发展的特殊规律，为现实的人类活动提供历史借鉴，以作为社会活动的向导，这是整个历史学伟大而崇高的任务。完成这个任务，一方面，需要对历史过程进行多侧面多角度的研究工作；另一方面，还需要通过不同层次、不同性质的多种复杂的认识活动去进行整体配合。其中有对史料的分析批判，有对历史事实的确证，有对历史发展线索的清理，有对历史事件、历史人物、历史思想的评价，还有对历史规律的探讨、揭示和说明。各种不同的历史认识活动，一方面，采用着各自特殊的认识形式，实现着自己特殊的认识目的；另一方面，它们又相互联系、渗透，组成一个庞大的认识系统，去完成历史学的总体任务。本章的任务就是讲述历史认识系统中的几种基本认识形式。①

一、考实性认识

考实性认识的目的在于求得历史之真，弄清历史客体的客观面貌，为进一步的研究工作打下牢靠的基础。因此，考实性认识是全部历史认识中最基础的一步。

求得历史客体之真必须通过史料客体这个中间环节，因而史料的真实性问题必须首先提起注意。于是，考实性认识就要分两步进行：（1）以史料

---

① 参见刘泽华和张国刚合著《历史认识论纲》(《文史哲》1986 年第 5 期)一文，关于历史认识的一般形式，提到了考实性认识、抽象性认识和评价性认识三种情形，本书受其启发，将历史认识的一般形式归结为考实性认识、抽象性认识和价值性认识，并对其做展开性论述。

客体为对象，考证史书的真伪错谬，弄清史书的原貌；（2）以历史客体为对象，考证史事的真实与否，弄清历史之真。一般来说，第一种考证叫作外考证，第二种考证叫作内考证。现在我们来简单谈一下这两种考实性认识的目的和任务。

外考证的目的在于弄清史料客体的原始面貌，即弄清史籍版本的真伪优劣。在史料学上说，它包括辨伪与校勘，都是比较专门性的学问，本书第四章中曾有介绍。辨伪古书解决史籍的时代及真伪，校勘纠正版本的诸方面讹误，考证出版本的优劣，这使我们有可能弄清史料客体的原貌。然而，这还只是完成了考证工作的一部分。因为，即使已经证明了某书是真本，而且是善本，但书中的记载是否全部真实，还是一个问题。这则需要对历史事实进行考证。这一步就是所谓内考证，旨在求得历史客体之真。内考证比起外考证是更深入的工作。考证一件史实需要掌握与此相关的尽可能全面的史料，在对大量史料进行排比、分析、归纳的基础上去认识历史的真相。这是一件认真、细致、显得十分枯燥的工作，需要有极认真的科学态度，要仅仅从历史材料出发，反对任何主观随意性。

在整个历史认识过程中，考实性认识有极重要的意义。离开这个基础，全部研究都会成为无本之木。只有重视考实性认识，弄清历史现象的原始面貌，才能展开分析、综合、判断等一系列研究过程，也才能保证研究结果的科学性。因此，史学大家们都十分重视考实性认识。郭沫若曾说："无论作任何研究，材料的鉴别是最必要的基础阶段。材料不够固然大成问题，而材料的真伪或时代性如未规定清楚，那比缺乏材料还要更加危险。因为材料缺乏，顶多得不出结论而已，而材料不正确便会得出错误的结论。这样的结论比没有更有害。"①

进行考实性认识，把研究建立在坚实的事实基础上，才能使我们的研究立于不败之地。马克思、恩格斯他们是经常以依据坚实的事实基础而立论感到自豪、充满自信的。

马克思曾说："我的《资本论》一书引起了特别大的愤恨，因为书中引用

---

① 郭沫若：《古代研究的自我批判》，见《郭沫若全集·历史编》第 2 卷，3 页，北京，人民出版社，1982。

了许多官方材料来评述资本主义制度，而迄今为止还没有一个学者能从这些材料中找到一个错误。"①

恩格斯也曾说："这本书（指《英国工人阶级状况》——本书注）里所叙述的，都是我看到、听到和读到的。我的观点和我所引用的事实都将遭到各方面的攻击和否定，特别是当我的书落到英国人手里的时候，这一点我是早有准备的。我也知道得很清楚，在这本书里，人们可以给我指出一些无关紧要的不确切的地方。要知道，在研究一个需要全面论证的庞大题目时，这种情况就是英国人也难以避免，更何况像我这样考察一切工人的状况的著作，连英国本国也还没有出过一本。但是我要毫不迟疑地向英国资产阶级挑战：让他们根据像我所引用的这样可靠的证据，指出哪怕是一件多少能影响到我的整个观点的不确切的事实吧。"②

马克思主义创始人的历史著作，大都是以可靠的考实性认识为基础的。

现在，我们来谈谈进行考实性认识的指导思想问题。首先是进行考实性认识，要不要以理论为指导。有人认为考据只是科学的小买卖，并援引恩格斯的话说："对于科学的小买卖，形而上学的范畴仍然是有效的。"③有人认为考据只能使用形式逻辑的方法，而且只需要用归纳法，甚至连演绎法也不需要。把辩证的方法排斥于考据方法之外，也就是否认了马克思主义世界观和方法论在考实性认识中应当发挥作用。考证材料要在占有大量的丰富的历史资料的基础上鉴别分析，去伪存真，本身就是要在各种材料的联系中确定真伪，这不是辩证的方法又是什么呢？离开辩证分析，单纯的归纳也是难以进行的。同时，我们也不能天真地以为考实性认识就是纯客观的活动，这种认识也体现着认识主体强烈的能动作用，要求认识主体应该遵循正确的思想路线。考实性认识无法摆脱主观的影响，单纯地使用归纳法不能奏效。英国历史学家费臣曾说："凭简单的归纳法，发现不出来全部真理。每一真正的历史陈述（true historical statement），仅回答史学家所追问的问题"，历史学家在进行归纳时，总是"借助于先有的问题、假设、

---

① 《马克思恩格斯全集》第 22 卷，165 页。
② 《马克思恩格斯全集》第 2 卷，279 页，北京，人民出版社，1957。
③ 《马克思恩格斯全集》第 20 卷，555 页。

观念、假定、理论、模例、假说、偏见、臆测或任何类的预想"。① 这是说，历史学家在考证、归纳材料时，总是要受到一种思想支配的。人类的一切活动都不能不受到意识的支配，考实性认识活动也不能例外。问题只在于用什么样的思想来支配，真正的马克思主义史学家不会有别的选择。

其次，对于考据什么，历史学家也应该有一个明确的指导思想。进行考实性认识，要求围绕重大的历史研究课题去选择考据对象，把考据与研究结合起来，反对为考据而考据和烦琐考证的史学遗风。有些历史学家穷年累月为一个极不重要的历史事件或历史人物的考证而废精劳神，但对带有关键性的历史事件则不感兴趣。譬如在研究黄巢起义的时候，不去分析当时的社会经济状况和社会矛盾，而把重点放在黄巢进攻广州的日期上，考证它到底是乾符五年还是乾符六年，或者是广明元年；如果是乾符五年，到底是这年的五月，还是九月或冬月。当然，这些日期考证得精确些也有好处，但把精力集中在这些问题上，就势必会放松对黄巢起义全过程及其历史意义、经验教训的研究，放松对农民起义社会原因、历史规律的探讨。历史进程中常常会夹杂一些细微的历史事件，如果对于每一个细微的事件都要加以考证，那就必然会为了注意到许多无关紧要的材料而离开历史发展的主要脉络。

最后，还有一个如何看待考实性活动的问题。这里，应该先注意两种极端性的倾向。一种是忽视这种认识活动，害怕做艰苦细致的考证工作，认为考证是一种纯粹机械性的活动，枯燥无味，自己不愿做考证工作，也不愿去看别人的考证文章，在研究活动中，忽视材料的甄别。和这种倾向相反而走到另一极端的，是把考实性认识捧到不适当的地位。这多是以主要精力从事考据学的学者。有些考据学者自视甚高，把自己的考证工作看得非常神圣，甚至把考实性认识当成了历史认识的最高认识形式。他们把进行规律性研究的认识活动及历史的宏观考察，统统看成是空洞的、毫无价值的，唯有自己的考证、辨伪、校勘，才是真学问，才显示出治学的功底、学力。在整个历史认识中，考实性认识是个基础性的工作，远不是整个历史认识的目的和任务，如果把它捧得至高无上，历史认识到此止步，

---

① 转引自杜维运：《史学方法论》，54～55 页。

我们就无法完成历史学充当社会活动向导的崇高任务。考实如果仅仅是为了考实，那就真正是"发思古之幽情"了。此外，还要正确看待考实性认识的"实"。这个"实"不具有绝对的意义，是相对的"实"。决定其相对性的，有两个因素：一是史家主体意识在认识结果中的渗透，二是史料客体的简约性。鉴于此，历史学家对自己考据活动的认识成果，就不可自信太坚，要明白自己认识的相对性，并随时准备根据新发现的历史材料去深化或改变自己的认识结论。

二、抽象性认识

考实性认识完成澄清历史真相的任务，而这个所谓"真相"，是就历史客体的外在形态来说的，因而这个真相之"真"，还只是历史客体的表面现象之真。譬如戊戌变法，我们通过考实性认识，可以知道这场运动的发动者、组织者，它的具体历史过程，这期间颁布了多少诏令、上谕及其具体内容等。但是，知道这些，并不等于说就认识了这场运动。诸如为什么1898年的中国历史舞台上会出现这样一场运动，它为什么会是一个惨败的结局，又为什么显示出既不同于洋务运动又不同于辛亥革命的独特风貌等问题，都不可能通过考实性认识去解决，而必须在运动的表象背后，揭示那些支配着这场运动发生、发展，并决定着它的历史独特性的历史联系，即揭示体现在运动内部及其与外部环境关系中的历史必然性。这就要在考实性认识的基础上，进行更深邃、更具有根本意义的抽象性认识。那么很显然，抽象性认识的任务，就是要透过历史事物的表面现象，去发现历史的底蕴，发现历史事物内部及其与外部环境的必然联系，从而揭示历史事物的本质和规律。抽象性认识在整个历史认识活动中具有最重要的意义。它标志着历史认识所达到的深度，并对其他形式的认识活动产生重要影响。考实性认识赖以发挥其作用，获得其意义；后边将讲到的价值性认识，也受其制约和规定。抽象性认识在一个认识成果的形成中，起着主导性作用。

抽象性认识对于任何历史客体的研究都是必要的。如果历史学家的认识不深入历史的深层，不着力去认识历史客体的本质和规律，就会在许多光怪陆离的历史现象面前，显得迷惘而不知所措，无法对历史客体进行解释和带有实质性的描述。譬如洋务运动，若仅从表面现象看，一方面，我们看到它是当时统治阶级中一部分代表人物，为维护其没落的统治而发起的自救运动；另一方面，我们看到它引进的却是近代资本主义的生产力和生产方式，和传统的东西格格不入。一方面，我们看到发动者的主观目的是镇压太平天国运动；另一方面，它的客观效果是在中国迈开了近代工业化进程的第一步，是中国近代史上的一个崭新的事物。一方面，洋务运动引进的是新的生产力和生产方式，这是新生的、发展的，代表着历史前进方向的东西；另一方面，洋务企业中则渗透着大量的传统因素，这是腐朽的、衰落的、反映着旧制度顽固性的因素。这众多的一方面和另一方面，仅从表面去看，是那么的矛盾和荒唐，似乎难以理解。但是，如果我们深入分析一下洋务运动的时代条件，剖析一下它内在的历史联系，上述那些一个方面和另一个方面的矛盾，就不仅不是荒唐的，而是必然的，是合乎规律的。我们会看到，洋务运动是不以人们的意志为转移的客观规律，迫使洋务派这个不胜任的承担者，仅仅为着保存本阶级的统治而不自觉地发动的一场带有资本主义性质的运动。它的资本主义性质使其显示出一定的历史进步性，而其发起者没落阶级的属性则使其显示出其腐朽性、反动性，这是一个进步与反动、新生与腐朽各种历史因素复杂交织的历史运动，在它的表面呈现出各种荒唐怪诞的矛盾是完全可以理解的。

我们还需要对"抽象"本身进行理解。抽象是人类思维通过对事物进行的比较、分析、综合、概括等思维活动，是将隐藏在事物中的内在的、本质的、共同的东西抽取出来，用概念、范畴、规律等形式固定下来的过程。人们用概念进行思维，就决定了人类的一切认识活动都渗透着抽象性认识的成分。抽象可以分为不同的层次。单独来讲"抽象性认识"，是要求对历史客体进行高层次的抽象认识。当我们陈述洋务运动中的矛盾现象，说它"一方面引进新的生产力和生产方式，另一方面却在带有资本主义性质的新式企业中实行着封建性管理"的时候，就已经对洋务运动的表面现象进行了一定程度的抽象，但这种抽象还带有较强烈的可感性，并没有抓住洋务运动最本质的东西，这种矛盾仍需要更深邃的认识去解释。因此，这样的抽象并没有达到抽象性认识应有的深度。抽象性认识在于发掘历史客体所蕴含的最本质的联系，只有当我们弄清了洋务运动是由中国发展资本主义的特殊历史道路所决定的一个历史必然性现象的时候，才是达到了抽象性认识的要求，从这一结论出发，可以解释关于洋务运动的一切表面现象。

还应指出，抽象性认识的对象是一切历史客体，不能误解为只有对整个人类历史过程才能进行抽象，也不能误解为对一切历史客体的抽象都要归结到整个人类历史过程的规律性认识的高度。每一历史事物都有它自身特殊的本质、特殊的必然联系，一切历史客体的本质也都是特殊的、具体的。研究一种历史现象，只要找到了它的本质联系，就完成了抽象性认识的任务。在以往的历史研究中，人们总习惯用唯物史观代替历史认识中的抽象性研究，以为唯物史观揭示了人类社会历史事物的本质，凡研究一个历史问题，都用唯物史观的公式去硬套。其实，唯物史观只是揭示了整个人类历史发展过程的本质联系，阐明了人类社会的普遍规律，而任何一个具体的民族、国家，一个民族、国家的不同历史发展阶段乃至一切具体的历史事物，都有它特殊的运动规律，都有它特殊的本质联系需要研究。抽象性认识的要求，绝不是用唯物史观原理去取代对具体历史事物的科学抽象。

有人把历史认识的任务仅仅归结为弄清历史事实，并据此反对抽象性认识活动。其实，抽象性认识也是弄清历史事实的工作的一部分。历史现象的本质联系，是历史现象自身的存在。虽然它需要主体去分析、去抽象才能显现出来，但它毕竟是历史客体自身所蕴含的，是客体的一部分。抽象性认识的任务，仅仅是要把历史客体所蕴含的必然性揭示出来，予以解释。而历史的解释，应该是说明历史事实的一部分。我们谈到一个历史事实，如果不包括对它的解释，那么这种历史事实则是不完善的。要弄清历史事实，达到历史认识的最低要求，就不能没有对历史客体的抽象性认识。

把抽象性认识斥之为空论，是一种偏见。抽象性认识获得的历史结论，看起来似乎失去了历史事物的具体性，变得空洞了，然而它更深刻、更准确、更完全地反映了历史事物的整体和本质联系。列宁说："物质的抽象，自然规律的抽象，价值的抽象及其他等等，一句话，那一切科学的（正确的、郑重的、不是荒唐的）抽象，都更深刻、更正确、更完全地反映着自然。"[1]科

---

[1] 《列宁全集》第38卷，181页。

学抽象是以事实为根据的，它只不过是不陷入历史表象那些细枝末节的纠缠之中，而去洞察历史的深层，和那些言之无物的空论，断没有共同之处。历史学的实证性以及传统的考据遗风，从各个角度滋生着对抽象性认识的偏见，但是，正是这种认识形式在实现历史学的功能、任务中，起着主导性作用。

三、价值性认识

单有考实性认识和抽象性认识，还不能完成历史学的崇高任务。人们常说的历史学的社会功能所肩负的伟大使命，是要有价值性认识这种认识形式来最后实现的。历史研究中的价值性认识，是个很复杂的问题，人们认识不一，甚至对历史学是否需要、是否应该存在价值性认识这一问题本身，还存有疑问。为了从根本上说明问题，我们需要从哲学认识论的研究谈起。

在传统的哲学认识论研究中，或者说在 20 世纪 80 年代之前，价值认识是被人们所冷落的一个认识论范畴。人们认为，反映范畴就可以包括了认识论的全部内容，往往用反映论来指代认识论。其实，反映并不是认识的全部本质，20 世纪 80 年代以来，随着实践问题、主客体关系问题理论研究的深入，价值问题越来越突出。只要我们承认人类认识活动中的主体性原则，承认主体对客体的自主性选择的权利，那么，解释主体的自主性活动的根本出路，就必然指向人们的价值需要。事实上，人类的认识活动一开始就面临着双重的任务：既要从客观事物出发，对客观存在着的各种事物做出符合其本来面目的反映，亦即对客观事物进行反映性的认识，又要从主体自身的需要出发，来评价客观事物对于人类生活有无价值或意义，亦即对客观事物进行价值性认识。马克思说过，人的活动之所以不同于动物的活动，就在于"他不仅使自然物发生形式变化，同时他还在自然物中实现自己的目的"，这个目的就是"在对自身生活有用的形式上占有自然物质"。[1] 如果

---

① 马克思：《资本论》第 1 卷，中共中央马克思恩格斯列宁斯大林著作编译局译，208 页。

人类不知道客观事物是什么样子，不知道自然物的性质或规律等，那就不可能"使自然物发生形式的变化"，人类的活动就会遭受挫折；同样，如果人类不知道客观事物是否有价值，不知道哪种形式的自然物对人类"有用"，那就谈不上在对自身生活有用的形式上占有自然物，人类的活动就会变得盲目而无意义。反映性认识和价值性认识各有其功能和特点，它们的辩证统一构成了人类生存和发展的必要保障。

反映性认识和价值性认识这两种基本的认识形式，既相互区别又相互联系。大致说来，反映性认识以客观事物的自然属性为认识内容，而价值性认识则以客观事物与人类主体之间的价值关系为认识内容。客观事物的自然属性存在于主体之外，是与主体完全无关的；而客观事物的价值属性则存在于客体对主体的现实关系中，与主体密切相关。这种认识内容上的不同，决定了认识方式上的不同。对客观事物自然属性的反映性认识，所遵循的主要是客体方面的尺度，人们只要如实地反映或再现客观事物就可以了，就达到了认识的目的；但是，对客观事物价值属性的认识，则始终贯彻着主体自身的尺度，只有把客观事物与主体自身的需要联系起来，才能显示出认识的意义。这两种认识形式的区别是明显的，但它们又是相互联系的。一方面，人类所制定的各种有益于自身生存和发展的实践方案或行动目标，只有建立在正确解释世界的基础上，才能真正付诸实施并获得成功，如果离开了对客观事物的性质或规律等的正确反映，哪怕是最美好的目标或要求，也只能是空洞的幻想；另一方面，人类对客观事物自然属性的正确反映，只有以对客观事物价值属性的正确评价为中介，才能过渡到对客观事物的合理利用或改造。我们通常认为人类实践活动是"自由自觉的活动"，这实际上是包含着两层意思："自由"是以对客观事物的自然属性的正确反映为基础的，不了解客观事物的性质或规律，就不可能有自由；"自觉"是以对客观事物价值属性的正确评价为前提的，只有了解客观事物或实践结果对于人类生活是否有价值，进而按照主体的目的或需要去改造客观事物，这才叫"自觉的活动"。如果说反映性认识的主要功能在于解释世界的话，那么，价值性认识的主要功能，则在于为人类确定合理地改造世界的实践目标；这个目标作为人类自觉的追求，不仅规定了实践活动的具体指向，而且还规定了实践活动的方式和方法。认识的最终目的是指导实践，从这个意义上讲，价值性认识具有特别重要的意义。

哲学界的讨论对我们的历史认识论研究富有指导性的启迪意义。历史认识是人类整个认识活动的一部分，它也可以区分为反映性认识与价值性认识两种最基本的认识形式，前边所讲考实性认识和抽象性认识，就是以认识客体的本来面貌、自身属性为宗旨的反映性认识。在认清了历史客体的属性之后，若没有价值性认识去作为中介条件，对历史客体的反映性认识，就无法发挥其意义和作用。历史学的功能和作用要通过对历史客体的价值评价这一认识环节，才能充分地发挥出来。

我国古代历史学家的价值观就是十分明确的。他们把历史学的作用理解为劝善惩恶、训世资鉴。刘知幾在论及古代史官的建置问题时，阐述了古人设置史官之目的和历史学的作用。他说："向使世无竹帛，时阙史官，虽尧、舜之与桀、纣，伊、周之与莽、卓，夷、惠之与跖、蹻，商、冒之与曾、闵，但（一作'俱'）一从物化。坟土未干，则善恶不分，妍媸永灭者矣。苟史官不绝，竹帛长存，则其人已亡，杳成空寂，而其事如在，皎同星汉。用使后之学者，坐披囊箧，而神交万古，不出户庭，而穷览千载，见贤而思齐，见不贤而内自省。若乃《春秋》成而逆子惧，南史至而贼臣书，其记事载言也则如彼，其劝善惩恶也又如此。由斯而言，则史之为用，其利甚博，乃生人之急务，为国家之要道。有国有家者，其可缺之哉！"[1]从这种劝善惩恶的价值观念出发，古代历史学家引申出许多具体的价值评价标准。如《礼记》上讲："法施于民则祀之，以死勤事则祀之，以劳定国则祀之，能御大灾则祀之，能捍大患则祀之。"[2]这就是说，有创作发明为大家所遵行使用的，献身于某种事业的，对安定国家有劳绩的，能防止水旱等自然灾害的，能抵抗外患、侵略的，都要被纪念、被歌颂。这五条标准就是古人记人记事、选择认识客体的价值标准。司马迁写《史记》，入选的人物不仅有历代的圣君贤相、功臣名将，而且还有许多名位不高的人物，如游侠、刺客、日者、滑稽、名医、商贾富人等，说明司马迁的价值观念较前代有很大变化。但是，不管他把历史记载的范围如何拓宽，所记的人物或事件也

---

① （唐）刘知幾撰，（清）浦起龙释：《史通通释》卷十一，303～304 页。
② 杨天宇撰：《礼记译注》，604 页，上海，上海古籍出版社，2004。

都是从一定的价值观念出发的，反映着他对所记录的对象的一种价值评价。

近代以来的历史学家也不例外。最能说明问题的例子，是陈垣的《通鉴胡注表微》。这是一本考据性著作，其旨在于阐发胡三省注《资治通鉴》时的微言大义。宋元之际的胡三省亲历宋亡之祸，借注《资治通鉴》抒发自己对故国的感情。《资治通鉴》注埋藏着他的全部精神寄托。但是，以往读《资治通鉴》胡注的人，都只是把他当作一个地理学家、一个考据学家，而从未注意过胡三省注《资治通鉴》时的心情、思想。抗日战争时期，陈垣重读胡注《资治通鉴》，豁然领悟到胡三省的心境，于是发愤作《通鉴胡注表微》，将胡三省对故国的热忱、情感揭发出来，以宣扬他忠于祖国的思想。陈垣在沦陷区进行的这一课题研究，显然有其明确的价值性选择。其实，不独这本《通鉴胡注表微》，陈垣在抗日战争期间的所有考据性著作，如《旧五代史辑本发覆》《明季滇黔佛教考》《清初僧诤记》《南宗初河北新道教考》等，都具有明确的价值目的。他在中华人民共和国成立后致友人书中说："所有《辑覆》、《佛考》、《诤记》、《道考》、《表微》等，皆此时作品，以为振国之道止此矣。所著已刊者数十万言。言道，言僧，言史，言考据，皆托词，其实斥汉奸，斥日寇，责当政耳。"①作为考据学大师的陈垣尚且接受价值观的支配，他人自不待言。古今史家的一切历史著作，都有价值性认识包含其中。

在讲历史客体的属性时，我们强调过，客体之所以能从历史存在的范畴中分离出来，就是因为它是主体自主性选择的产物，而主体的选择主要是一种价值性选择。当然，历史客体与主体之间的价值关系是十分复杂的，当主体选定一种历史存在作为研究客体的时候，可能是出于一种学术上的需要，侧重于认识活动的学术价值，也可能是看到了这一客体研究的社会价值；可能是看到了它对社会群体需要的价值，也可能是看到了它对认识者个人的某种价值；可能是看到了它的社会政治性价值，也可能是看到了它满足社会群体心理需要的欣赏价值。主体可以从各种不同的价值需要去选择历史客体，但是脱离价值观念、价值需要的自主性选择则是不可思议的。和一般认识活动一样，历史认识既是一种反映性认识，也是一种价值性认识，兼有事实性反映与价值性选择两种属性，这一点是无可怀疑的。

---

① 转引自白寿彝主编：《史学概论》，325 页，银川，宁夏人民出版社，1983。

　　但是，历史研究中的价值性认识，比一般认识活动中的价值性认识要复杂得多。在一般认识活动中，价值主体就是从事认识活动的主体，客体的价值就表现为能满足认识主体的属性。而在历史认识中进行价值评价，实际上是要评价历史客体相对于不同价值主体的多层次价值关系。史学认识主体在进行历史认识时，首先是充当了一个价值主体的角色，其之所以选择了某一历史客体，是因为对这一客体的研究能满足于自身的某种需要（不能仅理解为满足认识个体的自身需要，个体主体应看作社会主体的承担者）。但是，当史学认识主体认识一历史客体的时候，为了真正理解客体的价值，还必须弄清历史客体对于它所由产生的时代的意义，以及它对后世整个历史发展进程的作用和影响，即要评价历史客体与它的时代及其后世历史发展的价值关系。因此，在对历史客体进行价值评价时，主体所要认识的一般有三层价值关系：历史客体与以它所处的时代（或曰特定历史时代）为价值主体的价值关系，与以整体历史进程（或曰长时段历史）为价值主体的价值关系，和以现实认识主体为价值主体的价值关系。这样，在历史认识中，价值认识所要考察的就是历史客体与特定时代主体、长时段历史主体、认识主体这三层价值主体的关系。

　　历史客体对这三层价值主体所显示的意义，在许多场合下并不是一致的，却有很密切的联系。一般来说，历史客体与认识主体的价值关系，是被它与特定时代主体、长时段历史主体的价值关系所决定的，历史客体只有在对特定历史时代、对长时段历史进程显示出价值作用的时候，才可能对认识主体显示出一定的意义，才可能作为一个客体被主体从历史存在中选择出来。一个历史现象，如果对它的时代、对后世长时段历史发展没有任何值得重视的影响，它就不会对现实的认识主体显示出什么积极的意义。而历史客体与特定时代主体、长时段历史主体所构成的价值关系之间，则常常出现矛盾现象。有些历史客体在它的时代显示出突出的意义，曾经显赫一时，而在后世则落入默默无闻之境，即它缺少长时段历史价值；有些历史客体在它的时代没有什么积极意义，或者说没有引起人们的注意，而对后世却产生了深远的影响；当然，也有一些历史客体，不论对它的时代还是对后世历史都产生过巨大的影响，具有突出的特定时代价值和长时段历史价值。这些情况都需要我们在价值性认识中引起注意，进行具体分析。

　　历史认识是一种价值性认识，但是历史学家表达价值认识的方式则是十分含蓄的。在通常情况下，历史学家不仅不直书自己的价值目的、价值标准，而且也不肯在文字上有任何主观用意的流露，以致人们误认为他是在搞纯粹的历史探讨而不带有任何现实企图。这已经形成了历史编纂学特有的风格和传统。所以，历史学家的价值观念、价值标准、价值目的都体现在他对历史客体的特定时代价值和长时段历史价值的判断上。历史学家借对历史事物的评价来表达对现实的看法，这就是他研究某一具体历史客体的价值之所在。这个传统从孔子起就开始了。《春秋》之作，其价值目的在于"拨乱世之反正"，而他却不明言。孔子说："我欲载之空言，不如见之于行事之深切著明也。"①因此，他因鲁史而作《春秋》，"笔则笔，削则削"，慎"一字之褒贬"，材料的取舍及文字的调遣，都要严肃地表达他的是非观点，反映他的价值性选择。缘此而起的"春秋笔法"，为后世历史学家所称道、所承袭。所以，历史学家的价值目的主要寓含在对客体本身的叙述、评价之中。

　　"'价值'这个普遍的概念，是从人们对待满足他们需要的外界物的关系中产生的。"②从归根结底的意义上说，历史学家也是为了满足某种实际的需要和利益才去研究历史的。于是，各个认识主体从不同的实际需要出发去展开自己的历史评价活动，这就造成历史评价中各种观点的杂然纷呈，莫衷一是。这是历史认识活动中的事实，不必回避。但我们并不认为这各种不同的观点都有其成立的理由，因为它们还必须接受客观性标准的检验。主体的价值评价主要是通过对客体的特定时代价值、长时段历史价值的评价去进行的，而客体的特定时代价值、长时段历史价值则是客观的。历史事物已经在历史上发生过它的客观影响，主体从不同的价值观念出发进行评价，可能模糊客体的价值面貌，但绝不能改变其面貌。这里，我们强调，在价值性认识中必须同在考实性认识和抽象性认识中一样，严格贯彻唯物主义认识路线，并在此基础上充分发挥主体的能动作用，从各种不同的层次上，从各个不同的角度，去开掘历史客体的价值，为现实的人类活动提供丰富的历史借鉴。

---

　① （汉）班固撰：《汉书》卷六十二，2717页。

　② 《马克思恩格斯全集》第19卷，406页，北京，人民出版社，1963。

四、各种认识形式间的相互作用

以上诸种认识形式之间，存在着复杂的相互作用关系。剖析它们之间的内在联系，对于掌握诸种认识形式并有效地运用它们，是有益的、必要的。

首先，考实性认识是其他两种形式的认识活动赖以进行的必要前提。如果不能弄清史料客体、进而历史客体的原始面貌，连历史的外在形态都不能认识，就不可能进行深层的抽象研究及其评价活动。考实性认识是一切认识活动的基础，这个道理无须多讲。但是，单纯的考实性认识并不能完成历史学的任务，止步于此，我们还不能达到整个历史认识活动的目的。考实性认识很难独立地发挥社会功能，而要依赖抽象性认识和价值性认识来显示其意义和作用。而且，在实际的认识过程中，考实性认识还受着其他二者的制约和规定。其一，考实性认识中包含着抽象认识的因素，主体的抽象思维能力的强弱，在一定程度上影响着其考据性研究。其二，价值性认识，规定着考实性认识的方向及其研究对象的选择。主体研究什么不研究什么，考证什么不考证什么，都是从一定的价值观念、价值目的出发的。

其次，抽象性认识在全部历史认识活动中居主导地位。它所揭示的历史的本质联系最终确定着客体的根本面貌，同时又决定着对客体价值评价所可能达到的可靠性。抽象性研究的成果是对客体进行价值评价的客观性依据，因此，抽象性研究的深度及其真理性程度，在很大程度上影响着价值评价的深度及其可靠性。但是，这一认识形式也同样受制于其他的认识形式。一方面，它的深度及其真理性必须以考实性认识的坚实成果为基础；另一方面，主体的价值观念、价值目的则决定了抽象性认识活动的方向和角度。历史客体的复杂性使主体的抽象性认识可以从不同的方向或角度去进行，而不同的方向或角度的选择就是由主体的价值目的所决定的。我们常常看到历史学家从不同的角度研究同一个历史客体，提出独到的解释，其原因就是引发于不同的价值需要。但是，不管人们从哪个角度对客体进行抽象，其结论都必须是从客体自身的联系中抽象出来，这种抽象的结果不应该受到主体价值目的的扭曲，而只能作为主体进一步进行价值评价的根据。因此，抽象性认识在整个历史认识活动中，具有根本性的意义。

最后，史学研究的社会功能、意义和作用，是靠价值性认识来最后完成的。从历史学认识的每一步都起始于一定的价值需要来说，价值性认识可谓历史学的灵魂。没有价值目的的认识活动是盲目的，没有价值性评价的历史学是没有意义的。而价值评价却不是可以随意进行的，它需要有考实性认识和抽象性认识相结合的事实性认识作为评价的基础，任何评价都必须从最顽强的事实出发。列宁说："认识只有在它反映不以人为转移的客观真理时，才能成为对人类有机体有用的认识，成为对人的实践、生命的保存、种的保存有用的认识。"①从被扭曲的历史事实中，不可能引申出真正有价值的历史启示。前边提到陈垣写作《通鉴胡注表微》是出于弘扬爱国思想的价值目的，但是，为了实现这一研究价值，陈垣对胡三省注《资治通鉴》的情况做了极细密的考证，征引了近250种书籍。正是这样把研究建立在扎实的考实性认识基础之上，所阐述的思想观点、价值评价才有根有据，令人信服，实现了陈垣预期的价值目的。

这三种认识形式相互联系，相互促进，相互制约，形成史学研究完整的认识体系，每一认识形式都在历史学的学科体系中发挥着应有的作用。对于历史学的健康发展来说，三者缺一不可。对于认识个体来说，根据自身的主体条件选择一种形式作为主要的研究风格，长期从事某一学术层次的认识活动，是无可非议的。但是，不管从事哪一认识层次的研究，对于从事其他性质的认识活动的人，都应该重视他们的研究活动，相互借重，以推动历史学在社会历史的进步与发展中，发挥更加突出的功能和作用。

---

① 《列宁选集》第2卷，139页。

第十一章 历史再认识及其推动因素

关于辩证唯物论的认识论，毛泽东在《实践论》中有一段经典性的论述："实践、认识、再实践、再认识，这种形式，循环往复以至无穷，而实践和认识之每一循环的内容，都比较地进到了高一级的程度。"①研究历史认识的发展，不能硬套这一经典公式，历史认识有它自身的特殊性，但是，对于认识的不断深化和发展来说，历史认识论研究也要重视"再认识"的问题。

一、历史再认识是史学发展的基本形式

人们认识历史，总是从自己的时代条件出发的，而时代条件则随着现实的发展不断变化，因此，历史认识总在发展中，人们总是要不断从新的时代高度对历史进行再认识，并因而把史学研究不断地向前推进。历史再认识就是史学发展的基本形式。

历史再认识还可以从认识论的角度得到解释。马克思说："关于人类生活形态的深思及科学分析，一般说来，总是按照与现实发展相反的道路进行。那总是从后面，从发展过程的完成结果开始。"②因为历史事件，特别是那些影响历史进程的重大事件的本质因素，对历史发展的影响总是多方面的，总要有一个逐渐暴露的过程，随着时间的推移，才能逐渐对它有比较全面的认识。另外，人们的历史认识，总是与人类全部的知识水平相联系

---

① 《毛泽东选集》第 1 卷，296～297 页。

② 马克思：《资本论》第 1 卷，中共中央马克思恩格斯列宁斯大林著作编译局译，51 页。

的。相较于前代社会，后代社会总是处在较高的知识发展阶段上，新的知识水平提供人们认识历史事物的新的方法和手段。因此，历史再认识不仅是现实发展的需要，也是人的认识发展的必然结果。

对于历史再认识问题，不同时代的历史学家，都有不同程度的自觉意识。梁启超谈到过这个问题："什么是历史的目的？简单一句话，历史的目的在将过去的真事实予以新意义或新价值，以供现代人活动之资鉴。假如不是有此种目的，则过去的历史如此之多，已经足够了。在中国他种书籍尚不敢说，若说历史书籍，除二十四史以外，还有九通及九种记事本末等，真是汗牛充栋。吾人做新历史而无新目的，大大可以不作，历史所以要常常去研究，历史所以值得研究，就是因为要不断的予以新意义及新价值以供吾人活动的资鉴。"①历史没有改变，而研究却要常常进行，要不断地予以新意义及新价值。这就是说，在梁启超看来，历史研究的目的就是通过不断的历史再认识活动，为现代人的活动提供借鉴。

李大钊在《史学要论》中也用了大量文字阐述历史再认识问题。他说："一时代有一时代比较进步的历史观，一时代有一时代比较进步的知识；史观与知识不断的进步，人们对于历史事实的解喻自然要不断的变动。"②李大钊进而把历史再认识看作恢复历史真实的活动。他认为，历史认识是在不断的变动中、进步中，它是活的，是在不断地再认识中向前发展的。并且，正是根据现实发展需要不断地进行历史的再认识，才能写出真正的历史。

不同时代的历史学家，都希望从自己的历史时代出发重新解释历史，历史知识在一代代人不断进行的历史再认识中向前发展。中国的马克思主义史学诞生以后，以新的历史观为指导，对传统史学进行了全面的批判、审查，展开了广泛的历史再认识活动。但是，这个再认识绝不是一次性完成的，而是随着时代的发展不断地反复地进行的。我们自己的历史结论也有再认识的必要，也必须在不断地再认识中向前推进。明白这个道理，对于发展今天的马克思主义史学有极重要的意义。它要求我们今天的历史学家，大胆地解放思想，勇于创新，勇于探索，站在新的历史时代的高度，去进行创造性的研究。

---

① 梁启超：《中国历史研究法补编》，见《饮冰室合集》专集之九十九，5 页。
② 李守常：《史学要论》，8 页。

二、历史再认识的历史根据

(一)历史的划时代的改变，是史学领域中出现广泛的历史再认识的时代条件

人类历史进程中的每一次重大变迁，都必然伴随着意识形态领域里的深刻革命，作为认识主体的新时代的历史学家，必然要站在新时代的高度，重新审查前代的历史结论，从而在史学领域展开一场广泛而深入的历史再认识活动。

在整个的人类历史上，不论封建制取代奴隶制，还是资本主义代替封建主义，都曾经引起史学领域中的这种划时代变化。

中华人民共和国的成立，开辟了我国历史的新纪元，人们的生产关系、社会制度，人们的精神面貌、思想观念，社会生活的一切领域，都发生了重大变革。新时代的历史学家，从人民的立场出发，用辩证唯物主义和历史唯物主义做指导，去重新认识以往的全部历史，就很自然地在许多方面都得出了与以往传统史学完全相反的结论，"历史"被重新书写了。从新的历史时代出发进行的历史再认识，一般表现在两个方面：一是从以往的历史中开拓出新的研究领域，提出了以往历史学家不曾注意到的历史内容，这是对以往历史过程整体的再认识；二是对以往历史学家曾经研究过的问题，从一个新的角度、新的高度重新认识，推翻或改变原来的历史结论。

(二)历史进程中重大事件的影响，有一个逐渐暴露的过程，随着时间的推移，才能逐渐完善对它的认识

历史的事实就是这样，正在创造历史的人，往往不能对自己的行动做出历史的说明，他不知道自己的所作所为究竟会产生怎样的深远后果。18世纪末，雅各宾派当政时，接连于 1793 年 6 月 3 日、6 月 10 日、7 月 17 日颁布了三部土地法令。根据这些法令，有数十万小农变成了小土地所有者。他们获得了土地，并被免除了封建义务。当时的革命者或同情革命的人，都一致称赞这是农民的解放和走向富裕生活的开始，谁也认识不到这种所有制也将产生灾难性的后果。甚至到 19 世纪初，当拿破仑法典进一步用法律巩固这种小块土地所有制时，人们仍尽量赞扬这种土地所有制。可是，到了 19 世纪中叶，马克思就指出："第一次革命把半农奴式的农民变成了自由的土地所有者之后，拿破仑巩固和调整了某些条件，保证农民能够自由无阻地利用他们刚得到的法国土地并满足其强烈的私有欲。可是法国农民现在没落的原因，正是他们的小块土地、土地的分散，即被拿破仑在法国固定下来的所有制形式。这正是使法国封建农民成为小块土地的所有者，而使拿破仑成为皇帝的物质条件。只经过两代就产生了这样不可避免的结果：农业日益恶化，农民负债日益增加。'拿破仑的'所有制形式，在 19 世纪初期原是保证法国农村居民解放和富裕的条件，在这个世纪的过程中却已变成使他们受奴役和贫穷化的法律了。"① 只是到了 19 世纪中叶，人们才看到大革命时期取代封建大土地所有制的农民小块土地所有制的坏的一面，即它成为资本奴役农民的便利形式，以及由此而产生的一切后果，达到了对法国革命的这一成果的新的更加全面的认识。

历史事件的影响和结果在长期的历史进程中逐渐暴露的事实，就使历史认识具有了从现在回顾过去、从结果追溯前因的性质。当"结果"还没有出现，历史过程的本质还没有显露，它的各个侧面还没有充分展现出来的时候，无论理论的指导如何正确、科学，对历史的认识也不能保证准确无误。随着"结果"的不断出现，便不断地产生历史再认识问题。

历史过程中的本质因素，必然对后来的历史现实发生作用，并成为继续前进的动力或阻力。这种"结果"的显现，也许要经过三年五载，也许要百年千年，人们只有在看到"结果"的时候，才能充分认识它在三年五载、百年千年前的征兆以及它在长时期内潜在的发展。

重大历史事件的作用和影响，离开它的时代越远，就越能得出客观的、正确的和全面的认识。列宁说过："1861 年的革命者是一些单枪匹马的人物。看来，他们是完全失败了。事实上，正是他们才是那个时代的伟大的活动家，我们离开那个时代越远，就越清楚地感到他们的伟大，就越明显

---

① 《马克思恩格斯选集》第 1 卷，679～680 页。

地感到当时的自由主义改良派的渺小和虚弱。"①于是，随着时代的推移，以往历史事件的本质日益全面地暴露，我们便有必要重新审查前代的历史结论。

(三)高级社会形式提供了认识低级社会形式的钥匙

人类社会历史发展的连续性表明，"历史不外是各个世代的依次更替"②，每一世代都以前一世代作为自己的起点，并表现为对前一世代的继承和发展。因此，一方面，前一社会形式中的残片的遗留物，有可能在后一社会形式中继续存在；另一方面，前一社会形式中还只是征兆或萌芽的东西，则可能在后一社会形式中得到充分发展。这种历史发展的连续性，为历史学家利用对高级社会形式的解剖去对低级社会形式进行再认识，提供了客观历史根据。

马克思在《〈政治经济学批判〉导言》中很精辟地阐述了这个问题。他说："资产阶级社会是历史上最发达的和最多样性的历史的生产组织。因此，那些表现它的各种关系的范畴以及对于它的结构的理解，同时也能使我们透视一切已经覆灭的社会形式的结构和生产关系。资产阶级社会借这些社会形式的残片和因素建立起来，其中一部分是还未克服的遗物，继续在这里存留着，一部分原来只是征兆的东西，发展到具有充分意义，等等。人体解剖对于猴体解剖是一把钥匙。低等动物身上表露的高等动物的征兆，只有在高等动物本身已被认识之后才能理解。因此，资产阶级经济为古代经济等提供了钥匙。但是，决不是像那些抹杀一切历史差别、把一切社会形式都看成资产阶级社会形式的经济学家所理解的那样。人们认识了地租，就能理解代役租、什一税等等。但是不应当把它们等同起来。"③

现在，我们就以马克思提到的"地租"问题为例，来谈谈这个问题。马克思认为"人们认识了地租，就能理解代役租、什一税"，此处所谓"地租"，指资本主义地租；所谓"代役租"，乃指封建社会的产品地租和货币地租，主要是产品地租。而什一税是中世纪采地上的农民交给教会的实物形式的

---

①　《列宁全集》第 17 卷，109 页，北京，人民出版社，1959。
②　《马克思恩格斯全集》第 3 卷，51 页。
③　《马克思恩格斯选集》第 2 卷，23 页。

赋税，我们且不去管它。现在我们需要阐明的是：为什么只有在理解了资本主义地租的本质之后，才能更清楚地理解封建社会中代役租（封建地租）的本质。

今天的人们已经懂得，封建地租和资本主义地租一样，是土地所有者以土地所有权为根据对直接生产者的剩余劳动的无偿占有。但是，在封建社会中是不容易看清这一点的。就西方封建社会而言，如马克思所指出："在封建领地上，领主和土地之间还有着比单纯的物质财富的关系更为密切的关系的假象。地块随它的主人一起个性化，有它的爵位，即男爵或伯爵的封号；有它的特权，它的审判权，它的政治地位等等。……同样，那些耕种他的土地的人并不处于短工的地位，而是一部分像农奴一样本身就是他的财产，另一部分对他保持着尊敬、忠顺和纳贡的关系。"[①]在西方封建社会中，农奴与领主、家臣与封建诸侯、俗人与僧侣之间都有着相互依附关系，而且有相互的义务。因此，资产阶级经济学家往往认为，较低的领主是较高的领主的佃领人，正如农民是领主的佃领人一样。总之，在封建社会中，领主与农奴的生产关系被政治的、社会的假象掩蔽起来，因而不容易看清封建地租的剥削真相。你是佃领人，你应该交地租，交地租的义务就如他项政治社会性义务一样，是天经地义的、义不容辞的。这就是封建时代对地租的理解。

至于资本主义地租，则摆脱了一切传统的附属物而使土地所有权取得了纯粹经济的形式。资本主义生产方式，一方面把土地所有权从统治和从属的关系下完全解放出来，另一方面又使作为劳动条件的土地同土地所有者完全分离，土地对土地所有者来说只代表一定的货币税，这是其凭自身的垄断权，从产业资本家（租地农场主）那里征收来的。资本主义地租就是这样明显地表现出：土地所有者凭借对土地所有权的垄断，就能够把直接生产者的剩余劳动强制地、无偿地占为己有。各种形式的封建地租在实质上也是这样。不管封建地租也好，资本主义地租也好，都具有这种共同性——"地租是土地所有权在经济上的实现"。地租的这一本质属性，是在资本主义地租以纯粹的经济形式表现出来时，才能被人们认识的。人们拿

---

① 《马克思恩格斯全集》第 42 卷，83～84 页。

资本主义地租的情况去考察封建地租时，才一下子看出了它的本来面目，剥去了笼罩在封建地租周围的政治关系、依附关系等表面现象，懂得了封建地租也仅仅是以土地所有权为根据的。

不过，在利用对高级社会形式的认识去理解低级社会形式时，有一点需要注意，即低级社会形式的某些因素，在高级社会形式中，不是以原来的面貌出现的，它或者是发展了的形式，或者是萎缩了的形式，与原来的形式已经有了某些质的区别，不应当把它们等同起来。

(四)只有在当代社会的自我批判已经开始的时候，才能全面地理解过去

这也是马克思提出来的。他在《〈政治经济学批判〉导言》中说："所说的历史发展总是建立在这样的基础上的：最后的形式总是把过去的形式看成是向着自己发展的各个阶段，并且因为它很少而且只是在特定条件下才能够进行自我批判，——这里当然不是指作为崩溃时期出现的那样的历史时期，——所以总是对过去的形式作片面的理解。基督教只有在它的自我批判在一定程度上，所说是在可能范围内完成时，才有助于对早期神话作客观的理解。同样，资产阶级经济学只有在资产阶级社会的自我批判已经开始时，才能理解封建的、古代的和东方的经济。在资产阶级经济学没有把自己同过去的经济完全等同起来时，它对于以前的经济特别是它曾经还不得不与之直接斗争的封建经济的批判，是与基督教对异教的批判或者新教对旧教的批判相似的。"①

什么是资本主义社会的自我批判？"批判"当然是理论的批判，思想的批判，但马克思、恩格斯他们一贯的方法论思想是："历史从哪里开始，思想进程也应当从哪里开始，而思想进程的进一步发展不过是历史过程在抽象的、理论上前后一贯的形式上的反映。"②因此，马克思从本质上把这种"自我批判"，首先理解为历史本身的运动，然后再从与之相统一的立场上，分析在理论上执行资本主义社会的自我批判的思想运动。马克思写道："古代的财产关系在封建的财产关系中没落了，封建的财产关系又在资产阶级

① 《马克思恩格斯选集》第 2 卷，23～24 页。
② 《马克思恩格斯选集》第 2 卷，43 页。

的财产关系中没落了。这样，历史本身就已经对过去的财产关系进行了批判。"这样，人们才有了批判的认识，所以马克思认为，只有"从历史运动的批判认识中"，即"从本身就产生了解放的物质条件的认识中，才能引导出科学"。^①

在 19 世纪初叶以前，西方的思想家还没有对资本主义社会本身进行批判，所以他们对于前资本主义社会，特别是他们与之斗争的封建社会的理解，是非常片面的、幼稚的。例如，法国启蒙思想家和哲学家伏尔泰就把中世纪早期看作"狼和熊活动的天下"。启蒙思想家的另一个重要代表孟德斯鸠写过《罗马盛衰原因论》一书，但他关于罗马盛衰的论述差不多就像小学生的作业。反对中世纪残余的斗争限制了他们的视野。中世纪被看作由千年来普遍野蛮状态所引起的历史的简单中断，启蒙思想家对中世纪历史的评价采取了非历史主义的态度。

19 世纪初叶，资本主义社会自我批判的物质条件尚未成熟，然而已暴露出这个社会的种种弊端，一批优秀的先觉人物就开始执行对资本主义的自我批判，这就是著名的空想社会主义思想家圣西门、傅立叶、欧文等人。他们揭示出当前的社会依然是"充斥谬误、不良的行政管理，缺乏理性和正义的社会"，认为"私有财产"是造成贫困、罪恶以及社会仇视的唯一原因。他们认为理性和永恒的正义至今尚未统治世界，这主要是因为它们尚未被人们所认识。于是，他们从自己的头脑中设想出各种改造社会的方案和计划。这种从永恒的正义出发对资本主义的道义性批判，像资产阶级对封建社会的批判一样，也是片面的、不科学的、非历史的。空想社会主义者对资本主义进行的批判，之所以不成功、不彻底，主要是因为资本主义社会自我批判的物质条件尚未成熟。

资产阶级社会自我批判的物质条件，到 19 世纪 40 年代基本上成熟了，资产阶级的生产关系和交换关系，资产阶级的所有制关系，这个曾经仿佛用法术创造了如此庞大的生产资料和交换手段的现代资产阶级社会，像一个巫师那样不能再支配自己用符咒呼唤出来的魔鬼了。社会所拥有的生产力已经不能再促进资产阶级文明和资产阶级所有制关系的发展；相反，生

---

① 《马克思恩格斯全集》第 16 卷，30～31 页，北京，人民出版社，1964。

产力已经强大到这种关系所不能适应的地步，它已经受到这种关系的阻碍；而它一着手克服这种障碍，就使整个资产阶级社会陷入混乱，就使资产阶级所有制的存在受到威胁。资产阶级的关系已经太狭窄了，再容纳不了它本身所造成的财富了。资产阶级当年用来推翻封建制度的武器，现在已经对准了资产阶级自己。资产阶级社会自我批判的历史条件成熟了，无产阶级担负起了对资产阶级社会进行历史批判的任务，他们在理论上的代表人物就是马克思和恩格斯，而《共产党宣言》就是执行这种历史批判的代表作。

马克思、恩格斯对资产阶级社会进行历史批判的方法是：从批判封建的生产形式和交换形式的残余开始，证明它们必然要被资本主义形式所代替；然后再从资本主义本身发展的历史过程中，证明这种生产方式由于它本身的发展，已达到使它自己不可能再存在下去的地步。这种批判就是从历史的辩证发展中去阐明资本主义生产方式在历史上产生、发展以致最后被社会主义取而代之的历史必然性。这种批判告诉人们：资产阶级要灭亡了，它要历史地灭亡了。社会生产力的发展——这同一个原因——使它取得了政治的、经济的统治，但又宣告了它的末日。历史规律就是如此无情。资产阶级的灭亡，不是由于它的残酷、虚伪、贪婪、歹毒，不是由于它已经走过了二百年的统治的历史，也不是由于它面临了无产阶级的反抗，真正的根本的原因，是它自己否定了自己，它所代表的社会制度、生产关系，束缚了由这种关系所创造的生产力。内在的不可克服的矛盾决定了它必然被取代的命运，正像它取代封建主的统治一样，是那样的不可避免、不容置疑。这就是从资本主义社会自我批判的历史条件中引导出的结论。

从对资产阶级社会的历史批判中，引出了这样的方法论思想："一切依次更替的历史状态都只是人类社会由低级到高级的无穷发展进程中的暂时阶段。每一个阶段都是必然的，因此，对它发生的那个时代和那些条件说来，都有它存在的理由；但是对它自己内部逐渐发展起来的新的、更高的条件来说，它就变成过时的和没有存在的理由了；它不得不让位于更高的阶段，而这个更高的阶段也要走向衰落和灭亡的。"①从这一方法论思想出发去考察古代社会、封建社会，便有了对古代社会、封建社会全面的正确的

---

① 《马克思恩格斯选集》第 4 卷，217 页。

理解，从而纠正资产阶级在上升时期对封建社会批判的片面性和形而上学观点。

上边我们用大量篇幅解释了马克思关于"资产阶级经济只有在资产阶级社会的自我批判已经开始时，才能理解封建社会、古代社会和东方社会"的思想，那么，这一认识论思想是不是具有更广泛的普遍性、有更大范围的适用度呢？答案是肯定的。我们由此引申出：只有在当代社会的自我批判已经开始的时候，才能全面地理解过去。

当一个社会开始自我批判的时候，也就是它自身包含的自我否定的因素已经明如大火地展现在人们面前的时候，人们才能认识这种否定因素在先前的存在和发展，而在这之前，这些否定因素，往往被它的肯定因素、它存在的历史合理性掩蔽着，人们要对这段先前的历史进行全面的认识就不可能。1981年6月的中共十一届六中全会通过的《关于建国以来党的若干历史问题的决议》，对中华人民共和国成立以后三十多年的历史中若干重大问题，进行了再认识，做出了新的评价。《关于建国以来党的若干历史问题的决议》的基础就是在理论战线上的拨乱反正；而拨乱反正就正是执行了对以往历史中"左"的路线的历史批判。如果不是"文化大革命"中"左"的思想发展到登峰造极的地步，不是这个"左"倾路线自身否定因素发展到了足以否定自身的地步，造就了它的自我批判的物质条件，我们还不可能全面地认识评价那段"左"倾思想潜在发展的历史。

任何社会都必将有它自我批判的阶段，因此，就必然有以这种批判为依据的对先前社会的再认识。从这一点上说，历史再认识是永远不会停止的。

（五）新材料的不断涌现，要求人们不断修正对以往历史的认识，以增强历史认识的科学性

这一点很好理解，在历史研究中的例子是大量的。新材料的不断出现，主要是考古发现。中华人民共和国成立后的考古工作有很大发展，我们现在的古代史，特别是先秦时代的历史，基本上是根据不断发现的考古资料予以重新写定。

恩格斯对《家庭、私有制和国家的起源》一书的修订就体现了一个依据新的历史资料进行历史再认识的典范。该书初版于 1884 年，7 年后，恩格斯为与否定进化论思潮配合的资产阶级唯心主义原始社会学做斗争的需要，对其重新修订，使它的每个结论都建立在科学的、可靠的基础上。而且，这 7 年中，在原始社会史研究方面，也有了不少新的著述，提供了对原始社会史重新认识的可能条件。于是，恩格斯在 1891 年的第 4 版中，充分吸取当时新的科研成果，对原书进行了大量的修订。据统计，该书第 4 版，对原书共做了 144 处改动。其中只做文字上的修改，不改变原文基本意义的有 51 处，明确或发挥原文意义的修改和小的补充有 41 处，采用新的事实资料进一步发挥第 1 版所发表的论点的有 20 处，原则性的修改和补充有 25 处，修改第 1 版中不确切的地方有 7 处。[①] 经过这样一次大的改动，使这本科学著作材料更加丰富，立论更加坚实，也更具科学性。因此，列宁称它"是现代社会主义主要著作之一，其中每一句话都是可以相信的，每一句话都不是凭空说出，而都是根据大量的历史和政治材料写成的"[②]。

三、历史再认识的推动因素

推动历史认识发展的动力是什么，这是历史认识论研究要回答的一个重要问题。以上我们谈到的历史再认识的历史根据，事实上也已经是谈到这个问题了。这里，我们再从正面做些分析。一般来说，历史再认识的推动因素，可以归结为如下几点。

(一)时代发展的需要

一个时期的历史认识是这一时期整个意识形态的一部分。时代发展了，就要求它的意识形态适应并服务于这个发展，历史学也不例外，历史认识也就在不断发展的历史过程中，改变着自己的内容。因此，时代的发展就成为推动历史再认识的根本动力。20 世纪 80 年代史学界对农民平均主义思

---

① 参见〔苏联〕伊·恩·文尼科夫：《恩格斯"家庭、私有制和国家的起源"一书的第一版和第四版》，载《民族问题译丛》，1956(5)。

② 列宁：《论国家》，5 页，北京，人民出版社，1973。

想的再认识，就是很突出的例证。

中共十一届三中全会以后，大幅度地调整生产关系，使之适应并推动我国当前社会生产力的发展，其中很重要的一点，就是真正贯彻按劳取酬的社会主义分配原则，调动广大直接生产者的劳动积极性。生产关系的这一重要变革，很自然地提出要重新认识历史上的平均主义思想。因为现实中的平均主义观念紧紧地拖着改革的步伐，影响着时代的发展。

中华人民共和国成立后，史学界开辟了一个农民战争史研究领域，把两千多年对农民起义的诽谤诬蔑之词统统推倒，恢复了农民战争在中国历史发展中的重要地位，肯定了它是我国古代社会历史前进的动力因素。这无疑是对我国农民战争史的一次重要的再认识。但是，1958 年以后，以"共产风"为主要标志的"左"倾错误严重泛滥，无可抗拒地干扰到史学领域，于是，在中国农民战争史研究中，把农民的平均主义思想不加分析地提升到无原则的高度，进行超越历史条件的大肆颂扬，为"左"倾思潮提供了历史根据，对"共产风"的蔓延起了助纣为虐的作用，直到"文化大革命"，都在散发着恶劣的影响。中共十一届三中全会以后，在整个思想理论战线上对极左路线的批判，调整生产关系以解放生产力的时代需要，都要求我们重新认识历史上农民阶级的平均主义思想。于是，在 1981 年以后，又出现了一次集中讨论平均主义思想的热潮。在这次讨论中，由于过多地受现实的影响，有人把像李自成、洪秀全领导的农民战争的失败，都归结为农民的平均主义思想，几乎是全盘否定了农民阶级平均主义思想的历史作用。这种观点在学术界引起了热烈争鸣。现在，虽然对平均主义的认识还存在分歧，但多数人基本上同意用恩格斯在批评小资产阶级社会主义时说过的一段话，来估价和分析农民战争中的平均主义思想，即"在经济学的形式上是错误的东西，在世界历史上却可以是正确的"①。这样，我们既肯定农民平均主义思想产生的正当性、合理性，以及它在历史上曾经起过的积极作用，给它以应有的地位，又指出它在理论上的错误，空想性及反动性，并对其错误及其根源进行充分的揭露与批判。重新研究农民的平均主义思想，终于使我们基本上弄清了它的性质、作用及产生的根源，对于我们如何克服

---

① 《马克思恩格斯全集》第 21 卷，209 页，北京，人民出版社，1965。

现实中的平均主义给予了有益的启示。

恩格斯在 1894 年《致瓦·博尔吉乌斯》的信中，谈到科学发展与社会需要的关系时说："如果像您所说的，技术在很大程度上依赖于科学状况，那么科学状况却在更大的程度上依赖于技术的状况和需要。社会一旦有技术上的需要，这种需要就会比十所大学更能把科学推向前进。"[①]历史认识的发展与时代需要的关系，也可以作如是观。

(二)认识主体的创造精神

推动历史认识发展的动力，不光是时代发展的需要，还必须有史家主体的积极参与。因为时代需要是一回事，史家主体是不是加入时代的行列，充当时代的代言人，则是另一回事。所以，推动历史认识发展的直接动力，是史家主体性发挥的方向和程度。

要推动历史认识的发展，当然首先需要史家主体有较强的认识能力，有合理的、适应于史学研究需要的知识结构，要重视训练和改进思维方式。其次，主体还应具有献身学术的执着精神。但这些要求都不是历史认识论研究的特殊问题，任一学科知识的发展，对认识主体都有这样的要求，而且史家主体在这些方面也都保有一定的自觉性。

对于史家主体来说，要把历史学推向前进，最重要的是要有强烈的时代责任感，要有参与社会的强烈意识。马克思以前的"哲学家们只是用不同的方式解释世界，问题在于改变世界"[②]。一切科学的功用都在于改变世界（自然界和人类社会），历史学也当有这样的功用，才有自己存在的根据。史家主体是社会历史活动主体的一部分，史家主体的历史研究实践，也应该是变革社会的实践活动的一部分，史家主体的认识活动，不应该游离于人们的历史创造活动之外。当然，不管史家主体是否意识到这一点，他们的研究活动都不可能彻底脱离现实的历史创造活动，但是，有没有参与社会、创造历史的自觉意识，则是大不一样的。如果史家主体能够真正明确自己的历史责任，热心地、勇敢地参与变革社会的伟大实践，乐于、善于

---

① 《马克思恩格斯选集》第 4 卷，731～732 页。
② 《马克思恩格斯选集》第 1 卷，57 页。

观察现实，思考现实，并力求从历史的回溯中回答现实，那么，史家主体将会从现实社会中获得无限丰富的启迪，不断提出新的研究课题，获得超越前人的创造性成果。现实的发展永远是生动不已的，历史永远不会停止自己的脚步，历史认识也将永远是生动的、进步的、与时俱变的。

(三)整体人类认识水平的发展，要求历史学家站在现代科学的高度去审视过去，以推动历史认识的深化和发展

认真分析不同历史时代的史学发展状况，我们会发现这种历史认识状况的改变，是和该时代科学知识发展的水平相联系的。因为，科学的发展在很大程度上改变着主体的知识状况、思维方式和认识手段，促使主体从一个新的科学基础和新的思维角度出发去重新审查以往的历史，从而把历史认识推进到一个新的阶段。20世纪80年代以来国外学界出现的"《易经》热"，就是一个很好的例证。

《易经》(《周易》)是我国周代一本用来占卦的卜筮之书。它由卦、爻两种符号和说明卦的卦辞和说明爻的爻辞构成，分两部分，共六十四卦、三百八十四爻。以卦和爻来占卜和象征自然、社会变化的吉凶，有迷信的色彩，但也保存了古代社会的一些情况和某些思想资料，其中也含有朴素的辩证法思想的萌芽。《易经》年代久远，辞义晦涩，后人多方发挥，众说纷纭。两汉时，《易经》被谶纬化；魏晋时，被玄学化；宋明时，又被理学化；20世纪80年代以来兴起的《易经》热，是从现代科学出发对《易经》的再认识。欧美学者多从天文、数学、医学、物理、化学等自然科学的角度去探索《易经》卦的基本原理及其应用。他们认为，量子力学原理在《易经》中就有体现；对"奇偶性不灭定律"的怀疑，有得于易卦阴阳相对、消长之理；现代计算机的发明，和《易经》的启示有关；现代化学，是乾阳、坤阴卦的具体运用；现代物理学中的"强子八重态"是八卦的具体运用；现代生物学中的"遗传密码"，是六十四卦的具体应用；甚至现代"信息论""信息科学"也是在"孚息论""八卦图"的基础上发展起来的。在千奇百怪的见解之中，现代文明几乎无一不可追溯到《易经》中去。[①] 种种说法，不乏牵强附会之

---

① 此处参考了《世界图书》1986年第12期刊载的《当代世界的"易经热"与〈易经〉》一文。

词，但有些认识却也值得注意。

国内学者也有人从自然科学的角度对《易经》做了较深的研究。有人把《易经》中卦爻辞的吉凶断语，粗略地分为大吉、一般的吉、利、无咎无悔、悔咎不利、凶、厉等，对其出现的次数和比重做了一个统计，结果得到一个两头低、中间高的概率曲线，认为《易经》中"明显含有排列组合与概率统计的思想"。人们从数理逻辑的角度探讨易数原理，提出了许多新颖的富有启迪意义的观点，对《易经》面貌及其价值进行了再认识和再估价。有学者认为，如果以科学的数学知识做向导，对易数重新做一番研究，就不难发现其中孕育着许多可贵的数学科学知识的胚芽，它曾经启迪过不少数学家的智慧，也向许多哲学家灌输过朴素自然辩证法的观念。当他们运用这些知识和观念试图说明世界万物的各种关系时，易数之学实际上成了世界上最早的一部具有独特风格的古奥的数理哲学，或者说是非常古老的数理逻辑。[①]

现代科学的发展引起了人们对《易经》的兴趣，人们用这"神密的砖块"建造了不可胜数的迷宫。随着科学的发展，人们对《易经》的认识还将会更科学、更完整、更加丰富多彩。当然，从新的科学角度对历史的再认识也不可能完全正确，也可能出现用新观念改铸历史，拔高古人的情况，但这并不可怕，随着研究实践的发展，主体总可以抛弃那些被证实是错误的东西，一步步向历史的真实逼近。最重要的是，由现代科学发展而推动的对历史的再认识，不管它的正确程度如何，都将给人们留下富有启发性的影响。现代科学发展对于历史再认识的推动作用是不可低估的。

---

① 参见刘蔚华：《谈易数之谜——中国古代的数理哲学》，见中国哲学编辑部编辑：《中国哲学》第 6 辑，1～24 页，北京，生活·读书·新知三联书店，1981。

第十二章　历史认识的检验

　　辩证唯物主义认识论有一个很基本的观点，即实践是检验真理的唯一标准。历史认识也有一个真理性的判断问题，也应该接受实践的检验。但是，历史认识的检验具有很大的特殊性。因为，历史认识反映的是历史实践中的问题，而今天人们的社会实践活动已较过去有了很大的发展。此外，由于历史现象不再重复，历史学家的认识无法与之直接对验。本书认为，在历史认识检验问题上，摒弃实践的检验是错误的，而完全套用"实践是检验真理的唯一标准"也是行不通的，我们应该对历史认识的检验问题做出具体分析，进行单独的探讨和研究。

一、历史认识的可检验性

　　在以往的史学理论研究中，历史认识的可检验性是一个颇有争议的问题。近代以来的一些学者，多是否定历史认识的可检验性，并且把它引为否定历史认识可靠性和科学性的根据。马克思主义史学家从历史的可知性出发，肯定历史认识是可以检验的，但由于忽视对历史认识检验问题深入而全面的探讨，因而使这一科学思想还没有得到有力的证明。

　　否定历史认识的可检验性，主要是从两个方面提出问题。一是从历史客体本身出发，强调历史现象的一度性、不重复性，因而认为对它的认识不能得到验证。主张这一说法的人都把历史学和自然科学相比较，认为自然界的事物是重复出现的，可以利用实验室对一种结论反复验证，而史学研究则没有这一便利，不可能利用实验室这一科学的检验手段，所以历史认识就无法进行检验。这至少是体现了形而上学的思想方法。历史认识的检验不能通过实验室来进行，这只是说明了相对于自然科学认识来说，历史认识在真理性检验方面的特殊性，还不能证明历史认识的不可检验性。我们绝没有理由用自然科学的检验方法，来规范一切科学认识的检验问题。我们承认历史现象的一度性，但不主张把历史的这一特征过于绝对化，强调到不适当的地步。

一种历史现象消逝了，但它是历史地逝去的，它把自己的影响留给了历史，刺激或在一定程度上影响到后世历史的发展，从后世的历史中可以看到它的影子；有些（甚至许多）历史现象并不是一下子消逝的，而是在自己的历史时代之后，以发展的或者萎缩的形态，过渡到新的历史时代中；有些历史现象消逝了，但它被人们以文字的或口述的形式保存、流传下来，虽然这种变换了存在形态的"历史现象"与它的原本面貌有许多不同，但它毕竟是原本面貌的反映，其中保存着历史现象的"硬核"；有些历史现象消逝了，但它留下了自己的物质残骸，人们对上古历史的认识，大多是从古文化的物质遗存中获得信息。

总之，历史现象虽然是一度的，逝去了就不会复生，但它的确既逝去又没有逝去，它会通过各种途径或方式向历史学家传递其信息（虽然不可能是其全部信息）。因此，历史现象的一度性，并不能把我们引导到不可知论。

我们也承认具体历史现象的不重复性，但这个不重复只是相对的。正像在自然科学研究中，需要利用实验室排除各种偶然因素的干扰，使研究对象在最纯粹的环境中再现出来以重复认识一样，在历史研究中，我们也可以利用科学抽象，忽略一些非主要的偶然因素，把许多同类事物的共同本质抽绎出来。这样，我们将会看到，历史现象中的重复也像在自然现象中一样，是司空见惯的、大量存在的。我们会发现历史的重复性的方法就是科学抽象。本书第一章曾谈到这个问题，此不赘述。如果辩证地认识社会历史，我们应该承认历史的重复性。正是由于这一点，才使历史学家能够对错综复杂的历史现象，进行归类、分析、综合、概括，看到历史事物的本质联系，获得科学的、高层次的历史认识。同时，历史的重复性也为历史认识的检验提供了条件和根据。

以上对历史现象一度性、不重复性的辩难，使我们确信历史的可知性，并由此确认历史认识的可检验性。这是我们驳回否定历史认识可检验性的第一个问题。

否定论者的第二个问题是从主体方面提出来的。他们认为，一切历史认识中都渗透着浓重的主体意识，都是主体从特定的历史时代出发获得的，如何历史认识对于产生它的时代、对于其认识主体来说，都是合理的、真实的。因此，不同的历史认识是不能比较、不能判断的，不可能通过验证做出真理性程度的区分。

杜维运在《史学方法论》中说："相信'史学家可能有一天发展出一种客观方法，像科学家一样，检查同样的证据，得出同样的结论'，无疑是一种梦幻。"①

英国学者柯林武德写道："圣奥古斯丁从一个早期基督徒的观点来看待罗马的历史；提累蒙特是从一个十七世纪法国人的观点来看；吉本从一个十八世纪英国人的观点来看；而蒙森则从一个十九世纪德国人的观点来看。问哪一种观点是正确的，那是没有意义的。每种观点对于采用它的人来说，都只是惟一的一种可能。"②

确认历史认识的相对性质，否认历史认识的确定性、可检验性，在当代西方史学中，是一种带有普遍性的倾向。然而，也是一种错误的认识论倾向。导致这种错误倾向的根本原因，在于他们否认在史家认识之外有独立的、绝对的、真实的历史客体存在，因而否认历史认识的客观性。

我们也承认历史认识的相对性，也主张建立以主体为核心的历史认识论体系，甚至也特别强调要重视主体意识在历史认识中渗透的不可避免性。但我们并不因此而走向相对主义，并不由此否认历史认识的实在性、客观性、可检验性。本书前边区分过历史存在与历史客体这两个概念，认为历史客体，也应该从主体方面去理解，它不能脱离主体而成立，和主体处在相互依赖、相互联系、相互作用之中。在承认历史客体的客观性的前提下，也应强调历史客体是被主体所设定、所选择的产物，是主体本质力量的表现和确证。但我们同时特别强调历史客体的客观性：历史客体的最初形态

---

① 杜维运：《史学方法论》，42 页。
② ［英］R. G. 柯林武德：《历史的观念》，何兆武、张文杰译，9 页。

是一种自在之物，是历史存在的一部分，随着主体能力的拓展，它进入了主体的认识领域，获得了客体的属性。但这一变换只是给历史存在附加上了一些新的属性，而并没有丝毫改变它原来固有的属性。当一种历史事物还是一种自在的存在的时候，它是完全独立于人的意识之外的，不管你去不去认识它，它都依然如故。当它成为客体的时候，这种属性——最顽强的客观性，并没有发生改变，主体对它正确的或是错误的、审慎的还是随意的种种解释，也仍然不能改变它那本来的面貌。只要我们确信历史客体的客观性质，承认历史事实的硬核客观地独立地存在于历史学家的解释之外，那就很自然地确认了历史认识的可检验性，并且可以为检验千奇百怪、纷纭繁杂的历史认识，找到一个可靠的客观尺度。

二、历史认识检验的标准问题

历史认识是可以检验的，但检验也的确是一个比较麻烦的问题，单是在确立检验标准的问题上，就存在许多模糊不清的看法，需要我们一一加以澄清。

(一)时代序列说

没有人明确提出这一标准是我们从一些人的论述中抽象出来的，但这种看法确有一定的代表性。譬如西方那些相对主义的历史学家，原则上认为历史认识是无法检验的，而且在他们看来，要区分哪一种认识是正确的，并没有意义。但他们有时也谈论历史认识的进步问题，对某些历史认识也判为"历史的错误"。既有判断，当然就有"标准"隐含其中。柯林武德写道：

> 历史学家并不是上帝，高高在上或者是从外界来观看世界。他是一个人，而且是一个他自己当时当地的人。他从现在的观点观看过去，他从自己的观点观看其他的国家和文明。这种观点仅只对他以及处境和他类似的人才是有效的，但是对他来说，它是有效的。他必须坚持这一观点，因为这是唯一他可以接受的观点，而且除非他有一种观点，

否则他就什么都不能明白。举一个例子，对于中世纪的成就所下的判断，按照这位历史学家或是十八世纪的、或是十九世纪的、或是二十世纪的人而必然有所不同。我们二十世纪知道十八世纪和十九世纪是怎样看待这些事物的，而且我们知道他们的观点不是我们所能分享的观点。我们把它们称之为历史的错误，而且我们能够指出要摒弃它们的理由。我们能够很容易设想，有关中世纪历史的著作写得要比它在十八世纪里所写的更好；但是我们却不能设想它写得比它在我们自己的时代里所写的更好。[①]

在我国学者的著作中，也有类似的论述：

> 历史认识的进步，并不表现在历史认识是否接近所谓历史本体，而主要表现在历史认识不断符合社会现实，符合时代的要求和认识水平。也就是说，判断历史认识进步与否的标准存在于时代和社会现实之中。站在二十世纪的立场上，将二十世纪的历史认识同十九世纪的历史认识相比，二十世纪的历史认识无疑要进步得多，没有人能否认这一点，这并不是因为它更接近历史本体，而是因为它更接近二十世纪的现实。是现实为我们判定各种历史认识的是非优劣提供了一个标准，一个参照系。[②]

按照这些讲法，检验历史认识的标准，并不在客观历史本身，而在于认识主体的时代序列，后代历史学家的认识是判断前代历史学家的认识的根据。我们丝毫不否认历史认识的发展和进步，并确信随着时代的发展，整个人类认识水平的提高，后人完全有能力把前人的认识推向进步。但这种认识对于历史学家个体每一次认识的具体实现来说，却不具有绝对的意义。因此，在原则上，我们不能拿后代历史学家的认识去检验前代历史学家的认识，而应该从历史本身出发去提出检验历史认识的客观标准。

---

① ［英］R. G. 柯林武德：《历史的观念》，何兆武、张文杰译，123～124 页。
② 刘昶：《人心中的历史》，353～354 页，成都，四川人民出版社，1987。

(二)实践标准说

实践是检验真理的唯一标准,"这一基本原则,不仅适用于自然科学而且适用于社会科学。史学是社会科学的重要组成部分,从史学发展史看,是否坚持用实践作为判断历史是非、检验真理的惟一标准,是马克思主义史学与地主、资产阶级史学的分水岭"①。本章开头就讲过,在历史认识检验问题的讨论中,摒弃实践检验的标准是错误的,而完全套用这一标准也是行不通的。一般来说,能够被实践所检验的,是那些对历史进行大尺度宏观考察的规律性认识,如人类社会发展的一般规律问题等。这些历史认识具有贯通古今的性质,因而可以在今天的社会实践中加以验证。还有一类历史认识,它所反映的对象在今天的社会实践中仍继续发生着影响和作用,那么,对它今天的状况的考察,也有助于验证对它的先前形态的认识。但是,这两类情况,在整个历史认识活动中所占的比重是很小的,大部分历史认识是不可能用今天的实践加以验证的。因此,把实践检验作为历史认识检验的一种形式,在一定范围内是行之有效的,但要把它作为最基本的检验标准则是不妥的,它远不能涵盖所有的历史认识检验问题。

(三)史学实践标准说

有人说:"历史认识是人类总认识的一部分,而且是其中很重要的一部分。所以,我们要证明历史认识的真理性问题,其唯一的检验标准,也只能是社会实践,尤其是史学实践。"②持这种说法的学者,没有对史学实践与社会实践这两种不同的实践形式进行区分,而是简单地类同起来,把社会实践对一般理论认识的检验作用,武断地赋予"史学实践"。譬如他们写道:"唯一能够充当检验历史认识正确与否的标准的,只能是把史学家的主观认识和客观历史过程联系起来的桥梁和纽带,即人们的社会实践,尤其是史学实践。列宁说:'实践高于(理论的)认识,因为实践不仅有普遍性的优点,而且有直接的现实性的优点。'正是直接现实性的特点和优点,决定了

---

①　吴泽、桂遵义:《实践标准与历史研究》,载《学术月刊》,1979(2)。
②　吴泽主编:《史学概论》,302页,合肥,安徽教育出版社,1985。

实践可以成为检验真理的唯一标准。实践本身是一种客观的物质性活动，因而它具有直接的现实性。实践的直接现实性是双重的，它本身是物质性活动，同时包括着精神方面，它把一定的思想认识变成直接的现实，同时也就检验了这种思想认识的正确与否。"①至于史学实践为什么能够等同于社会实践，它何以可能分享社会实践"不仅有普遍性的优点，而且有直接的现实性的优点"，作者则不去思考和论证。其实，史学实践是很不同于社会实践的，它不是一种人们改造客观世界的物质性活动，而仅仅是一种精神活动，是一种观念的运动，是人类认识活动之一种。如果把史学实践当作历史认识的检验标准，那只能是用今天人们的历史认识去检验以往人们的历史认识，和上边批评的时代序列说犯有同样性质的错误。

那么，应如何来确立历史认识检验的标准呢？

唯物主义历史观，首先承认历史过程、历史事物的客观实在性。本书认为，不同时代的历史学家都有理由从自己的时代出发去认识历史，也都是从自己的主体意识结构出发对历史进行特殊测度，但这并没有改变历史客体独立于史家主体意识之外的客观性。人们从不同的角度看一座大山，看到山有不同的形状，所谓"横看成岭侧成峰，远近高低各不同"就是这个意思。但是，不管山在人们眼中呈什么形状，不管人们横看还是侧视，山的客观形状则丝毫也不因为人们转换视角而发生任何变化。认识历史也是一样。每一代人都需要从历史中获得教益，历史研究要服务于现实的进步和发展，但历史学是否能完成这一任务，是以历史学家是否能真正地认识历史之真为前提的，人们不可能从对历史的虚假观念中获得有益的启示。因此，历史时代的进步和发展为史学工作者规定的任务，是永不懈怠地逼近历史之真。由于历史认识活动的特殊性，逼近历史之真的道路是艰难曲折的，但是，由于历史之真是客观存在的，我们就有可能一步步去接近它。同时，由于历史之真是客观存在的，所以也就为检验一切历史认识树立了唯一的客观尺度。历史认识的真理性程度，就是它在多大程度上接近了历史之真。

检验历史认识的标准是"历史之真"。只有历史本身才有资格充当这个

---

① 吴泽主编：《史学概论》，303 页。

标准，只有历史本身才具有这种权威，而且只有树立这样一个检验标准，我们才能避免掉入唯心主义的陷阱，给历史知识的确立奠定客观性的基础。不过，也应该承认，"历史之真"的标准是不好掌握的。因为，历史一旦流逝，就不可能复归，也不可能被人直接拿来与人们的认识对证。于是，这个标准也给历史认识的检验造成了无穷的麻烦。但这一点只是历史认识检验的特殊性之所在，而不是它不能检验的根据。历史认识检验的特殊性，造成了历史认识检验的两个特征：一是检验形式的多样性，二是检验本身的相对性。

三、历史认识检验的基本形式

一般来说，历史认识的检验，可以区分为以下几种不同的形式。

(一)现实社会实践的检验

现实社会实践的检验，分为两种情况。一种情况是关于社会历史发展的一般规律的认识，可用现实的社会实践加以检验。例如，马克思在他的政治经济学研究中，发现了人类社会运动的基本规律，提出"物质生活的生产方式制约着整个社会生活、政治生活和精神生活的过程"，并认为在构成物质生活的生产方式的内部结构中，生产关系的改变依赖于生产力的发展，存在着一个"生产关系一定要适合于生产力的性质"的规律，这个规律存在于社会发展的一切阶段。这个对人类社会历史高度抽象的规律性认识，是否是一个历史真理，就在中华人民共和国成立以后的社会建设实践中得到了验证。中国的社会主义社会，是脱胎于半殖民地半封建社会，生产力水平远远落后于发达的资本主义国家，这样的生产力水平就决定其社会主义建设必然经历一个很长的初级阶段，去实现别的许多国家在资本主义条件下实现的工业化和生产的商品化、社会化、现代化，以极大地发展我们的社会主义生产力。同时与这样的生产力水平相适应，必须建立初步的社会主义生产关系，即在确立基本生产资料公有制的基础上，允许多种形式的所有制同时并存，允许个体所有制经济有一定的发展，以作为社会主义经济的补充。但是，在以往相当长的历史时期内，我们十分忽视这个生产关系必须适合生产力性质的规律，在确立社会主义生产关系方面，急于求成，盲目求纯，以为社会主义所有制形式越大越公越好，并逐步形成了"过分单一的所有制结构和僵化的经济体制，以及同这种经济体制相联系的权力过分集中的政治体制，严重束缚了生产力和社会主义商品经济的发展"[①]。经过"文化大革命"，我国的社会主义经济走到崩溃的边缘。中共十一届三中全会以后，这个问题得到了比较清醒的认识，才开始进行经济、政治体制改革，根据我国现有的社会生产力水平，调整我们的社会主义生产关系。"在以公有制为主体的前提下发展多种经济成分，在以按劳分配为主体的前提下实行多种分配方式，在共同富裕的目标下鼓励一部分人通过诚实劳动和合法经营先富起来。"[②]适应生产力水平所进行的生产关系的这一调整，在改革开放以来的社会实践中，发挥了繁荣社会经济、推动历史进步的巨大作用。中华人民共和国成立以来社会建设的具体实践，正反两方面的经验教训，雄辩地验证了马克思主义关于历史发展规律理论的正确性。

另一种情况是，对于仍然以某种形态存在于现实社会的历史事物，也可以在一定程度上用现实社会实践去检验对它的认识。现实社会总是以往历史的继续和发展，历史上的许多东西，总是以发展的或者是萎缩的形态，或多或少地保留在现实社会之中。我们对这些旧事物的现在形态的考察，可以用来检验对它的历史形态的认识。

但是还要指出，这种以历史事物的现在形态的实践效果去检验历史认识的做法，还是不同于一般的"实践检验"的。历史事物的现在形态，不管是发展了的形态还是萎缩了的形态，都与它的原形态有着质的区别，所以，这种检验只可作为判断历史认识真理性的一个重要参证。

(二)社会化石的检验

不同民族历史发展的不平衡，使处在各个不同历史阶段上的民族的现在状况，为我们所认识的民族已经消亡了的历史阶段，提供了重要参证。

---

① 《中国共产党第十三次全国代表大会文件汇编》，11 页，北京，人民出版社，1987。
② 中共中央文献研究室编：《新时期党的建设文献选编》，362 页，北京，人民出版社，1991。

这主要是对于前资本主义社会阶段的研究，我们的许多认识，要靠现在还处在各种前资本主义社会阶段的民族的现实状况而得到验证。中华人民共和国成立初期，国家组织了全国性的民族调查，其结果表明，我国绝大多数少数民族处在前资本主义时期，其中滞留在初期封建农奴制社会的大约有 400 万人，处在奴隶社会的有 100 万人，还有 60 万人阶级分化尚不明显，不同程度上保留着原始公社所有制。这种少数民族社会经济发展的不平衡状态，可以说是一部活着的社会发展史。它们是历史社会化石，是我国古代史研究可以凭借的得天独厚的条件。我们对相去久远的历史时代的认识，可利用这种社会化石加以检验。

周代的井田制度，《孟子》《周礼》等文献中有不少记载，井田的划分，土地的分配办法，井田制的作用及剥削实质，以及与之相适应的村社组织等，在文献中都可以看得明白。但是，对文献中关于井田制的记载，人们却多有怀疑。按照人们想象的当时统治者的统治权力、组织能力、管理水平以至科学水平等方面来说，人们似乎不能理解在遥远的古代，土地制度能有那样规整的区划、严密的制度。特别是《周礼》这本典籍又假托周公所作，被判为伪书，就更加深了人们对井田制真实性、可行性的怀疑。于是，人们多把文献中的井田制斥为"腐儒的谬说"，或者是战国时人的一种政制思想。例如，梁启超就把《周礼》的记载，说成是"政治学上理想的建国制度"[1]。但是，这些看法则受到了"社会化石"的检验。20 世纪 50 年代初的民族调查，发现了云南南部西双版纳的傣族社会。它正处在农奴制社会的早期阶段，其土地制度及其与之相适应的村社组织，为我们检验关于井田制的认识提供了可能。

在西双版纳的傣族社会中，领主的公田和农奴的私田划分很明显。农奴分种的私田叫"寨公田"，领主的公田叫"波郎田"。有些公田是集中在几片地方，每年征派农奴携带自己的耕牛农具无偿代耕，领主坐享全部收获。多数公田则分散在各个农奴寨子里，公田私田犬牙交错。从征收劳动地租的情况看，这里的寨公田很像《孟子》所述"八家皆私百亩"的私田，即农奴份地；"波郎田"很像"方里而井，井九百亩，其中为公田"的公田，即领主

---

① 梁启超：《古书真伪及其年代》，见《饮冰室合集》专集之二十四，109 页。

私庄。傣族农奴代耕领主私庄时，的确是"公事毕，然后敢治私事"①，领主未开秧门，农奴是不能栽种的。村社的土地分配制度也很周密。分田时间，一般在备耕前。届时由村社当权头人召开各户家长会，讨论分配调整的问题。分田的方式有两种：一种是在原耕基础上抽补调整，另一种是打乱平分。勐罕的曼团、曼秀两个寨子，历来都是每年打乱平分。景洪的曼夏寨，1954 年还实行过一次重新分配。每户去一人到田间，将全寨实耕面积按土质、水利条件分为好坏两大部分，然后用 80 米长的绳子在原来各户的份地上绕一周，作为照顾原耕基础；再将绕剩的田的名字写在芭蕉叶上，用拈阄的办法，让好田户在绕剩的坏田中抽一份，坏田户又在绕剩的好田中抽一份；结果每户种两块地，一好一坏。这虽不是"三年换土易居"，然比其更加细密，每年都要重新分配，而且也基本上是"计口授田"。这使我们联想到井田制下土地分配制度的可行性。

村社平分土地的实质也和井田制一样，是为了"力役生产可得而平"，是均分封建负担。村社所应承担的封建负担，劳役、钱谷、贡赋等，在村社内部按实有户数自行分摊，由村社头人统一收纳，逐级上交。如有一户不交，其余各户要负责。履行劳役的办法，由村社严密组织，轮流执行。村社内部组成几个不同劳役类别的循环圈，把各户都安排在里面，依次轮流。有人因事外出，必须按期回来服役，或者留下一定数量的钱谷，事先请人代替，这大概也是井田制下村社成员"出入相友，守望相助"的内容之一。《周礼·地官·小司徒》关于井田制的实质，说："九夫为井，四井为邑，四邑为丘，四丘为甸，四甸为县，四县为都。以任地事而令贡赋，凡税敛之事。"西双版纳傣族村社制度的功能，与之何其相似。西双版纳傣族的土地分配制度及村社组织，验证了西周井田制的可行性和可信性。②

利用"社会化石"——这些民族的现在状况去检验我们对古史的认识，有一个问题需要注意，即我们还不能把这些民族的社会状况，直接视为发展较快的民族的过往历史阶段，把凡是处在同一社会发展阶段的民族的历史状况都混同起来。特别是我国的少数民族，他们在历史上统一政权的统

---

① 杨伯峻译注：《孟子译注》，119 页。
② 关于井田制的例证，参考了马曜等人合写的《从西双版纳看西周》一文。

治下,在长期的相处中,各民族间的经济、文化交流,互相影响,已有悠久的历史。各族的历史,从某种程度上说,已不是纯粹自发的发展形态,已夹杂着不少其他因素。因此,这种社会化石的检验作用,不能看得那么绝对。但总体来说,利用发展较慢的民族的现在状况去检验发展较快的民族已经消亡的历史阶段,还是一种比较有效的检验方法。

(三)证据检验

对于许多具体历史现象的认识,前边两种检验方法是不能奏效的。譬如一个历史人物的评价、一种历史现象的基本面貌的复原,都不可能在现实社会实践中进行检验。这样的历史认识是大量的,对它的检验只能依靠更充分的证据。历史学是一门实证学科,科学、扎实的历史结论存在于对大量的、可靠的历史资料的科学分析之中。这里,历史结论的正确性要有两个条件来保证:一个条件是客观条件,即材料的充分、可靠;另一个条件是主观条件,即主体适应于分析该类历史现象的主体认识结构。因此,检验一般的历史认识,在客观上的主要依据,就是材料的充分、可靠,即证据的充足性问题。

史家主体只有通过"史料客体"这一中介条件才能认识原来的历史客体,而史料客体远非历史客体完全而真实的反映,因此,在历史认识活动中,仅仅史料客体的局限,就已使主体不可能一下子求得绝对正确的历史结论,而只能使认识达到一种相对正确的程度。当人们掌握了更充分的资料,或者是发现了新的证据之后,总要以此为根据去检验以往的历史认识。证据检验,对于具体历史认识来说,还是行之有效的。譬如研究汉官立法问题,在文献记载中有"赃二百五十以上""赃五百以上"等坐罪例,即贪污、受贿、主守盗达二百五十钱、五百钱以上的就触犯了刑律,要受到刑事处罚。二百五十钱、五百钱在汉代不过是一件衣服的价值,于是有人怀疑这些律令条文的真实性。陈直先生的《汉书新证》在任当千坐罪条下说:"本文五百当为五万之误字,汉律赃在十万以上,便得论罪,若仅犯赃五百钱,不得成为罪名也。"20 世纪 30 年代出土的汉简中,关于赃二百五十钱、赃五百钱坐罪的,均有例证。这些埋在地下 2000 年的当时屯戍吏卒生活的原始记录,断没有后人篡改之嫌,亦不可能全是笔误,它完全可以证明陈直先生判断的失误。证据检验，一是靠发现新的历史资料，二是靠对原有资料进行更全面更充分的掌握，三是靠不断对人们已注意到的资料进行新的更准确的理解和认识。

证据检验也有很大的局限性。证据是历史过程留下的残骸，对于要说明的历史问题的本质来说，任何一条证据都具有偶然性。一条材料，并不一定是反映该历史现象本质的材料，而它对于我们认识主体来说，则是不容选择的根据。因此，历史认识中的证据检验，也只具有相对的意义。随着新资料的不断出现，我们要不断去检验、充实、发展以往的认识。

我们确认历史认识是可以检验的，并且探讨了检验的标准及其形式问题，但是，我们也同时指出了历史认识检验的相对性。历史结论的任何一次新的验证，都不能给这种结论赋予最终的意义。因此，历史认识检验的目的，只在于促使历史认识的不断深化，而不是要人们把某种认识作为终极真理尊奉起来。列宁在讲到认识论中的实践标准时告诫我们："不要忘记：实践标准实质上决不能完全地证实或驳倒人类的任何表象。这个标准也是这样的'不确定'，以便不至于使人的知识变成'绝对'，同时它又是这样的确定，以便同唯心主义和不可知论的一切变种进行无情的斗争。"[1]对于历史认识的检验问题，也应作如是观。

---

[1] 《列宁选集》第2卷，142页。

下　编
史学方法论

第十三章 唯物史观与史学方法论建设

长期以来，唯物史观在我国史学研究实践中发挥了强大的方法论效应，同时也暴露出一些需要引起注意的问题。特别是改革开放以来的史学理论研究，对传统理解的唯物史观原理，也提出了不少质疑。为着继续在史学研究中坚持与发展唯物史观的需要，我们需要认真讨论唯物史观与史学方法论建设这一重大课题，以便在汲取以往经验教训的基础上，更好地实践这一历史观的科学方法论功能。

一、唯物主义历史观的创立及其完善

人类社会的历史是如何运动的，历史发展的终极原因是什么，它有没有可以探知的规律性，回答这些关于人类历史发展的根本性问题，曾经是历史学对近代以来一切历史思想家提出的神圣任务。这些迷人的课题推动着近代历史哲学的发展。18世纪的启蒙思想家们寻找过这个问题的答案，提出的是一个"意见支配世界"的观点，把人类历史发展的决定性因素归结为理性的完善和发展；同时代的法国思想家则提出"环境决定意见"，但当他们还不能科学地说明环境是怎样形成的时候，又不得不退回到"意见支配世界"的观点上去。于是，18世纪的思想家们对历史发展的终极原因的探讨，就陷入意见为环境所决定、环境为意见所决定这个不可克服的二律背反之中，终于没有给予历史发展的终极原因及其规律性以一元论的回答。圣西门曾经在产业发展的需要中寻找历史发展的终极原因，指出生产是任何社会联合的目的，而政治就是关于生产的科学。我们可以设想，这种观点的逻辑发展应该引导圣西门得到这样的结论，即生产的规律实质上就是归根到底决定社会发展的规律。圣西门已经接近了对"终极原因"的发现，然而，圣西门遵循的是他的特殊逻辑：为着生产，就需要劳动工具，而劳动工具则是人发明的。发明及使用工具，就需要在生产者身上有一定智慧的发展，于是产业的发展就是人类智慧发展的无条件的结果。所以，意见和教育在圣西门那里亦是完全地支配着世界——他又倒退到启蒙思想家的水平。法国王朝复辟时期的资产阶级历史学家们在"终极原因"的探讨中也达到了相当的深度，他们指出："为着理解政治制度，应该研究社会中的不同的阶层及其相互关系。为着理解这些不同的社会阶层，应该知道土地关系的性质。"①他们超越18世纪法国思想家们两个矛盾的论题之上，找到历史发展的第三个更深刻的原因，即"人们的公民生活，他们的财产关系"②，从土地关系、财产关系的性质去解释不同历史阶段的历史内容。但是，他们却无力说明社会上的财产关系是怎样形成的。于是，他们试图用"人的天性""征服""暴力掠夺"来说明问题。这样，他们也就和前辈思想家们一样，把历史运动的最终原因归之于思想。黑格尔用辩证法的观点来考察一切历史现象，力图揭示出社会现象的共同基础，也是致力于探求历史运动的终极原因。他认为历史人物的表面动机和真实动机都绝不是历史事变的最终原因，还认为在这些动机后面还有应当加以探究的别的动力。但如众所周知的那样，他是把这种动力归之于"绝对精神"，认为人类全部历史不过是绝对精神的表述和实现。于是，这种从历史之外来寻找历史动力的企图，使他跳入了客观唯心主义的泥潭。为寻找历史运动的最终原因，多少天才思想家贡献了自己的才华。虽然人们的努力在一步步接近着真理，但这些努力最后都失败了。人类对自己的历史仍不能加以科学的说明。

　　真正对历史运动的过程及终极原因加以科学的解释，把历史的本质从迷离混沌的状态中剥离出来，是马克思、恩格斯的理论建树。1845—1846年，马克思、恩格斯合写了《德意志意识形态》一书，对他们所发现的新的历史观做了初步表述：

---

① ［俄］普列汉诺夫：《论一元论历史观之发展》，博古译，16页，北京，生活·读书·新知三联书店，1961。

② ［俄］普列汉诺夫：《论一元论历史观之发展》，博古译，19页。

　　这种历史观就在于：从直接生活的物质生产出发来阐述现实的生产过程，把同这种生产方式相联系的、它所产生的交往形式即各个不同阶段上的市民社会理解为整个历史的基础，从市民社会作为国家的活动描述市民社会，同时从市民社会出发来阐明意识的所有各种不同理论的产物和形式，如宗教、哲学、道德等等，而且追溯它们产生的过程。这样当然也能够完整地描述事物（因而也能够描述事物的这些不同方面之间的相互作用）。①

　　这一新的历史观彻底解决了以往思想家们长期探讨却不能解决的那个问题，即人类历史运动的根本原因。人类历史运动的终极原因就是人类为了生存而必须每日每时都要进行的物质生活资料的生产和再生产。马克思、恩格斯指出，人类生存的第一个前提也就是历史的第一个前提，是人类为了要创造历史，首先必须能够生活。为了要生活，就需要衣、食、住及其他东西。因此，人们生产满足这些需要的资料，乃是一切历史活动的基本条件。这样，马克思、恩格斯就找到了任何社会进化、任何历史运动的根本原因。恩格斯后来在评论这一重大发现时说："历史破天荒第一次被奠定在它的真正基础之上了；一个十分明显而先前一直被人忽视的事实，即人们首先必须吃、喝、住、穿，就是说首先必须劳动，而后才能争取统治权，从事政治、宗教、哲学等等，——这一明显的事实在历史上应有的地位终于被人承认了。"②

　　我们说《德意志意识形态》中那段话是对一个新的历史观的初步表述，就意味着它还有不成熟的地方。譬如有些概念，还是用不太确切的术语来表达的。到1847年马克思写作《哲学的贫困》一书时，这种历史观就变得比较成熟了，它的一些基本原理，如生产力决定生产关系、社会存在决定社会意识等，都得到了较为明确的阐述。马克思在《〈政治经济学批判〉序言》中说："我们见解中有决定意义的观点，在我的1847年出版的为反对蒲鲁东而写的著作《哲学的贫困》中第一次作了科学的、虽然只是论战性的概述。"③

---

　　①　《马克思恩格斯选集》第1卷，92页。
　　②　《马克思恩格斯全集》第19卷，123页。
　　③　《马克思恩格斯选集》第2卷，34页。

1859 年 1 月，马克思出版了《政治经济学批判》一书，该书序言中，马克思对他的历史观做了被人称为是经典性的概括。他写道：

> 我所得到的、并且一经得到就用于指导我的研究工作的总的结果，可以简要地表述如下：人们在自己生活的社会生产中发生一定的、必然的、不以他们的意志为转移的关系，即同他们的物质生产力的一定发展阶段相适合的生产关系。这些生产关系的总和构成社会的经济结构，即有法律的和政治的上层建筑竖立其上并有一定的社会意识形式与之相适应的现实基础。物质生活的生产方式制约着整个社会生活、政治生活和精神生活的过程。不是人们的意识决定人们的存在，相反，是人们的社会存在决定人们的意识。社会的物质生产力发展到一定阶段，便同它们一直在其中活动的现存生产关系或财产关系（这只是生产关系的法律用语）发生矛盾。于是这些关系便由生产力的发展形式变成生产力的桎梏。那时社会革命的时代就到来了。随着经济基础的变更，全部庞大的上层建筑也或慢或快地发生变革。[1]

1859 年 8 月，恩格斯在《卡尔·马克思〈政治经济学批判〉》一文中，第一次把上面这段马克思的话正式称为"唯物主义历史观"。并说，由马克思所揭示的唯物主义历史观原理，"不仅对于经济学，而且对于一切历史科学（凡不是自然科学的科学都是历史科学）都是一个具有革命意义的发现"[2]。的确，按照这一历史观，"物质生活的生产方式制约着整个社会生活、政治生活和精神生活的过程"，人们的意识被人们的存在决定而不是相反，那么，在历史上出现的一切社会关系和国家关系，一切宗教制度和法律制度，一切理论观点，便都可以从与之相应的社会物质生活条件中求得解释和说明。对人类社会历史的这些规律性认识，其深刻、精辟，其扼要、简明，无疑可以在实际的历史研究中作为方法去运用。尽管社会历史现象错综复杂，但由于这一历史观的发现，历史上的一切历史运动和历史事件，则都

---

① 《马克思恩格斯选集》第 2 卷，32～33 页。
② 《马克思恩格斯选集》第 2 卷，38 页。

可以得到合乎历史逻辑的解释和说明。

马克思在《〈政治经济学批判〉序言》中对唯物史观原理的阐述，其理论意义无论如何估计都不过分。长期以来，凡是信仰唯物史观的人们，都对它的经典性表示了由衷的崇拜。列宁说它是对历史唯物主义原理的"周密说明"，斯大林说它是"对历史唯物主义的实质所作的天才的表述"，中国理论界称它为唯物史观原理的"经典性概括"。但是，问题还是可以进一步讨论的。这段话的确揭示了历史运动的本质内容，但一个完整的历史观，应该回答历史运动的内容与形式及二者辩证统一的基本问题，而这段论述的确没有谈及历史运动的形式问题。譬如，上层建筑被经济基础决定，社会意识被社会存在决定，那么，它们是怎样被决定的，是直接地被决定，还是间接地被决定，其中有没有什么中介条件？社会意识作为历史过程中一种重要的基本的历史因素，一旦被经济的因素产生出来以后，它有没有自身发展的相对独立性，作为一种被决定的因素，是不是总显示消极的、被动的性质？这些问题，在马克思的那段话中没有回答；而不回答这些问题，离开历史运动形式的历史内容的抽象，就容易沦为空洞的东西。纵观马克思、恩格斯 19 世纪 60 年代以前的著作，我们看到，他们在把自己的理论用于考察具体历史问题时，始终没有忽视历史运动的形式问题，而在把理论作为一种原理抽象出来的时候，则忽视了历史运动的形式，这不能不说是他们早期理论研究的一个重要缺陷。而这个理论缺陷，很快就显示出了它的严重后果。

1890 年年初，德国社会学家保·巴尔特出版了《黑格尔和包括马克思及哈特曼在内的黑格尔派的历史哲学》一书，用"经济唯物主义"来解释马克思主义的社会历史理论，硬说马克思主义否认意识形态和政治的积极作用，把唯物史观关于历史必然性的思想和机械决定论、社会宿命论混为一谈。该书对否定马克思主义起了很大的蛊惑作用，甚至使得德国社会民主党内的一些思想理论家也来附和巴尔特的谬论。其中，康·施米特在 1890 年 10 月 20 日写给恩格斯的信，就是一个典型的例子。他在信中说：

　　巴尔特的主要论据是，他认为历史地证明非经济（政治）过程对经济基础的影响是可能的。这同唯物主义历史观并不矛盾，只要非经济过程本身又能够从经济过程中得到证明……如果这一点不可能说明，那么马克思主义的历史观就不会在它最严格的意义上经受住考验。经济就会不再是惟一的决定因素了，其他那些不是从经济引出的独立的过程就会对经济过程发生影响，但在马克思的书中恰好是把这些发生影响的过程的独立性解释为幻想。①

这封信表面上是站在维护马克思主义的立场上，但事实上和巴尔特一样，认为马克思主义否认政治和意识形态等历史因素在历史过程中的积极作用。

另一种似乎是站在巴尔特对立立场上的一些人，是所谓德国党内的"青年派"思想领袖，其主要代表人物是保·恩斯特。1890年9月27日，他在《柏林人民论坛》报上发表《关于马克思主义的危险》一文，说什么在马克思那里历史完全是自动地形成的，丝毫没有人的参与，并且说什么经济关系就像玩弄棋子一样玩弄这些人。② 这帮人自称是马克思主义的"拥护者"和"朋友"，但是他们"宣称自己在维护的那个世界观完全理解错了"，"对于在每一特定时刻起决定作用的历史事实一无所知"③，历史过程中经济状况的决定作用被歪曲为"经济状况自动发生作用"，证明社会存在和社会意识的辩证相互作用的马克思主义理论，在他们的作品中变成了抽象的教条和公式。

就是当时一些卓越的马克思主义理论家，像弗·梅林等人，对马克思主义关于历史过程的辩证法思想，也没有很好地理解。他们在反对巴尔特对马克思主义的攻击时，暴露出严重的教条主义错误。例如，梅林在反驳巴尔特关于政治是绝对独立的和经济是政治的产物的命题时写道：

英国的工厂立法曾经是贵族、资产阶级和无产阶级之间的异常尖锐和长期的阶级斗争的结果，因此，这个立法的根源是经济的，而不

---

① 中共中央马克思恩格斯列宁斯大林著作编译局资料室编：《马列著作编译资料》第4辑，52页，北京，人民出版社，1979。

② 参见《马克思恩格斯全集》第22卷，97~98页。

③ 《马克思恩格斯选集》第4卷，398页。

是道德的或政治的。至于其余的"文明国家"，巴尔特先生哪怕以自己的亲爱的祖国为例也应当知道法的思想和政治原则对经济力量的影响是多么微小。①

这种明显忽视政治、思想因素对经济反作用的思想，是和马克思主义不相容的。

来自不同方面的对马克思主义的攻击、歪曲和误解，在当时的思想界造成了很大的混乱，许多人纷纷给恩格斯写信，要求重新解释唯物主义历史观的实质。《社会主义月刊》的编辑约·布洛赫在1890年9月3日致恩格斯的信就很具有代表性。他说：

> 按照唯物主义历史观的看法，实际生活的生产和再生产在历史上是决定性的因素。应该怎样理解这个原理？是否可以对它做如下理解：只有经济关系才是决定性因素，或者它们只能在某种程度上成为所有其他关系的恒定不变的基础，而这些关系本身在此种场合下也能产生影响？政治利益、王朝利益和纯粹个人利益在历史进程中难道不也经常起一定作用吗？当然，如果它们没有物质基础，它们就起不到这种作用，然而毕竟不是所有的东西都是从经济必然性中产生出来的……这里我想请教您，从唯物主义历史观来看，是否只有经济关系到处直接地、完全不依赖于个人地作为一种自然规律在起作用，或者其他关系即归根到底也依赖于经济条件的关系起作用，而且这种关系从自己方面能够加速或者延缓历史发展的进程。②

"马克思主义批评家"们的指责和攻击，以及德国社会民主党内对马克思主义简单化、公式化的教条主义理解，使唯物主义历史观的声誉受到了很大的损伤，这使得年老的恩格斯不得不承担起把马克思主义唯物史观的

---

① 中共中央马克思恩格斯列宁斯大林著作编译局资料室编：《马列著作编译资料》第4辑，44～45页。

② ［苏联］И. С. 纳尔斯基、［苏联］Б. В. 波格丹诺夫、［苏联］М. Т. 约夫楚克等编写：《十九世纪的马克思主义哲学》下册，金顺福、贾泽林等译，205页，北京，中国社会科学出版社，1984。

全部基本原理加以重新解释、具体揭示的繁重任务。从大量书信中可以看出，恩格斯首先是以冷静的科学态度对自己参与创造的伟大理论体系进行深刻反思，继而从反思中找到了对唯物史观原理进行具体化揭示的侧重点。

在清醒的理论反思中，恩格斯看到了自己理论本身的一些弱点。他冷静地写道：

> 青年们有时过分看重经济方面，这有一部分是马克思和我应当负责的。我们在反驳我们的论敌时，常常不得不强调被他们否认的主要原则，并且不是始终都有时间、地点和机会来给其他参与相互作用的因素以应有的重视。①

> 在这方面我们大家都有同样的过错。这就是说，我们大家首先是把重点放在从基本经济事实中引出政治的、法权的和其他意识形态的观念以及以这些观念为中介的行动，而且必须这样做。但是我们这样做的时候为了内容方面而忽略了形式方面，即这些观念等等是由什么样的方式和方法产生的。这就给了敌人以称心的理由来进行曲解或歪曲。②

除此之外，还有一个重要的原因，就是那些思想家们对唯物史观这种本身就是充分辩证的思想体系，缺乏一种辩证的理解。恩格斯说：

> 因为我们否认在历史中起作用的各种意识形态领域有独立的历史发展，所以我们也否认它们对历史有任何影响。这是由于通常把原因和结果非辩证地看作僵硬对立的两极，完全忘记了相互作用。这些先生常常故意地忘记，一种历史因素一旦被其他的、归根到底是经济的原因造成了，它也就起作用，甚至对产生它的原因发生反作用。③

---

① 《马克思恩格斯选集》第4卷，698页。
② 《马克思恩格斯选集》第4卷，726页。
③ 《马克思恩格斯选集》第4卷，728页。

　　在冷静的分析之后，恩格斯感到，面对严峻的理论挑战，必须克服唯物史观自身的理论缺陷，使之更加完善与成熟，才能真正站稳脚跟。而这个重要的理论任务，就历史地落到了恩格斯的肩上。恩格斯为了回答人们从不同角度对唯物史观提出的质疑，写下了一系列重要书信，对唯物史观做了进一步的具体阐述，从而将其发展到对他那个时代来说比较完善、成熟的阶段。恩格斯写道：

　　　　……根据唯物史观，历史过程中的决定性因素归根到底是现实生活的生产和再生产。……经济状况是基础，但是对历史斗争的进程发生影响并且在许多情况下主要是决定着这一斗争的形式的，还有上层建筑的各种因素：阶级斗争的政治形式及其成果——由胜利了的阶级在获胜以后确立的宪法等等，各种法的形式以及所有这些实际斗争在参加者头脑中的反映，政治的、法律的和哲学的理论，宗教的观点以及它们向教义体系的进一步发展。这里表现出这一切因素间的相互作用，而在这种相互作用中归根到底是经济运动作为必然的东西通过无穷无尽的偶然事件……向前发展。①

　　恩格斯晚年的一系列书信，都详尽地阐述了这段话所表述的思想。如果把恩格斯晚年的思想与以往和马克思他们对唯物史观的表述做对比，我们会看到，恩格斯晚年对唯物史观原理在以下几个方面做了重大发展。

　　第一，恩格斯把马克思关于物质生活的生产方式对整个社会生活、政治生活以及精神生活过程的制约作用、决定作用，强调表述为"归根到底"的决定性作用。

　　恩格斯在5封书信②中，有11处谈到经济因素的决定作用，其中10处用了"归根到底"一词，另一处用了"最终"二字。这足以说明，在唯物史观

---

　　① 《马克思恩格斯选集》第4卷，695～696页。

　　② 5封书信是：《致康·施米特》(1890年8月5日)，《致约·布洛赫》(1890年9月21—22日)，《致康·施米特》(1890年10月27日)，《致弗·梅林》(1893年7月14日)，《致瓦·博尔吉乌斯》(1894年1月25日)，参见《马克思恩格斯选集》第4卷，690～692、695～698、698～705、725～730、731～734页。

基本点上所做的更动，是恩格斯深思熟虑的结果，有着重大的理论意义。所谓"归根到底"，就不是说所有社会历史现象都直接地被经济因素决定。它在方法论上的应用，只是要求我们把一切历史因素产生、发展并相互作用的根据，最终从经济的事实中引申出来。恩格斯在《致瓦·博尔吉乌斯》的信中说：

> 我们所研究的领域越是远离经济，越是接近于纯粹抽象的意识形态，我们就越是发现它在自己的发展中表现为偶然现象，它的曲线就越是曲折。如果您划出曲线的中轴线，您就会发觉，所考察的时期越长，所考察的范围越广，这个轴线就越同经济发展的轴线拉近于平行。①

经济因素对其他因素归根到底的决定性关系大抵如此，都只是制约着其他因素在总的发展趋势上和自己平行而进。而在这平行线之间活动着无限的偶然因素，它使得经济因素的决定性作用，大都是通过间接的或者多重的间接性表现出来。因此，恩格斯增加"归根到底"四字，就粉碎了那些把唯物史观歪曲成经济状况自动发生作用并单一决定历史发展的"经济唯物主义"的企图，从理论上杜绝了对唯物史观的任何教条主义的应用。

第二，恩格斯明确肯定了上层建筑诸因素对历史进程的积极影响。他指出，整个伟大的历史运动，是在包括经济基础与上层建筑在内的各种复杂力量的相互作用中向前发展的。恩格斯说：

> 政治、法、哲学、宗教、文学、艺术等等的发展是以经济发展为基础的。但是，它们又都互相作用并对经济基础发生作用。并非只有经济状况才是原因，才是积极的，其余一切都不过是消极的结果。这是在归根到底总是得到实现的经济必然性的基础上的互相作用。②

---

① 《马克思恩格斯选集》第 4 卷，733 页。
② 《马克思恩格斯选集》第 4 卷，732 页。

　　第三，恩格斯提出并论证了意识形态发展的相对独立性问题。在马克思、恩格斯创立唯物史观的早期研究中，只是偏重揭示社会存在对社会意识的决定作用，强调社会意识应该直接地从社会存在中引申出来，而忽视甚至不承认意识形态现象发展的独立性道路。如在《德意志意识形态》中，他们说："道德、宗教、形而上学和其他意识形态，以及与它们相适应的意识形式便不再保留独立性的外观了。它们没有历史，没有发展。"①忽视意识形态的相对独立性问题，是一个重要的理论失误。因此，这也成为一切马克思主义批评家们的重要口实。1876 年，在写作《反杜林论》时，恩格斯注意到了这一问题。1886 年，恩格斯在《路德维希·费尔巴哈和德国古典哲学的终结》一书中，谈到宗教问题时，第一次明确讲到意识形态的独立性。他说：

　　　　任何意识形态一经产生，就同现有的观念材料相结合而发展起来，并对这些材料作进一步的加工；不然，它就不是意识形态了，就是说，它就不是把思想当作独立地发展的、仅仅服从自身规律的独立存在的东西来对待了。人们头脑中发生的这一思想过程，归根到底是由人们的物质生活条件决定的，这一事实，对这些人来说必然是没有意识到的，否则，全部意识形态就完结了。②

　　1890 年以后，为了反击"马克思主义批评家"们的攻击，恩格斯将这一思想做了比较完整的阐述。他认为，意识形态有独立的发展道路；经济对意识形态的最终支配作用，在不同的意识形态领域有不同的表现，所以，对于经济的决定作用，应根据不同的条件做具体分析；经济对意识形态发展的支配作用，多半是间接发生的，它要借助许多具体的中介条件。意识形态的历史，"总的说来固然应当尾随生产的运动，然而由于它本身具有的、即它一经获得便逐渐向前发展的相对独立性"③，不能将它的每一具体发展，都用经济的发展来说明。按照恩格斯的这一思想，社会存在决定社会意识这一原理在历史研究实际中的应用，并不要求我们把每一社会意识

---

①　《马克思恩格斯选集》第 1 卷，73 页。
②　《马克思恩格斯选集》第 4 卷，254 页。
③　《马克思恩格斯选集》第 4 卷，701 页。

现象都从经济的事实中引申出来，特别是那么机械地、简单地、径直地引申出来。

第四，恩格斯扩大了经济关系的范畴。在恩格斯看来，马克思主义的经济关系范畴，不应该仅仅理解为社会物质生活资料的生产和再生产，即不仅仅包括生产、交换、分配和消费诸种关系。经济关系还应该包括生产和运输的全部技术装备，包括一定的经济赖以发展的地理基础和事实上由过去沿袭下来的先前各经济发展阶段的残余，以及围绕某一社会形式的外部环境。他还断言："种族本身就是一种经济因素。"①如果这样去理解经济关系范畴，就可以避免把马克思主义关于经济必然性的思想理解为一个空洞的、贫乏的教条。

唯物主义历史观，从《德意志意识形态》中的最初提出，经过马克思《〈政治经济学批判〉序言》中的重要表述，到恩格斯晚年的完善和发展，经过了半个世纪逐渐成熟的发展过程，并且在马克思、恩格斯的一系列著作中得到了证实和检验。1890年3月，恩格斯在《致康·施米特》的信中，第一次将这个历史观定名为"历史唯物主义"。

二、"像马克思那样去思考问题"

以往我们经常说自从有了唯物史观，历史学就变成了科学。其实，这种说法并不周延，唯物史观并不能使历史学自然而然地成为科学；因为，这里边还有个如何对待它、运用它的问题。对唯物史观的教条主义应用，就完全有可能走到它的反面。这样，马克思主义就会出现"播下的是龙种，而收获的却是跳蚤"的悲剧。特别是在像我们这样一个确立了马克思主义指导地位的国度里，如何科学地对待马克思主义，确实是个至关重要的问题。在人文社会科学研究中更是如此。恩格斯说过这样一段话："不要生搬硬套马克思和我的话，而应该根据自己的情况像马克思那样去思考问题，只有

---

① 《马克思恩格斯选集》第4卷，732页。

在这个意义上，'马克思主义者'这个词才有存在的理由。"①在如何对待马克思主义的问题上，我们也应该"像马克思那样去思考问题"。所以，这一部分，我们就来着重讨论马克思他们如何对待自己的理论成果问题，并从中引出一些宝贵的启示。

(一)"我们的理论是发展着的理论"，绝不提供关于世界的终极真理

马克思、恩格斯他们在哲学上否认单个人的思维的至上性。恩格斯在《反杜林论》中说：

> 至于说到每一个人的思维所达到的认识的至上意义，那么我们大家都知道，它是根本谈不上的，而且根据到目前为止的一切经验看来，这些认识所包含的需要改善的东西，无例外地总是要比不需要改善的或正确的东西多得多。
>
> …………
>
> 因为很可能我们还差不多处在人类历史的开端，而将来会纠正我们的错误的后代，大概比我们有可能经常以十分轻蔑的态度纠正其认识错误的前代要多得多。②

他们总是以这样远大的历史眼光来看待人类一个时代的认识成果，当然也包括他们自己的成果。正因为这样，他们总是很谨慎地把自己的理论看作需要进一步研究和发展的东西。

恩格斯在1874年写的《〈德国农民战争〉第二版序言的补充》中，有这样一段名言：

> 社会主义自从成为科学以来，就要求人们把它当作科学看待，就是说，要求人们去研究它。③

---

①　中共中央马克思恩格斯列宁斯大林著作编译局编译：《智慧的明灯》，91页，北京，人民出版社，1983。

②　《马克思恩格斯选集》第3卷，426～427页。

③　《马克思恩格斯选集》第2卷，636页。

在《英国状况》一书中，恩格斯写道：

> 任何一种社会哲学，只要它还把某几个论点奉为最后结论，还在开莫里逊氏丸的药方，它就远不是完备的；我们最需要的不是干巴巴的几条结论，而是研究。①

在对别人谈到如何理解他们的理论的时候，他们也总是强调这一点——要研究。例如，恩格斯在 1890 年 8 月 5 日致康·施米特的信中，以及在 1890 年 9 月 21—22 日致布洛赫的信中，都特别强调对他们的理论应做"进一步的研究"。因为他们知道，作为一种科学的理论，需要科学的态度来对待，唯此才能了解它、发展它，而这只有通过进一步的研究才能够达到。

马克思、恩格斯最鄙视那些自封为发现了终极真理的理论骗子。在《反杜林论》中，恩格斯对那个自吹为发现了"最后的、终极的真理"的杜林，进行了无情的批判和嘲弄。可以说，马克思主义从来不承认什么超越一切历史时代的终极真理，在他们看来：

> (认识)就其本性而言，或者对漫长的世代系列来说是相对的而且必然是逐步趋于完善的，或者就像在天体演化学、地质学和人类历史中一样，由于历史材料不足，甚至永远是有缺陷的和不完善的，而谁要以真正的、不变的、最后的终极的真理的标准来衡量它，那么，他只是证明他自己的无知和荒谬……②

他们甚至主张：

> 真正科学的著作照例要避免使用像谬误和真理这种教条的道德的说法。③ 真理和谬误，正如一切在两极对立中运动的逻辑范畴一样，只

---

① 《马克思恩格斯全集》第 1 卷，642 页，北京，人民出版社，1956。
② 《马克思恩格斯选集》第 3 卷，431 页。
③ 《马克思格斯选集》第 3 卷，433 页。

是在非常有限的领域内才具有绝对的意义。①

马克思他们创立了一个新的唯物主义历史观，并且，正是这个历史观才揭开了历史之谜，提供了认识社会历史的唯一正确的科学方法。但尽管这样，他们也从来没有认为自己是发现了什么终极真理。用恩格斯的话说："我们的理论是发展着的理论，而不是必须背得烂熟并机械地加以重复的教条。"②如果说他们的确对自己的历史观抱有极大的信心，也认为自己完成了创立科学历史观的主要工作，描绘了人类社会历史的基本框架的话，那么，他们并没有像以往的哲学家那样，用想象和虚构去弥补科学材料的不足，而是将细节留给后人去补充和完善。一句话，马克思、恩格斯仅仅把自己的理论当作科学看待，而科学是永远需要向前推进和发展的。

(二)唯物主义历史观"不是教义，而是方法"

这里，我们首先要谈到恩格斯的一段重要的理论遗训。恩格斯于 1895 年 8 月去世，同年 3 月，他写下了这样一段话：

> 马克思的整个世界观不是教义，而是方法。它提供的不是现成的教条，而是进一步研究的出发点和供这种研究使用的方法。③

这是恩格斯对马克思主义最后的、最重要的看法，我们应该深刻理解这个观点并依据它来看待整个马克思主义理论。

也应该说，把自己的历史观当作方法来看待，是马克思主义创始人一贯的看法。早在 19 世纪 40 年代他们合著的《德意志意识形态》一书中，马克思、恩格斯就多次把他们创立的新的历史观，说成是看待历史的一种"观察方法"。④

19 世纪 60 年代成书的《资本论》中，马克思说唯物史观"是惟一的唯物

---

① 《马克思恩格斯选集》第 3 卷，431 页。
② 《马克思恩格斯选集》第 4 卷，681 页。
③ 《马克思恩格斯全集》第 39 卷，406 页。
④ 参见《马克思恩格斯选集》第 1 卷，92 页。

主义的方法，因而也是惟一科学的方法"①。1890 年 6 月 5 日致保·恩斯特的信中，恩格斯强调说：

> 如果不把唯物主义方法当作研究历史的指南，而把它当作现成的公式，按照它来剪裁各种历史事实，那它就会转变为自己的对立物。②

把唯物主义历史观当作方法看待，恩格斯晚年强调得特别多，而且有鲜明的针对性。当时，德国社会民主党内形成了一个以大学生和年轻的文学家为主体的所谓"青年派"，这个德国党内的小资产阶级半无政府主义反对派，以党的理论家和领导者自居，满口马克思主义，实际上根本不懂马克思主义。他们用唯物史观的一些现成结论代替具体的历史研究，唯物史观在他们手中变成了包医百病的灵丹妙药。用恩格斯的话说："唯物史观现在也有许多朋友，而这些朋友是把它当作不研究历史的借口的。"③这种现象在 19 世纪 70 年代末的法国马克思主义者中就出现过，当时，马克思这样回击他们："我只知道我自己不是马克思主义者。"④正是针对这种情况，恩格斯才一再强调"我们的历史观首先是进行研究工作的指南"，它"不是教义，而是方法"。这些强调具有极重要的意义。唯物主义历史观，就其理论形式看，它是一些抽象的原则，但是，对于历史研究工作来说：

> 原则不是研究的出发点，而是它的最终结果；这些原则不是被应用于自然界和人类历史，而是从它们中抽象出来的；不是自然界和人类去适应原则，而是原则只有在符合自然界和历史的情况下才是正确的。⑤

如果我们不是把唯物史观当成方法去指导历史研究，而是从某些理论

① 马克思：《资本论》第 1 卷，中共中央马克思恩格斯列宁斯大林著作编译局译，429 页。
② 《马克思恩格斯选集》第 4 卷，688 页。
③ 《马克思恩格斯选集》第 4 卷，691 页。
④ 《马克思恩格斯选集》第 4 卷，695 页。
⑤ 《马克思恩格斯选集》第 3 卷，74 页。

原则出发去剪裁历史，让历史事实去做理论原则的脚注，那么，我们便走到了历史唯物主义的反面，成为真正的历史唯心主义者。

(三)"它们绝不提供可以适用于各个历史时代的药方或公式"

恩格斯说过："每一时代的理论思维，从而我们时代的理论思维，都是一种历史的产物，在不同的时代具有非常不同的形式，并因而具有非常不同的内容。"①这就是说，每一历史时代的理论成果都不可能具有超历史的真理性意义。一方面，它受到该时代人们的认识环境、认识能力的局限；另一方面，它都是对特定的研究对象的反映。因此，任何理论成果都不能不加分析地搬用到任何历史时代、历史环境。马克思、恩格斯也最忌讳把他们的历史理论不加分析地搬用到一切历史时代，变成一种超历史的理论，因而总是特别强调他们的理论成果的历史性。还在他们刚刚着手创立唯物主义历史观的时候，他们就对自己的历史观做了这样的强调，说"它们绝不提供可以适用于各个历史时代的药方或公式"②。

1877 年 10 月，俄国民粹派分子尼·康·米海洛夫斯基在《祖国纪事》杂志上发表了一篇题为《卡·马克思在尤·茹柯夫斯基先生的法庭上》的文章，歪曲说马克思的历史观企求"说明一切"，企求找到"打开一切历史门户的钥匙"。当年 11 月，马克思读到了这篇文章，气愤难平，即刻致信俄国《祖国纪事》杂志编辑部，对米海洛夫斯基进行了辛辣的嘲讽和驳斥。马克思说：

> 他一定要把我关于西欧资本主义起源的历史概述彻底变成一般发展道路的历史哲学理论，一切民族，不管他们所处的历史环境如何，都注定要走这条道路，——以便最后都达到在保证社会劳动生产力极高度发展的同时又保证人类得到最全面的发展的这样一种经济形态。但是我要请他原谅。他这样做，会给我过多的荣誉，同时也会给我过多的侮辱……极为相似的事情，但在不同的历史环境中出现就引起了完全不同的结果。如果把这些发展过程中的每一个都分别加以研究，

---

① 恩格斯：《自然辩证法》，中共中央马克思恩格斯列宁斯大林著作编译局译，27 页。
② 《马克思恩格斯全集》第 1 卷，31 页。

然后再把它们加以比较，我们就会很容易地找到理解这种现象的钥匙；但是，使用一般历史哲学理论这一把万能钥匙，那是永远达不到这种目的的，这种历史哲学理论的最大长处就在于它是超历史的。①

这里，我们可以清楚地看到马克思要求人们历史地看待他们的理论学说的鲜明态度。

列宁有段话说："马克思主义的全部精神，它的整个体系要求人们对每一个原理只是（α）历史地，（β）只是同其他原理联系起来，（γ）只是同具体的历史经验联系起来加以考察。"②这才是摸到了马克思思想的真谛。把唯物史观当成万能药方，不顾历史条件到处乱套，最少说是对它的好心的误解。

（四）不断修正自己的理论成果，从不把它看成是一成不变、不可更移的定论

这方面的例子，在他们 50 卷本的全集中，可以举出很多很多。这里，我们只准备谈到《共产党宣言》（以下简称《宣言》）的例子。《宣言》是 1847 年写作，1848 年欧洲革命前夕发表的。过了 25 年以后，马克思、恩格斯在 1872 年写的《德文版序言》中指出，由于 25 年来大工业的发展和工人阶级政党组织的发展，由于 1848 年二月革命的经验和 1871 年巴黎公社的经验，"这个纲领现在有些地方已经过时了"；第二章末尾提出的十条革命措施，"现在这一段在许多方面都应该有不同的写法了"；第三章对冒牌和空想的社会主义的批判，"在今天看来是不完全的"；第四章讲的关于共产党人对各种反对党派的态度问题所提的意见，虽然大体上至今还是正确的，但"在实践方面毕竟是过时了"。《德文版序言》还郑重声明："不管最近二十五年来的情况发生了多大的变化，这个《宣言》中所发挥的一般基本原理整个说来直到现在还是完全正确的"，但"这些基本原理的实际运用，正如《宣言》中所说的，随时随地都要以当时的历史条件为转移"。③

在资本主义灭亡的时限问题上，马克思他们也做了偏早的估计。《宣

---

① 《马克思恩格斯全集》第 19 卷，130～131 页。
② 《列宁全集》第 35 卷，238 页，北京，人民出版社，1959。
③ 马克思、恩格斯：《共产党宣言》，中共中央马克思恩格斯列宁斯大林著作编译局译，1 页，北京，人民出版社，1964。

言》第四章明确断言，当时的德国"正处在资产阶级革命的前夜……而德国的资产阶级革命只能是无产阶级革命的直接序幕"。这个估计显然过于乐观，不尽符合当时的客观条件。《宣言》发表后，欧洲大陆上的先进国家相继爆发了革命，马克思、恩格斯立即回到德国投身于革命运动，以推动无产阶级革命的发生和胜利。但实践证明了他们估计的错误。1895年，恩格斯在他的最后一篇论文中，对当时的想法做了公正、直率的自我批评：

> 历史表明，我们以及所有和我们有同样想法的人，都是不对的。历史清楚地表明，当时欧洲大陆经济发展的状况还远没有成熟到可以铲除资本主义生产方式的程度；历史用经济革命证明了这一点，这个经济革命自1848年起席卷了整个欧洲大陆，在法国、奥地利、匈牙利、波兰以及最近在俄国初次真正确立了大工业，并且把德国变成了一个真正的工业国，——这一切都是在资本主义的基础上发生的，因此这个基础在1848年还具有很大的扩展能力。①

以上，就是马克思、恩格斯对待自己理论成果的基本态度。而我们史学界几十年来的研究实践中，是如何对待马克思主义理论的指导作用呢？我们不是把它当成了研究的指南和方法，当成研究历史的引线来应用，指导我们去面对独特而复杂的历史问题，通过独立思考得出科学的历史结论；而是把它当成神圣不可侵犯的律条，事事以此为根据，从中找答案，采取一种学理主义和教条主义的态度。一句话，我们没有真正把马克思主义当作科学看待。有人说，马克思的历史唯物主义"说明了人类的全部过去"，这句话在我们过去的史学界，大概不会引起什么异议，但要查一下历史，我们就会发现它遭到了列宁的愤怒驳斥。他说：

> 这完全是捏造！这个理论所企求的只是说明资本主义社会组织，而不是说明任何别种社会组织。既然运用唯物主义去分析和说明一种社会形态已取得如此辉煌的成果，那末，十分自然，历史唯物主义已

---

① 《马克思恩格斯全集》第22卷，597～598页。

不再是什么假设而是经过科学检验的理论了；十分自然，这种方法也必须应用于其余各种社会形态，虽然这些社会形态尚未经过专门的实际研究和详细分析，正像已为充分的事实所证实了的种变说思想应用于整个生物学领域一样，虽然对个别的动植物种来说其变化的事实还未能确切断定。种变说所企求的完全不是说明"全部"物种形成史，而只是把这种说明的方法提到科学的高度，同样，历史唯物主义也从来没有企求说明一切，而只企求指出"唯一科学的"（马克思《资本论》中的话）说明历史的方法。①

列宁的话才是紧紧遵循了恩格斯的理论遗训。既然历史唯物主义并没有说明全部历史，那么，对具体历史的解释与说明，就只有靠我们运用历史唯物主义方法、通过具体而深入的研究去解决。而且这一方法的具体运用，即它应用于不同的历史环境而得出的历史结论，就必然"在英国不同于法国，在法国不同于德国，在德国又不同于俄国"②。这不仅没有什么奇怪，而且正是马克思主义的生命力之所在。

"像马克思那样去思考问题"，像马克思主义创始人那样去对待唯物史观的理论成果，我们史学工作者，只能把唯物史观当成史学研究的指南，按照它所指示的研究途径，以独立思考的精神去进行创造性的研究，将历史研究中的一切本本主义、学理主义、教条主义彻底埋葬。

三、唯物主义历史观为历史科学提供的方法论原则

马克思主义创始人的著作为我们提供了许多科学的史学研究方法以及运用这些方法研究具体问题的实践成果。这里我们要着重考察的不是马克思、恩格斯所运用过的具体史学研究方法，而是他们创立的唯物主义历史观对于整体历史研究所具有的方法论意义。

---

① 《列宁选集》第 1 卷，13 页。
② 《列宁选集》第 1 卷，203 页。

（一）承认历史过程的客观实在性，一切研究都仅仅从客观历史事实出发

唯物主义历史观揭示了史学研究对象的客观性质，指出人类历史是一个自然历史过程，从而在史学研究的出发点上实现了深刻变革。它认为，史学研究必须从最顽强的历史事实出发，摒弃任何先入为主的主观偏见，才有可能反映和揭示历史的真相，这就要求我们在史学研究实践中严格遵循唯物主义认识路线。

唯物史观创立以前的学者们（唯物史观创立以后，不接受这个科学历史观的唯心主义史学家也一样），研究历史过程的基本出发点，是他们自己所制造出来的观念。他们对历史过程的所谓研究，不过是拿历史材料作为证明自己某种愿望或设想的合理性的工具。唯物史观对历史学的巨大贡献之一，是它明确揭示了史学研究对象的客观性。在《1844年经济学—哲学手稿》中，马克思就指出："历史是人的真正的自然史。"《资本论》的德文版序言更指出："我的观点是：社会经济形态的发展是一种自然历史过程。"这就明确指出了人类历史作为自然发展过程的客观性质，要求排除各种唯心主义历史观对历史的曲解，以再现客观历史的本来面目。

恩格斯说：

从黑格尔学派的解体过程中还产生了另一个派别，唯一的真正结出果实的派别。这个派别主要是同马克思的名字联系在一起的。

同黑格尔哲学的分离在这里也是由于返回到唯物主义观点而发生的。这就是说，人们决心在理解现实世界（自然界和历史）时按照它本身在每一个不以先入为主的唯心主义怪想来对待它的人面前所呈现的那样来理解；他们决意毫不怜惜地抛弃一切同事实（从事实本身的联系而不是从幻想的联系来把握的事实）不相符合的唯心主义怪想。除此以外，唯物主义并没有别的意义。不过在这里第一次对唯物主义世界观采取了真正严肃的态度，把这个世界观彻底地（至少在主要方面）运用到所研究的一切知识领域里去了。①

----

① 《马克思恩格斯选集》第4卷，242页。

的确，在认识现实世界时，仅仅从事实本身的联系出发去把握事实，是唯物主义世界观唯一重要的方法论原则，它应该也必须彻底地贯彻到史学研究中去。

从客观历史事实出发，承认这一点很容易，不少人也都这样标榜，但要真正做到这一点并不容易。在史学研究中，要真正把握住客观历史事实有它的特殊困难。除认识论上的困难之外，阻碍我们真正做到从客观事实出发的，还有对马克思主义的某种偏见和误解。在相当长的一个时期内（主要是指改革开放之前的 1949—1978 年这一时期），我们的史学研究实际上成了证实马克思、恩格斯一系列历史论断的工具，不论中国史研究还是世界历史研究，都是在为马克思、恩格斯的某些论断提供历史根据。可以说，我们在某种程度上把马克思主义这门科学，变成了汉儒手中的经学。这样，我们在认识路线上，就不是仅仅从历史事实出发，而是从马克思主义的某些原则出发。所谓"以论带史"，就是这种研究方法的典型概括。在高扬"以论带史"的时代，历史研究失去了它的科学性质。因为，这种研究不是用马克思主义理论指导研究实践，而是以研究实践图解马克思主义理论；不是从史料中得出结论，而是随意剪裁史料，使之适合某种先验的结论。它把马克思主义的原理变成了简单的公式，把马克思主义的词句变成了包医百病的灵丹妙药，用现成的结论代替了对具体问题的具体分析。这是地地道道的唯心主义的治史方法。马克思认为，"感性必须是一切科学的基础"，科学"只有从自然界出发，它才是真正的科学"，而人类"历史本身是自然史的一个现实部分"。① 史学研究，当然也必须从客观历史事实出发，才能赋予研究以科学属性。

（二）归根到底用社会存在去说明社会意识

我们知道，和自然史相比，人类社会历史最显著的特征，是在历史领域里活动着的都是有理智、有感情、有意识、有思想的人，人们的意识直接支配着人们的活动，人们任何活动无不是有计划、有目的、抱着预期的愿望的。因此，揭示社会意识现象的本质，是一切历史观面对的根本问题。

---

① 马克思：《1844 年经济学—哲学手稿》，刘丕坤译，81~82 页。

马克思以前的历史思想家都把社会意识的产生与发展，看作纯粹的思维过程，"所以它的内容和形式都是从纯粹的思维中——不是从他自己的思维中，就是从他的先辈的思维中引出的。他只和思想材料打交道，他毫不迟疑地认为这种材料是由思维产生的，而不去进一步研究这些材料的较远的、不从属于思维的根源。而且他认为这是不言而喻的，因为在他看来，一切行动既然都是以思维为中介，最终似乎都以思维为基础"①。这种从人们的思维——主观意识活动中去寻找意识产生的根源的做法，最终无法说明意识形态发展的规律性，从而使这种基本的历史现象成为一种神秘莫测的东西。和这种观察历史的方法相反，唯物主义历史观坚持用社会存在去说明社会意识的历史方法，它不是从人们的头脑中，而是从社会的物质存在中去说明意识的起源和发展。它认为，形成社会的精神生活的源泉，产生社会理想、社会理论、政治观点和政治设施的源泉，不应当到思想、理论、观点和政治设施本身中去寻找，而要到社会的物质生活条件、社会存在中去寻找，因为这些思想、理论和观点等是社会存在的反映。这一思想，成为史学研究重要的方法论原则之一。

归根到底用社会存在去说明社会意识，这一方法论思想在实际应用中有两方面的要求。其一，社会意识形态发展的最终原因应该从经济的事实中引申出来。只有这样，我们才能把社会意识的发展作为具有规律性的历史现象，去认清它发展的主要脉络。其二，要注意社会意识发展的相对独立性，不能简单地直接地用社会存在解释某一具体的社会意识现象。这两方面的要求，在实际的应用中都不能有所偏废。如果忽视了前者，我们面对的思想意识遗产——前辈们的精神生产成果就成了无本之木、无源之水，变成一笔乱七八糟、无法解释的糊涂账，我们也因而滑向历史唯心主义；忽视了后者，我们则可能变成十足的机械唯物主义，不能真正理解思想意识发展的内在的独立的本质，它同样不能解释思想发展的真实历史。

(三)把人类历史作为一个以生产发展为基础，各种历史因素相互作用形成的统一的有规律的过程去研究

这一方法论思想包含有以下三层意思。

---

① 《马克思恩格斯选集》第 4 卷，726 页。

第一，人类社会的历史运动是一个有规律的统一的历史过程，史学研究应该透过纷繁复杂的偶然现象去发现历史发展的必然规律。

第二，人类社会历史过程中的决定性因素，归根到底是现实生活的生产和再生产，生产的规律是支配整个历史运动的基本规律。在整个史学研究中，要特别重视生产发展史即经济史的研究，并进而以此为根据去解释整体历史的发展过程。

第三，人类社会历史的整个伟大发展过程，是在相互作用的形式中运动的。但相互作用中的各种历史力量的作用力是不均衡的，其中经济力量是最原始的、最有决定性的因素，也就是说，所谓相互作用，是在归根到底不断为自己开辟道路的经济必然性的基础上的相互作用。社会历史是在以生产发展为决定性因素的基础上，通过各种力量的相互作用向前发展的。因此，在史学研究中，我们必须把历史决定性思想和相互作用的思想辩证地统一起来，才能达到对整体历史发展过程的科学认识。

这一方法论思想中，关于历史在各种力量的相互作用中发展的思想具有特别重要的意义。相互作用思想在史学研究中的应用，将会使我们避免重犯机械唯物主义的错误，克服史学研究中的教条化、公式化倾向，而从多种复杂因素的相互作用中去把握历史客体。

在"左"倾思潮泛滥时期，史学研究中最严重的问题，就是把唯物主义历史观降低到一种机械唯物论的水平，把"终极原因"的思想，理解成单纯的经济决定论，从而在具体的研究实践中，一切问题都从经济上找原因。恩格斯在批评类似的倾向时，说过这样一段饶有风趣的话：

　　普鲁士国家也是由于历史的、归根到底是经济的原因而产生出来和发展起来的。但是，恐怕只有书呆子才会断定，在北德意志的许多小邦中，勃兰登堡成为一个体现了北部和南部之间的经济差异、语言差异，而自宗教改革以来也体现了宗教差异的强国，这只是由经济的必然性所决定，而不是也由其他因素所决定……要从经济上说明每一个德意志小邦的过去和现在的存在，或者要从经济上说明那种把苏台德山脉至陶努斯山脉所形成的地理划分扩大成为贯穿全德意志的真正裂痕的高地德意志语的音变的起源，那么，很难不闹出笑话来。①

　　的确，我们在"左"倾时代的史学研究就是这样，而且更甚。当我们把经济因素视为社会历史运动中一切历史因素最基础、最本源的因素的时候，同时也就把它当成了唯一起决定作用的因素，其他一切诸如政治、法律、哲学、宗教、文学、艺术、科学、伦理、社会心理、风俗习惯、地理环境、气候条件等方面的因素，则都被归为被动的、映像的、偶然的、从属的、不起重要作用的东西，甚至可以把它们的作用忽略不计，就像梅林说的"法的思想和政治原则对经济力量的影响是多么微小"。在我国特定的历史条件下，经济决定论又导致了阶级斗争决定论。于是，一切问题都从阶级斗争的角度进行解释，似乎任何历史现象，大到历史运动、重大事件，小到历史上个人的一言一行，无不由阶级的原因所促成。这种机械唯物论的观点，严重地抹杀了历史的复杂性，它所解释的历史，成了一种毫无生气的机械运动。历史学走进了死胡同。要彻底清除机械唯物论的影响，就必须重新学习马克思主义的相互作用思想。

　　恩格斯晚年谈相互作用问题时，还把推动历史发展的力量归于各种复杂历史因素相互作用所形成的合力。他说：

　　　　历史是这样创造的：最终的结果总是从许多单个的意志的相互冲突中产生出来的，而其中每一个意志，又是由于许多特殊的生活条件，才成为它所成为的那样。这样就有无数互相交错的力量，有无数个力的平行四边形，由此就产生出一个合力，即历史结果，而这个结果又可以看作一个作为整体的、不自觉地和不自主地起着作用的力量的产物。因为任何一个人的愿望都会受到任何另一个人的妨碍，而最后出现的结果就是谁都没有希望过的事物。所以到目前为止的历史总是像一种自然过程一样地进行，而且实质上也是服从于同一运动规律的。但是，各个人的意志——其中的每一个都希望得到他的体质和外部的、归根到底是经济的情况（或是他个人的，或是一般社会性的）使他向往

_____
　　① 《马克思恩格斯选集》第 4 卷，696～697 页。

的东西——虽然都达不到自己的愿望，而是融合为一个总的平均数，一个总的合力，然而从这一事实中决不应作出结论说，这些意志等于零。相反地，每个意志都对合力有所贡献，因而是包括在这个合力里面的。①

历史动力的形式，的确是一种合力，是这种相互作用的力量的总和构成历史发展的基本动力。我们必须重视恩格斯晚年的相互作用及合力论的思想，重视探讨历史运动中那些丰富多彩的动力因素，使我们所写出的观念形态的历史，也像真实的历史一样，那样具体生动，多姿多彩。

---

① 《马克思恩格斯选集》第 4 卷，697 页。

第十四章 史学研究中的历史主义原则

20 世纪 60 年代，我国史学界曾围绕历史主义问题展开过一场广泛的讨论，但这场讨论随着"左"倾思潮的蔓延而被扼杀了。尽管这场讨论没有一个完满的结局，也没有就一些基本问题形成大体一致的看法，但历史主义作为一种方法论思想对于史学研究的重要意义，则被大多数历史学家所承认、所接受了。本书认为，历史主义思想在史学方法论体系中占有特别重要的地位，是观察、分析一切历史问题所必需的思想方法，是史学方法的灵魂。不仅在分析具体历史问题时需要接受历史主义思想的指导，而且，所有具体的史学方法的运用，都必须同历史主义的原则协调起来、结合起来。也就是说，历史主义是马克思主义提供给历史学研究的一个总的方法论原则。

一、马克思以前的历史主义思想[①]

历史主义思潮萌芽于 18 世纪中叶，到 19 世纪初期开始形成一个体系。英国、法国、意大利、德国的哲学家和历史学家都或多或少地贡献了思想资料。而追根溯源，被人们视为历史主义创始人的，是意大利 18 世纪的历史哲学家乔巴蒂斯特·维科（1668—1744）。

维科是近代以来第一个想在人类社会中寻找规律性的历史哲学家。在

---

① 本小节关于马克思主义之前历史主义思想的阐述，吸收了张芝联《资产阶级历史主义的形成及其特征》(《世界历史》1979 年第 1 期)一文的研究成果。

其代表作《关于民族共同性的新科学原理》①一书中，维科提出人们自己创造历史的重要思想，既反对把历史看作神的任意妄为的产物，也反对把历史看作一连串偶然事件，以及教皇和君主的意志和狡诈奸计的产物，力图在历史中揭示出人类社会发展的内在逻辑和各种历史事件的必然联系。他认为，人类社会就是按照自然的必然性，由一个发展阶段过渡到另一个发展阶段。但是，维科的著作在当时却没有引起世人的注意。

在维科的时代或稍晚的一个时期里，即整个18世纪，欧洲历史哲学领域中最引人注目的是启蒙思想家们的历史理论，伏尔泰是其最负盛名的代表。这派启蒙思想家在对封建制度的斗争中表现十分勇敢，他们不承认任何权威。他们根据"理性"的原则，对宗教、自然观、社会、国家制度进行无情的批判，把一切传统的观念都看作"不合理"的。他们鄙视以往的一切。伏尔泰把中世纪早期的历史比作"狼和熊的争吵"，认为15世纪以前的历史不值得研究。启蒙思想家的革命精神是值得赞扬的，但他们却不懂得历史的辩证法，不能理解中世纪历史的必然性、合理性。启蒙运动的史学获得了"反历史"的诨名。

在对中世纪历史的评价上，启蒙思想家们走向了极端。于是，从18世纪晚期开始，欧洲又酝酿了针对极端理性主义的浪漫主义运动，在史学领域，也形成了一派浪漫主义史学。浪漫主义分为进步的与反动的两个对立的流派。但是，他们有共同的特征：第一，在历史著作中描写自己的理想，抒发强烈的个人感情；第二，着重写封建时代。尽管不同的浪漫主义写封建时代有不同的出发点，但重视封建时代的研究则是共同的特征。这与启蒙学者完全鄙弃中世纪历史形成了鲜明对照。他们认为，每个时代、每一种文明都有其自身的价值，一切过去的成就都是今日文化的构成部分。

赫尔德(1744—1803)是早期的浪漫主义史学家之一，也是近代历史主义思潮的奠基人之一。在德国历史上，赫尔德是最早论证人类历史发展具有客观规律性的人。他提出，世界上的万事万物是一个有机的整体，都是循着演进的规律向前发展的。人类社会也是一个有机的整体，各族人民的发展构成一个统一的有内在联系的链条，这个链条上的每一个环节，都是与

① 该书有中译本，[意]维科：《新科学》，朱光潜译，北京，商务印书馆，1986。

前面一个环节和后面一个环节紧密联系着的。历史学家的任务就是要从浩如烟海的历史事实中看到它们之间的联系，抽绎出关于人类社会演进的规律。

从维科到赫尔德开创的浪漫主义史学，是近代历史主义产生、发展的第一阶段。他们提出人类社会历史有其发生发展的过程，从低级到高级，后一阶段是前一阶段的继续，不能把历史割裂开来，看到了历史发展的连续性、继承性。他们强调各个时代、各种文明都有其自身的特点和价值，不能因为它的落后而加以贬斥。特别是维科和赫尔德提出了历史规律性的思想。这些都是历史主义理论中基本的思想成分。

18 世纪末到 19 世纪，历史主义有了新的发展。英国国家学说的历史学派的创始人之一艾德门·柏克（1729—1797）提出了一个著名论点，认为国家是历史的产物，是有机地成长的，它的根基是在远古；国家是生者、死者和未出世者之间的一桩合伙的事业。它强调每一国家有它独特的民族性，这种特性是由它的历史和传统决定的，一切模仿其他民族或根据理论原则来改变国家制度的企图，必然要遭到失败。他认为英国宪法比任何人为地制定的文件更优越，因为它是通过缓慢的自然演变形成的，是历史的产物。

与此同时，在德国也出现了以胡果（1764—1844）、艾希霍恩（1781—1854）、萨维尼（1779—1861）为代表的法的历史学派。和柏克一样，这派学者把民族的法律看作历史传统的产物，认为法律跟语言一样，是随着民族生活的习惯和需要自然形成的，不是任何立法者根据一般抽象原则所能改变的。他们强调尊重历史，认为它是一个高贵的女教师，只有通过历史才能同民族的原始生活保持活的联系，失掉了这种联系将剥夺一个民族的精神生活的精华。

黑格尔吸收了柏克的国家学说和德国的法的历史学派的某些观点，但是用他自己独特的唯心主义辩证法装饰起来。黑格尔也认为国家是一个自然的机体，它代表历史的"世界进程"的一个阶段；国王是国家的人格化，他的意志体现着完美的理性。每个国家的宪法是这个国家历史演进的结果，去辩论哪一种宪法最好或企图创立一部新宪法都是徒劳的。每个时代都具有如此独特的环境，每个时代都是如此独特的状态，以至必须而且也只有从那个状态出发，以它为根据，才能判断那个时代。每个民族都有它特殊的精神和文明，都对世界文明做出特殊的贡献。"黑格尔的思维方式不同于所有其他哲学家的地方，就是他的思维方式有巨大的历史感作基础。"①特别重视历史的内在联系，特别强调事物的历史性，把任何事物都看作特定的历史时代的产物。

不少西方学者都把兰克奉为历史主义的标本。兰克集中研究欧洲大国的政治史，他把每一个国家看作"一个活生生的东西，一个体系，一个独一无二的自身"。他标榜尊重事实，尊重个别，反对泛谈历史哲学，认为历史学家在研究个别国家的独特的精神存在时，乃能够达到对这种独特性和精神区别的真正感受和了解。兰克还标榜不对历史做任何评价的客观主义态度。他认为，历史学的任务只是记述真正发生的事情，而不是判断过去、启迪未来。他说，在任何情况下，我们都不应对谬误和正确下评语，我们的任务是最深刻地了解它们，以完全客观的态度去描述它们。

19 世纪历史主义思想的突出特征，可以归纳为以下几点。

第一，特别强调国家法律等历史事物的历史性，把它们理解为历史演进的结果，是特殊的历史传统的产物，如果抛开某些人利用这一思想为自己反动的政治立场辩护的企图，强调事物的历史性，则是很有科学价值的思想；第二，他们都重视历史事物的独特性及其价值；第三，他们认为，应该对历史抱有客观的态度，如实地记述历史，不能对历史上的是非曲直进行判断和评论。

如果对马克思以前的历史主义做一总体评述，我们认为，这一历史理论的突出贡献可以归纳为以下几点。

第一，它肯定了人类历史是一个不断发展的连续的运动过程，其中每一个历史发展阶段都是这个发展链条上的必要的一环，都有它自身存在的理由和价值。

第二，任何历史事物都是一个历史的产物，都有被产生它的那些历史条件所决定的历史独特性，因而，对历史事物只有从产生它的历史条件中去理解。

第三，人类历史有它自身演进的规律，不应用人类自身的"理性"去作为裁判历史的尺度，而应以客观的尊重历史的态度去对待历史。

---

① 《马克思恩格斯选集》第 2 卷，42 页。

而它的局限性可以归纳为以下几点。

第一，由于不理解人类历史发展的真正基础，在历史发展阶段的划分上表现出极大的随意性。例如，维科把历史分为神的时期、英雄时期、凡人时期三个阶段；赫尔德把历史分为诗歌的、散文的、哲学的三个时期。这样，他们寻找历史发展规律的愿望则不可能真正实现。

第二，历史辩证发展的这一历史主义思想的主要观念，没有能够贯彻到底。在维科的理论中，凡人时期即民主共和国或具有资产阶级自由的代议制的君主制时代，是人类历史发展的最高阶段。在黑格尔那里，普鲁士国家制度被美化为人类进步的最高成就。历史的辩证发展，在涉及资本主义国家制度的地方，就辩证不下去了。

第三，历史主义在不少人那里导向客观主义，导向替历史辩护的立场。特别是在一些反动学者那里，历史主义更成了为巩固反动统治寻找历史根据的理论，历史主义在德国的法的历史学派那里就是这样。马克思曾揭露他们"以昨天的卑鄙行为来为今天的卑鄙行为进行辩护，把农奴反抗鞭子——只要它是陈旧的、祖传的、历史性的鞭子——的每个呼声宣布为叛乱"①。

二、马克思主义的历史主义

在 20 世纪 60 年代我国史学界关于历史主义的论战中，有一种观点不承认马克思主义历史主义的存在，而列宁有一段话讲得很明确："既然在同中世纪封建势力和僧侣势力的斗争中，马克思一方面能够承受并进一步发展'十八世纪的精神'，另一方面又能承受并进一步发展十九世纪初期那些哲学家和历史学家的经济主义和历史主义（以及辩证法），这只是证明了马克思主义的深刻性和它的力量，这只是证明把马克思主义看作是科学上最新成就的见解是完全正确的。"②列宁这段话至少说明两点：第一，承认在马克

---

① 《马克思恩格斯全集》第 1 卷，454 页。
② 《列宁全集》第 20 卷，197 页。

思主义思想体系中存在着一个"历史主义"，即马克思主义的历史主义；第二，马克思主义历史主义是对 19 世纪初期那些哲学家、历史学家的历史主义思想的继承和发展。当然，在马克思主义创始人的著作中，直接使用"历史主义"的地方是不多见（但不是没有），经仔细考察，在他们凡是提到"历史观点""历史地看问题""历史的态度""坚持严格的历史性""历史的方法""伟大的历史感"等一类问题的时候，都是在表述历史主义的思想。①

那么，什么是马克思主义的历史主义？20 世纪 60 年代的人们提出过各种解释，对它的内容和要求提出过不少看法，但对它的确切内涵，始终没有说得很清楚。本书认为，马克思主义的历史主义，就是马克思主义的历史辩证法，是马克思主义看待人类社会历史的一种辩证的历史的思想方法，是侧重于从历史联系的角度看待历史问题的思想方法。②

马克思、恩格斯直接使用历史主义概念的地方并不多，但在他们著作中大量使用的"历史的观点""历史地看问题""巨大的历史感"等一类提法中，我们可以很好地体会马克思主义的历史主义的基本内涵。恩格斯在批评 18 世纪启蒙思想家对待中世纪历史的非历史主义错误时说：

> 这种非历史的观点也表现在历史领域中。在这里，反对中世纪残余的斗争限制了人们的视野。中世纪被看作是千年来普遍野蛮状态造成的历史的简单中断；中世纪的巨大进步——欧洲文化领域的扩大，在那里一个挨着一个形成的富有生命力的大民族，以及 14 和 15 世纪的巨大的技术进步，这一切都没有被人看到。这样一来，对伟大历史联系的合理看法就不可能产生，而历史至多不过是一部供哲学家使用的例证和插图的汇集罢了。③

恩格斯对黑格尔的历史主义观点，曾评价说：

---

① 本章关于马克思主义历史主义的阐述，参考了 20 世纪 60 年代中国史学界历史主义论战的成果，主要吸收了翦伯赞的《目前史学研究中存在的几个问题》(《江海学刊》1962 年第 6 期)、宁可的《论历史主义和阶级观点》(《历史研究》1963 年第 4 期)和《论马克思主义的历史主义》(《历史研究》1964 年第 3 期)等文的观点。

② 参见李振宏：《论历史主义问题》，载《史学理论研究》，1992(3)。

③ 《马克思恩格斯选集》第 4 卷，229 页。

黑格尔的思维方式不同于所有其他哲学家的地方，就是他的思维方式有巨大的历史感作基础。形式尽管是那么抽象和唯心，他的思想发展却总是与世界历史的发展平行着，而后者按他的本意只是前者的验证。真正的关系因此颠倒了，头脚倒置了，可是实在的内容却到处渗透到哲学中……他是第一个想证明历史中有一种发展、有一种内在联系的人，尽管他的历史哲学中的许多东西现在我们看来十分古怪，如果把他的前辈，甚至把那些在他以后敢于对历史作总的思考的人同他相比，他的基本观点的宏伟，就是在今天也还值得钦佩。在《现象学》、《美学》、《哲学史》中，到处贯穿着这种宏伟的历史观，到处是历史地、在同历史的一定的（虽然是抽象地歪曲了的）联系中来处理材料的。①

恩格斯关于历史主义思想的这两段评述，有一个共同的理论指向，即"对伟大历史联系的合理看法"。抓住了这一点，把握住伟大的历史联系，就是历史地看问题，就具备了历史主义的眼光；割断了历史的联系，就是非历史主义。历史主义的实质，就是对客观历史运动辩证发展的内在历史联系的抽象，就是对伟大历史联系的合理看法。②

那么，究竟怎样认识历史，才算是对伟大历史联系的合理看法？恩格斯关于伟大历史联系，有一段最集中、最确当的表述，可以看作对历史主义思想的经典概括，现征引如下：

依次更替的历史状态都只是人类社会由低级到高级的无穷发展进程中的暂时阶段。每一个阶段都是必然的，因此，对它发生的那个时代和那些条件来说，都有它存在的理由；但是对它自己内部逐渐发展

---

① 《马克思恩格斯选集》第 2 卷，42 页。

② 这一观点，还可以在列宁的书中得到印证。列宁说："为了解决社会科学问题……最可靠、最必需、最重要的就是不要忘记基本的历史联系，考察每个问题都要看某种现象在历史上怎样产生，在发展中经过了哪些主要阶段，并根据它的这种发展去考察这一事物现在是怎样的。"（《列宁选集》第 4 卷，43 页，北京，人民出版社，1972）有些学者认为，在马克思主义文献中，历史主义这个术语的定义，就是根据列宁的这段话提出的（参考《世界历史译丛》1979 年第 1 期《关于马克思主义的历史主义》一文）。这种解释，也是把关于历史联系的思想，看作历史主义的核心。

起来的新的、更高的条件来说，它就变成过时的和没有存在的理由了；
它不得不让位于更高的阶段，而这个更高的阶段也要走向衰落和灭亡。
正如资产阶级依靠大工业、竞争和世界市场在实践中推翻了一切稳固
的、历来受人尊崇的制度一样，这种辩证哲学推翻了一切关于最终的
绝对真理和与之相应的绝对的人类状态的观念。在它面前，不存在任
何最终的东西、绝对的东西、神圣的东西；它指出所有一切事物的暂
时性；在它面前，除了生成和灭亡的不断过程、无止境地由低级上升
到高级的不断的过程，什么都不存在。它本身就是这个过程在思维着
的头脑中的反映。①

这段话对历史联系性的揭示，是何等宏伟和深刻！正是从这段话中，
我们可以阐释出马克思主义的历史主义的以下基本观点。

第一，人类历史处在永恒的发展的长河之中，是一个无穷的由低级向
高级发展的运动过程，虽然在它的整体过程中也不时地出现暂时的倒退和
逆转，但这个过程的总趋势则是上升的、前进的。这个无限发展的上升的
前进的过程，表现为不同社会形态的依次更替，并因而呈现出不同的历史
发展阶段。每一个发展阶段都是整个历史链条中必要的一环，都由先前的
阶段作为它产生的基础，因而都有它产生和存在的理由，但对于它自己内
部逐渐发展起来的新的更高的条件来说，它就变为过时的和没有存在的理
由了，它终于又让位于更高的发展阶段。历史的前进运动，不会在任何一
个发展阶段上终止下来。

第二，一切历史事物都处在某一具体的历史发展阶段上，都是特定的
历史环境的产物，是特殊的历史联系决定了事物的独特风貌。因此，对于
具体的历史事物，只有从它的时代条件出发，分析它的特殊的历史联系，
才能够加以理解和认识。

第三，如同每一个历史阶段都有一个产生、发展、衰亡的历史过程一
样，任何具体的历史事物，也都有一个发生、发展和消亡的历史过程。一
个具体的历史事物，由它一定的复杂的历史条件产生出来以后，便在"现实

---

① 《马克思恩格斯选集》第 4 卷，217 页。

的、历史上发展了的及历史上规定了的世界里面"展开自己的运动过程，它发展的每一步，都受着周围复杂的历史因素的制约和影响，并因此不断改变着自己的发展趋势和方向，以走到它的最后形态。历史事物的最后形态，是它的整个发展过程中内部矛盾及外部环境各种因素相互作用的必然归宿。因此，对历史事物的最后形态的全面认识，只有从对历史事物的过程性研究中才能引申出来。

第四，人类社会历史发展的连续性，确证了历史发展的继承性。在整个历史发展的长河中，依次更替的不同发展阶段，都以前一个阶段作为自己的可靠基础。前一个阶段的发展是后一个阶段发展的出发点和必要条件，后一个阶段的发展变革前一个阶段遗留下来的条件，并成为下一个阶段发展的出发点和必要条件。以往的一切，都以肯定的或者否定的形式、发展的或者是萎缩的形式，保存在往后的发展里。每一时代的人们，都是在直接碰到的、既定的、从过去继承下来的条件下进行着自己的历史创造活动。

上述历史主义的基本观点，都是从恩格斯的论述中引申出来的，恩格斯的那段话被看作历史主义的集中概括，是有根据的。而它又的确像恩格斯讲的那样是"一种辩证哲学"，亦即历史辩证法。它充分揭示了历史发展的辩证性质。恩格斯的话的确可以看作对历史主义的集中概括，又可看作对历史辩证法的深刻揭示，历史主义与历史辩证法的契合，在这里得到有力的证明。

三、马克思主义历史主义的理论特征

如果将马克思主义的历史主义与之前的历史主义思想相比较，我们会看到它有如下一些明显的理论特征。

第一，马克思主义的历史主义，以科学的历史观——唯物主义历史观作为本体论基础，保证了这一方法论思想观察历史问题的可靠性、科学性。

以往的历史主义也把人类历史看作一个从低级到高级连续发展的过程，但他们找不到历史发展的真正基础。赫尔德认为历史的发展是人性的展示，是人类的固定性格的结果。而在黑格尔那里，像人们已经熟知的，历史的进程被解释为"世界精神"的逐步展现。这样，尽管近代以来的历史主义思想家们也有观察问题的辩证的历史的方法论色彩，但他们仍不能从历史中得出真正可靠的结论。科学的方法论只有和正确的本体论结合在一起，才可能真正发挥科学方法论的作用。

第二，马克思主义的历史主义，是一种真正彻底的辩证的历史发展观点。它真正尊重客观历史辩证法的发展，仅仅从历史中认识历史，从历史发展的上升的、前进的趋势去评定历史，无所避讳和维护。

马克思、恩格斯和他们以前的历史主义者，都反对 18 世纪理性主义者的非历史观点，但是，马克思、恩格斯的态度同他们迥然不同。以往学者对理性主义的批判持全盘否定的态度，而马克思、恩格斯则从 18 世纪的历史条件出发，首先肯定这些启蒙思想家的革命的、批判的精神。恩格斯称赞："在法国为行将到来的革命启发过人们头脑的那些大人物，本身都是非常革命的。"[1]如果说他们对于自然界有非历史的观点，那是由于当时科学知识的限制；至于他们在史学领域内也缺乏对事物的历史观点，那是因为"反对中世纪残余的斗争限制了人们的视野。中世纪被看作是千年来普遍野蛮状态造成的历史的简单中断……这样一来，对伟大历史联系的合理看法就不可能产生"[2]。恩格斯在指出这些思想家的非历史观点的同时，总是根据历史条件和阶级斗争形势对其做出科学的说明，从历史主义观点出发寻找他们非历史主义错误的历史根源，并给他们以应有的历史地位。

马克思主义的历史主义，真正懂得历史的不可避免性，对历史发展进程中各个历史阶段上起主要作用的历史力量，都给予应有的历史地位，给予充分的科学的评定。对待资产阶级的历史统治，马克思主义既不像以往学者那样把它奉为最后的完美的历史阶段，从而使历史辩证发展的观点窒息在它的狭隘的阶级性之中，也不像他们对待封建主义那样一味地咒骂和否定。一方面，马克思、恩格斯对资产阶级的统治做出历史的批判，论证它走向灭亡的不可避免性；另一方面，充分肯定它在历史上曾经起过非常革命的作用。不仅如此，即使在现实的社会运动中，凡是资产阶级正在发

---

① 《马克思恩格斯选集》第 3 卷，719 页。

② 恩格斯：《路德维希·费尔巴哈和德国古典哲学的终结》，中共中央马克思恩格斯列宁斯大林著作编译局译，21 页。

挥积极的历史作用的地方，他们也都给以充分的肯定和支持，真正掌握了历史辩证法的马克思主义者，表现出博大的历史胸怀。

正是从彻底的历史发展观点出发，马克思主义的历史主义者对历史上一切丧失历史必然性的东西，从不抱同情的维护的态度，而是从客观历史条件出发，揭露一切走向没落的、腐朽的、反动的东西，批判它们阻碍历史发展的反动作用。这一点也与近代以来的历史主义思潮形成了鲜明对照。之前的历史主义者标榜对历史采取"客观""公正""同情"的态度，实际上往往是借"历史条件"为名，为历代统治者进行辩护。马克思主义的历史主义运用客观历史必然性的尺度，去衡量历史事物的合理性，才是真正客观地对待历史的态度。

马克思主义的历史主义的彻底性，不仅表现在对于剥削阶级的态度，对于人民中的落后性、惰性传统，也从不维护，坚持纯正的历史批判态度。譬如英国在印度的统治，曾经给印度人民带来深重的灾难，马克思予以严厉的揭露和谴责；但是，对于英国所造成的印度民族惰性传统的破坏，马克思则没有丝毫的怜悯之情。他反而这样写道：

> 从人的感情上来说，亲眼看到这无数辛勤经营的宗法制的祥和无害的社会组织一个个土崩瓦解，被投入苦海，亲眼看到它们的每个成员既丧失自己的古老形式的文明又丧失祖传的谋生手段，是会感到难过的；但是我们不应该忘记，这些田园风味的农村公社不管看起来怎样祥和无害，却始终是东方专制制度的牢固基础，它们使人的头脑局限在极小的范围内，成为迷信的驯服工具，成为传统规则的奴隶，表现不出任何伟大的行为和历史首创精神。我们不应该忘记那种不开化的人的利己性，他们把全部注意力集中在一块小得可怜的土地上，静静地看着一个个帝国的崩溃、各种难以形容的残暴行为和大城市居民的被屠杀，就像观看自然现象那样无动于衷；至于他们自己，只要哪个侵略者肯于垂顾他们一下，他们就成为这个侵略者的驯顺的猎获物。我们不应该忘记，这种有损尊严的、停滞不前的、单调苟安的生活，这种消极被动的生存，在另一方面反而产生了野性的、盲目的、放纵的破坏力量，甚至使杀生害命在印度斯坦成为一种宗教仪式。我们不

应该忘记……

的确，英国在印度斯坦造成社会革命完全是受极卑鄙的利益所驱使的，而且谋取这些利益的方式也很愚蠢。但是问题不在这里。问题在于，如果亚洲的社会状况没有一个根本的革命，人类能不能实现自己的命运？如果不能，那么，英国不管是干了多少罪行，它造成这个革命毕竟是充当了历史的不自觉的工具。总之，无论一个古老世界崩溃的情景对我们个人的感情来说是怎样难过，但是从历史观点来看，我们有权同歌德一起高唱：

"我们何必因这痛苦而伤心，

既然它带给我们更多欢乐？"①

第三，马克思主义的历史主义，把历史现象个别性、独特性的研究与历史规律性的思想统一起来，从而避免了把历史事物的独特性与历史发展的规律性对立起来而导向历史相对主义的歧途。

马克思主义的历史主义认为，历史事物的独特性，是由产生该事物的特殊的历史条件、历史联系所决定的，它可以从对客观历史条件、历史联系的分析中做出科学的解释和说明。而这种说明所遵循的原则，就是唯物史观所揭示的历史规律：生产力决定生产关系、经济基础决定上层建筑、社会存在决定社会意识以及在这些起决定作用的因素的基础上的复杂相互作用。现代西方学者中也有丰厚的历史主义思想，而他们的历史主义多是认为，历史中的事物只是个别的、独特的，没有共性可以概括，因而是难以认识的、不能评价的，导向认识论中的不可知论和相对主义。马克思主义认为，历史中的事物在其表现形态上都是个别的、独特的，譬如不同的思想家，每个人都有自己与众不同的思想观点和理论体系，但是，在特殊性中却有共性的存在，他们的观点和体系无论怎样的千差万别，都不可能是凭空产生的，而是对一种客观存在的反映，他们的思想意识都是被社会存在所决定的。他们各具独特性的思想观点，都可以从不同的社会存在以及他们各自的思维方式中引申出来。这样，历史事物的独特性就是可以认

---

① 《马克思恩格斯选集》第 1 卷，765～766 页。

识的、能够评价的了。马克思主义的历史主义不否认历史现象的个别性、独特性，而且特别强调从特定的历史环境中考察历史事物这一具体问题具体分析的辩证法思想，并力求从历史规律性的思想出发，去对历史事物的个别性、独特性做出科学的解释和说明。

以上是马克思主义的历史主义的理论特征。如果和一般理论体系相比较，马克思主义的历史主义在思想方法上，还有以下两个最顽强的特征。

首先，马克思主义的历史主义，特别重视对历史正当性的探讨。

马克思主义认为，人类社会历史的发展是一个有规律的统一的运动过程，是循着它内在的历史必然性的法则向前运行的。那么，凡是合乎历史必然性而出现的历史事物，都应该被看作有存在根据的、合理的、正当的。因此，马克思主义的历史理论，特别重视对历史正当性的探讨，并坚持从历史正当性的角度，去理解事物、评价事物。恩格斯有一段话很精辟地阐述了马克思主义历史主义的这一特征：

> 在马克思的理论研究中，对法权（它始终只是某一特定社会的经济条件的反映）的考察是完全次要的；相反地，对特定时代的一定制度、占有方式、社会阶级产生的历史正当性的探讨占着首要地位。任何一个人，只要把历史看作一个有联系的、尽管常常有矛盾的发展过程，而不是看作仅仅是愚蠢和残暴的杂乱堆积，像十八世纪人们所做的那样，首先会对这些问题的研究感到兴趣。①

的确，在马克思、恩格斯的理论研究中，关于历史正当性的探讨占有很突出的位置。19 世纪 70 年代，德国开始作为一个大工业国登上世界舞台。大工业迅速发展这一历史运动，也引起了一些严重的后果。大批农村手工业工人，被吸引到发展为工业中心的大城市，而一些旧城市的布局由于不适应新的大工业的条件则需要拆除或改造。于是，正当农村手工业工人大量涌入城市的时候，工人住宅却在大批拆除，这就不可避免地出现了住宅缺乏现象。蒲鲁东主义者阿·米尔格在 1872 年 2 月到 3 月的《人民国家

---

① 《马克思恩格斯全集》第 21 卷，557～558 页。

报》上发表了一组文章，提出解决住宅缺乏的方案，而其要旨在于要把蒸汽机、纺织机乃至全部现代工业统统抛弃，返回到昔日可靠的手工劳动上去。米尔格对旧生活方式的没落，流露出无限眷恋之情，把大工业发展造成的历史的巨大进步，描绘成可怕的倒退。他说：

> 我们毫不犹疑地断定说，在大城市中，百分之九十以至更多的居民都没有可以称为私产的住所，这个事实对于我们这个备受赞扬的世纪的全部文明的嘲弄是再可怕不过的了。道德生活和家庭生活的真正接合点，即人们的家园，正在被社会旋风卷走……我们在这一方面比野蛮人还低下得多。原始人有自己的洞穴，澳洲人有自己的土屋，印第安人有他们自己的家园——现代无产阶级者实际上却悬在空中。①

对这套动人的议论，恩格斯评论说：

> 在这曲耶利米哀歌中蒲鲁东主义露出了它的全部反动面貌……
> 27 年以前，我(在《英国工人阶级状况》一书中)正好对 18 世纪英国所发生的劳动者被逐出自己家园的过程的主要特征进行过描写。此外，当时土地所有者和工厂主所干出的无耻勾当，这种驱逐行动必然首先对当事的劳动者在物质上和精神上造成的危害，在那里也作了如实的描述。但是，我能想到要把这种可能是完全必然的历史发展过程看成一种退步，后退得"比野蛮人还低下"吗？绝对不能。……自从资本主义生产被大规模采用时起，工人的物质状况总的来讲是更为恶化了，对于这一点只有资产者才表示怀疑。但是，难道我们因此就应当渴慕地惋惜(也是很贫乏的)埃及的肉锅，惋惜那仅仅培养奴隶精神的农村小工业或者惋惜"野蛮人"吗？②

同是出于对无产阶级贫困化状况的同情与关注，但恩格斯与蒲鲁东主

---

① 转引自《马克思恩格斯选集》第 3 卷，148 页。
② 《马克思恩格斯选集》第 3 卷，148～149 页。"惋惜埃及的肉锅"一语源于《旧约全书·出埃及记》，后来逐渐成了一句谚语。可参见《马克思恩格斯选集》第 3 卷，805 页。

义者对于这种由大工业发展而造成的贫困化进程抱着截然不同的态度。恩格斯充分肯定这一进程的历史进步性，把它看作无产阶级走向真正解放的必经之路、前提和条件，表现出伟大的历史主义精神；而蒲鲁东主义者则站在反历史的立场上，为旧生活方式的没落演唱了一首无可奈何的哀歌，整个理论"浸透着一种反动的特性"。这种历史主义与反历史主义观点的对立，最根本的问题就在于他们对大工业革命的不可避免性和历史正当性的不同理解。

在恩格斯看来，大工业的发展虽然把工人阶级推到了更加贫困的地步，但它却割断了"把先前的工人束缚在土地上的脐带"，使工人阶级由此而摆脱了"一切历来的枷锁"，它是最终消灭资本主义，无产阶级获得最后解放的必要的一步。因此，大工业的发展及由此而来的无产阶级的贫困化，在当时的历史条件下，既是不可避免的，也是正当的、合理的，符合历史发展趋势的，是历史必然进程中的必要的一环。所以，对于马克思主义者来说，重要的不是对无产阶级的贫困化的怜悯或忧伤，不是对已失去的旧生活条件的怀念或眷恋，而是要从中认识历史发展中那个不可避免的趋势，并充分利用大工业发展这个经济革命所造成的条件，去实现"消灭一切阶级剥削和一切阶级统治的伟大社会变革"。

这是马克思主义的历史主义者评价历史运动的一个范例。首先，它着眼于对历史正当性的探讨，对一切具有历史正当性的事物，都给予充分的理解和重视；它摆脱了一切庸俗的世俗的观点，站在历史发展、进步的立场上，以博大的历史眼光，去看待历史长河中的兴衰变迁；它不从纯粹的道德观念出发去评价人们一时间的恩恩怨怨，把目光注视在"历史的不自觉作用"上，把从历史必然性中所产生和发展出来的巨大力量，都视为正当的历史力量，从而摆脱了以往一切历史理论那种不可克服的时代的阶级的局限，对以往人类历史的每一进程，都做出公正的历史评判。

其次，马克思主义的历史主义，敢于正视和承认历史中的矛盾现象，因而能够充分辩证地看待历史。

整个人类社会的历史，都是在矛盾和对立中前进发展的，历史的每一个进步，都伴随着极大的牺牲。这些历史进步都有着两面性。一方面，它残酷、血腥，是人们无法忍受的痛苦；另一方面，从历史进步的角度去看，它们又都是历史前进中必要的一环，顺应着历史前进、上升的总趋势，是巨大的历史进步。残酷、血腥、牺牲和历史进步，是历史运动中两个并存而矛盾的因素，是同一个事物的两个方面。正是历史本身的这种矛盾性质，使许多历史理论在面临这些历史现象时，显得一筹莫展，因而企图去回避矛盾，消弭矛盾。而马克思主义的历史主义，充分尊重历史辩证法的发展，从不回避事物的矛盾性质，并善于同时抓住历史事物中那些并存而又矛盾的历史现象，把它们统一在一个辩证的解释之中。恩格斯在给《资本论》第一卷写的一篇书评中说："应该承认，马克思与通常社会主义者比较起来的功绩是他指出，甚至在现代条件的极端片面发展伴随着直接的恐惧的后果的地方也存在着进步。"①马克思的这一功绩，正是反映了他的历史主义理论的特征。

马克思、恩格斯的一切历史评价，无不充满着这种辩证性质。譬如对资本主义原始积累，一方面，马克思指出，它"对直接生产者的剥夺，是用最残酷无情的野蛮手段，在最下流、最龌龊、最卑鄙和最可恶的贪欲的驱使下完成的"②；它对殖民地人民的掠夺和奴役，赤裸裸地暴露了"资产阶级文明的极端的伪善和它的野蛮性"。另一方面，他又指出，资本主义的原始积累，"是历史上划时代的事情"，标志着一个新时代的曙光。而且在马克思的评价中，这两个方面是有机地统一在一起的。马克思写道：

> 美洲金银产地的发现，土著居民的被剿灭、被奴役和被埋葬于矿井，对东印度开始进行的征服和掠夺，非洲变成商业性地猎获黑人的场所：这一切标志着资本主义生产时代的曙光。……原始积累的不同因素，多少是按时间顺序特别分配在西班牙、葡萄牙、荷兰、法国和英国。在英国，这些因素在17世纪末系统地综合为殖民制度、国债制度、现代税收制度和保护关税制度。这些方法一部分是以最残酷的暴力为基础，例如殖民制度就是这样。但所有这些方法都利用国家权力，也就是利用集中的、有组织的社会暴力，来大力促进从封建生产方式

---

① 《马克思恩格斯全集》第16卷，255页。
② 《马克思恩格斯选集》第2卷，268页。

向资本主义生产方式的转化过程，缩短过渡时间。[①]

马克思、恩格斯的历史态度，根源于他们对历史本身辩证性质的充分理解，根源于他们极其深刻的历史辩证法思想。

马克思指出：

> 只有在伟大的社会革命支配了资产阶级时代的成果，支配了世界市场和现代生产力，并且使这一切都服从于最先进的民族的共同监督的时候，人类的进步才会不再像可怕的异教神怪那样，只有用被杀害者的头颅做酒杯才能喝下甜美的酒浆。[②]

恩格斯指出：

> 俄国是资本主义大工业发展最后波及的国家，同时又是农民人口最多的国家，这种情况必然会使这种经济变革引起的动荡比任何其他地方强烈得多。由一个新的资产阶级土地占有者阶级代替大约五十万地主和大约八千万农民的过程，只能通过可怕的痛苦和动荡来实现。但历史可以说是所有女神中最残酷的一个，她不仅在战争中，而且在"和平的"经济发展时期中，都是在堆积如山的尸体上驰驱她的凯旋车。而不幸的是，我们人类却如此愚蠢，如果不是在几乎无法忍受的痛苦逼迫之下，怎么也不能鼓起勇气去实现真正的进步。[③]

这就是马克思主义的历史主义！它超越了整个人类历史进程中所充满的可怕的兴衰变迁，站在一个宏伟的历史基点上，去看待历史的前进运动。进步与牺牲，历史运动的这种两面性，既是历史本身所固有，就应该为人们和历史学家所接受，而"谁要给自己提出消除坏的方面的任务，就是立即使辩证运动终结"。接受矛盾，承受矛盾，给历史以辩证的历史的解释。这

---

① 《马克思恩格斯选集》第 2 卷，265～266 页。
② 《马克思恩格斯选集》第 1 卷，773 页。
③ 《马克思恩格斯全集》第 36 卷，39～40 页，北京，人民出版社，1975。

就是马克思主义历史主义的基本特征。

四、历史主义原则对史学研究的基本要求

（一）站在历史进步的立场上评价历史事物

分析任何历史事物，都必须站在历史进步的立场上，去认识其本质属性，从而肯定和支持一切推动历史上升和前进的力量。历史主义的这一要求，是我们评价一切历史事物的原则立场。

进行历史评价活动，应该确立什么样的价值尺度，人们提出过各种各样的看法。18世纪的启蒙思想家们，运用"人类理性"的尺度，把一切都提到理性的法庭上去裁判。这一思想影响深远，在相当长的时间内，人们都习惯于根据人类的道德、人们对正义的理解去判断历史是非。在近代资产阶级学者那里，特别是法国王朝复辟时期的历史学家那里，阶级利益、阶级需要成为历史评价的唯一尺度。这些资产阶级学者运用的价值尺度，在1949年以后的史学研究中，也以改头换面的方式被人们重复提出、运用。"阶级标准""人民利益标准"，虽没有明确提出但实际上被运用的"道德标准"，根据今日人们的理性而理解的"正义标准"等，都施之于往日的史学界。而马克思主义的历史主义所要求我们的，是要站在历史进步的立场上进行历史评价活动。这是一个历史进步标准。

历史进步标准是从历史本身提出来的。马克思主义历史主义认为人类历史是一个由低级向高级无限发展的运动过程，这个过程的总趋势是上升的、前进的。而历史上升的、前进的运动，是要通过人类主体的历史创造活动去推动、去实现的。因此，一个马克思主义的历史主义者，在看待历史事物的时候，最基本的尺度，就是看它在历史向上的、前进的运动中扮演了什么角色，它是否是历史向上向前发展的必然的产物，它的发展和运动是否推动了历史的前进和发展。因为这个标准是从历史发展本身提出来的，因而是唯一客观的标准，在历史评价中具有最终的意义。这一标准当然不排除在具体评价活动中，人们可以根据评价对象的特殊性提出一系列具体标准，但一切历史评价的具体标准都应该与这一基本的评价标准统一

起来。

现在我们来分析一个运用这一标准评价历史事物的典型例子，即马克思主义创始人对剥削现象、剥削阶级、剥削制度的历史评价。马克思、恩格斯著作中论到这个问题的地方很多，我们大致归纳为以下四点。

第一，承认剥削、剥削阶级产生的历史必然性，并由此肯定它们在一定限度的历史时期内的正当性、合理性。

近代西方学者曾经把私有制以及以此为基础的剥削、剥削阶级、剥削制度的存在，看作人类社会的永久性现象，是超历史的存在。反其道而行之，在"左"倾思潮泛滥时期，人们则把历史上出现剥削看作历史的倒退，简单地判它为不合理的历史现象，无分析地抽象地反对一切剥削。而马克思主义则是从历史发展的规律性出发，论证剥削及剥削阶级产生的历史必然性，并因而承认它在一定限度的历史时期内的正当性、合理性。恩格斯说：

> 社会分裂为剥削阶级和被剥削阶级、统治阶级和被压迫阶级，是以前生产不大发展的必然结果。只要社会总劳动所提供的产品除了满足社会全体成员最起码的生活需要以外只有少量剩余，就是说，只要劳动还占去社会大多数成员的全部或几乎全部时间，这个社会就必然划分为阶级。在这被迫专门从事劳动的大多数人之旁，形成了一个脱离直接生产劳动的阶级，它掌管社会的共同事务：劳动管理、国家事务、司法、科学、艺术等等。[①]
>
> 马克思了解古代奴隶主，中世纪封建主等等的历史必然性，因而了解他们的历史正当性，承认他们在一定限度的历史时期内是人类发展的杠杆；因而马克思也承认剥削，即占有他人劳动产品的暂时的历史正当性。[②]

马克思主义认为，人类历史上剥削现象、剥削阶级的产生，完全是历

① 《马克思恩格斯选集》第 3 卷，756 页。
② 《马克思恩格斯全集》第 21 卷，557～558 页。

史向上向前发展的必然产物，是伴随着历史发展而出现的社会分工的结果，而不是人为的结果。因此，剥削在一定限度的历史时期内成为历史发展的形式，剥削阶级在一定限度的历史时期内充当了历史发展的杠杆，并因而具有了存在的正当性、合理性。虽然自近代以来，剥削及剥削阶级逐渐失去了存在的合理性，成为束缚历史发展的东西，铲除剥削日益成为社会历史发展的要求，但这绝不证明它在历史上就不应该产生及存在，绝不证明它一产生就是不合理的，是反历史的。它和任何其他事物一样，也有一个发展变化逐渐走向自己反面的过程。我们不能站在今天的历史高度，从它失去了历史必然性的条件下去否定它当初的存在。

第二，承认历史上剥削制度的历史地位。

与剥削和剥削阶级相联系的，还有剥削制度的问题。它同剥削和剥削阶级一样，也有着产生和存在的历史必然性。奴隶制是各种剥削制度中最原始、最野蛮、最残酷的一种，从现代的条件看，是不可思议的现象，是反常的荒谬的事情。但马克思主义创始人并没有因此将它全盘否定，而是从它最初对人类历史起到的推动作用，去肯定它曾经具有的历史进步性，肯定它在当时的历史条件下，是社会进步的唯一可能的选择。本章前边我们征引过恩格斯在《反杜林论》中对奴隶制度的评价。他反复强调："只有奴隶制才使农业和工业之间的更大规模的分工成为可能，从而使古代文化的繁荣，使希腊文化成为可能。……在古代世界、特别是希腊世界的历史前提之下，进步到以阶级对立为基础的社会，是只能通过奴隶制的形式来完成的。"[1]恩格斯关于奴隶制的论述很多，兹不赘举。

第三，承认剥削阶级的历史作用。

《共产党宣言》是一个埋葬资产阶级的宣言，但在这部埋葬资产阶级的宣言中，马克思、恩格斯则从历史主义的原则出发，对资产阶级的历史作用做了充分的肯定。"资产阶级在历史上曾经起过非常革命的作用。"《共产党宣言》在这句提纲挈领的总评之下，接连用了十多个排比段历数资产阶级的历史功绩。如它写道：

---

① 《马克思恩格斯选集》第3卷，524～524页。

资产阶级，由于一切生产工具的迅速改进，由于交通的极其便利，把一切民族甚至最野蛮的民族都卷到文明中来了。它的商品的低廉价格，是它用来摧毁一切万里长城、征服野蛮人最顽强的仇外心理的重炮。它迫使一切民族——如果它们不想灭亡的话——采用资产阶级的生产方式；它迫使它们在自己那里推行所谓文明制度，即变成资产者。一句话，它按照自己的面貌为自己创造出一个世界。

....

资产阶级在它的不到一百年的阶级统治中所创造的生产力，比过去一切世代创造的全部生产力还要多，还要大。自然力的征服，机器的采用，化学在工业和农业中的应用，轮船的行驶，铁路的通行，电报的使用，整个整个大陆的开垦，河川的通航，仿佛用法术从地下呼唤出来的大量人口，——过去哪一个世纪能够料想到有这样的生产力潜伏在社会劳动里呢？[①]

可以说，包括资产阶级学者在内，还没有哪一位学者对资产阶级做出过如此充分的肯定性评价。资产阶级有过多方面的创造和贡献，就其主要方面说，资产阶级的功绩可以概括为以下几点。

其一，资产阶级推翻了黑暗的、野蛮的、专制主义的封建统治，扫清了前进道路上的中世纪残余，推进了人类政治史的进程，使历史完成了从君主专制到民主政治的重大飞跃，开辟了人类历史的新纪元、新时代。

其二，资产阶级创造了以往历史上从未有过的社会化大生产和高度发展的现代工业文明，为人类自身的发展带来空前广泛的社会解放。

其三，资产阶级用它所创造的近代交通工具和通信手段，用价格低廉的商品，摧毁了一切古老的民族壁垒，把所有民族都卷入世界文明的进程之中，把人类历史变成了真正的世界史，沟通了地球上人们的合作与交往，极大地加速了世界史的进程。

其四，资产阶级适应近代科学技术和近代大工业发展的需要，创造了

① 马克思、恩格斯：《共产党宣言》，中共中央马克思恩格斯列宁斯大林著作编译局译，26～27 页。

与近代大工业相适应的系统的经济理论，创造了发展商品经济和现代社会管理的丰富经验，为人类迈向更高级社会阶段积累了宝贵而丰富的历史遗产。

资产阶级的历史贡献超过了他以前的任何阶级。其最主要的贡献，是他们在实行统治的地方，为民主主义者和共产主义者"扫清前进道路上的中世纪残余和君主专制"，通过他们的近代大工业和发达的商业联系建立起"解放无产阶级所需要的物质基础"。不仅资产阶级，历史上其他剥削阶级，在他们登上历史舞台以后的一段时间内，都曾对旧的社会基础进行过革命性改造，从而把历史推到一个新的发展阶段。这是每一个剥削阶级成为统治阶级的时候必须完成的历史使命，不履行这一使命，也就没有上升为统治阶级的理由。我们必须历史地承认他们，对他们曾经起过的推动历史上升和前进的作用，给予客观的历史的评价。

第四，对剥削阶级执行历史的批判。

马克思主义创始人在肯定剥削阶级、剥削制度的历史作用时，总是将其限定在"一定限度的历史时期内"。这个一定限度的历史时期，就是他们还具有存在的合理性、还能发挥推动历史进步作用的历史时期。一旦超出了这一时期，某一剥削制度被它自身内部孕育的新的更高的条件所否定的时候，它不能再适应社会生产的发展并成为这种发展的桎梏的时候，就丧失了存在的合理性，走到了自己的反面。对在这种情况下苟延残喘的剥削阶级和剥削制度，马克思主义的历史主义的要求，就是对它们执行历史的批判，从它们阻碍历史发展的角度揭露其腐朽和反动。这里仍然是要坚持历史进步标准，是站在历史进步的立场上看问题。在这方面，马克思主义创始人与资产阶级理性主义者以及空想社会主义思想家，形成了鲜明对照。

空想社会主义思想家对资本主义制度进行过激烈的批判，尤以傅立叶为最突出。他批判雇佣劳动制度实际上是"恢复奴隶制度"，资本主义是"温和的监狱"和"贫困的温床"，文明制度是"幸运的对立工厂物"，是"颠倒世界"，是"社会地狱"。但也如恩格斯所指出的："以往的社会主义固然批判了现存的资本主义生产方式及其后果，但是，它不能说明这个生产方式，因而也就制服不了这个生产方式；它只能简单地把它当作坏东西抛弃掉。但是，问题在于：一方面应当说明资本主义生产方式的历史联系和它对一定历史时期存在的必然性，从而说明它灭亡的必然性。"①后者正是马克思主义创始人的批判方法。他们从批判封建的生产形式和交换形式的残余开始，证明它们必然要被资本主义形式所代替；然后再从资本主义本身的历史过程中，证明这种生产方式由于它自身的发展使自己从生产力发展的形式变成了生产力继续发展的桎梏，失去了存在的必然性和合理性。资本主义要灭亡了，要被社会主义制度所代替，正像它当初取代封建主义的统治一样，那么不可避免，不可怀疑。这就是历史的批判，坚持的是历史主义原则。

马克思、恩格斯对剥削现象、剥削阶级、剥削制度的历史分析，是运用历史主义、站在历史进步立场上进行历史评价的典范，对纠正我们史学研究中的"左"倾思维富有启迪意义。在过去"左"倾思潮泛滥时期，对剥削现象研究方面，存在着严重的非历史主义倾向。人们像 18 世纪的理性主义者那样，把人类历史进入阶级社会以来几千年的发展，看作由阶级压迫的不合理现象所引起的历史的简单中断。18 世纪的理性主义者是被反对中世纪残余的斗争限制了眼界，而我们不少人则是被貌似革命的极左思潮模糊了视野。在史学研究中，我们应该注意揭露剥削阶级的残忍性、贪婪性及其腐朽和反动，教育人民积极献身新社会的斗争。但是，我们谴责剥削制度，也只是因为它现在完全束缚了人类社会的发展，失去了继续存在的条件，并因此在现代人们的意识中完全成了荒谬的、不合理的东西。而这些都不能证明，剥削制度在它刚诞生的时候也不具有必然性、合理性。人类社会向阶级社会的发展，是一个历史的进步，并不是倒退，不是历史的误会。尽管它把阶级压迫送到了人间，但它还是顺从了历史向上的、前进的运动方向。只要我们坚持历史主义原则，像马克思那样去思考问题，我们就会突破"左"的束缚，在对剥削阶级的研究上，从而在对几千年文明史的研究上，获得新的突破。

任何理论体系都会遇到一些特殊的难题，马克思主义的历史主义的运用也是如此。在应用历史标准评价历史事物时，有些问题是我们不好处理的。许多在历史进程中起过重大作用的历史运动，都是在人民付出血的代价之后才显示出运动的价值。譬如早期殖民地的开发，英国对印度的征服，

---

① 《马克思恩格斯选集》第 3 卷，365～366 页。

在历史的整体运动中都起过进步的历史作用，但它又实在太残酷了，如果率直地评价它们的进步作用，很难为人们所接受。这些事情，从历史辩证法的角度讲，并非不好理解，人类社会的历史本来就是在激烈的矛盾冲突中发展的。前边我们已经引述过恩格斯的话，历史本来就是"在堆积如山的尸体上驰驱她的凯旋车"，它并不照顾人们感情，也不为着我们评价的方便，而只管在血与火中开拓着前进的路。资产阶级起过重大的进步作用，但也像马克思在论证英国在印度造成的社会革命时说的那样，资产阶级"难道它不使个人和整个民族遭受流血和污秽、蒙受苦难与屈辱就实现过什么进步吗？"①在人类文明还没有进入社会主义时代以前，任何历史进步都会有矛盾的两个方面，都需要以残酷的代价做出牺牲。历史就是这样复杂，这样矛盾，我们的头脑也应该复杂一点，辩证一点，对那些出于卑鄙的目的、通过残酷的流血而造成的历史进步，我们从历史主义的原则出发，需要一方面揭露运动主持者的卑劣和残酷，另一方面客观地指出它在历史上造成的进步作用，以明历史发展的真迹。

(二)把问题提到一定的历史范围之内

分析任何社会历史问题，都要把问题提到一定的历史范围之内，从具体的历史环境出发考察问题，一切以条件、地点和时间为转移。

一切历史事物，都是当时特定的历史条件的产物，随着历史的发展，历史条件的变更，它就失去了存在的理由，丧失了存在的合理性，从新的历史条件出发，它就成为不可思议的东西。因此，评价、分析任何历史事物都必须从当时特定的历史条件出发，放到当时特定的历史范围之内来考察。所以，列宁强调："在分析任何一个社会问题时，马克思主义理论的绝对要求，就是要把问题提到一定的历史范围之内。"②"马克思主义要求一定要用历史的态度来考察斗争形式问题。脱离具体的历史环境来提这个问题，就等于不懂得辩证唯物主义的起码要求。"③

以往史学界出现的不少非历史主义错误，大都是不区分不同的历史阶

---

① 《马克思恩格斯选集》第2卷，771页。
② 《列宁选集》第2卷，512页。
③ 《列宁选集》第1卷，673页。

段，超时空地对待历史事物而引起的。人们总习惯于拿今天人们的意识，去推想古人的活动，把现代意识强加于古人。似乎觉得，在任何时代，对于性质相似的问题都会有同样的抉择或处理。而历史事实完全不是这样。每一事物都只从属于产生它的那个时代和那些条件，不能把它跟不同时代条件下产生的其他事物相混淆，或者对不同时代条件进行简单机械地类比。耕种小块土地的古罗马自由农民，在罗马历史发展过程中被剥夺了土地，这一使他们同生产资料分离的过程，不仅蕴含着大地产形成的过程，而且还蕴含着大货币资本形成的过程。这一过程的结果最后出现了一方面是除自己的劳动力外，一切都被剥夺的自由人；另一方面是为了剥削这种劳动，又出现了占有所创造出来的全部财富的人。这种情况和资本主义的形成过程何等相似！但是，在古罗马，随这个过程发展起来的生产方式不是资本主义，而是奴隶制，古罗马的无产阶级并没有变成雇佣工人，反而成了一群无所事事的游民。极为相似的事情，在不同的历史环境中出现，可能引起完全不同的结果。

　　贯彻历史主义的这一要求，一是要在主观上坚持让我们的分析与思考回到特定的历史环境中去，二是要对客观历史环境做出正确的分析，能恰切地把握住这个环境。不然，无论怎样在主观上想使思考回到历史环境中去，而事实上也不可能回到那个特定的环境，而是回到了一个被歪曲或者被杜撰出来的主观环境。因此，真正实践这一方法论思想，对客观历史环境的正确分析，是极其重要的。下边我们以对中国近代历史上洋务运动的评价，来看一下如何把问题提到一定的历史范围之内。

　　20 世纪 80 年代以前的史学界，对洋务运动普遍是给予否定性的评价，认为它是一个反动的历史运动。不管人们举出其反动性的多少理由，但究其原因，最根本的是，它是由晚清统治阶级中的一部分人发起的，特别是由像李鸿章那样一些在大多数场合表演了耻辱的人物创办的；而按照一般人的想象，迈开中国近代工业第一步的，则应该是具有爱国属性的民族资产阶级。然而，当人们这样去思考问题的时候，我们的思维是那样地远离了当时中国的历史环境。洋务运动的性质是进步还是反动，存在着一个具体的、客观的判断标准。这个客观标准，是由洋务运动产生的时代条件来提供的。评价洋务运动，我们的思维必须回到这个历史运动产生的特殊的历史环境之中。

首先，我们来看一下洋务运动所处的国际环境。洋务运动发生在 19 世纪 60 年代，那是国际自由资本主义飞速发展的狂飙时期。资产阶级，由于一切生产工具的迅速改进，由于交通的极其便利，由于工业革命取得的卓越成就，已经使自己强大到这样的地步：它迫使一切民族——如果它们不想灭亡的话——采用资产阶级的生产方式，它迫使它们在自己那里推行所谓文明制度。一句话，资产阶级已经有能力按照自己的面貌为自己创造出一个世界。资产阶级在历史上起过的这个"非常革命的作用"，使历史进入了资本主义制度在全世界普遍确立的时代，在世界范围内形成了一个向资本主义过渡的强大的历史潮流。这一潮流，迫使极端专制的俄国废除了农奴制度，闭关锁国的日本开始了明治维新，而沉睡在田园风味的公社中的印度，则被资本主义的重炮征服了。20 世纪 60 年代的国际环境，使中国已经面临了亡国灭族沦为殖民地的危险。中国要进步，必须发展自己的近代工业，利用各种形式向资本主义过渡。印度的教训，两次鸦片战争的失败，宣告了这一历史的启示。毫无疑问，在这样的历史条件下，判断一个历史运动的客观标准，只能是看它是否有利于发展中国自己的近代工业，是否顺应了向资本主义过渡的历史潮流。而洋务运动，不管它的动机如何，不管它出于什么样的现实目的，在客观上，则正是顺应这一历史潮流的产物。

洋务派本身是统治阶级的主要成员，他们多数是从事过镇压太平天国运动的行动，办理对外交涉事宜等重大活动的官僚、军阀，办理实际事务使他们不能不采取现实主义的态度去分析时局。所以，相对顽固派来说，他们显得聪明一点，并表现出了一定的现实主义思想。反动的阶级本质，使他们无法、也不可能去认识历史发展的客观规律，但受规律支配而变化、发展的客观现实，则教训了他们，使他们感觉到当今世界在发生着巨大的变化，也使他们认识了落后就要挨打的道理，认识到兴办洋务、向西方学习先进的科学技术，是求强求富的唯一道路。很显然，洋务运动并不是洋务派人为的主观意志的产物，而是当历史的发展迫切要求在中国产生资本主义的时候，在各种现实条件的制约下产生的。洋务运动的产生是当时中国社会向前发展的必然，洋务思想的形成是西方近代资本主义社会优越于封建社会的现实在人们头脑中的反映，洋务运动时期，中国办起了第一批近代工业，在中国大地上移栽了资本主义的生产方式，顺应着由传统社会向资本主义过渡的历史趋势。放到当时特定的历史环境来考察，判断它是一场进步的运动，理所当然，不容置疑。这是我们把它放到当时世界历史发展的大趋势中考察所得出的必然结论。

如果我们再来分析一下当时中国的国情条件，就更不会对由李鸿章这样一些人来扮演中国近代工业创始人的角色感到意外和不可思议了。在19世纪60年代，经过了两次鸦片战争之后，像潮水般涌进中国的廉价商品，充斥了中国市场，使中国社会出现了大批的失业者——资本主义生产的廉价劳动力，以及自然经济逐渐解体——促成了资本主义和商品市场的形成。于是，在当时的中国大地上发展资本主义已经具备了一定的条件，所缺乏的只是新生产方式的领导力量。依照传统的观点和我们一般人的善良愿望，它最好是一个民族资产阶级；然而，历史并不照顾我们的感情。

历史的现实是这样的。虽然中国从晚明以来，在传统社会的母体中就已经孕育、滋生了资本主义因素的萌芽，到鸦片战争前，资本主义性质的手工工场已经有了相当的发展，但这条在中国民族手工业的基础上发展资本主义的道路，却被鸦片战争的重炮轰断了；再加上清朝政府镇压太平天国运动的战争破坏，更是严重摧残了主要散布在江南地区的民族手工业。外资商品的倾销，中国专制势力的摧残，使在民族工业中孕育着的资本主义萌芽枯萎凋谢了，那些稀疏破土的幼芽，大多数没有长成枝叶繁茂的大树。在中国的近代民族工业中，很少见到由手工工场转化而来的例证。历史资料证明，在洋务运动开场的19世纪60年代，在历史的发展要求中国立即向资本主义过渡的时候，中国近代的民族工业还没有产生，不但没有一个民族资产阶级，甚至连一个经营近代企业的民族资本家都没有。中国尚缺乏兴办近代工业、发展资本主义的领导力量。于是，这种历史的特殊性，决定了在中国发展资本主义，必然要循着一条特殊的途径。

民族资产阶级没有形成，也就是说，在民间还不存在集聚起来的大量资本。这就要求必须依靠国家的力量来兴办带有资本主义性质的近代工业，而这并不是一条走不通的道路，因为俄国、日本发展资本主义的实践已经给出了证明。于是，中国发展近代工业的第一步，就必然要由上层统治阶级内部的一些人来领导，那就只能是一个我们所看到的洋务运动了。

一方面，洋务派的阶级属性，使他们不可能成为新的生产方式的代表者，这一点决定了由他们领导的洋务运动最终失败的命运；另一方面，中国特殊的历史条件和局势，使得这伙本来极端反动、在大多数场合表演了耻辱的人物有可能扮演了"英雄的角色"，使他们有可能并且在当时只有他们才可能领导中国迈开近代工业的第一步，揭开一个时代的序幕。洋务派来充当这个"英雄的角色"，在历史发展的进程中似乎是一种偶然的因素，"但是，在表面上是偶然性在起作用的地方，这种偶然性始终是受内部的隐蔽着的规律支配的"①。它只是显示了在中国发展资本主义的特殊性。所以，我们不能说洋务运动是洋务派官僚跳出来阻拦历史前进所掀起的反动运动，而只能说，洋务运动是不以人们的意志为转移的客观规律，迫使洋务派这个不胜任的承担者，仅仅为着"保存本阶级的统治"而不自觉地发动的一场进步运动，因为这场运动本身是符合历史向上、前进的总方向的，它是当时中国特殊历史条件下，发展近代资本主义工业唯一可能的途径。这就是我们将洋务运动放到当时的历史环境中进行考察所得出的结论。

（三）要重视基本的历史联系

分析历史问题，不要忘记基本的历史联系。而且这个联系，应该从纵的、横的两个方面加以考察，即不但要把历史问题放到历史发展的长河中考察其前因后果，还要把它与周围的事物联系起来，弄清历史环境中诸因素对它的规定性。

世界上的任何事物都不是孤立存在的，都同先前的和周围的事物有着千丝万缕的联系。因此，要真正认识某种事物，就必须从历史联系性的角度对其进行考察。一个历史运动，它何以会发生，为何沿着这样的方向而不是那样的方向发展，它的结局为什么是这样并且只能是这样，要真正回答好这些问题，就必须弄清这一历史运动的历史联系，看是哪些历史因素决定了它的特殊风貌，规定制约它只能是这样而不是那样。

譬如近代历史上活动的主要力量资产阶级，它在不同的国家就有十分

---

① 恩格斯：《路德维希·费尔巴哈和德国古典哲学的终结》，中共中央马克思恩格斯列宁斯大林著作编译局译，40 页。

不同的历史表现。中国资产阶级的特殊性不必说了，就拿德国早期资产阶级与其邻国英、法两国的资产阶级相比，其差别之大也是显而易见的。当英、法两国资产阶级已经赢得了历史性的胜利，成为国家的主宰多年之后，德国资产阶级还表现得相当庸俗和软弱。马克思对德国的资产阶级有这样一段评述：

> 德国资产阶级发展得如此迟顿、畏缩、缓慢，以致当它以威逼的气势同封建制度和专制制度对抗的那一刻，它发现无产阶级以及市民等级中所有那些在利益和思想上跟无产阶级相近的集团也以威逼的气势同它自己形成了对抗。它看到，不仅有一个阶级在它后面对它采取敌视态度。而且整个欧洲都在它前面对它采取敌视态度。与1789年法国的资产阶级不同，普鲁士的资产阶级并不是一个代表整个现代社会反对旧社会的代表，即反对君主制和贵族的阶级。它降到了一种等级的水平，既明确地反对国王又明确地反对人民，对国王和人民双方都采取敌对态度，但在单独面对自己的每一个对手时态度都犹豫不决，因为它总是在自己前面或后面看见这两个敌人；它一开始就蓄意背叛人民，而与旧社会的戴皇冠的代表人物妥协，因为它本身已经从属于旧社会了；它不是代表新社会的利益去反对旧社会，而是代表已经陈腐的社会内部重新出现的那些利益；它操纵革命的舵轮，并不是因为它有人民为其后盾，而是因为人民在后面迫使它前进；它居于领导地位，并不是因为它代表新社会时代的首创精神，而只是因为它反映旧社会时代的怨恨情绪；它是旧国家的一个从未显露的岩层，由于一次地震而被抛到了新国家的表层上；不相信自己，不相信人民，在上层面前嘟囔，在下层面前战栗，对两者都持利己主义态度，并且意识到自己的这种利己主义；对于保守派来说是革命的，对于革命派来说是却是保守的；不相信自己的口号，用空谈代替思想，害怕世界风暴，同时又利用这个大风暴来谋私利；毫无毅力，到处剽窃；因缺乏任何独特性而显得平庸，同时又因本身平庸而显得独特；自己跟自己讲价钱；没有首创精神，不相信自己，不相信人民，没有负起世界历史使命；活像一个受诅咒的老头，注定要糟踏健壮人民的最初勃发的青春

激情而使其服从于自己风烛残年的利益；没有眼睛！没有耳朵！没有牙齿，没有一切——这就是普鲁士资产阶级在三月革命后执掌普鲁士国家权柄时的形象。[①]

德国资产阶级为什么将自己塑造成这样一个形象呢？要理解这个问题，就必须考察这个阶级的历史联系。从纵的联系上看，德国资产阶级缺乏英国、法国资产阶级所凭借的历史基础。德国在历史上就是一个四分五裂、封建割据十分严重的国家。在 1848 年革命前夕，它还分裂为大小不等的 38 个邦国。各邦独霸一方，各自为政，无论在内政、外交还是军事上，都享有独立自主的权力，由各邦代表组成的"联邦会议"形同虚设。这种割据状态，使德国资产阶级不能形成一个在政治上、思想上完全统一的强有力的社会阶级，相反，它们时刻不忘追求分散的有限的一己私利。各邦特别强化的封建专制，以及资产阶级从来没有过统一的政治实践活动，使它们已经习惯于忍受国家的长期分裂和大小王公的专横统治，并且满足于借浑水摸鱼发财致富以补偿自己所遭到的压迫和侮辱。资本主义经济的发展步伐落后，也不能形成它们可以凭借的强大经济力量。这些历史的原因就决定了德国资产阶级庸俗、软弱、妥协的特点。总之，德国资产阶级的历史联系，使它不能把自己锻造成一支反抗封建制度的强大力量。

除了这些历史的原因，现实政治中的许多因素，也决定着德国资产阶级的政治面貌。在它开始想以某种战士的姿态登上政治舞台，争取自己的阶级统治的时候，在它后面站起了一个新的而且远比它更加强大更有前途的阶级。19 世纪 40 年代，德国无产阶级已经形成一支强大的社会力量，德国资产阶级与封建势力相对峙的时候，它本身已经同无产阶级以及城市居民中所有那些在利益上和思想上跟无产阶级相近的阶层相对峙了。它不仅从本国无产阶级的反抗中，而且还从英国的宪章运动、法国的里昂起义、1848 年二月革命的事件中，看到了无产阶级的力量。处在这样的社会历史联系中的德国资产阶级，向前看，有强大的封建统治，向后看，站着一个要代之而立的阶级；向前看，它不相信自己的力量，向后看，它更害怕人

---

① 《马克思恩格斯选集》第 1 卷，319～320 页。

民的斗争。瞻前顾后，它难堪极了。一方面，它对封建势力怀着不满情绪，要求废除封建制度，实现国家统一，它经济的向前发展，十分需要这样的政治前提；但另一方面，对人民革命的畏惧，又使它拜倒在王公贵族的脚下，甘于向封建势力屈服，希望由君主政权实行自上而下的改良，使封建经济逐步转变为资本主义经济。这样一个前后畏惧，极端利己，缺乏经济基础，政治力量不足，瞻前顾后、颤颤巍巍的阶级，就不可能创造法国大革命那样的壮举，也建立不起英国资产阶级革命那样的伟业。历史的、现实的原因，纵向的、横向的联系，制约它、决定它是一个没有出路、没有前途、不可能建立起自己独立的阶级统治的阶级。这就是我们从基本的历史联系中引出的结论。

(四)把历史事物作为一个过程去研究

对任何历史事物，都要将之作为一个过程去研究，考察它在演变过程中所经历的各个阶段，从而对其最后形态做出可靠的历史分析。这就是列宁所讲的："要看某种现象在历史上怎样产生，在发展中经过了哪些主要阶段，并根据它的这种发展去考察这一事物现在是怎样的。……要正确地认识它，要有把握地切实地解决它，就必须从历史上把它的全部发展过程加以考察。"①

我们以北魏至唐的均田制为例来谈谈这个问题。均田制的最初目的，是要通过均田的方式达到限制土地兼并、保护小农经济，从而实现劳动者同生产资料的结合，以保障封建国家的赋税力役剥削并形成稳固统治的社会局面。均田制发展的历史表明，它最初曾在一定程度上实现了自己的目的，但最后还是由于自身的原因而走到了自己的反面，到唐中叶以后便彻底破产了。要弄清均田制崩溃的原因，就必须对它发展的全过程加以考察。

均田制要实现自己的目的，一开始就注意在两个问题上做文章。一是限制贵族、官僚、豪富之家的无限制占田，二是杜绝土地买卖。但是，这两点从一开始就是不彻底的。北魏的均田制规定，男子授露田四十亩，妇人二十亩，奴婢授田与良人相同，耕牛一头授田三十亩。而与之相适应的

---

① 《列宁选集》第 4 卷，43~44 页。

租调力役制度则规定，一夫一妇每年出租粟二石，帛一匹，奴婢八人、耕牛二十头分别出一夫一妇的租调。这一制度没有触动大土地所有者的根本利益。一是均的是无主荒地，并没有把大土地所有者的土地没收平分；二是它对贵族、官吏、豪富之家给予了特殊优待。奴婢八人出一夫一妇之租调，而授田则是一夫一妇的 4 倍。耕牛二十头出一夫一妇之租调，而授田则是其 10 倍。而只有贵族、官僚、豪富之家则可能拥有大量的奴婢与耕牛。这些都有利于大土地所有者的发展。北齐的均田令对授田奴婢的人数做了限制，但"奴婢授田者，亲王止三百人"，限数本身就已很高。仅此一项，亲王所得田地就相当于一个普通家庭的 150 倍。北周沿袭北齐之制。隋唐又在前代基础上给贵族阶层增加了巨量的永业田，亲王永业田 100 顷，其他贵族阶层，少者 30 顷。唐代取消了奴婢授田，但贵族阶层仍有大量的永业田，并给各级官吏、官府增加了职分田、公廨田等。这样，在均田制实行的全过程中，大土地所有者一直没有受到有力的限制，并逐渐有所发展。至于土地买卖，最初控制较严，但到唐代就大大放宽了。唐代土地合法买卖者有五：永业田，家贫卖田供葬；口分田，卖充宅及碾硙之类；狭乡乐迁就宽者，准令并许卖之；其赐田欲卖者，亦不在禁限；其五品以上，若勋官永业地，亦并听卖。这样，土地买卖又基本上合法化了。土地自由买卖是土地兼并的一条通道，唐代把这个门一开，土地兼并就在均田制下复苏并发展起来了。

通过考察均田制历代的沿革发展过程，我们看到，在这个制度内部存在着自身的否定因素，并在每个阶段上都有所发展。于是，就在这个企图制止土地兼并、稳定统治秩序的土地制度下，人民又失去了土地，生产又失去了基础，阶级矛盾又不可避免地激化了，均田制终于走向了自己的反面，退出了历史舞台。如果不是这样考察均田制发展的全过程，我们就很难理解它被历史所抛弃的历史必然性，从而做出较客观的、全面性的分析评价。

(五)历史地对待历史遗产

要历史地对待历史事物，把先前的历史看作现实的可靠基础，反对历史虚无主义，批判地继承一切优秀历史遗产。历史主义的这一要求，我们在第十七章中还要展开论述，此处不再举例分析了。

第十五章　历史人物评价的理论与方法

为了了解某一民族或国家历史发展的全部过程，为了说明某一巨大的历史事变，就不仅要知道历史发展的一般的主要的起决定作用的原因，而且还要分析和研究历史过程中的种种偶然因素，其中就包括那些参与巨大历史事变的历史活动家个人的力量和作用。那些在历史发展长河中做出过重大贡献的活动家，常常是某个特定历史时代的代表和旗帜，分析和研究他们的思想和行动，是认识那个特定历史时代的必要的直接的基础。因此，关于历史人物的分析评价问题，在马克思主义的史学研究中，占有极其重要的地位。

一、个人在历史上的作用问题

(一)历史必然性的思想丝毫不否认个人在历史上的重大作用

马克思主义认为，人类社会的历史发展是一个社会经济形态发展的自然历史过程，它从社会生活的各领域中划分出经济领域，从一切社会关系中划分出生产关系。他还认为，正是这种生产关系的发展，生产力和生产关系的矛盾运动，推动着人类社会的发展和演变。但是，这一思想却受到了一些人的非难和诋毁。他们攻击马克思主义"是为了经济'因素'而牺牲其他一切'因素'，并根本否认个人在历史上的作用的一种学说"①。他们认为

---

① ［俄］普列汉诺夫：《论个人在历史上的作用问题》，唯真译，2 页，北京，生活·读书·新知三联书店，1965。

必然性的思想只能导致无为主义，从而把历史必然性的思想和个人创造历史的能动作用，截然对立起来。

可以说，这样看待马克思主义的观点，起码是没有读懂马克思主义的著作，是对马克思主义的歪曲或误解，是一种很庸俗、很肤浅的看法。其实，在马克思主义的理论体系中，历史必然性的思想，丝毫不否认个人在历史上的作用。相反，马克思、恩格斯他们从来都十分重视个人在历史上的重大作用。

马克思说："如果'偶然性'不起任何作用的话，那么世界历史就会带有非常神秘的性质。这些偶然性本身自然纳入总的发展过程中，并且为其他'偶然性'所补偿。但是，发展的加速或延缓在很大程度上是取决于这些'偶然性'的，其中也包括一开始就站在运动最前面的那些人物的性格这样一种'偶然情况'。"①

列宁说："历史必然性的思想也丝毫不损害个人在历史上的作用，因为全部历史正是由那些无疑是活动家的个人的行动构成的。"②

马克思、恩格斯在他们的著作中评价过许多历史人物，都给予他们应有的历史地位。历史必然性的思想并不是把"人"当作历史实现自己目的的工具。离开人就无所谓历史，"历史不过是追求着自己目的的人的活动而已"③。因此，马克思主义非常重视具体的个人的活动，特别是那些在历史上产生过重大影响的个人的活动。

不仅如此，马克思主义关于个人在历史上作用的学说，也是和必然性的思想辩证地统一在一起的。历史必然性的思想不仅不会把人们引导到无为主义，而且正是由于对于必然性的认识，才使人们更富有努力追求最主要目标的思考力、积极性、力量和坚韧不拔的精神。普列汉诺夫在《论个人在历史上的作用问题》一书中，对这个问题做了极其精彩的论证：

> 必然的认识是完全能同最坚毅的实际行动相融洽的。至少迄今历史上的情形常是如此。否认意志自由的人，往往要比其一切同代人都

---

① 《马克思恩格斯文集》第 10 卷，354 页。
② 《列宁选集》第 1 卷，26 页。
③ 恩格斯：《自然辩证法》，中共中央马克思恩格斯列宁斯大林著作编译局译，19 页。

有更坚强的意志，并且对于自己意志的要求也最大。这样的例子不胜枚举。这种例子是人所共知的。只有故意不愿意看见真正历史现实的人，才会如什塔姆列尔那样忘记这种例子。

　　当一个人还没有用哲学思想上的英勇努力争得这种自由时，他当然还不能完全自作主张，不能不因遇见那种与他对立的外部必然性而在精神上感到可耻的痛苦。可是当他一旦摆脱这种苦恼和可耻的拘束重压，而他的自由活动已成为必然性的自觉和自由表现时，那他就会获得他从来所不知道的一种崭新的完满的生命了。那时，他就会成为伟大的社会力量，世上没有什么东西能阻碍他，而且没有什么东西会阻住他如

　　天雷神电

　　轰击妖邪……

　　……对于某种现象的绝对必然性的认识，只能加强同情于此种现象并认为自己是引起此种现象的一份力量的个人的毅力。①

　　的确，我们可以从身边的现实中找到无数这样的例子。凡是有着坚毅的非凡的毅力的人，都是怀抱着必然的坚定的信念。正是以必然性的认识作为信念基础，人们的行动才可能有信心、勇气和坚忍的毅力，也才能发挥出不可遏止的创造力量。因此，历史必然性的思想与个人的意志和作用，是完全能很好地统一起来的。在中国新民主主义革命时期，中国共产党人前仆后继、坚忍不拔地英勇奋斗，其巨大的内在力量，就在于他们坚信为之奋斗的事业必然胜利。

　　无数经验的事实证明，个人在历史上的作用是不容忽视的。许多历史事变都被打上了杰出人物的印记。列宁对十月革命的影响，毛泽东对我国20世纪20年代以来的历史的影响，都可为例证。

---

① 《普列汉诺夫哲学著作选集》第 2 卷，340～343 页，北京，生活·读书·新知三联书店，1962。

(二)个人与群众的历史作用

马克思主义肯定个人在历史上的重大作用，从根本上不同于英雄史观，英雄史观论者，"满足于历史是由个人创造的这种空洞的论点，而不愿分析这些个人的活动是由什么社会环境决定的"[①]。而问题的根本恰恰就在这里。马克思主义者在考察这些问题时，重要的结论之一是：任何个人，只有当他充当了人民群众的代表，把个人的行动和人民群众的利益统一起来的时候，或者说他利用各种方式或手段调动了人民群众的力量的时候，才能保证他的活动得到成功，也才能对历史的发展做出重大贡献。

革命领袖人物的历史作用，是由于代表了人民群众的利益，并由此调动、统一了人民的意志和行动，才借以实现。这是个人通过人民群众的力量实现其历史作用的一种情况。第二种情况是，某些历史人物并不代表人民群众的利益，或者是他们的某些历史举动客观上代表了人民群众的利益，而人民群众并不懂得他代表了自己的利益，对他的历史行动并不抱有热情，但是，他们也能利用人民群众的作用，来实现自己影响历史发展的重大作用。这些个人的历史作用的实现，在利用人民群众的作用这一点上，和革命领袖人物并无二致。不代表人民群众利益的个人实现自己的历史作用，也是靠通过依靠人民群众这唯一的途径，只不过他们不是靠调动人民群众的明确的政治热情，而是通过各种渠道、途径、利益驱动，支配了人民的力量。像秦始皇武力统一六国，就是靠着他的奖励耕战的政策，调动、支配了秦国的老百姓。鲁迅先生有段话说得很深刻："有一回拿破仑过 Alps 山，说：'我比 Alps 山还要高！'这何等英伟，然而不要忘记他后面跟着许多兵。"[②]如果没有这些"兵"力可凭，历史上决不会留下任何一个"元帅""将军"的英名。总之，无论哪种情况，离开人民群众力量的凭借，任何个人都一事无成的。"一将功成万骨枯"，讲的就是这个道理。

然而，人民群众怎么就会有力量呢？单单是人多吗？人多一盘散沙、乌合之众，人多内耗、内讧、窝里斗，就能有力量吗？人多并不是有力量

---

① 《列宁全集》第 1 卷，389 页，北京，人民出版社，1957。

② 《鲁迅全集》第 1 卷，174 页，北京，人民文学出版社，2005。

的根本条件。人民群众之所以能成为一种推动历史进步的伟大力量，一方面取决于特定时代的特定社会经济关系，另一方面也取决于有一批革命的领导人物，去对人民群众的历史行动进行启发、鼓动、组织、引导，用正确的思想去引导人民群众走向历史的阵地。秦末的人民群众之所以能聚集为推翻秦王朝的强大力量，推翻、改造一个粗暴的专制王朝，就有赖陈胜、吴广、项羽、刘邦的发起、领导和组织。辛亥革命中，资产阶级和人民群众之所以有力量推翻统治中国两千余年的封建帝制，也有赖孙中山、黄兴等一批人，去把他们的行动和力量统一在一个新的革命思想的指导之下。只有通过这些人，才能使群众的行动规律化、组织化、集中化，引导他们依照正确的路线走上历史的阵地。

在个人与群众的关系问题上，特别是在历史创造者范畴内，长期以来，人们总是陷入非此即彼的形而上学的两极对立，或则坚持英雄史观，认为只有英雄才能创造历史，无视或贬斥人民群众的创造作用；或则简单地站到英雄史观的对立面，坚持只有人民群众创造历史，不承认个人影响历史发展的重大作用。这两种看法都失之偏颇。

英雄史观看到了问题的一个方面，被杰出人物独特而重大的历史创造作用所迷惑，把历史仅仅看作伟人的历史。单就"英雄创造历史"这一命题的字面含义说，也并无大的差谬，它是对一系列事实的肯定和认可。因为，英雄也的确是参与了历史的创造的。但是，当英雄史观论者完全否定人民群众的作用，并将其看作可以脱离一定的历史条件随意地改变历史、塑造历史的时候，他们对英雄、伟人的力量源泉的解释，就必然导向唯心主义，从历史之外寻找英雄何以为英雄的原因。把英雄说成是先知先觉、神灵等，从经验的历史之外，从不可思议的冥冥之中，求得对英雄的理解。近代英国历史学家、英雄史观论的著名代表卡莱尔（1795—1881）就曾这样讲道：

> 伟人是自身有生命力的光源，我们能挨近他便是幸福和快乐。这光源灿烂夺目，照亮了黑暗的世界。他不是一支被点燃的蜡烛，而是上天恩赐我们的天然阳光。这就是我所说的质朴的真知灼见、人类和

英雄的崇高性之熠熠光源。沐浴在这光辉中，所有灵魂都会感到畅快。[①]

我们思索一下便会发现，任何时代只要能找到一个非常伟大的人，一个非常智慧和善良的人，它就不会走向毁灭。这个人有真实地觉察时代的需要之智慧，有领导它走上正确道路的勇气，从而使时代得到拯救。另外，我也把那些一般的慢慢吞吞的时代，即无信仰、苦恼、困惑的时代，具有倦怠的怀疑特点和混乱环境、无力地陷入最终灭亡的灾难之中的时代，比作一堆干柴，等待着来自天堂的火光点燃它。具有直接来自上帝之手的自由力量的伟人，就是这火光。他的话是所有人都能相信的济世良言。一旦他触动这时代，一切都围绕着他燃烧起像他一样的火。[②]

从卡莱尔的论述可以看出，英雄史观从思想体系上说，是唯心史观的一种表现形式，而且也可以说，在不少情况下，它是天命史观、神学史观的变种形式之一。把英雄史观看作神学史观的变种，马克思似乎也有这样的看法。这一点从马克思、恩格斯对《神圣家族》一书的取名就可以清楚地看出来。

《神圣家族》是马克思、恩格斯为批判堕落到唯心主义的英雄史观论的布鲁诺·鲍威尔而写的著作，原来取名《对批判的批判所做的批判。驳布鲁诺·鲍威尔及其伙伴》。在该书排印过程中，马克思在标题上又加了"神圣家族"四字。这是有一种寓意的。"神圣家族"本来是意大利著名画家安得列阿·曼泰尼雅（1431—1506）一幅名画的题目。马克思、恩格斯就是借用这个题名来讽喻以布鲁诺·鲍威尔为首的一伙人。他们把布鲁诺·鲍威尔比作耶稣，把其他几个伙伴比作他的门徒。这些人妄自尊大，自以为超乎群众之上，以为他们的话就是天经地义、不容置疑的，正像耶稣在人们中传道一样。很显然，马克思、恩格斯将批判英雄史观的著作取名《神圣家族》，

---

① ［英］卡莱尔：《英雄和英雄崇拜——卡莱尔讲演集》，张峰、吕霞译，2 页，上海，上海三联书店，1988。

② ［英］卡莱尔：《英雄和英雄崇拜——卡莱尔讲演集》，张峰、吕霞译，20～21 页。

是将其归入神学史观一类的。

英雄史观在思维方式上是形而上学的，它把人类划分为"英雄"和"群众"截然对立的两部分，似乎强调英雄的作用，就必须排斥、贬抑人民群众的作用。只有英雄才创造历史，而人民群众则是历史发展的障碍和阻力。布鲁诺·鲍威尔说：

> 到现在为止，历史上的一切伟大的活动之所以一开始就是不成功的和没有实际成效的，正是因为它们引起了群众的关怀和唤起了群众的热情。换句话说，这些活动之所以必然得到悲惨的结局，是因为作为它们的基础的思想是这样一种观念：它必须满足于对自己的表面了解，因而也就是指望博得群众的喝彩。[①]

很显然，在英雄史观论者看来，人民群众完全是历史的惰性因素。这无论如何是站不住脚的。

但遗憾的是，一度盛行的"群众史观"，在思维方法上与英雄史观同样简单，依然承袭了非此即彼的形而上学的思维方式，也同样将人类划分成"英雄"与"群众"两个截然对立的群体，将群众创造历史的作用与个人的历史作用对立起来。它只是对英雄史观采取了简单对立的态度，而任何简单化的做法在科学上都是很难得出正确结论的。

人民群众是创造历史的基本力量，这是任何一个愿意承认事实的人都不会否认的结论。过去人们将这一思想当作马克思主义的发明，实在是一个理论上的误会。在思想史上，最早提出人民群众创造历史的是法国王朝复辟时期的资产阶级历史学家。按照普列汉诺夫的看法，这一思想的提出，是法国大革命的历史启示。他在《论个人在历史上的作用问题》中写道：

> 有了十八世纪末叶惊天动地的事变之后，已经绝对不能设想历史是某些较为杰出的人物或较为高尚开明的人物所一手作成的事情，以为他们能够随心所欲，用某种情感和观念去训示那些没有知识而又唯

---

① 转引自《马克思恩格斯全集》第2卷，102页。

命是听的民众了。况且，这种历史哲学(指十八世纪的法国哲学，它把一切都归因于个人的自觉活动——引者注)又还激怒了资产阶级理论家的平民自尊心理。①

于是，在 19 世纪 20 年代就产生了重视人民群众历史作用的法国资产阶级历史学派，其代表人物有基佐、米涅、梯叶里等人。梯叶里很精彩地写道：

> 有一个极为特别的现象，就是历史学家总是顽强地不承认人民群众有首创精神和思想。当整个民族从一国迁移到另一国并在那里定居下来，编年史家和诗人就把这个事件描绘成为似乎是某一个英雄为了显身扬名而发起建立新的国家的；当新的国家诞生了，就一定说这是某个王公创立的。而人民和公民总不过是某个人的思想的掩饰物。②

米涅的《法国革命史》更是一部人民群众创造历史的史诗，此已不须论证。普列汉诺夫在评价这派历史学家的上述思想时写道：

> 革命是人民群众的事情，而在复辟时代记忆犹新的这个革命，已经不允许把历史过程看做或多或少聪明和或多或少慈善的个人的事情。历史学家不再研究伟大人物的一举一动，而开始希望研究人民的历史。
>
> 这是一个极为重大的结果，值得把它记在心中。③

19 世纪中期的俄国革命民主主义思想家们，也普遍重视人民群众的历史作用。他们认为，社会历史首先就是人民群众的活动。没有人民，就绝不会发生，而且也不可能发生任何重大的社会事件。人民拥有一切前进运动的生机或力量。赫尔岑在《来自对岸》一书中写道：

---

① 《普列汉诺夫哲学著作选集》第 2 卷，352 页。
② 《普列汉诺夫哲学著作选集》第 2 卷，520 页。
③ 《普列汉诺夫哲学著作选集》第 2 卷，736 页。

是欧洲真正来认识俄国的时候了。欧洲不认识我们；它只是认识我们的政府，只认识我们的外表，此外再也不能认识到什么了……让欧洲更进一步去认识我们的人民吧，我们的人民在战斗里始终成为胜利者，欧洲已经从这里看到了我们人民的青春的力量；让我们把这个雄壮而沉着的人民的事迹告诉欧洲：我们人民一声不响地组成了六千万人口的国家，并且正在沉着地以惊人的速度发展起来。[1]

针对封建贵族和自由主义资产阶级的社会学者们轻视人民在社会发展中的作用，把人民看作只能做粗笨工作的无知无识的人群的思想，别林斯基写道：

有些人们轻视人民，把人民看成是需要经常被束缚在工作和饥饿上的无知无识的和粗笨的人群；对这样的人们，现在不值得去反驳；他们或者是愚蠢的人，或者是卑鄙的人，或者是两种情况都有。[2]

俄国19世纪的这些革命民主主义的思想家，还能很深刻地理解伟大人物与人民群众的历史作用之间的关系。他们认为，伟大人物是从人民中间产生出来的，他们的创造范围和天才深度，是由人民来决定的。按别林斯基的说法，人民是"储存一切发展的生命液汁的土壤；个人则是这种土壤所产生的花朵和果实"[3]。在这方面，杜勃罗留波夫的论证是特别脍炙人口的：

伟大的历史改革家对于在他们的时代和他们的人民中间的各种历史事变的发展和进程有很大的影响。但是不应忘记，这些人物在发生影响之前，他们自己就处在他们在后来在其中发挥天才的那个时代和社会的各种概念和风尚的影响之下……历史之看中一些人，特别是看

---

[1]　苏联科学院哲学研究所、莫斯科大学俄罗斯哲学史教研室主编：《苏联各民族的哲学与社会政治思想史纲》第1卷，周邦立译，479页，北京，科学出版社，1959。
[2]　苏联科学院哲学研究所、莫斯科大学俄罗斯哲学史教研室主编：《苏联各民族的哲学与社会政治思想史纲》第1卷，周邦立译，586页。
[3]　苏联科学院哲学研究所、莫斯科大学俄罗斯哲学史教研室主编：《苏联各民族的哲学与社会政治思想史纲》第1卷，周邦立译，586页。

中一些伟大人物，只是因为他们对于人民和人类有重大价值。由此可见，一个伟大人物在历史上的重要任务，就是要显示他如何善于使用他那个时代所提供给他的资料，显示他如何表现了他在自己的人民中间所能找到的那些蓬勃发展的要素。[①]

以上这些材料说明，在马克思主义诞生以前或与马克思同时代的其他非马克思主义学者，已经看到并承认了人民群众在历史上的伟大作用，并在个人与群众作用关系问题上有过很深刻的论述。马克思主义理论的卓越之处在于，它不仅承认人民群众是历史的创造者，而且能够"说明人民群众的活动"，能够以自然史的精确性去考察群众生活的社会条件及其变更，能给人民群众创造历史这一问题一个科学的解释或说明。所以，单单是承认人民群众创造历史的作用，仅仅在历史作用问题上与英雄史观简单地对立起来，并不是真正的马克思主义，或者说并没有理解马克思主义的真谛。简单的群众史观并不是真正科学的历史理论。

在历史创造者问题上，我们主张提"人们创造历史"。如果可以把人类划分为"英雄"与"群众"两部分的话，那么，他们创造历史的作用不是互相对立的，也不是互相排斥的，他们以不同的方式和能量作用于历史，共同成为历史的创造者。如果说这两个人类群体也的确存在着对立的话，那么，这种对立不是存在于历史创造领域，而是存在于历史的或现实的政治生活中，表现在他们的领导与服从、统治与被统治、组织与响应、影响与崇拜等复杂的关系之中。在史学研究中，我们应超越英雄与群众的两极对立，把他们都看作创造历史的重要力量，把他们的历史活动都纳入我们的研究视野之内。如果一定要在历史创造范畴中来谈他们的对立，那也只是在创造历史的形式上的对立，他们是以不同的方式参与了历史的创造的。

超越英雄与群众在创造历史问题上的两极对立，提出"人们自己创造历史"，这并不是一个没有任何意义的大实话，而是一个有着重大意义的命题。在中世纪晚期和近代早期，这个命题的提出，对于天命史观、神学史

---

① 转引自［苏联］康士坦丁诺夫主编：《历史唯物主义》，刘丕坤等译，353 页，北京，人民出版社，1955。

观来说，是历史观方面的根本变革；在今天，它对于纠正英雄史观与群众史观的片面性，有针对性意义。

(三)个人作用与历史趋势的关系

是"英雄造时势"还是"时势造英雄"，这也是历史哲学中长期争论不休的问题。在以往的理论研究中，人们把它看作历史唯心主义与历史唯物主义的一个根本分歧。其实，这也是一个人为的形而上学的两极对立。我们也需要超越这个两极对立，提出一个"时势创造英雄，英雄改变时势"的辩证命题。

从时代条件对英雄的塑造来说，时势造英雄是一个毋庸置疑的问题。英雄的个人素质是时代所培养的，英雄赖以成为英雄所解决的社会课题是时代提出来的，英雄活动的舞台是时代所提供的，离开一定的时代条件，就不可能产生出一个具体的活动在特定时代条件下的英雄来。"沧海横流，方显出英雄本色。"英雄人物总要在一定的背景条件下才能显示出自己的特殊才能。

恩格斯在《致瓦·博尔吉乌斯》的信中说："恰巧某个伟大人物在一定时间出现于某一国家，这当然纯粹是一种偶然现象。但是，如果我们把这个人去掉，那时就会需要有另外一个人来代替他，并且这个代替者是会出现的，不论好一些或差一些，但是最终总是会出现的。"[①]在历史上每个危机或革命的时期，总是要造就出一些特殊的个人，他们是深厚的社会需要的产物。而他们所发挥的历史作用的大小，也就表现为满足这些社会需要的程度。离开这些特定的社会需要，没有特定的历史条件，也就不会产生代表那个时代的杰出人物。

让我们来举一个比较熟悉的例子。拿破仑出现于法国历史舞台上，完全是法国大革命的产物。1789年法国资产阶级革命爆发时，20岁的拿破仑投身革命，不久便被任命为炮兵上尉。1793年12月，在镇压了保皇党的复辟叛乱后，24岁的拿破仑从一个炮兵上尉被破格晋升为炮兵将军。如若不是在革命时期，恐怕仅爬上将军的位置就得耗去他终生的精力。因为在法

---

① 《马克思恩格斯选集》第4卷，733页。

国封建君主专制时代，出身低微的军官是很难有机会晋升到将军的。① 当然，事情远不止于此。1799 年雾月 18 日的政变，更使拿破仑得以建立一个军事独裁政权。这些绝不是仅靠拿破仑的个人才能所能达到的，而是当时法国大革命继续发展的产物。拿破仑上台时，法国大革命的前途正面临严重的危机。当时，革命已历十年，其间，革命阶层几经分化，各种资产阶级代表人物依次登台。君主立宪派之后是吉伦特派，吉伦特派之后是雅各宾派，他们既要同封建势力作战，又同时进行着本阶级内部的交锋，革命发展了，然而也严重地削弱了自己的阶级基础，终于由资产阶级右翼热月党人的督政府取代了雅各宾党人的专政，以他们的腐败统治把法国革命推到濒于覆灭的地步。热月党的腐败统治使国内外反动势力蠢蠢欲动，欧洲各君主国第二次反法同盟的军队打到了法国边境，国内一些省份也爆发了反革命叛乱。要恢复资产阶级渴望的统治秩序，要打退国内外反法同盟的进攻，法国社会需要的是一把"宝剑"。就是这样的社会需要，才使拿破仑做了被战争弄得精疲力竭的法兰西共和国所需要的军事独裁者。如果拿破仑在这很早以前就已经阵亡，那就会提出另一柄"宝剑"来，就会产生出另一个军事独裁者，来满足法国社会的需要。不必赘述了，拿破仑这个英雄是法国大革命的产物的判断是毋庸置疑的。

　　普列汉诺夫在论述这个问题时，提到了一批法国大革命中涌现出来的军事天才。他们在革命前，有的是教师，有的是戏子，有的是小贩，有的是染匠，有的是剃头匠，有的是排字匠，有的是建筑师，有的虽是军人，也还仅是个少尉或上士。普列汉诺夫写道："若是旧制度至今仍然存在，那末现在谁也不会想到十八世纪末法国曾有过一些戏子、排字匠、剃头匠、染匠、律师、小贩和剑术教师，原来是些可能的军事天才哩。"②像法国大革命造就一大批杰出人物的情况，在中国历史上也不乏其例，汉初、明初的布衣将相局面都是人们所熟知的。

　　但是，以上我们只是说明了问题的一个方面。仔细思考一下，我们就会发现，单是承认时势造英雄，并不能完整地解释英雄何以为英雄的问题。

---

　　① 法王路易十五在位时期(1715—1774)，第三等级中只有舍维尔一个人升擢中将。法王路易十六在位时期(1774—1792)，第三等级中的人在军中晋升的途径更加困难。

　　② 《普列汉诺夫哲学著作选集》第 2 卷，367 页。

因为，同是一块肥沃的土壤，既可以苗长名贵的花朵，也会滋生普通的杂草，甚至是毒草；同样，在一个时代条件下生活的并非只有这少数几个英雄人物，而是整个时代的整个人群。为什么少数几个人，只是这么少数几个人而不是其他的人成就了英雄的业绩呢？其实，不需要多么深刻的思辨能力，就可以理解，英雄之所以为英雄，除了必备的客观条件之外，主要是因为是他而不是别人具备了解决特殊时代课题的特殊素质。从这一点上说，时势造英雄尚不能完全回答英雄所以为英雄的问题。每一个英雄人物的历史作用，都是独特的、不可替代的。

英雄之所以为英雄，就在于是他而不是别人具备了胜任某种伟大历史使命的特殊才能。他的才能使他能够凭借社会物质条件和人民群众、先进阶级的伟大力量，并通过自己的努力，去满足社会的特殊需要，解决亟待解决的社会问题，从而改变现有的历史状况，把历史推向前进。从这一点上说，英雄是可以改变时势的。他改变了已有的时代条件，创造出新的时势。当然，这里讲的时势指的是具体的历史环境，而不是一般意义上的历史趋势，更不是历史规律。

所以，我们在讨论英雄何以为英雄的时候，绝不能只讲时势造英雄这一个方面，还应该讲英雄改变时势的一面，这才是完整的理论，才是能够说服人的理论。只讲时势造英雄就会犯忽视个人作用的片面性错误。我们在讲哲学的时候，说事物的变化，外因是条件，内因是根据，而在讨论英雄何以为英雄的问题时，却忘记了这一点，只抓住时势这个外部因素，而忽视了英雄人物的个人素质这个内因条件。我们应该将我们的具体理论与哲学理论统一起来。

当然，我们也应该指出，英雄任凭有多么巨大的力量，也不可能改变历史发展的一般趋势，改变历史发展的一般规律。这表现为两个方面：第一，个人不可能扭转历史向上、前进的总趋势、总方向，长时间地把历史拉向倒退；第二，个人的力量不可能提出并完成客观物质条件尚未提出的任务，不可能超越历史条件的限制去创造历史，个人的作用是顺应着历史的趋势而实现的。普列汉诺夫写道：

　　　一个伟大人物之所以伟大，并不因为他的个人特点使各个伟大历史事变具有其个别的外貌，而是因为他自己所具备的特性使他自己最能致力于当时在一般和特殊原因影响下所发生的伟大社会需要。卡莱尔在其论英雄人物的名著中，把伟人称呼为发起人（Beginners）。这个名称用得极其中肯。伟人确实是发起人，因为他的见识要比别人的远些，他的愿望要比别人的强些。他把先前的社会理性发展进程所提出的紧急科学任务拿来加以解决；他把先前的社会关系发展过程所引起的新的社会需要指明出来；他担负起满足这种需要的发起责任。他是个英雄。其所以是英雄，并不是说他能阻止或改变客观自然事变进程，而是说他的活动是这个必然和不自觉进程的自觉自由的表现。他的作用全在于此，他的力量全在于此。但这是种莫大的作用，是种极大的力量。①

我们应该这样来看待个人在特定历史条件下所能发挥的历史作用。

（四）英雄与英雄崇拜

历史中有英雄人物的存在，这是一个客观的事实，英雄人物的作用不容抹杀，也抹杀不了。英雄就是英雄，他有许多与众不同之处，我们应该承认英雄。这是一种唯物主义的态度。恩格斯在谈到马克思的时候说过：

我不能否认，我和马克思共同工作 40 年，在这以前和这个期间，我在一定程度上独立地参加了这一理论的创立，特别是对这一理论的阐发。但是，绝大部分基本指导思想（特别是在经济和历史领域内），尤其是对这些指导思想的最后的明确的表述，都是属于马克思的。我所提供的，马克思没有我也能很容易地做到，至多有几个专门的领域外。至于马克思所做到的，我却做不到。马克思比我们一切人都站得高些，看得远些，观察得多些和快些。马克思是天才，我们至多是能手。没有马克思，我们的理论远不会是现在这个样子。所以，这个理

---

① 《普列汉诺夫哲学著作选集》第 2 卷，373 页。

论用他的名字命名是理所当然的。[①]

看来，马克思主义者也是承认人的天赋条件的。人们先天的禀赋是不同的，英雄的个人素质中有一些属于天赋才能，这一点我们不应该回避，也不必回避。

尽管英雄是伟大的，但是，英雄史观也是无法接受的。英雄史观论者，把历史的动力归于伟人们的心智的力量，甚至认为英雄个人的心智能量、意志愿望可以决定历史的发展。这种理论要解释复杂的历史运动是十分无力的。

本书第一章，我们曾经用大量篇幅批评过分夸大"自由意志"的倾向，此不赘述。我们并不否认，在历史的关键时刻，特别是在历史面临重大转折的关头，站在历史运动前列指导运动发展的那些伟大人物对历史的选择，是会以他个人的方式影响到历史的发展，他必然地会把自身的素质带到他的历史选择中去，从而使历史的进程打上他个人的印记。但是，尽管是这些地位极为特殊的个人的历史选择，也绝不是完全随意的，这种选择往往体现着对社会历史诸复杂因素的严肃而冷静的分析，并受着客观历史趋势的启示或驱使。

英雄、伟人发挥过不可估量的历史作用，但历史不是英雄手中的玩物，历史的趋势也不是哪个伟人的意愿可以决定的。所以，我们不能接受英雄史观。

于是，我们也反对英雄崇拜。

英雄的业绩是应该赞美的，英雄的形象将世代受到人们的崇敬。这些都毫无疑问。但英雄也是人，他的特殊才能使他创造了英雄的业绩，做出了他人做不到的事情，但这并不说明，英雄的全部才能都是特殊超群的；英雄的某些素质使他满足了某些特殊的历史需要，但这并不证明他的全部素质都是英雄素质。英雄人物也会有平庸的素质，甚至是产生负值的素质，而这些素质则会导致他的另一部分行为可能是暗淡无光，甚至会犯下历史的罪过。所以，仰慕英雄的业绩，但不能发展到英雄崇拜。英雄崇拜将导

[①] 《马克思恩格斯选集》第 4 卷，243 页。

致以下结果。

第一，在史学研究中，忽视人民群众的作用，忽视对历史必然性的探讨。

第二，在现实的政治生活中，则导致个人迷信。任何时候，全社会性的个人迷信都是危险的政治信号，是社会灾难降临的信号。

英雄崇拜是一种普遍的惰性社会心理。这种心理使人们忽视自己的力量，把一切都寄托到英雄身上，舍弃自我奋斗。特别是在社会危机到来的时刻，人们普遍渴望英雄的出现，而不是想到自己应该起来奋斗。这种惰性极强的社会心理，会抹杀整个民族的创造能力。

英雄崇拜是民主政治的大敌。英雄治国就是以人治国。这种思想使千百万人民放弃自己的民主权利，使人民面对英雄的决策，交出自己独立思考的权利，而听任英雄的随心所欲。而英雄的决策在失去了人民群众的思考、监督和抵制之后，任何一次小小的失误，都会造成全社会性的重大损失。

英雄崇拜有历史的、社会的以及属于认识论方面的多重原因，彻底清除英雄崇拜是很难做到的。所以，在讲述、肯定个人的历史作用的时候，必须对英雄崇拜问题给予足够的重视。

(五)个人隶属于阶级，历史个人是一定的经济关系的人格化

在马克思主义看来，"个人隶属于一定阶级这一现象，在那个除了反对统治阶级以外不需要维护任何特殊的阶级利益的阶级还没有形成之前，是不可能消灭的"①。因此，马克思主义在分析个人在历史上的作用问题时，总是把个人看作阶级的代表，是一定的经济关系的人格化。这样，个人作用的发挥，总是联系着他所代表的那个阶级。一般来说，当一个阶级处在上升的革命阶段的时候，它所拥戴出来的领袖人物，才能最大限度地发挥加速历史进步的作用。

但是，马克思主义又认为，单独的个人，并不总是以他们出身的那个阶级为转移。个人是阶级的代表，但不一定是他出身的那个阶级的代表。

① 《马克思恩格斯选集》第1卷，118页。

《共产党宣言》讲到这个问题:"在阶级斗争接近决战的时期,统治阶级内部的、整个旧社会内部的瓦解过程,就达到非常强烈、非常尖锐的程度,甚至使得统治阶级中的一小部分人脱离统治阶级而归附于革命的阶级,即掌握着未来的阶级。所以,正象过去贵族中有一部分人转到资产阶级方面一样,现在资产阶级中也有一部分人,特别是已经提高到从理论上认识整个历史运动这一水平的一部分资产阶级思想家,转到无产阶级方面来了。"[①]《共产党宣言》的作者就正是这一部分人中的最优秀的代表。

以上,是关于个人在历史上的作用问题的一些基本的理论观点。总括起来说,个人的历史作用,一方面,在客观上取决于他们所处的时代、环境和他们所代表的阶级;另一方面,在主观上则取决于他们认识历史发展趋势和人民群众要求的正确程度。他们个人的品质、才能、性格和意志等素质,对所起之作用大小也有相当的影响。马克思主义既肯定个人在历史上的重大作用,又反对无限夸大个人的作用。杰出人物完全是顺应历史发展的趋势出现的,没有这种趋势,他们永远也跨不过有可能进到现实的门槛。

二、历史人物评价的基本方法

(一)分析历史人物的活动在多大程度上满足了当时社会的伟大需要

分析历史人物活动的时代条件及各种社会矛盾,把历史人物紧紧置于他所处的社会时代之中,看他的活动在多大程度上满足了当时社会的伟大需要。这是我们认识历史人物活动的时代价值的基本方法。

我们已经讲过,任何杰出的历史人物,都是一定的历史时代的产物。一方面,离开历史人物活动的时代条件的分析和研究,历史人物的一切思想和行动都成了无本之木、无源之水,便不能得到解释和说明;另一方面,我们评价他的思想和行动的时代价值,也失去了根本依据。因此,评价历史人物的最重要的方法,即把他提到特定的时代环境之内,看他的活动在

---

① 马克思、恩格斯:《共产党宣言》,中共中央马克思恩格斯列宁斯大林著作编译局译,32 页。

多大程度上满足了当时社会的伟大需要。这样，我们评价历史人物，就要先分析他所处时代的各种社会条件，诸如生产力发展水平、社会政治经济状况，以及在这种状况上产生的各种社会矛盾等，并指出在当时的条件下，社会向前发展向人们提出了哪些亟待解决的重大课题。然后再考察历史人物的活动如何解决了、在多大程度上解决了他所面对的重大课题。这样，我们就可以清楚地看到历史人物的活动对于他所处时代的价值和意义。

汉武帝是中国历史上一位具有雄才大略的、大有作为的专制帝王。指导我们做出这一判断的便是上边这一方法。汉武帝开始执政的时代是西汉社会在经历了60余年的休养生息之后、呈现繁盛局面的时代，但在这个"繁盛"的背后却隐伏着严重的社会危机。时人司马迁就指出了这一危机："当此之时，网疏而民富，役财骄溢，或至兼并豪党之徒，以武断于乡曲。宗室有土公卿大夫以下，争于奢侈，室庐舆服僭于上，无限度。物盛而衰，固其变也。"①汉朝的专制主义中央集权统治面临着潜在的危机。如果说，在经过了秦的暴政及秦末楚汉之际的连年战争之后，社会确实需要贯彻休养生息的与民休息政策，被战争拖得疲惫不堪的统治阶级也还能安忍于无为而治的话，在长达70年的休养生息、社会经济有了相当的发展、统治阶级有了强大的财力物力可作凭借之后，它就不可能也不应该安忍于无为而治了。它应该着手把刚刚站住脚跟，但还远远没有完善起来的专制集权国家的各项政治经济制度牢固地确立起来，应该奋发有为地进行各项政治经济改革，形成强大的统一局面，为经济的进一步发展奠定牢固的政治基础。

汉武帝的所作所为，回答了时代提出的课题。他一即位，就着手从巩固地主阶级中央集权的需要出发，对汉初的各项政策进行调整。汉武帝的政策调整，涉及统治思想、军事方针、法律制度、经济政策、土地关系等重大方面，对促进汉代社会的发展，建成一个强大的中央集权制国家，起了重大作用。汉武帝末年，由于长期对外战争的消耗和奢侈无度的浪费，加重了人民的负担，社会经济遭到破坏。是时，"天下虚耗，百姓流离"，"赤地数千里，或人民相食"，阶级矛盾激化，农民起义不断爆发。面对新的政治经济危机，汉武帝审时度势，改弦更张，在公元前89年，毅然下"哀

---

① （汉）司马迁撰：《史记》卷三十，1420 页。

痛之诏"，悔征伐之事，实行重大的政策转折。虽然汉武帝在这次调整政策两年后就去世了，生前未能真正挽回危机局面，但这次调整奠定了后世的施政方针。加之顾托得人，嘱社稷于霍光，使其政策被坚持到昭、宣两代，西汉社会又出现了昭宣中兴的局面。

汉武帝在位期间两次大的政策调整都是适应社会经济发展的需要进行的。其结果：强固了中央集权，开创了汉代强大的统一局面，适应了历史发展的趋势，建树了巨大的功绩。汉武帝之所以是杰出的政治家，其原因也正在于此。

(二)考察历史人物一生活动的全过程

分析历史人物一生活动的全过程，弄清其思想发展的各个不同阶段，对历史人物本身做历史考察。这是从历史人物自身成长的线索中考察他的思想行为归宿的基本方法。

一般来说，任何一个杰出人物都不可能是一生处处都闪烁着光辉，他对历史的贡献也只是表现在某一个或几个方面，或者是通过某一个或几个大的事变展示了他的才能。但是，他之所以能在某些方面有独特的创造，之所以能对重大历史事变产生影响，是因为其一切必备的个人素质，都不是偶然获得的，而是他一生中思想、才能的培养和发展的必然结果。所以，不对历史人物自身成长的历史做全面考察，就不可能真正了解历史人物何以会有这样的才能或品质，有这样的思想或行动。更有一些历史人物，一生多变，功过掺和，他们一度光彩夺目，而最终变得黯然失色，结局可悲；也有的一度成为历史罪人，而后又变成屈指可数的英雄。认识这样的人物，更是要对他们做历史考察，并尽可能详备地掌握其思想发展变化的各个环节。

在俄国近代史上，普列汉诺夫曾经是一位杰出的马克思主义理论家。他对马克思主义的宣传、阐述和捍卫，对马克思主义在俄国的传播，对国际上和俄国国内的修正主义思潮及其他非马克思主义观点的批判，都做出过重大贡献，可以说，他的许多理论著作，过去是、现在是、将来也仍是马克思主义理论宝库中十分精彩的篇章。但就是这样一位功勋卓著的人物，最后竟在政治上犯了不可原谅的错误，堕落为机会主义者、社会沙文主义者。这样一个人物的演变似乎有点不好理解。但是，只要我们对普列汉诺夫一生活动的主要特点做全面的考察，就会发现他的转变确有其内在的必然性。

普列汉诺夫一生活动有三个特点：一生中的大部分时间在国外度过，不了解俄国革命的具体实际；活动的主要方面是在理论战线上；他的理论著作中最光辉、最杰出的部分，是那些宣传、阐述和捍卫马克思主义原理的著作，或是把马克思主义作为学术问题进行纯理论性探讨的著作，而他联系俄国革命实际的著作，特别是同俄国革命的政治策略问题有关的著作，则都是他著述中的薄弱部分，甚或是些机会主义作品。这些特点表明，普列汉诺夫一生的活动是远离俄国革命实际的，即在他写作那些重要的马克思主义著作时，也存在着脱离俄国革命实际的本本主义弱点，他一生的理论活动都刻有本本主义的烙痕。他之所以还能写出那么多光辉的马克思主义著作，是因为他从事马克思主义理论著述的辉煌时期（1883—1903），正值俄国解放运动需要介绍、传播、宣传马克思主义学说的时期。当时，无产阶级革命和无产阶级专政的一系列实践问题还没有提上日程。他的理论修养，他的特长，正适合于这样的时期。对于当时时代的要求，历史的使命，他是得心应手的。这样的历史时期造就了他这样一位杰出的马克思主义理论家，也掩盖了他的弱点——本本主义。可是，当新的革命风暴的时代到来，革命的一系列重大实践问题迫切要求他用所掌握的理论给予回答的时候，其弱点就充分暴露了出来。所以，我们不难理解，普列汉诺夫政治上的演变和堕落是一个本本主义者的必然结局。

(三)对历史人物进行阶级分析

联系历史人物所代表的那个阶级的政治经济状况及其利益和要求，考察历史人物的社会活动，把个人的活动归结为阶级的活动。这是阶级分析方法在历史人物评价中的推广和运用。

我们前边讲过，马克思主义在分析个人在历史上的作用时，总是把个人看作一定阶级的代表。这是一条很重要的理论原则。离开这一点，历史人物的活动则都成了一堆偶然现象，无法得到解释。例如，法国王朝复辟时期的资产阶级历史学家，曾创造了相当光辉的阶级斗争学说，站在资产阶级反对封建复辟的进步的革命立场上，热情赞颂阶级斗争的历史作用。但是，当时间过去了二三十年，无产阶级以独立的政治力量历史地站到了资产阶级面前的时候，他们则大肆诅咒阶级斗争是"灾难和耻辱"。我们在分析评价这些历史学家的理论成就时，要对他们学说中的矛盾现象做出令人信服的说明，离开他们那个阶级的实际利益的变化是无法达到的。

中国近代史上的著名将领聂士成，在四十几年的历史舞台上，几乎是场场毕露，引人注目。他参与了清王朝镇压太平天国运动、捻军起义、反洋教斗争和义和团运动，在历史上留下了洗刷不掉的污点，但也曾积极投身抗法、抗日和抵抗八国联军的爱国斗争，最后牺牲在帝国主义的枪炮之下，以身殉国，壮烈不屈。而且他的这两个方面是有机地集于一身的。譬如在镇压义和团的时候，他是一方面主张对义和团坚决镇压，另一方面，力主对帝国主义的侵略坚决抵抗。在天津战事中，他在两腿均中枪伤的情况下，还提刀督战，头部、腹部多被创伤，英勇阵亡。他在镇压热河农民武装斗争的同时，也注视着边疆形势的发展，警惕着帝国主义的侵略。镇压完农民的武装斗争，他就请示清廷，要求单骑巡边，亲往东三省进行考察。在半年时间里，他历经东三省俄罗斯边境、朝鲜八道，跋涉数千里，凡经城镇乡村，山川扼塞，一一绘图立说，著成《东辖纪程》一书。实际上，该书是提供了可资作战使用的军事地图册，以俟将来的反侵略战争而用，不愧为一位关心国家边防安危的将领。在聂士成的一生中，镇压农民起义和抵抗帝国主义侵略形成了有机的统一。这个统一的基础就是他的统治阶级立场，如果我们不把聂士成的活动和晚清统治阶级的政治利益联系起来，就无法对其做出恰当的评价。

（四）分析历史人物对整体历史进程所产生的影响

把历史人物放到历史发展的全过程中进行考察，和他先前的时代相比，看他比前人多提供了哪些新的东西；和他身后的时代相比，看他对后人产生了哪些影响。这是评定历史人物历史地位的基本方法。

分析历史人物的活动在多大程度上满足了当时社会的伟大需要，是用以认识历史人物活动的时代价值；而这一方法是用以判断历史人物活动的历史价值，看他对历史发展的总进程产生了什么影响。这一方法也体现着历史主义的重要原则。列宁在《评经济浪漫主义》一文中说："判断历史的功绩，不是根据历史活动家没有提供现代所要求的东西，而是根据他们比他们的前辈提供了新的东西。"[①]对任何杰出的历史人物，一方面，我们都不能拿今天的时代需要去衡量他，看他的活动对于今天有什么意义，而只能和他的前辈或同时代人相比，看他有什么独特的创造，从而对整体历史的发展产生了什么积极影响；另一方面，因为历史发展的特点在于它的连续性和继承性，后人总是在前人的基础上从事历史的创造，所以，每个历史人物的活动就总是要影响到他的身后。于是，历史人物对后世影响的大小，积极与消极，也成为我们判定其历史地位的重要方面。

譬如中国近代史上的孙中山先生，在中国民主革命史上就占有极重要的历史地位。他在辛亥革命时期，领导人民推翻帝制、建立共和国，这在中国历史上是前所未有的伟大事业。虽然辛亥革命的成果最后被袁世凯窃取了，但建立共和国的事业则产生了深远的历史影响，铺垫了中国的历史道路，致使以后任何复辟帝制的企图都化为泡影。特别是在第一次国共合作时期，孙中山先生把三民主义发展为新三民主义，"在政治思想方面留给我们许多有益的东西"。毛泽东在《纪念孙中山先生》一文中说，"现代中国人，除了一小撮反动分子以外，都是孙先生革命事业的后继者"，并把孙中山称为"伟大的革命先行者"。毛泽东对孙中山的历史地位的评价，就不仅指出了孙中山先生在中国民主革命中的独特的历史建树，而且评价了孙中山先生对后世的重大影响。

(五)分析历史局限性，正确对待个人的历史过错

分析历史人物的历史局限性，不苛求于古人；但亦需分清是非，指出其过错中的个人责任。这是正确看待历史人物的过错的基本方法。

任何杰出的历史人物都有一定的弱点、缺点和错误，有些杰出人物更是集功过于一身，所以，如何看待历史人物的过错是个很重要的问题。首先，我们不要苛求于古人，要分析历史人物的历史局限性，找出其过错中时代的、阶级的以及个人有限认识能力等方面的局限性。关于历史局限性

---

① 《列宁全集》第 2 卷，105 页，北京，人民出版社，1957。

的思想，可以归纳为以下三点。①

第一，就一个时代来说，任何个人的历史活动和历史认识，都不能超越这个时代的社会经济状况、政治状况及科学文化发展水平所规定的界限。

第二，除时代的限制之外，任何个人的历史活动和历史认识还不能超越他所代表的那个阶级、阶层或社会集团的利益及其历史地位所规定的界限。

第三，除时代和阶级的限制之外，任何个人的活动和认识又不能超出他个人有限的活动能力和认识能力的界限。

历史局限性的思想，包括时代的局限性、阶级的局限性以及个人有限的活动能力、认识能力的局限性这三个方面。分析历史人物的过错，首先要从这三个方面去找原因。特别是对那些政治活动家，不能把他们的一切错误都归于个人品质。例如，中国近代史上的林则徐、左宗棠都是值得肯定的人物，但他们都是镇压农民起义的。这些过错都是他们的阶级局限性所致。

正确分析历史人物时代的、阶级的以及个人有限的认识能力、活动能力的局限性，是历史主义原则在评价历史人物中的具体运用。但是，历史局限性的思想，并非要我们无原则地原谅历史人物的一切过错，不能把他们的过错都归于历史的局限性。既定的历史条件，时代、阶级和他们个人有限的认识、活动能力，只是给他们的认识和活动规定了一条客观界限，他们还需要在这条"一定的物质的、不受他们任意支配的界限、前提和条件下能动地表现自己"②。在评论历史人物的过错时，不能用历史局限性的思想来原谅他们的一切过错。对那些没有充分利用历史提供的可能性，没有充分发挥自己的主观能动性，或者没有使自己的主观努力方向同历史发展方向一致起来而造成了不应有的历史失误的人，必须实事求是地分清是非，指出其过错中的个人责任。如果只强调历史局限性而不分析主观能动性，就有可能不自觉地站到为历史人物辩护的立场上去，从而滑向资产阶级的客观主义。

---

① 关于历史局限性思想的这三点归纳，参见宁可：《论马克思主义的历史主义》，载《历史研究》，1964(3)。

② 《马克思恩格斯全集》第3卷，29页。

三、人物评价中提出的几个方法论问题

(一)关于历史人物评价的标准问题

这个问题事实上已经蕴含在评价方法之中了。当我们说到要分析历史人物的活动在多大程度上满足了当时社会的伟大需要的时候,这实际上就是在运用着一种标准了。但是,鉴于在以往的史学理论研究中,人们在"标准"问题上认识的混乱,我们有必要对以往的各种标准进行一番检讨,并明确一下我们对标准问题的看法。

1. 当时当地标准论

这种观点认为,评价历史人物"要从当时那个时代的人民的感受来估价",要根据当时当地大多数人的意见,"从当时当地人民利益出发","以对当时当地大多数人的利益为标准"。这种看法有几点不妥。第一,由于时代条件、阶级条件的局限性,当时当地的人们没有科学的历史观,不可能理解历史人物活动的真正意义,因而对历史人物及其活动的认识不可能是正确的。第二,考察当时当地人们的感受,没有可靠的历史根据。史籍所载多是古代文人的感受和认识,以此为凭,今天的研究就很难跳出历史人物的思想局限。第三,从认识论上讲,一种认识的正确与否,不能以是否大多数人的意见为根据。多数人的看法未必正确,少数人的意见也未必乖谬。第四,有些历史人物活动的意义和价值,在当时未必能显示出来,而是随着历史的延续和发展,才能逐步认识它的意义。所以,当时当地标准说是靠不住的。

2. 现代标准论

很少有人公开主张这种标准,但人们在自觉不自觉地运用着这种标准。人们拿今天社会的政治需要来评价历史人物的历史实践活动,以今日之是非标准去衡量历史人物之是非。在以往的史学研究中,我们看到不少历史人物的面孔变来变去,人们的评价变化无常,其原因就是人们根据今日的需要(而且未必是带有历史必然性的需要,而是出于某种政治目的的需要)去改铸历史人物。这是一个非历史主义的、非科学的标准。

3. 人民利益标准论

这是一种比较流行的标准。有人说："人民是历史的主体，一切历史评价都得看符合人民利益与否为标准。"①这种标准论在实践中会遇到许多麻烦。譬如秦始皇这个人物，其确立专制主义的中央集权制度，是否符合人民利益呢？可以说，对于直接生产者来说，专制主义的中央集权制度代替贵族世袭制社会是符合他们的利益的。在新的社会体制下，生产者的地位得到了一定的改善，是一个历史进步。但是，生产者仍处于被剥削受压迫的地位，不少论者会认为新的剥削制度也是剥削，也并不符合人民的利益。这样，秦始皇确立专制主义中央集权制社会便不该被肯定。如果坚持历史地看问题，我们是不能从人民仍然受剥削和压迫的角度提出问题的，因为在当时的历史条件，还不可能提出铲除剥削和压迫这一历史现象的任务。我们应该从新制度代替旧制度所形成的历史进步，从它对劳动者生存条件的改变的角度去肯定专制主义中央集权的历史价值，肯定它在当时的历史条件下符合人民的利益和要求，从而对秦始皇在确立专制主义中央集权制方面的贡献，做出肯定性评价。可见，人民利益标准本身还要被解释，被加以历史的界说，才能在研究实践中加以应用。即对人民利益标准，不能进行抽象的理解。马克思主义谈的人民利益都是具体的、实在的，是和特定的历史条件联系在一起的，而且马克思主义总是把人民群众的根本利益和历史进步的趋势统一起来。所以，马克思主义绝不离开具体历史条件空谈人民利益问题，绝不离开他们的学说的严格的历史性。

人民利益标准这一提法，缺乏思想的明晰性。是人民的一时利益，还是长远利益；是当时当地人民的利益，还是人民整体的利益；是加以历史界说的人民利益，还是抽象的、绝对的人民利益，这个标准并没有回答清楚。在研究实践中，不少人所谈的人民利益，是"一切时代"的人民利益，是一个超历史的标准。譬如有人在评价曹操的时候，强调自己坚持的是"人民立场和人民利益这个标准"，但是，他如何评价呢？他写道："封建统治者之所以称之为封建统治者，便是由于它剥削和压迫人民的缘故。"于是，他对曹操做了全盘否定。如果这样去理解、运用人民利益标准，还有哪一

---

① 《嵇文甫文集》下，114 页，郑州，河南人民出版社，1990。

个剥削阶级中的人可以被肯定呢？这位学者谈的人民利益就是抽象地谈论他们是否受了剥削和压迫，而不考虑他们当时的具体生存条件，不考虑他们的生存条件的改变是否给他们也带来一定的现实利益，不考虑他们生存条件的改变是否沿着历史进步和上升的必然趋势等，这一系列从历史主义出发必须注意的问题。在这些学者看来，凡是有剥削和压迫的，就不符合人民利益。从人民利益标准的实践效果看，在人物评价的方法论上，我们不宜确定一个这样的标准。

既然人民利益标准还需要加以历史的界说，还需要从历史主义原则出发去进行阐释，那么，我们直接根据历史主义原则去提出历史人物的评价标准，则将具有更根本的意义。历史主义要求人们看待一切历史问题都要站在历史进步的立场上，并由此去肯定一切推动历史前进和上升的力量。那么，我们评价历史人物的标准，也应该是看历史人物的实践活动对历史进步的意义，看他是推进还是阻碍了历史的进步，可谓历史进步标准论。一般来说，只要历史人物的活动符合历史进步的趋势，起了推动历史进步的作用，那就一定符合人民的根本利益，或是当时当地人民的现实利益，或是人民整体的长远利益。这个标准可以使我们避免空谈人民利益而失去评价的客观依据。

历史进步标准是从方法论角度提出的一个人物评价的总的原则。它是客观的、科学的，但也不能把它绝对化、教条化、单一化。评价不同时代、不同历史情况下的历史人物，应该依据这个标准找到不同的具体标准，才能体现具体分析的辩证法思想。另外，历史的进步表现为物质生产的进步和精神生产的进步，还可以分为许多具体方面，不管在哪一方面做出了贡献，凡是在历史进步中加进了一份力量的人，都应该给予充分的肯定性评价。

（二）如何处理动机与效果的关系

评价一个历史人物的某一重大历史行动，应该主要从动机出发，还是从其历史活动的实际效果出发？这是从客观历史实践中动机与效果的非一致性提出的问题。动机与效果是相互联系、相互依存的，动机是效果的前提，效果是动机付诸实践而产生的客观结果。然而，人类历史活动的复杂性使人们从某种动机出发所进行的实践活动，很少能取得预期的效果，几乎可以很肯定地说，动机和效果没有绝对统一的时候。这就要求我们在评价历史人物的时候，是侧重动机还是效果，必须有一个基本的方法论原则。

毛泽东在《在延安文艺座谈会上的讲话》中说："我们是辩证唯物主义的动机和效果的统一论者。为大众的动机和被大众欢迎的效果，是分不开的，必须使二者统一起来。"①这段话几乎是几十年来我们看待动机与效果的准则。其实，严格地说，毛泽东的话和我们讨论的并非一个问题。他是要求革命文艺工作者在进行创作活动时，不要仅有一个良好的动机和愿望，必须同时严肃地考虑作品的社会效果，努力使自己的作品取得与为人民大众服务的动机相一致的客观效果，至于效果与动机能否完全一致，他没有说。如果每个人都能取得与自己动机相一致的活动效果，那历史就将以人们的意志为转移了。当然，毛泽东说的动机与效果的统一，还是可以作为分析动机与效果关系的方法论思想，但它只能理解为，在分析一个历史人物的历史活动时，不能仅考虑到动机或者效果，而应把二者联系起来考察。以往的史学研究中，人们把毛泽东讲的"统一"，错误地理解为动机与效果的同一或一致，从而从动机去推断效果，或者从效果去逆推动机。

人物评价中，应该侧重动机还是效果，这应该根据动机和效果的客观关系来确定。在人们的社会实践中，效果总是较动机更具有实质性意义。动机只是一种主观意念，效果是人们实践活动的客观影响。对于客观历史进程来说，只有效果才能对它产生实质性影响。因此，人们在观察问题时，总是要侧重于效果的。恩格斯说："在历史上活动的许多单个愿望在大多数场合下所得到的完全不是预期的结果，往往是恰恰相反的结果，因而它们的动机对全部结果来说同样地只有从属的意义。"②列宁说："行为的结果是对主观认识的检验和真实存在着的客观性的标准"③，"判断一个人，不是根据他自己的表白或对自己的看法，而是根据他的行动"④。一般人平时看问题，也绝不是把动机当作依据。我们常说，某某人是"好心办了坏事"，但

①　《毛泽东选集》第 3 卷，868 页。
②　《马克思恩格斯选集》第 4 卷，248 页。
③　《列宁全集》第 38 卷，235 页。
④　《列宁选集》第 2 卷，221 页。

人们判断是"坏事"的时候，并不是从"好心"出发。总之，在评价历史人物的活动时，应该主要从效果出发，把它作为实在的可靠的根据。

但是还要注意，以效果为依据，绝不是可以不顾及动机。如果撇开动机，对效果就不好理解。在考察效果的时候，我们应着力去说明它是由什么样的动机引起的，是由哪些复杂因素的相互作用使动机引出了这样的效果，这就是要把效果与动机联系起来进行考察。只有这样，我们才能对历史人物的活动有较全面的把握，使我们的评价更公允、合理。

(三)人物评价中的阶段论、方面论、综合论

如果我们不是评价历史人物的某一次重大实践活动或他的某一个方面，而是对历史人物的一生做出整体性评价，那么，许多历史人物的评价都会使我们遇到难题。一方面，有些历史人物一生变化复杂，左右摇摆，功过掺和，瑕瑜互见，使人们不好把握；另一方面，有些历史人物的活动不是表现在一个方面或一个史学领域，在众多领域都有相当的表现，而且这些表现并不一致，可能在某一方面有过杰出的贡献，而在另一个方面是一个小人或小丑。如何分析、评价这些历史人物，人们有不同的看法，提出了阶段论、方面论、综合论几种处理方法。

阶段论是一种分期评价法。有人认为，对那些一生变化复杂、经历曲折的人，只能采用分阶段评价的方法，客观地指出他在各个不同阶段的贡献与过错，没有必要一定做出基本肯定或基本否定的评价。譬如考茨基，他的历史可以分为前期和后期。在第一次世界大战以前，他写过不少优秀的马克思主义著作，是一个马克思主义者。列宁曾评价说，他的《土地问题》"是《资本论》第三卷以后最出色的一本经济著作"，"考茨基在1914—1916年的战争以前还是一个马克思主义者，他的一系列极为重要的著作和声明，将永远是马克思主义的典范"。① 但第一次世界大战期间，1914年他提出了"超帝国主义论"，到1918年发表《无产阶级专政》一书，公开反对十月革命和无产阶级专政。像这样一个人，有没有必要一定说他是个好人或坏人呢？当我们说他曾经是一个马克思主义者，后来变成了无产阶级革命

---

① 《列宁全集》第23卷，26页。

的叛徒，进行了分阶段评述的时候，已经对他做出了全面的评价，再一定要勉强地评论他是个好人、坏人是没有意义的。这是阶段论的看法。

方面论和阶段论一样，不主张一定要对历史人物做出基本的肯定或否定，认为只要从历史人物活动的各个不同领域指出他的贡献或过错，就达到了研究目的。它认为，有些历史人物的确不好做轻重权衡，不好分出主次。像南唐后主李煜，政治上昏庸无能，终日沉湎于酒色之中，是一个亡国之君。但他在文学艺术上才华横溢，写出了"问君能有几多愁？恰似一江春水向东流"这样的佳句，是五代词人中之佼佼者，在中国文学史上有一定地位。那么，应该以李煜的哪一个方面作为主要方面呢？他到底是一个值得肯定的历史人物还是一个应该否定的历史人物呢？方面论者认为，追求这个答案是不可能的，也是没有意义的。

综合论不反对对历史人物进行分阶段、分方面评价，并认为这些做法都是十分必要的，但认为评价不应该停留在阶段论、方面论终止的地方，而应进一步去进行全面衡量，将功过分出主次，对历史人物做出功大于过、或过大于功的结论。像高放、高敬增合著的《普列汉诺夫评传》一书，把普列汉诺夫的一生分为五个阶段："第一阶段是民粹主义（1875—1883 年），第二阶段是马克思主义（1883—1903 年），第三阶段是孟什维主义（1903—1908 年），第四阶段是反取消主义（1908—1914 年），第五阶段是社会沙文主义（1914—1918 年）"，并总结说："纵观普列汉诺夫一生五个阶段，三个阶段表现好，计有三十四年之长；两个阶段表现坏，共约八年时间"，"他是前功卓著，中期反复，晚节不终……从普列汉诺夫的思想政治活动和学术成就综合起来衡量，应该说他是功大于过，理应作为犯过严重错误的正面的历史人物载入史册"。①

这几种看法各有道理。本书认为，根据一般人的思维习惯，在全面评价一个历史人物的时候，应该尽可能做到有一个完整而清晰的结论，即在进行各方面的分析、权衡之后，做出定评。这种定评的主要根据是，历史人物影响最大的历史活动是他对整个历史进程刻痕最深的历史活动。就像评价普列汉诺夫，肯定他是一个贡献卓著的杰出人物，不是根据 34 年表现

---

① 高放、高敬增：《普列汉诺夫评传》，657～663 页，北京，中国人民大学出版社，1985。

好，8年表现坏，而是根据他在阐述、传播、发展马克思主义方面的突出贡献。在这方面，他的著述的丰富性和理论的深刻性，使他在马克思主义发展史上建树了一块巍峨的丰碑；而他在机会主义、社会沙文主义道路上的作为，反面的影响则不甚突出和深远。进行综合评价是不容易的，一个人功过的分量有时候是不好掂量出来的，所以，有些实在不好做出定评的，也就只好停留在分阶段、分方面评价的水平，不可以勉强。在这种情况下，就特别要求对历史人物不同阶段、不同方面的功过及其历史影响，都做出尽可能恰如其分的分析、评价，使读者能清楚地看出其功过之所在。

在做综合评价时，还有一个问题，就是长期以来人们习惯用数字图解的方式来划定历史人物功过的比例，即根据其功过的大小，将历史人物分为二八开、三七开、四六开、五五开等，以此来表示对历史人物的肯定与否定。此种做法欠妥。人一生的言行，好与坏的积累，是不好用积分的方法来累计的。虽然这种做法有一定的明晰性、直观性，但实在缺乏科学性。事实上，三七开、四六开的确没有明显的界定方法，特别是碰到三七与四六不同意见的争论，还会给人以极不严肃的感觉，有伤历史评价的科学性、严肃性。严格地说，这种做法带有明显的机械唯物论印记，是应该加以避免的。

(四)关于反面人物的评价问题

简单地将历史人物区分为正面人物和反面人物，是一种形而上学的贴标签的做法。其实，无论是现实中人还是历史人物，都不可能是只扮演一种社会角色，也都不可能一生只办好事或只办坏事。人物的性格及承担的社会角色是非常复杂的。20世纪60年代以来，"左"倾文艺思潮将文学创作中的人物塑造区分为反面人物和正面人物，最后演变出"文化大革命"中江青一类人所总结的"三突出"创作原则等，都是对现实中人物形象的歪曲。而不幸的是，这种"左"倾文艺思潮中的简单化做法，也深深浸染到史学研究领域，历史学家也自觉或不自觉地将历史人物以所谓"正面人物"和"反面人物"相区分。原则上说，我们并不赞成将活生生的历史人物做这种机械而又简单的分类，不赞成在史学研究中使用所谓"正面人物"和"反面人物"的提法。但是，这种约定俗成的提法，几乎已很难改变。所以，这里我们姑且借用"反面人物"这个概念，来指代那些坏事做绝、恶贯满盈、臭名昭著、死有余辜、犯下了不可饶恕的历史罪过的人。对这种所谓"反面人物"，我们主张要特别坚持实事求是的评价原则。

在以往的史学界，流传着一个"晚节不终，不足为训"的说法，一个人不管一生怎样的轰轰烈烈，做出了怎样巨大的历史贡献，只要他没能保持住晚节，最后犯下了不可饶恕的过错，那就将其一生予以否定，再不能从正面谈到他的历史贡献，意欲将名字从历史中抹去。

其实，这并不符合马克思主义的要求。马克思主义要求我们实事求是地对待每一个历史人物，实事求是地评价他们的功过是非，既不以功掩过，也不因过错而抹杀其功绩。那种对于没有保持住晚节就将其一概抹杀的做法，不符合辩证唯物主义的科学态度。在这方面，列宁对待普列汉诺夫的态度和做法，给我们树立了极好的榜样。

我们知道，普列汉诺夫晚年是列宁的反对派，在政治上已经堕落成一个机会主义者。他顽固地反对列宁，反对十月革命和新生的苏维埃政权，至死没有认错。但是，列宁对待这位在理论研究上为马克思主义的传播做出了巨大贡献的人，则始终保持尊重，以宽广的胸怀，实事求是地评价普列汉诺夫的历史贡献。

1918 年 5 月，普列汉诺夫死后，以列宁为首的布尔什维克党为他举行了隆重的追悼活动，为他送葬，开追悼会；并在列宁的直接支持、关怀下，在列宁格勒索韦特工学院前为普列汉诺夫雕塑了纪念像；还整理出版了《普列汉诺夫著作全集》。1921 年 1 月列宁向全党发出号召：

> 不研究——正是研究——普列汉诺夫所写的全部哲学著作，就不能成为一个觉悟的、真正的共产主义者，因为这是整个国际马克思主义文献中的优秀著作。[①]

对这段话，列宁还写了如下注释：

[①]　《列宁选集》第 4 卷，453 页。

顺便说一下，不能不希望：第一，把现在正在出版的普列汉诺夫全集中的所有哲学论文汇编成一卷或几卷专集，并且附上详细的索引等等。因为，这种专集应当列为必读的共产主义教科书。第二，我认为工人国家应当对哲学教授提出要求，要他们知道普列汉诺夫对马克思主义哲学的阐述，并且善于把这种知识传授给学生。①

对于在政治上已经完全站到反对派立场上的人，列宁丝毫也不回避他的历史贡献，甚至特别强调了他的历史功绩，这才是一个马克思主义者的宽广胸怀和科学态度。实际上，对于普列汉诺夫，列宁一直是很冷静地对待他的功过的，从没有以"晚节不终，不足为训"的态度来抹杀其"培养了一整代俄国马克思主义者"②的历史功绩。列宁对待普列汉诺夫科学的冷静的辩证的思想态度，最明显地体现在如下一段话中：

> 普列汉诺夫的理论著作（主要是批判民粹主义者和机会主义者）仍然是全俄国社会民主党的牢固的成果，任何"派别活动"都不能混淆视听，不能使稍微有些"理智"的人忘记或者否定这些成果的重要性。但是作为俄国资产阶级革命中俄国社会民主党的政治领袖，作为一个策略家，普列汉诺夫却经不起任何批判。他在这方面表现的机会主义给俄国社会民主主义的工人带来的危害性，要比伯恩斯坦的机会主义给德国工人带来的危害性大百倍。我们必须向普列汉诺夫这种立宪民主党式的政策展开最无情的斗争。③

对待所谓"晚节不终"一类人物，我们应该学习列宁的科学态度，绝不因为其罪过而抹杀他们所曾经做出的值得一书的历史贡献。

但是请注意，我们这里强调的是"值得一书"，指的是重大的历史贡献，并不是那些不值一提的小事。如果是不值一提的好事，也要为了表现自己的科学态度、实事求是或者一分为二，而将其大书一番，则同样起不到好

---

① 《列宁选集》第 4 卷，453 页注一。
② 《列宁全集》第 16 卷，267 页，北京，人民出版社，1959。
③ 《列宁全集》第 11 卷，398 页，北京，人民出版社，1959。

的效果，而只能是画蛇添足了。嵇文甫先生在关于人物评价的著作中，曾经讲到这样一个小故事：从前，一个县里的督学到下边检查教学质量，听了一个老师的课后，写了四个字的评语："声音洪亮。"这个评语使讲课老师哭笑不得。如果一个老师的讲课，语无伦次，概念不清，重点不突出，难点讲不透，除了"声音洪亮"之外再没有什么可以肯定的话，那这个老师就实在是很不称职的人，也就不需要再去肯定什么优点了。对于反面人物的评价，这个例子很有启发。我们主张实事求是，不埋没他们值得一书的历史功绩；但是，如果一个反面人物真的没有值得一书的功绩的话，除了像"声音洪亮"一类的优点或成绩之外，再也没有值得肯定的地方的话，也就不需要为了表现我们的实事求是而非从他身上找出什么好东西不可。

第十六章 阶级分析方法

阶级分析是马克思主义史学方法论中的一个重要内容。由于过去极左路线过分夸大阶级斗争的作用，以及在史学研究中片面强调贯彻阶级观点，并把它简单化、公式化、教条化的结果，使得现在一些人对这个题目不感兴趣。但这并不是阶级分析方法本身的问题。如果我们承认在原始社会之后，人类历史进入的文明时代的确有阶级和阶级斗争的存在，那么，我们就必须学会用阶级的眼光去观察人类社会的历史。问题只在于，如何正确地把握这种分析方法，如何把这种方法放在史学方法论整个体系之中一个恰当的位置上，既看到它的有效性，又重视它的局限性，并加以正确而合理的应用。

一、阶级分析方法及其有效性

(一)马克思的阶级斗争理论

发现人类社会历史中存在阶级和阶级斗争，并不是马克思的发明。在马克思以前，就已经产生了阶级和阶级斗争学说。马克思在 1852 年 3 月 5 日《致约·魏德迈》的信中说："无论是发现现代社会中有阶级存在或发现各阶级间的斗争，都不是我的功劳。在我以前很久，资产阶级历史编纂学家就已经叙述过阶级斗争的历史发展，资产阶级的经济学家也已经对各个阶级作过经济上的分析。"①近代俄国马克思主义理论家普列汉诺夫，在《阶级

---

① 《马克思恩格斯选集》第 4 卷，547 页。

斗争学说的最初阶段》一文中，详细叙述过马克思以前阶级斗争学说的历史发展，可为参考。[1]

马克思、恩格斯批判地继承了前人的阶级和阶级斗争理论，把阶级斗争观点奠定在唯物史观的基础上，用生产的发展来解释阶级的起源和阶级关系的变化，把阶级学说发展到了科学的认识阶段。在阶级和阶级斗争理论上，马克思的新贡献，用他自己的话说有三点："(1)阶级的存在仅仅同生产发展的一定历史阶段相联系；(2)阶级斗争必然导致无产阶级专政；(3)这个专政不过是达到消灭一切阶级和进入无阶级社会的过渡。"[2]当然，这三句话是马克思关于阶级和阶级斗争学说的新发展，再加上他从前代学者中继承过来的思想遗产，我们将马克思主义的阶级斗争学说，简要地归纳为以下四句话。

第一，阶级的存在仅仅同生产发展的一定历史阶段相联系。

第二，阶级划分的事实是有文字记载以来全部历史进程中最基本的社会存在，阶级之间的斗争贯穿于阶级社会的始终。

第三，自从人类划分为阶级，一切社会的历史都是在阶级对立中运动的，并且正是这种阶级之间的斗争，推动着社会历史的发展。

第四，阶级斗争的最终结局，必然要导致无产阶级专政，并由这个专政达到消灭一切阶级和进入无阶级社会的过渡。

这四句话，第一句话回答了阶级的产生和消亡问题，指出阶级是一种历史现象，不是永恒的存在，同时要求人们要历史地看待历史上的阶级和阶级斗争问题，为人们正确认识历史上的阶级和阶级斗争问题提供了一个科学的方法论思想；第二句话回答了阶级社会的社会存在问题，指出在阶级社会中，阶级和阶级斗争的存在是一个基本的事实，要求人们观察阶级社会的历史，必须要有阶级观点，要用阶级分析方法；第三句话回答了阶级社会历史发展的动力问题，强调在阶级社会中，阶级斗争是历史发展的直接动力；第四句话回答了阶级斗争的最终结局，对于近代以来的政治运动，具有重要的指导意义。这四句话构成了马克思主义阶级斗争理论的完

[1]　参见《普列汉诺夫哲学著作选集》第2卷，512～570页。
[2]　《马克思恩格斯选集》第4卷，547页。

整体系。当然，马克思的阶级斗争理论也是一个时代的产物，其理论内涵的科学性，其中所蕴含的真理性成分如何，还有待于未来人类历史发展的不断检验。但就其对于人类社会历史的研究来说，它的第一句话具有特别重要的方法论意义。

(二)何谓阶级分析方法

把马克思主义的阶级斗争理论当作方法论，用来观察阶级社会历史上的种种现象，就是阶级分析方法。在过去的很长时间内，由于政治生活中"左"倾思想的影响，史学研究中简单化、公式化倾向相当严重，人们往往歪曲了马克思主义的阶级分析方法，以为这种方法就是划清历史上的阶级阵线，判断历史人物的阶级属性，似乎觉得只要找出历史运动中的被压迫阶级，然后去站到它的立场上来讲话，谴责剥削阶级的反动、凶残和腐朽，歌颂被压迫阶级的伟大、勤劳及其革命精神，就算是运用了阶级分析方法，站稳了无产阶级立场，完成了历史研究的任务。这绝不是我们要倡导的史学研究中的阶级分析方法。

阶级分析是这样一种方法，它要求在史学研究中牢牢地把握住阶级划分的事实，应先注意到在历史运动中活动着的人们，看他们分属于哪个阶级、阶层或社会集团，这些阶级、阶层或社会集团在当时社会中的经济状况、社会地位、政治态度如何；从这些方面的分析入手，去抓住当时历史运动的方向，认清哪个阶级、阶层或社会集团起着推动历史上升、前进的主导作用；并从它和其他阶级、阶层或社会集团的力量对比关系和具体特点中，对历史运动的起因、发展过程及结果，做出经得起客观历史检验的说明，从而引出可资借鉴的历史经验。它是引导我们达到正确的历史认识的可靠方法，不是历史研究的目的。所以必须使用这种方法，是因为舍此便找不到正确的历史结论，绝不是为了要站稳什么立场。

根据我们的理解，马克思主义阶级分析方法的精髓，就在于从对经济关系的分析中去认识阶级的运动。因为，在马克思主义的学说中，阶级首先是一个经济范畴。马克思认为"阶级的存在仅仅同生产发展的一定历史阶段相联系"，各个阶级"以不依自己意志为转移的经济条件做为存在的基础并因这些条件而彼此处于极尖锐的对抗中"。① 恩格斯说："这些互相斗争的社会阶级在任何时候都是生产关系和交换关系的产物，一句话，都是自己时代的经济关系的产物。"②列宁在讲到阶级的本质时做了这样的概括："所谓阶级，就是这样一些集团，这些集团在历史上一定社会生产体系中所处的地位不同，对生产资料的关系(这种关系大部分是在法律上明文规定了的)不同，在社会劳动组织中所起的作用不同，因而领得自己作支配的那份社会财富的方式和多寡也不同。所谓阶级，就是这样一些集团，由于它们在一定社会经济结构中所处的地位不同，其中一个集团能够占有另一个集团的劳动。"③列宁把阶级的划分归结为经济关系中的四个不同。总之，在马克思主义者看来，阶级的产生及发展都是由一定的经济关系所决定的。在社会经济关系发展的不同历史阶段上，阶级斗争有不同的内容、形式、性质、特征和规律，分析任何阶级及阶级斗争问题，都必须以与之相联系的经济状况的分析作为前提。于是，从一定的经济关系出发去认识特定阶级的政治面貌、思想属性、立场态度、力量状况以及由此导致的历史行动，便成为马克思主义阶级分析方法最重要、最可靠、最基本的要求。

(三)阶级分析方法对于分析重大政治事变的有效性

我们将人类文明时代的历史称为阶级社会，是就其基本的社会存在来说的。但这也绝不意味着阶级社会的历史，都是阶级斗争的历史；阶级社会的历史内容，都是阶级和阶级间的斗争。由此，我们不能把阶级分析方法夸大到无所不能的地步，不能只拿一种阶级分析方法来考察阶级社会里的一切现象。从目前我们所能达到的认识来看，比较有把握的是，阶级社会里一切重大的政治变迁和政治斗争，重大的社会变革，都无法摆脱阶级的印痕，或者说，都是阶级间的对立和斗争的表现。因此，马克思主义的阶级分析方法，对于分析阶级社会里的重大政治变迁或政治斗争，是基本有效的。

马克思和恩格斯都曾经用阶级分析的方法来观察重大的政治变迁，为

---

① 《马克思恩格斯全集》第4卷，344页，北京，人民出版社，1958。
② 《马克思恩格斯选集》第3卷，739页。
③ 《列宁全集》第20卷，382～383页。

科学地使用阶级分析方法提供了范例。譬如马克思的《1848年至1850年的法兰西阶级斗争》和《路易·波拿巴的雾月十八日》，就是运用阶级分析方法分析历史事件的极好例证。

1848年的法国革命是一个沿着下降路线向前行进的很具特殊性的历史运动。1848年12月10日，路易·波拿巴当选为法兰西共和国总统，标志着这场资产阶级革命成果的丧失，而这个总统更于1851年12月2日在法国发动政变：立法议会和国务会议被解散，许多议员被逮捕，在32个省内宣布处于战时状态，社会党和共和党的领导人被驱逐出法国。1852年1月14日，通过了把一切权力都集中于总统手中的新宪法，1852年12月2日又干脆宣布路易·波拿巴为法国皇帝，帝号拿破仑三世。1848年革命后几年内一连串晴天霹雳般的历史事变，震撼了整个政治界。有的人出于道义的愤怒大声诅咒它，有的人则把它看作对革命误入迷途的惩罚，但是所有的人对它都只是感到惊骇，而很少有人能理解它。当时的理论界、著作界企图反映这一事变，对事变做出解释的，是几乎同时出版的这三本书：维克多·雨果的《小拿破仑》、蒲鲁东的《从十二月二日政变看社会革命》和马克思的《路易·波拿巴的雾月十八日》。维克多·雨果只是对发动政变的人做了一些尖刻的和俏皮的攻击，事变本身在他笔下却被描绘成了晴天霹雳。他认为这个事变只是一个人的暴力行为。蒲鲁东呢，他想把政变描述成以往历史发展的结果，但是，他对这次政变所做的历史的说明却不知不觉地变成了对政变主人公所做的历史辩护。这样，蒲鲁东就陷入了客观主义的错误。与他们相反，马克思的著作则力求说明法国的阶级斗争怎样造成了一种条件和局势，使得一个平庸而可笑的人物有可能扮演了英雄的角色。马克思运用唯物主义的阶级分析方法，使他的书获得了很大的成功。在马克思笔下，波拿巴政变的历史，不仅不是一个不可理解的突如其来的晴天霹雳，而且完全符合1848年革命以来法国历史全部进程的内在逻辑，是由当时法国社会的经济关系以及以此为基础的阶级关系的变化发展所决定的必然产物。阶级分析方法成为马克思解释法国历史进程的钥匙。时隔33年之后，恩格斯在为该书第三版写的序言中评论说：

> 马克思最先发现了重大的历史运动规律，根据这个规律，一切历

史上的斗争，无论是在政治、宗教、哲学的领域中进行的，还是在其他意识形态领域中进行的，实际上只是或多或少明显地表现了各社会阶级的斗争，而这些阶级的存在以及它们之间的冲突，又为它们的经济状况的发展程度、它们的生产的性质和方式以及由生产所决定的交换的性质和方式所制约。这个规律对于历史，同能量转化定律对于自然科学具有同样的意义，这个规律在这里也是马克思用以理解法兰西第二共和国历史的钥匙。在这部著作中，他用这段历史检验了他的这个规律；即使已经过了 33 年，我们还是不能不说，这个检验获得了辉煌的成果。①

恩格斯著作中也有大量成功的例证。1887 年，恩格斯在为波克罕《纪念德意志极端爱国主义者》一书写的引言中，曾对当时的德国政府、土地贵族、军人贵族、大工业家集团的经济、政治状况进行阶级分析，以此为根据预言未来的世界战争。他写道：

> 对于普鲁士德意志来说，现在除了世界战争以外已经不可能有任何别的战争了。这会是一场具有空前规模和空前剧烈的世界战争。那时会有 800 万到 1000 万的士兵彼此残杀，同时把整个欧洲都吃得干干净净，比任何时候的蝗虫群还要吃得厉害。三十年战争造成的大破坏集中在三四年里重演出来并殃及整个大陆；到处是饥荒、瘟疫，军队和人民群众因极端困苦而普遍野蛮化；我们在商业、工业和信用方面的人为的运营机构会陷于无法收拾的混乱状态，其结局是普遍的破产；旧的国家及其传统的治国才略一齐被摧毁，以致王冠成打地滚在街上而无人拾取；绝对无法预料，这一切将怎样了结，谁会成为这场斗争的胜利者；只有一个结果是绝对没有疑问的，那就是普遍的衰竭和为工人阶级的最后胜利造成条件。②

---

① 《马克思恩格斯选集》第 1 卷，583 页。
② 《马克思恩格斯文集》第 4 卷，331 页，北京，人民出版社，2009。

恩格斯这段建立在可靠的阶级分析基础上的大胆预言，在将近 30 年后，几乎一字不差地被证实了。1914—1918 年的第一次世界大战完全像恩格斯所预料的那样，不仅战争的规模、损失以及由此造成的整个欧洲大陆的普遍衰退，完全像恩格斯预言的那样准确无误，而且就连在当时看来还完全没有迹象的"工人阶级的最后胜利"，也因俄国革命而被雄辩地证实。这就是科学方法论的不可怀疑的力量。对恩格斯的这段预言，列宁曾经满怀激情地评论道：

> 这真是多么天才的预言！在这个明确的、简要的、科学的阶级分析中，每一句话的含义是多么丰富！……恩格斯所预料的事情有些是发生得不像他预料的那样，因为在帝国主义以疯狂速度发展的三十年间，世界和资本主义当然不能不有某些变迁。然而最令人惊奇的是，很多事情发生得同恩格斯所预料的"一字不差"。其所以如此，是因为恩格斯作了极其确切的阶级分析，而阶级以及阶级间的相互关系又仍然同以前一样。[①]

事实证明，马克思主义阶级分析方法，是研究阶级社会重大政治变迁和重大历史运动的行之有效的科学方法。我们研究的历史，几千年的文明史，是在阶级矛盾的对立中发展的，科学研究对象本身的性质，要求我们仍然要把阶级分析当作重要的方法论去坚持、去运用，任何轻视、鄙薄这一史学方法论思想的观点和做法，都是轻率的、不可取的。至于我们在过去受"左"倾思潮影响，对马克思主义阶级分析方法的不同程度的简单化以致歪曲或曲解，那是要认真地加以反思和清理，以期达到对这一科学方法正确地把握和运用，而它绝不能成为我们摒弃这一科学方法的理由。

---

① 《列宁选集》第 3 卷，577 页，北京，人民出版社，1972。

二、阶级分析方法的基本要求

大体上说，在史学研究中运用阶级分析方法，有如下一些基本的要求。

(一)要重视社会经济史研究

就史学研究的整体来说，要重视社会经济史的研究。这就是要重视研究历史上阶级和阶级斗争赖以存在的经济关系，揭露隐藏在政治思想斗争背后，而最终起着决定作用的阶级的物质利益。只有这样，我们才能认清在不同历史时期，阶级和阶级斗争问题的特殊性。因为，从根本上说，阶级本身是个经济范畴，它是人们因在社会生产体系中所处的地位不同，特别是他们对于生产资料的关系不同而形成的社会群体。因此，一个阶级的政治行为、社会活动，都是由它在社会生产体系中的实际经济利益决定的。所以，我们看待历史上的阶级现象，分析一个时代的阶级斗争问题，必须着重揭露它所赖以存在的经济关系，注意从经济上来阐明阶级斗争的特点和规律。

"阶级的存在仅仅同生产发展的一定历史阶段相联系。"在生产发展的不同历史阶段上，阶级和阶级斗争问题，有着很大的特殊性，不同历史时代的阶级斗争的内容、形式、特征及发展水平各不相同，并且是由该时代的生产状况、生产力水平和生产关系的性质决定的。社会阶级斗争的发展史，总是平行于生产发展的历史、生产力和生产关系矛盾运动的历史。尽管在社会政治运动中也充满着偶然因素，但社会阶级斗争的发展，从总体发展趋势上说，不曾摆脱过经济关系的制约。恩格斯在《致瓦·博尔吉乌斯》的信中，谈到思想发展史时，精辟地写道：

> 我们所研究的领域越是远离经济，越是接近于纯粹抽象的意识形态，我们就越是发现它在自己的发展中表现为偶然现象，它的曲线就越是曲折。如果您划出曲线的中轴线，您就会发现，所考察的时期越

长，所考察的范围越广，这个轴线就越同经济发展的轴线接近于平行。①

思想发展史如此，阶级斗争发展的历史就更是如此。既然阶级斗争的历史发展平行于经济的发展，那么，要认识历史上的阶级斗争问题，就必须重视社会经济史研究。这当然不是要求我们每个史学工作者都去从事经济史的研究，而只是要求：就整个历史学的发展来说，不能忽视经济史这一重要的基础学科；而对于个体史家来说，则要经常注意经济史研究的发展状况，在自己的具体研究中，不论研究哪方面的问题（当然是阶级斗争范围内的诸方面），不论这些问题在表面上看离开经济现象多么遥远，都必须把它和一定的经济状况联系起来，否则，就抓不住问题的根本。经济史研究，是理解阶级和阶级斗争问题的一把钥匙。

（二）分析重大的历史运动或历史事件

对于重大的历史运动、历史事件的研究，要从当时社会经济关系的分析着手，去认识参与事件的各阶级的政治面貌、立场态度及其力量对比，从而认识各个阶级及其代表人物为什么如此行动，历史运动的结果为什么呈现如此独特的历史风貌。

在利用阶级分析方法分析历史运动、历史事件方面，本书前边提到的马克思的《路易·波拿巴的雾月十八日》一书是最好的范例。法国1848年革命是一个很具特殊性的历史运动，而马克思用以揭示这一运动进程的正是阶级分析方法。运用这一方法使他高出于雨果和蒲鲁东之上，对政变做出了历史唯物主义的说明。

马克思的阶级分析方法就是从当时法国社会的经济状况以及由这种状况所决定的阶级斗争状况的分析入手，揭示法国1848年革命的历史进程，分析它看上去十分荒唐滑稽却又是十分必然的结局，从而总结了宝贵的历史经验。马克思在谈到每一个阶级、阶层或社会集团的政治态度和政治行为时，从不离开对他们各自生存的物质条件的分析。并且正是从他们各自

---

① 《马克思恩格斯选集》第4卷，733页。

生存的物质条件中，去寻找他们政治表现的根源。例如，在谈到正统派和奥尔良派这两个秩序党中的巨大集团的对立时，马克思写道：

> 什么东西使这两个集团依附于它们的王位追求者并使它们互相分离呢？难道只是百合花和三色旗，波旁王室和奥尔良王室，各种色彩的保皇主义？难道真是它们的保皇主义信仰？在波旁王朝时期进行统治的是大地产连同它的僧侣和仆从；在奥尔良王朝时期进行统治的是金融贵族、大工业、大商业，即资本和它的随从者——律师、教授和健谈家。正统王朝不过是地主世袭权力的政治表现，而七月王朝则不过是资产阶级暴发户篡夺权力的政治表现。所以，这两个集团彼此分离决不是由于什么所谓的原则，而是由于各自的物质条件，由于两种不同的占有形式；它们彼此分离是由于城市和农村之间的旧有的对立，由于资本和地产之间的竞争。①

(三)分析社会阶级或社会集团

分析一个阶级或社会集团，要从它赖以生存的经济状况、所代表的经济关系的特点分析着手，去认识这个阶级或社会集团的政治面貌、思想特点，从而准确地把握它的立场、言论和行动。

一个阶级的政治思想面貌，是它的经济关系在这个阶级的社会属性上的投影，它的一切社会行为，都可以从它所代表的经济关系中找到根据和答案。下边，我们以对中国帝制时代农民阶级的分析为例，来谈谈阶级分析方法的这一要求。

马克思在谈到1848年革命时期的法国农民时说：

> 小农人数众多，他们的生活条件相同，但是彼此间并没有发生多种多样的关系。他们的生产方式不是使他们互相交往，而是使他们互相隔离。这种隔离状态由于法国的交通不便和农民的贫困而更为加强了。他们进行生产的地盘，即小块土地，不容许在耕作时进行分工，

---

① 《马克思恩格斯选集》第1卷，611页。

应用科学，因而也就没有任何多种多样的发展，没有各种不同的才能，没有丰富的社会关系。每一个农户差不多都是自给自足的，都是直接生产自己的大部分消费品，因而他们取得生活资料多半是靠与自然交换，而不是靠与社会交往。一小块土地，一个农民和一个家庭；旁边是另一小块土地，另一个农民和另一个家庭。一批这样的单位就形成一个村子；一批这样的村子就形成一个省。这样，法国国民的广大群众，便是由一些同名数简单相加形成的，好像一袋马铃薯是由袋中的一个个马铃薯所集成的那样。数百万家庭的经济生活条件使他们的生活方式、利益和教育程度与其他阶级的生活方式、利益和教育程度各不相同并互相敌对，就这一点而言，他们是一个阶级。而各个小农彼此间只存在地域的联系，他们利益的同一性并不使他们彼此间形成共同关系，形成全国性的联系，形成政治组织，就这一点而言，他们又不是一个阶级。因此，他们不能以自己的名义来保护自己的阶级利益，无论是通过议会或通过国民公会。他们不能代表自己，一定要别人来代表他们。他们的代表一定要同时是他们的主宰，是高高站在他们上面的权威，是不受限制的政府权力，这种权力保护他们不受其他阶级侵犯，并从上面赐给他们雨水和阳光。所以，归根到底，小农的政治影响表现为行政权力支配社会。[1]

马克思从农民小生产经济的特点，去论证这个阶级在政治上的种种落后属性。这些论述启发我们，要认识农民阶级的社会政治面貌，必须认真分析农民经济的特点。现在，我们就对中国历史上农民阶级的社会政治属性如何被决定于他们的经济关系做简单阐述。

中国封建帝制时代农民经济的最大特点，是农业和家庭手工业合一的、自给自足的自然经济。这种经济使得农民与市场脱离联系，限制了农民的活动范围，因而限制了他们的视野，造成农民阶级目光短浅、思想狭隘。小农经济将农民阶级的思想束缚在以小块土地为单位的狭小的范围内，使他们在政治上盲目无知，对本村以外的任何事物都妄下判断，用农民关系

---

① 《马克思恩格斯选集》第 1 卷，677～678 页。

的尺度去衡量复杂的历史关系。小农经济所造成的农民阶级生活上、思想上的与世隔绝状况，使得农民无法认识社会，提不出改造社会的方案，成为在"政治上不怎么积极的因素"（恩格斯语）。即使伟大的历史运动在他们身边掠过，有时也把他们卷入运动中去，但"他们对于推动运动前进的力量的性质，对于运动的发生和目的"，也是无从认识和了解的。这样一个阶级，当然也就根本不可能去进行真正意义上的社会革命。

小农经济的独立性，相互之间没有任何必要的联系，分散、孤立的存在方式，使广大农民缺乏联结为一个阶级的内在的经济联系，因而不能形成任何的共同关系，形成任何的全国性联系。农民之所以是一个阶级，并不是经济的联结使其成为真正的社会阶级，而是他们生活方式的相同性以及与其他阶级形成了鲜明的对比，使他们看上去像是一个阶级。这样一个"由同名数相加形成的，好像一袋马铃薯是由袋中一个个马铃薯所集成的"缺乏经济联系的阶级，当然也就不能形成强有力的社会力量，去完成一场社会革命。小农经济的独立性，分散孤立的存在方式，还造成农民阶级的散漫性、无组织性，以及对世态的漠不关心和对政治的冷漠态度。恩格斯在《法德农民问题》一文中说："作为政治力量的因素，农民至今在多数场合下只是表现出他们那种根源于农村生活隔绝状况的冷漠态度。广大居民的这种冷漠态度，不仅是巴黎和罗马议会贪污腐化的强有力的支柱，而且是俄国专制制度的强有力的支柱。"①而一个在政治上不敏感、不关心，只是抱着冷漠态度的阶级，是很难说会去造就一场社会革命的。

小生产的单薄脆弱，以及小私有总是处于分化状态中等特点，造成农民阶级的保守性，使他们因循守旧，循规蹈矩，胆小怕事，不敢有所作为，害怕社会变革，对新事物反应迟钝。小生产的这一特点，使农民阶级在本质上不可能具有革命的品质；而保守或守旧，则成为这个阶级的天然本性。

小农经济的存在方式是一种自然经济的自然状态，它使这种经济永远不可能成为一种主导形态的经济关系。也就是说，永远不可能建立一个小农经济的社会。于是，农民阶级也就不可能在社会上居于领导阶级的地位。农民只能追随其他阶级去参加革命，而不可能自身从事革命，通过革命求

---

① 《马克思恩格斯全集》第 21 卷，514 页。

得翻身解放，建立一个农民阶级领导的政权。小农经济的特点决定这个阶级在政治上是没有出路的。从人类历史上看，农民阶级的出路有两条：一是像法国大革命那样，农民阶级投奔在资产阶级的旗帜下，成为革命的基本力量，革命胜利之后由于参加革命的历史贡献而获得小块土地，但在获得土地之几十年后，随着资本主义生产关系在农村的推广，小块土地纷纷破产，农民变成资本主义农业中的雇佣工人，农民作为一个阶级最后被消灭；另一种出路是中国的例子，农民阶级不可能提出推翻专制主义统治的历史任务，而资产阶级的软弱性又完成不了这一革命任务，推翻专制帝制从而结束传统社会的使命只有靠无产阶级领导的新民主主义革命来完成。农民阶级的出路就是奔赴在中国共产党领导的新民主主义革命的旗帜下，追随无产阶级去求得自身的解放。当新民主主义革命成功之后，农民阶级翻身做主改变了社会地位，但在所建立的新的社会中，无产阶级是领导一切的，农民同样不可能成为社会的领导阶级。而这两种出路，也都是历史步入近代以后才出现的；在典型的专制帝制时代，农民在政治上是没有出路的，是不可能实现什么革命的。

最后，农民阶级的劳动者、被压迫的社会地位，他们的基本生活条件，决定了他们与文化无缘。农民在文化上的状态，也使得他们不可能理解社会和认识社会，不可能提出社会革命的问题。革命是一种社会形态取代另一种社会形态的重大社会变迁，从事革命需要有对历史发展的深刻理解和认识，需要有革命的思想理论准备，这些对于农民阶级来说，都是不可能的。正像列宁说的："农民过去的全部生活教会他们憎恨老爷和官吏，但是没有教会而且也不能教会他们到什么地方去寻找所有这些问题的答案。"[1]

以上分析在于说明，农民阶级的落后属性，如何由小农经济的特点决定。同样，农民阶级还有许多积极的进步的社会政治属性，也由他们的经济特点决定。我们要认识任何一个社会阶级，弄清它的政治思想面貌，认识它的阶级性，都要像分析农民阶级一样，到它所赖以存在的经济关系中去寻找根源，这是利用阶级分析方法分析社会阶级或社会集团的基本方法。

---

[1] 《列宁选集》第 2 卷，372 页。

(四)分析社会政治生活中的历史个人

分析社会政治生活中的历史人物，仅仅把他看作某一阶级的代表。离开人的阶级属性，这个人的一切重要言行，都无法解释。

对历史人物进行阶级分析，主要是从当时当地阶级斗争的具体事实出发，考察他的活动对哪个阶级有利，指出他在阶级斗争中的作用。在贯彻阶级分析方法的这一要求时，以下几个问题要特别注意。

第一，评价历史人物的阶级作用的唯一根据是历史人物的实践活动，并非家庭出身。我们在研究一位政治家的言行时，当然要估计到他的个人出身、家庭条件对他的影响，但绝不能孤立地、静止地用个人出身、家庭成分来解释他一生的言行。家庭出身对于政治家的影响，绝不是千篇一律的，在不同的人身上会有很不同的情况。同样出身的人，甚至兄弟之间都会有各种不同的政治、思想倾向，从而充当不同阶级的代表。鲁迅兄弟三个、宋氏三姐妹都是很好的例子。从家庭出身说，马克思的父亲是律师，恩格斯的父亲是资本家，列宁的父亲是一省的教育总督，他们都不是出身于工人家庭，却是举世公认的无产阶级领袖。

第二，判断一个知识分子的阶级属性，他的政治思想主张、著作是其唯一的根据。历史上的知识分子问题有很大的特殊性。知识分子不是一个独立的阶级，而是以其知识为一定的阶级服务，从而隶属于不同的阶级。他们的思想学说所体现的阶级性与他们的家庭出身之不一致，是一种惯常的历史现象。历史上似乎有这么一个规律，一个进行革命的阶级的代言人，往往不是从本阶级的营垒中成长起来的人物，而是来自异己的阶级，近代以来的资产阶级革命到无产阶级革命，无不如是。

第三，不让历史个人替他的阶级负责。这个问题，我们想提出两段话，供读者思考。一段是马克思讲的："我决不用玫瑰色描绘资本家和地主的面貌。不过这里涉及的人，只是经济范畴的人格化，是一定的阶级关系和利益的承担者。我的观点是经济的社会形态的发展理解为一种自然史的过程。不管个人在主观上怎样超脱各种关系，他在社会意义上总是这些关系的产物。同其他任何观点比起来，我的观点是更不能要个人对这些关系负责的。"①另一段是恩格斯《在马克思墓前的讲话》所说："我敢大胆地说：他（指马克思）可能有过许多敌人，但未必有一个私敌。"②把这两段话联系起来思考一下，对于我们用阶级分析方法评价历史人物，会很有启发。

三、遵循历史主义原则，具体分析阶级和阶级斗争问题

以往史学研究的经验证明，要正确运用阶级分析方法，就要把它和历史主义很好地结合起来，亦即严格地遵循马克思主义的历史主义原则。因为，阶级现象本身就是一种历史的产物，如前所说，它的存在仅仅同生产发展的一定历史阶段相联系。同任何事物一样，历史性也是阶级存在的基本属性。不同的历史时代，阶级斗争的内容、性质、方式、特征都有所不同。因此，我们研究历史上的阶级和阶级斗争问题，就不能不历史地看待它们。就像我们研究任何一种历史现象，都必须采用与该历史现象的性质相适应的特殊的研究方法，但不管你使用什么方法，都不能不遵循历史主义原则，历史地看待历史事物。历史主义对于一切史学研究都是有效的，研究阶级问题当然也不例外。如果离开了历史主义原则，我们就很容易拿现代人们的阶级观念去理解古代的阶级和阶级斗争问题，赋予古人以现代意识，拔高古代的阶级斗争水平。在阶级分析中遵循历史主义原则，在以下几个方面大为有益。

第一，按照历史主义要求，不同时代的阶级及阶级斗争问题，要放到它所存在的具体环境中去考察，就可以避免把阶级观点当作超时空的空洞教条，避免重蹈教条主义、公式主义的覆辙，以引出符合客观历史实际的历史结论。

由于历史条件的不同，不同时代的阶级斗争会有完全不同的风貌。如古罗马时期的阶级斗争，马克思说："在古代的罗马，阶级斗争只是在享有

① 马克思：《资本论》第1卷，第一版序言，中共中央马克思恩格斯列宁斯大林著作编译局译，10页。
② 《马克思恩格斯选集》第3卷，778页。

特权的少数人内部进行，只是在自由富人与自由穷人之间进行，而从事生产的广大民众，即奴隶，则不过为这些斗士充当消极的舞台台柱。"①在另一个地方，他还说过："不久前我又仔细研究了奥古斯都时代以前的（古）罗马史。国内史可以明显地归结为小土地所有制同大土地所有制的斗争，当然这种斗争具有为奴隶制所决定的特殊形式。"②如果我们不是历史地具体地考察古罗马的阶级斗争问题，就很容易把古罗马时期阶级斗争的基本内容，一般地看作奴隶与奴隶主的斗争，从而忽视了这一特定历史环境中阶级斗争的重要特点。

第二，遵循历史主义原则，有利于我们比较客观地估价剥削阶级的历史作用。阶级剥削和阶级压迫是历史的产物，并且在一定的历史时期内还是正当的、合理的，剥削阶级在一定的历史时期内还起过进步的乃至非常革命的作用。如果离开一定的历史条件去看待历史上的阶级斗争问题，就很容易把一切剥削阶级的行为一概骂倒，全盘否定，从而使历史变成一笔糊涂账，无法总结历史发展的规律，模糊历史在阶级对立中辩证发展的真实面貌。这种情况在以往的史学界，特别是在"文化大革命"时期，十分严重。

第三，遵循历史主义原则，有利于我们比较客观地估价历史上的劳动阶级、革命阶级。历史上的奴隶阶级、农民阶级都是从事物质资料生产的劳动者阶级。他们所创造的物质财富是灿烂的古代文明存在的基础；他们一代代反抗剥削和压迫的艰苦斗争是历史进步的巨大推动力。但是他们的生活条件和时代的局限，绝不可能提供给他们真正科学的革命思想。如果我们不恰当地美化他们，把他们提高到现代革命者的水平，也是非历史主义的观点，不是真正的科学分析。

第四，遵循历史主义原则，有利于我们科学地总结历史遗产，继承人类所创造的一切优秀的文化成果。因为，在人类优秀的文化遗产中，有不少属于剥削阶级创造的，如果我们不能历史地看待剥削阶级以及他们在历史上的创造活动，而因为它是剥削阶级的创造就简单地加以否定或排斥，就难免犯历史虚无主义的错误。甚至于我们要用非历史主义观点去要求古

---

① 《马克思恩格斯全集》第 16 卷，405～406 页。
② 《马克思恩格斯全集》第 28 卷，438 页，北京，人民出版社，1973。

代的劳动人民的话，他们的许多东西也要被否定，整个历史上的优秀文化，几乎就没有什么可取的东西了。

总之，离开了历史主义原则，阶级分析方法是不可能得到科学运用的，以往史学研究的经验证明了这一点，"四人帮"等对历史的践踏，更是这样教训了我们。遵循历史主义原则，具体分析历史上的阶级和阶级斗争问题，还有以下几个问题需要提出来加以说明。

第一，资产阶级以前的诸阶级，一般都没有明确的阶级意识，他们不可能自觉意识到阶级和阶级斗争问题。一切重大的阶级斗争和阶级行动，都是当时的社会经济状况以及由此决定的阶级状况对人们支配的结果，体现不了人们对自己行动的自觉的阶级意识。

在人类思想史上，最初提出阶级概念的是近代资产阶级的经济学家。他们在毫无顾忌的科学探讨中，发现了在社会经济生活中阶级存在及其经济利益相互冲突的事实，因而在其著作中使用了"阶级"概念。诸如生产阶级、非生产阶级、土地所有者阶级、资本家阶级、工人阶级、劳动阶级、雇佣阶级、下层阶级、上层阶级、中间阶级、工业阶级、有闲阶级、中等阶级、上等阶级、下等阶级、暴君阶级、奴隶阶级、特殊阶级等，就是他们对阶级存在的最初抽象。应该说，阶级概念的产生，是近代社会阶级划分日益明朗化、社会日益分裂为两大阶级的结果，在古代农业社会里，还不存在启发人们产生阶级观念的社会基础。如果我们因为现代人有阶级观念，而认为古人也是如此，从而把他们的社会行为都看作自觉的阶级意识支配的结果，那就难免扭曲对古人阶级性的认识。

第二，不要把一个阶级看成铁板一块，而要做具体的阶级分析。《共产党宣言》中谈到资本主义以前的社会阶级时说："在过去的各个历史时代，我们几乎到处都可以看到社会完全划分为各个不同的等级，看到由各种社会地位构成的多级的阶梯。在古罗马，有贵族、骑士、平民、奴隶，在中世纪，有封建领主、陪臣、行会师傅、帮工、农奴，而且几乎在每一个阶级内部又有各种独特的等第。"①这说明在资本主义以前阶级划分问题的复杂性，只是在资本主义时代，才"使阶级对立简单化了"。1982 年出版的《毛泽

---

① 马克思、恩格斯：《共产党宣言》，中共中央马克思恩格斯列宁斯大林著作编译局译，22 页。

东农村调查文集》，在这方面给我们以很大启发。毛泽东在《寻乌调查》第四章"寻乌的旧有土地关系"中，对地主阶级状况的分析，首先分成公共地主和个人地主。前者又分为祖宗地主、神道地主、政治地主；后者分成大地主、中地主、小地主。小地主又分为老税户和新发户地主。分别对他们的经济状况和政治态度，做详细地考察。可以说，这对我们进行阶级的阶层分析，是一个很好的示范和样板。

任何一个阶级都分为不同的阶层和集团，这些阶层和集团的经济状况有较大的差异，因而就产生了不同的利益和要求，从而使他们之间相互区别和对立。这就是历史上统治阶级内部党派之争的根源。如果不这样对阶级进行更深入的阶层分析，对历史上各种党派、学派的斗争就无从理解。马克思在《哲学的贫困》中论述近代资产阶级经济学家的情况时说："如果说现代资产阶级的全体成员由于组成一个与另一个阶级相对立的阶级而有共同的利益，那么，由于他们互相对立，他们的利益又是对立的，对抗的。……这种对抗性质表现得越明显，经济学家们，这些资产阶级生产的学术代表就越和他们自己的理论发生分歧，于是在他们中间形成了各种学派。"[1]中国专制帝制时代的地主阶级，也同样会由于利益上的冲突，而划分成不同的阶层和集团，表现出不同的政治思想面貌。对一个阶级进行具体深入的阶层分析，是用阶级分析方法研究历史的一个重要问题。

第三，研究各阶级间的对立和斗争关系时，也应该注意到，阶级社会中也存在社会的共同利益。《德意志意识形态》指出：

> 随着分工的发展也产生了个人利益或单个家庭的利益与所有互相交往的个人的共同利益之间的矛盾；而且这种共同利益不是仅仅作为一种"普遍的东西"存在于观念之中，而首先是作为彼此分工的个人之间的相互依存关系存在于现实之中。……正是由于特殊利益和公共利益之间的这种矛盾，公共利益才采取国家这种与实际的单个和全体利益相脱离的独立形式，同时采取虚幻的共同体的形式。[2]

---

[1]　《马克思恩格斯选集》第1卷，153页。
[2]　《马克思恩格斯选集》第1卷，84页。

这段话指出了一个事实：在阶级社会中，不同的阶级有其不同的阶级利益，但也有社会的共同利益。维护这种社会的共同利益，是任何一个国家政权的重要职能之一。过去，我们仅把国家看作一个阶级压迫另一个阶级的工具，这种看法可以说是抓住了国家的阶级实质，但并没有说明国家的全部属性和全部职能。如果一个国家政权丝毫不承担维护社会全体公民的共同利益的职责，那么它就失去了存在的根据。

在阶级社会中，国家利益、社会利益、民族利益等都是超越于阶级利益之上的更广泛的群体利益。任何一个社会共同体都有它的共同利益需要维护，而阶级只是一个社会共同体内部的划分，超阶级利益是一个社会共同体赖以维系其存在的共性所在。

第四，阶级分析不是研究阶级社会历史的唯一方法。这本来是不言而喻的，但由于过去极左思潮的影响尚在，这一点仍有强调的必要。在阶级社会中，阶级关系是人们最基本的社会关系，却不是社会关系的全部。一般来说，人们的社会关系包括阶级关系、政治关系、思想关系、民族关系、教育关系、乡土关系、群体关系、宗族关系、家庭关系、交友关系等许多方面。这些社会关系的诸多方面，都或多或少与阶级关系有一定的联系，受它的影响（事实上它们之间是相互影响的），却不是阶级关系所可以代替的，把它们都说成由阶级关系所派生的，显然有些荒谬。且不说宗族关系、家庭关系、乡土关系这些离开阶级关系较远的社会关系领域，就是民族关系等诸领域，也有很大的独立性，单纯用阶级观点解释不了历史上乃至现实中的民族等诸问题。如民族问题，它不仅不是由于阶级的产生而产生，而且也不会由于阶级的消亡而消亡，它比阶级问题表现得更尖锐、更复杂，也更具有长期性。所以，我们研究阶级社会的历史，尽管要重视阶级分析方法，但也不能把所有的问题都当作阶级问题去处理，对任何问题都进行阶级分析。任何一种科学方法都有它正确而合理地使用的界限，都有它特定的应用范围，这同时也是它的局限性。阶级分析方法也是这样。它不是解决阶级社会一切问题的灵丹妙药，更不能被封为研究阶级社会历史的唯一方法。

第十七章　文化史研究的理论与方法

20世纪80年代中期，"文化热"的浪潮风靡了整个思想界、学术界、文化界，从哲学到史学、文学和艺术，从人文科学到自然科学，文化史研究成为热门话题，人们都从本学科的特殊领域，从文化的各个角度、各个层面，对我国的传统文化进行检讨和反思。从来的文化运动也没有像这一次的文化史研究波及如此广泛的领域，成为整个国民精神变革的先兆。对文化史研究的理论和方法，进行必要的讨论，无论对史学研究和对我们认识当代社会，都是有益的、必要的。

一、文化史研究兴起的原因

1980年，有人做过一个粗略的统计：从1919年到1949年的30年里，国内出版的有关文化学和文化史的著作，有170多种；而从1949年到1979年这30年间，这方面的书只出了一种。[①] 固然，中华人民共和国成立前的那些著作，有许多是文化史观的，它们以文化演进为历史变化的根本原因，因而文化史研究得到格外注意；但中华人民共和国成立后完全忽视文化研究，又未免走入了另一极端。

"文化热"的兴起是一种值得关注的现象。一般来讲，一个文化运动或重视文化的思潮的兴起，必然包含有对自我传统文化进行反思和再估价的内容；这种思潮兴起本身就是固有文化处于转变和迅速发展时期的一种表

---

① 参见庞朴著，冯建国编：《师道师说：庞朴卷》，44页，北京，东方出版社，2018。

现。我国目前①就正处于这样一个"文化转变期"。这个转变期可能需要几十年甚至上百年的时间，但这个转变期的完成，必然在相当大的程度上改变中华民族的面貌。

一般来讲，一个民族或国家对传统文化进行反思和再估价，大致是基于以下三种原因。②

第一，由于自身社会的经济和政治条件的变化。社会的变化总是首先从经济开始，然后反映到政治上，引起制度的变革，最后落实在文化上，造成深刻的文化运动，以改变全体国民的精神面貌。

我国近代史就是这样一部逐步从经济、政治到文化的变革发展史。从鸦片战争，中经洋务运动到1895年甲午战争失败，是"经世致用"观念复活，"富国强兵"呼声高涨，从器物上承认不如西洋文明，从而引进西方的科学技术、生产力，兴办近代企业，开始纯粹的经济上的变革时期；从甲午战争失败，中经戊戌变法运动，到1911年辛亥革命成功，是怀疑一切成法，发挥创造精神，从制度上承认不如西洋文明，而进入政治上的全面变革时期；从辛亥革命，中经粉碎帝制复辟，到1919年五四运动，是新旧思想激烈较量，东西文明全面比较，而从文化上进行认真反思的时期。这就是近代中国从经济、政治最后导致文化的变革史。如果从这个角度来看待文化史研究热潮的兴起，那我们将会有趣地看到，粉碎"四人帮"后的10年，我们似乎是以更快的速度，把近代中国的历史过程匆匆地又跑了一遍：首先是大力引进外国技术和设备，以促进生产力发展与经济建设；继之以由农村而城市、由经济而政治的体制改革；接着又有引起广泛关注的方兴未艾的文化研究。当然，这三者也处在交叉进行、互相推动中。从这个角度来理解，20世纪80年代兴起的文化史研究，正是在中共十一届三中全会以后，经济、政治体制改革深入发展的必然产物。经济、政治体制改革取得的成果以及它在发展中遇到的重重阻力，必然引起对自身传统文化的深层反思。这无疑是文化史研究兴起的主要原因之一。

第二，由于与外来文化发生接触，从而出现了一个与原有自我文化完

---

① 指20世纪80年代。

② 下面的三点归纳，参考了王和《传统文化与现代化》(《中国社会科学》1986年第3期)一文的研究成果。

全不同的参照系，也会促使一个民族或国家对自我文化进行反思和再估价。毫无疑问，20世纪80年代的"文化热"，与中国文化和西方文化的接触、碰撞有着直接的联系，许多学者拿西方文化作为参照系来衡量、估价自我文化传统，就是证明。从这个角度讲，文化史研究的兴起折射着对外开放政策的光彩，是中国文化面向世界的必然产物。

第三，不是由于与外来文化发生了接触，也不是由于社会的经济、政治状况发生了重大变化，纯粹是由于自我社会本身人为的原因，造成对传统和现实的原有自我文化信仰的动摇乃至崩溃，从而形成一种逆反心理，这也激起人们对文化的反思和再估价。例如，两汉时代提倡儒学，宣扬忠孝，以致发展到极端虚伪和不近人情的地步，种种丑事和弊端不断暴露出来。结果到了魏晋之际风气大变，忠孝观念荡然无存，人们从极端守礼转变为极端的放荡不羁，从政治观念、道德伦理观念，直到民间风气，都来了一个根本性的变化。而20世纪80年代现实生活中对自我文化传统的逆反心理，人们也都深深感受得到，它无疑也是"文化热"的重要因素之一。

以上三种原因，都是构成20世纪80年代"文化热"的重要因素。可以说，我国20世纪80年代兴起的"文化热"是一个有着多重原因和丰富内涵、十分复杂的思想运动。它不是一个纯粹的学术现象，是直接导源于历史运动深层的学术动向，文化史研究的前途和命运，当和我国经济、政治体制改革乃至中国历史的前途和命运，保持着深刻的一致性。

在探讨文化史研究兴起原因的时候，我们还应该指出另外一个重要背景，即它深深受到当时国际学术界越来越重视研究中国文化的影响。分析这一背景，对于理解文化史研究中的一些思潮、观点以及某些复杂现象是有帮助的。

20世纪80年代以来，一个东方文明的旋风在国际哲学论坛上徘徊，以至于在1983年8月加拿大蒙特利尔举行的第十七届世界哲学会议上，竟特设了一个"中国哲学圆桌会议"，专题讨论"中国哲学对世界哲学的挑战"。为什么在"欧洲中心主义"影响极深的西方思想界，会出现一股东方文明的旋风呢？这主要是源于20世纪60年代以来东亚工业文明体系的蓬勃兴起。日本、韩国、新加坡等工业发展速度远远超过了欧洲，而且它们都较好地避开了西方工业社会物质文明膨胀与精神文明堕落之间的尖锐矛盾。东亚工业文明是一种新兴的工业文明，与欧美资本主义相比具有种种不同的特征。比如，在教育制度上，都重视伦理教育，通过科举式的会考选拔人才；在社会体制上都由政府领导经济，并通过银行从宏观上控制经济活动，而不是放手让企业自由竞争；在家庭制度上都实行一夫一妻制，并重视家庭稳定对社会发展的作用；对基本价值的理解，都是建立在相互信赖基础上的劳资关系；在对未来的态度上，都是高储蓄率，表明对未来有信心、有追求；尽管经济发展速度很快，但社会伤害性小；等等。从文化特征上看，东亚工业文明体系属于亚洲汉字文化圈，它们具有相似的人种、语言、自然地理条件，相近的社会生活方式、生产方式以及社会习俗、社会心态，而且这些地区和国家又恰好与中国传统文化有着比较密切的历史的、现实的联系，都受过中国儒家学说的培育和熏陶。因此，某些海外学者把这种与欧美资本主义相比具有种种特征的东亚工业文明体系，叫作"儒家资本主义"，以日本为典型之代表。

鉴于以上原因，西方文化学者把目光转向东方、转向中国，希望从古老的东方文化中寻找挽救西方社会精神堕落的灵丹妙药。这是一种很自然的心理状态。但是，并不是所有重视中国传统文化的西方学者都是出于这样的动机。有的是由于现代物理学的发展使许多现象无法用传统的、常规的科学理论进行解释，从而促使他们到东方的神秘主义中去寻找原因。美国学者卡普兰的《物理学之道》一书可为这类认识的代表。一些外籍华人学者极端赞扬、拔高中国传统文化，是出于一种强烈的寻根意识。他们生活在西方文化氛围中，时刻感到自己及家庭与外部社会在从思维方式到生活习惯等各个方面的格格不入，心理上存在着一种被包围的孤独感，总渴望中国文化在西方人心目中有崇高的地位；还有一些西方人对中国文化抱有一种保存古董的心理，希望中国存留一块传统社会的"净土"供他们猎奇。在这些人心中，不过是把中国传统文化看作点缀他们豪华客厅中的一件古色古香的瓷器而已。然而，不管他们从哪个角度来看待中国文化，在表面上都是对中国传统文化给予肯定性评价。

国际学术界对中国传统文化的新的肯定趋势，反馈到国内来，是促进文化史研究兴起的重要因素之一，是中国文化史研究的一个大背景。至于它所产生的实际影响，则是需要具体分析的。有的学者由此而有兴趣对中国传统文化进行认真反思；有的学者鉴此而纠正自己对传统文化一味否定的态度，尽量从更广阔的背景上去做更客观、更全面的思考和评价；也有的学者似乎有点受宠若惊，跟着西方学者盲目地举起颂扬中国传统文化的旗帜，甚至设计"儒学的第三次复兴"。国际学术界对中国传统文化的研究和重视，一方面它本身繁荣、丰富了中国文化史研究，另一方面也加重了中国文化研究的复杂性。

二、文化史研究的对象和任务

这个问题的讨论，首先要涉及文化的定义。"文化"是个很有歧义的概念，已经提出的文化定义不胜枚举。[①]

一种意见认为，文化是人类创造的物质文明和精神文明的总和，是人类历史活动的全部创造，这是一种广义的文化概念。

一种意见认为，文化应是指人们的精神生活的产品及其有关的设施，通常说的精神文化就是文化的范围。文化是指人类精神生产的领域，是观念形态的反映。文化的核心内容是作为精神产品的知识，但文化的内容比知识更广泛，除客观存在(自然界和社会)在人们头脑中反映之产品的各种知识之外，还有创造这些知识的各种形式的精神生产本身，如科学研究所采取的方式方法，传播精神生产产品的手段，诸如语言、文字、教育、出版、广播电视、图书馆、博物馆等影响人们精神生活的社会现象，也属于文化的范围。显然，文化史研究的文化，是精神生活领域的社会现象，是作为社会存在反映的社会意识形态的文化以及有关的设施等。

一种意见认为，文化不是文学、艺术、法律等具体意识形态的组合体，而是潜藏于其背后的东西。意识形态只是文化的外化。文化，介于哲学与一般的意识形态之间，是从后者中提炼出来但尚未上升到哲学高度的民族的心理结构、思维方式和价值体系。

---

① 关于"文化"的定义，参见丁守和、方行主编：《中国文化研究集刊》第 1 辑，445～453 页，上海，复旦大学出版社，1984。

一种意见认为，文化是人类在社会生活中所获得的能力。斯塔姆勒认为，文化不外乎是在正当的途径上发展的人类的能力。沙耳非米尼认为，文化修养不在藏于记忆中的材料之多寡，而在心智的能量永远是活跃的，对于各方面有一种丰富的好奇心，并且在必要时，能够获得新知识。文化是一种清明而逻辑的思想习惯，是一种独立判断的勇气。文化就是在忘却了我们所学的一切之后，依然留存于我们心中的东西。[1]

一种意见认为，对文化应该分层次去理解，把它看作一个由不同层面彼此相关而形成的有机的系统整体。它包含着物的部分、心物结合的部分和心的部分。如果把文化整体视为立体的系统，那么它的外层便是物质的部分——不是任何未经人力作用的自然物，而是"第二自然"，或对象化了的劳动。文化的中层则包括隐藏在外层物质里的人的思想、感情和意志，如机器的原理、雕像的意蕴之类；和不曾或不需体现为外层物质的人类精神产品，如科学猜想、数学构造、社会理论、宗教神话之类；以及人类精神产品之非物质形成的对象化，如教育制度、政治组织之类。文化的里层或深层主要是文化心理状态，包括价值观念、思维方式、审美趣味、道德情操、民族性格等。

以上是几种有代表性的文化定义，我们倾向于赞同上述第二种意见。文化史研究既然要成为一门独立的学科，它的对象就应该是具体的，有它区别于其他学科对象的特殊性。如果对文化做最广义的理解，认为它是人类历史活动所创造的一切，是人类物质文明和精神文明的总和，这种无所不包的概念，就会使文化史学科失去一门特殊学科的自身规定性，把它和"社会史""通史"等学科混同起来。这样，文化史研究就很难作为一门独立的学科建设起来。如果把文化定义为人类思维方式或能力，则会因为这些抽象的东西不能独立存在，而使研究变得虚无缥缈，没有一个学科立足的实在的根基。因为，人的思维方式、能力体现在人类物质或精神的创造活动及其成果中，它本身是无形的东西，不是一种物质性的存在。

不过，我们也认为，文化定义的讨论要取得大体一致的看法是十分困难的，文化定义的混乱状况还会继续存在下去并有所发展，这在学术研究

---

① 参见［意］沙耳非米尼：《史学家与科学家》，周谦冲译，99页。

中是十分正常的。特别是对于一门新的学科来说，就更是如此。因此，我们不能指望在文化定义统一之后再去开展文化史研究。而且，定义的不统一，并不是学术讨论和交流的不可逾越的障碍。人们完全可以从不同的角度去定义文化，从而确定自己的研究范围，抓住一个角度或一个层面深掘进去，提出有创造性的研究成果。这里唯一的要求就是对于具体的研究者来说，自己的概念必须是明晰的、前后一贯的，这样就不会影响学术的交流。

其实，即便解决了"文化"定义问题，也不等于就解决了文化史研究的对象和任务问题。譬如，如果坚持广义的文化定义，那么文化史应该如何写、写什么呢？写一部包罗万象的通史吗？如果坚持从精神文明的角度去定义文化，文化史又该如何写、写什么？写一部哲学史、文学史、史学史、教育史、风俗史、服饰史等，而后相加，就成了文化史吗？显然，不论通史还是各种文化形式的专史之和，都不是我们所要求的文化史。以上这两种组合体，实际上都会使文化史学科丧失自身的规定性，取消了它作为一门独立的特殊学科特定的研究对象和任务。

文化史研究应该有明确的目标取向。不少学者都是就一种具体的文化现象进行探讨，比如研究一个人的思想，一种艺术的特色，某一地方的风俗，某种典籍的流传，某一文化区域的变迁，某个学派的兴衰，很少把具体文化现象和文化整体联系起来。这虽然都是研究历史上的文化现象，但并不能使人明了文化的整体发展。这样的研究，即使没有文化史这个学科，它也有所归属。也就是说，这些研究都不属于严格的文化史研究。这种盲目的零乱的研究状况，说明我们对文化史研究的对象和任务，还缺乏明确的自觉意识。现在，我们提出以下几点粗疏的看法。文化史研究的对象和任务如下：

第一，研究文化作为一种具体的而又是一个整体的社会现象，它的发展规律。

第二，研究文化整体内部诸形式的特点，相互关系及其在不同历史时期的表现。

第三，研究文化特征形成、发展的历史、地理因素及其历史过程。

第四，研究文化整体在人类文明中的地位及其历史实践过程。

这几点归纳是初步的，有待继续讨论使之完善、成熟。但提出它来，对于克服文化史研究中的盲目、混乱状况是有好处的。如果能把这四项任务埋在心中，我们的研究就有了自觉的理性目标，文化史研究将会逐渐形成一门有内在逻辑体系的专门性学科。

三、不同的文化传统及其价值判断

文化，不管怎么定义，抽象一点说，它不外是人向他所面对的自然和世界做出的各种形式的反映，是人对自然与世界向他提出的种种问题和挑战的回答。但是，生活在不同的自然条件下，有着不同的历史经验和心理结构的人们，实际上面对的是各个不同的世界，他们的社会实践也不尽相同，他们各自面临的问题以及对此做出的回答——文化——当然也就不同。其不同，就是不同文化传统里所蕴含着的民族性。

在人类历史上影响最大的有三个文化传统，即希腊文化、印度文化和中国文化，而这三个文化传统的民族性也最鲜明。有人对这三个古老民族的"民族性"做过比较，对我们理解文化传统的民族性问题颇有启发，兹摘录如下：

> 希腊人追求美的个体形式，印度人追求美的永恒形式，中国人追求美的历史形式。希腊人重视生活对个人的价值，印度人重视生命对永恒的价值，中国人重视个人对社会（家族、历史）的价值。一个仰慕美丽的肉体、英雄的性格与现实的欢乐，健美的赫克力斯与阿契里斯是他们的代表；一个仰慕消极的永生，倡导自制、自苦与自我牺牲，坐在菩提树下苦苦思索"把我由死亡引到不引吧！"的乔达摩是他们的代表；一个仰慕安邦定国，名垂青史，在伦理原则上倾注了全都〔部〕理性与勇敢，完璧归赵中的蔺相如与赵氏孤儿中的英雄主角是他们的代表。中华民族的优秀儿女以千万计杀身成仁、舍生取义；印度民族的优秀儿女用博大精深的智慧思索过无数有情的人生，以千万计献身于永生的追求；希腊人则在英雄事业、商业活动、探索自然奥秘与个人

冒险中，表现出最大的热情与勇敢⋯⋯

希腊人的兴趣与智慧趋向于个人这个实体及在个人权利基础上形成的城邦，并对自然界表现了极大兴趣；印度人的兴趣与智慧趋向于人与神的关系，即人生的永恒价值；中国人的兴趣与智慧趋向于人与人的伦理关系与社会关系。

希腊考古出土的数以万计的裸体雕像雄辩地说明一种把个人这个实体看得先于一切的心理趋向⋯⋯人，一个个人，一旦存在，就有其本身的独立价值。这种价值首先是个人的自然价值，即身体的健美，然后转到社会政治领域，表现为公民权利。⋯⋯个人这个实体是发生社会关系的物质基础，这种心理在古代就已导致"契约论"理论的出现。

⋯⋯⋯⋯⋯⋯

印度人"对社会整体没有责任也没有概念⋯⋯印度人的智慧与兴趣远离了缠住中国人心灵的领域。⋯⋯印度精神有一种梦幻式的特色，四大宗教与六大哲学派别都浸透着超越世俗人生的趋向。⋯⋯

中国人的心理，从来不把个人这个实体看成独立的价值，只是把人放在社会伦理体系中，人才有人格，伦理关系是先于一切、高于一切的，人的价值是由这种伦理关系派生的。一个人离开了伦理体系，就是畜牲、禽兽，不再是人。自然的人不是人，个人只有在一定的社会关系中才有价值。⋯⋯全神贯注于人与人的关系，是各种学派共同的潜质。①

这是从民族心理、民族意念、民族性格等方面对希腊、印度、中国三种古老文化传统的粗略比较，它说明，对于不同的文化传统来说，其民族性是极其鲜明的。可以说，民族性是一种文化传统得以长期延续的根本条件。一种文化传统的民族性发展得越充分、特色越鲜明，它就越不易为外来文化所同化。

那么，文化传统的民族性是怎样形成的呢？

首先，一种文化传统的民族性特征，是该民族历史过程中独特的政治、

———————————

① 白祖诗：《中华民族传统精神探索导论》，载《云南社会科学》，1981(2)。

经济状况的产物。譬如,在我国古代政治思想中,"大一统"思想是历代思想家所强调的主题内容;在长期的"大一统"思想氛围中,又必然熏陶出"求同""求一"的思维方式。于是,强调共性,抹杀个性,强调平均,反对差别,又习染成民族心理的一个重要成分。而这种民族思想、民族心理、民族思维特征诸民族文化素质的产生和发展,都只不过是中华民族较早形成统一的中央集权制国家,并强烈要求维持统一,反对割据的政治特点的反映。

又如,中国传统文化中重视伦理关系的重要特征,也是由中国文明时代开始时特殊的历史道路决定的,这便是以宗法血缘家庭为基本社会单位而建立起来的,社会在宗法关系的基础上运转的产物。

其次,决定文化传统的民族性特征的,是地理环境因素。

黑格尔关于地理环境影响不同的文化面貌问题,有过详细论述。他提出了"历史的地理基础"这个概念,并按照地理特征把世界区分为三种类型:第一种是干燥的高地同广阔的草原和平原;第二种是平原流域,是巨川大江流过的地方;第三种是跟海相连的海岸区域。跟这三种不同的地理特点相适应,居住着不同文化情况的人们。例如,高地居民的性格是好客和掠夺,平原上居民的特性是守旧、呆板和孤僻,海岸居民的性格是勇敢、沉着和机智。他认为,希腊精神善变的特征,是同希腊的驳杂地形(千形万态的海湾)有关的。希腊人在自然界景色万象纷呈面前,把注意力转到自身方面,去伸展他们自己微小的力量。一方面,他们在自然界面前茫然不知所措,依赖自然的风云变幻,倾听着外界的信号;另一方面,他们又非常精神地、机敏地辨认和支配外界,并且勇敢地、顽强地反抗外界。与希腊人相反,居住在恒河、印度河等这些大江流域的民族,由于他们的天边永远显出一个不变的形态,因而习于单调,激不起什么变化。他在谈海岸区域人民的文化情况时写道:"大海给了我们茫茫无定、浩浩无际和渺渺无限的观念;人类在大海的无限里感到他自己底无限的时候,他们就被激起了勇气,要去超越那有限的一切。大海邀请人类从事征服,从事掠夺,但是同时也鼓励人类追求利润,从事商业。平凡的土地、平凡的平原流域把人类束缚在土壤上,把他卷入无穷的依赖性里边,但是大海却挟着人类超越了那些思想和行动的有限的圈子。"①

马克思主义也肯定不同的地理环境对不同文化传统的影响作用。马克思在《资本论》中说："资本主义生产方式以人对自然的支配为前提。对于富饶的自然'使人离不开自然的手，就像小孩子离不开引带一样'。它不能使人自身的发展成为一种自然必然性。资本的祖国不是草木繁盛的热带，而是温带。不是土壤的绝对肥力，而是它的差异性和它的自然产品的多样性，形成社会分工的自然基础，并且通过人所处的自然环境的变化，促使他们自己的需要、能力、劳动资料和劳动方式趋于多样化。"②正是这个多样化成为决定一个民族独特的历史过程及其独特的文化面貌的重要因素。

文化传统的民族性是文化史研究中需要重视的重要问题，而它恰恰又最容易为研究者所疏忽。时代性与民族性是文化的两种基本属性，人们总是注意前者而忽视后者，甚至把后者也混入前者之中，这就为文化传统的批判继承带来很多麻烦，因而要特别引起注意。

现在我们来谈不同文化传统的价值判断问题。

这里主要的问题是，要弄清、确定文化评价的价值标准。人们最简单而且也最习惯的做法，是以某一种文化传统作为评价另一种文化传统的价值参照系。譬如近一百年来的中国文化史研究，围绕中国文化评价问题的两种鲜明对立的态度（肯定与否定），几乎都是这种做法。一种是以西方文化为价值标准和参照系来评价中国文化，把中国文化说得一无是处，似乎中国文化进步的方向，就是要全盘西化；另一种是以中国文化为价值标准和参照系去评点西方文化，认为中国文化高于西方文化，拒绝吸收西方文化中有益的东西来发展自我文化传统。这两种做法都是不可取的。

事实上，不同的文化传统之间，并没有一种共同的评判语言或价值标准。因为，每一种文化，实际上面对的都是一个特殊的世界，它们的生长环境以及它们所要解决的问题有很大的差异。譬如游牧民族住帐篷，农业民族住房屋，没有一个共同的标准可用来判断哪一种住宿方式更好，因为这两种文化所处的世界和要解决的问题是不同的。既然没有评价不同文化

---

① ［德］黑格尔：《历史哲学》，王造时译，134 页，北京，生活·读书·新知三联书店，1956。

② 马克思：《资本论》第 1 卷，中共中央马克思恩格斯列宁斯大林著作编译局译，587 页。

传统之优劣的共同标准，那么就不应该以一种文化作为评价另一种文化的价值标准，或者用一种文化作为价值参照系来看待另一种文化。

从世界史上看，任何一种文化的更新与发展都必须从对所继承的传统文化做出独立的反省、思考和批判开始。西方文化的发展，经历了古希腊、古罗马、中世纪、文艺复兴、启蒙运动、19 世纪末 20 世纪初等几个重大历史时期。除基督教最初对于古罗马人来说是外来文化但后来实际上也成了他们自己的文化之外，西方文化的每一重大转折与发展，都不是以外来文化为价值参照系，重新评价和检讨自己的传统文化，然后加以更新与改造；而是从新的历史条件、自然条件和社会条件出发，即从传统文化与人的社会实践日益加剧的矛盾出发，创造性地对传统文化做出新的解释和调整，从而推动文化的建设与发展。只有从文化与社会生活的关系出发，以社会实践的需要为标准来看待与评价传统文化，才能把握它的真正价值，认清它的问题所在。

总之，文化评价的价值标准，只能是文化传统的继承者所面临的社会需要。

这样的价值标准，实际上是体现了一个文化多元论的原则。我们应该承认，任何在特殊的历史、地理环境中形成的文化传统，都有它独立存在的价值和权利，世界文化发展的道路是多元的，而不是单一的。当然，这并不否认人类所创造的种种文化中有许多共同的东西，但共同的东西在各个不同的文化中也是以不同的形式表现出来的，这种形式的多元化正是人类文化丰富性的体现，也是它的魅力所在。譬如人文主义思想，在中西文化中是共同的东西，但在中西文化中的表现就很不一样，在基本内容上也有实质性的差别。中国文化中的人文主义，重视人的整体性、社会性，它把个人看作群体的一分子，不是个体，而是角色，是具有群体生存需要、有伦理道德自觉的互动个体。这是中国文化中人文主义的思想特色。西方的人文主义，产生于文艺复兴时代，强调人的尊严、人的权利，强调个体存在的独立价值。但是，西方的天赋人权观念，虽然是反对中世纪的教权统治的，却是从基督教的教义里引申出来的，这是西方的特色，谁能说中国文化的人文主义强调人的整体性、忽视个体性就没有它的价值呢？又有谁能说西方文化的人文主义是从基督教中引申出来就不值得重视了呢？我

们应该承认文化多元论，并在文化价值的评判中坚持这个原则，不能轻易
用一种文化去否定另一种文化。

我们不赞成用一种文化作为价值参考系去评价另一种文化，但并非反
对不同文化的比较研究。恰恰相反，正是为了使一种文化得以向前发展而
不致僵化为一种脱离时代的古董，我们有必要在强调文化多元化的同时，
大力提倡不同文化之间的比较研究。只有这样，我们才能加深对自我传统
文化的理解，更好地认识它的可能性和局限性，以及它所面临的问题和挑
战。不同文化之间虽然没有一个中立的客观的评判标准，但它们之间的借
鉴和渗透则并非不可能。抱残守缺、故步自封的文化，不管有着怎样辉煌
的过去，也不可能有真正的前途。一种文化只有对其他文化开放，在与其
他文化的主动接触中吸收别的文化的优良因素，才能得到丰富与发展。

四、文化遗产的批判继承

科学地批判继承文化遗产，是文化史研究中一个很重要的理论问题，
也是历史主义原则的一个基本要求。尽管在文化发展中曾因各种原因而出
现过文化断裂现象，并且也有人对文化断裂现象给予很高的估价，认为它
不仅可以在某种程度上使人们摆脱传统的阴影，而且正是文化的断裂性能
够成为拓展文化研究的一个契机，但无论如何，文化发展的正常轨道是继
承、延续，而不是断裂。由各种历史原因而造成的文化断裂对文化发展造
成的重大损失，永远是难以补偿的。特别是那些人为的造成的文化断裂，
更是对文化的摧残与破坏，不可能有任何进步的历史作用。马克思主义之
所以能够科学而完整，就是因为它"是人类在十九世纪所创造的优秀成
果——德国的哲学、英国的政治经济学和法国的社会主义的当然继承者"，
是这些学说的"直接继续"。[①] 所以，文化史研究，要想对我们所继承的文化
传统实现科学的改造，以刷新我们整个民族的精神面貌，也必须认真解决
好批判继承问题。

---

　　① 《列宁选集》第 2 卷，441 页。

(一)批判继承的目的

批判继承，意在批判，这是某些人的思想方法。他们认为批判继承，强调的是还历史以科学的地位，对文化遗产做出恰如其分的评价。其实，批判不是目的，批判是为了更好的继承。批判继承的侧重点在后者而不在前者。那么，为了继承就是我们的出发点吗？有人是这样认为的。但这同样是一种错误。历史上的一切被创造出来的时候，大都有它的正当性、合理性，那些代表着历史发展趋势的阶级的思想文化，更在它那个时代起了正面的积极的作用。但在历史"发展的进程中，以前的一切现实的东西都会成为不现实的，都会丧失自己的必然性、自己存在的权利、自己的合理性"①，我们没有把它们都搬到今天的必要和可能。如果继承是我们的目的，一切在历史上起过进步作用、革命作用的思想文化，我们都要拿来继承和发扬，那就会出现像马克思指出过的一种悲剧状况，"一切已死的先辈们的传统，像梦魇一样纠缠着活人的头脑"②。我们不能让"死人抓住活人"，我们不能因袭沉重的历史重担，我们不能用继承以往的遗产、哪怕是十分优秀的遗产，来代替我们在新时代生动活泼地创造。我们的目的在于创造。创造适应新时期改革开放历史大潮的新的社会文明，这才是我们批判继承文化遗产的唯一目的。

(二)批判继承的方法

我们首先来阐明批判与继承的关系。继承是批判的，批判是为了更好地继承，二者是辩证的统一，不能割裂它们之间的有机联系。在以往批判继承文化遗产问题上出现的种种问题，大抵都是将二者割裂开来。只要批判，不要继承，不分精华和糟粕，简单、粗暴地否定一切，是历史虚无主义的态度，这是史学研究中"左"的错误。极左路线对祖国文化遗产的践踏，就是历史虚无主义的恶性泛滥；只要继承，不做批判，把糟粕当成精华，或者无限夸大精华的进步性、合理性，把历史文化遗产中的所谓精华直接

---

① 恩格斯：《路德维希·费尔巴哈和德国古典哲学的终结》，中共中央马克思恩格斯列宁斯大林著作编译局译，7页。
② 《马克思恩格斯选集》第1卷，585页。

拿来就用，这是复古主义的观点，是史学研究中右的倾向。这两种倾向都是应该加以反对的。

如何进行批判和继承呢？

我们先来谈关于批判的问题。"批判"一词，是汉语的固有词汇。《朱子语类·太极天地上》云："而今说天有个人在那里批判罪恶，固不可；说道全无主之者，又不可。"金人牛本寂《少林寺西堂法和塔铭》："评论先代是非，批判未了公案。"其本义是评论是非，分析评判。近代以来，译入西方思想资料，所译"批判"一词与汉语中古义大体相符，即分析、验证之义。"批判"本身并不含贬义。我们讲"批判地继承"，就是讲要通过具体分析有选择有目的地继承。

用马克思主义去批判、审查一切文化遗产，就是要对文化遗产进行具体的、历史的分析，进行一番去粗取精、去伪存真、由此及彼、由表及里的研究工作，从遗产的原始素材中分出精华与糟粕，为合理的继承廓清道路。历史上留下来的文化遗产，往往是精华与糟粕混杂在一起，有些精华是在大量的糟粕掩盖下存在的。有些进步的思想观点，也或多或少带着反动的传统道德说教或迷信的色彩，或者是在某种落后的形式下面透露出来。有些唯心主义体系里面，则包含着不少合理的成分。任何社会意识都是社会存在的反映，不能不受到历史条件的制约，从今天马克思主义的观点来看，都有它的历史局限性。因此，对任何文化遗产，都必须站在当代社会实践需要的立场上，用辩证的历史的方法进行批判和清理。对于糟粕，只要是留到今天的，不是简单地抛弃掉，而是经过批判，了解它本身产生和发展的规律，帮助我们更深入地了解当时的社会政治情况，吸取经验教训，以便彻底地清除它的历史影响。对于精华，不是照原样保存，接受下来，也要经过批判，把它从旧的社会意识形态体系中剥离出来。

怎样继承，也应区别不同的情形。对于自然科学方面的遗产，只要经过批判剥去它周身笼罩的神学迷雾和唯心色彩，就可以继承下来，作为现代科学发展的基础资料。比较复杂的是那些思想文化遗产的继承问题，这里边也区分为几种情形：有些是接受它的某些重要观点和一部分内容，在新的基础上加以改造，融合到现代思想体系中去。有些是挑选个别的思想资料，经过改造或加工之后，当作新的建筑结构中的一砖一石来用。还有些是保存某些思想形式，因袭某些语言概念或思想范畴，而赋予新的内容和意义，或者只是积累一些知识，当作一种研究资料储存起来。从文化史研究的角度看，一切文化资料都是有用的；但作为文化遗产来继承的，却是少数，要区分这种情况。还有一点要注意的，在历史上起过进步作用的东西，不一定是我们今天要加以继承的精华。我们要将尊重历史的辩证发展、科学地评价历史文化与批判继承文化遗产中的精华这两个问题严格区别开来。

(三)批判继承的标准

这是文化遗产批判继承中一个重要的理论问题。根据什么去判定精华与糟粕，以决定其取舍与扬弃，没有一个科学的依据，批判继承工作便不能进行。根据以往学术界研究的成果，我们主要提出两条标准。

第一，实践标准。

前边讲过，批判继承的最终目的在于建设当代中国的新文化，因此，把社会主义市场经济建设的实践需要作为文化遗产批判继承的标准，在标准问题上，就具有最终的决定意义。但实践又不是固定不变的。随着社会实践的发展，我们从文化遗产中要加以批判继承的东西也不断变化。原来有用的东西变得对现实无用了，原来不引人注目的东西，现在被加以强调了。正是实践的不断发展变化，不断向文化遗产的批判继承工作提出新的问题，提供新的具体标准，才推动了文化遗产研究的持续发展。关于这一点，前边将民族文化的价值判断时已有所涉及，不在此赘述。

第二，科学性、真实性、艺术性。

对历史上的一些科学文化(自然科学)遗产，需要用科学性的标准分析、检验它的科学成分，从而从科学史的角度加以批判继承。这是人们都能理解的。

对一些社会意识现象，也需要提出科学性的标准。因为任何社会意识，都不仅是一种社会现象，而且是一种认识现象；而之所以成为社会现象，具有社会的属性并对社会发生作用，还是在于它是认识现象，是一定的人们对一定社会物质生活的反映。这种反映，从它表示着不同社会地位的人们的不同角度或观点来说，从它对于社会起的作用来说，具有阶级性、社会性；而从它对客观物质生活反映的深度和广度来看，从它反映的正确与歪曲程度来看，又显示出在科学性（亦即真理性）上的意义。因此，对社会意识现象，亦可提出科学性的标准。而且，对大量文化遗产的分析表明，许多社会意识现象，其科学性与政治性、阶级性并非完全一致。对于一些复杂的文化现象，必须通过严格的分析批判，才能决定其取舍。

对于历史学、文学、戏曲、绘画、工艺设计诸多方面的文化遗产，则需要提出真实性与艺术性的标准。那些人民性、民主性强而又有较高的艺术水平的文化遗产，当然要加以批判地继承，但这样的遗产毕竟是少数。在艺术发展史上，那些对于今天政治无害的作品，我们可以从艺术借鉴和美学欣赏的角度去肯定它的意义和价值。毛泽东说："我们必须继承一切优秀的文学艺术遗产，批判地吸收其中一切有益的东西。"[①]这当然包括了那些思想性不强而艺术性较高的作品。在艺术发展史上，美好的传统艺术形式的继承和发扬，是文化艺术发展的基本规律。在今天，我们要创造具有民族特色的文学艺术新成就，就不能不注意借鉴古代的艺术珍品，继承宝贵的民族艺术传统。因此，提出这个艺术性标准，是十分有益的。

五、正确看待中国传统文化的现代价值

任何一个民族的现代化都不可能抛开自身的文化传统；社会的每一进步和发展都不能离开民族文化的根基。中国的现代化进程，也必须扎根于深厚的民族文化土壤之中。这一点是没有异议的。它也正是我们主张对祖国文化遗产进行批判继承的根据。但是，对传统文化的性质做出准确的判断，对传统文化在现代化中的作用和价值做出尽可能科学的估价，从而将其放到一个恰当的位置上，却是一个直接影响到现代化进程的重大问题。

我们现在所谈的传统文化，是由春秋战国时期的一批文化元典所奠定的。这批文化元典创生于中国历史上的第一次大变革时代。自夏至周的中国社会，以周代的分封制达到成熟的阶段，这一社会形态的国家政体是贵

---

① 《毛泽东选集》第 3 卷，860 页。

族制。以中央王朝的国君周王即天子为一权力主体，以公卿大夫即贵族为另一权力主体，世袭国君和世袭贵族通过宗亲和姻亲血缘纽带而组成一个统治网络，代代相传、永恒不变地占据着国家政治生活、经济生活和精神文化生活的中心。这样一个贵族制社会从有夏开始一直延续了一千多年，到公元前770年周平王东迁，终于迎来了它的衰落和蜕变。周平王东迁作为一个象征性事件，标志着一个新时代的开端，那就是春秋这个大变革时代的到来。春秋时期，王室衰微，大国争霸，礼乐崩坏，历史表面的混乱局面掩盖着深层的历史潜流，人们往往用"春秋无义战"来描述这个时代。但历史一进入战国时期，其演变的本质便显示出来了。战国时期各国变法的主流揭示，从春秋开始的这场历史的大动荡，是预示着一个崭新的历史时代的到来，是一场社会形态的变革，是中国历史从贵族政治向专制主义中央集权政治的历史过渡。

大凡历史剧烈动荡的岁月，给人们的启迪也都特别的丰富和深刻。历史的大动荡，亵渎了一切传统的神圣的东西，传统的政治体制逐渐坍塌，传统的意识形态、社会观念、思想文化遇到了前所未有的挑战，诸如天道与人道的关系，国君、人臣与百姓的关系，道德、伦理与权力、利益的关系，政治治理与思想教化的关系，世袭权力与功德才能的关系，历史何以会发生这样剧烈的变革和动荡，在动荡中崩溃的社会应该以怎样的模式重新塑造等，这一系列带有世界观、历史观、社会观性质的问题，逼迫着人们去思考、去回答。于是，伴随着大动荡的历史进程，在思想文化领域，展开了一场长达300年的百家争鸣。正是在这场反省历史、总结以往、描绘未来的思想运动中，古圣先贤们为我们提供了一批支配后来民族文化发展的中华元典。这批中华元典，是夏、商、周以来古典传统文化的积淀和结晶，又是新旧时代交替的历史启迪；它既积累了中华先民两千年文明史的卓越智慧，又是对一个新的历史进程的揭示和预见，充当了一个新时代的号角和先声。

我们现在所承袭的传统文化，就是由中国社会的第一个大变革时代所产生的《周易》《老子》《论语》等这批文化元典所奠定的。这批文化元典既是为一个新社会的诞生制造理论根据，又是新生的专制主义中央集权制时代的号角和先声，当然也就决定了它的历史局限性。应该毫不含糊地说，中华元典的基本精神确立的是专制主义的意识形态，奠定的是专制主义文化的基础，它所培育的文化精神，是与专制主义中央集权制的社会体制相联系的。因此，从基本点上说，我们的传统文化是不可能适应现代化建设需要的，是和我们要建设高度民主的现代法治社会不相兼容的。但是，我们的现代化建设不能从空中进行，不能脱离我们几千年来所形成的文化传统，不能忽视在传统文化土壤上所形成的深厚的民族心理和民族精神。一句话，我们的现代化建设必须建筑在民族文化的土壤之上，这是一个无可奈何的选择。我们不能被这种无可奈何的选择所蒙蔽，不能简单地认为，既然不能离开传统文化，就应该大力提倡传统文化，特别强调它的重要地位，将其看作现代化的起点和支柱，是走向现代化的直接推动力量。对待传统文化，我们既不能抛弃，也不过分推崇，要用清醒的、理智的科学的态度，来研究它、审查它，将其放到一个现代化建设的恰当的位置上。

与我们的上述观点相反，文化学界隐藏着一股特别肯定传统文化的潜流。他们以日本民族为例子，大肆张扬儒学对日本近代化的支配作用，以证明以儒学为主体的传统文化对于中国社会的现代化进程具有特殊意义。"日本儒家资本主义"的提法是这种思潮的一个代表性口号。这里，至少是存在一个认识上的误区。

应该说，在日本的现代化过程中，儒家文化是起了重要作用的，日本的确是一个很好地发挥传统文化作用于现代社会的典型。但是，我们不能忽视，日本在它的现代化的过程中，对儒家文化是经历过一个批判、转换的过程的。两次世界大战后的日本是一个议会制的近代国家，它的政治生活、文化生活都已完成一个时代的变革，传统儒学在意识形态领域的统治地位已不复存在。但是，现代化的工业建设需要有人们所共同认同的内在精神动力，所以日本民族重视对传统文化中具有现代借鉴价值的东西的开发和挖掘，并把它们转化到现代资本主义的基础上。这样，他们适应资本主义工业化的需要，批判继承了儒家学说中的部分伦理思想，将其改造运用于现代企业管理之中，培育了现代企业精神。在日本现代企业精神中的儒家思想因素，已改变了原来的思想形态，发生了带有根本性的变化和转型，已成为与资本主义工业社会相适应的精神力量了。正如一位西方学者所说："儒教作为旧社会的原理已灭亡而不会复活了。……正因为儒教决定性灭亡了，所以才会在与现代化并不矛盾的新思维方式中再生。"①如果说日本民族现代文化中确实较多地继承了传统的东西的话，那么应该说，他们对传统文化的继承，是建立在批判、转化的基础之上的。他们的确是经历过一个对传统文化否定、改造的过程，或者借用一个哲学的术语说，他们是经历了一个否定之否定的过程。不仅是日本，整个东亚工业文明地区现代化的进程表明，他们都是从各自现代化的社会实践需要出发，在创建和发展现代工商业、科学技术、文化教育、政治民主的基础上，对包括儒学在内的传统文化进行了反思、研究、审查、检验、批判、继承、消化、改造，去其不适应于现代化的糟粕，吸取其有益的精华，使之得到创造性的转化、转型、发展和本质的变化，成为现代新文化的有机组成部分，从而不同情况、不同程度地对现代经济的发展起了积极的促进作用。

日本的现代化并非儒学之功，而恰恰是在彻底推翻了儒学的基础之后，在一个全新的资本主义文化的基础上，来重新审视儒学，反观儒学，吸收了儒学中有益的思想成分，将儒学的思想要素，糅进了资本主义文化体系之中，改造成为资本主义文化的有机组成部分。日本民族的历史表明，以儒家思想为主体的传统文化，是不可能作为一种文化主体，去推动一个民族的现代化进程的。

与日本的历史相反，我们中国社会，虽然在今天已经进入社会主义的初级阶段，但对以儒学为主体的传统文化，却还没有进行过真正彻底的批判和改造，或者说，对它的批判和改造至今才刚刚开始，远没有达到与我们的社会主义市场经济文化建设要求相适应的程度。在我们今天的政治生活、精神生活、文化生活乃至经济生活的一切领域，以儒学为主体的传统文化的思想内核，它的思维方式，它所塑造的民族心理素质，都还在起着无法估量的作用。

一般来说，一个民族的思想观念、社会观念、文化观念的变革或转变，大抵有两条途径：一是思想家的历史使命感的实现，他们把自己的思想成果，宣传、灌输到社会成员中去，以教化的方式来改变人们的传统观念；

---

① 转引自江立华、杨燕树：《东亚现代化的历史进程》，121页，保定，河北大学出版社，1996。

二是社会经济生活变革对人们的自然影响，人们在经济的变革中自觉不自觉地适应经济的变化而改变着自己的精神观念。而近代中国的历史进程，就恰恰缺乏这两条途径。

应该说，从维新派开始，近代中国的一些政治家、思想家是把中国文化、中国国民性的改造，作为自己的历史使命的，然而，他们或者无力走通这条道路；或者生不逢时，无法实现这一使命；当然也有一些人并没有清醒地意识到自己应该肩负的使命，所以使得对传统文化的批判性改造，直到今天都未能完成。从戊戌变法到辛亥革命，活跃于当时的思想家们，是认识到了国民性改造和传统文化的批判问题的，但是，他们却无力将这种文化批判和国民性改造深入下层民众之中，所以就造成了鲁迅小说中所描述的那种状况：虽然经过了革命，而这革命和广大的人民却毫不相干，对民众的心理没有产生任何触动，丝毫没有动摇传统文化的根基。新文化运动对传统文化特别是儒家学说，投入了最集中的火力，但它是民族危机的产物，情绪感过于强烈以至于有极端化的倾向，所以它的批判就很难为社会和民众所认同，当然也就不能从根本上危及传统文化的生存和发展。中国的新民主主义革命的特点是武装革命，民族问题和政权问题的迫切性使我们对思想文化问题无暇旁顾，所以，以中华人民共和国的成立为标志的新民主主义革命的胜利，并不能算是彻底的、完整的；我们仅仅是从政治上、随后也逐渐在经济上完成了新民主主义革命，而在文化战线上对于专制主义的批判或革命，不仅没有完成，甚至还没有进行，还没有开始。然而遗憾的是，我们将政治、经济方面革命的成功，误认为是革命的彻底胜利，使传统的专制主义意识形态从我们身边悄悄滑了过去，自然而然地甚至几乎是原封不动地保存了下来。人们过于天真或简单地理解毛泽东提出的建设新民主主义文化的任务，以为我们接受了马克思主义的一些口号，祭起了一面人民大众的旗帜，就算是完成了改造旧文化的任务，就将专制主义驱逐出了意识形态领域。

当然，我们接受马克思主义，确立了马克思主义在国家和民众的政治生活、经济生活、精神生活、文化生活及一切生活领域的指导地位，就是实现了对传统文化的根本性改造，在意识形态领域中完成了思想革命的任务。这种说法在表面上是可以成立的。但是，人们很少想过，当我们还没有对传统文化进行过彻底的批判和改造的时候，我们能真正准确地接受马克思主义这一科学的思想体系吗？在传统文化的基础之上去接受、理解马克思主义，是否会对马克思主义进行某种误解或扭曲呢？事实证明，我们不少人是从改朝换代的角度去理解马克思主义关于"革命"的意义，从平均主义的角度去理解社会主义的具体内涵。事实证明，我们在传统文化基础上理解的马克思主义，是对这一科学的思想体系进行了某种程度的扭曲的。一切传统都具有强大的同化能力，中国的传统文化更是如此。近代以来传入中国的众多的社会思潮，没有不被中国的传统文化所同化的，它们或被拒绝，或被纳入中华文化的系统之中，几乎没有例外。可以说，在完成对传统文化的革命或改造这一重大历史任务上，中国的思想家们，是没有达成自己的使命的。

对传统文化改造的这一道路，在我们中国没有走通。至于文化改造的第二条道路，社会经济变革对文化面貌的自然改造，我们现在才刚刚开始。因为，中国资本主义的不发展，没有能够使我们的历史经历一场全社会性的资本主义改造。中华人民共和国成立后，人们的经济生活发生了很大的变化，由个体经济到人民公社的集体经济，但农业经济的这个基本点没有改变，特别是商品经济没有发展且受到抑制，适应传统农业社会的传统文化，自然很融洽地附着在这种经济模式上而没有受到丝毫触动。文化变革的两条基本道路，我们都不具备，所以，直到如今，我们所承袭的基本上仍是两千年来的传统文化，虽然它的具体内涵已经有了不容忽视的发展，譬如已经融进了一些马克思主义的科学思想和近代西方文化观念，但其实质，它的思维方式、价值观念以及由它所奠定的民族心理基础，却仍是传统的，是属于应该成为历史的那个时代的。

中日两国同谈弘扬传统文化的问题，其性质和意义则并不相同。譬如日本现在对儒学的肯定与提倡，是在完成了对儒学的批判和否定之后，在一个全新的社会文化基础之上来吸收儒学的精华，是在确立了现代工业资本主义的主流文化之后，将儒家的某些思想因素，借鉴、吸收以纳入资本主义文化的机体之中，将儒家文化变成资本主义文化的组成部分。而中国则不同，我们现在所立足的仍然是一个传统文化的基础，而我们也来笼统地提弘扬优秀传统文化的话，那只能是传统文化的继续和延伸。

从基本点上说，我们的传统文化是不可能适应现代化建设需要的，是和我们要建设高度民主的现代法治社会不相兼容的。但是，我们的现代化建设不能从空中进行，不能脱离我们几千年来所形成的文化传统，不能忽视在传统文化土壤上所形成的深厚的民族心理和民族精神，一句话，我们的现代化建设必须建筑在民族文化的土壤之上，这是无可奈何的选择。因此，主张对传统文化采取批判继承的态度，而不是全盘否定，统统骂倒，是一种理智的清醒的选择。

所以，对待传统文化遗产，采取批判继承的态度，绝大多数人都是赞成的；但同是赞成批判继承，观点也会有很大的不同。譬如强调以现代建设为基点，对传统文化进行选择性取舍、发扬和转换，与笼统地讲弘扬民族文化就有很大差别。前者认为，中国传统文化作为古代专制主义社会意识形态的一部分，已经成为历史的陈迹，其基本点、它的思想体系的核心，不可能成为现代化建设的推动因素，它作为中国先民们的一种思想成果，其中所包含的诸多真理性因素，则有可能被分解为无数碎片，被当代社会所吸收和借鉴，作为构筑现代文化大厦的一砖一石。这就是说，优秀的传统文化遗产，只能被我们从现代社会的基点上去进行选择性吸收，而不能作为一个文化形态的整体来支配现代的文化建设。而笼统地讲弘扬民族文化，就有可能使人们忽视传统文化的历史局限性，把传统文化本身直接当作现代化建设的推动因素，而忘记或忽视对它的批判和摒弃。

对于建设新型现代文化，培养新型民族精神，传统文化中的许多因素都是有益的、有用的。问题仅仅在于，我们是以现代社会的需要为基点，将传统文化中的有益因素吸收进来，将传统的东西变成现代文化的组成部分；还是以传统文化为根基，用传统文化来整合现代的思想因素，仅仅只是让传统文化改头换面，而保持其基本特质。这是处理文化传统继承问题的两种根本对立的思想方法。

建设与市场经济相适应的新型民族文化，基本途径就是我们前边所讲的两条。首先，我们的思想家、文化学者要肩负起对传统文化进行批判改造的历史使命，对几千年来所形成的文化传统进行整理、分析、批判，摒弃其传统的内核，提取其合理的具有科学性的文化因子，并将其转化到以公民意识、竞争意识、科技意识、法治意识为主体的现代文化体系之中，成为新文化的有益补充。其次，对于传统文化的改造及现代新文化的建设，我们衷心期待着改革大业的成功，期待着社会主义市场经济体制的建立、发展和走向成熟。任何文化形态都只是特定的社会形态的精神产物，没有新的社会经济形态的确立，旧文化形态的改造和转型以及新文化形态的形成和确立都只是一句空话。而在一种新的市场经济体制尚未确立起来的时候，对传统文化的一味提倡，特别是不加分析地提倡和弘扬，不仅不会对新文化的建设有益，而且还会阻碍新的经济形态的形成和发展。因此，对待几千年积淀下来的传统文化遗产，需要有清醒的理智的科学态度，需要有历史的辩证的思想方法，不要贬抑它、鄙弃它，也不要过分推崇它、渲染它，给它一个应有的恰当的合理的位置。

第十八章　社会史研究的理论与方法

    20世纪80年代中期以来，与风靡思想界、学术界、文化界的"文化热"相呼应，社会史研究形成了一股潮流，成为新时期历史学最具学术活力和发展潜力的研究领域。尽管在发展的过程中出现了这样那样的问题，但它的势头却不可阻挡，正如英国社会史学家哈罗德·珀金所说："灰姑娘（指社会史）变成一位公主，即使政治史和经济史不允许她取得独立的地位，她仍然称得上是历史研究中的皇后。"①30多年来，对社会史发展历程的回顾与思考，一直伴随着社会史研究的成长，社会史在研究课题、研究领域、研究视角与理念、研究理论与方法等方面都有一定程度的突破。虽然还有很多问题仍需进行更为广泛深入的探讨，但它对整体史学研究的影响不容置疑。

一、社会史研究兴起的原因

    社会史研究的复兴，从外因上看，是受世界史学发展趋势和中外史学交流的影响。从内因上看，则是当代社会对于史学研究的一种时代呼唤，以及史学对这一时代要求的自觉回应。带着改革现状的要求，回溯与研究历史；从研究历史着手，推动现实的社会变革——这是中国社会史研究者的共同心愿。具体而言，中国社会史研究的重新崛起有以下几个原因。

---

    ①　蔡少卿主编：《再现过去：社会史的理论视野》，144页，杭州，浙江人民出版社，1988。

(一)西方社会史的发展和引入

法国年鉴学派是西方现代社会史学的奠基者,它的一些史学理论和研究方法,如为人们熟悉的整体史观、长时段理论、结构史学、问题史学、比较史学、心态史学、跨学科研究方法、计量史学、精神分析方法等,都为新时期中国历史学家赞赏和接受,并赋予中国社会史研究以启迪和借鉴。

1929 年,法国历史学家费弗尔和布洛赫创办《经济社会史年鉴》杂志,标志着年鉴学派的形成和现代社会史研究的开始。该杂志创刊号《告读者》一文,呼吁历史学家和社会学家、经济学家联合起来,在综合研究中把历史学推向前进。他们认为,历史学家不应狭隘地、片面地理解历史内容,而应从广阔的空间去考察人类历史演变的各种形式。这一学派倡导在史学研究中"消除陈旧过时的学科壁垒及由偏见、陈规及概念和理解的错误所造成的巴比伦式的混乱"①,并指出研究社会与经济的历史应该成为史学创新的方向。他们在刊名中先后使用的"经济""社会""文明"等词都是一些"广义的、能把物质和精神联系在一起的字眼"②。年鉴杂志创始人注意到,研究的重点不仅应放到经济方面,而且应放到因词义模糊而无所不包的社会方面,因为这样就能超越各种壁垒,打破史学和其他邻近学科特别是社会学相隔绝的学科划分。由此,他们提出了一个历史无界限的看法,并注重历史比较研究。杂志创办人布洛赫的解释最能说明问题:"我们完全知道,在目前,'社会'作为一个形容词,由于含义过多最终会变得几乎毫无意义……确切地说,正因为该词含义'模糊',我们才同意让这一根据历史的旨意而创造出来的词来命名一本不想受任何框框约束的杂志……经济和社会史其实是不存在的,只有作为整体而存在的历史。就其定义而言,历史就是整个社会的历史。"③这里,年鉴学派提供给史学界的是全方位研究"全面的历史"的目标和努力,其本意是进一步拓宽史学视野,使叙述史学与其

---

① 〔法〕J. 勒高夫、〔法〕P. 诺拉、〔法〕R. 夏蒂埃、〔法〕J. 勒韦尔主编:《新史学》,姚蒙编译,8 页,上海,上海译文出版社,1989。

② 〔法〕J. 勒高夫、〔法〕P. 诺拉、〔法〕R. 夏蒂埃、〔法〕J. 勒韦尔主编:《新史学》,姚蒙编译,11 页。

③ 〔法〕J. 勒高夫、〔法〕P. 诺拉、〔法〕R. 夏蒂埃、〔法〕J. 勒韦尔主编:《新史学》,姚蒙编译,6 页。

他社会科学得到充分的结合，以便完成总体史学的整体架构。他们的"社会史"概念的提出并不仅仅限于在广泛的史学领域中独设一个社会史的学科分支，而是将社会史作为一种方法，以反对过去史学仅仅局限于叙述事件与政治史研究的局面。

就在法国年鉴学派转向社会科学寻找新的认识能力、模式和方法时，英国、美国等国家的历史学家也同时致力于研究"社会"的历史，并取得了令人瞩目的成绩。社会史学者的大力倡导和踏实研究促使社会史学迅速起飞。1968 年，英国的两所大学第一次开设了社会史学课程。1958—1959 年，美国有 8 所大学开设社会史课程，当时仅占总课程的 2%，而 1978—1979 年则达到 8.4%。社会史讲座及发表的有关论文，在同期也增长了一倍多。1973 年，英国成立了社会史研究中心，第二年出版了对社会史学发展有巨大影响的《社会史学文集》。1975 年，英国社会史学会成立，发行《社会史》杂志。1958 年，美国出版了《社会与历史比较研究》杂志，1967 年出版了《社会史杂志》，1970 年出版了《跨学科历史杂志》。20 世纪 30 年代后期，荷兰就出版了《国际社会评论》。学者 J. 科卡和 I. 韦勒尔主编的《历史和社会》杂志，于 1975 年出版。20 世纪 70 年代后期，美国《大百科全书》也把"历史学"解释为"论述那些分别涉及政治科学、社会学、人类学和经济学各范围的人类经历"①。

中国社会史在 20 世纪 80 年代的复兴主要源于西方史学的冲击。改革开放以来，史学界加强了对国外史学理论的介绍，这一时期，出版了一系列与社会史相关的著作，主要有：英国巴勒克拉夫的《当代史学主要趋势》，苏联米罗诺夫的《历史学家与社会学》，法国 J. 勒高夫、P. 诺拉、R. 夏蒂埃、J. 勒韦尔等主编的《新史学》，美国伊格尔斯的《历史研究与国际手册》和《欧洲史学新方向》，彭卫和孟庆顺的《历史学的视野——当代史学方法概述》，蔡少卿主编的《再现过去：社会史的理论视野》，史学理论编辑部的《八十年代西方史学》等。特别是年鉴学派的理论模式及其发展状况一直受到中国史学界的关注，张芝联先生 1960 年在贵阳师范学院历史系讲学时，

---

① 曹景文、杨淑婷：《新时期社会史研究崛起原因探析》，载《贵州文史丛刊》，1998(2)。关于社会史研究兴起原因部分的论述吸收了该文的研究成果。

就曾经介绍了年鉴学派。在 20 世纪 80 年代以后面世的各种类型、各种版本有关西方史学史的著作中，几乎都会涉及年鉴学派。大量国外社会史研究成果的介绍和研究，推动了中国社会史研究的开展。

(二)时代和社会对史学新发展的强烈呼唤

任何一个重要的历史发展阶段或历史转折时期，历史学都会以独特的方式对社会的变迁做出回应。20 世纪 70 年代末，中国史学开始了对世界现代化潮流的追赶，现代化建设的视角转向，以及由此展开的社会改革，涵盖了社会生活的各个领域，出现了许多新的社会现象和社会问题。传统的史学模式无力回应人们所提出的有关社会结构、社会生活、社会变革的问题，由尊崇地位一落千丈，并面临来自社会的信任危机。在这样一个大的社会背景下，要对社会现实状况有一个正确而清醒的科学认识，要在建设和改革中做出科学决策，要解决新的社会问题，就须借助社会史的研究，找出现实社会中人们日常活动的内容与行为模式，从衣食住行到生老病死依凭的物质条件与文化设施，文化观念体系和精神心理结构，相互间的各种社会关系以及当今众多社会问题的历史原因。可以说，现代化建设和改革实践的需要是社会史研究复兴最重要的动力和契机。

此外，就历史学家而言，现代化建设新局面的开创与改革全面展开，也使他们开阔了视野，更新了观念，迫切需要针对社会的呼唤做出回应。

改革开放以来，人们原本的思想观念、道德标准、价值取向受到强烈冲击，现实生活的绚丽多姿也促使人们对生活、生活方式在社会活动中地位的认识有了新的改变，民众越来越认识到自己应该而且能够主宰自己的生活，自然就把怎样生活——生活方式问题当成了思考的目标和探索的起点。① 一种观点认为，社会史主要是研究普通群众的社会生活及其生产方式演变的历史，史学工作者责无旁贷，他们要恢复和重视对生活方式的研究，以更多、更丰富的历史反省提供给现实的人们以种种崭新启迪。

随着改革开放的深入，现实生活中出现了一些社会问题。这些社会问题在新时期的出现，不同程度地制约着现代化建设的健康发展。因此，对

---

① 参见王玉波、王辉、潘允康：《生活方式》导言，1～3 页，北京，人民出版社，1986。

广大史学工作者来说，很有必要对与这类问题有渊源关系的历史现象进行多角度、全方位、多层次的深入研究和探讨。所以说，正是改革开放实践的呼唤使史学界日益面向现实，贴近社会，认真反思过去，开展了对社会史的研究。

（三）史学为适应社会需求而进行自身变革的结果

无论东方还是西方，史学危机都对社会史的兴起产生过催化作用。大约在 20 世纪中叶，西欧、北美都经历过不同程度的史学危机，社会史乘势而起。20 世纪 80 年代中期，中国史学遭受着"无用"和孤独的煎熬，迫使史学工作者在西方的启示中找寻解脱的契机。文化史与社会史的崛起，便是从不同角度做出的选择。

以政治史为核心、深深纠缠于"事件—人物"固定框架的传统史学，摆脱不了王朝兴亡与个人荣辱的基调，无力回应社会变革对史学提出的一系列难题。梁启超指出，传统史学就是一部帝王的家谱；其缺陷在于"知有朝廷而不知有国家""知有个人而不知有群体""知有陈迹而不知有今务""知有事实而不知有理想"，由以上四个弊端，生出"能铺叙而不能别裁""能因袭而不能创作"的毛病。[①] 这虽是激愤之言，但也表明了传统史学不关心升斗小民的喜怒哀乐、芸芸众生的"日常生活"的特点。其实，一旦对"历史"做深入研究或换一个角度，从"日常生活"的角度来看，史书中有时看似"无关痛痒"的一句话或一个抽象的概念后面，往往事关千百万人的悲欢离合、一生一世。这应该是历史研究最为重要的内容。

马克思主义唯物史观的引入，冲击过"帝王将相史"，一度唤起了人们对史学变革的热情。有一批侧重或专门研究社会生活史的著作和资料相继问世，如郭沫若的《中国古代社会研究》、吕思勉的四部断代史（《先秦史》《秦汉史》《两晋南北朝史》《隋唐五代史》）、邓之诚的《中华二千年史》、杨树达的《汉代婚丧礼俗考》、陈东原的《中国妇女生活史》、尚秉和的《历代社会风俗事物考》、瞿宣颖的《中国社会史料丛钞》、萧一山的《近代秘密社会史料》等，都对社会史研究起了促进作用。

---

① 梁启超：《新史学》，见《饮冰室合集》文集之九，3～5 页。

20世纪50年代后期，由于教条主义的束缚和"左"倾思潮影响，人们在应用历史唯物主义指导史学研究时出现了偏颇和失误，将社会生活这一重要历史内容的研究视为"庸俗""琐碎"而逐之于史学门槛之外。以阶级斗争、农民战争史为学术重心的历史研究，忽视了非阶级的因素（如风俗习惯、生活方式、民族心理、人物性格及自然环境等因素）对历史的影响，从而出现了视野的狭隘性、分析的简单化、理解的偏失等现象。除了社会形态之类的术语略为改变了史学的外观，中国社会结构的特殊性和社会变革的艰难，仍是一个谜。到了20世纪80年代，社会改革涵盖了以往被阶级斗争笼罩的一切领域，关于政治斗争艺术的历史遗产不再受人钟爱，经济决定一切的简单化思维使历史学拙于"社会"研究的短处捉襟见肘，职业的惯性使大多数研究者仍局限于"事件—人物"旧模式徘徊不前，因而偏离了时代需求的中心。对此，史学工作者不得不反躬自咎，寻找走出低谷的新径。

通过对以往史学研究的深刻反思，加上受思想解放潮流的冲击和改革开放形势的影响，历史学家普遍发现，"社会生活"这一原本属于历史的内容居然被排斥在历史研究之外。于是，"把历史的内容还给历史"[①]这一被认为极具"新时期史学"特征的口号提了出来，道出了众多历史学家的心声，同时也成为历史学家开创社会史研究的共同起点。

(四)社会学、文化史等学科研究热潮的启迪和共生

新时期社会史学的复兴也是社会科学中其他学科对历史学渗透的结果。20世纪科学发展的一大特征就是科学的整合性，在这种趋势下形成了诸多的交叉学科和边缘学科，社会史本身就是社会学与历史学交叉的结果。正是由于这一点，新时期社会史研究一直比较重视社会史与相关学科关系的探讨。在这期间，学者们主要讨论了社会史与社会学、文化学、人类学、语言学、民族学、地理学、心理学、人口学、统计学等学科的关系，这无疑为社会史研究中应用跨学科研究方法创造了条件。

社会学尽管资历不深，但从它诞生伊始，就沐浴着近代理性精神的恩泽，用实证主义方法，对"社会"进行深刻解剖。相当长的一段时期内，社

---

① 本刊评论员：《把历史的内容还给历史》，载《历史研究》，1987(1)。

会学都在用功能主义的观点，竭力探寻某一特定社会能持久维持和自我调整的结构的内在秘密，致力于社会问题的病理诊断。因此，社会学常常被认为是一门应用性很强的学科。现代工业社会的社会结构和社会问题的研究是最引人注目的主题；贴近现实，富有社会改良意识和职业良知是社会学家的最大特色。

19 世纪末 20 世纪初的社会学变革，为历史学与社会学的结合提供了机缘。影响社会学向新方向变革的有两个重大因素。其一，西方社会内在的矛盾和危机，使社会学家不满足于关于社会结构协调、和谐之类的"整合"神话，日益关注因利益、权力、地位的矛盾而引起的冲突、紧张等客观存在，社会冲突理论取代功能理论受到社会学家的青睐。在这一理论的推动下，关于社会变迁的研究受到社会学者的尊崇。其中既有卡尔·马克思的影响，也有马克斯·韦伯的贡献。马克斯·韦伯用毕生精力完成的关于由传统社会向现代社会（"理性资本主义"）变迁的一系列开拓性论著，奠定了社会学历史化的变革基础，创立了历史社会学，第一次为社会学与历史学的沟通架设了桥梁。其二，第二次世界大战后不发达世界的现代化浪潮强烈吸引了西方社会学家，社会学第一次大规模离开本土转而考察非西方社会的历史变革。原有的关于西方现代工业社会结构和变迁的理论与方法在一片新的疆土上受到严峻的考验，经历了一系列的困惑。社会学家为了解开非西方社会变革的绳结，不得不逆向追溯包括非西方社会在内的全部世界史，进行综合比较，再一次与历史学汇合。由于以上原因，继马克斯·韦伯之后，更多的社会学家开始运用历史方法进行社会变迁的研究，进一步推动了社会学的历史化。与此同时，历史学也以"一切历史都是世界史"作为回应，接纳了社会学的历史化。这两股力量互相激荡，使一向深藏在社会学理论深处的关于社会整体的认识浮出水面，被更广泛地观察思考，于是社会学的宏观理论借助 20 世纪自然科学方法论的引力迅速转向结构——功能主义，试图构筑一个能包容全部历史时空和社会整体的理论体系。尽管它又重演了当年历史哲学乌托邦式的宏愿，但毕竟为宏观把握全部社会历史提供了种种有启发性的新思路，为社会史的兴起提供了契机。[1]

---

① 参见王家范：《中国社会史学科建设刍议》，载《历史研究》，1989(4)。

改革开放以后，中国社会科学界发生了重大变化，社会学、民俗学、人类学、人口学等学科相继恢复或创建，特别是社会学研究迅速形成高潮，大大开阔了历史学者的理论视野。1979 年 3 月，在费孝通、雷洁琼等社会学工作者的共同努力之下，我国进行了恢复和重建社会学学科的工作。在较短时间内，许多高等学校和科研机构相继成立社会学研究所(室)，一些重点大学还开设了社会学专业，社会学研究取得了丰硕成果。社会学的理论和方法，如结构理论、功能理论、冲突理论、角色理论以及抽样分析法、社会测量法、社区调查法等，为社会史研究提供了借鉴。

文化史研究对社会史研究的促进，也为现实发展所证实。1984 年，上海、北京、西安、武汉等地相继成立了形式不一的文化研究组织，各种文化研讨会频频召开，由此在全国形成了轰轰烈烈的文化研究热潮。在这场讨论中，人们提出人类自身的衣食住行、生活方式、社会心理、道德风尚、社会习俗等都属于文化的范畴。伴随着"文化热"，文化史研究也成为史学界的一大热点。大文化概念的提出使社会和文化问题出现了交错、重叠和伴生的现象，也使社会史和文化史的界限难以划清。正是由于文化史和社会史的这种密切关系，文化史的深入开展势必影响和带动社会史研究的勃兴。关于这一点，刘志琴分析得很透彻。她说："社会史的繁荣往往以文化论争为先导，文化史的深入又有赖于在社会史领域内发展。以研究人为主体的社会史的最高宗旨，是研究社会文化特质的形成、变量和流向的变迁史。因此，社会史实际上是文化的社会史，文化史则是社会的历史"，"社会和文化问题的交错、重叠、伴生已成为常见的规律性现象"，而"文化热的发展必将召唤社会史的复兴，从社会史领域探索民族文化心理的形成、发展和改造，这是观念变革最能动的深层结构，也是文化史研究进一步深化的总趋势"。① 这是很有说服力的见解。

---

① 刘志琴：《社会史的复兴与史学变革——兼论社会史与文化史的共生共荣》，载《史学理论》，1988(3)。

二、社会史研究的对象和任务

这个问题的讨论，首先要涉及社会史的定义问题。自社会史诞生以来，关于它的定义之争就没有停止过。国内外关于社会史的定义分歧很大，仅国外社会史的概念就有 20 多种。1985 年，英国《今日历史》杂志组织了一次专题讨论，与会学者一致认为它是一门"最难下定义"的学科。事实上，和其他任何事物的概念一样，社会史概念也只是相对意义而非绝对意义上的概念。它的界限不甚分明，带有一定的模糊性。蔡少卿、孙江总结了国外学者关于社会史的几种代表性的观点：第一，社会史是以社会生活为研究对象的；第二，社会史的研究对象是社会的历史；第三，社会史的研究对象是经验而不是行为；第四，社会史的研究对象是社会关系的历史；第五，社会史的中心活动是重建社会结构大变动中普通人的经历；第六，社会史的研究对象是全面的历史。①

国内学者对社会史的定义提出过以下观点：社会生活说，社会关系说，社会结构变迁时普通人经历说，经验而非行为说，"历史上的社会"说，通史或总体史说，新学科说，社会史定义不确定论。② 可以看出，这些观点与国外学者的观点在很多方面是一致的。现在较为流行的是以下几种看法。

第一种观点认为，社会史是关于生活方式、闲暇状况和一系列社会活动的历史。这种历史所包含的内容不受政治制度、经济制度、军事制度和其他制度的支配，因为这类制度是各种专门史所要研究的内容。这是把社会史视为政治活动、经济活动、军事活动以外的社会活动所构成的历史。有学者将社会史定义为"除去政治的人民史"，并这样分析：经济状况构成社会生活的基础，而社会生活又为政治事件提供了依据，因而"没有社会史，经济史便无价值可言，而政治史则是一笔糊涂账"。显然，将人们的社会生活看作社会史的研究对象，是对那种将历史简单地描述成经济史、政

---

① 参见蔡少卿、孙江：《回顾与前瞻——关于社会史研究的几个问题》，载《历史研究》，1989(4)。

② 参见常宗虎：《社会史浅论》，载《历史研究》，1995(1)。

治史、外交史的历史学的反动。这是最有影响的一种社会史定义，从目前学者们的研究取向上看，也证明了这一点。

第二种观点认为，社会史应该成为社会的历史。这种观点认为，社会史就是研究社会本身的历史，而社会生活史和经济史、政治史等专门史则仅研究社会的一个方面。假如要理解整个社会，那就必须把各种专门史纳入一个单一的框架中去。需要指出的是，这里所讲的社会的历史，与我们曾经理解的社会发展史不是同一个内容。其他如社会关系说、全面历史或通史说等，其内涵与这种观点有重合之处。

第三种观点认为，社会史应该研究的是经验而不是行为。有人认为，那些雇佣劳动者、国家公民、消费阶层以及其他许多人都必定意识到自己的身份，这种意识正是所有特殊职业的基础，他们也必定体验到这个世界正以各种方式在增加这些特殊职业的种类。社会史学家的工作就是要从个体或特定社会集团成员的层次上，而不是从"作为一个整体的社会"的层次上来做出一个总的解释。

第四种观点认为，社会史是作为一种新的研究方法出现的，社会史根本不是历史学的一个分支，而是一种运用新方法、从新角度对社会加以解释的新面孔史学。

以上是几个较有代表性的社会史定义，这些关于社会史的界说都不同程度地体现了社会史研究的特征。

人们对社会史研究对象认识的歧义，导致了在社会史研究的内容和范围的确定上，也意见纷杂。冯尔康认为，社会史的研究对象是历史上人们的群体生活和生活方式，包括原始社会的氏族，进入阶级社会后的阶级、等级、阶层、宗族、家庭、民族、人口及其结构、职业与就业、衣食住行的习尚、婚丧、娱乐、社交、时令风俗等方面的内容。[①] 乔志强认为，社会史应以历史上的"社会"为研究对象，侧重于联系社会生产关系对社会生活进行综合研究，具体包括三个方面内容：第一，社会构成，包括人口、婚姻、家庭等最基本的社会元素和细胞；第二，社会生活，包括物质生活、精神生活和各种错综复杂的社会关系；第三，社会职能，包括教育与赡养、

---

① 参见冯尔康：《开展社会史研究》，载《历史研究》，1987(1)。

社会控制与调节、社会病态与防治等。① 王玉波提出社会史就是社会生活方式演变史，主要内容包括：第一，作为社会主体的人，其自身的历史变迁；第二，社会价值观念、社会心理的历史变迁；第三，社会生活方式及其规范的历史变迁；第四，社会生态环境的历史变迁；第五，社会结构的历史变迁；第六，社会问题与社会调节的历史变迁。他认为社会生活是社会经济、政治、文化诸种因素综合作用的体现，因而社会史的任务便应以社会生活的历史演变为中心和中介，连接和沟通历史学的各种专史。② 陆震认为，从社会生活活动的内容、进程、结果、变迁等方面看，社会史的研究对象有：第一，人们各种社会生活活动；第二，人们在社会生活活动中发生的相互关系；第三，人们在社会生活活动中置身其内的各种社会群体及其发展变化；第四，人们在社会生活活动中角色的变动、在社会各层次间的升降；第五，人们在社会生活活动中形成的文化观念体系与精神心理结构；第六，人们在社会生活活动中依据和造就的物质条件、文化设施及其变迁历程。③ 彭卫认为，人们公认的社会史研究的内容有：第一，研究历史上人们社会生活的一些基本单位（如家庭、家族、社区、邻里、社团）；第二，研究历史上人们社会生活的外在现象（如衣、食、住、行、娱乐、风俗习惯、巫术）；第三，研究历史上人们基本的社会行为与社会过程（如社会交往、人际关系的方式、人口流动、社会评价）。④ 孟彦弘认为社会史研究的对象与范围包括：第一，群体结构，其中分为人口、婚姻、家庭、家族，社会群体，社会组织三类；第二，社会生活；第三，社会心态（含教化、信仰、迷信、价值观、社会思潮等）；第四，社会运行（含社会问题、自然灾变、社会保障与救济等）；第五，区域社会。总之，社会史是以社会群体为中心探求历史某一方面的发展、演变的一门专史。⑤

　　以上介绍反映了学者们对社会史的定义和研究内容的分歧，但无论从哪方面界说社会史，都不应脱离"社会"这个中心概念，任何问题的研究都

① 参见乔志强：《中国社会史研究的对象与方法》，载《光明日报》，1986-08-13。
② 参见王玉波：《为社会史正名》，载《光明日报》，1986-09-10。
③ 参见陆震：《关于社会史研究的学科对象诸问题》，载《历史研究》，1987(1)。
④ 参见彭卫：《社会史学研究的历程与趋向》，载《史学月刊》，1987(5)。
⑤ 参见孟彦弘：《社会史研究刍议》，载《史学理论研究》，1998(2)。

应以此作为出发点和归宿点。

由于对社会史做一个普遍接受的界定十分困难，社会史在定义及研究内容上的分歧还会持续并会出现更多的观点，这在学术研究中是正常的。特别是对一门新的学科来说，更是如此。对定义和内涵理解的差异，并不是学术讨论和交流不可逾越的障碍。如能在广泛讨论之后取得包容性较大的、相对可取的共识，对于中国社会史研究的发展有着重大意义。人们完全可以从不同的角度去界定社会史，从而确定自己的研究范围，抓住一个角度或一个方面进行深入研究，提出有创造性的研究成果。就改革开放以来中国社会史理论探讨的演进来说，对于社会史的学术定位有一个从比较考虑研究对象到兼顾研究视角再到"问题"的过程①，学者们对于问题的认识在互相启发中不断深化。从目前社会史研究的实际情况来看，还不具备用一种定义来概括社会史的内容而达成共识的条件，应该反对那种定于一尊，以一种观点作为社会史不变内涵的倾向，这样做违背了社会史是建立在传统史学扬弃基础上的新史学的本质。不过，为了研究的方便，可以把社会史从广义和狭义两个方面进行界定。其广义定义是"再现"人类社会过去的历史，其狭义定义是研究社会结构变迁时普通人的经历。前者有助于展开对历史各个层面的研究，深化人们对历史的认识，而后者有助于人们特别关注社会史在历史研究中的独特地位。

三、社会史研究的基本方法

社会史研究方法带给史学的冲击一般是从研究下层民众和人们的日常生活开始的，但又不仅仅局限于这些领域，也没有只停留于历史社会的任何一个侧面，而总是以建构总体史学即寻找历史规律为其终极目标。在这一目标未竟之前，它的视野与方法总是处在永无止境的开拓之中。

---

① 参见常建华：《新时期中国社会史理论争鸣及其演进》，见《社会生活的历史学——中国社会史研究新探》，115页，北京，北京师范大学出版社，2004。

（一）整体考察历史的方法

社会史研究主张的整体史有两个含义：一是指全社会的，几乎是无所不包的研究内容；二是在承认它的多方面内容之外，更重要的是指研究方法和视角。年鉴学派创始人之一费弗尔在谈及整体考察历史的理由时曾说：历史学是"全体部分构成的历史"，关心的是人类全部活动，是"属于人类、取决于人类、服务于人类的一切，是表达人类文明，人类的存在、活动、爱好和方式的一切"，从这一思想出发，社会史学者立足于从整体上去考察历史。这一方法大致包括如下三点。① 第一，空间上表现为中心地带向边缘地带、总体鸟瞰向区域研究、多数民族向少数民族、城市向农村推展的趋势。西方社会史研究中，这一点表现得比较突出。其史学研究的专注目光已由欧洲中心主义开始移向亚洲、非洲和拉丁美洲地区，并且取得了丰硕的成果，特别是对殖民地时代英属加勒比地区的社会史研究成果最为卓著。第二，从把握人类社会历史全貌的角度出发，把握人与自然、人与社会以及个人的全部活动与变化，其课题涉猎相当广泛。诸如气候史、地震史、生物进化史、体格体质史、道德习俗史、地方史、心态史、生态史、血型变化史、饮食史、食品史、人际关系史、犯罪史、疾病史、价格史、对儿童态度史、对家庭态度史、群体社交史、配偶史、爱情史、家庭史等都被纳入史学的范畴。第三，从社会角度重新审视政治史。社会史主张废除政治史在史学中的统治地位，坚持摒弃大人物的历史，但也有学者认为，一种新政治概念的历史，应在新史学中占有一席之地，新史学还应对大人物的问题重新思考，并赋予人物传记以新的科学地位。

从中国社会史研究的现状来看，从社会生活、社会文化、社会风俗、社会群体、社会问题等较为具体的社会史研究领域到社会结构、社会变迁、社会运行、社会控制、社会功能等更为宏观和抽象的研究范畴，都有不同学者从不同角度给予关注，综合所有学者的成果，就能得到关于历史的整体认识。陈旭麓、张静如等人主张社会史应"反映一个过去了的时代全部面

---

① 对这个问题的论述，可参见常宗虎《社会史浅论》一文。

貌"①，应该讨论"社会整体发展的过程"②。张静如等人主编的《北洋军阀统治时期中国社会之变迁》一书，分为社会经济、政治、教育与文化、社会阶级与阶层、社会组织、家庭、社会习俗、社会意识八章，可以看作试图建立"通史"型社会史的代表作之一，也就是从整体上去考察历史。陈旭麓先生的《近代中国社会的新陈代谢》一书也是运用社会史方法构筑中国近代史体系的成功之作。

(二)多学科方法的综合应用③

在影响历史学的学科中，社会学对历史学的冲击最大，这主要基于两者的共性，即对社会的总体研究。巴勒克拉夫曾把社会学与人类学对历史学的影响归纳为 21 个方面。④ 社会学的概念与方法被大量引入史学研究，如冲突、角色、功能等概念与人口论、结构论、功能论、模式论、分层论、流动论等方法。此外，由于社会学的研究领域涉及人类社会生活的各个方面，因而还需要用其他各相应学科的理论方法，如城市社会学、经济社会学、社会心理学、政治文化学等。社会学力倡历史学与其他学科的平等交流，目前为止，已经在交叉政治学、经济学、地理学、社会学、心理学、人口学、人类学、统计学、民族学、民俗学、语言学、数学等学科中做出了成绩。其中，与其他学科交叉所产生的比较重要的史学方法还有计量史学、心态史学、想象史学、比较史学等。

1. 关于人口理论

这种理论方法，从人口的数量、质量、密度和构成来分析人类的存在状态及某些生活方式和社会现象。如优生、失业、移民等社会现象，都与人口问题有一定的关系。行龙的《人口问题与近代社会》一书，比较注意运用这一理论方法。例如，依据人口再生产模式理论，提出近代中国人口的再生产仍处于高出生率、高死亡率、低增长率的原始再生产模式。该书分

---

① 陈旭麓：《略论中国近代社会史研究》，载《华东师范大学学报(哲学社会科学版)》，1989(5)。
② 张静如：《以社会史为基础深化党史研究》，载《历史研究》，1991(1)。
③ 对这个问题的论述，此处吸收了虞和平、郭润涛的研究成果，参见《中国近代社会史研究述评》，载《历史研究》，1993(1)。
④ 参见[英]杰弗里·巴勒克拉夫：《当代史学主要趋势》，杨豫译，76～100 页，上海，上海译文出版社，1987。

析了过剩人口存在的流动、潜在和停滞三种形式，以及生产和土地状况与人口的过剩、分布和结构之间的内在关系，研究了由过剩人口引起的人口流动和分布结构变化与社会动乱、农村经济衰败和城市经济发展滞缓的关系。

2. 关于结构功能论

任何一种文化现象，不论是抽象的社会现象（如社会制度、风俗习惯、思想道德等），还是具体的物质现象（如手杖、工具器皿等），都有满足人类实际生活需要的作用，即具有一定的功能。它们中的每一个与其他现象互相关联、互相作用，都是整体中不可分割的一部分。这种理论认为，整体社会和它的各个构成部门的功能与它们各自特定的内在结构状态密切相关，有什么样的结构就会有什么样的功能，结构的调整会带来功能的变化。整体社会功能发挥得好坏与社会各构成方面功能的协调和整合程度相关；社会各构成方面功能的充分发挥也需要与整体社会功能及其他社会构成方面功能保持协调；就是每一风俗习惯、物质设施、观念信仰，也都是整体社会发挥功能的一个组成部分。因此，建立和保持一种健全而协调的社会结构体系，对人类社会的稳定和发展是非常重要的。这种理论方法在商会史研究中运用较多。虞和平用这种理论方法，就近代行会的存在状态、组织结构、社会功能和近代化过程中商会的社团法人性质等问题，做了积极探讨。他通过考察近代行会功能的资本主义化，提出鸦片战争后通商口岸的行会在向着适应于城市经济外向化和资本主义化的方向转化；通过考察行会与商会之间相互依赖的功能结构关系，揭示了行会之所以能作为商会的基层组织而长期共存和合作的内在因素和合理性；通过考察商会的目的认同体系、成员资格界定、组织协调系统和社会整合功能，论证了商会的资产阶级社团特征和性质。他又运用法学理论，考察了商会的设立程序财产支配权、法定权利、权利能力和行为能力，以及商会与政府的法律关系和利益合作关系，从而论证了商会的法人性质。①

3. 关于层次论和流动论

层次论把人类社会存在按地位和职业分成不同的层次，并考察各层次

---

① 参见虞和平：《鸦片战争后通商口岸行会的近代化》，载《历史研究》，1991(6)；虞和平：《近代商会的法人社团性质》，载《历史研究》，1990(5)。

间的内在联系和互动关系，从而分析人类社会的结构状态。流动论是分析人口在不同层次之间的易位过程及其原因和影响。王先明关于清末绅士阶层的研究就有运用。他通过对甲午战争后绅士阶层分化过程的考察，分析了绅士向其他社会阶层流动的途径、特点和意义。他认为通过投资于企业由封建阶级转化为资本家；通过接受和举办新式教育逐步脱离传统文化束缚而转化为自由职业者和下层社会成员，这是绅士阶层发生社会流动的两种基本途径和三种流向。分化后的绅士不仅成了新的社会阶层的骨干，而且是清末资产阶级社会政治运动的发起者和参与者。他还用社会流动论考察了由传统商人、商贩、学徒或游民向买办阶层转化；由官僚、商人、买办向近代资本家转化；由破产农民、市民、手工业者向近代雇佣工人转化之类的自由性社会流动，以及由生产技术方面或社会方面的变革而引起的大规模的阶级、阶层结构或人口地区分布的变化之类的结构性社会流动。[①]

4. 关于城市社会学

城市社会学起源于 19 世纪末 20 世纪初，是社会学中早期的分支学科之一，主要研究城市的各种社会问题、城市生活方式和社会组织。其具体内容包括：人类生态学，城市社区的划分，城市问题（如失业、住房紧张、环境恶化、种族歧视、阶级冲突、贫富不均、犯罪等）对策与规划，城市化。在城市化国家，任何一门社会学科的研究都与城市社会学有关，如犯罪学和异常行为研究主要针对城市治安状况；人口统计学中很大部分涉及城市人口迁移过程和农村人口变为城市人口的过程；对社会政策、家庭、老龄化、医疗、社会差别等的研究也离不开城市社会学。近年来，城市史研究成果丰硕，从事城市史研究的不少学者，运用城市社会学和人类学的理论方法，对城市的市民群众、城市生活、城市人口、城市社会组织、城市社区、城市行政管理和城市近代化问题做了开拓性的探讨，无论在研究对象、研究方法，还是研究成果上，都有不同程度的突破。

关于社会心理学、计量史学、想象史学和比较史学方法在史学研究中的应用，本书已有专章介绍，在此不赘述。

上述例证虽不能反映目前社会史研究中所运用的理论方法的全貌，但

---

① 参见乔志强主编：《中国近代社会史》，177～191、198～204 页，北京，人民出版社，1992。

也可以表明由于引用了多学科的理论方法而带来的研究视野的开阔和研究层次的深化。同时也说明，只有综合运用历史学、社会学及与各专题社会史相关的学科理论方法，才能使社会史研究得以深化而富有特色。否则，即使在研究对象上已进入社会史的范畴，也只能是社会历史现象的陈述，而不能充分显示出社会史的学科特色。

(三)社会史研究中特别需要田野调查和口述史方法

田野调查是研究和了解族群文化的主要方法，它本来属于人类学的工作范畴，社会学被称为社会调查，民族学、民俗学中也经常采用，尽管各自的学术规范不同。田野调查不仅能使研究者获得除文献资料以外许多活的(如口述回忆、祭拜仪式等)和死的(如碑刻、建筑遗存等)见证，还可以生动再现属于过去的东西，增加活的生活体验，尤受史学工作者的青睐。在社会史研究中，有许多课题因文献资料不足或记载不详，常常需要求助于田野调查，如秘密结社方式、宗族组织、民间会社和民间信仰等。还有像牵涉家庭内部的生育、溺婴、夫妻和婆媳关系，通过查访也能得到新的内容。随着人类学与历史学的相互影响、渗透，小社区的社会变迁日益受到社会史研究者的重视。人们发现，小社区的典型研究对于理解一个社会内部多种因素的相互关系，从总体上把握社会发展的趋向，具有其他研究不能取代的意义。而在小社区研究中，田野调查(人类学家所强调的"参与体验")的方法就成为最基本的工作方式。如果把小社区(在实际工作中，可以是一个自然村，也可以是一片有相近文化特征或社会经济关系的地域)理解为构成社会的基本单位，那么通过实地深入观察而获得对社区内部各种社会关系和各种外部联系的了解，对于深化整个社会史的科学认识是有积极意义的。这种小社区的研究实际上已带有揭示"整体历史"的意义，而且这种在较深层次上对复杂社会关系的总体把握，也只有在小社区的研究中才有可能。因此，中国社会史研究的许多经典作品，例如，20 世纪 30 年代陈翰笙教授对华南农村的研究、陈达教授对南洋华侨与闽粤社会的研究、陈序经教授对疍民的研究，都是以小社区的田野调查为基础的。

20 世纪 50 年代、70 年代也有学者比较注意田野调查，进行了一系列调查。但今天看来，多数成果不具有科学价值。自 20 世纪 80 年代起，我国社会史工作者积极投身于田野调查，像中山大学陈春声、刘志伟等与香港大学学者合作，开展对珠江三角洲暨华南地区有关家族、民间信仰、风俗习惯的调查；厦门大学杨国桢、陈支平、郑振满等人与美国学者合作，就闽南家庭组织和乡村社会所进行的研究；北京师范大学赵世瑜对华北庙会的研究；上海社会科学院历史所钱杭、谢维扬及江西师大梁洪生等人，都各有田野调查的经历和成果。中国社会科学院历史研究所自组建社会史研究室后，也开展了一些田野调查。1996 年，该室与中国社会科学院边疆史地研究中心及云南大学民族所在昆明成立了"中国边疆地区历史与社会研究云南工作站"，深入滇西一带，就当地少数民族的婚姻、家庭做了一系列集体座谈和家庭访谈。随后，郭松义和定宜庄以清代辽东移民为题，进行了多次田野考察。为了取得较好的调查效果，出访前他们进行了文献资料准备，并参考国外学者有关田野调查问卷详目和厦门大学闽南农村调查时的问卷，设计了辽东民间调查问卷。从 1998 年起，他们曾多次深入城镇农村，走访了盖州、海城、营口、法库、铁岭、开原等县市、数十个乡镇和村庄，访谈人数超过 200 人。到过次数最多的是盖州市，共 18 个乡镇和 30 多个村子。通过实地调查，不但证实和丰富了文献记载，许多地方还有新的发现，其中包括新的文字资料，如藏于各家的家谱、谱单，散落于山间、村头的碑刻等，成果众多。①

　　这种研究方式的优点是单纯的文献学工作无法比拟的。在田野调查中，可以搜集到极为丰富的民间文献，包括族谱、碑刻、书信、账本、契约、民间唱本、科仪书、日记、笔记等，这些材料在一般的图书馆是无法获见的。更为重要的是，在调查时可以听到大量的有关族源、开村、村际关系、社区内部关系等内容的传说和故事，对这些口碑资料进行阐释，往往能揭示文献记载未能表达的社会文化内涵。置身于乡村基层独特的历史文化氛围之中，踏勘史述，采访耆老，尽量摆脱文化优越感和异文化感，努力从乡民的情感和立场出发去理解所见所闻的种种事件和现象，常常会有一种只可意会的文化体验，而这种体验又往往能带来新的学术思想的灵感。这

---

　　① 参见郭松义：《中国社会史学五十年》，载《中国史研究》，1999(4)。

种意境是未曾做过类似工作的人难以理解的。①

　　口述史在社会史研究中也发挥着特殊的作用。口述史亦称口碑史学，是以搜集和使用口头史料来研究历史的一种方法，或由此形成的一种历史研究方法学科分支。从某个角度说，口述史是重视下层民众历史的产物，因为文献中鲜有下层民众的活动和心理，要研究这些必须借助口头资料或口碑；从方法上说，口述史是历史学与社会学、民族学、人类学等注重实地调查的学科相结合的产物，因为口述史学家必须通过调查采访等直接手段，从特定主题的当事人或相关人那里了解和收集口述资料，以其为依据写作历史。由于口述史料的直接性，使这些主题的研究，特别是民族史、社会史，从时间上说，使现当代史的研究更易接近真实，减少历史学家的主观性。特别是口述史可以借助现代化的音像手段，大大简化了资料收集工作。所有这些，都吸引着历史学家去从事这项工作。近些年来，我国的口述史研究成果斐然。从普通民众的口述史方面来讲，主要有钟少华的《早年留日者谈日本》、定宜庄的《最后的记忆——十六位旗人妇女的口述历史》、张健飞和杨念群的《雪域求法记：一个汉人喇嘛的口述史》、刘小萌的《中国知青口述史》、李小江"20 世纪（中国）妇女口述史"丛书等著作。著者多是历史学者，他们不仅受过历史学的专业训练，而且也都或多或少受过西方口述史学的影响。基于这样的学科背景，这几部著作更多地体现了口述史学的规范，书中既写明了访谈时间、地点、访谈者与受访者的姓名，又以文献为向导，"文野互补"，并辅以人物和实物照片、往来书信、大事年表等，因而获得了学界的较多赞誉。② 口述史研究也碰到许多方法上的问题，像如何看待和区分口述材料里的真伪，如何整理口述材料，把它们变成著史的有用史料，甚至如何选择主题、制订调查计划、最后采用何种方法成书等，都是口述史面对的一些特殊问题。尽管如此，口述史的文字生动，以及音像效果的直观，都极其有利于历史学的普及。

---

①　参见陈春声：《中国社会史研究必须重视田野调查》，载《历史研究》，1993(2)。
②　参见姚力：《我国口述史学发展的困境与前景》，载《当代中国史研究》，2005(1)。

四、社会史研究所带来的史学变革

社会史研究兴起的几十年间，虽然在很多方面还存在分歧和争议，但取得的成绩是不容置疑的，它已经给中国史学带来了多方面的重大变革。主要有以下几个方面的表现。

（一）研究视野的拓展，形成了对历史的多角度探索

社会史研究的贡献主要不是体现在社会史具体研究成果的多少，而在于它开启了一个具有新时代意义的历史趋向，拓宽了历史学的研究视野。许多过去被认为无足轻重、排斥于史学研究领域之外的内容，都在社会史的意义上获得了重新估量的研究价值。举凡服饰、饮食、生育、丧葬、婚姻风俗、等级制度、乡土习俗、家庭宗族、社会心理、妇女儿童、民间社团等，都成为社会史的考察对象，成为自 20 世纪 80 年代中期以来中国史学研究中持久不衰的课题。在社会史研究宽广的视野内，研究者从不同角度去把握历史整体。它所展示的人口史的历史画卷，不局限于单纯的人口统计，而把人口演变的趋势同历史学、社会学、地理学、经济学研究的各种现象联系在一起。由于它有人口调查、财政记录、税收、家谱、遗嘱、物价统计、墓碑、账簿、墓地尸骨等资料，因而可以借助数量统计分析人口模型及其变动对社会的影响。它把研究个人与社会相互作用为主要内容的社会变革史提上日程；同时把以城市地理学、城市生态学、城市宗教学与社会准则为主要内容的城市史展现在人们面前。社会史把人们忽视的家庭史、妇女史提到突出地位，确定了家庭史的四大组成部分。[①]

社会史视野所及，使历史学从交叉学科中获得启发，从它们的领域中引进研究课题，如社会学研究社区社会，民俗学特别强调地域性；历史学原来有地方史，但并未受到重视，受社会学和民俗学的启示，历史学加强了地方史研究，尤其是地方社会史的研究。民族学开展的民族社会调查，

---

① 参见石谭：《社会史学研究方法评析》，载《西北大学学报（哲学社会科学版）》，1986(4)。

使历史学认识到民族社会史研究的重要性。人口学的发展，特别是人口社会学的出现，促使历史学考虑人口社会史的课题。

社会史的研究不仅把自身纳入历史整体，还把从历史学科分离出去的历史成分收回来。例如，现归于语言文学学科的文娱史，隶属于自然科学的科技史，都被历史学通过研究社会史的方式召回，创立了文娱社会史、科技社会史。

此外，由于视野的扩展，旧史料有了新意义，某些过去未能引用、无法引用且看似价值甚微的遗物史料成为史学研究的基石。社会史研究"使史学不再限于朗格卢瓦和塞诺博斯所主要依据的书面文献中，而代之以一种多元史料的基础，这些史料包括各种书写材料、图像材料、考古发掘成果、口头资料等。一个统计数字、一条价格曲线、一张照片或一部电影、古代的一块化石、一件工具或一个教堂的还愿物，对于新史学而言都是第一层次的史料"[①]。社会史方法要求对历史的全面、整体认识，决定了这种研究必须借助于一切可以利用的史料、手段和技术，特别是新史料。因此，一切文字的或非文字的史料对它都十分有用，不仅野史、笔记、书信、谱牒、诗歌、民谣及金石文契和各种历史实物可引以为研究资料，从"正史"与大量地方志中也可以发掘出新的蕴藏。

总而言之，在视野开阔、领域拓宽的过程中，社会史突破了流行半个多世纪的经济、政治、文化三足鼎立的通史、断代史等著述格局，展现给人们一个丰富多彩的历史视域。社会史研究对象的加入，大大丰富了历史研究的内容，弥补了历史学原来范畴的不足或空白。

(二)研究视角的转换，使人们更关注下层民众历史、社会现实问题

由于社会史的多角度、多方向、多重点的研究特征，历史学家的研究目光由杰出人物和政治事件转向民众、基层社会和日常生活。

中国史学的传统功能是史鉴，作为帝王之学，它不可能以人民群众为主要服务对象。即使是中华人民共和国成立后的中国史学，在唯物史观指

---

① ［法］J. 勒高夫、［法］P. 诺拉、［法］R. 夏蒂埃、［法］J. 勒韦尔主编：《新史学》，姚蒙编译，6页。

导下，学者们虽大都接受了"人民群众创造历史"的历史观，但在即使以农民战争为主线的史著中，也仍然是以农民起义英雄、领袖为中心，而对真正意义上的社会大众——农民，却疏于研究。社会史倡导研究普通人的历史，试图通过对社会大众日常生活的探讨揭示出"英雄"们借以出演的历史正剧的社会内容，从而全面而深刻地揭示社会历史运动的必然规律和基本趋向。因此，许多与普通人相关的内容，都成为社会史学者的研究课题。社会史研究对象的日趋"下层化"或"大众化"，实现了"自下而上"实践价值取向。它通过科学的方法，借助大量的基层史料，揭示普通大众的生活和思想，重新认识了人民群体的历史地位与作用。正如霍布斯鲍姆所比喻的："大众历史就象古代犁地的遗迹，这种历史看起来似乎像许多世纪以前人们耕地留下的痕迹一样消失了，但是，每一个航空摄影师都知道，在某种光线下，从某个角度看，这种长期以来被遗忘的脊背和犁沟的影样依然可以辨认出来。"①正是由于社会史研究重视下层民众的活动，使其认识到自身在历史创造中的作用，启发了他们的自觉意识，从而更为积极地投入社会运动。

社会史不仅重视下层民众的活动，还关注他们的精神面貌。社会史对融入民族性格深层结构之中的旧风尚、旧习俗、旧道德进行善意批评，为改变民众的精神面貌清除了社会心理障碍。它批评下层民众的苟安、屈从、懦弱、短视等惰性，批评家长制遗风、一言堂现象、买卖婚姻、生育中重男轻女、虐待妇女、大办丧事等旧社会残余；社会史致力于"文明开化"的启蒙宣传，为有识之士和觉悟民众提供历史启迪。现阶段全民族的文化素质和历史自觉还不高，更何况社会上出现了从一个极端跳到另一个极端的倾向。中国社会史深入民间，以深刻的民族自省来鼓民力、开民智、立民德、树民魂，追求的独立、自由、平等、勤劳、民主和社会义务感，使民族精神面貌焕然一新。

社会史贴近现实，贴近大众，实现了研究视角的"自下而上"。以往和今天，传统和现实，都是互相连通的。社会史研究要更多地从现实出发，

---

① 转引自梁民愫：《英国新社会史思潮的兴起及其整体社会史研究的国际反响》，载《史学月刊》，2006(2)。

而与现实联系最紧密的是近现代社会问题，所以搞社会史必然会加强近现代史的研究。可以说，开展社会史研究促进了史学研究的重点从古代向近现代的转移。很多社会史学者强调自下而上地看待历史，突出以人为本剖析对象，较之过去强调的政治史、军事史、经济史等，更贴近大众，更能赢得人们的心声，而我国目前面临的转型时期所出现的诸多社会问题，在追根溯源之后，人们往往发现，很多方面与历史上的相关问题有所牵连。至于婚丧嫁娶等生活习惯、社会风尚，更会引发人们对往昔的回想。总之，社会史这种接近生活的研究，无疑缩短了研究者和大众的距离，使历史学更容易为人们所接受了解。

（三）研究方法的更新，深化了历史研究的内容

社会史范围广、内容多，具有显著的综合性。要探求社会各方面的联系，以往单一的政治史研究方法显然无能为力。社会史学以社会学为中介，把经济学、教育学、民俗学、犯罪学、精神学、心理学、文化人类学等学科的分析方法引入历史学，促使研究方法的进一步更新，使历史学从有机的整体上考察人类的活动史，深化了历史研究的内容。法国史学家吸取了社会学的系统测试技术，研究 19—20 世纪法国社会结构。他们从社会学借用来的另一个方法是先确定一个有代表性的样本，而后据此研究某一阶层、组织或地区。

对叙事方法的反叛引发了对其他社会科学和自然科学理论方法的关怀，社会史学还把统计学、系统测试技术、计量等自然科学的新思维成果运用于人类社会诸侧面的分析，使历史学研究更为精确化。西方社会史学一个重要特点，就是以社会学为中介环节来吸取自然科学的新理论与方法，而不是直接用自然科学的新理论与方法去研究历史。社会学应用最多的是计量方法。许多社会学的分支，如人口史、家庭史、城市史等学科的研究，需要对所搜集的统计资料进行复杂的运算，必须利用电子计算机来建立数量模型，以提高史学研究的精确度。有些历史学家断言，从科学的观点看，唯一的社会史就是定量史。

一些原有的史学研究课题在引入社会学理论和方法后取得了某种新进展。美国史学界以往研究劳工史，大多偏重劳工组织、工会组织、工会制

度、工人罢工运动，在引入社会学的研究方法后，研究者开始注意到工人自身生活，研究内容深入工人如何利用闲暇时间、邻里关系以及各种用于文化方面的消费。

社会史研究领域的持续扩大和研究方法的不断翻新，扩大了史学研究的范围，深化了史学研究的内容，在综合历史、研究整体史的方向上做出了努力。总之，社会史研究为史学研究在完成其还原史实、解释历史、总体整合地认识历史做出了贡献，并由此改变传统史学的面貌，实现了中国史学的重大变革。

五、社会史研究存在的问题

中国社会史 20 世纪初的兴起是基于对西方的新史学和其他社会科学理论的广泛吸纳，而在 20 世纪 80 年代的复兴也源于对西方 20 世纪新史学，尤其是对法国年鉴学派为代表的社会史研究理念和西方各种新兴的学科理论及研究方法的大量引进。西方的新史学和社会科学的理论方法，一方面，给中国社会史的发展提供了营养，使之取得了骄人的成绩；另一方面，由于没有处理好西方人文社会科学的理论本土化和其他社会科学方法的"历史学化"问题，也使中国社会史研究存在一些严重缺陷。同时，我国的社会史研究起步晚、基础弱，史学界又缺乏对现代社会学的深入了解，缺乏对这两个母体学科的研究都能驾驭自如的研究者。迄今为止，我们对社会史这一学科的基本概念、研究对象、研究内容、研究方法，以及社会史与文化史、社会史与社会学和社会心理学、社会史与人类学的关系的了解还不甚深入，有些甚至大有偏颇。所有这些都使社会史研究存在不少问题。

（一）社会史研究缺乏理论概括

20 世纪 80 年代末到 90 年代初，中国史学界围绕社会史的研究对象、方法、学科性质以及与相关学科的关系，展开过热烈的讨论，还翻译介绍了若干西方社会史理论著述。应该说，这些讨论和介绍，对加深认识社会史，动员人们参与社会史课题的研究，十分有益。但总体说来，理论讨论仍显不够，特别是缺乏层层深入，或在理论指导下就具体课题作某种示范性研究。比如我们说社会史与以往政治史不同的是采用自下而上的研究，怎样或如何才算自下而上的研究；再比如有的学者提出社会史是一种研究范式，怎样把这种范式体现在政治、军事、经济方面的研究中，这都有待于探索。

社会史在短时间获得了迅速发展，各种专题社会史如人口史、妇女史、秘密社会史、社会生活史、家族史、服饰史、灾荒史等均有大量论著和文章问世，成果蔚为壮观。相比之下，社会史理论研究的滞后性异常突出，不仅专著匮乏，甚至有关宏观体系方面的文章也不多见。西方社会史发展中的两个极端倾向，即专题社会史的发达和学科理论体系的滞后，重现于中国史坛。

宏观理论研究的薄弱导致微观研究的困境，大量的专题研究成果并不能解决学科理论体系问题，不能以一个独特的相对独立的学科获得学术界的真正认同，系统的社会史绝不是各门专题社会史的简单结合。众所周知，微观具体研究必须有宏观理论的指导，脱离和没有宏观理论指导的研究必然走向烦琐和细节化，研究者往往会视野狭窄，点不及面，就事说事。宏观理论研究的滞后性，最终从根本上拖累和制约着整个社会史的发展，使社会史研究缺乏最基本的理论规范，从而导致专题研究呈现出狭隘性和偏向性而难以服人。

社会史本身的理论问题，当然要随着社会史研究的发展而不断总结，有一点滞后也是自然的。但实际情况是，许多人认为社会史的任务仅限于收集史料，而理论领域是社会学家的领地。由于社会学家对历史过程的不熟悉，由于现实社会与既往的社会毕竟是两个有所区别的研究对象，因而出现了与社会史学相脱节，甚或相悖逆的一些"理论"。尽管不少社会史著作对某一地区进行过深刻的探讨，对政治事件也有严密的逻辑分析，但从总体上说，直觉的想象多于系统的社会史理论总结。有些历史学家为解燃眉之急，照搬社会学的理论概念，但不能把它们同历史学有机的融合。同时，对社会史概念的不同理解又引起了社会史学界思想上的混乱。

社会史研究要加强理论概括。一是要改变仅停留在描述阶段的研究现状，加深研究的深度，并对同一问题多视角研究，以增加结论的可靠性；

二是要对形形色色的理论进行检验和改造，因为许多理论模式是西方人根据西方历史或现实归纳出来的，不一定是普遍的，不一定适用于中国历史；三是要在研究中发现和创建应用范围宽窄不一的中国社会史理论。[①] 如何把社会学理论同历史学紧密结合起来，创造出社会史学体系的完整理论，是社会史学界面临的严峻任务。

(二)社会史研究对象琐碎、杂乱

社会史研究对象的琐碎，一方面源于缺乏宏观和微观理论的指导，另一方面是研究视野无限拓宽的结果。由于社会史复兴后理论积累的欠缺，而有的研究者又满足于对某种表象的认识，致使有许多人在社会史的名义下进行研究，却搞不清楚"社会史"究竟是什么问题，认为只要题目与之有关，就属于社会史；有的史学工作者在研究社会史时确实拓宽了视野，把社会史学研究焦距投射于社会生活的各个领域，为构筑独立的社会史学科一味地寻求社会史的研究对象。对社会史研究对象见解不同，结果形成了多种意见倾向，具体研究中选题的琐碎自然也就难免了。与此同时，视野的扩展带来的是对农民、手工业者、商人、市民、士兵与知识分子等社会各阶层各个方面的探究，并从此延伸出对社会结构及所有群体、阶层的物质生活、精神生活和心理世界的全面关注，最后发展为选题的无限碎化、多元膨胀。以至于有人曾讥讽社会史是个大杂物筐，只要政治史、经济史、军事史等几大板块包括不了的，都可以归在这个筐里。

社会史扩大了研究对象，社会史团体成立了诸如地方史、劳工史、城市史、家庭史、社会教育史、妇女史、农民史、儿童史、医疗社会史等数不胜数的机构，每一机构都代表社会史的一个分支学科。这些分支学科有自己的专门术语和方法论，妨碍了相互交流和交往，使社会史研究出现视野狭隘，选题狭窄偏小等奇怪现象。那些研究妇女、家庭、闲暇状况和教育的历史学家缩小了自己的研究范围，并把自己所研究的领域发展为一些专门的学科。

社会史研究选题的无限细碎化，以及缺乏宏观和微观理论的指导，又

---

① 参见赵世瑜：《社会史研究呼唤理论》，载《历史研究》，1993(2)。

导致了社会史研究对象的杂乱。有的研究者只注重开拓新领域，而放弃了对选题的主次区分；有些题目被重复地研究来研究去，却始终缺乏新意；而有些题目对于理解中国传统社会有重要意义，研究的人却寥寥无几，如对中国传统社会某些弱势群体的研究就非常薄弱。

有的研究者片面追求新奇，追求历史学的商业价值，使其研究变成了罗列奇风异俗、陈规陋习的民俗展览。我国社会史研究著作迎合猎奇者占相当分量。一些史学工作者为摆脱史学的冷遇，在社会史选题上一味迎合猎奇者的课题蜂拥而起，呈现低级趣味倾向。当然，作为社会组成部分的娼妓、流氓等阶层并不是不值得研究，但如果仅仅是为了迎合人们追求新奇的心理，追求商业价值而进行研究，那就大大贬低了社会史研究的价值。正确的态度应把史学研究的学术功能和社会功能有机地结合起来。一部严肃的专题史著作，就是要从历史的大背景出发，分析某一事物、某一阶层、集团产生的原因、演变的过程及最终结局。在研究中，务必处理好微观历史与宏观历史之间的关系，一方面以宏观历史为依托，把微观的事物放到宏观的历史大背景中进行考察，如分析近代流氓阶层，应把它放到近代中国社会的大环境中去，考察近代中国社会的变迁对流氓阶层产生和演变的影响，这样才能把握住近代流氓阶层变迁的大势。

按说对整体史的追求是"社会史"内涵的应有之义，也的确被年鉴学派之后的所有社会史学者所反复强调，但由于选题与方法上的碎片化、多元化耗费了历史学家太多的精力而被一再地放弃、推延。历史学家视野的拓宽，强化了史学研究的力度，铺展了史学研究的广度。它的极致演化又恰恰限制了史学研究的宽广性。加强社会生活各个领域的研究，有助于史学研究对象的广泛化和内容的深入化，但不幸的是，把此推向极端却又反过来限制了这种广泛化和深入化。

（三）排斥政治史的倾向

在社会史研究中，一些学者在运用社会史的原理时忽视了历史进程中政治的作用。政治史是年鉴学派创始人反对的焦点，尤其是外交政治史。他们认为政治史一方面是一种叙述性的历史，另一方面又是一种由各种时间拼凑而成的历史，这种事件性的历史只能是掩盖了真正历史活动的表面现象；而真正的历史活动则产生于这些现象的背后，产生于一系列的深层结构，必须深入幕后和深层结构中去探索、分析和解释。费弗尔反对从"大人物"的性格、心理及心血来潮出发，或从"外交对抗中的矛盾运动"出发来研究"伟大群众运动"的"种种真正的、深刻的原因"。真正的原因"存在于地理因素、经济因素、社会因素、知识因素、宗教因素和心理因素等等之中"①。20世纪初，英国剑桥大学教授屈维廉也说，社会史仅仅是删去政治后的历史。这种以社会史研究排斥政治史的观点深深地影响了中国史学界。

从目前社会史研究的选题上看，很多学者对民众的历史关注颇多，实践了"眼睛向下看历史"的理想，从而达到"自下向上"研究历史的目标。但由于"自下而上"看历史的视角转换还没有为多数研究者所实践，更多的成果是只注意到"下"，并没有与"上"联系起来。所以一些社会史学者对属于传统的政治史、制度史、事件史和杰出人物的题材完全不屑一顾，排除在自己的研究范围之外。不少社会史学家"在本能上厌恶和排斥政治史"，他们把社会史和政治史割裂、对立起来，"要么此，要么彼"。他们把"现实政治"交给政治史学家去研究，而自己仍留在小圈子里。这种倾向其实违背了社会史研究建立"整体史"的初衷，因为社会是各个要素的组合体，不能因为传统史学过分注重政治史的研究而走向另一个极端。

杰出人物和民众、国家与社会不是对立的，而是统一在一个大的社会系统里。社会史要做的不是排斥政治史，而是要从民众的角度和立场来重新审视国家与权力，审视政治、经济和社会体制，审视帝王将相，审视重大的历史事件与现象，这样我们对问题的看法就有可能深化，结论就可能有很大的不同。

(四)史学特征的旁落

社会史发展的一个重要特征就是对相关社会科学理论、方法的积极借鉴。借鉴本身不是坏事，确实在一定程度上促进了社会史的研究。但是这样做并不等于要消除历史学的本位立场，特别是如果把其他社会理论中生

---

① ［法］J. 勒高夫、［法］P. 诺拉、［法］R. 夏蒂埃、［法］J. 勒韦尔主编：《新史学》，姚蒙编译，10 页。

成的问题直接当作历史学的问题时，就会影响到我们对史料和历史事实的勘别与认定。如果不加改造，生吞活剥，在史学论著中大量使用相关学科专业词汇，所使用的方法也不能"历史学化"，史学的特征会逐渐削弱、旁落，史学将不能成为史学，而变得不伦不类。至少从目前出现的新社会史研究来看，历史往往成了各种社会理论的实验场所，这就极有可能对历史学从中吸收养分产生某种阻碍作用。"在社会史发展过程中，人们遂大量地借用社会学理论、概念、范畴、方法，使旧有的史学理论体系陷入'失范'状态，而新的理论、范畴并没有在史学学科意义上进行科学的体系化的整合，新的'规范'并没有形成。"[①]在社会史理论构架上有些学者也大体照搬社会学的理论框架，把动态性的社会史纳入一种"社会结构、社会生活、社会功能或社会意识"的简单社会学理论体系中，把纵向性的社会历史变成了横断面的历史上的社会，社会史逐步成为社会学的历史投影。

社会学主要研究现代人，社会史研究如果把社会学的概念、观念、理论和方法机械引入历史学，就有将现代世界观强加于过去时代的人们的危险。社会学最重要的概念——个人、社会集团、社会流动、功能、社会监督、社会结构、角色、交际等，只有在赋之以历史内容、确定它们与传统的历史概念之间的联系的条件下，才可以运用于历史研究。要成功地运用社会学方法，只有将它与历史学方法相结合，这样社会学的专门理论在历史研究中才能行之有效，否则是不可能达到目的的。"应该清醒地认识到，在历史研究中运用社会学，虽然有助于但却不能保证找到真理，况且社会学理论本身正处于不断发展的过程之中"[②]，这是中国研究社会史的学者们应该时刻牢记的。

总体来说，社会史研究取得了一定的成就，但也存在很多问题。如果说以社会史研究为方向的突破使我国历史科学摆脱了 20 世纪 80 年代以来的生存危机的话，那么到 20 世纪 90 年代中期以来，由于社会史研究本身存在的问题，又使历史学科本身面临着新的发展危机。对于史学工作者来说，能否有效地解决这些问题，将深深影响着史学研究的正常开展。

---

① 王先明：《中国社会史学的历史命运》，载《天津社会科学》，1995(5)。
② ［苏联］波·尼·米罗诺夫：《历史学家和社会学》，王清和译，145～146 页，北京，华夏出版社，1988。

第十九章　史学评论的理论与方法

本书第三章从学科分类的角度出发，根据学科研究的对象，曾经把史学评论列为"以史学本身为对象的诸学科"之一种。从这一点上说，它是一个和史学理论相平行的史学分支学科。但是，从史学评论的性质上说，它是对史学现象的一个理性思考，是对史学研究成果和史学研究状况的一种理性反思。这样，根据我们在本书"绪论"中对史学理论学科性质的理解，史学评论又该归入史学理论的范畴，成为史学理论的一个分支学科。

一、史学评论的性质和作用

史学评论以当代史学研究实践及其成果为研究对象，对历史学的发展，起着调节、规范、引导的作用，是史学发展的杠杆和调节器。大体说，史学评论要做的事情，主要有三个方面：一是对具体史学研究成果的价值、意义、得失及其原因，进行科学的考察和评价；二是对史学研究状况进行分析与评述；三是对史家个人史学成就、史学方法、史学思想进行分析与评述。通过这三个方面的工作，以实现其总结史学研究经验、矫正史学发展方向、传播史学研究成果的科学功能。

史学评论是一种价值评估。价值是主体与客体相互作用而使主体得到某种满足的属性，客体价值的大小与它满足主体需要的程度成正比。与史学以客观历史过程为自己的研究对象不同，史学评论的客体是历史学家的史学实践、史学著作和史学现象。历史的认识与表述活动都被作为一种客观现象而纳入史学评论的研究领域，主体与客体不再相分离，因而具有直接性的特点。同时，史学评论不仅要认识以往的史学著作和史学研究活动，而且要对当代的史学研究状况、史学著作和史学家进行评论，带有明显的时代感，它更注重现实的社会需要。

史学评论的评判性质使其在自身的发展过程中有着鲜明的时代性、政治性。史学评论的时代性表现在不同时代的史学评论家对史学的实践活动和史学著作都有不同的要求，从而各个时代史学的任务、功能、研究方法都有极大的差异。古代社会的史论，只看到历史的表象，因而只注重评论史书的体裁、体例和写作方法。不同政治集团，对史学有着不同的要求，因而有着不同的价值认识。古代政治家认为，史学的价值在于为统治者提供借鉴，古代的史学也就发展为统治阶级巩固其统治的"借鉴史学"。历代统治者不仅对历史发表评论，而且以他们的实际行动来影响史学家的评论活动。唐太宗的《修晋书诏》、宋神宗的《资治通鉴序》、清高宗的《重刻〈通典〉序》等都反映出这一特点。唐宋以后，历代政治家对史书有不少评论，评论较多的是《资治通鉴》《通典》《贞观政要》，因为他们从中可以得到宝贵的历史借鉴。

近代西方一部分历史学家认为史学可以使人们获得丰富的知识，因而把探索历史的因果关系，为全人类提供借鉴作为史学的最高价值。他们主张在描述历史现象的同时，以一定的历史哲学、史学方法为指导，因此，他们的史学评论重视史学家的历史观和方法论，比古代的历史学家进了一步。

马克思主义的史学评论，坚持唯物史观为指导，强调历史观和方法论的统一、革命性和科学性的统一，它为史学评论注入科学性这一新鲜血液，使史学评论达到了更高的境界。

史学评论在中国很早就产生了，孟子、庄子对《春秋》的评价，应是史学评论活动的开始，随后史学评论逐渐增多。但史学评论作为一门独立的学科，开始于南北朝时期刘勰的《文心雕龙·史传》，这是有关史学评论的专篇论述。到了唐代，刘知幾的《史通》在史学评论方面做出了巨大贡献，标志着古代史学评论的一大进步。明清时期，史学评论较为繁荣，出现了各种形式的史学评论著作，最为著名的是章学诚的《文史通义》。在西方，古希腊、古罗马时代就出现了史学评论活动。如修昔底德批评希罗多德"把刚一听到的事物就传出来是不对的"，"那些听起来引人入胜的当众的朗读……是充满奇谈逸事"①的，认为不能以道听途说的东西为史学研究的材料，提出了史学真实性的要求。后来，波里比阿在此基础上，进而提出："'真实'之于历史，正如双目之于人身。如果挖去某人的双目，这个人就终身残废了；同样，如果从历史中挖去了'真实'，那末剩下来的岂不都是些无稽之谈?"②他们的史学评论，虽然不够系统，但也为后世的史学评论活动积累了经验。

史学评论的作用表现在以下三个方面。

第一，调节史学研究与社会发展的关系。

历史学家和史学评论的关系，绝不只是史学本身的问题，它折射出社会对于史学的评论，也在很大程度上反映了史学在社会生活中的重要位置。历史学家的思想和撰述一旦以著作出现，就成为一种精神产品，必然接受社会的评论。社会实践的变革，促使人们从新的角度去认识历史，更加深刻地揭示历史的本质，更加准确地把握历史现象之间的内在联系，使历史认识和历史事实更加符合。

史学作为社会意识形态和上层建筑的一部分，它的发展状况是由一定的社会经济基础决定的。反过来，又为一定的社会经济基础服务。这种决定与被决定、服务与被服务的关系，是史学发展的一般形式。但社会的意识形态一旦产生，就具有相对独立性，史学也不例外，它不时会与经济基础或某种现实政治产生尖锐的矛盾。这种矛盾就需要史学评论来加以揭示和调节。如《史记》中表现出来的一些人民性，使它在政治上"是非颇谬于圣人"，这与统治阶级对史学的需求是背道而驰的，遭到自班固父子以来历代正统历史学家的批评。经过他们的批评，抹掉了《史记》中与统治阶级需要不相适应的内容，同时又继承和肯定了它与统治阶级利益相一致的方面。在编纂《汉书》等史著时，他们恪守正统观念，适应了统治阶级对史学的要求，也使史学与当时的经济基础、阶级基础相适应。例如，在欧洲资产阶级革命的推动下，人文主义史学家们才得以把神的历史恢复为人的历史。

① 转引自宋瑞芝、安庆征、孟庆顺等主编：《西方史学史纲》，38页，开封，河南大学出版社，1989。

② 郭圣铭编著：《西方史学史概要》，53页，上海，上海人民出版社，1983。

又如，在近代进化史观和资产阶级革命的推动下，才产生了王国维、梁启超等运用西方新史学方法的学者。五四运动时期，先进的中国知识分子找到了马克思主义这一科学的世界观和方法论，才建立了马克思主义史学，实现了我国史学史上的伟大变革，出现了一大批运用马克思主义研究中国历史的历史学家。马克思主义经典作家总是强调要从现实的革命斗争需要出发去研究历史，而且在他们自己的历史著作中也都实现了这一要求。马克思的《路易·波拿巴的雾月十八日》《法兰西内战》，恩格斯的《德国农民战争》《家庭、私有制和国家的起源》，列宁的《俄国资本主义的发展》，毛泽东的《中国革命和中国共产党》等，都是为了探求历史规律、总结历史经验、指导现实革命斗争而撰写的。我国的马克思主义史学家从一开始就把史学和中国革命紧密地联系在一起。改革开放以来，在"拨乱反正"政策引导下，在纠正历史性错误的过程中，史学评论发挥了巨大的作用。可见，只有社会实践的变革才是史学发展的真正动力，社会实践提出了需要研究的课题，史学研究又反过来为革命实践提供了历史依据。通过史学评论，将社会需要的信息反馈给史学家，使史学家得以调整自己的研究方向和课题，实现史学发展与社会需要的协调一致。正是由于史学评论具有这种调节功能，才使得史学能够长久不衰地发展。

第二，促成史学与现实社会的结合。

在当今，任何一门学科要真正对社会有用，为社会所需要，得到较快的发展，除了要满足社会对它所提出的要求之外，还要使它为社会所了解、所认识。一部再好的著作，如果不为社会了解和接受，价值就体现不出来。世界上的人和事物的真实价值未必可以轻易地被认识，往往要经过评论家独具慧眼地指出，才能被人们广泛了解和认识。哲学家、艺术家、理论家……各以自己的方式观察、判断，各从自己的角度指出人或事物的价值。史学评论的工作就是以科学、先进的思想透彻地观察、分析史学，准确地衡量与评价史学的价值，一方面帮助读者了解、把握史学著作的内容，获得科学的历史知识，提高历史认识；另一方面也揭示那些不易为人们所理解的史学著作的社会意义和学术价值，把错误及有害的成分揭露出来，提高人们辨别是非的能力，从而促进史学与现实社会的结合，实现史学的教育、借鉴功能。

现实中存在着一种十分奇怪的现象：一方面是出版的史学著作越来越多，另一方面是人们抱怨没有好的史学著作可读。解决这样一个矛盾，需要史学评论去进行调节。如果历史研究的新成果，都能被学者、专家适时地写出评论著作或评论文章，把它们介绍给广大读者，将对促进史学与社会的联系，进而促进史学在实际应用中获得更大的社会价值，有不可忽视的作用。

史书的内容是极其丰富的，史学评论自然也会涉及社会生活的许多方面。史学评论开展得好，史学与现实社会的联系也就越来越密切，人们对史学的作用及其重要性的认识也会越来越高。人们的认识水平提高了，对史学著作的欣赏水平也就相应地提高，一方面更容易接受史学的研究成果，另一方面又对史学提出更高的要求，促进史学不断地向前发展。

第三，总结史学研究实践活动，促进史学认识的提高，推动史学理论研究的进步和发展。

历史研究、史学编纂乃至史学评论本身都离不开一定的史学理论指导。正确的史学理论是史学发展的前提条件。史学评论在史学理论形成、发展过程中的这种推进作用，以及其自身所带有的那种理论色彩，都使得它能从史学理论的角度去指导历史研究和史学编纂。

每一部史学著作，每一种史学现象，都只是潜在地蕴含着史学家们成功与失败的史学实践经验。这些潜在地蕴藏着的实践经验，它们本身不会自发地升华为史学理论，而是需要中间环节的催化过渡。史学评论对史学著作和史学现象的分析和批评，是对史学实践感性认识的一种概括和总结，并在这个基础上形成、产生和发展为完整而系统的史学理论。因此，史学评论也就成为史学理论形成发展过程中的一种催化剂。史学是一个多方面、多层次的复杂系统，而史学评论就活跃在这个系统的各个方面、各个层次中，评论其是非得失，总结其经验教训，催化史学的各种感性认识向理性认识升华。

某种史学理论一旦产生，它是否真正具有客观真理性，还需要在史学实践和社会实践中加以检验和证明。这种检验的结果，往往还会通过史学评论的形式反映出来，它们或者补充，或者修正这些史学理论，使之更加丰富和完善，并得到发展。例如，唯物史观的基本原理被揭示出来之后，马克思、恩格斯即以此为指导，在亲自进行史学实践的同时，又不断地评论各种史学著作和史学理论，而这种史学实践活动和史学评论活动，反过来又进一步丰富和完善了马克思主义的史学理论。如历史唯物主义中人民群众和伟大历史人物的关系问题，就是马克思和恩格斯在评论英国史学家卡莱尔的英雄史观时具体阐发出来的。普列汉诺夫、列宁根据唯物史观，评论俄国与英国、法国的一些唯心主义史学理论和史学著作，又进一步发展了马克思、恩格斯关于历史人物评价的理论。

中华人民共和国成立后，由于实行"百花齐放"和"百家争鸣"的方针，史学取得了巨大的成就。对古代史分期问题、亚细亚生产方式问题、农民战争问题、民族关系问题、中国资本主义萌芽问题等都进行过较大规模的学术争鸣和讨论，深化了人们的认识，推动了中国古代史的研究，使史学家的马克思主义理论水平进一步提高。这些成就的取得，史学评论功不可没。

总之，任何一门学科都有自己的调节机制，它是维持自身系统的稳定、更新、完善和发展自身的重要环节和内在动力。史学评论在史学的发展过程中正是起着一种调节机制的作用，它对史学的自我更新、自我完善和自我发展都有决定性的意义。因此，史学评论学科是史学理论建设中一个不容忽视的组成部分。

二、史学评论的一般角度

史学评论的对象就是史学这一整体。史学十分复杂，因而史学评论的内容也就十分复杂。

中国传统史学对史学家的基本素养和知识结构提出了统一、完整的要求，即德、才、学、识。它们既是对史学家治史能力的衡量，也是关于史学家认知结构的基本要求。因此，在评价史学家时，我们一般从德、才、学、识四个方面进行。德评就是对史学家治史品德的评论；才评就是对史学家收集、整理史料和编纂史著能力的评论；学评是对史学家了解和掌握历史事实的广度和深度的评论；识评就是对史学家历史观点的评论。随着时代的发展，人们对德、才、学、识的理解存在着差异，社会对德、才、学、识的要求也有不同，但是史学评论一般还是围绕以下几个方面进行，不过内容有很大的区别。

(一)对史学家历史观的评论

历史观是史学的灵魂，有什么样的历史观，就有什么样的历史认识。对史学家的历史观的评论，主要看他以什么样的理论为指导，他是如何运用这种理论以及运用这种理论时所得出的结论，是否贴近客观历史，并进而指出不同历史观对史学家及史学自身发展的影响。

评价史学家历史观的第一个方面，是看他以什么样的理论为指导。对于史学家来说，不是仅仅记录历史事实，还要研究认识历史发展的客观规律，这就需要理论的指导。没有理论，就不能称其为真正的史学，任何时代的史学家研究历史都接受一定理论的指导，不过他们有些人不愿意表明罢了。例如，在古代社会里，研究历史是以古代社会的伦理道德为指导，近代史学家是以近代资本主义社会的思想观念和价值标准作为史学研究的理论指导。

马克思主义理论诞生以后，人们运用马克思主义的唯物论和辩证法研究人类社会的历史，才从错综复杂的历史现象中揭示出社会生产方式在社会历史发展中的决定作用，科学地阐明了经济与政治思想之间的相互关系，从而发现历史发展规律，使历史研究真正有条件成为科学研究。

评价史学家历史观的第二个方面，是看他如何运用这种理论。运用马克思主义理论指导历史研究，绝不意味着要把经典作家所说的话当作套语和标签，随意套用，到处乱贴，也不是任意剪裁史实使之符合预先设想的结论。在对马克思主义的理解上，要完整、准确，特别是对经典著作的理解，不要离开当时的历史条件和经典作家的意图。在运用上，要求理论结合实际，用马克思主义的立场、观点和方法，在尊重历史事实、详细占有材料的基础上，进行深入、细致的研究，进行新的探讨，得出创造性的结论。同时，我们在运用马克思主义的时候，必须了解它是随时代的发展而不断发展的，对于一些具体的论述，需要根据实际情况加以修正和补充，学会在运用中丰富和发展马克思主义。

评价史学家历史观的第三个方面，是看他运用理论时得出了什么结论。近代以前的史学家，由于没有正确的理论做指导，也就不可能发现历史发展的规律，更不用说去解释历史发展的终极原因了。他们不是用"人性""心理"去解释历史，就是认为"神的意志""绝对精神"决定着历史的发展，大都走向唯心史观。而我们是以唯物史观为指导，是从生产力和生产关系的矛盾运动中去寻找历史发展的原因。我们评价史学家的著作，就是要看他在唯物史观的指导下，能否发现各种历史现象之间的内在联系，认识事物本质，能否揭示事物的发展规律，说明历史发展变化的原因，为人们认识社会、认识自身提供科学的依据。

（二）评价史学家历史认识的真实性、深刻性

一个史学家要使自己的研究成果为社会所接受，并对人们的生活和社会的进步发挥作用，必须符合科学性的要求。这里，我们主要从两个方面理解科学性：一是它的真实性，二是它的深刻性。

史学的真实性，应包括两个方面的含义：史料真实，认识真实。李大钊在《史学要论》中讲道："历史的真实有二意义：一是说曾经遭遇过的事的记录是正确的，一是说关于曾经遭遇过的事的解喻是正确的。……有实在的过去，有历史的过去。"[①]按照李大钊的理解，只有记录真实还不算全面的历史真实，记录真实和解喻真实的结合，才是完整的历史真实概念。这里的"记录真实"，就是我们所说的"史料真实"，是指当时人或后人对已发生的历史事件的记录是真实的，符合或贴近"客观事实"。史学家必须把自己的研究建立在掌握大量真实史料的基础上。如果史料不真实，使用的史料是错误的，甚至是杜撰出来的，其结论不可能正确。史学评论需要对史学家所使用的史料进行辨别，才能进一步去评价其史学认识。如果一部著作所使用的史料是错误的，那么它的认识、观点、结论也就不值得一评。

李大钊所讲的"解喻真实"，就是我们借助于史料对历史的认识或解释是真实的，即历史认识真实。要想使人类过去的经历对现代人的活动有所启迪，就必须对它进行解释。不同的时代、不同的史学家，对于同一个问

---

① 李守常：《史学要论》，7～8 页。

题的解释是不同的。我们评价一个史学家的成就，很大程度上是评价它的认识对人们智慧启发的程度，以及它的解释是否符合时代的特征，是否挖掘出了历史事件、历史人物活动的现代价值。这与为了某种需要而随意解释历史不是一回事。当我们的思想达到一个新的高度，就会对以往的历史进行重新解释，而这些解释都应该是真实的。德国学者恩斯特·卡西尔在《人论》中提到对苏格拉底的评价问题，对我们理解认识真实很有帮助：

> 我们有色诺芬和柏拉图笔下的苏格拉底，也有斯多葛派的、怀疑论派的、神秘主义派的、唯理论派的和浪漫派的苏格拉底。它们都是完全不一样的，然而它们都不是不真实；它们每一个都使我们看见了一个新的方面，看到了历史上的苏格拉底及其理智和道德面貌的一个独特的方面。柏拉图在苏格拉底身上看到了伟大的辩证法家和伟大的伦理导师；蒙台涅则看见了承认自己无知的反独断论的哲学家；弗里德里希·施莱格尔与浪漫派思想家则强调苏格拉底的反讽。[①]

从这个意义上讲，每个史学家都应对总体历史真理做出贡献，他们能否对历史进行符合时代、符合情理的解释，就是史学评论的重要内容，也是我们判断史学家成就的重要依据。

史学的深刻性是指史学作品在揭示出历史现象之间的本质联系，给历史事件与历史过程以合乎规律的说明上所达到的程度。每一种新问题、新观点、新理论的提出，每一个新领域的开辟，常常都是在广度和深度上对历史认识的一种推进，是对历史材料和历史现象的内在联系的一种更为合理的说明，因而表现出深刻性。史学著作的深刻性是和历史研究的新发现紧密联系在一起的，所以在史学评论中，一部史学著作是否有新发现，有多少新的发现，也常常成为衡量它价值高低的具体标尺。谁能提供出更多前人没有发现的新东西，谁的价值就更高。

史学的深刻性和真实性是彼此渗透、密切联系的。只有真实，才能深刻；只有深刻，才能达到本质的真实。而深刻地揭示出历史现象之间的本

---

① ［德］恩斯特·卡西尔：《人论》，甘阳译，228页，上海，上海译文出版社，1985。

质联系，给历史事件和历史过程以合乎规律的说明，也就是反映了客观历史的真实面貌。

(三)对史学家研究历史的理论、方法及其学风进行评价

这方面的问题，相当于古代史学家所提倡的"史才"和"史学"。史学评论需要对史学家搜集、鉴别和运用史料及史著编纂能力进行评论，因为史学研究的基础是史料，任何一个史学家在研究历史时都离不开史料，史料必须经过加工整理后方能使用，因此，驾驭史料的能力大小直接影响史学研究的水平。而编纂水平的高低也直接影响历史认识的表述，所以它是评价史学家个人才能的主要内容。

对史学家的知识，即史学家了解和掌握本专业历史事实的广度和深度以及对其他学科知识的掌握运用程度的评价也是史学评论的重要内容。一个史学家，必须具备渊博的历史知识，掌握丰富的历史资料，这是从事史学研究的基本要求。由于历史内容的丰富性和复杂性，一个历史问题的说明，常常需要哲学、经济学、文学乃至自然科学知识，这就要求史学家具备合理的知识结构。对史学家的历史知识的多少、知识层次与结构是否合理的评论是史学评论的一个重要方面。

对史学家从事研究的方法的评价，是史学评论的又一个重要内容。因为，运用何种方法，不但反映史学家的水平，而且往往代表着史学研究发展的一个特定阶段。例如，司马迁通史性"纪传体"与班固断代性"纪传体"记史方法的出现，说明封建史学发展到一个新的阶段，而且这种记史方法影响了整个封建社会，此后的史书均没有能够超越它们，司马迁和班固在中国史学史上的地位亦由此奠定。

这里，我们特别提出史学家的学风问题，即史学家的学术道德问题，这也是史学评论的重要内容。因为，当前学风浮躁问题十分严重，影响到史学的声誉和发展。它主要表现为忽视基础知识和基本功训练，研究问题很少读前人和时贤的有关著作，不愿意做深入细致的调查研究而急于求成、轻率下笔。文风浮躁主要是目空一切，认为自己总是正确的，别人总是错误的，甚至自我吹嘘；或者有意把简单的问题复杂化，故弄玄虚，企图用这种办法来显示高深；或者在名词术语上打主意、兜圈子，而不在实质问

题上下功夫。有的把国内外前人和时贤有关著作的重要观点和结论作为自己的观点和结论来发表，甚至发展到直接抄袭，用剪刀加糨糊或利用更先进的技术公开剽窃和抄袭。

史学评论应该为克服这些不良学风做出贡献。通过史学评论，人们充分认识学风、学德在史学研究中的重要意义，以高度的责任感，从自我做起，弘扬学术研究中的优良传统，提倡高尚的职业道德，把学风与文风的建设工作持续地开展下去；加强自身修养，提倡扎实、谦虚、严谨、务实的优良学风，力戒浮躁、空泛的不良风气，反对和抵制自我吹嘘、哗众取宠、排斥异己的错误倾向，保持史学工作者的情操；在贯彻"百家争鸣"的方针开展学术讨论的同时，要善于明辨是非，保持对不正之风的思想警惕，勇于坚持真理，批判伪科学，坚持揭露剽窃、抄袭等恶劣行为。①

三、史学评论的价值标准

标准问题是一切评论的中心问题。在批评史上，批评家们曾有"无标准批评"和"有标准批评"之争。所谓无标准批评，其实还是用狭隘的个人偏爱，个人的主观感受，也就是用个人的主观印象来衡量一部著作，其评论不可能客观，对人们也就没有多大价值。史学评论既然是对史学家及其著作进行评价，必须有客观的、科学的，因而最能公允地评价史学著作和史学现象的标准。没有一定的标准，势必引起混乱，造成好坏不分、美丑颠倒的后果。具体来讲，史学评论的标准有两个方面的内容，即社会价值标准和学术价值标准。

（一）社会价值标准

史学评论的社会标准，是按照一定的社会需要的基本要求确定的，是从政治和道德的角度评论史学著作和史学现象的社会影响的标准。而史学评论之所以建立这样的标准，是由史学的社会功能决定的。人们认识历史

---

① 参见王宁、刘利：《纯净学风文风，维护语言科学的健康》，载《中国教育报》，1997-11-28。

的目的是总结以往社会实践的经验教训，从而为现实社会服务。而这些经验和教训的总结，又总是以一定社会的需要为出发点，并通过史学著作表现出来而影响社会。所以，史学评论也势必要从社会需要的角度去评价它的社会效果，指出其满足社会需要的程度。确定一定的社会价值标准是任何时代开展史学评论的首要问题，没有社会标准的史学评论和没有政治目的的史学实践、史书编纂一样是不可思议的。确定史学评论的社会价值标准的目的，是为了科学地规范和引导历史研究和史书编纂工作，使其更好地为现实社会服务。在当前的情况下，我们必须以社会价值标准为规矩，才能确保史学沿着为社会改革实践服务的方向发展。

发挥社会价值标准的作用，需要从以下几个方面考察史学家：第一，史学家的选题是否有现实意义，是否紧扣时代主题。当代史学为现实的社会改革实践服务，并不意味着去如何迎合现实的社会政策，而是要求史学家对现实社会有冷静的观察，从现实社会实践需要中提出有价值的学术选题，从而使自己的研究最终能够为现实实践活动提供启迪和借鉴。这就要求我们的史学家，要有参与当代社会建设的主体性自觉。2011 年《史学月刊》创刊 60 周年的纪念论文中，阎照祥教授对《史学月刊》提出的选题建议，就很发人深省。他说：

> 一盼"月刊"能通过学术宣传，弘扬政治宽容理念。这是因为，比起他国史学期刊来，国内刊物登载的论文，涉关政治对抗和斗争的内容较多，这或许是以往政治宣传所遗留的负面影响。其实有些国家能够长期发展而少有政治颠簸，是它们的政治躯体中，潜移默化地植入了一种政治宽容的因子，善于运用及时的政治改革达到超越暴力手段所获取的结果，在平稳的法治轨道上，实现社会和谐。以后，"月刊"若能有意选登一些倡导社会不同群体互相沟通、社会多元共存的文章，定会有助于我国和谐社会的构建。①

阎照祥教授提出的两个课题，研究他国历史中的政治宽容经验和社会

---

① 阎照祥：《〈史学月刊〉60 年诞辰的感想》，载《史学月刊》，2011(9)。

建设经验，即是对中国当代社会改革实践的直接参与。这方面的研究，我们以前的确是做得太少，或者说几乎没有去做、去重视。只要我们转化了思维，确立了对当代社会的参与意识，与当代社会息息相关的史学课题就会随之而来，史学家参与历史创造的路子是极其广阔的。而只有这样的与现实社会息息相关的史学研究，才会具有真正的社会价值。

第二，史学家们的研究成果是否产生应有的社会效益，不论间接的还是直接的。我们可以考察史学家的成果是否为政治家的重大决策提供了历史依据，是否为人们进行历史创造提供了经验和教训的借鉴，是否磨炼了人们的心智，启迪了人们的智慧，增加了人们的阅历，锻炼了人们的能力，陶冶了人们的情操等。

现在，国际形势风云变幻，充分发挥历史的教育功能，培育人们的爱国主义情感，显得尤其重要。史学的教育功能在这个方面是不可替代的，诸如了解中华民族的文明史，增强民族自豪感和自信心；了解国家统一与历史发展的关系，增强全国人民维护国家统一的意识和信念，积极推进祖国统一大业；了解中华各民族发展的历史，增强民族统一意识与历史文化认同意识，提高维护多民族团结的自觉性；了解中华民族自强不息，革新进取的历史，更加自觉地弘扬民族精神和爱国主义传统；从中华民族文明史中汲取丰富的历史智慧等。当然，历史教育是多层次的，一般的历史教育可以使人们通过学历史，懂美丑、识善恶、学做人；较高程度的历史教育可以使人民认清国家、民族的过去，以便更好地创造未来；更高程度的历史教育可以丰富人们治国安邦的智慧。我们不可能要求每一个史学家都能在自己的著作中完成以上的所有任务，只要他们的研究成果在某一个方面符合要求，我们就可以说，他的成果具有社会价值。①

第三，史学家的研究成果在多大程度上为人类的文化积累和传播做出贡献。一切理性思维的结晶、艺术的精华，一切有关自然、社会和意识形态的各种知识，一切人类历代积累起来的文化财富，都可以通过史学这条道路得到积聚和传播，从而增加后人的知识和改造世界的智慧。

---

① 参见马宝珠：《历史科学与文化建设》，载《光明日报》，1998-01-06。

(二)学术价值标准

史学的学术价值是指史学研究成果所具有的科学性。这主要体现为该成果在史学学科中所具有的学术程度和水平的高低。某项史学成果，无论它是历史研究领域内的何种选题，也不管它是何种选题的哪些方面，只要这种成果能够在前人或他人已有的基础上，有所创新，有所突破，能经得起实践的检验，同时有助于史学的发展，那么，这种成果就具有学术价值。

学术创新是学术价值的核心内容。所谓学术创新，是指对新知识的发现、新方法的使用及对前人认识的超越。这种活动的基本要求是，史学家必须明了前人所做的工作，并对已有的成果做出恰如其分的分析和评价，从而明确自己所做工作的价值和意义。在这一活动中，史学家应尽量避免对已有成果的重复，应当将自己的研究工作置于已有的研究成果之上。也就是说，既以已有的成果作为自己工作的基础，又以已有的成果作为超越的目标。具体包括：一是选题有新意。一定时期的史学选题，是一定时期史学家群体的史学价值观的反映，是史学群体的集体认同，是史学规范的集中体现。它不但反映出史学家的时代感，也是对史学家的思维力、洞察力的一种检验，代表着史学家的学术水平。当前，我们不能总是将选题方向集中到政治制度、阶级斗争、经济关系、所有制状况、思想文化、军事斗争、民族矛盾等重大问题上，而要面对历史的社会层面、社会的生活层面、人物的心理层面等。二是挖掘新的史料。三是开辟新的研究领域。四是修正前人的研究成果。五是对历史提出新的见解。六是应用新的研究方法。七是在著作体例、结构和语言风格方面，打破传统的模式，有所创造。总之，对促进史学的发展有作用，其学术价值就高。

从以上的内容来看，史学评论的学术价值标准，应包括史学内容的真实性、史学见解的深刻性、史学表达形式的完美性三个方面的内容。吴泽先生的《史学概论》对这些内容已有充分论述，此不赘述。①

史学评论的价值标准是随着时代的发展而不断变化的。从史学评论的社会价值标准来讲，在阶级社会里，它总是受一定阶级利益的影响。从史

_____

① 参见吴泽主编：《史学概论》，309～318 页。

学评论的学术价值方面来看，随着社会的进步，人们的认识水平也相应提高，知识的积累越来越多，研究方法不断更新，对于人们认识历史提供了更多方便的条件。这时我们就需要对人们的认识成果提出更高的要求，不再简单地用"直笔"来要求，而是要发现历史发展的内在规律性，以指导现代人的历史创造和生活。

在史学评论中，社会价值标准和学术价值标准是从两个不同的角度对史学家及其成果进行评价。社会价值标准是对史学著作社会效果的要求，学术价值标准是对其学术价值的要求，二者不能互相代替，但其实质又是辩证统一的。因为史学著作的社会效果需要通过它的学术内容来实现，科学的学术内容是强大的社会影响作用的能量源泉，学术造诣越深的史学著作越具有说服力，因而其社会影响也就越大。学术内容的科学性也有赖于站在先进阶级的政治立场上，用代表时代最高认识水平的世界观作为史学研究的指导。可见，史学评论的社会价值标准和学术价值标准互相联系、互相补充，共同承担着衡量史学著作价值的任务。

四、史学评论对史学家素养的要求

在史学评论的范畴里，史学评论者是活动的主体，这个主体作用的发挥直接关系到史学评论的兴旺和发展，关系到史学评论的质量。史学评论，无论对读者、对作者，还是对史学研究和社会活动，都有相当的影响。好的、科学的史学评论，能指导读者理解著作的意义，帮助作者提高研究水平，推进史学研究的健康发展。而不好的、非科学的史学评论，作用则相反，因而史学评论的作用是巨大的。现在，我们史学研究的指导思想是唯物史观，任务是探讨历史发展的规律，充当人类社会前进的向导，相应地，我们的史学评论的标准提高了，对史学评论家的素质的要求也就随之提高。具体来说，史学评论者应该具备以下几种基本素质。

(一)高度的理论修养

史学评论是一种理论活动，是把感性认识提高到理性认识的工作。因此，从事这项工作的评论家必须要有高度的理论修养。评论家之所以为评论家，就在于他比著作家、读者都站得高些，看问题比较深远、透彻；而这很大程度上依赖于他的理论修养。理论修养包括对一般历史观点的掌握、领悟与对史学问题提出、研究、解决的能力和方法。前者指的是历史观，史学评论者必须有正确的科学的历史观，这就是马克思主义的唯物史观，因而史学评论者要加强对马克思主义理论的学习和运用。后者指的历史研究的具体方法，科学的方法有助于得心应手地进行史学评论。在今天，我们不只一般地提出评论家要提高自己的理论修养，而是进一步强调评论家要提高自己的马克思主义的理论修养。

马克思主义理论不但是指导研究工作的基本的历史观和方法论，而且对于丰富思想蕴藏，提高理论思维能力也有重要意义。"可是没有理论思维，就会连两件自然的事实也联系不起来，或者连二者之间所存在的联系都无法了解"①，当然也不可能对错综复杂的历史现象做出科学的理论概括和透彻的历史说明。历史学研究只是从一个特定的角度反映世界的一个侧面，史学评论却不能只是从这一侧面观察这一侧面。显然作为主体的批评家要有把握全部生活内涵的历史整体之和的能力，主体必须是整体的总和的反映者，而把握整体的总和的只能是最高层次的哲学。评论者必须有哲学头脑，善于使用哲学武器，这是对一个史学评论者的基本要求。历史学的研究中所缺乏的不是史料而是哲学，是思想的智慧和智慧的思想，哲学武器在史学评论中大有用场。离开马克思主义的指导，史学评论的科学性就没有保证。这里必须申明，我们所说的提高马克思主义的理论修养，是指对马克思主义的精神实质的真正理解，是在坚持和发展马克思主义的过程中对马克思主义理论的认识与把握，而绝不是指在那里玩弄马克思主义的词句。

(二)深厚的史学素养

史学评论者的史学修养，包括对史学著作的鉴赏经验、对史学著作的深刻内涵的把握和对史学批评规律的掌握。评论不仅仅是复述他人的观点，

---

① 恩格斯：《自然辩证法》，中共中央马克思恩格斯列宁斯大林著作编译局译，43 页。

而且要表达评论者对学术见解之见解，观点之观点，史学评论需要的是反思。史学评论所面对的是史学的学术世界，如果史学评论者没有真知灼见，才智和见识尚不及读者、原著者，没有高度的史学修养，是不可能发现一部史学著作的价值和意义的。

要评论一部史学著作，就需准确把握史学著作的深刻内涵。而要做到这一点，评论者必须具有一定的阅读能力。评论者的阅读不是被动接受式的阅读，而是理解式的阅读。他们"需要有高屋建瓴的阅读理解力，他不只是在原作中寻章摘句，寻找构筑论文的史料和论据。批评家的阅读不同于研究者的阅读，是理解力的阅读，是构建新思维和寻找与原作者对话途径的阅读，是一种主动思考的心灵阅读。他要破译原作的奥秘，是对原作的挑战的应战，故而也是寻找制高点的阅读。……批评家……要高质量地阅读大量深奥艰深的史学和其它学科的著作，阅读大量超越自己水平以上的著作，弄懂一般人不能理解的意义与底蕴，以提高思想水平，操练自己的批评判断力，以此作为自己的判断力储备、理论储备和知识储备"①。

评论者必须深谙史学评论的规律。所谓深谙史学评论的规律，指深刻地理解史学评论的性质、正确地掌握史学评论的标准、恰当地运用史学评论的方法以及具有熟练的史学评论技巧。

一部史学著作所包含的内容是十分丰富的，一个人如果没有丰富的知识和生活经验，读不懂评论的对象，如何去写高水平的评论呢？正确地评论一部史学著作，必须具备渊博的知识和扎实的历史专业基础知识，即不仅要深知著作者的原意和知识范围，而且要对所评论的领域和具体问题的已有成果及其水平有着广泛且深刻的了解与掌握，以便找出评论对象与已有成果的差距或进步之处，对评论对象所反映的历史真实的科学性和深刻性进行评价，并与之进行学术对话或商榷。没有一定的专业研究的基础，甚至说不是同行专家，是很难对一部学术著作进行客观、公允、准确的评价的。

（三）高度的社会责任感和勇于创新的精神

史学评论在社会生活中起着引导鉴赏、推动创造的重要作用。史学评

---

① 王建辉：《史学批评原理片论》，载《安徽史学》，1991(3)。

论是一项影响广泛的社会活动方式，它具有强烈的社会性、现实性，是一种面对作者、面对社会的广泛的交流，因此，史学评论离不开主体的现实责任。这就需要史学评论者具有高度的社会责任感。应该说，史学评论者也是社会舆论的制造者，是人类灵魂的工程师。现实生活中，我们可以看到一部史学著作经过评论者的评价，往往引起读者的关注和巨大的社会反响；另外也看到，由于缺乏评论者的正确而有力的引导，社会上的史学阅读、鉴赏活动很不正常，并进而造成史学生产的失调和社会思想水准的下降。正因为这样，史学评论者要依靠真诚的责任感和睿智的洞察力，去准确、深刻、热情、负责地介绍和评论史学成果，勇于提出新的理论观点，发表自己独特的见解，把史学评论当作神圣的学术使命和社会责任，引导读者去了解史学，帮助读者去理解一个思想、一个发现、一个时代，并对学术的发展起到推动作用。

（四）有与著作者建立平等合作关系的真诚态度，具备客观、公正的高尚品德

把处理好与著作者的关系作为批评家的修养之一，十分必要。史学评论的对象主要是史学著作，因而也就不能不涉及著作者。评论者和著作者是矛盾的两个方面。史学评论史上，确有评论者和著作者密切合作把这个矛盾处理得很好的例子，但评论者和著作者反目成仇的例子也不少。从评论者这方面来说，评论者和著作者关系紧张，往往是由于评论者对著作者缺乏了解、理解，缺乏平等讨论的态度，甚至把自己看成高高在上的裁判者、法官。这样一来，不仅伤害了著作者，也使自己的评论"失准""失态"。史学评论者作为史学著作的批评者，与著作者是一种平等的关系，他必须尊重著作者，有向著作者学习的愿望。他要考察每一个著作者的研究过程，总结著作者的研究经验；他要和著作者成为知心朋友，既能对著作者诚恳地谈出自己的意见，也能认真地听取著作者对自己批评的意见，在批评和反批评中坚持原则，修正错误。他还要在著作者以后的研究实践和群众的反映中考察自己评论的正确程度。这样的评论过程也是史学评论者的修养提高的过程。

史学评论是一些史学工作者对另一些史学工作者研究成果的品评，因而它要求评论者有高尚的道德品质和情操,坚持真理,坚持原则,奉行客观、公正的学术精神。"凡居其位,思直其道。道苟直,虽死不可回也;如回之,莫若亟去其位。"①这里的"直道",就是要中正、公正。作为一个评论者,应力求避免固执己见、排斥异己,不能把史学评论作为置人于死地而后快的卑鄙工具。

五、史学批评要成为真正的批评

批评与反批评是学术进步的动力,同时也是知识增长的途径。我们需要真正的史学批评。所谓真正的批评是指对史学研究的实事求是的评价,它不以内容介绍为目的,而以探讨问题为中心。可以围绕著作提出的理论和问题展开讨论,评判作者的进退得失,阐述评论者自己的见解和主张,力求对问题的认识深化一步,进而提出新的理论和发现新的研究方向。可以直接批评著作的逻辑错误与理论错误,探讨问题的正确方向和真实内容,揭示事物的内在联系和变化规律。科学的评论显然不能只戴高帽不说坏话,对于瑕瑜都要科学地对待,批评要坦率。真正的批评使人受益,真正的实事求是的批评是真理的使者。只有开展了真正的批评,才能规范史学,引导史学方向,促进史学的健康发展。史学是在批评中向前发展的。

史学批评问题在我国长期以来开展得不是很理想,高质量的史学批评不多。不少评论是"捧场之作",大量的篇幅用于说明某书如何如何之好,最后加上几句"当然还有不足之处"之类不痛不痒的话。这是史学评论主体缺乏勇于批评的胆略的结果,其根源在于严肃的学术批评被人为地引入了复杂的人际关系领域,从而偏离了正常的学术批评的轨道。史学评论一旦人情化,广告化就不可避免。史学评论主体缺乏勇于批评的胆略也是与被评论的史学个人缺乏雅量紧密联系在一起的。②之所以出现这种情况,是由以下几种错误观念造成的:第一,认为批评某人的著作,就是对某人不利,

---

① (唐)柳宗元:《柳河东集》下册,499页,上海,上海人民出版社,1974。
② 参见周祥森:《试析史学评论界"栽花"风盛行的原因》,载《学术界》,2000(1)。

对他发难。实际上，认真地、严肃地批评，是"与人为善"，对对方有利，对促进学术发展有利，而不是和什么人过不去。第二，只要某人受到批评，就认为他的研究成果一定有错误、有问题，至少是水平不高。第三，认为批评者一定比被批评者高明。写史学评论的人如果怀有这种想法，写出的东西往往给人一种盛气凌人的感觉，而被批评者也会相应地反唇相讥，结果打起了激烈的笔墨官司，于推进学术毫无益处。① 所以，在开展史学评论的时候，呼唤史学评论主体的批评胆量的同时，理应呼唤被批评的史学个人的雅量，只有史学评论主体的勇气与批评的胆量和被批评的史学个人的大度能容的雅量两相配合，史学评论才能回到正常的学术评论范围。否则，健康的史学评论风气是无法形成的。

我们应当树立一种正确地对待学术批评的态度，即把学术批评看作促进学术发展、繁荣不可缺少的手段。学术批评应该是明辨是非正误，达到共同提高的目的，而不是较量高低，直到把一方打下擂台。我们不仅要欢迎别人的批评，也应勇于做自我批评。要使史学批评成为真正的批评，需在以下几个方面做工作。

(一)树立评论也是科学研究的观念

史学评论是一种创造性的劳动，史学评论者必须以自己的创造性思想、见解对评论对象进行分析。在尊重对象的前提下，不以对象的是非为是非，不以对象的结论为结论，不以对象的观点为观点，而是一切都要经过自己的思想整理、综合、分析，能够揭示出为作品所固有甚至连著作者自己尚不曾明确意识到的东西，能够发现作者才能的特点，并预见他将来的创作趋向，能够在史学发展的当代水平上指出他带来的新因素，并按时代需要提出对著作者说来是非常恰当的要求。历史上优秀的史学批评，正是代表着读者的需要，代表着时代进步的倾向。

要正确对待和开展史学评论，就必须更新观念，克服过去那种不把史学评论看作科学研究的思想，树立"评论也是科学"的新观念。真正的史学评论是一种科研成果，是一项严谨的科学研究。这就要求史学工作者要以

---

① 参见齐世荣：《漫谈学风问题和学术批评问题》，载《世界历史》，1999(1)。

严肃负责的态度去研究：第一，科学无禁区，对于历史学各领域各方面，都可以进行评估，提出自己的看法。第二，科学无顶峰。任何一本被奉为权威的史学著作，都只是在某一方面接近于历史之真，绝不可能是完全地揭示了历史之真，不能认为在它面前除了恭敬和颂扬，再也没有探索的必要了。即使像《共产党宣言》和《哲学的贫困》那样被称为"成熟的马克思主义的最初著作"，也远没有从严整体系上揭示资本剥削雇佣劳动的奥秘，完成这一任务又花去了马克思几十年的时间。史学评论者应该大胆探讨权威的不足，以之为起点，去丰富它、发展它。

(二)坚持"百家争鸣"的方针

要使史学批评得以健康地、正常地发展，必须坚持"百家争鸣"的方针。"百家争鸣"的方针要求我们：第一，要把学术问题和政治问题区分开来，学术问题应该在学术范围内解决，不能动辄把学术上争议的问题说成政治立场问题。应摒弃用"行政命令"和"长官意志"去代替学术争鸣。因为在那种情况下，不可能有正常的学术批评，只会把促进学术发展的学术批评变成打人的棍子，"文化大革命"中大批史学家的遭遇，就是这种意志的产物。史学家们更应该吸取历史教训，提倡学术自由和学术平等。第二，鼓励和奖励相异的、相斥的乃至尖锐对立的观点的提出，并从社会历史发展的高度分析这些观点形成、发展的条件和意义。

(三)正确处理宽容和严肃批评的关系

一个宽容的时代，是能够容纳批评的时代；而史学评论更需要宽容。宽容就是给不同意见发表争鸣的自由，允许批评与反批评。因此，宽容并不是不要批评。在是非问题上虚与委蛇，一味迁就，往往掩盖着虚伪和门户之争。放任错误，让有害的东西自由泛滥，扰乱人心，看起来"宽容"得很，其实是对真理的真正不宽容。史学批评需要批评者有博大的胸怀，有不蹈故常、不计个人恩怨的气概，以服从真理为最高原则，绝不能把史学批评当成发泄私愤、进行人身攻击的手段。史学批评者，应当本着互相学习、互相帮助、互相尊重、与人为善的态度，平等地、心平气和地交流学术见解，达到有利于学术研究和学科发展的目的。只要批评者出于公心，不媚俗、不阿谀、不虚美，运用科学的理论，以公允的态度进行批评，即使非常严厉，批评对象也能接受，从而使批评产生应有的效果，而不至于把学术批评变成狭隘的个人之争和宗派之争。因此，我们欢迎积极、科学、健康、平等和实事求是的学术讨论和学术批评，坚决反对全盘否定，一棍子打死的所谓学术讨论与学术批评。这方面，恩格斯为我们开创了一个正确进行批评的范例。他在《反杜林论》中，对于杜林的浅薄和浮躁，进行了严肃的批判。而当反动当局剥夺杜林的教学自由时，恩格斯又为自己的论敌鸣不平，他说自己这时"更应当遵守文字论战的道义准则"①，体现了经典作家严肃的学术精神和伟大人格的完美结合，是现代批评家的榜样。

任何一种事物，只有经得起批评，能在批评中生存下来，才是真正有活力的事物，才有发展的潜力。拒绝别人的批评，说明自身有问题，而且自己还不愿意了解，又如何谈得上完善、发展呢？因此，著作者对于来自各方的评议，包括激烈的批评，应采取欢迎的态度，以宽容和豁达的胸怀，以平和的心态去迎接史学界评头论足；对不同意见，必须坦诚地申述自己的意见，以期相互切磋，在共同的探讨和商榷中去获得更加客观、科学的历史认识。

史学评论的健康发展，需要整个史学界的共同培育，《历史研究》《中国史研究》《世界历史》《史学理论研究》《近代史研究》《安徽史学》等刊物，曾联合提出开展真正的史学批评，提倡"平等对话，与人为善"，反对"盛气凌人，乱扣帽子"，揭露史学界"我行我素，无所顾忌"的犯规行为，要求讨论时"双方都不要怀疑对方的动机和能力"。② 在这些刊物上，发表了一些有分量的史学评论文章，甚至是比较严厉的批评文章，这是好事。相信一个宽容、健康、科学的史学评论氛围，会在史学家们的共同努力下形成，从而促进中国史学的发展。

---

① 《马克思恩格斯选集》第 3 卷，348 页。
② 高国荣、荣欣：《遵循学术规范，加强学风建设专题研讨会综述》，载《世界历史》，1998(6)。

第二十章　历史比较研究的理论与方法

从史学史上的情况看，比较研究在史学的最初阶段已被广泛采用。但是，作为一种独立的科学研究方法，历史比较法是 19 世纪才在西方形成的。19 世纪的最后十年，西方史学中的一切研究几乎都求助于比较方法，历史比较成为一种时尚。20 世纪 20 年代，有人预言："比较方法的未来——可能是我们的历史学的未来。"①的确，从 20 世纪 60 年代以来，美国、印度、日本、苏联等国都掀起了历史比较的热潮。我国史学界自 20 世纪 80 年代以来也出现了比较研究热，它一方面是受到国际学术界的启发和影响，另一方面也有为沉闷的史学界寻找新出路的企图和愿望。不管从哪个方面去理解，历史比较研究的兴起，总是一个值得肯定的史学动向。

一、比较是认识事物的基本方法

比较是人类认识周围世界的最重要最普遍的手段之一，是思维的一个重要机制和必不可少的环节。人们在认识和思维的每个阶段中，识别和分析各种事物，总是自觉不自觉地运用着比较方法。用感官直接感受各种事物要经过比较，用已经形成的观念研究当前接触的事物也离不开比较；认识容易分辨的简单事物要进行比较，认识不易区别的复杂事物更要进行比较；观察事物的现象要比较，探求事物的本质则要做更深入、细密、反复的比较；判断事物的性质要比较，用以进行判断的每一个概念、定义或每

---

① 项观奇编：《历史比较研究法》，104 页，济南，山东教育出版社，1986。

一种标准、价值观念的确立，同样离不开比较。可以说，人类的一切认识活动，离开比较方法都不能进行。因为，要认识事物就得区别事物，而要区别事物就得比较事物，没有比较就不能鉴别，就谈不上对客观事物的认识。

认识离不开比较，这是由人类认识的对象——客观物质世界的性质决定的。我们要认识的客观世界，是无限丰富的多样性统一的物质世界。客观物质世界中的事物，虽千差万别而又彼此联系。它们之间有相同点，又有不同点，相同之中包含着差异，差异之中又有共同之处。认识不同的事物，既要了解其与其他事物的相同之点，即其共性，又要找出与其他事物的不同之点，即其个性或特殊性。找不到共性，事物便不能分类，不能概括、归纳，认识便不能向深层发展；找不到个性，便不能认识具体事物的特殊本质，不能把它与其他事物相区别、分辨。但是，无论认识其共性或个性，都只有将一事物与其他事物相比较才有可能。只有从事物的联系中进行比较分析，我们才能看出其异中之同和同中之异。客观物质世界的多样性统一，向人类思维活动提出了进行比较认识的要求。

在人们认识和改造客观世界的过程中，比较方法发挥着重要的作用。在日常生活中，人们利用比较来判断是非、利弊，决定取舍、行止。所谓"两害相权取其轻，两利相权取其重"便是此意。在重大社会活动中，国家的重大决策，政党的行动纲领，民族的历史抉择，社会集团的行为调整，无不从比较中提取借鉴和参考。比较也是科学研究的重要手段。科学的发展，在很大程度上取决于对认识对象异同点比较、分析、研究的深度和广度。科学发展史上，有许多重要发现和科研成果是运用比较法取得的。爱因斯坦根据科学史上的事实和自己的实践体会，得出这样的结论："知识不能单从经验中得出，而只能从理智的发明同观察到的事实两者的比较中得出。"[①]

比较方法最大的优越性，在于这种认识方法的性质与人类认识活动的本性相一致。人类认识活动具有鲜明的目的性、选择性，而比较方法的性

---

　　① ［美］爱因斯坦：《爱因斯坦文集》第 1 卷，许良英、范岱年编译，278 页，北京，商务印书馆，1976。

质，就在于它能将各种不同事物的共性与差异从各个不同的角度鲜明地凸显出来。运用这种方法，可以使人们顺利地实现自己的认识目的，自由地从不同的角度去认识事物。因为比较可以从不同的角度去进行，既可以从事物的本质方面去进行，也可以从事物的非本质方面去进行，而角度的选择则完全可以根据主体的认识需要。通过比较这种主观方法，人们可以发现两种看上去毫不相干的事物（就其本质属性说）的共同性质，在不同的现象之间，建立起一种联系，使它们活动起来，从而导致一种有益的重大发现。比较方法这种不受事物基本属性限制的性质，使主体在实现认识的目的性方面获得较多的自由。

运用比较方法的必要性，比较方法自身的优越性及其方法论意义，使其在人类的各个认识领域中都得到了广泛的运用。特别是19世纪以来，随着文化科学事业的发展，在社会科学中兴起了一批富有生命力的比较学科，如比较文学、比较语言学、比较艺术学、比较经济学、比较法学、比较哲学、比较历史学等，几乎在社会科学的每一个部门中，都有一个比较学科的分支成长起来。在我国学术界，比较历史学的提出是20世纪80年代以后的事情，理论、方法的研究及其历史比较研究的实践都还比较薄弱，但它已引起了越来越多的学者的注意，呈现出日益发展的趋势。

二、历史比较研究及其功能和作用

把比较方法引入历史研究，并使之理论化、系统化，形成了"历史比较研究"这门新的史学分支学科，或叫"比较史学"。但是，自从19世纪这门学科首先从西方兴起以来，人们对"比较史学"的定义、历史比较应用的范围，一直存在着分歧。

现代比较史学的代表人物、法国著名史学家布洛赫说："比较就是在一个或数个不同的社会环境中选择两种或数种一眼就能看出它们之间的某些类似之处的现象，然后描绘出这些现象发展的曲线，揭示它们的相似点和不同点，并在可能的范围内对这些相似点和不同点做出解释。……平行地研究那些既是相邻的、又是同时代的社会，它是一些互相之间不断影响的社会。正因为它们的同期性和相互邻近，所以它们在发展过程中曾经受过同样的重大原因的作用，并且可以追溯到——至少可以部分地追溯到一个共同的根源。……由于这类比较方法能够更好地对近似点进行严格的分类和论证，就有可能希望得到对事实做出假设少得多、而精确程度却高得多的结论。"①这种看法把历史比较的范围限定在同一时代而又相邻的两个或几个社会环境之中。他所认为的"社会"，既可指不同的国家或民族，也可指不同的文明体系、不同的人们共同体。

　　　　现代美国史学家弗雷德里克森不同于布洛克〔赫〕的看法，他没有限定比较单位的"同期性和相互邻近"，他认为比较史学应该专指"相对狭小而有意义的学术内容，比较史学的主要目的，是系统地对比研究在传统的历史编纂学中通常不被纳入同一地理区域的两个或两个以上社会的某些进程或制度"。②

　　这些看法虽然有分歧，但基本上是强调了历史比较研究应该在不同的国家或社会之间进行。这种观点带有一定的普遍性。"比较历史"，经常被认为是国家与国家之间的比较研究。关于比较史学的这一定义，在一定程度上局限了比较方法在史学领域中的应用，束缚了比较史学的发展。现在，越来越多的人主张扩大历史比较研究的范围，从更广阔的范围上定义比较史学。

　　1976年，美国学者小威廉·西威尔撰文《马克·布洛克〔赫〕与历史比较的逻辑》，系统批评了布洛赫的比较单位规则。他认为，在历史比较中，"为比较而使用的单位无需是地理单位"，"单位的应用不仅因被研究的社会生活的方面和'历史的瞬间'而异，而且还因我们试图通过比较来检验的特定解释性假说而异"，"比较的方式多种多样，有时是在国家的不同区域之间，有时是在不同的体制之间，有时是在国与国之间，而有时又在另一些社会制度之间，都依解释的问题不同而异"。③

---

①　项观奇编：《历史比较研究法》，104～107 页。
②　项观奇编：《历史比较研究法》，271 页。
③　项观奇编：《历史比较研究法》，152～154 页。

与西方学者相比较，中国学者的比较史学定义最为宽泛，认为它可以施于一切具有可比性的历史现象之间。杜维运写道：

> 历史比较研究，"是将历史上所发生的种种现象，放在一起作比较。这也是比较方法所发挥的最大的魔杖神效。所谓历史现象（historical phenomena），范围是极为广阔的，上至学术文化之大，下至一人一事之微，都可以视作历史现象。所以可以比较历史上的事件，可以比较历史上的人物，可以比较历史上的文物制度，可以比较历史上的学术思想；不同的社会，可以比较；不同的文化，可以比较；历代治乱兴衰之迹以及成败得失之故，也无一不可以比较。由比较而得其异同，由异同而求其会通之道，于是历史不再是以往的陈迹，而富有新鲜的意义"。①

范达人认为：

> 所谓历史的比较研究，是指对历史上的事物或概念，包括事件、人物、思潮或学派等等，通过多种方法进行比较对照，判明其异同，分析其缘由，从而寻求共同规律和特殊规律的一种研究历史的方法。凡是应用此法研究历史者，均以称为"比较史学"。②

我国学者对比较史学的定义虽也有各种讲法，但大都主张比较研究可以适用于一切具有可比性的历史事物之间，不应受到时代的、国界的限制。只有这样去定义比较史学，比较研究的方法才可能在历史研究中得到最广泛的应用。比较可以不受事物性质的限制，社会形态、政治制度、经济、军事、文化、哲学、历史运动、历史人物等，一切历史现象，不同国家之

---

① 杜维运：《史学方法论》，78页。这里应该指出，杜维运这里讲的"比较历史"和我们说的"比较史学"是同一个概念，但他认为比较历史并不是"比较史学"，他对"比较史学"另有特殊的定义："冲破国家的藩篱，将世界各国的史学，放在一起作比较，是所谓比较史学。"（247页）即不同国度的历史学的比较，而不是其他历史现象的比较。
② 范达人：《比较史学撮述》，载《国外社会科学动态》，1983(3)。

间的，同一国家内部的，同一历史时代的，不同发展阶段的，没有地域的限制，没有时代的束缚，一切具有可比性的历史事物，都可以拿来作为比较研究的对象。这样，历史学家可以操比较之法，上下求索，左右比照，越千载之断续，跨万里之悬隔，从各个不同的角度去发掘历史的联系，为社会提供富有启迪性的历史借鉴。

一般来说，在系统的科学的比较史学理论指导下的历史比较研究，可以发挥如下一些显著的功能和作用。

第一，历史比较研究最显著的功能，在于它为历史宏观研究、探究历史规律提供了重要而有效的认识手段。

要认识人类社会历史发展的一般规律，就必须把各个国家和民族历史发展的道路加以对比，找出共同性、相似性的东西进行比较、分析、概括、抽象。唯物主义历史观所阐明的历史规律，就是从不同国家和民族的历史发展道路中抽象出来的。没有比较，就看不到各个国家和民族历史中的重复性、共同性，因而就不可能进行概括和抽象。对整个人类历史发展道路进行宏观考察，历史比较研究是最基本的方法。

认识某一具体国家或民族历史发展的特殊规律，也不能仅从该国家或民族自身的历史中去认识，也要与其他的国家或民族的历史相比较，只有这种历史比较，才能将其特殊性、独特性显现出来。特殊本身就是相对于一般而言，没有对一般的了解，当然不会有对特殊的认识。当我们说中国历史有它独特的历史道路的时候，这就已经是一个比较研究的结论，正是把中国历史放到整体世界历史的比较中，我们才会看到中国奴隶制度发展的不充分性、帝制时代的长期性以及没有经过典型的资本主义发展阶段等历史特征。每一个具体的国家或民族，都有和其他国家或民族相区别的特殊历史道路，其特殊性，必须通过不同国家或民族的历史比较才能认识。恩格斯也曾认为，研究德国历史，必须与相应时代的法国进行比较："在研究德国历史（它完全是一部苦难史）时，我始终认为，只有拿法国的相应的时代来作比较，才可以得出正确的标准。"[①]其实，恩格斯这段话是有特殊的认识目的的。如果撇开对德国历史的具体认识目的或特定的认识角度，要

---

① 《马克思恩格斯选集》第4卷，729页。

全面认识德国历史，就不仅需要和法国相比较。和法国相比较，可以看到它区别于法国的特点；和中国相比较，又会看到它另一些方面的特点。这种比较的范围越广阔，对德国历史的认识就会越丰富，越深刻，越能看清德国历史的特殊规律。

认识某一历史时代的特殊规律，同样需要进行比较研究，这种比较是纵向的不同历史时期的比较。马克思说："要了解一个限定的历史时期，必须跳出它的局限，把它与其他历史时期相比较。"①他在《资本论》中也就是这样做的。

第二，历史比较研究可以增强历史论证的鲜明性，将历史事物的特征明显而直观地凸显出来。

这一点我们通过两个具体实例来说明。一个例子是马克思在《路易·波拿巴的雾月十八日》中对法国 1848 年革命沿着下降路线发展的特点的说明，将它与 1789 年的法国革命相比较，使两次革命的特点对比得异常鲜明，给读者以极深刻的印象。马克思写道：

> 在第一次法国革命中，立宪派统治以后是吉伦特派的统治；吉伦特派统治以后是雅各宾派的统治。这些党派中的每一个党派，都是以更先进的党派为依靠。每当某一个党派把革命推进得很远，以致它既不能跟上，更不能领导的时候，这个党派就要被站在它后面的更勇敢的同盟者推开并且送上断头台。革命就这样沿着上升的路线行进。
>
> 1848 年革命的情形却刚刚相反。当时无产阶级的政党是小资产阶级民主派的附属物。后者背叛了它，并使它在 4 月 16 日、5 月 15 日和 6 月的日子里遭受了失败。民主派又全靠资产阶级共和派双肩的支持。资产阶级共和派刚刚感到自己站稳脚跟，就把这个麻烦的伙伴抛弃，自己又去依靠秩序党双肩的支持。但秩序党耸了耸肩膀，抛开资产阶级共和派，自己赶忙站到武装力量的双肩上去；它还一直以为它是坐在武装力量的肩膀上，却忽然有一天发现肩膀已经变成了刺刀。每个

---

① 中共中央马克思恩格斯列宁斯大林著作编译局编译：《十八世纪外交史内幕》，41 页，北京，人民出版社，1979。

党派都向后踢那挤着它向前的党派，并向前伏在挤着它后退的党派身上。无怪乎它们在这种可笑的姿势中失去平衡，并且装出一副无可奈何的鬼脸，奇怪地跳几下，就倒下去了。革命就这样沿着下降的路线行进。①

另一个例子是周传儒先生在一篇文章中对梁启超与王国维两位史学大师的治学风格的比较。他写道：

> 梁师侧重经世致用一面，王师侧重训诂考据一面。梁善综合，好作系统研究，所有著作，多洋洋洒洒，远瞩高瞻，不论总论分论，自成系统，自成一家之言。王师则点点滴滴，好为分析比较，作专篇，不著书，据材料之言，说明一事一物即是，不旁搜远绍，不求系统，不求完整，不为著作添枝叶。梁师贵通，王师贵专，梁师求渊博，王师求深入。一综合，一分析；一求系统完整，一求片言定案。②

如此鲜明的比较对照，使两位大师的学风、文风跃然纸上，竞相生辉。

第三，历史比较研究可以使研究者突破具体历史事物的局限，获得认识历史的新角度，开阔视野，启发思路，产生新思想，提出新观点。

"不识庐山真面目，只缘身在此山中。"史学研究中也常常出现这样的困境。解决的办法，就是跳出"此山"，将其与"他山"相比较，于是不同的高度、山势、陡峭、缓平，立刻就显示出来。1850 年，基佐出版了一本小书《英国革命为什么会成功？英国革命史讨论》，认为英国资产阶级革命之所以比法国大革命进行得更为顺利，主要有两个原因：一是英国资产阶级革命浸透着宗教性质，因而它丝毫没有抛弃过去的一切传统；二是英国资产阶级革命一开头就不是作为破坏力量而是作为保守力量出现的。基佐找出的这两点原因都指向英国资产阶级革命的保守性问题，而这一点成了基佐不能解释的谜。马克思则把英法两国的大土地所有者阶级进行比较，揭开

---

① 《马克思恩格斯选集》第 1 卷，607～608 页。
② 周传儒：《史学大师梁启超与王国维》，载《社会科学战线》，1981(1)。

了基佐的谜底:

> 基佐先生最大的谜——英国革命的保守性的谜(他只能用英国人特
> 有的稳重作风来解释这个谜),应当这样来解释,即资产阶级与大部分
> 大土地所有者之间建立了长期的联盟,而这种联盟使英国革命在本质
> 上有别于用分散土地来消灭大土地所有制的法国革命。这个和资产阶
> 级有联系的大土地所有者阶级(它其实在亨利八世时代就已经出现了)
> 与 1789 年的法国封建地主不同,它对于资产阶级的生存条件不但不加
> 反对,反而完全抱容忍的态度。这个阶级的地产事实上不是封建性的
> 财产,而是资产阶级性的财产。这些土地所有者一方面供给工业资产
> 阶级以手工工场所必需的劳动力,另一方面又能使农业的发展与工商
> 业状况相适应。这就使土地所有者和资产阶级有共同利益,这就使土
> 地所有者和资产阶级结成联盟。[1]

利用比较方法,事实上就是转换了思维角度,由此产生的认识,往往
能修正以往的传统观点。张玉法曾举例论证:

> 许多历史经过比较研究以后,原来的一些解释都需要加以修订。
> 譬如以前以拓疆精神为美国历史的一种动力,但经比较研究,俄国、
> 加拿大、巴西、澳洲也有边疆(frontier)要开拓,但历史却与美国不同。
> 以前认为美国是由各地移民构成,故历史与别国不同,但经比较研究,
> 加拿大、阿根廷也是由各地移民构成,历史却与美国不一样。我个人
> 一向认为,以一个因素去解释某种历史的发展很难令人满意,比较历
> 史兴起以后,将对原来的史学方法有所修正,即摒弃单一的解释,而
> 转向于多方面的解释。[2]

第四,历史比较研究可以冲破传统的历史编纂学的年代序列及其严格

---

① 《马克思恩格斯全集》第 7 卷,251 页,北京,人民出版社,1959。
② 张玉法:《历史学的新领域》,149 页,台北,联经出版事业公司,1984。

的地域、国界限制，将看上去似乎没有联系的历史现象，从不同的角度进行比较对照，从而提出富有启发性的思想观点，充分发挥认识主体的创造性思考能力。

譬如，任何一本中国通史几乎都会讲到王莽新政、王安石变法这两个重大的历史事件，但因为二者在时间上相差上千年，传统的历史编纂学根本不可能对它们做联系性的考察，因此，在以往的研究中，就很少有人将这两次变法的背景、动机、效果及其所遭遇的问题等做比较研究。又因为王莽新政、王安石变法是古代史上的变法运动，而戊戌变法是近代的变法运动，其性质根本不同，所以更少有人将它们联系在一起研究。如果能将中国历来的变法做比较研究，或许可以了解中国历史上改革运动中的共同难题，从而为今日的改革提供有益的历史借鉴。

有了比较研究这个便利的认识工具，史家的主体意识就可以得到更充分的发挥。主体在没有历史联系的历史现象间，经过人为的努力使之联系起来，活动起来，从而通过认真的比较分析，产生一种新的思想。而比较的角度还可以自由选择，或比较其本质方面，或比较其非本质的却是有意义的特征，或横看，或侧视，完全根据主体的认识目的去选择认识对象及其认识角度。在这样的比较研究中，主体的眼界放宽了，思路开阔了，没有地域的障碍，没有年代的捆缚，游刃于上下千载、纵横万里的历史天地之间。

第五，历史比较研究是编写高水平世界通史的必要前提。

在遥远的古代世界，由于生产力的原始落后，交通不便，不同的国家或民族，特别是东方民族与西方民族之间，很少有历史交往。如果不进行大量的国家间、区域间的比较研究，我们就很难发现人类早期历史的共同规律性，也就不可能写出具有内在联系的完整的世界史。为了保证历史的贯通性，不致使世界史流于国别史的组合，历史比较研究是最重要的前提条件。历史比较研究的这一重要作用是学术界所普遍承认的。有人曾认为比较历史"是撰写世界史的过程与方法"，这一论断并不过分。

三、历史比较研究的原则和方法

进行历史比较研究，应坚持如下一些基本原则。

(一)遵循历史可比性原则

不同历史事物的共同性或相似性，是它们可以相互比较的根据和条件，因而，历史比较研究只能在具有某种共同性或相似性的事物间来进行。这就是历史比较研究中的历史可比性原则，也是一切比较研究所普遍遵守的起码原则。没有可比性的事物不能比较，陈胜、吴广和古希腊文明，唐太宗和鸦片战争，都不能做历史比较，这是不言而喻的。但是，在具体理解"可比性原则"上还是有分歧的。有人认为，只有同一社会形态或同一历史阶段上的事物才具有可比性，而处在不同社会形态或不同历史阶段上的事物就不能比较。有人认为，只有本质属性相同的事物才具有可比性，才可以进行比较。这些理解极大地缩小了比较范围，抹杀了比较方法的优越性。所谓历史可比性，仅指历史事物的共同性或相似性，这个"共同性或相似性"除了加上"历史的"限定之外，没有其他任何限制，具有相当高的抽象程度。任何历史事物，只要在历史学的范围内具有某种共同性或相似性，都是可比的。人的歌声与青蛙的鸣叫没有历史可比性，马克思举过这个例子："倍尔西阿尼所以是一位无比的歌唱家，正是因为他是一位歌唱家而且人们把他同其他歌唱家相比较；人们根据他们的耳朵的正常组织和音乐修养做了评比，所以他们能够认识倍尔西阿尼的无比性。倍尔西阿尼的歌唱不能与青蛙的鸣叫相比。"①但要跳出历史的范围，人的歌声当然可以和青蛙的鸣叫相比，不过这是作为不同类属的动物之间的比较，而不是历史比较。在历史学的范围内，倍尔西阿尼的歌唱不能与青蛙相比。以上，我们说明了两点：第一，没有可比性的历史事物不能做历史比较；第二，历史可比性，仅指历史事物的共同性或相似性，没有更多的限定。

---

① 《马克思恩格斯全集》第 3 卷，517 页。

在历史比较研究中，一切有共同性或相似性的事物，都可以看作同类历史现象，具有历史可比性；但是，从某个角度判为具有历史可比性的事物，并不是性质相同的事物，其某一方面的相同性，并不是它们的同一性，这一点是要谨记的。在具体研究中，要注意被比事物的性质的区别。性质的区别，显示着事物的不可比性。凡是具有可比性的事物之间，都同时具有不可比性。在遵循可比性原则选择比较对象时，必须同时弄清对象之间的不可比性，即弄清它们由于各自不同的历史条件所造成的种种差异。这样，我们的比较研究才能按照科学的逻辑进行，才能在对历史现象异同的比较中，真正说明其"同"的不同表现，"异"的原因所在。

(二)对被比较的双方应经过认真研究

历史比较研究，不论是以寻找共同点为主要目的，还是以说明相似事物的不同特征为主要目的，都必须建立在对比较各方有深入研究的基础上。只有对个别事物深入而全面地研究，才能做到正确的比较。没有个别研究，就不会有综合比较，分别研究是综合比较研究的前提和条件。

历史事物之间的相似，也有貌似和神似之不同。有些是实质性的相似现象，有些则是貌似而神离的现象，像马克思所说："极为相似的事情，但在不同的历史环境中出现，就引起了完全不同的结果。如果把这些发展过程中的每一个都分别加以研究，然后再把它们加以比较，我们就会很容易地找到理解这种现象的钥匙。"①恩格斯给保·恩格特的信中，对德国和挪威小市民阶层略加比较后指出："在我对这类东西作出判断以前，我宁愿先把它们彻底熟悉一下。"②列宁后来对这一比较原则做了比较细致的说明，指出对被比较的历史事物，要"尽量确切地把两种事实研究清楚，使它们在相互关系上表现为不同的发展阶段，而特别需要的是同样确切地把一系列的状态，它们的连贯性以及各个发展阶段间的联系研究清楚"③。如果对比较双方的基本史实还没搞清楚，就在那里大谈其异同，这种比较只能是从主观臆想出发，很少有不闹笑话的。

---

① 《马克思恩格斯全集》第 19 卷，131 页。
② 《马克思恩格斯选集》第 4 卷，690 页。
③ 《列宁全集》第 1 卷，33 页。

但是，要实践历史比较研究的这一原则，又的确是极不容易的。长期以来形成的历史学家知识结构的过于单一化、专门化，使不少人对不同历史环境中的历史事实要做到充分、准确地把握成为难事。特别是跨度较大的宏观历史比较，要比较几个不同国家的历史道路，个人的知识修养、能力及精力是难以胜任的，很少有对几个国家的历史都有精湛研究的人，连比较史学大师布洛赫也承认这一点。他说："比较只有在以对有关事实的大量资料及事实本身进行深入细致的研究和考证为依据的时候才会具有价值。显然，人的能力有限，不可能设想就过于广泛的地理和时间范围进行第一手的科研工作。"①在这种情况下，要求研究者对比较的各方面都有独到、深入的研究，可能标准过高。这里，可以允许对他人成果的借用。对被比较的双方，最少应有一方是自己深入研究过，而另一方虽未深入研究，是借用别人的成果，但经过了自己的认真思考和分析，并确信其可靠时，比较研究才可以进行。总之，在历史比较中要防止盲目性。有些人被比较方法的优越性所迷惑，而忽视这种研究的艰难不易，一旦对某些历史现象的相似性萌发了一种想法，便忘乎所以，不做深入研究就简单比较对照，其结果很容易印证自己的主观臆想，然而也最容易违反历史的真实。

（三）历史比较不能简单地罗列历史现象，应该致力于寻求异中之同、同中之异

在历史比较研究中，也存在一些简单化做法，即排比罗列一些相似的历史现象，不做深入的比较分析。这虽也表现出一些比较意识，但实际上并没有进行比较研究，而是把比较的任务留给了读者。这是一种应加以反对的简单化倾向。黑格尔说："假如一个人能看出当前即显而易见的差别，譬如，能区别一枝笔与一头骆驼，我们不会说这人有了不起的聪明。同样，另一方面，一个人能比较两个近似的东西，如橡树与槐树，或寺院与教堂，而知其相似，我们也不能说他有很高的比较能力。我们所要求的，是要能看出异中之同和同中之异。"②比较研究所要求的，是要对那些具有可比性的

---

① ［美］爱因斯坦：《爱因斯坦文集》第 1 卷，许良英、范岱年编译，134 页。

② ［德］黑格尔：《小逻辑》，贺麟译，253 页。

事物，透过现象，分析原因，从共同性中揭示矛盾的普遍性；同时，又能区别这些事物的质的差异，从差异性中阐明其矛盾的特殊性。这才是有价值的比较研究。

（四）要坚持以唯物史观为指导

历史比较研究法，只是研究历史的一种具体方法，而方法必须以科学的理论为指导，才能加以正确地运用并求得科学的历史结论。从历史学的发展史上看，比较方法曾被广泛地应用过，无论古代、近代，都不乏其例。但由于没有科学的历史观为指导，通过比较得出的结论，就缺乏科学性的成分。

举例来说吧。在中国历史上，秦王朝统一六国又迅速覆亡，这一重大的历史现象，引起过多少史家、哲人的思考。司马迁为寻找秦王朝统一六国的原因，将秦与六国做过比较，得到的结论是："论秦之德义不如鲁卫之暴戾者，量秦之兵不如三晋之强也，然卒并天下，非必险固便形势利也，盖若天所助焉。"[①]他认为，秦并天下，既不是靠德义，也不全是穷兵黩武和地理条件，就像有天所赞助。司马迁之前的贾谊寻找过秦亡的原因，将陈胜、吴广推翻秦的力量与被秦王朝兼并的关东诸国的力量做了比较，以解释为什么秦有吞并六国之力反倒溃亡于"氓隶之人"的发难之中。他写道："陈涉之位，非尊于齐、楚、燕、赵、韩、魏、宋、卫、中山之君；锄耰棘矜，非铦于句戟长铩也；谪戍之众，非抗于九国之师；深谋远虑，行军用兵之道，非及乡时之士也。然而成败异变，功业相反也。试使山东之国与陈涉度长絜大，比权量力，则不可同年而语矣。然秦以区区之地，千乘之权，招八州而朝同列，百有余年矣。然后以六合为家，殽函为宫，一夫作难而七庙堕，身死人手，为天下笑者，何也？仁义不施而攻守之势异也。"[②]"仁义不施"就是贾谊通过比较得到的结论。司马迁与贾谊虽都用了历史比较方法，然其结论与历史的真实原因相去远矣。

在历史比较研究中，得出什么样的历史结论，往往与人们的世界观、

---

① （汉）司马迁撰：《史记》卷十五，685 页。
② （汉）司马迁撰：《史记》卷六，282 页。

方法论相联系。抗日战争时期，有人把英国侵略印度、意大利侵略阿比西尼亚的历史先例，与日寇侵略我国相比较，得出我国"战必亡"的结论；而毛泽东把我国与阿比西尼亚的情况相比较，则得出了只要我们坚持持久战，就必将取得最后胜利的结论。这些比较的事实证明，比较方法是必须与科学的世界观和方法论相结合的。而历史比较研究主要的就是要接受唯物主义历史观的指导。

以上是历史比较研究中应坚持的几点原则，而同时也就是比较研究的方法论。至于如何进行研究的具体方法，范达人曾归纳历史比较研究的五个程序，摘要介绍如下：第一，明确比较研究的主题。使用比较研究方法，总是有目的的，或为解决史学界的争论问题，或为探讨某些共同性的规律或差异性。第二，对比较的双方或几方，分别加以研究。这就是说，要把历史的比较研究，建立在牢靠的调查研究史实的基础上。第三，提出规律性的假设，意思是在唯物辩证法指导下，提出对比较研究某一问题的初步的大体看法或设想。第四，在比较中找出异同，探求规律。在似乎差异极大的事物之间，能揭示出共同本质；在似乎极相似的事物之间，又能看出其本质的区别。在此基础上，从共同性中揭示矛盾的普遍性，找出共同规律；从差异性中阐述矛盾的特殊性，找出特殊规律。第五，验证假设的结论。历史比较研究所得出的结论，除本身史实验证外，还可用其他同类史实比较验证。[①]

四、历史比较方法的局限性

在方法论研究中，会看到一种很普遍的现象，即每一种方法都有它正确而合理的使用界限，而同时，这也就表明了它的局限。一种方法的长处、优越性，变换一个角度看，也就正好是它的短处、局限性。历史比较方法也是如此。为了使这一方法在应用中少出偏差，我们不能忽视对它的局限性的分析。大体说来，历史比较法的局限性有如下几点。

---

① 参见范达人：《比较史学撮述》。

第一，历史比较方法易于发现问题，而真正的解释问题则不能单靠比较研究去完成。

这当然不是说比较研究不能对问题提供有益的解释，而是说问题的全面的、最终的解释，往往不是单一的比较方法所能胜任的。对这一点，西方学者也有论证。美国学者小威廉·西威尔专门论证过"历史比较的局限性"，他说：

> 比较方法最重要的局限性并不是它仅能用于解释超越单一社会制度界限的现象，而是它们仅能在解释过程中的一个阶段，而且是最容易、最世俗的阶段里为我们提供帮助。比较方法是一种方法，是一套可以有条理、有系统地在搜集和使用证据、验证解释性假设中应用的规则。它并不为我们提供受验证支配的解释，这是历史想象力的任务。历史想象力需要见识、同情心和理智的力量，以及完全不受历史学家的比较方法控制支配的品质。①

西威尔认为，比较方法是在验证一种假说中加以应用的方法、规则，而真正的解释是靠想象力来完成的。这意思是说，比较方法这种规则并不能保证得到一种正确的解释。解释的正确与否，要靠心智的力量。用我们的观点说，就是要有科学的方法论的指导，要有广博的知识基础，要有其他各种研究方法的配合。

比较方法是一种逻辑方法，在历史研究中的应用，首先要和历史方法相结合，也就是说，要遵循历史主义原则去运用它。比较方法的特殊性使它可以把不同历史环境里的事物进行比较对照，这就最容易忽视事物的历史性。强调在历史比较研究中坚持严格的历史分析态度，是极为重要的。此外，根据所研究的事物的特性，在比较研究中，还会用到许多不同的历史研究方法，譬如阶级分析方法、历史考证法、归纳演绎法、综合研究法等。比较方法应和其他方法相互配合、相互借重，才能真正发挥它的认识功能。如果认为仅用比较方法就可以解决一切问题，而忽视与其他方法的

---

① ［美］爱因斯坦：《爱因斯坦文集》第 1 卷，许良英、范岱年编译，158 页。

配合运用，那就很难实现预期的认识目的。

第二，比较研究都有特定的思维角度，是从事物的某些侧面进行比较考察，而暂时地、有条件地撇开其他方面，这就决定了比较研究结论的非全面性、相对性。

在讲这一方法的功能和作用时，我们曾指出，这是一种便利的认识工具，主体可以自由选择认识角度，可以比较事物的本质方面，也可以比较其非本质的方面，或横看，或侧视，完全根据主体认识目的的需要。但是，当我们这样做的时候，就势必忽略了事物其他方面的性质或特征，为了实现特定的认识目的而牺牲认识的完整性。所以，列宁说："任何比较都不会十全十美，这一点大家早就知道了。任何比较只是拿所比较的事物或概念的一个方面或几个方面来相比，而暂时地和有条件地撇开其他方面。我们提醒读者注意一下这个大家都知道的但是常常被人忘掉的真理。"[1]在运用比较方法时，一定要重视它的这一局限性，方能认识比较结论的相对性，审慎地估价自己的研究成果。

第三，历史比较结论的相对性，使它不能作为对历史现象的完整解释，而只能作为完整解释历史现象的必要补充或者充当一种历史观点的有力论据。

这里，我们举一个列宁如何运用比较结论的例子。1920年3月29日，列宁在俄共（布）第九次代表大会上做的中央委员会报告中，讲述了关于社会主义国家和经济怎样管理的思想。他说："要获得胜利，就必须懂得旧资产阶级世界的全部悠久的历史；要建设共产主义，就必须掌握技术，掌握科学，并为更广大的群众运用它们，而这种技术和科学也只有从资产阶级那里才能获得……我们应当借助于被我们推翻了的那个阶级出身的人来从事管理，自然，这些人浸透了他们本阶级的偏见，我们应当重新教育他们。同时，我们应当从本阶级队伍中选拔自己的管理人员。"[2]这是浸透着历史主义思想的关于社会主义国家早期管理问题的完整论断。在阐述这一论断时，列宁采用了一个历史比较，即把无产阶级的国家管理与资产阶级的国家管

---

① 《列宁全集》第8卷，423页，北京，人民出版社，1959。
② 《列宁全集》第30卷，419页，北京，人民出版社，1957。

理相比较，因为这二者就其都是一种阶级统治来说具有共同性、相似性。列宁说："管理的本领不会从天上掉下来，不会莫名其妙地就有了，不会因为这个阶级是先进阶级于是一下子就有了管理的本领。我们看看这个例子：资产阶级刚胜利时，它是用另一阶级，即封建阶级出身的人作管理工作的，否则它就无人可用。……资产阶级曾利用先前那个阶级的人材，而我们现在也就有同样的任务。要善于吸取、掌握、利用先前的阶级的知识和素养，为本阶级的胜利而运用这一切。"[①]列宁用这一比较的结论作为上面那段完整论断的论据，提高了论断的效能和说服力。而如果没有那段完整的论断，单从这个比较就提出社会主义应该利用资产阶级留下的人才进行管理，说服力就显得不是十分充足了。

---

① 《列宁全集》第 30 卷，418 页。

第二十一章　计量史学的理论与方法

计量史学是运用现代数学和其他相关学科的方法，定量地研究历史现象和历史过程的产物。它涉及众多的研究领域，诸如经济史、政治史、社会史、军事史、人口史等，在当代史学研究中发挥着越来越大的作用。

一、计量史学的产生与发展

计量分析方法在史学研究中的应用，可以追溯到相当久远的时代。古代的中国与世界上其他国家，都已开始使用数学工具进行历史的记录、编纂和分析。不过，这时只是停留在简单的统计阶段。现代意义的计量史学出现于 19 世纪 80 年代，比较典型的研究集中在价格史和人口史方面。例如，英国学者 J. 罗杰斯撰写的 6 卷本《英国农业及价格史》(1866—1887 年出版)中采用了计量方法。法国学者 G. 达维尼尔以他 8 卷本的巨著研究 13 世纪至 18 世纪后期法国物价与工资的变化(1894—1931 年出版)。波兰史学家 A. 帕温斯基和 A. 雅布洛夫斯基合作，应用计量方法写出了《十六世纪的波兰：地理和统计资料》。1882 年，德国学者 K. T. 伊纳马·施泰尔奈格写成《历史学与统计学》一书，提出了历史统计学的概念，开始在理论上探讨史学计量分析方法。

到 19 世纪末，西方史学家已注意到历史统计学的方法问题。1892 年，Z. 达申斯卡·哥林斯卡已经在研究历史统计学的方法论。但此时，采用计量方法尚有困难。因为学者们还未充分理解计量分析方法可以和传统方式的定性分析研究结合起来，形成一种视野广阔、根据充分的研究方法。因此，他们担心采用这类方法可能会使历史非人格化，即把生动活泼的人类活动史变成一堆数字、图表和曲线等。

马克思、恩格斯、列宁在自己的著作中，对历史现象的分析，也使用了数学分析方法。马克思在研究资本主义社会时，曾不止一次地想计算出经济危机的主要规律。在《资本论》中，马克思应用了平均数原则，借以考察大量随机现象的稳定性质。通过这一原则，马克思认为理解经济规律的表现形式，是由个别过渡到一般，由具体上升到抽象的分析过程。恩格斯在《英国工人阶级的状况》一书中，对英国工人阶级所受的剥削程度做了详尽的计量表述与分析。恩格斯提到过，他们关于无产阶级可能取得政权的结论，是"根据数学定律，按照或然率理论做出的计算"[①]。列宁在《俄国资本主义的发展》一书中，制作了大量的图表，不仅对俄国的社会结构（社会分层问题）进行了统计学分析，而且对历史现象按年代顺序做了动态的描述，把定量分析和定性分析结合起来考察资本主义在俄国的发展，取得了较好的效果，使该书成为在研究资本主义制度的发展中运用计量分析方法的典范。

20世纪以来，计量分析方法有了较大的发展，许多学者不仅在经济史研究中采用此方法，还努力为社会史、政治史及其他传统上使用定性分析方法的史学分支奠定计量分析的基础，终于使统计学成为历史研究中不可分离的一部分，得以逐渐进入政治史（选举统计）、文化史（学派统计）、宗教史和其他研究分支。这一阶段的著名人物有法国"年鉴学派"史学家拉布鲁斯，他的著作以大量经过统计整理的档案资料为基础。两次世界大战后，他以"18世纪法国物价与收入的变动"为题在各大学讲授数量历史，以计量方法研究社会结构的动态变化，在运用计量方法的理论上迈进了一大步。由于各个学科之间，特别是在历史学、经济学和社会学之间的合作不断深入，使计量研究的理论基础得到加强。在西方诸多史学家的研究实践推动下，历史计量研究方法应用范围也从经济史和人口史扩大到政治史、社会史和文化史等领域。电子计算机成为历史计量研究的主要手段。历史计量研究的方法也日趋复杂，从一般的描述性统计过渡到相关分析、回归方程、

---

① 《马克思恩格斯全集》第38卷，186页，北京，人民出版社，1972。

趋势推论、意义度量、线性规划、动态数列、超几何分布、投入产出分析、因子分析、马尔可夫链等数学模型、模糊数学，还有博弈论和对策论、曲线拓扑理论等。在计量数学的基础上，形成一系列新的历史分支学科，如新经济史、新政治史、新人口史、新社会史等。法国史学家在进行历史人口学、社会历史心理学和文化史研究时，各专业的学者实行集体协作，探索对大量史料归类和用计算机进行整理的方法，取得了一些成绩。他们通过计算价格等经济指标的长期变动研究经济史，通过统计家庭的重新组合来了解人口的结构问题，通过对城镇或某个部门历史沿革的数据进行分析来考查一个地区变迁的过程，最终发展为对整个社会的物质文化及精神过程的研究。

在美国，20 世纪 20—30 年代在现代社会学计量方法影响下，出现了以计量方法研究历史的史学流派——统计计量大众学派，并一直发展到今天。这一时期，历史计量方法在许多方面获得进展，计量分析理论逐渐形成。通过扩大相关计算，拓展了计量分析范围，并尝试利用数字资料来解释并非大量发生的一组事实，甚至解释某一单独事件的发生及其因果关系。1958 年，A. F. 康拉德和 J. R. 迈耶合作出版的《内战前南部奴隶制经济学》被认为是美国计量史学的第一部代表作，随后出现了一大批专门从事历史计量研究的计量史学家。1963 年，美国历史协会成立了一个"历史计量资料委员会"，这个委员会不仅收集美国的计量资料，而且收集欧洲、亚洲、拉丁美洲国家的计量资料。从 1969 年开始，曾有多达 300 余人的各专业学者，在宾夕法尼亚大学历史学家 T. 赫什伯格教授领导下，运用计量方法进行了一项重大的研究——"费城社会史研究"。他们对 4 个国情调查年份（1850、1860、1870、1880）住在费城的 250 万人的资料进行了收集和系统整理，编成了大量信息情报，运用计算机进行阅读分析。显然，这种涉及大量人口的专题研究，运用传统史学研究方法是难以做到的。具有计量史学明显特征的"新经济史""新政治史""新人口史""新社会史"相继应运而生，一时成了美国史学界的主流。1972 年，美国"历史计量资料委员会"组织出版了 10 卷本的《计量史学研究丛书》，在世界上引起很大反响。计量研究方法也日趋复杂化，数理统计中的多元相关的测定、回归系数分析、趋势推论、意义度量的方法越来越多地应用于历史分析，统计描述逐步为统计分析所取代。

在英国，直到 20 世纪 50 年代，史学界才对计量史学产生兴趣，但发展比较快，应用面日益扩大。不仅在近现代史，而且在古代史研究中，均留下了计量方法的痕迹。R. D. 琼斯在《罗马帝国经济史，数量研究》一书中，用计量方法考察古代罗马价格、工资水平、财富集中程度以及人口密度等状况。B. 墨菲的《1086—1970 年的英国经济史》被视为英国新经济史的代表作，该书对人口、技术、市场、价格、工资、利润、资本输出、政府政策、税收、国民收入、增长率等国民经济各种因素，进行了综合性数量分析。1964 年，英国成立了一个以计量研究为主的"剑桥人口与社会结构史研究小组"。1972 年，英国史学家 R. 弗拉特出版了《历史学家计量方法导论》，被列为目前国际计量史学的经典性著作。

20 世纪 70 年代以来，历史研究中的计量方法在苏联也得到大量运用。苏联科学院历史学部设有"运用数学方法和电子计算机委员会"，该委员会和莫斯科大学历史系苏联史教研室联合组织了一个经常性的"历史研究中的计量方法"科学讨论会，目的是对如何应用计量方法研究历史进行协调，对历史研究中采用计量方法和电子计算机的情况进行分析。仅 1980 年，该委员会就在莫斯科大学历史系举行了 9 次会议，听取并讨论了 12 个报告。苏联史学界在运用计量方法研究历史方面已积累了不少经验，并且注重计量史学方法的理论研究，认为应该把定性分析和定量分析结合起来。分析质的目的在于揭示被研究现象和过程的基本特征与实质，在采用任何方法进行科学研究时，它都占有主导地位。然而，在一定的理论基础上进行的质和内容的分析，必须以占有详尽的资料为前提。这些资料包括叙事性资料和数字性资料，所以质和量这两种方法在进行历史研究时各有长处和自己的适用范围。苏联史学家认为，正确有效地使用计量方法，取决于研究中采用的基本理论和方法论的性质。这些因素包括：对认识客体进行多方面的广泛的考察；对具体的历史分析成果给予多方面的说明和概括；以辩证唯物主义理论和方法为立足点；正确地提出研究任务；占有翔实的、在质和数字方面有代表性的具体的历史文献；采用计量中的不同方法来揭示、收集、加工和分析具体的历史文献。苏联学者运用马克思主义历史理论探讨计量史学的方法、理论及应用，在国际史学界独树一帜，得到高度评价。

国际史学界对计量史学十分重视。1970 年，在莫斯科举行的第 13 届国际历史科学大会上，将"数学是历史学家的信息因素"列为大会的中心议题。1980 年在罗马尼亚首都布加勒斯特召开的第 15 届国际历史科学大会上，决定由联邦德国、美国、匈牙利、苏联、瑞典等国负责筹备成立历史数量方法国际委员会，以推动国际上的计量史学研究。

当代计量史学的兴起与发展有一系列的原因：第一，科学数量化正成为现代科学发展的基本趋势，数学方法已迅速渗透到各门学科和社会生活的各个方面。这就对包括历史学在内的各门学科提出了定量化、精确化的要求。传统史学中那种描述的、定性的说明和论证，已远远不能适应现代科学的发展要求。第二，从史学发展本身来看，当代史学已突破传统史学的局限，发生了重大变化。这一变化是把史学研究的重点，从个人行为转移到状况的逻辑上，从叙述事件转移到解释事件的结构上，叙述体历史已明显变成分析性历史，数量方法正适应当代史学这一新发展的需要。第三，20 世纪 50 年代以来，计量方法在人口学、经济学、语言学等社会科学领域中运用的成功经验，为历史学提供了借鉴，促进了计量方法在历史研究中的推广和运用。第四，现代数学和计算机及其技术的发展，为计量史学的发展创造了技术上和物质上的条件。

二、计量史学的一般程序

运用数学方法的历史学家着手研究的起点与通常的做法不同，不能从直接收集感兴趣问题的材料开始研究，而要从明确地提出问题、建立指标体系、提出工作假设开始研究。这便规定了历史学家必须收集什么样的材料，以及采取何种方法分析材料。在收集和分析材料之后，这些历史学家得出有关结论，然后再用一些具体历史事实验证结论。这种研究方法有两点明显地背离了分析历史现象的传统做法：一是研究对象必须经过统计指标体系确定；二是在历史学家研究具体史料之前，已经提出可供选择的不同解释。然而这种背离已被证明是正确的，因为它不仅在提出问题方面，而且在解决历史学家所提出的任务方面，都表现出精确性和明确性。按照这种方法进行研究的历史学家，通常用精确的数量进行评述，因而很少使用诸如"重大的""很少""重要的""许多"一类使分析结果显得不精确的词语进行评估。同时，我们注意到，精确、具体地提出问题和课题假设，还节省了历史学家的精力，使他们有可能迅速地达到预期目的。

具体来讲，计量史学包括以下五个程序。

（一）筛选研究对象和准确地确定研究目的

在这里，研究目的往往以直接提出问题的形式来表达。准确地提出问题，明确地规定分析范围，并且给历史学家指明解决问题的途径。此外，问题本身会激发思维本能地进行回答，这样的回答往往能够帮助历史学家迈出研究工作中最初的，通常也是最困难的几步。

课题的确定主要考虑两方面：一是这一研究课题是否有意义，意义有多大，即确定这一研究确实有价值；二是这一课题研究能否使用计量的手段，在多大范围内可以使用这种手段，即是否有可能进行计量研究。如果这一课题没有什么研究价值，或者并不具备进行计量研究的条件（主要是资料方面的原因），就不可能进行计量研究。这是计量史学研究的两项基本的原则。

从目前的情况看，特别适宜于开展计量史学研究的是经济史，其次是社会史、政治史和史学史等。因为在历史文献中，经济史料比较丰富，多以数据形式出现，比较容易开展计量研究。从计量史学的产生和发展史上我们也可以清楚地看到这一点。最早的计量史学研究，首先是从经济史领域开始的。社会史、政治史和史学史方面，数据资料尽管不如经济史领域丰富，但亦有相当的数量，运用统计的方法还可以生成一些新的数据（包括把一些抽象的描述转换为数据），比较有利于开展计量史学的研究。

（二）资料的收集和整理

资料的收集和整理是计量史学的基础。关于史料的收集，首先要确定范围，要根据课题的需要，有针对性地收集资料，并且尽可能地保证史料的全面性和可靠性。资料收集完成之后，要对这些史料进行一番认真的鉴别，去伪存真、去粗取精，以保证史料的可靠性。关于史料鉴别的方法很多，如对史料所存书籍年代的考证、作者和版本的考证、文字和文法方面的鉴定等。

收集了资料以后，要对史料进行分类整理，以适应自己的研究方式。在这一点上定量研究与定性研究是一致的，差别仅仅在于前者做这项工作的目的是为以后更深一步的计量分析做准备。英国计量史学家 R. 弗拉特提出能够加以分类的历史资料有三种类型。第一类为按列名分类。这种分类形式是历史学家对他所研究实体的数量化描述。例如，当研究某一城市的经济状况时，就要列出能反映这个城市经济水平的一系列数量指标，而这些指标除了同属于一个城市之外，它们之间没有什么必然的联系。这些指标就是按列名分类。第二类是按顺序分类，就是将某些同质现象按其标志值的先后、多寡、优劣排列起来。例如，我国改革开放以来高校招生人数变化表。由于按顺序分类可以用来做进一步的分析，因而比列名分类更有价值。第三类是按差别或比率分类。这种分类方法最明显的特征就是历史资料之间的差别。在计量史学中，这种分类应用得最为广泛，像收入统计、选择统计、人口统计等均属此列。

对资料进行分类只是第一步，计量史学家还需对这些数据资料进一步整理以达到计量分析所要求的形式。不同的统计分析方法要求资料按不同方式整理。整理资料方面有几个原则性的问题：第一，"数据集"的概念。数据集是对与历史学家所研究的某一问题密切相关的所有数据资料的总称。建立数据集的概念，可以帮助历史学家根据自己的研究情况对浩如烟海的历史资料进行取舍，确定计量分析的规模。用统计学的术语来说就是确定统计总量。第二，"实例"，是整理数据集的基本单位，如我们可以将《春秋》中所记载的每一次战争看作一个实例。第三，变量，统计学中也称为"变值""标识值"，是指统计总体各单位某一变异数量标识的具体数值，如不同年份各种主要消费品价格升降情况。第四，数据矩阵表，是用来表达数据资料最常用的方法，它不仅可使计量史学家对其所掌握的资料一目了然，更重要的是为以后的分析提供了极大便利。[1]

---

① 参见王小宽：《国外计量史学的兴起与发展》，载《史学理论》，1987(4)。

(三)数据分析

完成了对历史资料的分类整理,计量史学家进入了对数据的分析阶段。根据人们所使用的统计技术的难易程度又将分析阶段分为两个方面:描述性统计和分析性统计。描述性统计的主要方式有:编制次数表(对数据进行分组、排序)、绘制图表(将数字转换成图表)、概括方法(利用统计学求出反映总体基本特征和规律性的指标,如算术平均数、几何平均数、中位数、众数等)和时间数列分析方法(从数量方面研究历史现象发展变化的趋势和速度,揭示历史现象各发展阶段的特点和规律)。分析性统计的实质在于利用较为复杂的数理统计方法从一些相关的数据中推断历史现象的变化情况。

通过数据分析,我们可以掌握和认识历史现象和历史过程的变化趋势和发展动态,以及它们的基本特征。数据本身,初看起来很简单,其实在某一单个的数据之中,也包含着复杂的信息。比如,某一年的粮食产量这样一个数据,就是多种因素综合作用的结果,如气候、降水量、化肥、土质、水利、资金投入、田间管理等,这些因素都最终决定着粮食的产量。因此粮食产量这样一个简单的数据,有着极其丰富的内涵,包含着众多的历史信息。另外,诸如人口、亩产量、产品产量、进出口贸易量等,任何一个历史数据都具有这样的特征。用科学的方法分析这些数据和数据集合,就可以发掘出众多的信息,从而加深我们对历史的认识和理解。

(四)构造模型

构造模型也就是模拟研究,它从最一般的意义上说就是理论的公式化模式,用来描述和预测多重现象之间的复杂关系,包含大量的变量数据和各种复杂的等式。对于一些多因素的、动态的、复杂的历史现象和历史过程的研究,只要条件允许,主要是数据允许,就应构造数理模型,从而得出必要的分析结果。

建立模型,一般要经过下列步骤:明确目标;对历史系统进行周密分析,找出主要因素,确定主要变量;找出各种关系;明确系统的约束条件;规定符号、代号;根据有关学科的知识,用数学符号、数学公式表达所有关系;简化表达形式,并检查是否代表所研究的问题;确定模型。

构造模型，几种常用的分析方法有：直接分析法，模拟法，利用数据分析法，概率统计分析法，试验分析法，假定法等。[①]

(五)结论的分析和表述

历史学家要运用所收集到的材料验证自己的假设，如果材料推翻了有关假设，那么，对问题的研究便到此为止。如果不愿停止，研究者可以提出其他解释，然后收集相应的材料并重新验证假设。在证明假设与具体历史事实完全相符之前，这种做法将循环往复。

三、计量史学的基本方法

在具体实践中，历史学家进行计量研究，运用的方法很多。这里我们选择几种比较常用而且一般读者能够看得懂的方法加以介绍。

(一)一般统计方法

一般统计分析方法在经济史研究中使用非常广泛，它只是把一些数量资料集中起来，加上初步的分析，从中得出一些有价值的结论。有时，为了让这些原始数据有价值，我们还需要对它们进行处理。编制次数表是方法之一。这就是把我们所要研究的数据分成几组或几类，并分别记录和显示各组事件的次数的系统化材料。

中国古代史上，运用统计分析方法进行研究的历史学家很多，计量方法的使用较之其他国家也更加完整和久远。例如，班固就力图对国家总体经济状况进行统计和分析。《汉书·食货志》在谈到战国时期魏国时说："今一夫挟五口，治田百亩，岁收亩一石半，为粟百五十石，除十一之税十五石，余百三十五石，食，人月一石半，五人终岁为粟九十石，余有四十五石，石三十，为钱千三百五十。除社闾尝新春秋之祀用钱三百，余千五十，

---

① 参见霍俊江：《计量史学基础——理论与方法》，157～159页，北京，中国社会科学出版社，1991。

衣，人率用钱三百，五人终岁用千五百，不足四百五十。"①这段描述，通过统计，分析了中国封建社会初期农民的收入及消费支出情况。再以人口史为例。班固、皇甫谧就对人口做过统计。到唐代，杜佑考察了诸朝人口数目，他指出，晋武帝太康元年人口"大抵编户二百四十五万九千八百四十，口千六百一十六万三千八百六十三，此晋之极盛也"②。宋元之际史学家马端临总结了西汉、东汉、唐代及北宋的人口平均数，指出了人口隐漏不实情形："西汉户口至盛之时，率以十户为四十八口有奇；东汉户口率以十户为五十二口，可准周之下农夫。唐人户口至盛之时，率以十户为五十八口有奇，可准周之中次。自本朝元丰至绍兴，户口率以十户为二十一口，以一家止于两口则无是理。盖诡名子户漏口者众也。"③到了明代，徐光启注意到人口增长速度问题。他通过对明初皇族子孙繁衍状况的统计，提出人口大致每三十年增长一倍，如果没有大的社会动乱，人口没有锐减的可能性。洪武年间(1368—1398)皇族成员 58 人，到永乐年间(1403—1424)增至 127人，"是三十年余一倍矣"；到隆庆年间(1567—1572)皇族成员"隶属籍者四万五千，而见存者二万八千"；到万历年间(1573—1620)皇族成员"隶属籍者十万三千，而见存者六万二千，即又三十年余一倍也。顷岁甲辰隶属籍者十三万，而见存者不下八万，是十年而增加三分之一，即又三十年余一倍也"。④

人口的变化可以使我们发现更多的历史信息。从中国古代史来看，一种新的生产方式自产生到确立这一段时期，人口数量规模便出现大幅度增长。这是因为，人口的增长，总是与经济的发展密切相关的。一种新的生产方式产生之日，正是社会经济得到突飞猛进的发展之时，从而使人们在获得物质资料的数量和质量方面，达到一个新的高峰；使人们健康之增进达到一个新的水平；使人们的劳动就业领域得到前所未有的扩大。所以，

---

① (汉)班固撰：《汉书》卷二十四，1125 页。关于人口统计的材料，参见彭卫、孟庆顺：《历史学的新视野——当代史学方法概述》，210～211 页，西安，陕西人民出版社，1987。

② (唐)杜佑撰：《通典》一，王文锦、王永兴、刘俊文等点校，145 页。

③ (元)马端临：《文献通考》卷十一，上册，考一一八，北京，中华书局，1986。

④ (明)徐光启撰：《处置宗禄查核边饷议》，见《徐光启集》上，王重民辑校，14 页，北京，中华书局，2014。

每一次生产方式的变更都会使人口数量大规模激增。我们把自夏朝到中华人民共和国成立前夕中国人口数量变化的情况进行研究之后可以发现，在这漫长的岁月中有两个突破性的增长，其一是战国至西汉时期，其二是明朝中叶以后至清朝鸦片战争以前，说明这两个时期，均应为生产方式的变更时期。从前一个变更中我们可以得出这样的结论：它理应为奴隶制的崩溃、封建制的确立时期。所以，中国古代史的分期，应该是不早于战国，不迟于西汉。运用统计方法，使我们得出了一个比较有说服力的结论。

一般统计方法操作简单，也容易为历史学家所掌握，但现代意义上的计量史学方法，则比较复杂，单靠简单的统计是无法完成的。

(二)抽样法

由于历史资料的特殊性，历史学家不得不根据仅存不多的史料再现各类事件的进程，或者从大量资料中选择起码数量的材料，以此作为全面估计所有现象的根据。这时历史学家需要运用抽样法来进行自己的研究工作。所谓抽样法，就是在对大量同类客观现象进行研究时，以局部研究代替全面研究，同时保证在结论中不出现重大错误的方法。它具有很强的归纳性质，是按照随机的原则从全部研究对象中抽取一部分单位进行观察，并运用数理统计的原理，在实际观察数值的基础上，对全部研究对象做出数量上的估计判断，以达到对总体的认识。

运用抽样法研究历史，必须具备两个条件。一是抽样的随机性，指在抽样过程中没有任何成见，并遵循使总体中每一个因素有成为样本的均等可能性原则。要使样本成为真正随机的，只有以这种方式从总体中抽样，总体中的每一因素都有均等机会被抽取，除此之外，其他任何因素都不能影响某一因素是否中选。因此，随机性更多的是直接与抽样过程和抽样设计相关，而不是与样本本身相关。只有当总体中每一单位都有均等机会被抽取时，样本才是随机的。二是代表性，指抽样足以代表总体的特征。两个要求并不矛盾，因为具有代表性是由抽样的随机性予以最终保证的。因此，在完成材料的收集之后，必须要检验一下自然形成的样本是不是随机的。

如果在抽样时没有遵循随机性原则，那么即使有大量的样本也不可能带来正确的结果。例如，1936 年美国《文学摘要》杂志根据 200 万美国人对杂志调查表的答复预测：在总统选举中共和党会获胜，民主党人罗斯福将遭到失败。事实恰恰相反，罗斯福当了总统。预测失败的原因很大程度上在于，样本对全体美国选民而言不具有代表性，因为抽样不是随机的。杂志的调查表是寄给这家杂志的读者以及电话的拥有者，在电话查询簿上可以找到后者的地址。而这家杂志的读者基本上都是站在共和党人一边的，加之共和党中拥有电话的人比民主党多。所以样本只反映这些人的意见，没有代表性。

抽样有几种方式：随机抽样、机械抽样和典型抽样。

1. 随机抽样

随机抽样指总体中的每一个体在选择时都有被选中的相同可能性。实践中，可以通过抽签和随机数表来保证抽样的随机性。

在使用抽签方法时，总体的所有个体都要预先编号，并把号码标在卡片上。将卡片仔细混合后，使用任何一种方法（顺序或无序）抽出相应于抽样范围的必需卡片数。这时，可以把抽出的卡片放在一边（不重复抽样），或者是抽出卡片，记下其编号，再放回这组卡片中去，使其有可能再次被抽样（重复抽样）。在重复抽样时，每次把卡片放回去都应将整组卡片仔细混合。

当研究总体的容量较大时，利用抽签法进行随机抽样就比较复杂。这时可以使用随机数表方法。具体做法如下：

假设总体由 900 个个体组成，而计划抽样范围为 20 个样本。

122 841 511 426 128 644 476 465

260 402 881 54 210 622 243 784

376 252 341 718

2. 机械抽样

机械抽样就是把总体分解成许多相等的部分，并从每一部分中抽取一个单位。如果抽样的范围是 10%，即每 10 个个体中要抽出一个来，即可以把整个总体等分，每部分 10 个个体。然后从第一个 10 个中随机抽出一个个体。比方说，抽出的是 9 号，其他个体选择完全由规定的选择比例和第一个被抽出的个体号码来决定。本例中，抽样由 9、19、29 等个体组成。

应用机械抽样时，可能会出现系统错误。所谓系统错误，指不能实现抽样的随机性条件，或者形式上利用随机方法进行抽样而原始总体对解决所提出的课题又不全面和有代表性时出现的错误。所以，在进行机械抽样之前，必须对研究总体进行分析。如果总体中的个体是随机排列的，那么机械方法所获得的抽样也将是随机的。但原始总体中的个体通常是局部的，或者是经过整理的，往往破坏抽样的随机性，因而必须谨慎。

3. 典型抽样

典型抽样又叫分层抽样，是指按照某种特征把总体分成若干典型的组，然后从中或随机或机械地抽选若干单位。比如，作为研究对象的领土，可以分成社会经济条件和地理条件各不相同的若干地区，之后再从每个地区中抽选一些单位做样本。这样做时，可以与每一典型组的数目成比例地抽选，也可以不按比例抽选，但按比例抽选好一点，因为它能使结果更精确。

为什么样本能够保证结果能像整体调查所获得的那样可靠呢？这是因为与所有资料相比并不太多的一部分资料——如果它们是借助于随机抽样得到的——可以揭示出被研究现象所从属的一般规律性。这里起作用的是抽样法的理论基础——大数定律。下面的例子可以形象说明大数定律的作用。在进行一次社会调查时，首先向 500 人提出了一定问题，对这一问题做否定答复的人占被询问人的 54.9%，再向 1000 人提出同一问题，社会学家所得到的否定答复占被询问人的 53.9%；再后，对 5000 人提问，结果与前差不多，占 55.4%；最后，当向 30000 人提出问题时，否定答复占所有询问人的 55.5%。由此可见，为了知道在这一问题上持否定态度的人占全部被询问人的 54%～56% 这一结果，并不需要向所有的人或是 30000 人提问，而只需调查 500 人即可。应该注意，大数定律只在大规模过程中起作用，在这种过程中每个单独抽取出的因素都是随机数值，这不仅是一般规律作用的结果，甚至也是大量不依赖于这一规律的因素影响的结果。由此看来，基于大数定律的选样法不能用来研究个别对象、个别的有机现象，而只能在大量观察事实的前提下，利用抽样法研究大规模过程。[①]

由此可以看出，运用抽样方法对过去保存下来的大量历史统计材料进行分析可以大大节省时间、精力和物力，并可使历史学家在可比材料缺乏或不足的情况下，有可能研究各类现象的动态。在运用传统的分析方法揭示历史进程时，必须具有关于某一研究对象的不同时期的材料，使得历史学家不得不缩小自己的史料学基地，同时只能根据可比材料而不是整体材料得出有关事件进程的结论。利用抽样方法则使历史学家有可能通过统计所有保存下来的材料研究事物的进程，由此所得出的结论不仅是综合的，而且是可靠的。

(三)回归分析法(揭示出各种关系的形式)

"回归"一词，是英国人类学家弗·加利顿 1877 年在其遗传学论文中为了表述由他发现的父母与孩子身高之间的依从关系，在进行数学分析时首先使用的。这种依从关系就是"返还"或回归，即子女的身高接近双亲的身高。例如，父亲若比所有父亲平均身高偏离 1cm(或高或矮)，则儿子的身高就会比所有儿子的身高偏离 1cm 以下。由此断定，用弗·加利顿的话说，"回归是向平常人方向"或"向平均状态回归"。所谓回归分析，就是寻找原因与结果之间的数量关系。找到这个数量关系，就可以依据原因预言结果，根据已知预言未知，根据已有的预言所缺乏的。计算出变量之间的一般关系的数学表达式，即回归方程。[②] 通过回归方程，便可由一种现象的变化值估算另一现象的变化值。

在历史现象和历史过程中，许多现象存在着相互依赖、相互制约的关系，计量史学的一项重要任务就是从数量上揭示、分析和表达这些关系。变量之间的关系可以分为确定性关系和非确定性关系两类。确定性关系是指变量之间的关系可以用函数关系来表达的关系，而非确定性关系则不能

---

① 参见[苏联]Б. Н. 米罗诺夫、[苏联]З. В. 斯捷潘诺夫：《历史学家与数学——历史研究中的数学方法》，黄立茀、夏安平、苏戎安译，46～47 页，北京，华夏出版社，1990。

② 回归方程，指自变量(表示原因的变量)和因变量(表示结果的变量)之间的关系形式，可表示为 $y=ax$，其中 y 为因变量，x 为自变量。在史学研究中，我们可以把它理解为一事物因其他事物的变化而变化的程度或形式。

用函数关系来表达。通常，我们把这种非确定性关系称为相关关系。回归分析是研究相关关系的一种数学工具。

回归分析在历史研究中的运用有两种功能：一是分析研究变量之间关系的功能，二是预测的功能。这种分析成为研究经济关系和经济发展趋势的重要手段。它的基本做法是，找出一个变量与某些被视为它变化原因的变量（解释变量）之间的数量关系，即建立数学模型（这是典型回归分析的任务），然后用某种方法给出未来期间的外生变量的数值，将这些数值代入数学模型，计算出要预测变量的未来值。

例如，《春秋》是中国第一部编年体史书，苏联的历史学家认为它基本上报道了政治事件、战争及宫廷事件，用这些资料就可以更可靠地研究当时社会的发展趋势。于是他们对《春秋》进行计量研究，并得出一个结论：春秋后期，各诸侯国间关系出现了一个新的变化，那就是形成了一个比较统一的社会政治综合体，并由此预测秦统一六国的必然性。具体做法是，首先从原文中摘出内容上属于军事史问题的所有最简单的事件。将它们分为三个基本组：第一，直接的军事行动（战争、包围、构筑要塞、征伐、军援）；第二，用军事方法获取领土（兼并其他诸侯国）；第三，交战（厮杀、夺取城池）。这样，零碎无系统的事实就被系统化了。

研究的下一阶段是对最简单事件间的关系进行时间和空间分析。现在通过分析最简单的事件——"战争"的例子来进行这种探讨。全书计有180处提到这种事件。对它进行分析，就是要从原文中摘出有关战争的主体和客体、时间和地点情况的指示，并用表格的形式把这种资料表示出来，在这些表格中可以用不同的符号来分别表示早期（公元前722—前600）和晚期（公元前599—前479）14个"主要"诸侯国及其部族间的关系。通过这些资料可以看出当时诸侯国之间关系中一系列的规律性及其在不同历史时期中的发展情况。

通过研究战争，他们揭示出黄河中游各诸侯国之间关系的一些特点，这些诸侯国彼此间或者完全没有打仗，或者是一起在一个同盟中战斗。反对它们的是一些没有组成核心、彼此间又相互仇视的诸侯国。诸侯国之间关系的主要趋势则是，中部"集团"的对抗不断强化和尖锐，以及中间集团的被摧毁。例如，在晚期，军事关系变得更为明确："永远一起"战斗或者

"永远为敌"的两类诸侯国晚期为38组，而在早期为27组；两类诸侯国在早期共同行动的次数是在晚期共同行动的次数的11倍。

所以，根据数量很大的"零碎"事实，对《春秋》原文进行计量分析的结果，就可以研究公元前8世纪至前5世纪中国政治和社会史的某些（一般的和局部的）倾向，阐明古代中国各诸侯国及其四裔邻国的一系列社会和政治生活的特点。西周时期的传统联系逐渐削弱，被广泛的和较少考虑细节的联系代替了旧的联系，它现在更强有力地和大量地使各国结成"双边"关系；战争的作用增长；相互接触增长；国君之间的协议及礼仪活动减少；内政不稳定性增长等。分析表明出现了一个相对隔绝的单位——国家组成的大规模体制，这些诸侯国间的关系由传统和协议来加以规定的程度越来越小。极为明显地出现了一个中小型国家集团组成的旧体制瓦解的过程，而这些中小型国家曾主要通过国君交往来相互联系；诸侯国间各种新关系的发展形成了一个比较统一的社会政治综合体，而这与诸侯国不同的（常是新的）形式联系（越来越是"单个"的）的增长有关。① 由此可以看出，利用计量分析方法，历史学家可以获得用描述方法不能揭示的信息，对历史产生新的认识。

回归分析能够预测和再现所缺乏的史料，揭示历史现象变化的时间规律，同时估计一个现象在另一个现象变化的条件下变化的程度。换言之，借助回归分析，研究者能够以一般的形式反映现象与因素之间数量关系的性质。通过回归分析，得到的方程或回归系数，使研究者能够清晰地确定因变量或结果变量与其因素之间数量关系的性质，确定因变量依因素变化而变化的情况。

因此，运用回归分析历史现象，研究者首先以逻辑的、具体历史现象的分析为基础，选择一个或几个因素，然后计算出回归系数，并估计系数的精确性和可靠性。然而，分析的步骤与一般历史研究不同，历史学家不得不利用相互作用的因素，清除它们的相互影响，并且对每一因素的纯意义以及所有因素的综合意义加以估计。如此看来，历史学家有必要花许多

---

① 参见［苏联］И. Д. 科瓦利琴科主编：《计量历史学》，闻一、肖吟编译，276～278页，成都，四川人民出版社，1987。

时间揭示数学依从关系以及计算他所研究的现象与事实之间关系的回归方程。回归方程提供了预言与复原丧失的历史材料的可能性，它以概括的形式反映出历史现象或事实间数量关系的性质，揭示出历史现象动态中隐含的时代规律性，历史学家通过对反映这种或那种社会经济现象动态的曲线和直线方程的比较，发现社会经济现象的异同，并据此揭示出其间的因果联系。掌握预测的能力，使历史学家在估计所研究历史现象与进程的意义时，得到了比运用传统方法更多的可能性。

利用回归分析，使历史学家能够预测而且应该预测那些将要发生的和很快能够发生的事情。这种预测通常就是推测事件将如何按照由历史学家发现的事件发展趋势以及由他揭示的规律性来进一步发展。显然，这种预测不可能是绝对准确的，但是它给人们指出了必然发生的前景。这样，人们因了解事件将可能怎样发展而感到坦然。

（四）相关分析法（对关系的程度做出评价）

在史学研究中，回归分析和相关分析密不可分。上面我们讲到回归分析能够帮助历史学家预测，而预测的基础是要了解所研究现象之间的依从关系。这种依从关系与一种现象对另一种现象的影响程度密切相关，因为它取决于这种影响程度。由于回归系数不能测量因素对结果变量的影响程度，这个任务就由相关分析来完成。

所谓相关分析，就是研究两个变量之间关系的密切程度，在统计学上有一个明确的变量（在统计学上，将任何有意义的被计量的量都表述为变量）用来测定这个程度，这个变量称作相关系数①。相关分析法的运用，是依据评价因变量与其因素之间波动的一致性或协调性这一原则而进行的，很明显，相关系数的绝对值越大，因变量（表示结果的量）与自变量（表示原因的量）之间的联系就紧密，相关系数低，变量之间的联系则弱。

在研究中，预先对被研究变量之间的关系进行内容丰富的具体分析，无论在相关分析还是在回归分析中，都具有特别重要的意义。因为变量的

---

① 相关系数：是相关分析中的主要指标，用以表明变量（在统计学中，将任何有意义的被计量的量都表述为变量）之间的依从关系，其取值范围为$-1\sim0$；$0\sim+1$。$R=0$ 为不相关；$R=0\sim+0.5$ 为低度相关；$R=\pm(0.5\sim0.7)$ 为中度相关；$R=\pm(0.7\sim1)$ 为高度相关。

变化具有稳定的一致性并因此有高相关系数本身，并不能成为断定变量之间具有因果联系的充足根据，因为在两个变量之间，很可能有第三个因素或更多的因素在起作用。因此，变量之间紧密相关，可以推测它们之间有因果的联系，但当两个变量是第三个原因的结果时，可以指出它们之间也存在着这种联系。只有对变量之间的关系进行具体的历史的逻辑的分析，才能查明它们之间存在着的因果联系，并且选出一个变量作为因变量或结果变量，而另一个变量作为自变量或因素。如果具体的历史的逻辑的分析没有发现两个现象之间有直接的因果联系，那么，这两个现象直接的相关联系就不是它们直接具有因果关系的依据。而只是说明，它们经过一个第三因素建立了相互关系，因而存在着同这个第三因素的联系。

例如，1894 年，列宁在《什么是"人民之友"以及他们如何攻击社会主义者》一文中提出全俄统一民族市场的形成和发展问题。关于其形成时间，成为苏联史学界争论不休的热点问题，主要有三种意见：17 世纪、18 世纪上半期、18 世纪后半期。在研究这个问题时，确定统一农业市场形成的时间对揭示俄国资本主义农业的发展过程和发展水平具有重要意义。同时，这也是一个时空范围广、内涵极为复杂的动态过程，很难用定性的分析方法加以完整的阐述。20 世纪 70 年代中期，苏联学者科瓦利琴科和米洛夫采用计量方法对这个问题进行了重新研究。他们运用的主要方法就是相关分析。他们认为反映俄国地方市场之间粮食价格运动协调性程度的平均相关系数，能够测定全俄统一粮食市场形成各个阶段地方市场一体化的程度，即平均相关系数是地方市场融合为统一民族市场程度的指数。其研究步骤是：其一明确"市场"的概念，建立"市场"的理论模型，决定通过对主要商品价格变换的研究来了解市场发展水平的程度。其二是选择当时的主要农产品黑麦和燕麦的价格作为计量的主要对象，同时辅以对土地、役畜和劳动力价格的统计分析。其三是应用统计学中的价格动态数列相关分析方法对 1750—1890 年俄国 50 个省的黑麦和燕麦市场价格进行统计。再计算出这些粮价的波动趋势和同一时期一省粮价与其他省粮价之间的相关系数等。粮价随机波动的相关系数是进行分析的主要指标，如果两地之间的相关系数高，就说明两地之间的市场联系密切，反之亦然。经过大量计算，得出如下的结论：这 140 年间，俄国 50 个省农业商品市场趋于统一的过程十分清晰。至 19 世纪 80 年代,统一的黑麦和燕麦市场的形成已成为事实,这表现在各省粮价之间相关系数已非常高($R=0.89+0.01$),决定黑麦价格随机波动机制的共同因素的比重为 79%～83%(如一省歉收,粮价飞涨,那么其他 49 省的粮价基本也会上涨)。由此确定全俄统一粮食市场形成于 18 世纪 50—60 年代。这时,地方市场对俄国其他市场的粮食价格、对价格构成全俄条件的依赖,开始比对地方条件依赖的程度更大。但是,民族粮食市场没有停滞在 18 世纪下半叶的水平上。由于各地区之间商品经济联系的增强,直到第一次世界大战以前,地方市场一体化的进程还在继续,在资本主义基础上全俄粮食市场的统一仍在加强。用同样的方法计算出全俄土地市场——全俄农业商品和劳动力统一市场形成于 20 世纪初。这样就有充分的理由断定,全俄资本主义统一农业市场是在 19 世纪与 20 世纪交替时期形成的。[①]

相关分析法能够使我们查明,两个互相联系的现象中哪一个先起作用。在此基础上研究者可以得出结论,哪一个现象是原因,哪一个现象是结果。但是,在做出什么是原因和结果的判断之前,需要仔细地分析现象之间的相互关系。如果在区别原因和结果时,运用分析哪个现象在另一个现象之前尚不能解决问题的话,运用相关分析法也许是非常有益的。相关分析法能够测定各个因素的影响以及估计它们对被研究对象的综合作用。

相关分析法具有精确性和明确性,以及为历史学家所熟知的以精确性和明确性为基础的逻辑性。这些特点使相关方法为苏联及其他国外历史学家所广泛使用。

(五)模糊数学方法

模糊性是指客观事物差异的中间过渡的"不分明性"。模糊数学的方法,是一种将模糊集合量化分析的方法。1965 年,美国控制论专家托德(L. A. Zadeh)发表了第一篇论文《模糊集合论》("Fuzzy Sets"),以后 Fuzzy 数学得到了迅速的发展,波及并渗入许多学科和领域,如地质学、地震学、气象学、文字学、法学、体育学、经济学等。尽管这门学科还不算很完善、

---

① 参见[苏联]И. Д. 科瓦利琴科:《计量历史学》,肖吟译,249～259 页。

很成熟，还处于深入发展阶段，但它在上述学科中的初步应用，却取得了惊人的成绩。它为一些描述性的、以定性为主的学科的精确化、定量化和科学化提供了有力的方法和手段。在模糊数学中，特定地用区间（0，1）中的数来反映论域中因素从属于模糊集合的程度，被称为从属函数（或一致性函数）。在这个区间内取一个任意值，使某个元素并不是要么属于，要么不属于，而是在不同程度上可以属于几个集合。从而使人们在辩证地认识客观事物的明晰性和模糊性的相互关系上大大前进了一步。从从属函数出发再运用相应的模糊逻辑和推理进行各种关系的运算，进而得出相应的结论。所以，我们说，它就是将模糊现象数量化的方法。

　　例如，关于古史分期问题，多年来史学界一直争论不休。许多专家学者不懈地进行探讨，提出了西周、春秋、战国、秦、西汉、东汉、东汉后期、魏晋等不同时期的封建说，到现在为止没有得出一致的结论。使用模糊数学分析方法来研究这个问题，可能会使我们得出一些有价值的结论。国内有人根据多年来各学派的研究成果，把西周到魏晋当作奴隶社会下限的论域，在这样一个历史时期内可以用下述式子来表示奴隶社会的范围：

$$奴隶社会 = \frac{1}{夏} + \frac{1}{商} + \frac{0.9}{西周} + \frac{0.7}{春秋} + \frac{0.5}{战国} + \frac{0.4}{秦} + \frac{0.3}{西汉} + \frac{0.1}{魏晋}$$

　　根据模糊集隶属度理论，我们从式子中可以看出，夏、商两朝属于奴隶社会是确定无疑的。从西周起向封建社会转化，到魏晋六朝虽然仍有奴隶制，但属于奴隶社会的可能性很小，隋唐以后虽然仍有奴隶制残余，但已微弱到可以忽略不计的地步，这便是封建社会。这里分子的数值表示分母从属于奴隶社会的程度。

　　然而，一个动态的、模糊的分期界限将会给我们的理解和使用带来不习惯和不方便。为此，我们还是需要找到一个清晰的界限。这段历史以秦统一中国为最重要的历史界标，我们若以此作为奴隶社会和封建社会的分期标志，那么正符合上式的要求。因为若定战国或魏晋为标志都缺乏清晰度。当然定标志仅仅为了方便而已，界限不是绝对的。例如，把1840年作为近代历史的开端，就是为了取其清晰而已。实际上中国近代社会性质的演变经历了 60 余年的过程，直到 1901 年《辛丑条约》签订以后，半殖民地半封建社会的性质才最终形成。[①] 这表明历史的演变是一个模糊过程。

首先，历史研究的模糊性是由史料存留的模糊性决定的，虽然我国号称史料大国，但对于丰富的人类活动来说，只能算是凤毛麟角，特别是精确的统计数字更少。其次，历史研究中的模糊性又由研究对象的复杂性所决定。社会历史系统的基本状况的结构及功能复杂，各种因素和关系相互联系、相互制约、互相交换、互相依存，这种复杂性给精确描述和控制带来了很大困难。因此，在复杂的系统与机制之中，单纯强调和追求精确描述，往往适得其反。在模糊史料的基础上，想通过统计和计算，得出类似现代自然科学那样精确的结论，只能导致与历史真实背离更远。模糊方法的优越性在于，它应用范围广，高度灵活，而且在研究对象发生变化或者资料缺乏时，也可以凭借少量模糊信息进行判断。

四、计量史学的意义及存在的问题

当代许多有影响的历史学家已经认识到计量方法、定量分析对于史学研究的重大意义，归纳起来有以下几点。

(一)历史计量方法，使原来不够确定的历史问题，得到了可靠数据的证明，使历史研究向科学化、精确化方向发展

1. 历史计量方法， 深化了对历史的认识

历史由多种因素构成，计量史学有助于分析总体的社会历史现象。密西根大学教授查尔斯·蒂利教授的博士生试图用计量方法研究中国明代农民起义，他检阅了明朝历史发展中(时间)的 1138 个县(空间)的地方史志及其他史书，把视野扩展到当时的政治、经济和生态环境中去，研究农民起义的频率、规模和时间性，农民起义集团的不同类型以及职业、民族和宗

---

① 参见周军：《数学语言与历史研究——科学方法论札记》，载《研究生学刊(东北师大)》，1986(1、2)。

教结构；政府对待农民起义的各种反应措施类型。从一个长期过程的经验性数据中，找出农民起义的原因，以及其中的政治、经济、社会生态环境以及文化诸因素的关系。[1]

2. 使历史学研究进一步精密化

传统史学定性分析的主要缺陷之一就是采取一种模糊的语言来解释历史，而在影响历史发展的众多因素中，很多是可以用计量方法来精确度量的，如涉及规模、程度、比较、变化等因素。即便是某些难于测量的因素（如人们的思想、情绪等抽象概念），也可以通过其他可度量因素间接地测定出来。历史因素经过数量化之后，运用精密的统计学和数学公式进行运算和分析，使历史学家得以更为"精确"、更为"科学"地解释历史。在日本，对古代的人口数多年来只能以古代资料做估计，缺乏比较精确、可靠的材料。日本千里国立人类学博物馆的小山修三教授把各府、县、市、镇（包括冲绳）大量已知的材料作为数据输入计算机，对日本史前时代和上古时代的人口数字和地区分布情况（包括人口密度）做出了比较精确的推算，从中可以看出日本古代人口推移的趋势。1978 年，他把这一研究成果写成论文，以《日本绳文时代的食物和人口》为题发表，产生了一定的影响。

3. 得出了仅凭定性研究不能或不易得出的结论

例如，18 世纪的北美经济状况一直不甚清晰。美国学者用量化方法分析 17 世纪末直到 18 世纪末这一百年间的税收状况，比较准确地得出这一时期由欧洲迁往北美地区移民中，社会不平等趋向逐渐加剧的结论。把"必须进行统计"视为座右铭的法国史学家乔治·勒费弗尔运用计量手段，探讨了法国大革命前夕城市社会的阶级状况，指出统治阶级、中等阶级（资产阶级）、大众阶级和由体力劳动者组成的无产阶级这四个部分，构成了城市人口的重要因素。而"无套裤汉"这一社会集团，不仅由城市和农村的无产业者组成，还包括数目庞大的城市手工业者、小店主，从而澄清了原来的一些糊涂认识。[2]

计量史学使历史结论成为更具有科学性的质和量的统一。就美国南北

---

① 参见罗荣渠：《当前美国历史学的状况和动向》，载《世界历史》，1982(5)。
② 参见彭卫、孟庆顺：《历史学的新视野——当代史学方法概述》，166 页。

战争的研究来说，美国史学家菲利普斯认为，奴隶制可以自行解决，因而1861年至1864年林肯总统领导的消灭南方奴隶制的南北战争没有必要。这一度成为美国史学界的权威观点。到20世纪60年代初，美国一些计量史学家经过收集资料并进行整理分析，得出一致结论，即南方奴隶主在奴隶劳动中一直获取高额利润，不可能自行解放奴隶，因而南北战争的爆发势所必然。显然，这一结论是符合历史唯物主义的，是科学的。

(二)计量史学，使许多资料得到应用，并开拓了新的学科，扩大了新的研究领域

历史计量方法可以使传统史学无法处理的大量实例得以合理和适当利用。例如，欧洲中世纪虽然被称为"文献的沙漠"，但仍保存了大量的案卷和清册，而其内容又都非常琐碎，少数的研究者即使把毕生精力奉献出来，也不可能把它们处理完。佛罗伦萨保存有1427年的《土地登记簿》，包含了5万户家庭情况的详细信息，过去的历史学家见了这个庞然大物只好望洋兴叹，因而被束之高阁500多年，今天才得以应用；西欧1200年以前的各种凭证——主要是捐款、交换、出售、租赁以及其他的土地转让的字据十万余件，现已得到运用。在计量史学的倡导下，新的史料来源层出不穷，凡政治预算、公司和个人的收入及支出、户口或农户普查的结果、各社团直到国家各级立法机构的选举投票记录、一次立法会议的点名单、名人传记和一般家谱中的数据、教区的受洗、死亡和结婚登记、医院的病历和学校的出勤簿等史料，都转化为"机器可读出的数据"。美国传统史学对于政治史研究方面所忽视的选举表决结果报告、唱名册、传记等数量资料，自20世纪60年代以来，由于推行计量方法而得到整理和利用。这些史料的整理和利用，对于研究美国政治史，提出了许多有重要意义的课题。现在许多欧洲国家纷纷利用计量方法，协助分析国会议员的投票行动，以研究社会和阶级的政治动向。计量方法用于历史研究之后，改变了史学研究的重点和发展方向，使史学研究重点由政治史转向经济史、社会史。20世纪70年代以后，由于计量方法广泛被采用，开拓了许多新的研究领域。美国的新社会史家正在探讨人口史、社会结构史、社会流动史、家庭史、性史、地方史、农村史、妇女史、种族史，以及工厂、监狱、城镇、医院和教堂等社会组织的历史。在法国，计量方法的使用，使"新人口史"很快与古典人口史分道扬镳了。其方式是：再现某教区范围内所有的洗礼、结婚和丧葬记录，根据配偶登记卡复原每户家庭，初步计算生育间隔，并制成各种关于婚生情况的统计图表，各年龄组别的比例、夫妻结合的时间比例、子女数目等。在英国有新兴的计量社会学、计量文献学、计量科学学、书目计量学等。日本史学家通过电子计算机处理数据资料，比较精确地推算出日本史前时代和上古时代的人口规模和地区分布状况，填补了日本古代史的空白。

(三)计量史学的应用，改变了人们的思维方法

计量史学对人们思维方法的改变表现在两个方面。一是研究兴趣从上层转到下层，转到群众的日常生活现象，而不是杰出人物的丰功伟绩上。例如，研究工人运动时，主要不是研究工会领导阶层的政策，而是着重研究基层组织和小工会的活动。研究者以地方档案和报纸为依据着重阐述工人阶级的人种构成、外侨工人的状况、工人教育水平、教会的影响、无产阶级成分的变动等一系列问题。二是人们不再单纯强调定性研究的唯一性，而是注意到定量研究的必要性，使历史学家把眼光投向更广阔的历史领域，发现问题，并能以新的方法解决问题，得出新颖的结论。例如，有关15—17世纪巴黎地租的档案，长期埋在公证文件的案卷和医院、女修道院的账单中无人过问，法国高等研究院的历史学家利用电子计算机在很短的时间里使其数据从尘封堆中显露出来，不仅获得了巴黎地租平均数的曲线图和其他100个有关的图表，而且提出了什么时候巴黎出现过真实的经济复兴，是否真正地经历过"16世纪的繁荣"和"17世纪的危机"以及中世纪后期的不景气等问题，使人们有可能以更可靠的办法去探讨这些问题。

计量史学在方法上最不同于传统史学的地方，是制作模拟历史现象和过程的模型(数学的或逻辑的)。在这方面最为人所称道的是反事实模仿模型——或称之为"反事实假设"。它的制作特点是：针对历史上确实发生过的某一事件，按该事件并没有发生的态势制作模型，再把由此获得的结构或数据同历史上真正发生过的事情做比较，从而得出该事件究竟是否起了传统的历史学家所判定的那种作用，这样既提出了许多问题，也得出了一

些有价值的结论。例如,对"罗斯福的'新政'确实消除了20世纪30年代的不景气造成的问题吗?"的假设研究,就得出了对人有启发的结论。

计量史学的历史还不长,应用实践还不够丰富,推广也不够广泛,在它的应用过程中不可避免地出现了一些值得注意的问题。

第一,滥用计量方法的现象到处存在。

计量方法的作用被无限制扩大,在某些研究领域中,计量方法的运用相当混乱。这一现象在社会史研究中尤为明显,导致许多研究结果十分平庸,甚至毫无意义。例如,法国社会史学家在利用电子计算机对19世纪新兵进行的调查,最后只得出南方人矮,北方人高之类啼笑皆非的结论。英国史学家 J. 埃利批评英国的社会史研究由于夸大可资应用的数据价值,忽视不该忽视的史料而滥用计量方法,造成了忽视理论概括,热衷于支离破碎的分割研究的倾向。他认为,把计量方法扩展到统计上是无法比较的,甚至首先使人怀疑统计标准的现象,很可能是社会史研究中令人最为不安的发展情况。

第二,研究成果越来越抽象、难懂。

计量史学大多专业性很强,非专业人员很难读懂;而由于很少运用推理,就需要花费巨大精力和时间从事研究。由于研究分析需耗费大量精力,人们便往往认为研究成果是不完善的。有时蹩脚的文字加上枯燥的分析,使计量史学的成果在阅读上不受欢迎。目前,各国计量史学家日益倾向于通过复杂的统计图表、数学公式来表达他们的研究成果,从而使历史学变得越来越抽象、难懂,离开传统的叙述体越来越远。如果史学研究的成果完全用演算过程、函数公式、统计图表等形式语言来陈述,不仅使一般读者感到枯燥无味,而且有悖于历史学的性质。历史叙述所要求的不是清一色的形式化语言,而应当是更多的形象化的语言。史学研究如果离群众太远,就会丧失它的社会职能。如 E.R. 里格利和 R.S. 斯科菲尔德所写的《英国人口史》(1541—1871),全书近800页,其中竟有一半以上的篇幅用来讨论方法论,且充满了数字和图表。这样的著作自然无法在一般读者中传播。法国史学家 M. 巴斯蒂认为,这种历史学使广大读者扫兴,因为它不符合他们的爱好和愿望,造成了普通读者和先进的史学家之间的难以逾越的鸿沟。她还指出,这种状况目前甚至已影响中学历史教学,结果使很多青年混淆了时代次序，不注意历史地对待事物，过早地对历史产生了厌恶。总之，数学符号不能代替语言描述和解释，历史学不能仅是一堆数字和公式组合，应设法使人们接受新的研究方法，因而计量史学家们还需做许多工作。

第三，用计量方法代替或否定历史研究的科学方法论。

国外有些计量史学家片面强调计量方法的客观性，否认一定的史学理论和思想对历史研究的指导意义。法国史学家 E. 拉迪里甚至声称："今后的史学家无非是计算机程序的编制者。"这一倾向的后果，造成了许多研究结果的荒谬性。

唯物史观认为，应从宏观的社会结构及其运动规律中去观察经济现象，这有助于对人类经济过程做出整体的解释，认识经济现象的本质。唯物史观是反对"非历史的抽象"的，而计量史学却往往陷于非历史的抽象中。例如，在美国奴隶制的历史问题上，美国计量史学家罗伯特·威廉·福格尔和斯坦利·L. 恩格尔曼的轰动一时的研究结果就说明了这一点。他们通过计量分析认为美国内战前夕南方奴隶制劳动生产率每年增长 2.9%，奴隶主投资棉花种植园每年的平均利润为 10%～12%，南部农业在利用生产资源方面的效益比北部高出 40% 等。他们认为如果不是内战和黑奴的解放，这种螺旋式的上升趋势自然还会持续下去，并由此得出南北战争并没有什么深刻的经济原因的结论。显然，这是阶级的偏见。他们编造优美的奴隶制的古老神话，完全看不到奴隶主所得到利润的增长是以从肉体到精神上消耗奴隶的劳动为代价的；只看到奴隶劳动生产率（因数量优势）的增长，而看不到奴隶劳动必然长期地造成生产技术的落后，从而会影响全美国经济的增长，更看不到奴隶制对美国社会生活的毒害所产生的后遗症，直到今天还在付出高昂的代价。就是从方法上说，他们在计算劳动生产率方面也不是无懈可击的。1970 年在莫斯科举行的第十三届国际历史科学大会上，苏联学者科瓦利琴科在同福格尔的辩论中指出，判断奴隶或自由劳动的盈利率不能不估计到在每一产品上的劳动消耗，不能不考虑奴隶和自由工人的劳动强度，不能不计算出对他们的不同的剥削额，此话击中了要害。他指出，历史研究中数量方法的成就，将首先取决于它的质的、实质内容的方面，而这方面本身又有赖于历史学所依据的历史认识理论和方法论的性质。数量方法必须具有彻底的历史主义原则的马克思主义的历史认识理论和方法论，才能保证在史学研究中最客观最有效地采用。可见，在史学研究中运用计量分析的方法，仍需要正确的历史观的指导，只有这样，才能对历史数据的输入和输出做出正确的选择和解释。

数学分析只是为历史学家所利用的工具。能否成功地运用数学方法，首先取决于历史学家在多大程度上了解与所提出问题有关的因素，取决于历史学家在多大程度上进行了质的、具体历史的分析，换言之，取决于研究者在多大程度上是一个好的历史学家，其次才是数学方面的知识。

第二十二章　心理史学的理论与方法

　　心理史学是历史学与心理学两门学科相互渗透、结合的产物。它运用心理学的理论、分析方法和手段，说明历史进程和社会集团或历史人物的行为，对各种历史现象做出心理学上的解释，旨在研究历史人物和社会集团的心理，包括认识、情感、意志等心理过程以及能力、性格等心理特征及其与历史发展的关系。

　　心理史学兴起于 20 世纪初，20 世纪 20 年代以后在西方史学界颇为流行，取得的成绩十分可观。这一形势也影响到中国史学界，激发了人们对心理史学的兴趣。不少学者从各个方面介绍西方心理史学的理论，并力图创建中国的心理史学体系。

一、心理史学的产生与发展

　　在古代，一些史学家就已模糊地意识到人们的心理活动对历史进程产生过某种影响，这与当时人们对心理学的认识水平密切相关。在西方，亚里士多德撰写的《记忆论》《梦论》《灵魂论》，对人的心理进行了系统论述。

　　在中国，史学家历来重视对历史人物进行心理描述。自从《春秋》问世以来，历史人物的心理分析时见于我国史学著作。《左传》僖公二十八年记述晋楚城濮之战时，生动描述晋文公在战前由"惧焉""疑焉"到"定焉"的心理状态。司马迁将此推向一个高峰，在《史记》中为后人留下了许多有关帝王、贵族、将军、商人、儒生、游侠、食客等不同阶层的心理活动状况，有的分析还能进一步探讨原因，体现出一定深度。三国时期，刘劭的《人物志》一书，可以说是我国最早的人物心理研究的著作。但当时毕竟只是自发地进行心理分析，而没有形成科学的心理学概念和方法。到了近代，梁启超在《中国历史研究法》一书中，曾大力提倡史学研究应重视人的"心理变化""情状"。个别学者，如杨鸿烈，在其有关史学概论著作(《史地通论》和《史学通论》)中也探讨过历史学与心理学的关系。响应者有两位心理学家，一位是张耀翔，著有《中国历代名人变态行为考》，另一位是林传鼎，著有《唐宋以来三十四个历史人物的心理特质的估计》，而史学家中响应者寥寥，反映了史学界对心理分析的态度。

现代意义上的心理史学兴起于 20 世纪初。奥地利心理学家、精神病医师弗洛伊德首先将他创立的精神分析学应用于研究历史人物行为的心理。1910 年，弗洛伊德发表了他的长篇专论《达·芬奇对童年的回忆》。该书尽管有许多史实和理论错误，但弗氏用他所创立的精神分析学说对达·芬奇的心理生活的分析，却为心理史学开辟了道路。其后有志于心理史学研究的心理学家和史学家把历史学和心理学的理论与分析方法结合起来，从而形成了心理史学这门边缘学科。弗洛伊德的心理分析夸大潜意识的作用，甚至认为本能的性冲动是人类的复杂行为的主要心理动力，任何一个历史现象都能在个人的心理活动中找到相似之处，把所有人的行动都归结为低级的无意识的本能，忽视了社会文化(环境)对行为发展的影响，而且与人是社会的人这个基本的唯物主义观点相对立。他强调历史人物的个人性格决定历史和国家命运，伟人的童年生活会对几十年后国家的命运产生决定性的影响，这自然是非历史主义的。他全凭模型推论史实，没有史实基础。

1919 年，美国学者 H. G. 巴恩斯在《美国心理学杂志》上发表《心理学与历史》一文，探讨了这两门学科之间的关系，初步奠定了心理史学的理论基础。20 世纪 20 年代和 30 年代，重要历史人物的心理传记研究十分盛行。心理史学家不仅研究了恺撒、林肯、拿破仑、亚历山大大帝、路德这些闻名史册的政治人物，还广泛地研究了历史上许多杰出的文学家、艺术家和学者，如陀思妥耶夫斯基、托尔斯泰、莫里哀、乔治·桑、歌德，以及达尔文、卢梭、尼采等。这些早期的心理历史研究，一般都使用传记历史学家所提供的传记资料，试图推测出这些重要人物成年时的个性可能是由于童年的经历所造成的。

1938 年，法国年鉴学派创始人之一的费弗尔，撰写出《历史与心理学：一个总的看法》一文，阐述了建立历史心理学的必要性和历史心理学的特点。他认为，心理学是要揭示历史上人们的情感世界，如情感生活、希望、忧虑、爱憎信念等。为了构拟这种情感世界，史学家必须运用语言学、人类文化学、哲学、肖像学、文学，尤其是心理学方法进行综合研究，并需要社会科学家的协调。这种研究方法要求把所研究时代的人的心智材料重新组织起来，以渊博的学识加上想象力，再现形质的、智力的、道德的全部世界。他坚决反对传统的政治史只注重大人物的做法，反对在"大人物"或外交官的活动中去寻找伟大群众运动的种种内在的真实动因，认为真实的动因在于地理因素、经济因素、社会因素，以及群众的知识、宗教和心理等因素。由于费弗尔的提倡，法国成了开展心理史学研究的主要国家之一。

1957 年，美国著名史学家威廉·兰格在就任美国历史学会主席的就职演说《下一个任务》中大力提倡心理史学。他认为，当历史学的研究范围已经扩展到社会史、经济史、科学史等方面的时候，它的任务便不再是扩大研究的广度，而是向研究的深度发展，这样才能建立"最新的历史学"，而达到这个目的的办法就是应用精神分析理论。因此，他敦促美国史学家应用精神分析理论及由它派生的动力心理学（也是以研究行为动机为重点的一种心理学）来加深对历史的理解和研究，并以此作为历史学家"今后的任务"。这表明心理史学的地位已经开始得到史学界的承认。在兰格的号召下，20 世纪 60—70 年代，心理史学分析方法得到极大的发展，其中起重要作用的是美国著名历史学家埃利克·埃里克森。埃里克森是《青年路德传》《儿童期与社会》《甘地的真理——非军事暴力主义的起源》及其他十几部专著的作者。他与弗洛伊德的不同之处在于他是从人的社会化过程中去认识人的个性的发展的，婴儿期、童年期的恋母恋父情结对个性成长不起主要作用，起作用的是人际关系和社会关系的影响。在他看来，人的个性是发展、变化的，人生的各个时期有各自的矛盾、危机和统一。在他的后期著作中，埃里克森开始从人的群体文化背景中考察人的心理与行为，并建立了一套把社会化理论、发展心理学理论、弗洛伊德心理分析理论和群体文化概念融为一体的解释体系，去研究人物的心理活动。在《甘地的真理》一书中，他认为，一个人虽然要受多方面的影响，如童年时代生活、家庭关系和性关系、社会化过程中心理的危机和发展、社会环境和文化背景，但其中最主要的是生活经历和社会文化背景。埃里克森把社会文化分析同人的心理分析结合起来，实现了心理分析重心的转移。

受美国心理史学兴盛的影响，一度沉寂的欧洲心理史学又日渐繁荣起来。在法国，新人口史替心理史学打开了大门，心理研究波及课税、巫术和革命诸方面。奥祖夫在《大革命的节日》一书中，研究群众在革命节日中想象力的更新。费弗尔和莫尔内通过对不同阶层几千份遗嘱的数量分析，指出 18 世纪法国人对上帝的虔诚如何随着岁月流逝而每况愈下。在英国，尽管带有保守的不列颠学院气息的人宣称，对于历史上人们的心理状况一点也不能得到科学的了解，但心理史学最终还是进入了这个堡垒。古代罗马的民族情绪、意大利文艺复兴时期人们的心理变化，以及对历史人物的心理分析，是这些年研究的重要课题。德国学者的兴趣集中在对马丁·路德个性和第三帝国时期各阶层人物的心理状况分析上。

心理史学在西方国家迅速发展，心理史学家们在进一步开展历史人物心理研究的同时，开始重视社会集团心理的研究，并加强了对心理史学方法论的探索，力求运用心理学最新的理论与方法，去调查、分析和解释历史人物和集团的行为。随着研究的发展，在西方一些国家中，涌现了一批专业心理历史学家，出版了一批产生广泛影响的心理史学著作。

二、心理史学的原则与方法

(一)进行心理研究，应注意把心理因素与具体的社会历史环境结合起来。不能离开人们生活的客观条件，单纯进行心理分析

人在本质上是一切社会关系的总和。无论作为个体还是群体存在，其心理特征的形成都与他生活的时代、文化环境紧密相关。因此，我们运用心理分析方法，不但要分析历史人物的个性和心理特征、气质和意志品质的种种表象，更要透过这些表象，分析产生这些心理因素的社会历史条件、社会经济结构乃至社会群体关系，从而给个人的行为与历史之间所发生的

联系以科学的解释。这样，才能把历史心理分析方法，建立在科学的基础之上，使它成为科学的历史研究方法。

例如，戊戌变法在中国近代史上占有重要的地位，它的失败引起许多历史学家的兴趣，人们在反省这一事件的失败原因时，从不同角度进行分析，其中心理分析是一个重要方面。在戊戌变法前夕，中国先后遭受了中法、中日战争的失败，国人十分愤慨，愤慨的原因并不是因为受到别人侵略，而是因为敢于侵略中国的是日本这一"亚细亚小国"。当时的封建官僚和士大夫们，昧于国际形势，虚骄自大，盲目乐观，根本不把日本放在眼里，说什么"倭不度德量力，敢与上国抗衡，实以螳臂挡车。以中国临之，直如摧枯拉朽"[1]。这种对自己实力缺乏了解的表现，很容易使遭受失败和挫折后的愤慨感，转化为不顾时势和条件的求战心理。"无论曲直、强弱、胜负、存亡，但一不主战，则天下共罪之"[2]，甚至主张进攻日本国都城，说什么"思救中国之急者，仍以直捣其国为上策"[3]。持这一观点的人并不限于上层统治者，一般士大夫、下层民众中都有这种反映。曾朴著《孽海花》中写中日战争一回，记下了一位名士的议论，当可反映这种心理："不料如今首先发难的，倒是区区岛国，虽说几年来变法自强，蒸蒸日上，到底幅员不广，财力无多。他既要来螳臂当车，我何妨去金狮搏兔，给他一个下马威，也可发表我国的兵力，叫别国从此不敢正视。"[4]处于封闭生活中的农民，也不能摆脱虚骄心理的束缚，这从甲午战后他们传唱的歌谣中可以反映出来。"日本人，真是凶，占高丽，袭台澎。待我执刀去当兵，进他地，占他京，纵然死了理也应"[5]，凭借什么去"进他地，占他京"呢，只能是"执刀"了。但刀能否对付日本人的利炮坚船，他们是不知道的。他们只是想把自己的不满和不快发泄出来，以求安慰。

对军事和外交上的屈辱和失败，正统士大夫一方面曲解甚至掩盖直至美化它的消极意义，认为这是对异邦的恩典；另一方面，他们又走向另一

---

① 王炳耀：《甲午中日战辑》，王炳堃序，9页，台北，文海出版社，1966。
② 郭嵩焘：《郭嵩焘日记》第3卷，本社点校，375页，长沙，湖南人民出版社，1982。
③ 中国史学会编：《中日战争》第5册，462页，上海，新知识出版社，1956。
④ 曾朴：《孽海花》第二十四回，221页，上海，上海古籍出版社，1979。
⑤ 程英编：《中国近代反帝反封建历史歌谣选》，396页，北京，中华书局，1962。

个极端——其虚骄心理一旦被严峻的现实所粉碎，便对西方的东西推崇备至，奉之若神明，从而发展到妄自菲薄、崇洋媚外。"到了甲午，中国更一蹶不振。日本参加侵略中国更为猛烈。中国屡次对外战争失败的结果，全国上下渐渐丧失了自信心，由妄自尊大变为妄自菲薄，由排外而变为畏外和媚外……而民族精神，亦从此萎顿。"①

这种矛盾的心理特征，只有在中国近代这种特殊的历史条件下才可能出现。中国丰厚的传统文化与自我封闭的愚民政策熏陶出了当时人们普遍的自满自大的虚骄心理，自认为是"天朝上国，无所不有"，而把所有异族视为落后愚昧的"夷狄之邦"，抱着唯我独尊的观念，很自然会把自己看成别人的救世主和恩赐者，也就很难发现和承认别人的优秀文化，更不用说去学习了。但这种心理是十分脆弱的，是建立在封闭的社会系统下的一厢情愿。一旦外力进入，而且带来的是更先进的文化，加上清政府在战争中的失败，人们再也不可能固守自己的信仰了，于是精神防线崩溃，进而崇拜别人的文化，贬低自己的文化。所以说，中国近代史上那种矛盾心理，是由于中国近代特殊的政治、经济环境造成的，它是政治、经济不成熟的产物。因此，这种心理的适应性差，表现出来的承受能力较脆弱，人们对社会变革或消极对待，或强烈反对，阻碍了中国近代社会变革的进程。

恩格斯在总结1848年德国资产阶级民主革命的经验教训时说："研究这次革命必然爆发而又必然失败的原因。这些原因不应该从一些领袖的偶然的动机、优点、缺点、错误或变节中寻找，而应该从每个经历了动荡的国家的总的社会状况和生活条件中寻找。1848年2月和3月突然爆发的运动，不是个别人活动的结果，而是民族的要求和需要的自发的不可遏止的表现。"②恩格斯的上述分析，没有把心理因素和社会条件对立起来，而是把他们结合起来考察，因而其结论是正确的。

（二）挖掘反映历史人物心理活动的典型材料，把心理分析建立在客观事实的基础之上

人的心理过程和个性心理特征对一个人的行为发生着影响，其生活中

---

① 胡秋原：《近百年来中外关系》，9页，上海，中国文化服务社，1946。
② 《马克思恩格斯选集》第1卷，483页。

的各种行动往往是其心理特征的一种反映。对于有些历史人物来讲，他们把自己行动的踪迹形成了文字，故我们对人物进行心理分析时，就必须注意从该人物的日记、书信、自传、年谱、著作等文献材料以及口碑材料中发掘、整理出反映人物心理过程和个性心理特征的素材，在分析、鉴别的基础上，对该人物的行为进行科学的心理分析。

美国心理史学家奥托·弗兰兹对俾斯麦的分析就是一例。他研究俾斯麦的资料有四类：第一，俾斯麦的个人经历，包括童年、青少年时期及其政治生涯，从中考察俾斯麦的心理演变；第二，俾斯麦的日记及其与朋友通话时所谈及的本人的主观愿望；第三，俾斯麦在日常生活中所表现的特殊典型行为，如决斗记录，过人的酒量；第四，俾斯麦做的梦。弗兰茨运用弗洛伊德的释梦理论，解释俾斯麦对其妻子和普鲁士国君讲述的一个梦：在面临绝壁无路可走时，他举鞭敲击岩石，于是巨石倒塌，柳暗花明。弗兰茨认为，这是俾斯麦内心深处的另一种与此完全矛盾的性格。他指出，俾斯麦不是人们简单理解的"铁血宰相"，在其性格中还有软弱甚至懦弱的一面，有时这一面可能占据主导地位。他认为，俾斯麦更多的是由血而不是由铁构成的。虽然研究结论值得讨论，但在应用资料方面却是可以学习的。

法国著名历史学家费弗尔认为，要进行心理分析，"首先是清查细节，然后就所研究的时代，把关于为这一时代的人所有的心智的材料重新组织起来，以充分的学识、渊博的努力，再加上想象的努力，重建世界，重建形质的、智力的、道德的全部世界"[①]。可见材料工作对于心理分析的重要性。但由于历史学的局限性，这方面的材料不多，需要我们下功夫去收集。

例如，苑书义在写作《李鸿章传》时，花费大量时间和精力，从李鸿章的著述中挖掘出大量有心理分析价值的材料。反映李鸿章心理活动的资料并不多，苑书义教授依据李鸿章的奏稿、诗文、信函和谈话等，结合特定的历史环境、事件和人际关系，进行推理，揭示了李鸿章"少年科第、壮年戎马、晚年洋务、一路扶摇"的各种心理状态，使李鸿章这个人物的形象更

---

① 田汝康、金重远选编：《现代西方史学流派文选》，62页。

加生动和丰满，也使人们看到了一个更加真实的地主阶级的代表人物。①

(三)研究个人心理时，必须把心理的稳定性和可变性结合起来

我们对人物进行心理分析时，要注意那些影响人物一生的心理因素，比如能力、气质、性格等具有相对稳定性的心理因素。同时也不可忽视那些偶然的、变动着的心理因素对人物行为的影响。即使如能力、气质、性格等具有相对稳定性的心理因素，也会随着人的环境、条件和个人努力的变化而发生变异。同时，历史人物各个时期的生理条件、健康状况或生理缺陷、疾病等都能对人物的心理过程和心理特征造成影响，使人物的心理发生这样或那样的变化，而又进一步影响到人物的行为。因此，我们在对历史人物进行心理分析时，只有既重视个性心理特征的稳定性因素，又重视其可塑性和可变性因素，才能对历史人物进行实事求是的分析。

例如，唐玄宗李隆基是我国历史上一个励精图治的皇帝。由于他的努力，唐代发展到了"开元之治"的全盛时期。前期，他提倡朴实、节俭，不但命人把宫中的乘舆、服饰和金银器玩销毁，而且还规定宫妃以下不得穿戴珠宝锦绣。他任人唯贤，起用了能进行改革的韩休、姚崇为相。史书记载，唐玄宗有一天照镜子默默不乐，身边的太监说，自从韩休当宰相，陛下比以前瘦多了，何必这么辛苦，为什么不罢免他的相位呢？唐玄宗却说，我虽然瘦了，天下必肥！萧嵩来奏事，一味地顺从我，他走以后，我心里总不踏实。韩休常常和我争论，他走之后，我心里却很踏实，睡觉也很安稳。我用韩休是为了社稷，岂能为吾一身啊！可见他能够容人的心理特点。可是，随着天下太平，府库丰盈，加上在位日久，年事渐高，生理和心理都发生了巨大变化，使得这位"明皇不明，日益骄惰"，在政治上开始走下坡路：从胸怀大志，变为浑浑噩噩；从谦虚谨慎、兢兢业业，变为贪图安逸、骄傲自满、纵情享乐、不理朝政；从用人得当、任人唯贤变为用人不当、任人唯亲；从从谏如流，变为饰非拒谏；从注意安民，变为不恤民苦；从注意节俭，变为穷奢极欲；从精简机构、裁汰冗官，变为冗官众多、机构臃肿；从皇族、外戚不干政，变为干政等。越到后来，他越是胸无大志，

---

① 关于苑书义教授对李鸿章的描写，参见苑书义：《李鸿章传》，北京，人民出版社，1991。

宠爱贵妃杨玉环，整日沉醉于纵情享乐之中。他喜欢看斗鸡赛马，因而当时流行的民谣有"生儿不用识文字，斗鸡走马胜读书"。他每年都大庆生日，经常大宴、大赐百官。他大兴土木，建造富丽宫殿，劳民伤财。他还好务虚名，称号逐步升级，天宝十三载（754）称号加至"开元天地大宝圣文神武孝德证道皇帝"，达到了登峰造极、无以复加的地步。政治人物的变化，是多方面因素促成的。在研究唐玄宗的变化问题上，除传统的政治、思想分析之外，如果能再加上一个生理和心理机能衰老的分析，当会使我们获得更加丰富和新颖的认识。

个性心理的形成受到多种因素的影响，是生理、经历、社会环境、文化模式等诸多因素交互作用的结果。在生理、心理的共有特征方面，卡尔·荣格的研究表明，人们越接近中年，就越容易固守在个人观点与社会地位的圈子内；到了五十岁左右，就表现出顽固和执迷不悟；到了老年，就只想靠着回忆他们年青时代的英勇事迹来燃旺他们生命的火焰。除此之外，他们便毫无办法，无能为力了，剩下的只是多疑、吝啬、顽固不化。这种一般意义上的分析在一定程度上正与孔子的"三十而立，四十而不惑，五十而知天命"的论断相吻合。这是从所有人的共性上讲的，而具体到某个人来讲，其心理因素则具有可变性。随着人们活动的多样性和环境的多变性，以及个人生理机能的变化，作为人的生活历程反映的个性心理特征，也会或多或少发生变化。像唐玄宗这样的帝王，在他登上皇帝宝座之初，往往勤于政事，励精图治，勇于进取，但随着统治的稳固，手下人的"歌功颂德"，个人生理机能的衰老，就会逐渐变得虚骄保守、猜疑乖戾，其个性特征出现了变异或变态。中国历代帝王大都摆脱不了创业、守成、昏庸这种三部曲的一般性规律。研究和分析这类人物的内心世界，不难发现历史必然性和偶然性之间的微妙之处，更能深刻地理解许多历史的、个人的悲剧。

再如，历史上许多农民起义的领袖，起义之初，大都高举反抗大旗，英勇斗争，而一旦建立政权或有所成就后，就往往蜕化变质，耽于享乐，不思进取。这除了与农民阶级性格或集体心理有关外，也和农民领袖的个人品质以及其心理的变异和变态有关。个性心理的稳定性和可变性原理为我们研究评价人物的整个一生和某一具体行为提供了心理依据。

（四）研究群体心理时，应具体问题具体分析，把社会心理的共同性和差异性结合起来

研究社会心理，一方面需要探讨它的共同性，而另一方面还需要探讨它的差异性，不能一概而论。由于不同国家政治、经济、文化之间有很大的不同，民众心理差异性极大，他们对同一问题的态度相差甚远；即使是同一个国家，除了共同的文化环境熏陶而成的心理的共同性之外，还存在着家庭心理、阶级心理、集团心理、区域心理等。如果在研究群体心理时，只注重心理的共同性，而不注重心理的差异性，就没有办法解释为什么同一时期对同一重大问题，属于不同阶层或集团的人们的态度会有那么大的差异。

这里，我们以中华民族为例，分析一下心理因素的共同性和差异性问题。民族心理是一个民族所共有的源远流长的政治、经济、文化的积淀，是构成民族的稳定的共同体的基本特征之一。它往往是以维护共同的风俗习惯等形式表现的，是民族团结的纽带。就一个民族而言，由于民族文化共同体的影响，在它的心理结构中，总有某些历史的沉淀是属于民族共有的。这种历史之根，这种传统心态，既是一个民族区别于另一个民族的特质，也是各民族能够异彩纷呈的基石。尽管传统民族心理会不时受到新兴的或外来心理的冲击，但多数仅停留在表层，很难在更深的层面上对传统的民族心理予以伐杀。当然，它有一个不断吸收、融合的演变过程，往往在短暂的波动之后，又会形成一个心态定式，又称其为传统心理。

中华民族有着以儒学为基调的文化模式以及心理结构。中华民族文化体系的宏博导致了民族心理的精深与多元性，绝不是一两句话所能概括了的，需要认真研究和总结。同时，中华民族大家庭的多民族性，又使得在中华民族心理的共性之下蕴含着各兄弟民族的心理特点，既不能以共性抹杀个性，更不能以个性代替共性。

在这些共同心理因素之外，由于各种因素的影响，形成了丰富多彩的心理特征。从层次上划分，有以下几种。

第一，家族心理。家族心理是整个家族成员维护其家族地位和尊崇的精神支柱，家族成员的心理变化，常常影响整个家族的兴衰。

第二，集团心理，可称为阶层心理。它是各个阶层或集团的共有心理，既受民族心理的制约，又有其典型的特征。中国历史上有官僚阶层、绅士阶层、士人阶层、商人阶层、市民阶层、匠役阶层、农民阶层等，诸阶层有的是阶级之别，有的是行业之别。他们都有一定的社会地位、经济背景、文化习惯、活动场所、人际关系等，因此，势必造成各自心理结构的异与同。而且，封建的官僚世袭观念以及"士之子恒为士，商之子恒为商"的职业世袭，也加固了这种集团心理的演替。诸如官僚阶层的政治联姻、党羽庇护、显功隐忧、媚上压下等；士人阶层的清高孤傲、出世入世、自我陶醉等心理都颇具特色，对此加以条分缕析，无疑将加深对历史深层结构的认识。

需要指出的是，同属于一个阶级，因经济地位和政治地位的差异，也会形成不同的阶层，产生不同的心理习惯。在历史面临重大变革时期，统治阶级内部经常出现各种不同的政治派别，他们对改革的态度、情绪、信念不完全一样甚至完全不一样。我们也能发现这样一个规律，历代改革中，极力反对的不是来自异己的阶级，而往往来自同一个阶级的其他阶层。毛泽东在《中国社会各阶级的分析》一文中，分析了半封建半殖民地中国的资产阶级各阶层的心理状态，特别是对中国革命的不同态度，并以此为根据，制定了在新民主主义革命时期，对官僚买办资产阶级、民族资产阶级和小资产阶级的不同的政策和策略，可为阶层心理分析之典范。

第三，阶级心理。它是一种最深刻的社会心理状态。在阶级社会，不同的阶级，有不同的爱憎情感。农民对地主阶级的剥削和压迫，形成一种对抗的情绪，某个偶然事件，往往成了人民群众起义的引爆点。"工人比起资产阶级来，说的是另一种习惯语，有另一套思想和观念，另一套习俗和道德原则，另一种宗教和政治。"[①]在阶级社会，这种差异性是不可能消失的。

第四，区域心理。其指一个地区的心理态势。中国地域的广阔以及历史上文化、经济发展的不平衡，再加上交通的不发达、信息的闭塞等诸多因素，自然形成了许多小的气候，许多以自然或行政区划为界线的特定心

---

① 《马克思恩格斯全集》第 2 卷，410 页。

理环境态势。其中，既有沿海地区和内地的不同，也有政治、经济中心地区和边远地区的不同；既有江南和江北的不同，也有平原和山地的不同。例如，历史上大部分地区都有重农轻商的观念，但在一些地区却视商业为首业，视商人为首民，社会经济的特定环境，促使了区域心态的形成；反过来，区域心理又对该地区的社会经济的发展或迟滞发挥着不可低估的制约作用。对区域心理的研究将有助于了解中国社会历史发展的多样性、复杂性，避免蹈袭史学研究中以偏概全、武断论列的通弊。

(五)坚持以唯物史观为指导

在应用心理分析方法时，由于没有科学的理论指导，有些研究结论的可靠性就打了折扣。例如，奥托·弗兰兹在《俾斯麦心理分析初探》中，着重叙述俾斯麦的儿童时代、青少年时代的各种经历以及因而形成的种种特殊心理状态，这些心理状态如何在后来通过各种不同的途径表现出来的，并把重点放在俾斯麦和双亲以及其他亲属的关系上，特别是和他母亲的关系上，认为这对俾斯麦的一生有着十分重要的意义。

恩格斯曾经对俾斯麦进行过研究，但他并没有局限于俾斯麦个人的生活经历，而是把个体与其生活的时代联系起来。在比较分析拿破仑和俾斯麦的不同意志品质时，恩格斯讲道："如果说路易——拿破仑在紧要关头往往摇摆不定，比如在1851年政变时，莫尔尼不得不积极地用暴力迫使他去完成业已开始的事业，又如在1870年战争前夜，他的犹豫不决毁坏了他的整个地位；那么，应当说，在俾斯麦身上，就从来没有出现过这种情况。他从来没有失去过意志的力量；在很久以前，这种力量就变成了公开的野蛮举动，而他的成功的秘密首先就在这里。德国的所有统治阶级，不论是容克还是资产者，已经失掉了最后一点点毅力。在'有教养的'德国，缺乏意志已经习以为常了，以至在他们中间惟一真正还有意志的人正因为如此就成了他们的最伟大的人物和统治他们大家的暴君。在他们面前，他们违背理智和良心，像他们自己所说的情愿'跳过棍子'。当然，在'没有教养'的德国，还没有达到这种地步；工人已经表明，他们有一种甚至俾斯麦的坚强意志也无法对待的意志。"①恩格斯在这里既承认缺乏意志导致了路易·拿破仑"毁坏了他的整个地位",又承认了由于俾斯麦不失掉意志的力量而取得了成功。然而,这些心理因素都是在一定历史条件下发生作用的,是特定社会条件(德国缺乏意志已经习以为常了)的产物,这就是唯物史观的历史心理分析方法。

马克思主义的历史学从来不否认伟大人物的历史作用,也不抹杀心理分析学在研究历史人物和历史事件时应有的地位。马克思认为,历史"发展的加速或延缓在很大程度上是取决于这些'偶然性'的,其中也包括一开始就站在运动最前面的那些人的性格这样一种'偶然情况'"②。但他又强调,任何心理状态都不是抽象的或固有的,而是一定历史条件和社会环境的产物;另外,每个人的行动都受一定社会条件的制约,它绝不会是无缘无故或纯粹下意识的,所以随意夸大历史人物心理状态的作用是错误的。

三、心理史学的作用及局限

心理分析是一种具体的研究方法,它为现代史学的发展开拓了一条新的出路,在开阔历史学的视野,深化历史研究方面发挥了积极的作用。

(一)开辟了史学研究的新领域,更新了人们对史料的认识

在很长的时间里,人们以研究各种社会经济结构为史学正宗,其中一些历史学家甚至把人驱逐出历史舞台,而代之以环境或生态,写出了没有人的历史。但是,随着时间的推移和研究的深入,一些历史学家逐渐认识到,不能把史学研究停留在物质生活和经济生活的层面上,人们的精神生活也是史学研究的重要内容,因为人们的精神状态也是影响社会发展的一个重要因素。心理史学应运而生,人们的精神活动的研究得到了应有的重视,从而大大拓展了历史学家的领地。这种拓展表现在两个方面:一是将

---

① 《马克思恩格斯全集》第 21 卷,487 页。
② 《马克思恩格斯文集》第 10 卷,354 页。

史学的领域扩展至旧有的界限以外，一切与人类精神状态有关的事物均可作为心理史学的研究对象，而一切资料（包括历来被历史学家弃之不用的资料）都可以为心理史学所用；二是重新发掘以前被人认为已彻底发掘过的旧有领域。为此，一些历史学家以一种新的眼光，一种不同于以前的标准来重新阅读那些已经被他们的先辈们使用过的文献资料和其他资料，从中发现足以提出新见解的依据。

（二）有效运用心理分析手段，获得观察历史的新视角，可以得到许多立意新颖、不落俗套的结论

例如，在研究社会变革时，心理分析往往给予我们一些新的认识。社会变革是政治史研究的重要内容，在社会变革时期，人们的心理极为活跃，一切重大的历史变革，无论是经济的、政治的，还是文化的，必然会涉及社会各集团或各阶层的利益，从而使人们对改革的内容与趋势产生不同的态度、情绪和信念。在社会变革时期，社会成员对变革的心理承受能力及决策人物的个性特征，往往会对社会改革成败产生重要影响。社会心理氛围体现出人们共同活动和相互影响的结果，它通过集体情绪和意见，个人在集体中的自我感觉而加以表露，能恰到好处地反映出问题的实质。例如，我们在研究中国近代史上的戊戌变法时，可以发现，它的失败，除了政治、经济的原因之外，也与当时的社会心理气候、不同阶层人们对改革的心理承受程度息息相关。这种结论比单纯从政治、经济因素去探讨戊戌变法失败的原因，要深刻得多，说服力也强得多。

众所周知，18世纪的法国大革命比先于它近一个世纪发生的英国资产阶级革命更激烈、更彻底，其基本原因在于前者比后者的社会经济、政治、思想条件更成熟，这是传统史学的权威结论，无可厚非。但如果我们运用群体心理史学的研究方法，对英法两国的民族精神、民族性格进一步深层探讨就会发现，英国阴雨多云的气候造成了英国人保守、谦卑的性格及对传统的温顺和虔诚；而居于内陆的法国则天朗气清、阳光明媚，这塑造了法兰西热情、奔放、富于狂热和幻想的鲜明个性。对于传统，法国人表现出义无反顾的决绝。这种决裂感在革命中一度支配着巴黎群众去砸烂旧制度的一切。随着革命的发展，国内反动势力的抵抗和反扑，社会上滋生一种无与伦比的紧张气氛，生活在这种气氛中的人们自然而然地产生一种危机意识，他们把敌对势力的一切活动都看作阴谋，产生一种"阴谋忧患"，这使他们轻信谣言，陷入一种非理性的狂热。这样，决裂感、危机意识、阴谋忧患与谣言轻信症结合在一起，把法国革命推到了无以复加的地步。这样的分析不仅纠正了传统史学的笼统、空洞的偏差，而且不落俗套，比一般泛泛谈论法国革命的"上升阶级"，更有说服力，令人耳目一新。

（三）心理分析，可以深化对历史人物的评价和研究

心理学告诉我们，任何人的社会实践活动都是在其心理活动调节下完成的。运用心理分析，把握人物活动时的心理状态，可以更深刻地说明人物的行为。我们不仅要知道人物做了些什么？怎么做的？我们更应该知道他为什么要那样做？为什么能那样做？心理分析可以从一个侧面加以说明。恩格斯指出："一个人物的性格不仅表现在他做什么，而且表现在他怎样做。"[①]运用心理分析，把握人物活动时的心理状态，可以更深刻地说明人物的行为，可以丰富历史人物的研究和评价。心理分析可以揭示人物丰富的内心世界，使人物充满人情生气，个性鲜明，从而避免简单化、脸谱化。比如，司马迁在写刘邦和项羽时，成功地运用了心理分析，使这两个人物各有特色、个性鲜明。写刘邦在咸阳服徭役时，看见了秦始皇，便喟然叹息曰："嗟乎，大丈夫当如此也！"[②]写项羽时，讲到他童年时代重要的心理活动："项籍少时，学书不成，去学剑，又不成。项梁怒之。籍曰：'书足以记名姓而已。剑一人敌，不足学。学万人敌。'于是项梁乃教籍兵法。"一次，项羽遇见秦始皇"游会稽，渡浙江"，其慨叹曰："彼可取而代也。"[③]这样去写这两个历史人物，可以让我们看到刘邦、项羽后来自然从事惊天动地活动的一个重要方面，也能使我们更加深刻地领会他们不同结局的某些心理和性格因素。

进行心理分析，可以更客观地评价历史人物。科学的心理分析在一定程度上可以避免研究和评价时的感情色彩和主观因素，可以避免单纯用政

---

①　《马克思恩格斯全集》第 29 卷，583 页，北京，人民出版社，1972。

②　（汉）司马迁撰：《史记》卷八，344 页。

③　（汉）司马迁撰：《史记》卷七，295～296 页。

治的、阶级的眼光来观察人和研究评价人，可以避免按主观需要来改造人。我们可以通过心理分析，把握历史人物的各种面貌：不仅有社会的面貌、时代的面貌、阶级的面貌，也有个性的面貌，从而使历史人物栩栩如生地展现在人们面前，并给予人们深刻丰富的启迪。例如，我们在研究帝王的各种行为时，运用心理分析，就能够揭示出他们鲜明的个性特征，并使我们真正了解封建社会各个朝代不同的历史风貌。像宋太祖杯酒释兵权，明太祖则大杀功臣；唐太宗从谏如流，明武宗则拒谏廷杖大臣；秦始皇奢侈无度，汉文帝则节俭有方等，所有这些行为方式，如果我们仅从阶级分析的角度来认识，就难以得出更具真实性的答案。其实，这些不同的行为方式，无不与其不同的个性心理特征相联系。

在肯定心理史学作用的同时，也要看到心理史学本身也存在着许多局限性和问题。这些局限性与问题随着心理史学近几十年来的勃兴已经暴露无遗。

第一，由于历史记载中包含心理方面的材料极少，进行心理分析就受到限制，应用的资料不乏猜测和想象的成分，并由此影响到研究结论的可靠性。

例如，根据精神分析理论，要窥视个人的心理和潜意识，必须了解其童年的经历和青春期的遭遇，而这是普通历史资料中记载很少或者根本没有记载的，因而经常面临材料短缺的问题。例如，埃里克森在研究青年路德时，认为由于个人的不幸遭遇和社会的混乱，他曾经有过自我同一危机的经历。既然视路德的自我同一危机为当然，那么证据与表现呢？据说，当路德二十多岁时，有一次曾在修道院的唱诗班中突然昏厥于地，并口中大呼："不是我!"埃里克森认为，这便是路德正在经历一场自我同一危机的表现和证据。这个所谓"唱诗班中的发作"仅仅是个传说，远远不是确凿的历史事实。对此，埃里克森是知道的。但他对确定史实证据有自己的一套理论。他认为，我们必须接受"半是传说半是历史"的历史，一个精神分析家应根据自己所受的训练去采纳某些传说作为历史证据，即使这些传说并无真实的根据也不要紧，只要"不与其他已知的事实相矛盾"，并与心理学理论"相符合"就可以。这种对待史实证据的态度自然是一般历史学家所不能同意的。

至于想象，史学界进行过讨论，承认其一定范围内的合理性，对于丰富人物形象，加深对历史人物的认识，使历史生动、活泼等方面，发挥了良好的作用。但在心理分析中所使用的想象，往往与事实相差甚远，难保研究结论的可靠性。

在许多心理史学著作中，研究者都使用了梦境这一材料，其分析也确实给人以耳目一新之感，但是，作为严肃的史学著作来讲，这种材料及其分析在多大程度上是可靠的，恐怕没有人能够说得清楚。因此，根据梦境材料进行的心理分析结论，也只能在相对的意义上才有价值。

第二，心理分析理论与史实的分离，使得心理分析面临以理论模式去套史实的危险。

心理分析方法的理论基础是精神分析理论，而历史学家经常面对的是古代的研究对象，这种理论与研究对象的时空差距，使得心理史学无法摆脱用理论模式去套史实的缺陷。因为历史学家不可能借助于从观察 20 世纪的人所得来的心理学的结论来解释过去的人的活动，而心理学家也不可能以历史所提供给我们的材料为基础，把他们与他们的同时代人接触所得的经验单纯地加以扩大来重新发现过去的人的精神面貌。例如，埃里克森在自己的研究实践中，把人生分为婴儿、幼儿、幼童、学童、青春期、青年、成年、老年八个阶段，认为人在每个阶段都可能发生变化，在适应外界条件中取得新发展，其具体途径是在每一个发展阶段解决一个特定的心理上的矛盾。人在青春期阶段，如果坚信自己由以往的发展所形成的自我的一致性和连续性同他人和外界对他的看法是一致的，那么他就形成了自我的同一。埃里克森就用他的这一理论来分析路德，但是这一理论是根据 20 世纪美国人的情况提出来的，并非不受任何时代和文化区域限制的普遍真理。据西方学术界的研究，近 500 年来培养儿童的方式变化甚大，而青春期成为生命周期的一个明确阶段不过是晚近的事情。埃里克森竟不问马丁·路德所生活的时代(15 世纪末至 16 世纪初)是否存在青春期自我同一危机的现象，而将它视为当然的事实硬套在路德身上，并将路德的思想和事业与这个所谓"自我同一危机"相联系，这无疑是一种以论代史的错误。因此，心理分析往往会让人们套用既定的理论模式，对人物和事件进行分析，得出的结论缺乏说服力。美国心理史学家托马斯·科胡特指出，不应当用头脑中预先准备好的理论框框去硬套历史，而应借助于自己头脑中的心理学知识提高对于历史问题的敏感性，根据问题的不同情况应用相应的不同理论模式来加以理解和解释。他还主张，虽然可以借助理论来加强对历史的解释，却不能用理论来证实对历史的解释，要证实这种解释应该用历史的证据。

心理史学的特点是把历史事件都说成在孩提时代就形成的各种心理变态的综合表现，是没有得到满足的无意识的欲望和心愿的表达。例如，弗洛伊德和浦立特在 1966 年出版的一本关于伍德罗·威尔逊的著作中认为，在儿童时代威尔逊就服从自己的父亲，但也要弟弟服从自己，并且把弟弟的出世看作母亲的背叛，所以在成年后，特别是在担任总统后，也产生了支配欲，要别人无条件地服从自己，完全不考虑威尔逊成长过程中周围各种环境因素对他的影响。

精神分析理论解释的基本方法取决于对一个中心或核心的发现，一个人的一切行为都出自这个中心或核心。这违反了历史学家最主要的规划，历史学家绝不是要发现一个包括一切冲突或解释一切创伤的答案，而必须展现一个富于变化和曲折的故事，是一个迷宫而不是坦途。

费弗尔认为，不能把今日的心理学结论或原则视为绝对真理，生搬硬套地去解释有着几个世纪差距的东西。他的这个看法无疑包含了合理内容。费弗尔举例说，日与夜的差别，对于生活在 20 世纪的人来说几乎没有什么影响，这是因为我们有足以代替日光取亮的电灯。但中世纪时期的人却没有当过夜的主人。当茫茫夜色降临后，他们中的许多人连蜡烛也没有。这是一种与现代生活完全不同的、每天由光明和黑暗来交替的生活：日与夜，白与黑；喧闹的劳动同绝对的安宁。在此情况下，中世纪的人们不可能和我们有着完全一样的精神状况。不难看出，费弗尔已意识到物质生活方式对于人的心理有着某种支配作用。这就要求我们在分析特定时代人们的心理活动时，不能脱离人物生活的那个时代，否则，就会以我们现代人的意识去改造古人，让古人穿上现代人的服装，具有现代人的意识，这样的研究失去了意义。

第三，心理史学只是一种具体的研究方法，而且它只能适用于历史人物、群体和部分历史现象的研究，而不能全面解释历史事件或人物的性质。

巴勒克拉夫指出："心理分析法也许有助于解释某个历史事件对个人的

重要性，但它解释不了事件本身。"①要完全正确地理解具体的人与具体社会的矛盾斗争，就必须研究经济关系与阶级关系，那是单纯由心理学所无法解决的问题。

例如，我们在研究秦始皇时，一个突出的印象是他十分残暴。为什么秦始皇要推行暴政，原因很多，其中秦始皇所表现的傲慢专横、刻薄寡恩的个性心理因素，产生了重要的影响。司马迁说"始皇自以为功过五帝，地广三王，而羞与之侔"，因而平时"刚毅戾深，事皆决于法，刻削毋仁恩和义"。司马迁的分析有一定的道理，秦始皇个性的暴虐是没有问题的，但如果不去分析秦始皇实现暴政的时代原因，而仅仅认为秦的短命灭亡是由于秦王朝的"残酷无道"，就难免有失认识的深刻性。其实，从秦始皇身上表现出来的那些心理品质和性格特征，除了他个人的因素之外，更重要的是一个新的阶级刚刚登上政治舞台时的特殊反映。他们需要稳定自己的统治，需要镇压各种反抗势力，消除不稳定因素，因而多会选用残酷的手段，焚书坑儒只是更极端些罢了。这不完全是个人的问题，而与那个特定的时代相联系。只有这样去分析问题，才能真正理解当时的各种社会现象，也才能实事求是地评价秦始皇。

马克思讲道："在不同的占有制形式上，在社会生存条件上，耸立着由各种不同的、表现独特的情感、幻想、思想方式和人生观构成的整个上层建筑。整个阶级在它的物质条件和相应的社会关系的基础上创造和构成这一切。通过传统和教育承受了这些情感和观点的个人，会以为这些情感和观点就是他的行为的真实动机和出发点。"②这说明一个人的思想观点、心理品质以及行为方式均受社会存在的影响和制约；人们的意识和心理，随着人们的生活条件、人们的社会关系、人们的社会存在的改变而改变。因此，研究历史人物的心理因素，不能脱离当时的社会条件，否则无法解释历史的真实内涵和实事求是地评价历史人物。

①　[英]杰弗里·巴勒克拉夫：《当代史学主要趋势》，杨豫译，103 页。
②　《马克思恩格斯选集》第 1 卷，611 页。

第二十三章 历史假设研究的
理论与方法

　　假设，作为一种创造性的思维方式，在自然科学领域发挥了其他方法不可企及的作用，备受科学家的青睐。当它被引入人文社会科学时却产生了种种误解或分歧。经验主义者否认假设，提出"不要杜撰假设"，认为假设毫无意义。于是"历史不容假设"已成老生常谈。在历史事实不容更改与抹杀的意义上，当然没有假设的余地，这和下棋时"落子无悔"是同样的道理。然而，历史的发展就真的不具有或然性，没有选择另一种发展模式的可能性吗？这确实是一个值得考虑的问题。

　　与经验主义论者相反，实用主义者胡适提出，科学的方法就是"大胆假设，小心求证"；当代科学哲学家卡尔·波普尔则提出科学就是理性不断做出的假说，知识就是假说的论断。究竟什么是科学的假设方法？假设又怎样具体运用于史学研究，这是本章我们要解决的问题。

一、对历史进行假设的本体论根据

　　历史假设是否可能？从逻辑上说，任何假设得以成立的前提条件，就是其研究对象不同于当下已然事实的其他可能性状态的存在。因此，历史假设可能性的问题，最终取决于客观历史存在本身的性质，如果历史像黑格尔所说是"绝对精神"的必然逻辑展开，凡存在的皆是唯一、必然的，那么，历史假设将毫无意义。反之，如果我们能够证明人类历史的内在可能性品格，我们就为历史假设的合理性提供了某种哲学本体论的论证。

（一）历史是现实和可能的统一[①]

在哲学领域里，我们从来没有忽视可能与现实这对范畴。马克思主义哲学认为，任何事物都是现实和可能的统一体。由于事物内部的矛盾斗争，以及它和周围条件的复杂联系，在事物发展中往往存在着多种可能性；任何事物的发生、发展都有一个由可能向现实转化的过程。可能性是事物合乎规律的发展趋势，是事物具备了一定条件下的发展趋向。它之所以成为可能，不仅由于它存在于现实之中，而且也因其以某种现实为依据。现实性则是现今存在的客观事实，是已经实现了的可能性。可能性转化为现实的过程，就自然界来讲，是自发进行的；就人类社会来讲，则体现着实践主体的意志，表明实践主体的主观能动性发挥了巨大的作用。

可能性和现实性同样是观察历史现象的一对重要范畴，人类社会也是现实性和可能性的永无休止的运动。历史是全部事实和全部可能的总和，研究历史必须研究可能的历史，仅仅强调历史的现实性，而忽视历史的可能性是不对的。由可能走向现实的过程，是历史事件发展变化的客观过程。马克思在论述社会形态时指出，原始共同体向私有制的发展有着向奴隶制、农奴制、封建制，甚至资本主义发展的多种可能性，选择某一具体的社会形态的过程则是由可能向现实转化的过程。因此会出现列宁所说的结果："历史喜欢捉弄人，喜欢同人们开玩笑。本来要到这个房间，结果却走进了另一个房间。"[②]毛泽东充分认识到了历史的可能性与现实性的关系，认为可能性同现实性是两件东西，是统一性的两个对立面，并在革命实践中做了天才的发挥。在《关于打退第二次反共高潮的总结》中，他分析中国革命的前途时说："向着最坏的一种可能性作准备是完全必要的，但这不是抛弃好的可能性，而正是为着争取好的可能性并使之变为现实性的一个条件。"[③]既然历史发展存在着多种可能性，因此，依据一定的史实或以一定的史实为参照物，经过理性思维形成猜测性认识，便不可避免。假设方法自然是形

---

① 此小节吸收了王少青、朱金瑞的研究成果，参见《对"历史不容假设"的思考——兼论历史研究中"如果"问题的意义》，载《黄冈师专学报》，1991(1)。

② 《列宁全集》第 20 卷，459 页。

③ 《毛泽东选集》第 2 卷，784 页。

成猜测性认识与研究可能性历史的必要的思维方式。

(二)历史是决定性和选择性的统一

历史发展具有不以人的意志为转移的客观性，有其自身的运动规律。历史的创造者——人，具有自己的意识。人的认识能力、社会欲望、生活目的、文化观念以及个性特征等，都会影响到历史的运动，促使历史向多种形态发展。地理环境的变更，部落、民族的迁徙，实践活动的多样，更能促使历史的发展在某一社会阶段表现出各种可能性和选择性，表现出五彩缤纷的地方性和民族性。因此，历史的演进过程是人类有意识地进行选择和决策的过程。"历史不过是追求着自己目的的人的活动而已。"①恩格斯指出："有了人，我们就开始有了历史。动物也有一部历史，即动物的起源和逐渐发展到现在这个样子的历史。但是这部历史是人替它们创造的，如果说它们自己也参预了创造，这也不是它们所知道和希望的。相反地，人离开狭义的动物愈远，就愈是有意识地自己创造自己的历史，不能预见的作用、不能控制的力量对这一历史的影响就愈小，历史的结果和预定的目的就愈加符合。"②历史是人创造的，是人有意识地创造的，是人类认识到历史进程的可能性后有选择地创造的。甚至可以这样说，历史越往后，人们越能认识历史发展中有利于人类的可能性进程，人类选择自己历史的主动权就越大。实际上，在人们的社会生活中，任何事情都存在着选择。我们经常说马克思和列宁造就了一个新时代，就说明历史人物在特定的时刻，是可以改变历史进程的，人在某种意义上是能够把握住自己的命运的。

历史进程在某些关头面临着众多的可能性选择。这些可能的历史和现实的历史一样，存在着客观的依据，未必都是不符合历史发展规律的幻想。可能的历史之所以没有变成现实，是各种主客观的偶然因素造成的，是由于某个支点上的某种因素多了一点，某种因素少了一点。如果对历史事件怎样由可能走向现实展开研究的话，那是非常有意义的。历史上有多种可供选择的历史进程，并且有一种实在的非决定论存在于一个包含自由动因

---

① 《马克思恩格斯全集》第 2 卷，118～119 页。
② 恩格斯：《自然辩证法》，中共中央马克思恩格斯列宁斯大林著作编译局译，19 页。

的宇宙之中。人们一旦把握住了这种可能性，那它们变成现实的历史则不是不可能的。马克思主义的历史理论是在实践的基础上奠定的，科学的历史观认为，历史的发展是决定论与选择论的统一。社会主义在中国的成功是历史的必然，是中国历史前进可能性的一种最佳选择。这也是遵循了社会发展的客观规律的。

(三)历史运动的因果关系大都不是单一的，而是一因多果或一果多因

马克思主义认为，事物的发展处于普遍的联系中，一事物的原因就是另一事物的结果，并且两者之间常常相互转化。而在历史运动过程中，纷繁交替的各种历史现象之间的因果关系十分复杂。有一因一果、一因多果、多因一果、多因多果之分。这种复杂的因果关系，使历史发展过程中充满大量的随机性和偶然性。马克思说：“如果‘偶然性’不起任何作用的话，那么世界历史就会带有非常神秘的性质。这些偶然性本身自然纳入总的发展过程中，并且为其他偶然性所补偿。但是，发展的加速或延缓在很大程度上是取决于这些‘偶然性’的，其中也包括一开始就站在运动最前面的那些人物的性格这样一种‘偶然情况’。”[1]谁能否认项羽的失败和刘邦的成功与他们的性格特征之间的关系以及其他许多偶然性因素的影响呢？假如项羽在鸿门宴上听了范增的话，把刘邦杀了；假如刘邦在彭城之战中为项羽所俘；假如刘邦去就汉王位时部下都离散等，历史可能就是另一个结局。亚克兴战役的结果不是由于历史学家一般所主张的那些原因，而是由于安东尼对克娄巴特拉的迷恋，以至于有人说，如果克娄巴特拉的鼻子短一些，整个世界的面貌会不同的；希腊国王亚历山大被他蓄养的一只猴子咬了一口，于1920年死去，丘吉尔说道，25万人死于这只猴子咬的这一口；当巴贾齐特由于痛风而没有向欧洲中部进军时，吉本说道，一滴恶毒的体液落在一个人的一根纤维组织上，就能阻止或延缓许多民族的灾难。[2] 因此忽视了偶然性，许多历史现象就不好理解。我们正是承认了事物之间的本质联系，承认了本质联系的事物之间的矛盾运动和力量变更，才提出事物发展和历

---

[1] 《马克思恩格斯文集》第 10 卷，354 页。
[2] 参见[英]爱德华·霍列特·卡尔：《历史是什么?》，吴柱存译，106 页。

史发展方向变更的可能性这一论题的。例如，抗日战争胜利以后，正是由于中国共产党、国民党和日本帝国主义这三个相互制约的势力出现了变更，才有了和平民主新阶段的理论，才有国共建立联合政府的可能。和平建国作为一种历史发展的可能性方向当时是客观存在的。如果历史真的沿着这条路线向前走，中国现代历史将会是另一副模样。可是，蒋介石继续与人民为敌，结果历史实现了更佳的可能性。以上说明，只有认识到事物之间的本质联系和力量的变更，才能正确地理解历史发展方向变更的可能性。当然，一方面，事物之间的联系并不是单向线性的因果联系，而是广泛的一因多果、多因一果的普遍联系；另一方面，众多因果之间作用的关系大多不是决定与被决定的关系，而是反馈（互为因果）、抵消、重叠与变更力量的关系。这些因果因素的消长本身，也就体现了事物发展、历史发展的多种可能性。

由于以上原因，史学研究中进行假设研究是可能的。

二、历史假设的方法论意义

现实一旦成为历史，也就宣布了某一运动过程的终结和无可挽回，如果从这个意义上来否定历史可能性探求和历史假设的意义，那么，也就是从根本上否认任何历史研究的价值。史学研究的价值，可能性探求的意义，就在于它能提供一份人类过去已经做到了什么和没有做到什么的记录，从人类留下来的一个个遗憾中寻找教益。

(一)对历史的可能性进行研究，能使我们更好的理解现实

历史在许多关头都存在着多种可能性的选择，原来意义上的历史，或者说现实的历史，只是众多选择中的一种。迄今为止的历史，只能算作一条线，背后有一个恢宏的主体空间。弗洛伊德在认识到无意识以后这样表述过意识和潜意识的关系：意识是表皮，后面更深内涵的是无意识阶层。历史进程中的可能性与现实性也具有同样的关联，可能性历史比现实的历史内容丰富得多。历史学来到这块领地开展研究，正是自觉承担起自己的天职。

　　在史学研究中，如果没有穷尽一切可能性，我们就不能很好地理解现实性；不了解它的潜能，我们就不能很好地了解它的实现。研究可能的历史更便于理解现实的历史。只有研究了一切可能之后，历史学家才有资格解释：历史为什么是这样的而不是那样的？为什么实现了的是这种可能而不是那种可能？不能对历史现象进行解释，我们的研究就没有任何意义。

　　研究历史的目的是要总结出规律性的东西来。如果我们仅仅追随现实历史的遗踪的话，那将导致被历史所骗的结局。我们在研究戊戌变法和辛亥革命的失败原因时，总是有那么一条，即没有先进阶级的领导，失败是必然的。但是世界上其他国家的资产阶级不是把革命引向胜利了吗？许多历史的结局，单纯用"历史的必然性"是无法解释的。正如西方许多历史哲学家希望以西欧为中心来推动人类历史演进的普遍规律不能如愿以偿一样，只研究现实的历史很难对人类社会做出规律性的认识。一些不重要因素的作用，使历史事实往往表现出一种历史的表象，只有把现实和可能的历史进行一番抽象之后，才能得出规律性的认识来，从偶然性中认识必然。何况人类历史的背后有着更多能让我们加以评说的内容，要总结出人类社会发展的共同规律，必须站在现实宏观历史之上去窥视更加博大的历史空间。有人主张，历史学家应尽量避免采用"必然的""不可避免的""难以避免"等词语，虽有失绝对，但也能给人们许多启发。

（二）历史假设研究，能使我们总结经验教训，从而更理智地进行历史选择和历史创造

　　历史学作为一门总体人学，是要告诉人们过去是什么和做了些什么，从而为人类总结经验教训，这可以说是它所具有的价值意义。一部人类史，既是人类不断追求光明并走向光明的见证，同时，也始终存在着血腥、冷酷与不义。面对后者，任何人也没有权利在"历史事实""历史必然性"这样的名义下对之默认！这不单单是一个道义与善良意志的问题，而且是一个历史不但不该，也不必然是完全像它事实上所讲的那样的问题。如果说在伦理学中缺少自由意志的前提，则一切道德责任和道德评价都无从说起。那么，在历史中，否认历史事实之外其他可能性的存在，人类在历史中所遭受的种种苦难将无以诉说。因此，对历史多种可能性的设定，为人类关于历史意义与价值的追求提供了坚实的客观基础，为我们反抗、超越历史的黑暗预留了一席之地。

郭沫若关于李自成定都北京后的一系列假设，其科学性姑且不论，其道德意义无疑是十分深远的。他认为：

> 假使初进北京时，自成听了李岩的话，使士卒不要懈怠而败了军纪，对于吴三桂等及早采取了牢笼政策，清人断不至于那样快的便入了关。又假使李岩收复河南之议得到实现，以李岩的深得人心，必能独当一面，把农民解放的战斗转化而为种族之间的战争。假使形成了那样的局势，清兵在第二年决不敢轻易冒险去攻潼关，而在潼关失守之后也决不敢那样劳师穷追，使自成陷于绝地。假使免掉了这些错误，在种族方面岂不也就可以免掉了二百六十年间为清朝所宰治的命运了吗？就这样，个人的悲剧扩大而成为了种族的悲剧，这意义不能说是不够深刻的。[①]

面对这些"假使"，中国共产党在延安时期就十分注意吸取教训，认识到了革命力量的发展除了胜利的可能以外，尚有其他可能性的存在，所以当时党中央把郭沫若的《甲申三百年祭》印成单行本，作为整风文件发到党员干部手中，其用意是显而易见的。我们在总结具体历史事件失败原因时，大都是按照能够成功而没有成功这样一条思维逻辑进行的。对专制制度的讥评，对皇权国戚的不满，对罪恶战争的诅咒，无疑都是人类相信有更好的可能性，需要民主与和平。可见，史学研究中都在自觉不自觉地运用假设，对历史的可能性进行探讨。

从理论意义上来说，历史是自然选择和人的选择共同作用的结果。历史上有些可能发生的事是人能够掌握的，有些则是出乎人力控制之外的。假使两次世界大战可以避免，没有那么多的文明成果毁于战火，人类现在也有可能生活得更好。对这种可能性进行适当的考虑，就可以使人类增强防御能力，避免不幸降临人间。历史的道德责任就在于深刻认识后果，选

---

① 郭沫若：《甲申三百年祭》，见《郭沫若全集·历史编》第 4 卷，203 页。

择前进的正确道路。人们对第二次世界大战记忆犹新，世界人民正在呼唤和平，阻止人类之间的互相残杀。反之，如果历史发展的进程，都是按照所谓必然性发展下去，一切都已是前定，昨天决定了今天，也预算了明天，人类按照一条自有人类以来就安排好了的轨道运行的话，那么，历史就没了意义，人类也就同时失去了生存的价值和意义，而只是一种工具和符号罢了。这种历史观是一种宿命论的历史观。人类在认识到了各种可能性以后，就有足够的理智和才能把握自己的命运。

各个国家和民族，在自己的历史进程中，都力图选择最优化的发展道路。但是历史的选择是十分复杂的，它会受到各种各样的偶然因素的干扰和影响，所以在具体的历史选择上，并不都是最优化的选择。我们对各种可能性的历史进行研究，对于人们在现实社会实践中更理智地进行历史选择和历史创造，具有极大的意义。

(三)历史假设为重新评价历史事件和历史人物提供了新的思维角度

认识历史的可能性运动是认识历史人物作用的一个新的视角。历史人物的作用及其评价，有一个基本模式，那就是不以"好"与"坏"这样质的概念来衡量，而以量的概念来衡量。如能做出最佳选择的领袖人物，就是最值得肯定的人物。其标准就是民族的前途和广大人民的利益。我们说时势是历史人物活动的舞台，但这绝不是意义的全部。历史在英雄人物的面前摆着许许多多的路，英雄的作用就是要超越自身的局限，为民族的前途和人民的利益选择最佳的一条历史发展道路。对蒋介石的否定就在于他选择了一条与人民为敌，实行官僚统治的道路，使人民处于水深火热之中。而我们认为中国共产党伟大，就在于他们做出了一个符合当时中国社会需要的选择，使人民翻身解放，成为主人。尽管某个历史人物促进了历史的发展，但如果他对历史可能性的选择仍不是最佳选择的话，那他还不是一个伟大的人物。相反，如果一个历史人物没能做出显赫的功绩，扮演的是一个令人不快的角色，但就其历史发展的多种可能性来看，他所做的仍是最佳选择的话，那么，他也不能因此而被否定。因此，对历史人物的评价，"选择得好"与"选择得坏"，就成为一个新的思维角度。

基于以上理由，史学研究中进行假设是非常必要的。

三、历史假设的类型与一般方法

假设性研究可分为反事实选择假设、反事实虚拟假设[①]、未知或模糊史实想象。

（一）反事实选择假设

所谓反事实选择假设是一种评价各种历史决策的方法。史学家探究在当时观察情势允许范围的各种虚拟选择，着重于判断是否有比历史人物的实际选择更好的方案，由此反观实际历史决策，得出有说服力的评价。它是说明社会历史实际中具有一定可能性，但这种可能性由于这样或那样的原因而没有实现的历史现象和过程的假设状态的模型。这种假设的构造必须要以确实存在过的可能性为依据，而不能以虚构的可能性为依据，而且要以说明已实现的选择为目的。进行这种假设的目的在于研究历史选择的根据和规律。

历史发展面临众多选择，现实的历史是众多可能性的一种。可能的历史没有变成现实，并不是违背了客观规律，而是众多因素影响的结果。"第一次世界大战是难以避免的吗?""鸦片战争能否避免?"等都是可能性的问题。李时岳、胡滨先生在近代史研究中提供了很好的把握可能性探讨的范例。他们认为:

> 历史曾经展现过另一种可能的前景，那就是经过农民战争摧毁清朝统治，太平天国取得全国性胜利后，推行由洪仁玕设计的、全面向西方学习的《资政新篇》的方案。这种前景也许比日本的明治维新更加夺目。但是，太平天国毕竟是失败了，可能没有成为现实。[②]

---

① 对反事实选择假设、反事实虚拟假设的论述，吸收了程农的研究成果，参见《论历史学中的可能性研究与假设研究》，载《烟台师范学院学报(哲学社会科学版)》，1989(4)。

② 胡滨、李时岳:《从闭关到开放——晚清"洋务"热透视》，15页，北京，人民出版社，1988。

这里，既区分了现实和可能，又区分了可能性和不可能性；既进行了可能性研究，又是将可能性研究以理解既成事实为目的。

反事实选择假设研究在史学中显然扮演着重要的角色，它以主体抉择为轴心，本质上就是历史决定的评价方式。评价史实的逻辑结构里，首先是一种理想标准加上史实过程，两者的比照便产生出对史实的评价。但仅靠这种两相对照很难给出有说服力的判断。在历史转折关头，往往存在着多种可能性，而人们只能选择其中一条道路去走。历史选择的后果往往错综复杂，既很少完全违背标准，也不会绝对达到目标，一切都在似是而非之间，从而便有必要引入可能性选择方案，然后把虚拟的替代过程和史实过程进行比较，就容易揭示出实际选择的位置。①

从逻辑结构上说，反事实选择假设完全立足于历史决策的客观情势，在此基础上提出替代方案，由这两个前提实行推测性展开，虚拟出整个选择图像，获得和史实图像比较的依据。显然，整个研究就具有了最起码的合理性特征。而论证可行性又只需诉诸事实和推理，从而整个研究原则上就具有了客观性质，无须求助于直觉。通过选择图像的对照，我们能明确实际错误的性质和程度，对其教训也能准确地理解和把握。

反事实选择假设的根本特点就在于它是对历史决策的评价方式，因而总是以历史人物某一阶段的选择为生长点。历史选择的多种可能性以客观历史条件的复杂性为基础，因而奠定了反事实选择假设的客观性；另一方面，这种研究又回避可能性确证，满足于方案客观可行性的推证。由此，它就达到了一种微妙的平衡；正是这种平衡使它成为兴盛的研究方式。

(二)反事实虚拟假设

为了理解既成史实，可以有限地虚拟某些情况，进行超越性认识。要么假设某种史实根本未发生，要么假定与既成事实相反。它的目的是暂时超越史实以达到对既成史实的理解。反事实虚拟假设指的就是以纯粹假设为前提测出虚拟图像，通过这种虚拟图像和史实图像的比照达到新的理解的研究方式。它是描述一种人为的、实际上并不存在的、因而也不可能发

---

① 参见李桂海：《现代人与历史的现代解释》，295～296 页，武汉，湖北人民出版社，1989。

生的历史状况的模型。这种模型的意义在于它可以帮助我们进一步认清客观历史过程的合理性和必要性。一般说来，构造这种模型较少，而且需要特别谨慎。

这种研究最典型的要数美国计量史学开山者之一的福格尔的《铁路和美国经济发展》。他为了研究铁路在美国 19 世纪下半叶经济发展中的作用，提出了著名的"假设没有铁路"的超越性虚拟研究，并假定全部货物都由水路和马车运输，以这种假设为前提，他建立了数学模式推测出这种虚拟情势的后果。再将此虚拟后果与史实相比较，从而认为，在没有铁路的情况下，美国国民生产总值至多减少了 3％，铁路在美国 19 世纪经济发展中并不像过去所说的那样起决定作用。这个典型的纯粹虚拟假设研究就这样得出了富有启发性的结论。

这种理解方式显然是以自觉的假设作为推测性展开的基础，它既不暗示自由意志，更不设定整个历史充斥着偶然，可以和历史的探讨共同存在，不会导致任何不自然感。

从方法论结构上看，虚拟假设研究与自然科学的可控实验极其相似，这种可控实验完全是在人为控制的净化环境里操作，它考察的典型方式便是通过保留或变换某种因素得到两种结果。从这些结果的对比中明确该因素的特征和因果关系。这个过程可以用来说明纯粹虚拟假设研究，它也同样是通过假设改变某个史实事件，将其虚拟图像和史实结果相对照，从而确定该史实事件的位置和意义。

例如，我们在研究俄国十月革命历史的时候，许多人认为它是列宁的一个选择，"没有列宁，就没有俄国的十月革命"。如何说明这样一个结论呢？我们可以用一系列的假设进行研究，从而说明列宁在十月革命过程中的伟大作用。

第一，假设列宁在 1917 年 4 月 3 日没有回到俄国，那么布尔什维克党就不可能提出"武装夺取政权"的策略。因为在这之前，全党都坚信马克思主义的观点，即社会主义首先在发达的资本主义国家取得胜利，而当时俄国是资本主义发展的最薄弱环节。如果按照这种观点，让俄国自由地向社会主义发展，不知道会到什么时候。列宁也曾说，我并不指望在我这一辈子会看到俄国有一个社会主义革命。但他对形势的洞察力极强，思想转变很快，在著名的《四月提纲》中，他号召布尔什维克党用武装起义推翻克伦斯基政府的统治。当时党内所有人都不能接受这个意见。

第二，假设列宁在确立"武装夺取政权"的策略之后，马上号召布尔什维克党发动工人举行武装起义，那么就会出现另外一种局面，即断送布尔什维克党。列宁认为武装起义的时机未到，但党内有些人却急躁冒进，导致党的活动被迫转入地下。而列宁的领导，把损失减少到最低限度。

第三，假设9月下旬，列宁没有向布尔什维克党发出"要么现在就动手，要么永远别动手"的号召，就会错失良机。这时列宁感到时机已经成熟，认为"俄国革命和世界革命的成功就依靠这两三天的斗争"，要求布尔什维克党发动武装起义，但遭到党的执行委员会的反对，因为他们还没有从失败的阴影中摆脱出来。列宁以自己的威望征服了他们。

第四，假设布尔什维克政权建立以后，列宁不主张和德国谈判，而是搞对抗，新生的政权就会被反动势力扼杀在摇篮之中。列宁主张和德国人谈判，引起了许多人的不满，认为列宁是德国的间谍（因他流亡时期曾生活在德国）。但列宁顶住了压力，坚持自己的主张，从而使社会主义苏联成立，并一步一步站稳了脚跟。

我们说十月革命影响了世界格局，使社会主义阵营强大起来，列宁改变了一个时代。可是，如果上述"假设"有一条能够实现，历史就会是另一番景象。如果没有列宁，从1917年4月到10月布尔什维克党的工作是不可想象的。因为那些目标、政策、口号、指导性的战略，每天的策略都是列宁规定的。斯大林说："天才的远见，迅速抓住并看透即将发生的事变的内在意义的才能，——这就是列宁的一个特点，这个特点使他能够制定正确的战略和革命运动转折关头的明确的行动路线。"[①]通过反史实与史实的对比分析，我们对列宁作用进行评价的根据也就更为充分、更有说服力。

虚拟假设研究实际上只是指对某一史实因素的假设性改变，并无确切的可能性依据，是纯属虚拟。而未被假设改变的其他相关史实却全盘保留，和假设一起成为推测的前提。整个推测过程原则上完全是在因果律和具体史实的基础上进行的。

---

①　《斯大林全集》第6卷，57页，北京，人民出版社，1956。

(三)未知或模糊史实想象

在史学研究中,有些史事由于许多因素影响,知之甚少,可以有条件地进行可能性猜测。例如,无论在史料中还是在历史学家的认识过程中,都会遇到描述或研究历史人物的思想问题。历史人物如何思考问题,除了当事人自己,恐怕没有什么人会清楚地知道;即使是当事人自己的叙述,出于种种考虑,也很难与真情实况完全相符。为弥补这一缺憾,就需要历史学家有丰富的想象力,把历史人物的精神面貌和思想观念揭示出来。另外,史料向我们提供的往往是历史事件的某些侧面,为了完整地叙述它,需要把这些侧面连接起来,用史学想象去填补史料的空白,没有想象力,就无法建构最简单的事件。

一般说来,在史学研究中,为弥补史料缺失造成的历史空白,赋予历史叙述以应有的连续性,历史学家必须运用他的想象。不过,想象在此乃不得已而为之,而且,它作为对历史事实的"假设模拟",本质上仍是局限于历史事实层面的。在这一意义上的想象只是对观察的一种次要的补充手段,本身并不具有基本、独立的方法论地位,与上述超越已然事实层面、对已然历史事实之外乃至与之相对立的潜在可能性的反向想象不同,这种想象在历史研究中的地位也相当重要。

这里我们以撰写历史人物传记为例,来说明想象的含义、作用和应用时的方法问题。在史学界关于怎样写历史人物传记的讨论中,人们都提到要真实,并强调写出有血有肉的人物。而做到这一点,就必须对人物的心理、个性进行分析。写历史人物,就不可避免地会使用"想象"来丰富人物的内涵,这样写出来的人物才能栩栩如生。

既忠实于历史,又能写出呼之欲出的历史人物,如何才能做到?我们认为,在真人真事的基础上,还要靠认真的揣摩、合理的想象。这里所说的"揣摩""想象"是通过缜密的考证研究,结合时代、环境及人物特征,对史料中缺失部分的补充,是研究心得的再现,是历史真实的一部分。在描述心理历程的这一层面上,历史真实很大程度上需要合理的想象。司马迁在《史记》中运用想象最为成功,不论宏观的战争场面,还是人物的细节,司马迁的描述都让人感觉真实、生动。在写周昌时,说他"敢直言",但又口吃。有一次刘邦提出要废太子，立戚姬子如意为太子，引起大臣议论。刘邦问周昌的意见，周昌很着急，口吃更加厉害，回答说："臣口不能言，然臣期期知其不可。陛下虽欲废太子，臣期期不奉诏。"①司马迁知道周昌口吃，在盛怒的情况下口吃会更严重，便在描述周昌回答刘邦的问话时，用了两个"期期"来表达其特点，使周昌的人物形象活灵活现。再如，《史记·淮阴侯列传》记载，当韩信要求刘邦假封其为齐王时，刘邦大怒，骂曰："吾困于此，旦暮望若来佐我，乃欲自立为王！"张良、陈平蹑汉王足，附耳曰："汉方不利，宁能禁信之王乎？不如因而立，善遇之，使自为守。不然，变生。"汉王亦悟，因复骂曰："大丈夫定诸侯，即为真王耳，何以假为？"乃遣张良往立韩信为齐王，征其兵击楚。② 当时刘邦的内心活动，表情动作到底如何？司马迁又怎么知道张良踢了刘邦呢？只有通过想象增加其形象性罢了。有了这些有血有肉、有思想活动的历史人物形象的描写，人物就活了。

历史人物跃然纸上所依赖的细节，也只能是"传闻揣度而得"。钱锺书先生在《管锥编》中说得好："史家追叙真人实事，每须遥体人情，悬想事势，设身局中，潜心腔内，忖之度之，以揣以摩，庶几入情合理，盖与小说、院本之臆造人物，虚构境地，不尽同而可相通。"③这里讲的"揣度""揣摩""悬想"，就是指合理的想象。当然，历史传记的写作不能离开真人真事，对史料进行综合与虚拟的想象必须立足于真人真事，其想象不应是随意的而是有个"度"。这个"度"就是在深入研究的前提下，对历史人物人情的"遥体"，对历史事件事势的"悬想"。历史传记的作者正是在历史真实的基础上插上了想象的翅膀，才能写出历史人物的音容笑貌和内心活动，使一个个活生生的历史人物跃然纸上。④

这里的想象，是历史真实的深层次要求的结果，我们不能认为它是虚无缥缈的。只有想象，才能反映一个时期的精神风貌和时代特征。作为一

① （汉）司马迁撰：《史记》卷九十六，2677 页。
② （汉）司马迁撰：《史记》卷九十二，2621 页。
③ 钱锺书：《左传正义》，见《管锥编》第 1 册，166 页，北京，中华书局，1979。
④ 参见肖黎等：《千古人物，如何评说——谈历史传记编著中的几个问题》，载《光明日报》，1992-01-15。

部人物传记，要真实准确地反映人物，也应如此。当然，这一点很难把握，是历史传记写作的难点，需要我们很好地掌握"度"，只有这样才能接近历史真实，符合历史真实。

想象与客观事实毕竟有一定的距离，与我们所讨论的历史真实相对性相联系，这里提出逼真性概念。逼真性就是表示理论认识接近真理的性质，一个理论的逼真性就是它的真性内容与假性内容之比。它集历史认识的绝对性、相对性及历史再认识的可能性于一体，体现了历史认识接近历史真实的过程的性质。在历史想象中，逼真性原则发挥着巨大作用。郭沫若主编的《中国史稿》中，对商代青铜器的铸造过程，进行了大胆的想象，即"铸造器物时先做泥模"，"用红土塑造成要铸造的器物形状，以朱笔画好花纹。花纹的凹入部分用刀雕刻出来，凸出部分则以泥琢好后加贴上去"，"模型做好后，再依据模型做出各式各样的陶范，往陶范中灌注青铜溶液。待冷却后，撤除陶范，再细加修饰"。① 这个过程的描写，正是运用了想象，既形象又逼真。

如何判断想象中的历史真实性？我们说，只要想象合乎历史人物生活的时代环境，符合当时的社会心理，符合人物的性格特征，那么在特定条件和环境下，就应承认它的合理性，即它也是一种历史真实。由此可以得出结论，历史真实是有自己特征的，它不但追求表象真实，而且有深层次要求，就是反映社会的精神风貌，人物的心理活动，这在大部分情况下，只能靠想象完成。对于想象中的历史真实，我们也只有从相对意义上去理解，才能成立。

关于历史假设的具体方法，大体包括归纳方法、演绎方法、类比方法、模拟方法等。但这些方法适用的范围是史料缺乏或不详的情况下，对于超越事实层面的选择假设和虚拟假设。因为，历史假设是一种思辨的历史"理解"方式，它不是一种包括一系列可操作程序的具体方法。从以上假设类型的介绍中，其实也包含了假设的一些方法问题，因而不再专门论述。

---

① 郭沫若主编：《中国史稿》第 1 册，193~194 页，北京，人民出版社，1976。

四、历史假设中应注意的几个问题

(一)历史假设要有科学理论的指导

假设是一种思维方法，要科学地运用于史学领域，就必须有科学理论的指导，否则就会陷入主观的臆测，就会导致唯心主义。胡适提倡把假设方法运用于史学研究，这是正确的，但他认为"提倡骇人听闻的假设也无妨，假设是愈大胆愈好"。他甚至荒谬地提出，汉代就已是社会主义，王莽就是社会主义者。缺乏科学的理论指导是不可能产生具有科学意义的假说的。

(二)历史假设应建立在对史料进行分析和认识的基础之上

运用假设方法去探讨历史问题绝不能离开已经清楚的历史事实，去胡乱地凭空假设，随心所欲地进行历史推导，那样得出的结论，不可能是科学的和符合历史实际的。假设必须建立在对现有史料和历史事实的占有与分析的基础上，以及我们关于一般历史法则的认识与运用的基础上，才能得出对人们有启发的结论。

(三)必须区分客观可能性和抽象可能性

假如能够重新安排一下地理环境和文化结构的话，那么人类将如何；假如我是拿破仑的话，那么人类又将如何；假如帝国主义的本质会改变的话，那么人类历史又将怎样。这种意义上的可能性就是抽象的可能性。黑格尔也曾认为，抽象可能性实质上是不可能性。最典型的例子要数唐朝"一个家当"的故事。有个人拾到一个鸡蛋，说自己要成为富翁了，非常高兴。其妻惊异发问，他回答说，一个鸡蛋可孵一只鸡，一只鸡又可生下许多蛋，蛋孵鸡，鸡生蛋，发财、买牛、置屋等。这种抽象可能性即长远可能性，实现的希望很小很小。

历史可能性研究的主要对象是客观可能性。客观可能性要求判断的每一个层次不仅要合乎形式逻辑，而且要有客观的内在依据。只有区分了客观可能性和抽象可能性，才能使科学和玄想区别开来，史学和文学区别开来，科学的假设和驰骋的遐想区别开来。也只有对客观可能性的假设研究，才有价值，才能对人们进行历史选择和评价历史人物发挥作用。

(四)必须认识到可能性是有限度的

忽视可能性的客观历史基础，认为任何因素都可以把历史引向另一个形态，是违背马克思主义的哲学原理的。规律和必然性是不可回避的。整个历史是按照一定的规律和趋向发展的，史学研究要尊重这种客观规律，不能抛开历史发展趋势和具体的历史条件，随意虚构所谓"可能性"，像人的生、老、病、死是不可逃避的一样，这就是客观规律。

中华人民共和国成立后，走社会主义道路，是中国历史发展的必然选择。但在当时的历史条件下，中国的社会主义道路如何走，以什么样的形式走，要经过怎样的发展过程，却存在着多种可能性选择。已走过的历史是：我们选择了"一大二公"的形式，不适当地强调社会主义公有制的纯粹性，并人为地压缩向社会主义过渡的进程，经历了过多的曲折和磨难。中共十一届四中全会以后，党中央确立以经济建设为中心，对内实行改革、对外实行开放以推动历史前进的方案，建立科技开发区和经济特区，取得了举世瞩目的成就，使一个有中国特色的社会主义的国家繁荣富强起来。改革开放是中华人民共和国社会主义道路的重新选择，它经历的四十多年的改革实践证明，历史的可能性和可选择性是有其理论和实践依据的。

(五)历史可能性研究应尽可能排除主观因素的影响，摆脱感情因素的支配

一般说来，人们总是对现实历史不满意，认为某些不该发生的事件发生了，或者该发生的却没有发生，而产生假设的动机。人们出于对这些历史的不满意，而去选择其他可能性、更佳的可能性时，应力求更客观一点，不要被感情所操纵。

第二十四章　历史学的学术规范

一般来说，学术规范包括学术研究规范、学术写作规范、学术批评规范和学术道德规范，史学规范也是如此。关于学术批评规范的基本内容，在本书第十九章"史学评论的理论与方法"中已经有所涉及，因此，本章则着重阐述史学研究规范的其他三个方面。

一、研究规范：史学研究的一般程序

要总结史学研究的方法论，不同的学者会有不同的看法，不同历史学家的思想方法及研究方法的差异是显而易见的。但是，从历史学的特性出发，历史研究还是有它的一般工作程序的，任何史学研究成果的取得，都有大体相似的路径。也可以说，只有遵循正常的史学研究程序，才可能取得可靠的或科学的研究成果。为着研究的规范，并使青年学者少走弯路，我们应对史学研究的一般程序，做出基本的归纳。

近几年的史学规范讨论中，强调规范必要性的多，正面阐述规范的少，即便是关于史学研究的一般程序这个基本的问题，也少有人涉及，所有的只是在以往史学大家关于指导年轻人如何写论文的文章中，涉及这一问题。赵俪生先生曾发表文章谈史学研究的工作方法，把史学研究的程序归纳为选题、构成目录、选拔材料、理论与史料的结合、形成提纲、写文六个步骤[①]；朱绍侯先生也发表过如何写论文的文章，把写论文的程序归纳为：选

---

① 参见赵俪生：《谈史学研究的工作方法》，载《郑州大学学报(哲学社会科学版)》，1979(2)。

题、搜集资料、构思并通过构思写出一个条理清楚层次分明的提纲、修改定稿等①。参考这些论述，结合史学研究的一般路径，我们对史学研究的程序，归纳如下。

(一)提出问题

史学研究要有明确的问题意识，要提出一个有意义有价值的历史学问题，这是研究的前提。何谓历史学问题，这是一个需要讨论的问题。许多人文社会科学都研究历史现象，但他们的研究与历史学的研究是有区别的，所以，仅仅提出一个历史上的问题，并不一定属于一个历史学的问题。根据历史学的学科特性，一个历史学问题的成立，起码要符合下列条件之一种：

> 关于历史事实的澄清。
> 关于历史过程的描述。
> 关于历史价值的评判。
> 关于历史原因的挖掘。

在这四种研究目的之外的研究，是无法被认定为史学研究的，因此，游离于这些研究之外的选题，则不成为一个历史学问题。但是，即使你提出了一个历史学的选题，也并不证明你的选题可以成立，或者说有研究的价值和意义。史学研究的问题意识，还要求我们考察选题是否具有学术价值和社会价值。

所谓学术价值，是指该选题研究对于学术积累的意义，它的解决是否具有学术创新的意义，是否提供了前人不曾达到的新的成果。创新是学术的生命，学术选题的价值，就在于提出了一个前人没有提出的问题，要发前人所未发，或者是前人有所发而意未尽，在学术发展史上具有填补空白、塞漏补缺的作用。学术创新是学术规范中最核心的要求。赵世瑜说："我们

---

① 参见朱绍侯：《关于如何撰写历史毕业论文的几点意见》，载《河南师大学报(社会科学版)》，1984(1)。

所能认定的共同规范，除了某些基础层次上的以外，大概应是学术创新这一条，有了这一条，就会有学术进步。"①没有学术观点或研究方法等方面的创新，该选题对学术的发展就失去了任何意义。从这一点上说，学术价值是学术选题得以成立的核心要素。

应该说，一个具有学术价值的选题，就一定具有它的社会价值，只不过是过于学术化、远离社会生活的选题，其社会价值是通过选题对整个历史学科的贡献来间接地实现的。尽管如此，对于完善的选题意识来说，在选题的学术价值之外，还是要明确提出社会价值的要求。特别是比较重大的选题，较为宏观一些的选题，仅注意到选题的学术价值是不够的，历史学科的功能和任务，还要求学术选题具有突出的社会价值，这就是要求把历史研究与现实社会的实践需要结合起来。这个问题学术界有不同的看法，但我们从整个历史学的科学功能出发，是不能不强调的。马克思曾说，科学绝不是一种自私自利的享乐，有幸能够献身于科学研究的人，自己首先应该拿自己的学识为人类服务。翦伯赞在《历史哲学教程》中告诫我们："研究历史，不是为了宣扬我们的祖先，而是为了启示我们正在被压抑中活着的人类；不是为了说明历史而研究历史，反之，是为了改变历史而研究历史。"②因此，史学选题的社会价值问题，是在选题时不能忽略的。

选题是研究工作的第一步，也是最关键的一步。有人说，选题选好了，就成功了一半，这话并不过分。一个好的选题，它的学术价值和社会价值本身就决定了它是有意义的。即使文章做不好，仅是它的选题本身，就可以给学界以启迪。

(二)了解研究现状，确定研究起点

选题确定了，进一步了解与选题相关的研究状况，确定自己的研究起点，就成为研究的前提条件。张岱年先生说："学术发展是一个累积的过程。后人只能在前人已经达到的基础上继续前进。前人已经发现的真理，必须接受；前人曾经犯过的错误，必须注意避免。这样，才能在人类追求

---

① 杨奎松、谢维扬、赵世瑜等：《遵守学术规范推进学术对话——关于"学术对话与学术规范"的笔谈》，载《中国社会科学》，1999(4)。

② 翦伯赞：《历史哲学教程》，1页。

真理的道路上向前迈进。我们要力求有所发现，有所发明；但是，只有充分了解当前学术界已经取得的成绩，才能真正向前更进一步。只有懂得了当前已经达到的水平，才能超过这个水平。"①这应该是学术研究的常识。任何学术研究、学术创新都是在前人的基础上向前推进的，不了解前人的研究成果，就不可能找到自己研究的起点和方向，也无从判断自己研究的价值，对研究状况的了解是史学研究活动链条中极为重要的一环。

本来，对研究状况的了解是从选题开始的，如果对研究状况毫无所知，选题是无法确定的。尽管如此，在确定了选题之后，也还是要对研究状况进行更为全面的检索。要调动一切检索手段，检索与研究课题有关的一切研究成果，尽可能对该课题研究的学术史进行全面的调查和了解。诸如在你选定的课题上，前人已经做过了哪些方面的研究，提出了什么样的学术观点，研究达到什么样的广度和深度；前人的研究是以什么样的理论为指导，使用了什么样的研究方法；前人的研究占有了哪些历史资料，在历史资料的挖掘上是否全面，在材料的甄别方面做了哪些工作；前人的研究还存在哪些问题，他们引为指导的理论是否正确，方法是否适合，结论是否可靠，还有哪些需要研究的方面没有引起重视和注意，哪些认识还需要有新的论证或深化等，所有这些问题都需要了然于胸。只有在真正弄清楚以上这些学术史的状况之后，才可能对自己的研究做到心中有数，才会知道自己需要从什么地方展开研究方能把研究推向深入，前人的哪些研究可以作为自己研究的前提或基础，自己在方法论的选择上需要有什么样的改进和创造，在历史资料的甄别上还需要下什么样的研究功夫，在材料的占有上还需要朝哪些方面努力，还需要补充哪些方面的新资料。了解学术史的状况，实际上是为自己的研究定位，为自己的研究找到可靠的起点。如果做好了这方面的工作，我们的研究就可能做出创造性的成果，就不会重复前人的劳动，并避免重走前人的弯路。

(三)搜集资料

关于搜集资料，也有以下几个方面的规范要讲。

---

① 张岱年：《中国哲学史方法论发凡》，142 页，北京，中华书局，1983。

首先，搜集资料要全。只有全面地占有资料，才可能保障研究结论的可靠性。如何全面地占有材料，按照赵俪生先生的说法，应该编制专题研究目录，按照目录系统地阅读。这就是要求我们在确定了选题之后，即着手去了解研究课题所涉及的资料状况：关于该课题有哪些原始文献著作，有哪些后人的研究性著作，有哪些散见于各类报刊的重要研究论文，有哪些相关的理论性著作，搜集这些著作篇目，构成专题研究书目。目录的制定要尽可能地全，不要遗漏了重要的文献资料。然后按照目录所提供的阅读范围，一本一本读下去，直到读完目录指示的全部资料为止。这样，你就占有了该专题研究的全部资料，获得了研究的基础。

其次，要谈到读书的问题。有了全面的读书目录，接下来就是如何读的问题。当然，列入专题目录的书都必须读完，但这里边有个精读与泛读的区别。有的书需要读精读透，反复多遍地阅读、咀嚼，有的书则只需要粗读一过，了解其大体内容即可。

需要精读的书有四种。一是和自己意见不同的著作或论文，也就是自己的研究所涉及的讨论对象。这些书要精读，真正地读懂它。这些著作的观点是什么，主要根据是什么（理论论据、事实论据），著作者怎样从他的论据推导出结论，他的结论和自己的观点根本分歧在哪里，这些问题都要一一吃透，不能有半点含糊。甚至著作者分析问题的思想方法、思维路径、著述目的或动机、提出问题的政治社会背景等问题，也都需要一一弄清。这样才算是达到了精读的要求。特别是写和别人商榷的文章，更是要注意这些要求。二是相关的理论著作要精读。这是自己的研究要依赖的理论观点和方法，直接关系着研究的展开和深入。三是基本的资料书要精读。譬如研究汉代官吏立法问题，《史记》《汉书》《后汉书》《张家山汉墓竹简》等，就是最基本的资料书。研究汉代官吏立法，古人没有给我们留下很系统的专门资料，仅靠《汉书·刑法志》是远远不够的，汉律失传，因此，该专题研究所依据的主要是散见于各帝纪、传记、表、志中的零星资料。如果不对这些书籍通体精读，就会有不少宝贵的资料挖掘不出来，淹没在零星杂芜的记载之中。四是关键性的材料要精读。一项研究要用到的材料很多，它们从不同的方面证实、支持着你的结论，它们对你的论题有不同的价值和意义。但有些材料则是你的全部观点的根本性依据，没有它，你的结论便无法站立，这便是关键性的材料。这样的材料一旦出了问题，你的整个研究便不能成立。因此，这样的材料必须精读、吃透。大致说，需要精读的书就是这些。我们通过精读主要是解决三个问题：对象问题、理论问题和材料根底。这三个问题解决好了，你的研究就有了成功的基础。

精读的书不能多，但泛读的范围就务求其广了。你研究一个题目，会联系到多方面的问题，这是由客观历史的复杂性、联系性所决定的。凡是选题涉及的领域或著作，都应该有所了解。这样涉及的书就太多了，都精读是不可能的，也不是十分必要的，这就提出了泛读的问题。泛读不是解决研究的深度问题，是为了配合解决核心问题而扩大知识联系的面，从不同的侧面、不同的知识领域寻找论证问题的根据。因此，泛读的要求是思想活跃，善于搜索，让思维张开翅膀，挟着研究的主题，去开拓多方面的横向联系，把研究放在更广阔的知识基础上。人们开列的专题研究书目，一般是要求精读的，泛读的范围要冲破那个书目的限制（当然，专题研究目录不是一成不变的，也需要随时补充）。如前边提到的研究汉代官吏立法问题，光精读前列的几套书是远远不够的，这就要泛读一些相关的典籍，像《两汉博闻》《风俗通义》《隶释》《续汉志补注》《汉书补注》《汉书窥管》《史记新证》《汉书新证》，以及汉代的子书如贾谊的《新书》、桓宽的《盐铁论》、桓谭的《新论》、王充的《论衡》、王符的《潜夫论》等，甚至《北堂书钞》《艺文类聚》《太平御览》《初学记》一类大型类书中的一些志、部等，都有泛读的必要。这些书都可以为这个专题研究提供一些个别的零星的材料。

搜集资料的最后一步是选拔材料和著录材料。读书的过程就是选拔材料的过程，遇到有用的材料要随时著录。著录的问题我们不讲了，主要来讲以下选拔材料的问题。从研究规范的角度讲，关于选拔材料，我们主要是强调要选拔反映事物本质的材料，要坚持从事实总和中引出结论。

历史资料的丰富性、多样性，几乎使我们要想说明任何一种观点都可以找到一定的根据。但是，这种似乎是"有根有据"的论证，也未必能得出科学的结论。因为，具体历史资料所反映的只是一种社会现象，而这种现象是真相还是假象，是否表现事物的内在本质，还有待于进行认真分析。因此，在选拔材料时，一定要分清哪些史料所反映的事实是大量的、普遍的、主要的，而哪些则是少量的、个别的、次要的。否则，利用个别的材料，只能做出片面性的结论。关于这个问题，列宁有一段话讲得非常精辟：

> 在社会现象方面，没有比胡乱抽出一些个别事实和玩弄实例更普遍更站不住脚的方法了。罗列一般例子是毫不费劲的，但这是没有任何意义的或者完全起相反作用的，因为在具体的历史情况下，一切事情都有它个别的情况。如果从事实的全部总和、从事实的联系去掌握事实，那末，事实不仅是"胜于雄辩的东西"，而且是证据确凿的东西。如果不是从全部总和、不是从联系中去掌握事实，而是片断的和随便地挑出来的，那末事实就只能是一种儿戏，或者甚至连儿戏也不如。①

做到上述要求，要实践两个方面。第一，要力求选拔反映事物本质的材料。这需要有史识，有哲学上透过现象看本质的眼光。在史学研究中，不能追求材料的新奇，不能寄希望于偶然发现一条别人都没有见过的材料来作为自己论点的支柱，那样的材料则往往是孤证而不足以说明问题。要善于从平凡的、多见的材料中发现事物的本质。第二，要力求从全部事实的总和中引出结论。这是个有难度的问题，要求在把全部材料考虑在内的分析比较中做出判断，进行这种判断的基本要求是：占有材料要全，对材料的分析要透，选拔的材料是大量的、普遍存在的事实，带有普遍的倾向性。

(四)提炼思想，形成学术观点

在选拔、积累了大量的历史资料之后，就要调动你的理论思维，对所占有的历史资料进行排比、归纳，分析与综合，使理论与历史实际相结合，产生出关于研究对象的科学结论。

我们在资料工作之后来讲提炼思想、形成观点的问题，是就史学研究的逻辑程序而言的。事实上，提炼思想、形成观点，总是表现为一个动态的过程，它从选题阶段就已经开始，直到研究的终了，贯穿整个学术研究的始终。当然，在我们系统地收集、占有了大量资料之后，到正式动笔写

---

① 《列宁全集》第23卷，279页。

作之前，这中间是应该有一个集中的分析材料、提炼思想、最终形成观点的过程，但切不可把提炼思想仅看作只有到了占有全部材料之后才应该着手进行的事情。在整个收集资料的过程中，应该自觉地根据资料收集的情况，安排几个阶段，进行分段的总结性写作，不断地进行思想的提炼，推动学术观点不断成熟和完善。

分阶段地对资料进行整理、消化与总结，清理自己的思想，动笔写下自己对问题的看法，这种不是为发表而进行的阶段性写作，是科学研究的工作方法之一。马克思还在青年时代就已经"把他所读的一切归纳成一定的系统"，"不仅在思考，还要把他的思想表达出来"。[①] 在《〈政治经济学批判〉序言》里，马克思叙述他研究资本主义经济制度，曾经为了"自己求理解，而不是为了付印"写过许多篇专论形式的材料。马克思说："我面前的全部材料形式上都是专题论文，它们是在相隔很久的几个时期内写成的，目的不是为了付印，而是为了自己弄清楚问题。"[②]英国历史学家卡尔也讲过类似的问题：

有些外行——这是指学术界以外的朋友或者其它学术领域的朋友——有时候问我，历史学家写历史时是如何进行工作的。最通常的假设就是，历史学家把他的工作划成截然分开的两个方面或两个时期。首先，他用很长的预备时期阅读资料，笔记本上记满了事实。做完了这一步，他才把资料放在一边，拿出笔记本来，然后一气呵成地写他的书。这种说法在我看来既不足说服人，也没有什么道理。就我来说，我才一开始钻研一些我所认为重要的资料，跃跃欲试的心情便如此强烈，于是我就动手写起来——当然倒也不一定在开始的阶段，但总是在某一阶段，任何一阶段就动手了。从此阅读和写作便同时进行，一边阅读，所写的东西便有所增、减、重新组织，并加以删节。阅读是由写作来引导、指点方向，并使它产生效果的：我写得越多，就越知道自己要寻找的是什么，也就越理解我所找到的东西的意义以及它们

---

① ［德］格拉塞撰：《马克思列宁主义经典作家的工作方法》，高国淦译，8页，北京，生活·读书·新知三联书店，1954。

② 《马克思恩格斯选集》第 2 卷，31 页。

之间的关联。①

通常人们在选题和收集资料的过程中，总会对自己的问题形成某种初步的看法，提出一种预设。这种初步的看法和预设是否具有真理性，是否接近客观历史本身，必须通过研究实践去检验。事实上，人们从事研究的结果，毫无改变地证实最初的看法、实现预想结果的事情是很少的，全部否定最初预想的事情也是有的，而绝大多数情况下是那些初步看法和预设只具有部分的真理性，由于研究实践中发现前所未料的情况而要对最初的预设提出修正。我们强调及时地对资料进行整理、消化与阶段性写作，正是为的及时进行检验，否定其应该否定的部分，注意发掘实际资料所涌现出来的新问题，提炼新的思想，并由此为下一阶段的资料收集、思想酝酿和理论学习奠定基础。

(五)选择研究方法

在做完了资料工作，思想的酝酿也臻于成熟，正式的写作还没有开始之前，还需要思考一个选择研究方法的问题。这是近几十年来我国大部分学者已经十分陌生的问题。半个多世纪以来，我们的史学研究以唯物史观为基本的方法论，造成了一种思想上的误区，以为有了唯物史观，在研究方法问题上就一劳永逸地解决了，不管搞什么研究，都不需要考虑方法问题了。所以，现在的我国大部分学者，是十分缺乏方法意识的。搞大型研究、写作一本史学专著的时候，有的学者还考虑一下方法的问题，一般写作史学论文，就很少有人认真考虑方法的选择。这种状况必须改变。如果我们仔细考察一下史学史上的状况，每一个自成体系的史学流派，每一个自成一家的史学大家，每一篇有影响的史学论文，大都是以它有特色的研究方法而著称的。史学流派的形成，史学大家的个性风格，都与他们提出了新的方法论思想有关。没有方法论上的建树或创新，要做出有特色的个性贡献是不可能的。

20 世纪法国的年鉴学派，以及后来衍生出来的计量史学、心态史学、

---

① ［英］爱德华·霍列特·卡尔：《历史是什么？》，吴柱存译，26 页。

历史人类学、生态文化地理史研究、社会史研究等，无不是以它有特色的研究方法而著称的。年鉴学派的形成和发展，就是由它最初提出的打破史学研究的专业局限和学科局限，而提倡跨学科研究的方法论思想而奠定的。

实际上，我国近代以来的一些著名学者，也都是以方法论上的建树而闻名的。史学大师王国维提出了"二重证据法"，并以这种方法获得了成功。陈寅恪先生把王国维的"二重证据法"归纳为三句话："一曰取地下之实物与纸上之遗文互相释证……二曰取异族之故书与吾国之旧籍互相补正……三曰取外来之观念，与固有之材料互相参证。"①正是这种别开生面的新方法，开启了中国近代实证主义史学的先河。胡适可以说是中国近代第一个有着方法论自觉的学者，他一生都在提倡一种注重事实、服从证验的思想方法。在他晚年的《自传》中说："我治中国思想与中国历史的各种著作，都是围绕着'方法'这一观念打转的。'方法'实在主宰了我四十多年来所有的著述。"②他的方法论思想浓缩为"大胆的假设，小心的求证"的名言。这句曾经招来麻烦的名言，实际上是对他"实验的方法"的直观的说明。中国近代史学上著名的古史辨派，更是以特有的研究方法而独树一帜的。顾颉刚先生提出的"层累地造成的中国古史"说，本身就是一个重要方法论思想。在这一方法论思想的指引下，又形成了一套有特色的研究方法。胡适对古史辨派研究古史、疑古辨伪的具体方法，做了这样的总结："(1)把每一件史事的种种传说，依先后出现的次序排列起来。(2)研究这件史事在每一个时代有什么样子的传说。(3)研究这件史事的渐渐演进由简单变为复杂，由陋野变为雅驯，由地方的(局部的)变为全国的，由神变为人，由神话变为史事，由寓言变为事实。(4)遇可能时，解释每一次演变的原因。"③

20世纪20年代以后唯物史观学派在中国史坛的崛起，也是因为引入新的史学方法论的结果。在当时，唯物史观的引入，无论对于中国的传统史学，还是对于以梁启超、王国维、胡适等人为代表的新史学，都是提供了一个全新的方法论，正因为如此，这一新的历史学派才具有了强大的生命

① 陈寅恪：《王静安先生遗书序》，见《金明馆丛稿二编》，219页，上海，上海古籍出版社，1980。
② 葛懋春、李兴芝编辑：《胡适哲学思想资料选》下，106页。
③ 顾颉刚编著：《古史辨》第1册，193页，上海，上海古籍出版社，1982。

力。这派历史学家不仅重视方法论的问题，在具体的研究方法上，也都给予了应有的重视。像吕振羽的《史前期中国社会研究》，除了采用唯物史观的方法论之外，还创造了考古发掘和神话传统相结合的研究方法。凡史前社会缺乏发掘的考古材料的阶段，尽量以经过科学分析的古籍所载神话传说予以解释；凡无法用考古学证实的有关远古社会的家庭婚姻形态和社会制度状况，尽量以神话传说中的材料证实；凡已发掘的确凿的考古材料，务必引用，并注意考察神话传说和考古材料两者的联系。① 这一方法使他获得了成功。

在 20 世纪 80 年代，也出现了一篇文章因为方法论的创新而引起轰动的例子，这就是金观涛、刘青峰在《贵阳师范学院学报(社会科学版)》1980 年第 1、第 2 期连载的《中国历史上封建社会的结构：一个超稳定系统》一文。他们第一次把系统论和控制论这些现代横断学科的方法论引入历史研究，向沿袭已久的传统方法提出了挑战，为史学研究带来一股清新的空气，引起了史学界的广泛关注，并由此引发了 80 年代中期中国史学界的方法论研究热潮。从此以后，史学界方法论创新的意识逐渐浓厚起来，社会学的方法、心理学的方法、数学方法、人类学方法等，多学科方法被引入了史学研究领域，史学研究一时出现了思想活跃的繁荣局面。

从史学发展史上的经验看，方法的创新往往是史学发展的契机，必须把方法创新看作史学创新的重要一环。因此，在史学规范研究中，必须重视方法的创新问题，要把方法意识作为史学研究的内在要求，把研究方法的思考和选择作为史学研究规范程序中一项要素。

方法的创新是有难度的，但又是可能的。黑格尔在《逻辑学》中曾经反复指出，方法是在科学认识中运动着的内容的本性，是内容本身的内在要求。方法是被我们研究的对象的性质决定的。我们每一项历史研究都有特定的研究对象，对于不同对象的研究，当然应该也可以选择不同的方法，重要的是要培养起方法意识，把方法的选择作为史学研究的内在要求。缺乏方法论思考的研究是不完整的、不规范的。

严格地说，任何一项研究都存在方法问题，哪怕仅仅是写一篇考证性

① 参见朱政惠：《吕振羽和他的历史学研究》，50～52 页，长沙，湖南教育出版社，1992。

的文章。方法不等于方法论。做一项大的课题，不仅要考虑方法论的问题，也要考虑具体的研究方法；而一般性的论文主要是考虑解决问题的具体方法。一旦确立起鲜明的方法意识和方法创新意识，史学研究的创新度将会有一个显著的提高。

(六)完成论题写作

这是史学研究的最后一道工序。按照历史学的学科特性，史学论文的写作也是有它的特殊的规范性要求的，后面我们单独来讲，此处不再展开。

二、写作规范：史学论文写作的基本要求

学术研究是个性化的活动，每个学者都有自己的治学风格。但是，既然同是史学研究活动，同是写史学论文，也就自然会有一些属于共同性的东西，有写作史学论文要共同遵循的一些基本的要求，这就是史学论文的写作规范。

(一)关于研究状况的批判性分析

史学研究实践是一个连续性很强的科研活动，后人总是在前人研究的基础上向前推进的，因此，史学论文的开头部分首先要交代该课题研究的学术史背景，对前人已经做过的研究工作——研究的成果、使用的材料、采用的方法等——进行批判性的综述、分析和评价，以阐明自己的研究起点以及该项研究在学术积累方面的价值和意义。

关于论文写作的这一项要求，不少学者还很不习惯，还缺乏自觉的学术史意识。事实上，不对以往的研究状况进行批判性总结，是无法进行真正的学术研究的；不知道在你选定的课题上，前人已经做过了哪些工作，提出了哪些看法，就无法判定你的研究是否具有创新的价值和意义，你的研究就不能被证明有成立的根据。近些年来，史学研究领域出现的大量低水平重复劳动，实际上是与我们忽视学术史问题相联系的。我们经常看到一些论文，他所解决的问题，实际上早在 20 世纪的三四十年代，就已经被

提出来了，甚至今天的研究还没有达到几十年前的水平。这实在是史学的悲哀。

对相关研究进行综述和评价，应该是做学问的常识，是任何一项研究工作的前提。在缺乏学术史内容的论文中，有些作者是属于学术史意识淡薄的问题，但也有些人是故意回避这一问题，企图造成学术创新的假象。谢维扬曾撰文批判这种做法。他说："现在有一些学术著作很讲究做文章的'技巧'，但这种'技巧'并不是为了把问题真正说清楚，而是为了掩盖关键的学术史背景。现在经常可以看到的在研究成果中对他人已有的贡献有意无意地视而不见的做法，即属此例。其中有的是明知已有成说与研究者自己的看法相左，却闭口不提，更不用说进行必要的讨论，以求轻松'过关'。而更有失水准的情况是，有些研究看得出是以某项或某些他人的成果为重要基础达到的，但作者在阐述其当下结论的过程中并不提及他人的贡献，造成他独立完成整个工作的假象。"①在当下的中国史学界，这种情况并不鲜见。

20 世纪 90 年代以来，要求重视史学规范的呼声日高，也确实取得了一些成效，论文写作中的学术史意识有所提高，特别是有些权威期刊提出了关于学术史内容的明确要求，于是，不少学者开始在论文中增加这部分内容。但从实际的情况看，学术史内容的写作，还存在不少问题。

一是失于简略。不少人对研究状况并没有做认真考察，只是笼统地说几句，说明前人有过一些研究，但还不够全面或深入，还有进一步讨论的必要；至于前人究竟做了哪些工作，提出了哪些观点，使用了什么方法，达到了怎样的深度，还存在什么问题，为什么还需要研究，还需要从什么角度去研究等，则没有做任何说明。这样的写法等于没有写，人们不能由此看到你的研究与前人研究的区别度，不能了解你的真正创新之处。

二是对前人的研究状况仅限于被动地介绍和概述，缺乏分析和批判，还有一些人连概述都没有，只是把前人相关研究成果列出个书目，说明前人已经发表了哪些文章。这种做法从态度上说是老实的，却不是科学的。

---

① 杨奎松、谢维扬、赵世瑜等：《遵守学术规范推进学术对话——关于"学术对话与学术规范"的笔谈》。

从前人的研究书目中读者并不能看出你的研究与他人的差异性。写作学术史内容，关键是对以往研究状况的分析与评论。既要公正地评判前人已经取得的成绩，又要用批判的眼光分析前人研究中存在的问题，指出这个问题继续研究的路径。把前人的不足找准了，你自己研究的方向才可能明确起来，你才可能会有所创新。

三是对学术史内容采取公开回避的态度，说他提出的问题前人从来没有研究。当然，这样的可能性是存在的。如果真是一个全新的问题，那则是学术发展之大幸；这样的问题，仅仅是提出它，对学术的发展都是一个贡献。然而，这样的可能性则是很小的。历史问题的复杂性，使任何一个问题的研究，都会牵涉许多方面，很难说前人没有任何相关的研究。除了个别缺乏科学态度的情况外，大部分这样做的人可能主要是对"相关研究"的理解过于偏狭。下边，我们就举一些例子，来看一下学术史内容的写作问题。

有一篇题为《遭遇与机遇：19世纪末农村手工业发展的曲折经历——以直鲁农村手工纺织业为例》的文章，开头部分就较详细地分析评价了前人的研究状况：

> 长期以来国内相当多的学者认为，到19世纪末，洋纱、洋布等洋货已遍及中国穷乡僻壤，农民家庭手工业（主要是手工棉纺织业）因此尽遭破坏，农村自然经济也随之解体。这种观点普遍见于以往的中国近代经济史研究及教材中，其影响一直持续到20世纪80年代以后。1980年后，诸种对立观点陆续出现，概以为其时洋布的输入仅限于通都大衢，无法深入农村内地。此时，西方学者的研究开始介绍到国内，其中美国学者费维恺（Feuerwerker，Albert）的断语最为刺激，他认为，"整个手工业在1970—1911年期间并没有受到严重破坏"，并称以往中国学者的观点是"最粗浅的公式化的指责"。此外，有很多学者认为洋纱、洋布对长江中下游及东南、华南沿海地域的手工纺织业打击最大，此时还没有打入西南及华北内地，那里的手工纺织业得以维持甚至有所发展。其后更有不少中外学者就此问题深入今河北省南部、山东省西部一带直接向农民请教，他们根据实地调查所获，或认定在19世纪

末洋纱、洋布并未进入华北内地，或坚持当地农村手工棉纺织业在此时并未遭到破坏。至此，有关19世纪末华北乃至中国农村手工纺织业状况的讨论似乎已画上句号。但是，今人的研究都忽略了19世纪各"有识之士"间的分歧：包世臣、郑观应、明恩溥（Smith，Arthur H.）等人关于洋布到处泛滥、手工纺织业被害严重的警句危言在当时几近世人皆知；同时，以《米淇尔报告》为代表，相当多的外国官员、商人和海关税务司们一直强调中国农村土布业的坚韧性，对洋布贸易状况并不乐观。同是当时、当事之人，其认识反差之强烈，应唤起当代学者对近代中国农村手工纺织业"分解"过程的复杂性和曲折性的注意，而今天大多数学者的见解似乎仍是在百年前对立的延长线上偏执于一方，对大量相互抵牾以及与自己的论点相左的史料记载多取回避态度。笔者认为，从19世纪中叶至20世纪初，中国农村手工纺织业既经历了一段衰落破产的悲惨遭遇，又迎来重新获生的复兴机遇。在这一曲折复杂的过程中，中国的南方与北方、沿海与内地、城市与农村之间存在着地域的不平衡性，而各个地域内部在其经济社会演变过程中也呈现出阶段性。无视这种不平衡性和阶段性，缺少对遭遇与机遇的辩证分析，就难免会对近代中国各个地域手工纺织业的遭遇和命运做出以偏概全的解释甚或看漏一些极为重要的方面。

笔者主要依据当时英文海关报告，英、日二国领事报告及地方文献资料和统计数据，力图通过对19世纪下半叶直鲁农村（本文指直隶中部、南部和山东省西部农村）手工棉纺织业的曲折经历的展示来整合长期以来各家的纷执异说，并借此说明近代中国农村手工业的多歧遭遇和新的机遇。①

这是一个写得较好的例子。作者不仅介绍了以往该课题研究中提出的主要问题，而且指出了这些观点和研究的问题所在：以往的研究多陷入一种片面化的倾向，各种说法各执一端，都忽视了"近代中国农村手工纺织业

---

① 张思：《遭遇与机遇：19世纪末中国农村手工业的曲折经历——以直鲁农村手工纺织业为例》，载《史学月刊》，2003(11)。为了引用的方便，删去了该段话中原有的注释。

分解过程的复杂性和曲折性",将复杂的问题简单化了;而问题的根源在于,他们都"对大量相互抵牾以及与自己的论点相左的史料记载多取回避态度"。通过对以往研究的分析,作者找到了解决问题的出路,就是要更全面地占有历史资料,"来整合长期以来各家的纷执异说,并借此说明近代中国农村手工业的多歧遭遇和新的机遇";而解决问题的办法,就是充分"依据当时英文海关报告,英、日二国领事报告及地方文献资料和统计数据",通过整合异说,来达到对问题更全面更客观的认识。这样的学术史内容,既使我们看到了问题的研究状态,又了解作者自己研究工作的逻辑起点,也明了作者的新意之所在。

我们再来看一个较好地把握了相关研究成果的例子。这是一篇题为《麻风隔离与近代中国》的文章,它主要透过近代中国麻风隔离问题,来研究在近代疾疫问题上所反映的社会文化意义,以揭示有关"科学"、传统与民族主义之间的微妙关系。单就她所研究的这个角度说,前人并没有研究过,在某些人的笔下就可以成为一个全新的问题,就可以回避撰写学术史内容的要求。但是,作者还是在文章的开头部分写下了这样一段文字:

疾病史的研究在西方史学界已是一相当重要的领域,相关著作堪称汗牛充栋。而其方向是多元的,从较宏观的疾病与人群的生态关系史,到个别疾疫对社会的重大影响,如鼠疫、天花、霍乱、肺结核、梅毒到艾滋病等等。史学家发现疫病对社会的破坏性、对历史的影响往往不亚于战争。另一方面,史学家也从疾病的观念、治疗等分析医学的发展,这个方向对西方在19世纪末医学革命以前的医史研究意义尤其重大。近年来,帝国主义与殖民主义的研究重点之一,也在疾病与医疗史。这个重点在印度近代史研究中成果较丰硕。这些研究充分显示医疗与疾病并非单纯生物性的问题,除了较早期的研究彰显了其对社会的重要影响之外,疾病的文化意义不容忽视。在这方面,麻风是个很好的例子。它不单有源远流长宗教意义,同时麻风病患与社会之间长期的紧张关系来自深层的文化因素,单纯的生物性因素已无法充分解释这种关系。本文针对麻风病的隔离问题所反映的中国近代史意义提出一些初步的看法,特别是有关"科学"、传统与民族主义之间的微妙关系。[①]

虽然麻风隔离的问题没有人专门研究过，但与之具有同一类性质的其他疾疫则有不少成果，这些应视为相关成果。因为这些疾疫问题的研究，在其社会意义、文化意义、医学史意义以及研究方法上都有相同或可借鉴之处。对相关研究成果及其研究方法、研究视角的反省和检讨，有助于新的研究的拓展。作者正是在对学术史内容的梳理中，找到了研究疾疫问题的新视角。

(二)言必有征及征引原则

历史学的实证性特点，要求任何研究都要奠定在事实、证据的基础上，断不能向壁虚造。因此，写作史学论文必须征引历史文献资料，坚持论从史出，用材料说话。征引史料也有一些基本的要求：

一是征引史料，选材要精。精粗的区别，视史料的原始程度而定。在这里，引原书而不引转手记载，是一项绝对的征引原则。在史料价值上，转手记载永远不及原书。转手记载可能是极好的史书，但不是很好的史料。譬如《资治通鉴》在中国史学史上有极崇高的地位，其取材之广博，考证之精审，陶铸之得宜，令人叹为观止；然而在史料价值上，唐代以前的部分远比不上《史记》《汉书》《后汉书》等所取以为史料的原书。史料经过转手往往变质，几乎是一种必然的现象。所以，一则史料，同见于《汉书》与《资治通鉴》，则应引《汉书》而不引《资治通鉴》；同见于《史记》与《汉书》，则应引《史记》而不引《汉书》；同见于《左传》与《史记》，则应引《左传》而不引《史记》。若原书已失传，才自转手记载中征引。

二是征引古文献资料要加以译述。古文献资料，多是文字艰涩，读者不易通晓，则应以现代文体加以译述。译述不同于纯粹的翻译，不能逐字逐句地直译，贵在能述其大意，存真而传神。既要保留一些原文的色彩，又要有现代文体的自然与流畅。

三是引文要短，并与正文保持和谐一致。征引史料，往往因为引三言

---

① 梁其姿：《麻风隔离与近代中国》，载《历史研究》，2003(5)。

两语而连带征引不已，因为有些原文太长而连贯紧密，不全引似乎不能保持原文的完整意思，而全引则使文章显得烦冗驳杂。为了保证文章的洁净、简练，贯通而流畅，应尽量将引文缩短。这是征引史料的一项原则。引文太长，往往打断读者的思维，使其变换思维环境，有碍于对文章本身的理解。因此，对过长的史料必须做一番剪裁。剪裁出来的短语，如果显得过于突兀，可用自己的话简单交代引文的背景。有些过长的原文，不好摘出几句短语的，可不直接征引原文，而用自己的话将其要点抽取出来，另注出处以供读者检索参考。

四是征引史料应做注释。引文应做注释，这是基本的要求。注释也有几种情况，分述如下：

第一，一般引文，注明出处。出处以详尽为原则，作者、书名、出版单位、出版时间、版次、篇名、卷数、页码等，都应一一注明。

第二，更正史料原文，应注明版本根据。

第三，转引史料，应注明"转引自"某书，不可径直注出原书。

第四，对与所引史料相冲突的资料，应注明取舍的理由。

第五，直接吸收他人观点融入文章之中的地方，应注明借鉴之处，以免抄袭之嫌。

第六，对某一问题争论较多而引用一种观点，应注明学术界对此问题的不同看法，并说明采纳某种观点的理由。

第七，某些比较重要的史料，有益于阐明文章观点而又不宜直接用于正文之中，可用注的形式予以补充。

第八，某些思想观点与正文有关而又不宜在正文中展开讨论，可用注的形式适当阐发，以为正文之补充。

（三）关于研究性文献的征引

研究性文献不同于历史文献，历史文献是一般意义上的原始文献，而研究性文献是近人的研究成果。前边谈到，任何研究都是建立在前人研究的基础之上的，所以学术研究的一个前提就是对学术史的梳理，而梳理学术史就是要对研究性文献进行收集、阅读、分析和评论。现在要强调的是，对于研究性文献，在学术论文中也要重视利用和征引。以往学界多强调征引原始文献，而忽视对研究性文献的利用。其实，这是两个性质完全不同的问题，原始文献和研究性文献在学术研究中的引用，是出于不同的目的。原始文献是学术论文立论的根据，而研究性文献则是展开自我论述的讨论对象，是和前人讨论问题的需要。我们用作论点的论据时，不能以研究性文献为根据，一定要用原始文献，一般不能从研究性文献中转引原始文献；而在展开自我论述时，则不能不征引有关的研究文献，以便在和前人的对话中展开自己的思想。

一般来说，任何一个学术问题的讨论，都会有丰富的研究成果可以借鉴，前人已经提出了不少相关的看法，自己的研究和前人的研究有什么样的关联度，为什么要提出这样的看法，自己的创造性或新意究竟在哪里，只有在和前人的对话中才能够清晰地阐述这些问题。征引研究性文献，既是展开自我论述的需要，也是尊重前人、突出学术创新的需要，并能使论文充满生机和活力，增加思想的活跃度。如果一篇论文不征引学术界已经提出的观点并与之讨论，而只管自话自说，别人就无从判断你所讲述的是否是你自己的观点，无法判断你的新意或创见，论文的学术价值就打了折扣。

研究性文献非常丰富，数量巨大，内容庞杂，我们不可能也没有必要全部征引，只能选择有代表性的最有参考价值的成果进行征引或对话，而如何把那些最有参考价值的研究性文献选择出来，也是要有一些方法的。李剑鸣在《历史学家的修养和技艺》一书中，曾详尽地谈到这个问题，现征引如下：

第一，从题名判断文献与研究课题的相关程度。不少书籍和文章都有主标题和副标题，能够比较准确地反映文献的主题和论旨。经过这一步，可以将一些与课题关系不够密切的文献排除在外。

第二，快速阅读文献目录、摘要、导言或某些篇页，并查看参考书目和注释，对它的学术质量做一个粗略的定位。………

第三，注意论著发表的年代。一般来说，新近的论著必须参看，因为它们可以反映一个课题的最新进展。年代久远的论著，可能为后来的研究所质疑、批驳、补充或替代，因而在判断它的价值时，要比照后来问世的同类论著。……

第四，参考论著的引用情况。一种论著，不论问世的年代多么久远，也不论版本有多少种，如果至今仍为相关领域的权威学者所引用，或者被公认为本领域的必读书，就仍然有利用的价值。

第五，考察出版机构的学术声誉。……

第六，阅读有关的书评。……

总而言之，研究一个课题，既要充分利用第二手文献，又要慎重选择引用的书目。①

(四)文前部分的摘要和关键词

凡是史学研究性论文，从格式上说，都要求在正文之前有关于论文的摘要和关键词。

摘要的作用，在于使读者在阅读正文之前便捷地了解文章；便于文献检索；便于存储。有些大型文献辑本，收录文献不能收录全文，只是收录文章的摘要，所以，摘要的存储功能也是非常重要的。正是这些功能决定了编写摘要的一些基本要求。

编写摘要的要求，大体上说有这么几点：一是内容简要而完整，具有不依赖正文而存在的独立性，能够自成一体。摘要文字有限，一般在300字以内，但要比较完整地反映论文的主要观点。只有完整，才能全面准确地传达论文的主要信息；只有具有独立性，自成一体，才能适应文献存储的需要。二是语言表述要规范，要使用规范性专业术语，不能使用非公知公用的缩略语，不能使用自造的概念术语。三是摘要中不能出现图表、数学公式或符号，不能出现注释性文字。四是摘要应直述文章的基本观点，不能出现自我评价性的语言，不能采用"本文""笔者"一类第一人称的写法。

关键词的主要功能是以备检索。因此，选择关键词的要求是：一要切合主题，是文章的中心概念；二是本学科的专业术语，具有公知性；三是具有名词或名词性的概念，所有形容词、副词都不能充当关键词；四是关键词应参考各种词表或工具书选取，以保障关键词的规范性；五是新学科、

---

① 李剑鸣：《历史学家的修养和技艺》，217~218页，上海，上海三联书店，2007。

新领域的重要术语，不见于各类词表和工具书的，应能被本专业的研究群体所认可；六是关键词的数量以 3～8 个为宜。

(五)文后列出参考文献

学术论文必须附参考文献。严格地说，参考文献不同于引用文献；引用文献仅是指示所引用资料的出处，而参考文献指的是该课题研究中有所参阅、有所借鉴并受其启发的文献。文后列出参考文献，一是对前人研究成果的尊重，二是对自己研究的思想来源做出说明。列出参考文献，既是遵守学术规范的表现，也是区别学术论文与非学术论文的标志。现在一般的学术刊物都不区分参考文献与引用文献，一律称为参考文献用同一种格式列于文后。参考文献与引用文献混淆之后，论文的注释格式显得非常混乱，各个刊物又不统一，所以，这里也无法讲注释与参考文献的具体格式，这有待于将来用更具体的规范来统一。

三、道德规范：历史学家的学术操守

历史学家的道德规范就是清代章学诚所讲的史德问题。章学诚在《文史通义·史德》篇说："能具史识者，必知史德。德者何？谓著书者之心术也……盖欲为良史者，当慎辨于天人之际，尽其天而不益以人也。尽其天而不益以人，虽未能至，苟允知之，亦足以称著述者之心术矣。而文史之儒，竞言才、学、识，而不知辨心术以议史德，乌乎可哉？"他补充了刘知幾的史家三才说，将史德、作史者的心术，看作历史学家必备的素质，甚至是更重要的素质。自此以后，言史学者都不忽视这问题。今天讲学术规范，也不能忽视。

史学道德规范，基本的有以下几点。

(一)提倡创造性劳动，杜绝任何形式的学术抄袭

学术研究中的抄袭行为，为学界深恶痛绝，然屡禁不绝。有些人是缺乏学术道德，有些人则还弄不清抄袭与借鉴的界限。所以，这是一个需要

给予阐述的问题。抄袭有以下几种情况。

1. 观点性抄袭

学术研究中要确立一个观点，是通过一系列思想性的阐述来展开的。这一系列思想性的东西，不一定全部是自己的创造，需要利用前人的思想资料。如果这些思想资料不是一种常识性的东西，是别人通过研究论证而得到的观点性认识，那么，这些思想资料的利用，就要注明出处，说明是某某人在什么地方提出的看法。如果不予注明，就是抄袭行为。

2. 材料性抄袭

史学研究是通过材料来说话的，征引材料是学术规范所要求的；但我们的材料取自何方，对其来源是需要加以说明的。如果是传统文献材料，是公开发表的考古资料等，可以直接引用，注明出处即可。如果所用的材料是他人所发现、整理的成果，材料带有个人的印记，在引用时则务必注明材料的发现者，不能当作自己的新材料来处理。比如一条材料的第一次公开面世是出现在别人的论文中，使用时必须注明是出自什么人的什么论文，不能直接使用这条材料而不注明是谁第一次使用了这条材料，这种把别人新发现的材料当作一般性材料直接引用，而不注明其来源的做法，也是一种抄袭行为。

3. 抄袭前人

如果你做的是古代文献方面的选题，对于古人已经提出过的问题，不能蓄意回避，采纳古人的观点也要注明出处。学术研究，抄袭今人不行，抄袭古人也不行。如果你做近代方面的课题，近代以来的学者的成果都要借鉴，对前人的看法也不能因其离现在久远就可以随便抄袭。当代学术研究中，经常可以发现一些直接抄袭古人或近人观点的事情，他们以为这些看法去今已久，人们可能并不熟悉，就可以当作自己的新看法提出；或者以为古人或近人的看法已为今人所不知，有重新提出的必要，故而作为自己的见解重新复述。这些都是严重的抄袭行为。

4. 抄袭他人

这里指对当代学术成果的抄袭。这是一种最拙劣的抄袭，也是最普遍的强盗性抄袭，直接把别人的学术成果稍加改造、改头换面而署上自己的名字，当成自己的创造。甚而连改头换面的功夫也不做，直接把别人的论文从网上下载，仅仅换个名字而已。这种恶劣的抄袭行为，往往是从名刊上抄袭发到一些不见经传的小刊物，以掩人耳目；或者是从一些小刊物转到另一些小刊物，因小刊物不为人所注意而大行其道；或者从专业性刊物抄袭，发表到不被专业学人所注意的综合性期刊；或者从专业性期刊抄袭，发表到一些边缘性或不同专业属性的期刊等，各种手段不一而足。当代学术期刊上的学术垃圾，大部分是这样制造出来的。

5. 抄袭外人

抄袭国外学者的文章。世界史研究中的编译行为，而不作为编译的成果对待，直接作为自己的成果去发表；或者中国史研究中，将国外汉学家的成果不作为介绍性文字发表，而作为自己的成果。这种抄袭，在改革开放前的封闭状态下曾长期存在而被视为一种常态，人们见怪不怪；而在学术开放的今天，就显得极其恶劣或拙劣。

6. 自我抄袭

这是指对自我成果的多重复制。学术研究是创造性活动，所发表的任何一篇文章，或者任何一次发表行为，都是一次新的学术创造。而有的人一篇文章多次发表，学术界曾有过一个学者将自己的同一篇文章在九家刊物上重复发表的案例，这是一种严重而恶劣的自我抄袭。自我抄袭还有另外一种情况，就是将一篇文章中的基本内容，用到多篇不同的文章中去，这种段落复制的简单手法，也是一种抄袭。自我抄袭，虽然不存在著作权问题，但也是一种不良道德。一个成果，一种观点，一个具体的论证，只要发表过了，就不能再去简单重复。抄袭别人违背学术道德，抄袭自己同样不符合学术研究规范，也是一个需要引起注意的史德问题。

(二)尊重不同的学术思想，开展积极健康的学术批评，争鸣而不讨伐

学术道德的另一要求，是要提倡学术平等意识，对不同的学术观点和学术思想持宽容和尊重的态度，养成自觉维护学术争鸣的学术风气。在史学研究中，人们不可能一劳永逸地解决任何问题，任何学术观点都有补充、完善和发展的需要，而绝不能把自己的学术观点看作绝对的正确，而不允许别人质疑和讨论。要欢迎别人对自己的学术成果进行批评性的分析评论，这种批评性的分析评论，不仅对学术的整体发展有益，而且对自己学术思

想的培养也是一种推动和促进。

不反对别人对自己的学术批评，也还要提倡积极参与学术讨论和争鸣，倡导积极健康的学术批评。中国学术的弊端之一，就是缺乏积极健康的学术批评，这是中国人情社会传统在学术界的反映。积极参与积极健康的学术争鸣，应视为一种美德。要养成一种与学界进行对话和讨论的学术风气，把学术和人情分开。

参与积极健康的学术批评，勇于和学界对话，在讨论和争鸣中展开自己的学术论证；但是，学术批评不同于传统的所谓学术批判，不是学术挞伐，不是戕灭别人的学术思想，不是学术专断。学术批评，应该是真正自由平等的讨论，而不是武断的宣判。学术讨论没有裁判所，学术不承认权威，学术不是一元化，讨论和争鸣是为了发展学术，学术讨伐则是戕灭学术，二者完全不可同日而语。参与积极健康的学术争鸣是良好史德的表现，而学术讨伐，压制不同学术见解，则是对学术的破坏和对学术民主的践踏。

(三)不为学术涂染功利性色彩

学术领域是纯净而神圣的科学殿堂，美好史德的另一表现，是维护学术的纯洁性，不为学术研究涂染任何功利性色彩。改革开放以来，社会转型期所带来的浮躁风气，也浸染到史学领域，学术的纯洁和神圣性受到了玷污，染上了功利性色彩。在当下的学术界，很难再看到不杂有科学研究以外的现实目的纯科学研究，一切都和具体的利益联系在了一起。什么工程，什么项目，什么课题，到处都是在围绕这些东西舞动。有了工程，有了项目和课题，可能就有资助，就有经费，就有荣誉，就有津贴和奖金；而工程是建构起来的，项目是设计出来的，一切都不是从心灵深处流淌出来的，不是深邃的思想的产物，不是潜心多年专心思考的产物。本书的其他地方讲过，学术研究是个性化的活动，一切都应该是心灵的感悟，是我们对历史现象的心灵感应。而工程建构性的搭配和拼凑，怎么可能创造出具有真知灼见的科学成果！一个真正有良知的历史学家，应该敢于为历史学的发展，为历史知识的积累，而潜心于学术，发扬坐冷板凳的精神，而不为追逐什么浮名虚利而丧失科学精神，甚至丧失科学良心。一切围着荣誉、奖金、津贴走的所谓研究，除了能够获得一时的浮华，不可能为历史留下任何有价值的东西。一切有良知有道德有学术操守的历史学者，都应该潜下心来，用独立思考的学术成果，用对历史对社会负责的科学态度，去捍卫学术的宁静和纯洁。

（四）献身于社会进步，是历史学家的至高道德

学术道德的最高境界是有健康而神圣的学术目的性追求。历史学的学术目的性追求，就是献身于社会进步，用自己深邃睿智的学术眼光，为当代社会的发展，提供可资借鉴的历史经验，用独立思考的学术成果，充当社会活动的向导。而如何献身于社会进步，如何才能使自己的研究成果充当社会活动的向导，则需要我们对人文社会科学的本质有深刻的理解和认识。

人文社会科学存在的价值是什么，它为什么能够存在，人类为什么需要人文社会学科，需要它解决什么样的问题，这些关于人文社会科学的本质、使命和职能的提问，可以从不同的角度去理解，可以做出许多不同的解释。笔者多年来思考的结果是，人文社会科学的本质是执行社会批判。只有通过清醒的、健康的、积极的社会批判，人文社会科学才可能充当引导社会发展的向导，才可能推动人们去认识社会、发现问题、创造未来。马克思在《〈资本论〉第一卷第二版跋》中讲他的哲学，"按其本质来说，它是批判的和革命的"[①]，而真正的社会科学，就其本质来说，也是批判的和革命的。不仅它的性质是批判的，它的内容也是批判的，它执行的就是社会批判的使命。

社会需要批判，任何社会都需要批判。因为，任何时代的社会发展，都是一种前无古人的创造，人类永远需要为自己开辟新的前景。正因为这样，不断对自己的创造活动进行反思和批判，以利于进一步发展，就成为历史向人类自身提出的一个庄严的要求。人文社会科学就是应这种要求而产生的。

社会批判不是社会革命，不是从根本上改变一个社会，而是从对现实社会的冷静分析中发现社会的弊端，通过对其揭示、分析和批判，引起社

---

① 《马克思恩格斯选集》第 2 卷，112 页。

会的警觉，引起政治家的关注，从而为社会政治、社会政策和社会行为的调整指出方向。从这一点上说，多年来，我们的人文社会科学没有执行这一使命，我们在很大程度上是为一种社会体制寻找合理性，为社会寻找它存在的根据。其实，社会存在的根据不需要论证，因为它已经存在，它需要的是发展，需要寻找的是新的发展的起点，而任何冷静的、积极的社会批判，都是在为社会的发展寻找新的起点。

根据以上思考，历史学家要献身于社会进步，就要从历史研究的角度，用历史的眼光，肩负起社会批判的使命。历史学家要有饱满的政治热情，要有积极的生活态度，要用冷静的批判性眼光、深邃的思想力和高度的政治敏锐性，去感受现实社会的发展，并从中发现问题，然后以此为切入点，反观历史，在历史与现实的互动中，在"历史与现实的问答交谈"中，为现实的人类活动提供解决现实社会问题的历史借鉴。唯有献身于社会历史的进步，历史学家才尽到自己的历史责任，履行自己的天职和使命。以此为追求，是史学的至高道德。

后　记

本书初版于 1989 年 11 月，于 1999 年、2008 年两次再版，都由河南大学出版社出版。此次在北京师范大学出版社出版，章节结构没有大的改动，只是做了文字上的一些修订。

我于 1982 年 1 月本科毕业于河南大学历史文化学院（原开封师范学院历史系），留校任教，被安排跟随黄元起先生学习史学理论，1984 年上半年做黄先生史学概论课程助教，1985 年起独立担任史学概论课程教学任务。本书便是 20 世纪 80 年代我的史学概论课程教案，完稿于 1988 年，翌年正式出版。1999 年修订第二版时，我任《史学月刊》主编，工作及杂事的繁忙，设想的修订计划难以实现，约了刘克辉教授补充写作四章新的内容；第三版时克辉教授又增写一章，现在书中的第十八、第十九、第二十一、第二十二、第二十三章，即为刘克辉教授所撰写。从河南大学出版社的第三版起，和刘克辉教授一起署名。

在初版"后记"中，我写过这样一段话：

> 在我讲课的时候，已经有葛懋春先生主编的《历史科学概论》和白寿彝先生主编的《史学概论》出版，这些书对我帮助很大，也都是可以选作教材的。但我这个人有个毛病，总不想因袭别人的东西，想根据自己的想法去安排教学内容。意大利有个史学家叫沙耳非米尼的说过，何谓文化？"文化就是在我们忘却了我们所学的一切之后，依然留存于我们心中的东西"。这句话对我影响很深，我总想，史学概论这个课，就应该是教给学生一些能"留在心中的东西"，它不是一门知识性的课，而是一门方法、能力的训练课。我的教学内容都是围绕这一基本思想

去安排的。

这段话反映了我对史学概论课程性质的理解，以及围绕学生学习的实际需要安排教学内容的思想方法。该书出版30多年来，能够3次再版、多次重印，并被不少院校选作教材或指定为教学参考书，能够在今天仍然被认为有再次出版的价值，是对我最初撰写时确定的指导思想的认可和肯定。希望此次出版，仍然能够受到学界特别是青年学人的欢迎。

这本书是20世纪80年代的产物。1983年，我在北京师范大学历史系参加白寿彝先生主办的"史学概论讲习班"。讲习班的开班主题和结业总结都是白寿彝先生亲执教席，主讲人是刘家和、瞿林东、陈其泰、吴怀祺诸位先生；讲习班学员20余人，缘此与白述礼、纵瑞华、王彦武、邓鸿光、何晓明等人结下同窗之谊。在北京的这段时光，是本书思想的重要孕育期。除了和邓鸿光、何晓明等友人的讨论之外，当时我们就史学概论的基本问题，和蒋大椿、范达人、邹兆辰几位先生，有频繁而充分地讨论，受到蒋大椿先生的启发尤多。本书以史学本体论、历史认识论、史学方法论三大块结构史学理论体系，就是和蒋大椿先生讨论的成果。

遥想当年，初版时还是30多岁血气方刚的年轻人，特别是那个激情似火的20世纪80年代，无论是写书还是在讲台上，都对未来充满无限信心和美好憧憬，自由而美好的未来，似乎就像已经攥到了手里一样。但历史就是那样吊诡，上天也并不照顾我们的情感，是书出版后的社会发展和理论气氛，并没有像我们想象的那样有所进展，史学理论本身的研究也和大气候保持了不那么令人满意的一致性。1999年，本书第二版时，我在《修订版跋》中写下一段话：

> 十年来，史学研究特别是史学理论研究，确实没有什么长足的进步，没有什么大的发展，没有提出过激动人心的课题，没有过激烈的交锋和讨论，没有多少值得我们从事这项研究的人引为自豪的东西。80年代那种火热争鸣、论战的气氛，已成为人们乐于沉浸其中的美好回忆。正是这样，这次修订很难在基本观点、理论体系上有根本性的突破。

　　更为遗憾的是，之后 20 多年的历史发展，一直未能改变这种状况，这也是此次出版没有做大的改动的主要原因。正是没有大的改动，所以，这次出版仍然在很多方面保留了过去那个时代的思想印记。毕竟 30 多年过去了，历史即使没有进步也会有所变化，可能读者对之前留下的印记，某些地方阅读会有所不适，希望有所宽宥。

　　这次出版，承北京师范大学出版社高等教育分社刘东明先生的美意而促成。他从已出版的诸多史学理论读本中选定该书，谢谢他的慧眼识珠和无私奖掖，但愿此次发行不辜负东明先生的厚望。

　　岁月无情，初版时的年轻人，已经变作七旬老人。抚今追昔，感慨万千，留下以上文字，权作与当今年轻人的沟通。谢谢 30 多年来关注此书的读者，寄望于读到此次印本的更年轻的读者！

李振宏

2023 年 6 月 5 日